„Wandlungen"

−x− yin Schrift 2 = 6   2 yi + 1 ya = 7 ———
−o− yan Zahl 3 = 8   2 ya + 1 yi = 8 − − −

− − w — h   von unten nach oben

Kopf 3   6+2 = 8 − −   3×3 = −o− = 9
Zahl 2   4+3 = 7 ———   3×2 = −x− = 6

Yijing
Das Buch der Wandlungen

Yijing
Das Buch der Wandlungen

Erstmalig von Grund auf entschlüsselt
und neu aus dem chinesischen Urtext übersetzt
von Frank Fiedeler

Diederichs

Die Deutsche Bibliothek – CIP-Einheitsaufnahme
Yijing : Das Buch der Wandlungen : erstmalig von Grund auf
entschlüsselt und neu aus dem chinesischen Urtext übersetzt /
Frank Fiedeler. – München : Diederichs, 1996
    Einheitssacht.: Yijing <dt.>
    ISBN 3-424-01336-6
NE: Fiedeler, Frank [Übers.]; I-ching <dt.>; EST

© Eugen Diederichs Verlag, München 1996
Alle Rechte vorbehalten
Umschlaggestaltung: Ute Dissmann, München
Lektorat: Hanna Moog, Köln
Produktion: Tillmann Roeder, München
Satz und Repro: SatzTeam Berger, Ellenberg
Druck und Bindung: Huber, Dießen
Printed in Germany
ISBN 3-424-01336-6
ISBN 3-424-01344-7
(Buch mit Diskette)

INHALT

VORWORT	9
EINFÜHRUNG	15
Der kosmische Ansatz	22
Die Bildung der Acht Trigramme	27
Die Bildung der 64 Hexagramme	42
Die Deutung und Betextung der Hexagramme	49
Der Leitspruch des Yijing und der Sinn des Orakels	60
Das Orakelnehmen mit Schafgarbenstengeln	70
HAUPTTEIL	
DIE 64 HEXAGRAMME	75
1. Qian / Die Lichtseite (Das trockene Land / Der Himmel)	76
2. Kun / Die Schattenseite (Der Strom / Die Erde)	86
3. Zhun / Das Aufhäufen (Der Sproß)	97
4. Meng / Der Betrug (Die Schmarotzerpflanze)	104
5. Ru (Xu) / Das Schlängeln (Das Abwarten)	112
6. Song / Das Gericht	121
7. Shi / Das Heer (Die Volksmassen)	129
8. Bi / Die Verbundenheit	138
9. Xiao chu / Das Ansammeln im Kleinen	146
10. Lü / Das Schreiten	154
11. Tai / Das Sein	161
12. Fou (Pi) / Die Verneinung (Das Verfestigen)	170
13. Tong ren / Gemeinschaft mit Menschen	179
14. Da you / Großer Besitz	186
15. Qian / Die Bescheidenheit (Das Aufpicken)	194
16. Yu / Die Bedächtigkeit (Der Elefant)	200
17. Sui / Das Nachfolgen (Die Verfolgung)	208
18. Gu / Das Gewürm (Die Erblast)	215

19. Lin / Das Wehklagen   222
20. Guan / Die Schau   228
21. Shi ke / Das Durchbeißen   234
22. Bi / Das Glänzen (Die Ausdruckskraft)   241
23. Bo / Die Abspaltung   249
24. Fu / Die Wiederkehr   255
25. Wu wang / Die Unschuld   261
26. Da chu / Das Ansammeln im Großen   268
27. Yi / Die Kinnladen (Die Ernährung)   275
28. Da guo / Das Fehlgehen des Großen   282
29. Xi kan / Die doppelte Grube (Der Mond)   288
30. Li / Das Fangnetz (Die Sonne)   297
31. Xian / Die Vereinigung (Das Gefühl)   306
32. Geng (Heng) / Die Ausbreitung (Die Dauer)   313
33. Dun (Tun) / Der Rückzug (Die Ferkel)   319
34. Da zhuang / Die Kraft des Großen   325
35. Jin / Das Vordringen   331
36. Ming yi / Das Verschließen des Lichts (Das Lichtgefäß)   337
37. Jia ren / Die Familie   345
38. Kui / Das Widerstreben   352
39. Jian / Die Hemmung   359
40. Jie / Die Befreiung (Das Durchschneiden)   366
41. Sun / Die Minderung   373
42. Yi / Die Mehrung   380
43. Guai / Das Aufbrechen   388
44. Gou / Die Fügung   395
45. Cui / Die Versammlung   402
46. Sheng / Der Aufstieg   410
47. Kun / Die Bedrängnis   417
48. Jing / Der Brunnen   425
49. Ge / Die Häutung (Die Umwälzung)   432
50. Ding / Der Kessel   440
51. Zhen / Der Donnerschlag   448
52. Gen / Die Abkehr   456
53. Jian / Die Gründlichkeit   462
54. Gui mei / Das heiratende Mädchen   472
55. Feng / Die Erfüllung   478

56. Lü / Die Marschtruppe 489
57. Sun / Die Unterwerfung 496
58. Dui / Der Austausch 503
59. Huan / Das Spritzen 509
60. Jie / Die Zurückhaltung 516
61. Zhong fu / Innere Wahrheit (Die Brut im Inneren) 523
62. Xiao guo / Das Fehlgehen des Kleinen 533
63. Ji ji / Der Strom ist schon überquert 541
64. Wei ji / Der Strom ist noch nicht überquert 548

Tabelle zum Auffinden der Hexagramme 554

ANHANG

Die überlieferten Anordnungen der Acht Trigramme
   und der Vierundsechzig Hexagramme 555

Die Acht Trigramme, die dem Himmel nachfolgen 558
Die Anordnung der 64 Hexagramme in den Acht Häusern 567
Die Acht Trigramme, die dem Himmel vorangehen 570
Fuxis Anordnung der 64 Hexagramme,
   Fuxis Reihenfolge der 64 Hexagramme und
   das Problem einer Hexagrammformel (64A) 577

Literatur 582

Danksagung 591

VORWORT

Das *Buch der Wandlungen* ist im Westen bisher vor allem durch die berühmte Übersetzung von *Richard Wilhelm* aus dem Jahr 1924 bekanntgeworden.[1] Diese bleibt jedoch, ebenso wie auch fast alle später erschienenen Versionen, einer konfuzianisch geprägten Deutungstradition verhaftet, die sich von den geistesgeschichtlichen Ursprüngen des Werkes schon weit entfernt hatte. Die vorliegende Übersetzung und Interpretation geht prinzipiell hinter diese in vieler Hinsicht verfälschende Tradition zurück, um dem Leser auf der Grundlage der vorkonfuzianischen Urbedeutung der »Wandlungen« einen möglichst originalgetreuen Zugang zum Sinn des Buches zu vermitteln. Sie ist das Ergebnis einer mehr als 25jährigen Beschäftigung mit seiner Problematik.

Seit den Zeiten Richard Wilhelms hat die sinologische Forschung erhebliche Fortschritte gemacht, die auch das *Buch der Wandlungen* in einem neuen Licht erscheinen lassen. So konnte man aufgrund zahlreicher archäologischer Funde von Inschriften auf Knochen und Schildkrötenpanzern ein umfassendes Bild des Orakelwesens der chinesischen Frühzeit ermitteln, in der das System des *Yijing* entwickelt wurde. Hand in Hand damit ging die Erforschung der ältesten Formen der Schriftsprache. Insbesondere die Rekonstruktion der archaischen Etymologie durch *Bernhard Karlgren* erwies sich bei der Übersetzungsarbeit immer wieder als hilfreich für das Verständnis der in den Schriftzeichen verschlüsselten Bedeutungsfelder.[2]

Besondere Bedeutung für die *Yijing*-Forschung hat ein Fund, der 1973 bei Ausgrabungen in *Hunan* in einer Grabstätte aus dem Jahr 168 v. Chr. gemacht wurde, nämlich ein auf Seide geschriebenes Manuskriptexemplar des Buches. Diese nach dem Fundort *Mawangdui*

---

1 Richard Wilhelm: *I Ging. Das Buch der Wandlungen*. (Jena, 1924) Düsseldorf-Köln (Diederichs) 1956.
2 Bernhard Karlgren: *Grammata Serica Recensa*. Stockholm, Museum of Far Eastern Antiquities, 1964.

benannte Textfassung wurde erstmalig 1984 in der chinesischen Fachzeitschrift *Wenwu* veröffentlicht und liegt neuerdings auch in einer deutschen Übersetzung vor.³ Der Text bringt die 64 Hexagramme in einer anderen Reihenfolge, stimmt aber ansonsten zu etwa drei Vierteln mit dem überlieferten *Yijing* überein. Man kann daraus schließen, daß die beiden Versionen auf eine gemeinsame Urfassung zurückgehen, die unter dem Einfluß verschiedener Traditionen unterschiedlich abgewandelt wurde. Ein Vergleich der beiden Texte erlaubte es in vielen Fällen, dunkle Stellen zu klären und den ursprünglich gemeinten Sinn genauer zu bestimmen.

Vielfach hat man sich bemüht, die übermächtige konfuzianische Tradition der *Yijing*-Deutung zu überwinden und einen ursprungsnäheren Zugang zum Sinn der Spruchtexte zu gewinnen. Neue Wege haben hier auf je eigene Art vor allem die in den dreißiger Jahren erschienenen Abhandlungen von *August Conrady*⁴ und *Arthur Waley*⁵ gewiesen. Unter den zahlreichen späteren Arbeiten verdanke ich viele hilfreiche Hinweise besonders den umfassenden textkritischen Untersuchungen von *Gao Heng*⁶, ferner der mit einem ausführlichen philologischen Apparat versehenen Neuübersetzung von *Richard A. Kunst*⁷ sowie der systematischen Textanalyse von *Edward L. Shaughnessy*.⁸

Alle diese Bearbeitungen des *Yijing* haben jedoch einen fundamentalen Mangel gemeinsam: Sie interpretieren die Spruchtexte ohne jeden Bezug auf ihre jeweilige Zuordnung zu den Hexagrammen und

---

3 Dominique Hertzer: *Das Mawangdui-Yijing. Text und Deutung.* München (Diederichs, DG 122) 1996; hierzu gehört der Materialienband von derselben Autorin: *Das alte und das neue Yijing. Die Wandlungen des Buches der Wandlungen.* München (Diederichs, DG 126) 1996.
4 August Conrady: *Yih-King-Studien*, Hrsg. Eduard Erkes. In: Asia Major Vol. VII, Leipzig 1932.
5 Arthur Waley: *The Book of Changes*. In: Bulletin of the Museum of Far Eastern Antiquities 5, Stockholm 1933.
6 Gao Heng: *Zhouyi gujing jinzhu*. Beijing 1984.
7 Richard Alan Kunst: *The Original Yijing: A Text, Phonetic Transcription, Translation, and Indexes, with Sample Glosses*. Diss. University of California, Berkeley 1985. 8 Edward Louis Shaughnessy: *The Composition of the Zhouyi*. Diss. Stanford University, 1983.
8 Edward Louis Shaughnessy: *The Composition of the Zhouyi*. Diss. Stanford University, 1983.

einzelnen Linien. Das ist etwa so, wie wenn jemand das Schachspiel erklären wollte, indem er nur die Namensbezeichnungen der Figuren erläutert, das Spielbrett aber völlig unerwähnt läßt. Denn es besteht kein Zweifel, daß die Sprüche von Grund auf als Auslegung des Hexagrammsystems gedacht waren. Sonst wäre die detaillierte Gliederung des Textes durch die Hexagramme ja nichts anderes als eine Art Taschenspielertrick, um das Buch geheimnisvoll und bedeutsam erscheinen zu lassen –, was manche Sinologen allerdings in der Tat zu glauben scheinen.

Freilich ist es schwer, in einer sich abwandelnden Folge von nur zwei verschiedenen Strichsymbolen, einer gebrochenen und einer ungebrochenen Linie, die Grundlage für inhaltliche Assoziationen von der Vielfalt der Orakelsprüche des *Yijing* zu sehen. Verständlich wird dies nur, wenn man über die bloße Formalität der beiden Linien hinaus auch den inhaltlichen Sinn erkennt, für den sie ursprünglich als Symbole gesetzt wurden. Eben dies aber wird durch die chinesische Überlieferung außerordentlich erschwert. Denn die Verfälschung des *Yijing* durch die konfuzianische Tradition setzte nicht erst bei der künstlich moralisierenden Umdeutung der Sprüche an, sondern sehr viel fundamentaler bei einer schon frühzeitig erfolgten Tabuierung der konkreten Urbedeutung der beiden Linienformen. Die philosophische Definition derselben als Ausdruck von zwei universalen »Prinzipien« oder »Grundkräften« namens *Yin* und *Yang* ist so abstrakt, daß sie praktisch zur Reduktion des Hexagrammsystems auf einen bedeutungsentleerten Formalismus geführt hat.

Tatsächlich gibt aber schon das Schriftzeichen *Wandlung* (*yi*) selbst in seiner ältesten Form auf Orakelknochen der *Shang*-Dynastie die konkrete Urbedeutung des Begriffes deutlich genug wieder: . Es stellt auf der rechten Seite einen Mond, auf der linken eine mit drei Strichen angedeutete Schraffur dar, welche offenbar *Schatten* oder *Dunkelheit* bedeuten soll, und versinnbildlicht damit nichts anderes als das Verhältnis von Mondlicht und Mondschatten. Oder, mit den Worten von *Wolfgang Bauer*: »Als Urbegriff der ›Wandlung‹ schlechthin galt demnach also der Wechsel von Vollmond und Neumond...«[9]

9 Wolfgang Bauer: *China und die Hoffnung auf Glück*. München 1971. S. 38.

Dieser paläographische Befund wird von Bauer jedoch nur beiläufig als Indiz für das seiner Ansicht nach »eigentümlich Statische« und »verdächtig Homogene« des Wandlungsbegriffes angeführt. Darüber hinaus fand er in der bisherigen *Yijing*-Forschung keinerlei Beachtung, obwohl es noch weitere Hinweise in der frühen chinesischen Literatur gibt, die genau die gleiche Schlußfolgerung nahelegen: daß nämlich die beiden Linienformen ursprünglich als Symbole zum einen für die Lichtseite und zum anderen für die Schattenseite des Mondes gedacht waren.

Meine hermeneutischen Untersuchungen über das *Yijing* haben im Lauf der Jahre immer deutlicher gezeigt, daß sowohl die Konstruktion des Hexagrammsystems selbst als auch das methodische Prinzip seiner Betextung in der Tat folgerichtig auf diesem Ansatz beruhen. Die acht dreiteiligen Linienkombinationen oder Trigramme bilden auf seiner Basis eine Darstellung des Mondzyklus, durch die mit den Erscheinungsgestalten des Mondes im Wechsel der Tages- und Jahreszeiten eine konkrete inhaltliche Grundlage für die assoziative Deutung der aus den Trigrammen zusammengesetzten Hexagramme vorgegeben war.

Auch in den konfuzianisch redigierten kanonischen Kommentaren des *Yijing*, den sogenannten *Zehn Flügeln* (*Shiyi*), erscheint als *terminus technicus* für die beiden Linienformen überwiegend noch nicht *Yin* und *Yang* (*Lichtseite* und *Schattenseite*), sondern das ältere Begriffspaar *Rou* und *Gang* (*das Weiche* und *das Harte*), welches, wie u. a. aus einer höchst aufschlußreichen Stelle im *Buch der Dokumente* (*Shangshu*) hervorgeht, ursprünglich eben speziell die »weiche« Schattenseite und die »harte« Lichtseite des Mondes bezeichnete (siehe Einführung, S. 56 ff.). Dieses Begriffspaar wurde jedoch dort nicht in seiner lunaren Urbedeutung, sondern in einem abstrakten Sinn definiert, durch den diese nicht mehr erkennbar war. So heißt es im *Großen Kommentar* (*Dazhuan*): *Das Harte und das Weiche sind die Symbole für Tag und Nacht.*[10] Ebenso wurde die lunare Urbedeutung der Acht Trigramme unterschlagen, indem man sie durch vorwiegend mikrokosmische Symbole wie *Berg* und *See*, *Wasser* und *Feuer* ersetzte.

---

10 *Xici* (= *Dazhuan*) A II.

Wir haben es hier mit absichtsvollen Neudefinitionen zu tun, die praktisch einer Irreführung gleichkamen und den Zugang zum ursprünglichen Konstruktionsprinzip des *Yijing* verstellten. Denn es war ein wesentliches, wenn nicht das zentrale Anliegen des Konfuzius und seiner Jünger, den in der schamanistischen Frühzeit vorherrschenden Bezug auf die natürliche Erscheinungsordnung des Himmels als Maß aller Dinge zu überwinden, d. h. zu tabuieren, um an seine Stelle die verabsolutierte Autorität des klassischen Schrifttums zu setzen. Diese Grundhaltung des Konfuzius ist u. a. in den *Gesprächen* (*Lunyu*) überliefert, wo es heißt:

Die Lehre des Meisters über das Schrifttum kann man von ihm zu hören bekommen. Eine Aussage des Meisters über den Zusammenhang zwischen der Natur des Menschen und dem Weg des Himmels kann man nicht von ihm zu hören bekommen.11

Auch andere Überlieferungen sprechen dafür, daß Konfuzius aus eben diesem Grund ein besonders problematisches Verhältnis zum *Buch der Wandlungen* hatte. Denn keiner der anderen klassischen Texte war in seiner Grundkonzeption so fundamental und so systematisch eben gerade auf den »Weg des Himmels« gegründet wie dieser. Die 64 Hexagramme insgesamt stellen eine vollständige Formulierung der kalendarischen Himmelserscheinungen in der binären Bildersprache des Mondes dar, d. h. praktisch einen numerischen Mondkalender.

Diese ursprüngliche Bedeutungsstruktur des Hexagrammsystems ist in der Einführung ausführlich begründet und erläutert. Ihre Entschlüsselung machte es möglich, die inhaltliche Struktur der Orakelsprüche Linie für Linie konsequent aus der Gestalt des jeweiligen Hexagrammes zu erklären. Der für sich genommen oft zweifelhafte Sinn der lapidaren Sprüche wird durch die darin vorgegebene urbildliche Deutungsgrundlage vielfach erst klar definiert, und zwar dergestalt, daß sich der Text in der Regel durchaus wortgetreu und ohne jene zahlreichen »Korrekturen« verstehen läßt, die in der neueren *Yijing*-Forschung üblich geworden sind.

---

11 *Lunyu*, Legge S. 177 f.

Daraus haben sich häufig im Vergleich zu den bekannten Interpretationen völlig andersartige, bisher unverstandene Sinnzusammenhänge ergeben, die nicht nur den Ruf des *Yijing* als ein tiefgründiges Weisheitsbuch bestätigen, sondern auch die bewundernswerte Vollkommenheit seiner formalen Konstruktion deutlich werden lassen. Das *Buch der Wandlungen* ist nicht zuletzt auch ein grandioses Stück Dichtung, ein sprachliches Kunstwerk hohen Ranges, das in einzigartiger Weise einen assoziativen Zusammenhang zwischen Himmel und Erde herstellt und sinnfällig werden läßt.

Inhaltlich haben wir es dabei mit der manchmal befremdlichen Weltdeutung einer archaischen Naturreligion zu tun, in der Wertvorstellungen von der Art individuell orientierter Humanität völlig hinter den zeitlosen Gesetzen des Kosmos und des biologischen Kreislaufes zurücktreten. Dies aber gehört wohl auch wesentlich zu der intimen Strukturverwandtschaft des *Yijing* mit den Gesetzmäßigkeiten des kollektiven Unbewußten, die offenbar seine immer wieder verblüffende Treffsicherheit als Orakelbuch ermöglicht.

Für den Gebrauch des *Yijing* als Orakelbuch habe ich nach der direkten Übersetzung der Sprüche immer zunächst eine kurze praktische Deutung in modernen Begriffen folgen lassen, die jedoch nur als ein grober und vorläufiger Hinweis für den vielleicht eiligen Benutzer verstanden sein will. Der eigentliche Sinn der Orakelsprüche stellt sich allein in der mit ihrem eigenen Wortlaut gegebenen Symbolik im Kontext des betreffenden Hexagrammes dar. Diese aber läßt sich durch eine direkte Übersetzung meist nur unzulänglich wiedergeben. Sie wird daher jeweils im Hauptteil meines Kommentars nicht nur allgemein umschrieben, sondern immer wieder auch Wort für Wort erklärt, um dem Leser über ein Verständnis der oft fremdartigen Bedeutungsfelder der chinesischen Schriftzeichen den Originaltext so unverfälscht wie möglich nahezubringen.

Als Quellentext wurde die kritische Ausgabe des *Yijing* in *Zhouyi yinde*, Harvard Yenching Sinological Index Series, Supplement No. 10, Repr. Taibei 1966, zugrundegelegt.

Berlin, April 1996   *Frank Fiedeler*

Einführung

Das *Buch der Wandlungen* (*Yijing*) ist unbestritten der wichtigste Text der chinesischen Kulturtradition. In der konfuzianischen Staatsreligion galt es als das heiligste unter den geheiligten klassischen Büchern, die der Überlieferung nach von *Konfuzius* (551–479 v. Chr.) zusammengestellt worden waren. Aber auch unter den Taoisten genoß es höchstes Ansehen.

Der einzigartige Charakter dieses Textes springt schon durch sein äußeres Erscheinungsbild ins Auge: Sein Grundgerüst besteht aus 64 sechsteiligen, binär aufgebauten Zeichen, die alle möglichen Kombinationen einer gebrochenen und einer ungebrochenen Linie auf sechs übereinandergeordneten Plätzen darstellen. An diese 64 *Hexagramme* (*gua*) sind dann Zeichen für Zeichen und Linie für Linie chinesische Schriftzeichen (*wen*) angeknüpft, die kurze, scheinbar zusammenhanglose Sprüche (*ci*) bilden.

Wie wohl kaum ein anderes Werk der Weltliteratur genießt das *Yijing* bis heute den besonderen Ruf der Rätselhaftigkeit. Mit seinem universalen Anspruch als Weltsystem und seinen vielseitigen Deutungsmöglichkeiten widersetzt es sich jeder Einordnung in gewohnte Kategorien. Seinem immanenten Sinngehalt nach kann man es unter wenigstens drei scheinbar völlig verschiedenartigen Aspekten betrachten: als ein Orakelbuch, als ein systematisches Paradigma der Sprachschöpfung und als Formulierung einer archaischen Evolutionstheorie.

Im Westen begann die Diskussion über den Sinn des *Yijing* schon mit *Leibniz* (1646–1716), der darin eine frühe Form des von ihm entwickelten binären Zahlensystems sah.[1] Mittlerweile hat sich unter den Sinologen immerhin der Konsensus herausgebildet, daß es sich ursprünglich um ein Orakelbuch, ein »Handbuch für Wahrsager« handelte.[2] Dies unterliegt auch tatsächlich keinem Zweifel: Das *Yijing* überliefert uns die Formulierung eines Orakelsystems.

---

1 Widmaier, Rita (Hrsg.): *Leibniz korrespondiert mit China*. Frankfurt 1990.
2 Kunst, Richard Alan: *The Original Yijing*, S. 3.

Der Text ist schwer zu datieren, stammt aber im wesentlichen mit Sicherheit aus der Zeit der westlichen *Zhou*-Dynastie (1045–770 v. Chr.), auf die auch der ursprüngliche Name *Zhouyi* (*Wandlungen der Zhou*) des Buches verweist.³ Die Epoche stand noch ganz im Zeichen einer schamanistischen Himmelsreligion, die den Geist der chinesischen Frühgeschichte beherrschte, so weit diese sich überhaupt zurückverfolgen läßt.⁴ Der Überlieferung nach waren die Autoren des Buches der *Zhou*-König *Wenwang* (wörtlich *der Schriftkönig*, um 1050 v. Chr.), dem man die Hauptsprüche zu den Hexagrammen zuschreibt, und sein Sohn *Zhougong*, der die Sprüche zu den einzelnen Linien verfaßt haben soll. Die Erfindung der Orakelzeichen selbst, insbesondere der *Acht Trigramme* (*bagua*), wurde jedoch noch weiter zurückgeführt auf den mythischen Urkaiser *Fuxi* (gesprochen *Fu-chi*), der von 2852 bis 2737 v. Chr. regiert haben soll, eigentlich aber eine Mond- und Himmelsgottheit war. Von ihm wird berichtet, daß er *regierte, indem er den Himmel fortsetzte* und *das Licht von Sonne und Mond nachbildete*.⁵

Das *Yijing*-Orakel hatte wie jedes Orakel den praktischen Sinn einer systematischen Entscheidungshilfe. Technisch beruhte es auf einer Prozedur, bei der man durch das willkürliche Abteilen und anschließende Auszählen einer Anzahl von Schafgarbenstengeln eine Reihe von Zufallsentscheidungen herbeiführte. Durch diese wurde das Orakelergebnis als ein primäres und in den meisten Fällen zusätzlich noch als ein sekundäres Hexagramm bestimmt.⁶

Vor der Prozedur wurde das Orakel mit einer Frage betraut. Man fragte nach den Chancen eines Einfalles, eines Wunsches oder Planes, um mit Hilfe des Orakelergebnisses herauszufinden, ob dieser zu verwirklichen wäre. In den überlieferten Fällen aus dem frühen China ging es zum Beispiel darum, ob der König an einem bestimmten Tag

---

3 Zur Frage verschiedener Textschichten s. Hellmut Wilhelm: *I-Ching Oracles in the Tso-chuan and the Kuo-yü*. In: Journal of the American Oriental Society, Vol. 79/4, 1959.
4 Siehe hierzu David W. Pankenier: *Sandai Astronomical Origins of Heaven's Mandate*. 6th International Conference on the History of Science in China, Cambridge, UK: 2.–7. August, 1990.
5 *Zhongguo renmin dacidian*, Artikel *Fuxi*.
6 Siehe die ausführliche Erläuterung S. 70 ff.

auf die Jagd gehen, ein Opfer darbringen oder einen Kriegszug unternehmen sollte.

Natürlich kann man ein solches Verfahren der Entscheidungsfindung als primitiven Aberglauben abtun. Wenn man die Entwicklung eines Orakelsystems aber als konstruktive Problemstellung ernst nimmt, wie es die Autoren des *Yijing* zu ihrer Zeit zweifellos getan haben, handelte es sich um eine außerordentlich anspruchsvolle Aufgabe. Sie bedeutete dann nichts Geringeres als das Problem, in symbolischer Form den Prozeß der Entscheidung als solchen zu simulieren, d. h. den gesetzmäßigen Weg vom *Einfall* über die *Reflexion* zum *Entschluß* nachzubilden. Damit aber war nichts anderes thematisiert als der Grundvorgang des Denkens und die Funktion des menschlichen Geistes überhaupt. Das Orakel sollte, modern ausgedrückt, eine experimentelle Darstellung des Reflexionsprozesses sein.

Die Erfinder des *Yijing*-Systems standen daher praktisch zunächst vor der gleichen theoretischen Grundfrage, vor der heute die Informatiker stehen, wenn sie Maschinen mit einer selbständig denkenden und urteilenden Intelligenz zu entwickeln versuchen: Wie funktioniert der menschliche Geist?

Nun kann man die Funktion des Geistes – nicht nur des Bewußtseins, wie ich betonen möchte – ganz allgemein als *ein Spiel* definieren, das die Welt in symbolischen Formen widerspiegelt – in Bildern, Zeichen, Worten, Begriffen. Die symbolischen Formen und ihr Spielzusammenhang insgesamt bilden dann das, was wir, im allgemeinsten Sinn des Begriffes, *eine Sprache* nennen. Die Aufgabe, den Entscheidungsprozeß in einem Orakelsystem zu formulieren, bedeutete daher, folgerichtig gedacht, die Entwicklung der funktionalen Modellform einer lebendigen Sprache.

Der Bedarf für eine solche Modellform im frühen China liegt kulturgeschichtlich auf der Hand; denn dort wurde ja das umfassendste System von Bildzeichen entwickelt, das es je auf der Erde gab, nämlich die chinesische Ideogrammschrift, die eine echte und selbständige, d. h. von der Lautung grundsätzlich unabhängige *Schrift-Sprache* ist. Man kann sie theoretisch auch lesen und schreiben, ohne einen einzigen ihrer Wort-Laute zu kennen.

Die Entwicklung dieser Bilderschrift bedeutete eine gewaltige Aufgabe, und zwar die Aufgabe einer ursprünglichen Sprachschöpfung in

Form von einigen tausend optischen Wort-Zeichen. Im Prinzip mußte für jeden regelmäßigen Aspekt der menschlichen Existenz ein Bildsymbol erfunden und im Bedeutungszusammenhang des Gesamtsystems definiert werden.

Eine solche Aufgabe konnte nur auf der Grundlage einer methodischen Systematik bewältigt werden. Wie u. a. die Forschungen von *Vandermeersch* gezeigt haben, entwickelte sich diese Systematik aus der Theorie und Technik des Orakels.[7] Das *Buch der Wandlungen* aber überliefert uns die Systematik der archaischen Orakeltheorie auf ihrer höchsten Entwicklungsstufe. Vielleicht ist es überhaupt weltweit das einzige überlieferte Zeugnis der theoretischen Grundlage einer originären Sprachschöpfung.

Auch in den klassischen Kommentaren, deren Endredaktion vermutlich erst in der früheren *Han*-Zeit (206 – 7 v. Chr.) erfolgte, die aber auch sehr viel älteres Material enthalten, klingt das ursprüngliche Anliegen der Sprachschöpfung immer wieder an. So heißt es im Kommentar *Xici (Hinzugefügte Aussagen)*, der auch der *Große Kommentar (Dazhuan)* genannt wird:

> Die »Wandlungen« beleuchten das Vergangene und erklären das Zukünftige. Sie gehen dem Offensichtlichen auf den Grund und enthüllen das Verborgene. Indem man ihnen zuerst die Namen zuordnete, unterschied man die Dinge und definierte die Wörter. Man gliederte sie in Sprüche, und dann war es fertig. Ihre Benennung mit Namen ist etwas Kleines, aber das Erfassen der Bedeutungskategorien durch sie ist groß.[8]

In der Stufenfolge – *Zuordnung der Namen – Definition der Wörter – Gliederung der Sprüche* – erkennen wir den elementaren formallogischen Aufbau der Sprache mit den Grundelementen – Eigenname – Begriff – Satz. Der Grundgedanke war offenbar die Herstellung eines systematischen Modells der Sprachfunktion: Das Orakelspiel sollte die elementare Form des Sprachspiels darstellen; und die Zufallsentscheidung des Orakels durch die Prozedur mit den Schafgarbenstengeln repräsentierte dabei die Funktion des Einfalles, die ja in nicht

---

7 Leon Vandermeersch: *Wangdao ou la voie royale. Recherches sur l'esprit des institutions de la Chine archaique*. Bd. II, Paris 1980, S. 480.
8 *Xici*, B V.

hintergehbarer Weise die Initialzündung aller sprachlichen Prozesse und damit die lebendige Seele des Sprachspiels bedeutet. Daß man sich diesen Einfall zugleich als eine Manifestation des Himmels bzw. eine Bekundung der Ahnengeister vorstellte, tut einer grundsätzlichen Rationalität des Gedankens keinen Abbruch; denn tatsächlich ist ja kein Sterblicher in der Lage, seine eigenen Einfälle selbst zu bestimmen und im voraus zu wissen.

Die Botschaft des Buches und der Schlüssel zu seinem Verständnis liegen wesentlich in der Logik seiner formalen Konstruktion. Diese bildet den Rahmen, in dem seine Inhalte erst ihren Sinn als Bedeutungskategorien gewinnen. Man kann im *Yijing* immer wieder an vielen Stellen beobachten, wie nicht die Sprüche das Orakelzeichen erklären, sondern umgekehrt die Bedeutung der Sprüche und der einzelnen Schriftzeichen in ihnen erst durch den Kontext der Hexagramme definiert werden. Wie auch *August Conrady* im Prinzip erkannte, war die kontexturale Bestimmung der Wortbedeutungen ein wesentliches Anliegen des Buches.[9]

Es ging also unter diesem Aspekt praktisch um die Bildung eines umfassenden Weltmodells aus symbolischen Elementen, das den Funktionsplan von Sprache überhaupt als das grundlegende Paradigma der Sprachschöpfung und Sprachentwicklung formulieren sollte. Das notwendige formallogische Entwicklungsziel jeder Sprachentwicklung aber ist die *Aussage*, die, wie ihr lateinischer Name *Prae-dikation* sagt, ihrem ursprünglichen Sinn nach *Voraussage* bedeutet, d. h. eine Bestimmung, die über den unmittelbar gegenwärtigen Anschein hinaus für eine Zukunft Gültigkeit besitzt. Dem entsprach der praktische Gebrauch des Orakels als ein Mittel der Entscheidung, die ja als solche immer eine Zukunftsperspektive festlegt.

Das leitende Prinzip, nach dem bei der Entwicklung des Systems vorgegangen wurde, erscheint überraschend modern, nämlich von einer Art, die wir nach heutigen Begriffen *evolutionstheoretisch* nennen würden. Denn es geht letztlich von der Zielvorstellung der erfolgreichen Anpassung an die Umwelt aus. Das Orakelsystem des *Yijing*

---

9 August Conrady: *Yih-King-Studien*. Hrsg. Eduard Erkes. In: Asia Major Vol. VII, Leipzig 1932.

stellt ein symbolisches Modell der Umwelt dar, mit dem es zugleich als ein Anpassungsmechanismus organisiert ist, der für jede auftretende Konstellation der Umwelt einen Schlüssel in Gestalt einer symbolischen Paßform besitzt.[10]

Merkwürdigerweise ist es daher die Evolutionstheorie, die für uns Heutige den naheliegendsten Brückenschlag zum Verständnis der Zeichenlogik des *Yijing* bildet. Auch in China wurde diese Logik nicht nur auf die kultursprachliche Zeichenschöpfung bezogen, sondern ebenso auf das Zeichensystem der biologischen Evolution, das wir heute als »die Sprache der Gene« bezeichnen würden. Man verstand das *Yijing* in einem durchaus biologischen Sinn zugleich als eine auf die funktionale Polarität des Männlichen und des Weiblichen gegründete Evolutionslehre. So werden im *Großen Kommentar* die Funktionen der mit Männlichkeit und Weiblichkeit identifizierten zwei Grundhexagramme Qian und Kun als *Wandlung* (yi) und *Auslese* (jian) definiert, was man ebenso wörtlich mit *Mutation* und *Selektion* wiedergeben kann.[11]

Zur Sphäre der Genetik bestand eine intensive Beziehung durch die Verehrung der Ahnengeister, die wir ja als eine mythologische Verkleidung der Gene verstehen können. In frühen Textschichten wird das Orakelspiel auch als die symbolische Darstellung der Bewegungen und Mischungen dieser Geister erklärt, die, wie die Linien der Hexagramme, in einer *Yin*-Form (gui) und einer *Yang*-Form (shen) vorkommen.

Für die außerordentliche Tiefenschärfe dieser archaischen Evolutionstheorie spricht deutlicher als alles andere ein Phänomen, das erstmalig im Jahr 1968 von der Tiefenpsychologin *Marie-Louise von Franz* entdeckt wurde: daß nämlich das Grundmuster der 64 Hexagramme des *Yijing* eine vollkommene strukturale und numerische Übereinstimmung mit den 64 Nukleotidtripletts der Erbsubstanz

---

10 Eine prinzipielle Verwandtschaft mit der Anpassungslogik des *Yijing* ist in der semiotischen Umwelttheorie *Jakob von Uexkülls* gegeben. Siehe Jakob von Uexküll: *Der Organismus und seine Umwelt*. 1931, Neudruck Berlin 1956.
11 *Xici*, A I u. B I.

DNS aufweist. Diese aber bilden bekanntlich die Grundlage des *genetischen Kodes*, der molekularbiologischen Basis aller lebenden Organismen auf der Erde.[12]

Diese regelrechte *Isomorphie* zwischen dem *Yijing*-Kode und dem DNS-Kode bedeutet praktisch, daß die Theoriebildung im archaischen China ganz und gar ohne die Hilfe von Elektronenmikroskopen zu einer exakten Modellvorstellung der biochemischen Grundordnung aller Lebensfunktionen geführt hat. Und das kann doch wohl nur möglich sein, wenn die natürliche Entstehung dieser Ordnungsstruktur aus ihrer ursprünglichen Bedingtheit heraus verstanden und folgerichtig nach-gedacht worden ist.

Daraus ergibt sich eine hochinteressante interdisziplinäre Perspektive, die der amerikanische Molekularbiologe *Gunther S. Stent*, als er die Isomorphie im Jahr 1969 ebenfalls bemerkt hatte, mit den folgenden Worten formulierte: »Vielleicht sollte man bei der Erforschung der gegenwärtig noch ungeklärten Ursprünge des genetischen Kodes die umfangreichen Kommentare des *Yijing* zu Rate ziehen, um Ansätze für die Lösung des Problems zu gewinnen.«[13]

In der Tat bedeutet die Isomorphie, daß die Aussagen der chinesischen Orakeltheorie über die Entwicklung und Konstitution des Hexagrammsystems direkt auf die formale Struktur des genetischen Kodes übertragen werden können.[14]

Das Orakelsystem des *Yijing* formuliert damit sowohl praktisch als auch sinngemäß seinem eigenen Anspruch nach zugleich ein universales Paradigma der Sprachschöpfung und eine allgemeine und interdisziplinäre Evolutionstheorie, in der das *endogene* Medium der genetischen Steuerung und Reproduktion (genetischer Kode) mit dem *exogenen* Medium der kulturgeschichtlichen Evolution (Sprache und Schrift) auf einen gemeinsamen strukturalen Nenner gebracht ist.

---

12 Marie-Louise von Franz: *Symbole des Unus Mundus*. In: W. Bitter (Hrsg.): *Dialog über den Menschen*. Stuttgart 1968.
13 Gunter S. Stent: *The Coming of the Golden Age. A View of the End of Progress*. New York 1969, S. 64.
14 Siehe hierzu Frank Fiedeler: *Die Monde des I Ging. Symbolschöpfung und Evolution im Buch der Wandlungen*. München 1988, S. 193–225.

Der kosmische Ansatz

Aufgrund des evolutiven Prinzips der Anpassung an die Umwelt mußte das System vor allem anderen eine Zeichengestalt für die Darstellung der irdischen Umwelt in ihren elementarsten Grundformen enthalten. Maßgeblich für die Entwicklung einer solchen aber war eine fundamentale Dimension, die – ungeachtet ihrer Offensichtlichkeit – dem neuzeitlichen, von einer naturfeindlichen Metaphysik geprägten Bewußtsein völlig fremd geworden ist: nämlich die durch Sonne und Mond bestimmte Erscheinungsordnung des Himmels. Denn der Himmel, der wirkliche, natürliche Himmel, ist, es muß gesagt werden, kein religiöser Glaubensinhalt, sondern nichts anderes als die Umwelt der Erde. Er umhüllt den Erdball räumlich von allen Seiten und bildet zugleich zeitlich durch den Wechsel seiner Erscheinungen die drei Grundrhythmen des irdischen Umweltgeschehens als Tag, Monat und Jahr, d. h. als die naturgegebene Ordnung des Kalenders.

Auch in der späteren taoistischen *Yijing*-Philosophie wurden daher Sonne und Mond noch als die ursprünglichen Bedeutungen der beiden Linienformen verstanden, aus denen die Hexagramme bestehen. So schrieb *Zheng Xiang* in der *Song*-Zeit (11. Jh.):

Die Wandlungen folgen Sonne und Mond. Die ungebrochene Linie entspricht der Sonne, die gebrochene dem Mond. Die Gesetzmäßigkeit der Welt besteht ausschließlich darin, wie diese sich abwechselnd trennen und paaren. (So etwas wie) restliche Wandlungen, die darüber hinausgingen, gibt es nicht.[15]

Aber diese Bedeutung der zwei Linienformen ist in Wahrheit nicht die primäre, sondern leitet sich aus einer noch ursprünglicheren ab; denn die Erscheinungsordnung des Himmels war nicht nur das grundlegende Thema, das mit dem Hexagrammsystem symbolisch dargestellt wurde, sondern enthielt zugleich auch die vorbildliche oder bedingende Naturgrundlage für den Vorgang des symbolischen Darstellens selbst – nämlich im Erscheinungswandel des Mondes. Dies aber bedeutet die Abstammung der beiden Grundsymbole — und - - von den zwei Gesichtern des Mondes, seiner Lichtseite und

---

15 *Zhou Dunyi, Zheng Xiang* u. a., *Zhouyi tu*. In: *Daozang* Bd. 4, S. 3109.

seiner Schattenseite. In der taoistischen *Yijing*-Literatur ist sinngemäß auch diese Zuordnung überliefert (siehe S. 41).

Der Mond ist das himmlische Vorbild alles Symbolischen, das natürliche Urphänomen des Zeichens. Für das Auge des Kundigen bedeutet er mit seinen wechselnden Erscheinungsbildern vor dem Hintergrund der Fixsternsphäre jederzeit die jeweilige raumzeitliche Konstellation des ganzen Weltgetriebes. Die Bildersprache des Mondes ist der natürliche Ur-Kode, in dem mit dem Wechsel der Tages- und Jahreszeiten der irdische Weltlauf als himmlischer Text formuliert ist. Nicht nur in China wurden deshalb die frühen Kalendersysteme nach dem Ordnungsmuster des Mondwandels entwickelt.

Dabei zeigt oder deutet die Lichtseite des Mondes naturgemäß immer auf die Sonne, d. h. auf die Tagseite des Himmels, *be-deutet* diese also im wörtlichsten Sinne. Und umgekehrt be-deutet die Schattenseite des Mondes ebenso unvermeidlich immer die Nachtseite des Himmels. Von daher versteht sich die Definition der *harten* (*gang*) oder ungebrochenen und der *weichen* (*rou*) oder gebrochenen Linie im *Großen Kommentar* unmittelbar als Umschreibung der Lichtseite und der Schattenseite des Mondes: *Das Harte und das Weiche sind die Symbole für Tag und Nacht.*[16]

Ferner erklären sich aus dieser Urbedeutung auch die Gestalten der beiden Linienformen selbst: Die *ungebrochene* Linie stellt die Lichtseite des Mondes dar, weil diese in ihrer Frontalstellung zur Erde als Vollmond *ungebrochen* sichtbar bleibt; und die *gebrochene* Linie stellt die Schattenseite des Mondes dar, weil deren Erscheinung in der Frontalstellung durch die Konjunktion, den allmonatlichen Sonnendurchgang des Mondes, *unterbrochen* wird.

So entsprechen die beiden Linienformen in ihrer Eigenschaft als symbolische Formen oder *Signifikanten* dem Urbild der binären Monderscheinung, d. h. der dunklen und der hellen Seite des Mondes. In dieser Eigenschaft wurden sie *Rou* und *Gang* (*das Weiche* und *das Harte*) genannt. Tag und Nacht hingegen bilden ihre urbildlichen Bedeutungsgegenstände oder *Signifikate*, und diese wurden als *Yin* und *Yang* (*Schattenseite und Lichtseite*) bezeichnet. Zur Verdeutlichung: Ein bekanntes Verkehrsschild, zum Beispiel, hat die signifikantische

---

16 *Xici*, A I.

Bedeutung »senkrecht nach oben gerichteter Pfeil« und die signifikatische Bedeutung »Abbiegen verboten«.

Wir haben also zwei verschiedene urbildliche Bedeutungsebenen des *Yijing*-Kodes, eine signifikantische und eine signifikatische. Da die beiden Signifikate Tag und Nacht zusammen nichts anderes bedeuten als die Erscheinungsstruktur der Sonne, können wir auch von einer lunaren und einer solaren Bedeutungsebene sprechen. Zugleich aber wird die Erscheinungsstruktur der Nacht, d. h. eines der beiden Signifikate, wiederum durch den Mondwandel im ganzen repräsentiert; denn die zweigeteilte Erscheinungsgestalt des Erdtrabanten stellt immer genau dar, in welchem Verhältnis die Nacht jeweils in Mondschein und Dunkelheit aufgeteilt ist. Daher kann man die beiden urbildlichen Signifikate in der Tat mit *Zheng Xiang* auch als Sonne und Mond definieren. *Tai-yin* (*Höchstes Yin*) ist ein Name des Mondes, und *Tai-yang* (*Höchstes Yang*) die bis heute in China übliche Bezeichnung der Sonne.

Das Begriffspaar *Rou-Gang* ist jedoch früher belegt als *Yin-Yang*, nämlich schon in der Westlichen *Zhou*-Zeit, als das *Yijing* entstand.[17] Auch die Betextung der Hexagramme zeigt, daß für die Entwicklung und Gestaltung des Buches primär die signifikantische oder lunare Bedeutung der zwei Linienformen zugrundegelegt wurde. Die Sprüche der beiden homogenen Grundhexagramme H1 *(Qian)* und H2 *(Kun)*, die jeweils nur aus sechs ungebrochenen bzw. aus sechs gebrochenen Linien bestehen, umschreiben in ihrer Symbolik nichts anderes als die zwei gegensätzlichen Erscheinungsstrukturen der zwei Mondgesichter. Jedoch wird in der Betextung sekundär auch der Gedanke der signifikatischen Bedeutung zum Ausdruck gebracht, und zwar durch die vielfach betonte Verweisung der Mondbilder auf ihr jeweiliges diametrales Gegenbild, die in der kosmischen Philosophie des *Yijing* eine fundamentale Rolle spielt (siehe S. 55 ff.).

Der erläuterte Doppelsinn der beiden Bedeutungsebenen ist der Logik des *Yijing*-Systems von seiner Naturgrundlage her immanent. *Die Formulierung* dieses Systems in Form der 64 Hexagramme aber ist allein in der lunaren oder signifikantischen Dimension begründet, die ja als solche das urbildliche Medium der Darstellung bildet.

---

17 Leon Vandermeersch, *Wangdao ou la voie royale*, Bd. II, S. 340.

sen vorstellen müssen, als den Hermaphroditen, der das ganzheitliche, Weiblichkeit und Männlichkeit gleichermaßen umfassende Urbild des Menschen darstellt. In der Tat wurde er nur in der entmythologisierten Form der konfuzianischen Tradition als Mensch und weiser König dargestellt. In seiner mythologischen Gestalt aber hatte er den Kopf eines Menschen und den Körper einer Schlange. Dies symbolisiert die zwei Gesichter seines janusköpfigen Wesens, die der Lichtseite und der Schattenseite des Mondes entsprechen (Abb. 1, S. 26 und Abb. 12, S. 48).

Der Januskopf insgesamt vollführt damit eine Bewegung des *Nickens*, mit der seine zwei Gesichter zugleich die zeitliche Vermittlung zwischen Tag und Nacht und die räumliche Vermittlung zwischen Himmel und Erde darstellen. Die Nachahmung dieses kosmischen Nickens war das Grundritual der Schamanen, durch das sie in Verkehr mit dem Himmel traten und sich in eine spirituelle Einheit mit dem nicht zufällig so genannten »Numinosen« versetzten; denn das lateinische Wort *numen*, mit dem die Römer den Willen des Himmels bzw. ihres Himmelsgottes *Janus* bezeichneten, hat die konkrete Grundbedeutung *das Nicken*.

Die Bildung der Acht Trigramme

Dieses den Mond nachahmende Verhaltensmuster der Zwei Rituale stellt die methodische Grundlage für die Bildung der Acht Trigramme dar, aus welchen dann die 64 Hexagramme zusammengesetzt werden. Es ist so elementar, daß man sich seine Wirksamkeit ohne weiteres auch bei der Entstehung des genetischen Kodes durch ein vorbewußtes Reaktionsmuster chemischer Substanzen vorstellen kann.

Der *Große Kommentar* beschreibt die Bildung der Acht Trigramme als einen dreistufigen Entwicklungsprozeß, der sich aus der *Absoluten Mitte* (*taiji*) heraus in der Zahlenfolge 2 – 4 – 8 entfaltet:

Die Wandlungen haben eine Absolute Mitte. Diese erzeugt die Zwei Rituale. Die Zwei Rituale erzeugen die Vier Bilder. Die Vier Bilder erzeugen die Acht Trigramme.[21]

---

21 *Xici*, A XI.

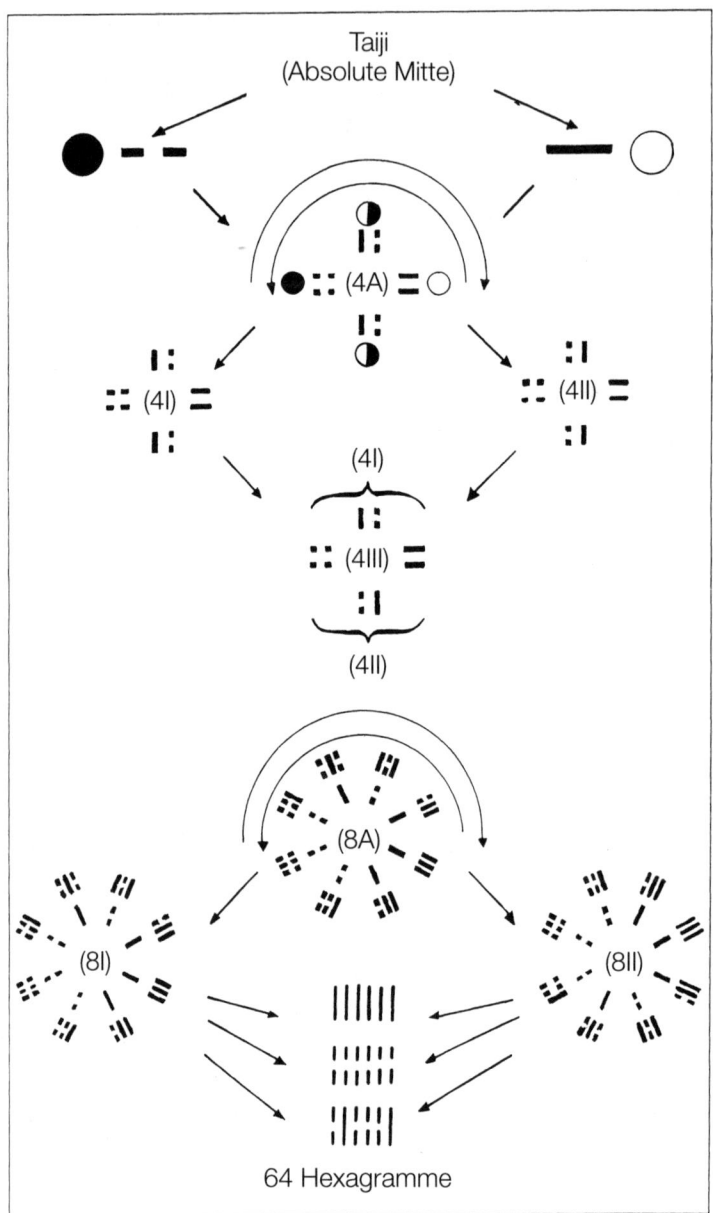

Abb. 2: Die Entwicklung des Hexagrammsystems.

den Himmel wendet und auf der Tagseite herunter zur Erde. Da im räumlichen Verhältnis Himmel-Erde der Himmel als Ort der natürlichen Lichtquellen Sonne, Mond und Sterne jeweils die helle, dem Tag entsprechende *Yang*-Seite des Gegensatzes bedeutet, die von Haus aus unbeleuchtete Erde hingegen die dunkle, der Nacht entsprechende *Yin*-Seite, ist diese Bewegung im Verhältnis zum zeitlichen Tag-Nacht-Wechsel ebenfalls kontrapunktisch entgegensetzend. Das Informationsmuster (4I) ihres Verhaltens gleicht damit der beschriebenen Erscheinungsstruktur des Mondwandels im ganzen (Abb. 4). Wenn wir den Zyklus (4I) gegen den Uhrzeigersinn lesen, entspricht er der monatlichen Reihenfolge der vier Mondphasen (vgl. die Darstellung (4A) in Abb. 2, S. 28).

Abb. 4: Bilderzyklus (4I): die Struktur des »weichen« oder weiblichen Rituals. Das dunkle Vollbild == bedeutet mit der Herabwendung die Erde, das helle = mit der Hinaufwendung den Himmel. Die beiden Halbbilder == und == markieren mit ihrem hellen und ihrem dunklen Strichelement die Stellung der Tag-Nacht-Dimension.

Das »harte« oder männliche Ritual hingegen ergibt nach dem Vorbild des hellen Mondgesichtes, das sich auf der Tagseite hinauf in den hellen Himmel und auf der Nachtseite hinunter zur dunklen Erde wendet, naturgemäß genau das umgekehrte Verhaltensmuster (4II). Seine Bewegung ist damit im Verhältnis zur Tag-Nacht-Dimension nicht entgegensetzend, sondern *gleichsetzend*. So definiert sie praktisch die Tag-Nacht-Dimension selbst, d. h. den Erscheinungsrhythmus der Sonne. Diesen stellt die »homogenisierte« Form des *Yinyang*-Symbols dar (Abb. 5). Aus Gründen der besseren Vergleichbarkeit der zwei Bilderzyklen habe ich in Abb. 5 die Stellung der Tag-Nacht-Dimension gegenüber Abb. 4 (S. 31) umgekehrt. Man gelangt so zu der gleichen Folge der Bilder, wie wenn man statt der beiden Halbbilder die zwei Vollbilder vertauscht.

Abb. 5: Bilderzyklus (4II): die Struktur des »harten« oder männlichen Rituals. Das dunkle Vollbild == bedeutet mit der Herabwendung die Erde, das helle = mit der Hinaufwendung den Himmel. Die beiden Halbbilder == und == markieren mit ihrem hellen und ihrem dunklen Strichelement die Stellung der Tag-Nacht-Dimension.

Man sieht hier, wie die Zwei Rituale auch in der Dimension der Vierheit wieder als Signifikanten den zwei Mondaspekten entsprechen und zugleich als ihre Signifikate die Erscheinungsstrukturen von Mond und Sonne formulieren. (4I) stellt den lunaren Horizont der Vier Bilder dar, (4II) den solaren. Dabei sind die Vier Bilder (und damit die zwei Linienformen) in den zwei Horizonten (4I) und (4II) nicht nur durch ihre Reihenfolge, sondern auch durch ihre Zuordnung im Kreislauf vollkommen entgegengesetzt definiert: In (4I) markiert das helle Vollbild die Nacht, das dunkle den Tag. In (4II) sind diese Rollen vertauscht.

So verdeutlicht sich auf einer weiteren Differenzierungsebene die fundamental reflexive Logik des Systems: Indem die zwei Signifikanten ihre Signifikate bedeuten, bedeuten sie zugleich dieses Bedeuten selbst als Zeichenfunktion, nämlich das Verhältnis von Signifikant (Erscheinungsstruktur des Mondes) und Signifikat (Erscheinungsstruktur der Sonne).

Im räumlicher Hinsicht wurden die Zwei Rituale mit den Gestaltqualitäten *konkav* und *konvex* definiert. Dem entspricht ihre sexualsymbolische Auslegung als Geschlechtshorizonte. Die Schattenseite des Mondes stellte man sich im Gegensatz zu seiner gewölbten Lichtseite hohl vor, so daß sich daraus insgesamt das Bild eines halbkugeligen »Mond-Gefäßes« ergibt. Auch dies bestätigt sich auf der Differenzierungsebene der Vier Bilder als ein phänomenologischer Befund. Denn das Verhältnis der Bilderzyklen (4I) und (4II) definiert in der Tat den natürlichen Gegensatz zwischen der Erscheinungsstruktur eines *Tales* und eines *Berges* im Tageslauf (oder im Verlauf einer Vollmondnacht). Und zwar definiert der weibliche Horizont (4I) das Tal, und der männliche Horizont (4II) den Berg – wenn wir die beiden Zyklen gegen den Uhrzeigersinn lesen, wie es der Umlaufrichtung des Mondes entspricht (Abb. 6).

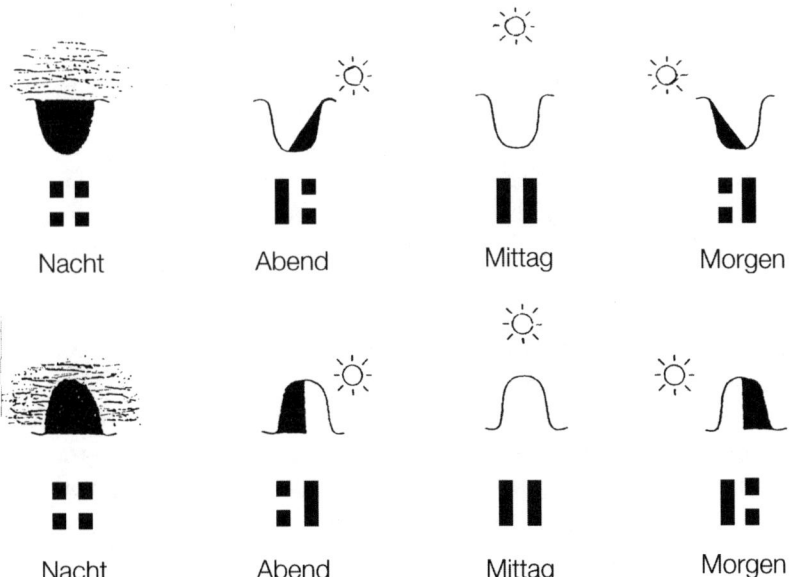

Abb. 6: *Die zwei Bilderzyklen als Erscheinungsstrukturen von Berg und Tal.*

So erweist sich die schöpferische Nickbewegung des *Fuxi* beim Vollführen der Zwei Rituale in einem formal exakt definierten Sinn als die vergleichende Vermittlung zwischen Himmel und Erde, die mit seinem Vorgehen beschrieben wurde: *Er wandte sich hinauf und schaute die Bilder des Himmels. Er wandte sich herab und erkundete die Gesetzmäßigkeiten auf der Erde.* Das heißt, er *erkundete die Gesetzmäßigkeiten auf der Erde* nach Maßgabe der *Bilder des Himmels*, also in Entsprechung oder *Analogie* zu diesen. Das Prinzip der analogischen Assoziation zwischen Himmel und Erde war grundlegend für die mytho-logische Symbolschöpfung der schamanistischen Epoche, die das *Buch der Wandlungen* exemplarisch dokumentiert.[22]

Wir haben damit das Verhältnis der Zwei Rituale in ihrer vierheitlichen Formulierung als die zueinander gegensinnigen Bilderzyklen (4I) und (4II) betrachtet. Sie sind aber von ihrer Naturgrundlage in den beiden Mondgesichtern her nicht nur einander entgegengesetzt, sondern auch wesenhaft zusammengehörig. Dieser Zusammenhang zwischen ihnen wird nun durch den dritten Entwicklungsschritt formuliert, durch ihre Synthese (4III), welche in impliziter Form die explizit im Zyklus (8A) dargestellten Acht Trigramme enthält (Abb. 2, S. 28).

Die Synthese (4III) entspricht mit der einen Hälfte dem Zyklus (4I), mit der anderen dem Zyklus (4II). In den acht Strichelementen des Zyklus (4III) sind die Acht Trigramme bereits in miteinander verketteter Form enthalten. Wenn wir den Zyklus Schritt für Schritt durchlaufen, ist die Zahl der Acht Trigramme aufgrund der Verkettung jedoch noch nicht nach acht, sondern erst nach zehn Schritten vollständig. Die Zahl Zehn erscheint daher in den Sprüchen des *Yijing* mehrfach als Symbol für die Vollständigkeit des Mondzyklus. (Hier ist auch der Zusammenhang mit der Symbolreihe der *Zehn Himmelsstämme* [*tian gan*] zu suchen.)

Die Formel (4III) stellt den genetischen Urzusammenhang der Trigramme dar. Denn die vollzählige Versammlung der Acht Trigramme kann wie gesagt nur durch diese eine zyklische Anordnung von acht Strichelementen erzeugt werden. In ihrer reinen Formalität qua Tri-

---

22 Siehe hierzu Frank Fiedeler: *Yin und Yang. Das kosmische Grundmuster in den Symbolformen Chinas.* Köln 1993, insbesondere S. 15 – 29 u. S. 113 – 144.

Abb. 7: Darstellung des Möbiusschen Bandes von M. C. Escher. Die Darstellungsform zeigt, wie das durchschnittene, d. h. doppelt gewendete Band mit seinen beiden getrennten Kehrseiten in der Struktur des einfachen Bandes mit dem fließenden Übergang der zwei Seiten enthalten ist (s. Text S. 36).

gramme ist denselben dieser Zusammenhang (4III) daher als ihr immanenter Bedeutungsinhalt eigen.

Als die Synthese der Bilderzyklen (4I) und (4II) formuliert der Urzusammenhang der Trigramme die Einheit der beiden Mondgesichter und damit die Struktur des Mondwandels im ganzen. In der sexualsymbolischen Auslegung bedeutet er die Vereinigung der Geschlechter bzw. die binäre Formulierung der ganzheitlichen Natur des zweigeschlechtlichen *Fuxi*, der exemplarischen Urform des Subjekts. Wir haben es mit der binären Formulierung jenes »Mysterium Coniunctionis« zu tun, das C. G. *Jung* anhand der Symbolik der mittelalterlichen europäischen Alchimie untersucht hat.[23]

---

23 C. G. Jung: *Mysterium Coniunctionis. Untersuchungen über die Trennung und Zusammensetzung der seelischen Gegensätze in der Alchemie.* Zürich/Stuttgart 1968.

Als Synthese der räumlichen Gestaltqualitäten konvex und konkav aber definiert der Urzusammenhang der Acht Trigramme eine höchst bedeutsame geometrische Struktur, nämlich die Struktur des *Möbiusschen Bandes* (Abb. 7, S. 35). Das Möbiussche Band ist seine dreidimensionale Form. Seine Oberfläche besteht aus einem Berg und einem Tal, die an jeder Stelle durch die Wand des Bandes voneinander getrennt sind, aber gleichwohl fließend ineinander übergehen, so daß das Band nur eine einzige Fläche bildet. Man kann im Durchlaufen des Bandes auf seine Kehrseite gelangen, ohne seinen Rand zu überschreiten. Es ist eine Wand, die durch ihre Form zugleich ihre eigene Aufhebung als Wand formuliert. Um eine bessere Vorstellung davon zu gewinnen, empfiehlt es sich, ein Modell des Bandes aus Papier anzufertigen.

Die Struktur des Möbiusschen Bandes stellt die archetypische Grundform des Subjekts als organisches System der Anpassung an den Wechsel der Zeiten nach dem Vorbild des Mondwandels dar. Um dies zu demonstrieren, durchschneiden wir das Band zunächst einmal der Länge nach. Damit erhalten wir nicht wie bei einem gewöhnlichen Ring zwei Bänder, sondern es bleibt eines, das aber jetzt zwei durchgängig voneinander getrennte Kehrseiten hat. Dieses entfaltete Band kann man nun auf zwei vollkommen umgekehrte oder komplementäre Weisen wieder zur Urform des einfachen Bandes zusammenlegen, so daß jede seiner beiden Kehrseiten einmal die sichtbare Außenseite und einmal die unsichtbare Innenseite bildet. Wenn wir die eine Seite schwärzen und die andere weiß lassen, erhalten wir damit eine weiße und eine schwarze Version des Bandes – die Entsprechung von Vollmond und Schwarzmond. Dies ist die archetypische Struktur des *Wechselbalges*.[24] Es handelt sich um einen Körper mit zwei austauschbaren Oberflächen oder Horizonten, durch die er sich systematisch auf den Wechsel von zwei entgegengesetzten Umwelteinflüssen einstellen kann, indem er jeweils den dazu passenden, d. h. komplementären Horizont hervorkehrt, und den anderen in

---

24 Im Mittelalter bezeichnete man mit dem deutschen Wort *Wechselbalg* ein schwachsinniges Kind, das auf die einfachsten Lebensfunktionen beschränkt war. Charakteristischerweise wurde es gleichbedeutend mit *Mondkalb* verwendet. Man glaubte in solchen Fällen an den Einfluß des Mondes. Nach Friedrich Kluge: *Etymologisches Wörterbuch*, Berlin 1967, Artikel *Wechselbalg* und *Mondkalb*.

seinem Inneren verbirgt, um ihn vor der Auslöschung durch die Gegeninformation zu schützen. Damit entspricht er der im Verhältnis zu Tag und Nacht kontrapunktisch entgegensetzenden Erscheinungsstruktur des Mondwandels. Diese Struktur des Wechselbalges ist das evolutionslogische Anpassungsprinzip, durch das allein es möglich ist, die Destruktivität des unvermittelten Wechsels in eine konstruktive Entwicklung zu übersetzen. Es ist das Prinzip der Negation der Negation, wie wir es in der Denkfigur »Minus mal Minus gleich Plus« haben. Der Sinn der Geschlechterpolarität wird damit fundamental als eine Arbeitsteilung im Rahmen der Anpassungsfunktion erklärt.

Von daher können wir nun die Synthese des Trigrammzusammenhanges im dreidimensionalen Modell des Möbiusschen Bandes nachvollziehen: Die zwei Kehrseiten des Wechselbalges entsprechen den Zwei Ritualen, d. h. in der vierheitlichen Formulierung den beiden Horizonten (4I) und (4II). So sind sie durch die Wand des Bandes getrennt. Ihre Synthese aber stellt sich dar, indem wir das durchschnittene Band nicht Fläche auf Fläche, sondern mit den Schnittstellen wieder zusammenfügen. Dadurch entsteht wieder das einfache Band, in dem sich die Wand zwischen den entgegengesetzten Horizonten aufhebt, so daß sie eine einzige Fläche bilden. Und dieses repräsentiert eben ihre Synthese (4III), welche der Struktur des Wechselbalges und ihren getrennten Funktionen darin als ihr Urzusammenhang zugrundeliegt. Dieses Verhältnis der Zwei Rituale in der Struktur des Möbiusschen Bandes ist auch ikonographisch durch die Darstellung von *Fuxi* mit seinem weiblichen Komplement *Nügua* belegt (Abb. 1, S. 26).

So repräsentiert das Möbiussche Band die archetypische Urform des lebenden Organismus als irdische Nachbildung oder Verkörperung des Mondwandels. Die Wand des Wechselbalges entspricht der unterscheidenden Grenze zwischen der Lichtseite und der Schattenseite des Mondes, deren Verlauf seine jeweils sichtbare Gestalt definiert. Mit der Synthese aber wird diese Unterschiedenheit aufgehoben. So entspricht sie der Unsichtbarkeit des Mondes. Daher ist der urbildliche Ort der Synthese im Zyklus des Mondes die Konjunktion mit der Sonne, wo er allmonatlich drei Tage und Nächte nicht zu sehen ist.

Die symbolische Nachbildung des Mondwandels ist also konsequenterweise von solcher Natur, daß darin auch die Formulierung seines Verschwindens enthalten ist. Und gerade in diesem Modus der Abwesenheit ihres himmlischen Vorbildes gewinnt die symbolische Form als solche – die semiotische Struktur des Subjekts – ihre irdische Eigenständigkeit.

Das Verschwinden des Mondes wurde in dem Sinn verstanden, daß sich sein Körper auflöst und in keimhafte Bruchstücke zerfällt, aus denen er sich dann als Neumond wieder regeneriert. Diese Bruchstücke stellen die Acht Trigramme dar. Und deren keimhafte Bedeutungskonstitution (4III) enthält nicht nur in der beschriebenen Weise die Symbolform des Mondwandels, sondern zugleich dessen wesenhafte *Verbundenheit* (= *Konjunktion*) als urbildlicher Signifikant mit seinem urbildlichen Signifikat, nämlich mit der Sonne bzw. dem Wechsel von Tag und Nacht. Das Ursymbol Mond ist in der Konjunktionsphase vollkommen aufgegangen in seinem Bedeutungsinhalt. Der Wechsel von Tag und Nacht findet dreimal statt, ohne daß sich der Mond durch seine eigene Erscheinung von ihm unterscheidet. Dementsprechend vollzieht sich synchron dazu der Wechselverkehr der ihres himmlischen Vorbildes beraubten und auf sich selbst zurückgeworfenen Zwei Rituale dreimal ohne die trennende Wand in der unmittelbaren Form (4III). Darin ist auch die Dreizahl der Strichelemente in den Trigrammen begründet. Denn der ex-

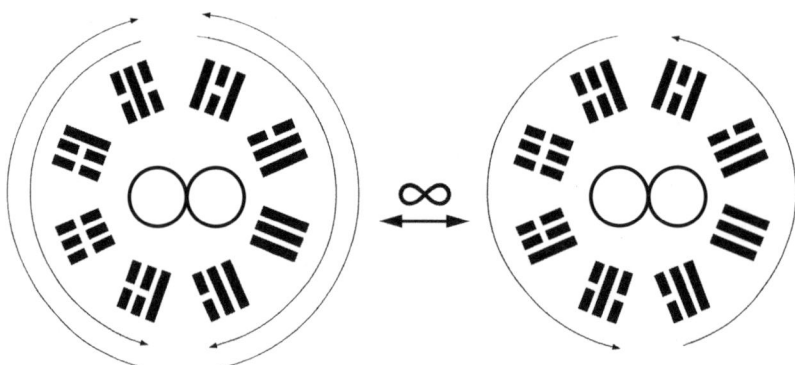

Abb. 8: Die Aufhebung des Gegensinnes im Urzusammenhang der Acht Trigramme (links) erzeugt die Anordnung des Fuxi (rechts) (s. Text S. 39 f.).

plizite Urzusammenhang der Trigramme in der Form (8A) entsteht durch die dreimalige Verkettung ihres impliziten Zusammenhanges (4III).

Inhaltlich entspricht die Dreizahl der Strichschichten den drei Bedeutungsebenen, welche die Acht Trigramme als symbolisches Konzentrat des subjektiven Weltzusammenhanges miteinander vereinen: die urbildlich signifikatische oder solare Ebene, die urbildlich signifikantische oder lunare Ebene, und die mikrokosmische Ebene der symbolischen Form selbst als körperliches Gebilde, als das semiotische Subjekt auf der Erde. Diese drei Dimensionen werden in dem

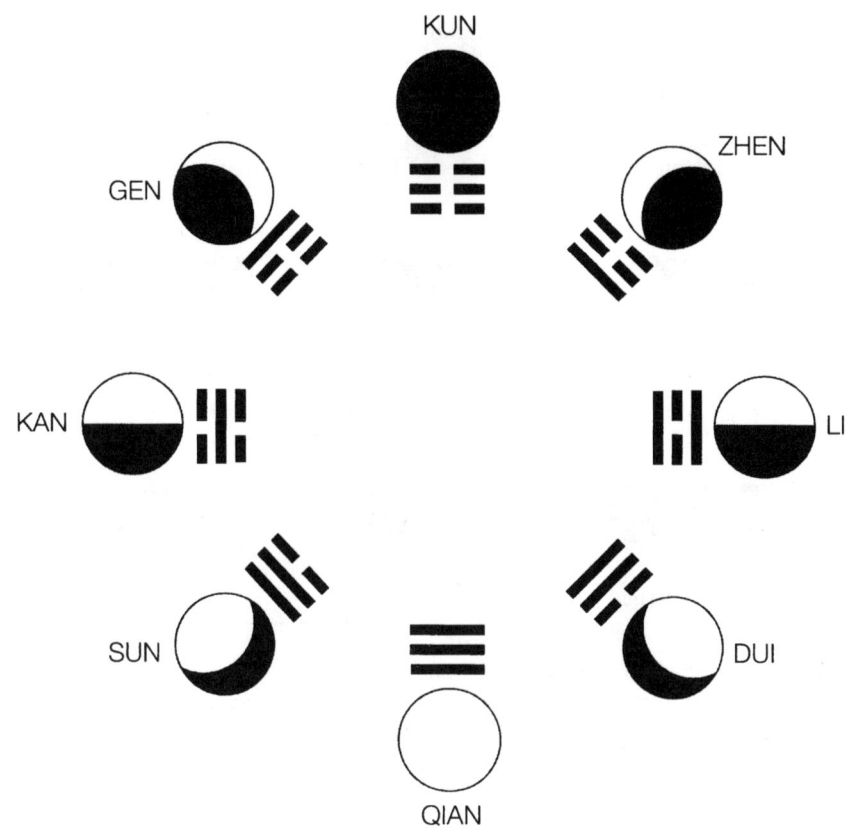

Abb. 9: Der Mondplan der Acht Trigramme, der die Grundlage für die Deutung der Hexagramme bildete (s. Text S. 40).

klassischen Kommentar *Shuogua* als der *Weg des Himmels*, der *Weg der Erde* und der *Weg des Menschen* umschrieben. Der Sinn dieser Begriffe und die einschlägige Textstelle lassen sich aber besser erst auf der Grundlage des entwickelten Hexagrammsystems erläutern (s. S. 45).

Der Zyklus (8A), den ich die *Ur-Acht* nenne, formuliert die Struktur des Mondwandels in der beschriebenen Weise als die Synthese zweier *gegensinniger* Bewegungen. Die Symbolform für die uns gewohnte *einsinnige* (d. h. nur von einem Standpunkt aus betrachtete) Abfolge der Mondbilder erhalten wir daher, wenn wir diesen Gegensinn aufheben, indem wir die linke und die rechte Seite des Zyklus, der Linie einer liegenden 8 folgend, gegeneinander verkehren (Abb. 8, S. 38). Wir bekommen damit die Reihenfolge einer der zwei überlieferten Trigrammformeln, die auch *Fuxis Anordnung der Acht Trigramme* genannt wird (Abb. 9, S. 39).[25] Diese Anordnung der Trigramme definiert den Mondplan des Himmels, der für die Betextung

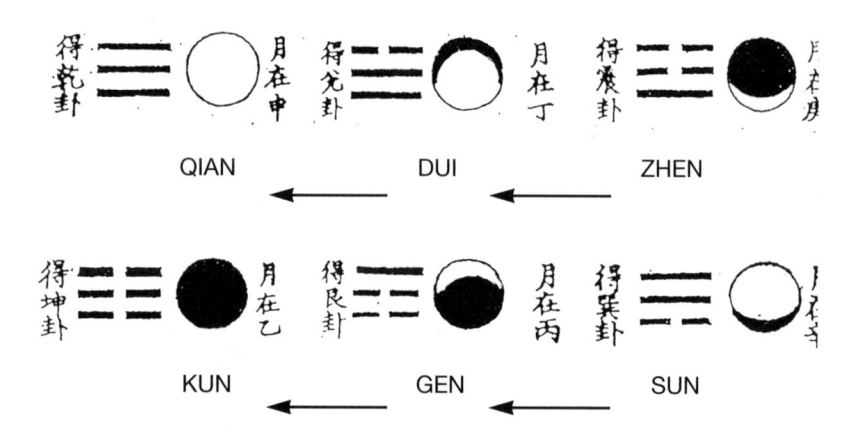

QIAN ← DUI ← ZHEN

KUN ← GEN ← SUN

Abb. 10: Taoistische Auslegung der Mondphasen durch die Trigramme, die der Zuordnung des Yu Fan (um 200 n. Chr.) entspricht. In dieser Auslegung wurden die Trigramme Li und Kan aus dem Kreislauf ausgeklammert und in der Mitte oder »im Inneren« des Zyklus plaziert. (Chengtong Daozang, Bd. 4, S. 3088.) (s. Text S. 41.)

---

25 Zur formalen Problematik dieser Ableitung und der Verschiedenheit der Schreibweisen s. Anhang, S. 570 ff.

der Hexagramme im *Yijing* zugrundegelegt wurde. Dabei entspricht der monatliche Phasenwechsel der Bewegung gegen den Uhrzeigersinn. In der Blickrichtung dieser Bewegung stellt die Verteilung der hellen und der dunklen Linien in den Trigrammen die von der Mitte des Zyklus aus zu lesenden Mondbilder dar. Die Trigramme *Kan* und *Li* jedoch haben eine Sonderstellung und wurden nicht nur als die beiden Halbmonde, sondern zugleich als Symbole für Sonne und Mond ausgelegt (vgl. H29/H30). Damit wurde zugleich der Doppelsinn der lunaren und der solaren Bedeutung der Trigramme systematisch markiert.

Die Überlieferung einer ausdrücklichen Zuordnung der Trigramme zu den Mondbildern findet sich in den taoistischen *Yijing*-Kommentaren der *Han*-Zeit, u. a. bei *Yu Fan* (164 – 233 n. Chr.)[26] (Abb. 10, S. 40). Auch setzte man beide zusammen in Beziehung zu den *Zehn Himmelsstämmen* (*Tiangan*). Jedoch ist die Linksseitigkeit und die Rechtsseitigkeit der Mondbilder hier entgegengesetzt ausgelegt, so daß die Trigramme *Zhen* und *Gen* sowie *Sun* und *Dui* vertauscht sind und der Richtungssinn im Zyklus umgekehrt wird. Diese Zuordnung entspricht weder der in der Nomenklatur der Trigramme erkennbaren Symbolik noch dem Deutungsmuster im *Yijing*.

Natürlich definiert der Trigrammzyklus des *Fuxi* in seiner Formalität ebenso den Wandelweg des Wechselbalges, der irdischen Verkörperung des Mondwandels, und damit überhaupt die allgemeine Struktur jeder zyklischen Wechselbewegung zwischen zwei Polen. Die konkrete Struktur des in sich gegensinnigen Wechselbalges als Modus des Möbiusschen Bandes jedoch ist exakt in dem zweiten der beiden überlieferten Trigrammzyklen formuliert, die als *König Wens Anordnung der Trigramme* bekannt ist (s. Anhang, S. 558 ff.). Da sich der Aufbau beider Zyklen folgerichtig aus der Ur-Acht (8A) ableitet, ist dies zugleich ein sinologischer Beleg für den Ansatz dieser ursprünglichsten Trigrammformel, die als solche nicht überliefert ist.

---

26 Fung Yu-lan: *A History of Chinese Philosophy*. Princeton 1952/53, Bd. II, S. 426 ff.

Die Bildung der 64 Hexagramme

Wie der Bilderreigen (4A) in den zwei umgekehrten Reihenfolgen (4I) und (4II) gelesen werden kann, so ergibt auch der Trigrammzusammenhang (8A) zwei gegensinnige (und zugleich spiegelbildliche) Zyklen (8I) und (8II) (Abb. 2, S. 28). Was damit formuliert wird, sind praktisch zwei umgekehrte Erscheinungformen des Mondwandels *im ganzen*, deren jede sich wiederum aus dem Gegensinn seiner zwei Aspekte zusammensetzt, aber mit vertauschten Rollen. Diese beiden umgekehrten Erscheinungsformen des Mondwandels haben wir in der Natur als die lunaren Ausdrücke des *Monats* und des *Jahres*, d. h. der Himmelsbahnen von Mond und Sonne; denn im Lauf eines Jahres produziert der an einem bestimmten Himmelsort seiner Bahn beobachtete Mond die Umkehrung seiner monatlichen Bilderreihe.

Dies bedarf heutzutage wohl auch für den gebildeten Leser noch einer näheren Erklärung: Wenn wir den Mond unmittelbar vom Erdort aus in seinem monatlichen Phasenwechsel betrachten, so sehen wir die Reihenfolge der Mondbilder im Zyklus (4A) in linksdrehender Richtung, d. h. gegen den Uhrzeigersinn. Er drückt damit seine eigene monatliche Umlaufbahn durch den Tierkreis relativ zur Sonne aus und gliedert dabei zugleich durch seine täglichen Erscheinungsbahnen den Tageslauf in die vier Tageszeiten. Dies ist die Struktur des *synodischen* Mondwandels. Betrachten wir den Mond hingegen allmonatlich jeweils an einem bestimmten Himmelsort des Tierkreises, so sehen wir im Lauf der dreizehn siderischen Mondumläufe des Jahres genau die umgekehrte Reihenfolge seiner vier Phasenbilder, die sich im Zyklus (4A) rechtsdrehend, d. h. *mit* dem Uhrzeigersinn darstellt. Damit drückt er den Jahreslauf der Sonne durch den Tierkreis aus; und wenn wir als Ort der Beobachtung den Punkt seines höchsten Standes oder Kulminationspunktes am Himmel wählen (= der Sonnenort der Sommersonnenwende), so gliedert er mit seinen vier Phasenbildern zugleich auch das Jahr in die Vier Jahreszeiten, analog dazu, wie er – in der umgekehrten Reihenfolge – bei seinem monatlichen Umlauf die vier Tageszeiten markiert. Aufgrund seiner Bezogenheit auf einen bestimmten Ort des Tierkreises können wir diesen jährlichen Erscheinungsablauf als den *siderischen* Mondwandel bezeichnen. Er ist dann zu unterscheiden vom siderischen *Mondum-*

lauf, worunter man die Zeitstrecke des monatlichen Umlaufs von Fixstern zu Fixstern versteht.[27]

Durch die Korrelation der Trigrammzyklen (8I) und (8II) ist es daher möglich, das Verhältnis zwischen dem synodischen und dem siderischen Mondwandel zu formulieren. Diese Korrelation ist die kombinatorische Verdoppelung der Trigramme zu Hexagrammen. Da die beiden Rhythmen zeitlich voneinander unabhängig als Monat und Jahr ablaufen, entstehen alle möglichen Konstellationen zwischen ihnen, die sich somit als alle möglichen Kombinationen von zwei Trigrammen darstellen, d. h. als die $8^2 = 64$ Hexagramme.

Dieser Konstitution des Hexagrammsystems entspricht auch der für die Betextung zugrundegelegte Trigrammzyklus des Fuxi (Abb. 9, S. 39), der eine symbolische Kombination der beiden Rhythmen darstellt (s. Anhang S. 571 ff.).

Da die vollzählige Versammlung der Acht Trigramme, wie gesagt, nur durch (4III) und keine andere Anordnung von acht binären Elementen erzeugt werden kann, enthalten sie als solche in ihrer reinen Formalität die Verweisung auf eben diesen ihren konkreten Urzusammenhang. Damit *bedeuten* sie als kontexturale Symbolformen die urbildliche Struktur des Mondwandels und behalten diese Bedeutung qua Trigramme auch dann, wenn sie in der beschriebenen Weise aus ihrem konkreten Zusammenhang herausgelöst und zu Hexagrammen kombiniert werden. Die Vollständigkeit ihrer möglichen Kombinationen stellt damit die symbolische Korrelation zweier zeitlich voneinander unabhängiger Erscheinungsabläufe des Mondwandels dar, eben des synodischen und des siderischen. Der synodische Mondwandel aber enthält zugleich die Information der vier Tageszeiten, und der siderische die Information der vier Jahreszeiten. Wir haben damit in Gestalt der 64 Hexagramme die vollständige Symbolform des Kalenderhimmels mit den drei Grundrhythmen Tag, Monat und Jahr entwickelt.

So stellen die 64 Hexagramme die Erscheinungsordnung des Himmels in der binären Sprache des Mondes dar und bilden damit die

---

27 Hierzu und allgemein zur Information über die geozentrische Erscheinungsordnung des Himmels s. Joachim Schultz: *Rhythmen der Sterne. Erscheinungen und Bewegungen von Sonne, Mond und Sternen*. Dornach/Schweiz 1963.

Struktur eines *Mondkalenders*. Noch in der späteren *Han*-Zeit (25 – 220 n. Chr.) wurden die 64 Hexagramme in der Tat zugleich als ein Kalendersystem verstanden.[28]

Auf der einfachsten Ebene kann man den kalendarischen Charakter des Systems demonstrieren, wenn man die Hexagramme als *drei* Etagen von je zweiteiligen Linienkombinationen oder »Bildern« betrachtet: Da es *vier* Bilder gibt, lassen sich durch die 64 Hexagramme alle 64 möglichen Kombinationen der vier Tageszeiten, der vier Mondphasen und der vier Jahreszeiten darstellen. Als dreidimensionales Anpassungssystem entspricht dies einem Wechselbalg mit 64 verschiedenen Oberflächen. Wir erhalten das Modell eines solchen, wenn wir das einfache Möbiussche Band sechsmal verdoppeln, d. h. jeweils der Länge nach durchschneiden. Dies ergibt 32 ineinanderhängende Bänder mit je zwei durchgängig unterschiedenen Kehrseiten, deren jede eine Oberfläche bilden kann, wenn wir die Teilbänder wieder zur Form des einfachen Bandes zusammenlegen.

Durch den Doppelsinn der Acht Trigramme sowohl als Ausdruck des synodischen Mondwandels als auch des siderischen Mondwandels sind die drei Grundrhythmen aber nicht erst in der expliziten Form der Hexagramme, sondern implizit oder keimhaft auch schon in den drei Strichschichten der Trigramme selbst enthalten. Wir haben diese Dreiheit bereits bei der Entwicklung der Trigramme als die solare oder signifikatische, die lunare oder signifikantische und die körperliche oder mikrokosmische Bedeutungsebene derselben identifiziert. Wenn wir die Trigramme als implizite Keimform der Hexagramme betrachten, ist in jeder dieser drei Ebenen eine Doppelung enthalten, nämlich ein Tagesaspekt (Tag – Nacht) und ein Jahresaspekt (Sommer – Winter), die durch den Doppelsinn des Mondwandels als Medium koordiniert sind.

Auf diesem Hintergrund versteht sich nun die ausführlichste Beschreibung der Konstruktion des Hexagrammsystems, die uns im Kanon des *Yijing* überliefert ist. Sie findet sich im Kommentar *Shuogua* (*Besprechung der Orakelzeichen*):

---

28 Wolfram Eberhard: *Lokalkulturen im alten China. Erster Teil. Die Lokalkulturen des Nordens und Westens*. Leiden 1942, S. 290.

Als in alter Zeit die Heiligen Menschen die Wandlungen schufen, unternahmen sie es damit, die Gesetzmäßigkeit des Lebens nachzubilden:

Sie erstellten den Weg des Himmels, und nannten ihn Schattenseite (*yin*) und Lichtseite (*yang*). Sie erstellten den Weg der Erde, und nannten ihn das Weiche (*rou*) und das Harte (*gang*). Sie erstellten den Weg des Menschen, und nannten ihn Liebe (*ren*) und Gerechtigkeit (*yi*).

Diese drei Elemente hängten sie zusammen und verdoppelten sie. Darum bilden die Wandlungen Orakelzeichen aus sechs Strichelementen. Um Schattenseite und Lichtseite voneinander zu unterscheiden, werden abwechselnd das Weiche und das Harte gebraucht. So bilden die Wandlungen auf sechs Plätzen das Himmelsmuster.[29]

Der Text erklärt zuerst den Aufbau der Acht Trigramme aus ihren drei Strichschichten. Die Terminologie erklärt sich als eine mytho-logische Verräumlichung des Erscheinungshimmels, die zugleich die Tabuierung des direkten Bezuges auf diesen bedeutete. Dabei wurde die Tagseite des Himmels als Oberwelt, seine Nachtseite als Unterwelt ausgelegt (Abb. 11, S. 46). Diese Projektion des zeitlichen Gegensatzes in einen räumlichen machte den Tag zum *Himmel* (d. h. zu der Welt über der Erdoberfläche) und die Nacht zur *Erde* (d. h. zu der Welt unter der Erdoberfläche). Dadurch wurde aus dem Erscheinungsrhythmus der Sonne, die den Tag definiert, der *Weg des Himmels*, und aus dem Erscheinungsrhythmus des Mondes, der die Nacht gestaltet, der *Weg der Erde*. Für den Weg des Himmels haben damit die beiden Linienformen ihre solaren oder signifikatischen Bedeutungen, nämlich Tag und Nacht bzw. Sommer und Winter, was die Begriffe *Yin* und *Yang* (*Lichtseite* und *Schattenseite*) ausdrücken. Und für den Weg der Erde haben sie ihre lunaren oder signifikantischen Bedeutungen, nämlich die zwei Gesichter des Mondes bzw. den Wechsel von Vollmond und Schwarzmond, was die Begriffe *Gang* und *Rou* (*das Harte* und *das Weiche*) ausdrücken. Der *Weg des Menschen* aber ist die Ebene des mikrokosmischen Subjekts, der symbolischen Synthese dieser urbildlichen Gegensätze als körperliches Gebilde auf der Erde. Auf dieser Ebene werden die beiden Linienformen als *Ren* und *Yi* (*Liebe* und *Gerechtigkeit*) definiert, was die Wechselbeziehung von

---

29 *Shuogua* II.

Abb. 11: Die Grundvorstellung des mythischen Weltbildes, wie sie aus dem Flut-Mythos im Buch der Dokumente (Shangshu) hervorgeht: Der Taghimmel wurde als Berg oder trockenes Land ausgelegt, der Nachthimmel als ein Wasser, das im Yijing oft »der große Strom« genannt wird.

Vereinigung und Trennung zwischen den Geschlechtern umschreibt, deren Ambivalenz die Gestalt des Möbiusschen Bandes darstellt.

Im letzten Abschnitt des Zitates werden dann die Verdoppelung der Trigramme zu Hexagrammen und der Sinn des Hexagrammsystems im ganzen erklärt. Hier haben wir eine ganz klare Definition der funktionalen Beziehung zwischen den Signifikaten Yin-Yang und den Signifikanten Rou-Gang: *Um Schattenseite und Lichtseite voneinander zu unterscheiden, werden abwechselnd das Weiche und das Harte gebraucht.* Damit wird das Hexagrammsystem als die Urform des Subjekts in seiner Funktionsweise als ein Anpassungsmechanismus erklärt, der sich nach dem Vorbild des Mondwandels methodisch in vollkommen komplementärer Weise durch den Abwechsel seiner zwei signifikantischen Bedeutungshorizonte Gang und Rou auf den Wandel der durch die signifikatischen Grundphänomene Yin und Yang bestimmten Umwelt einstellt, wie es der erläuterten Struktur des Wechselbalges entspricht.

Am Ende des Zitates verrät uns schließlich der Begriff des *Himmelsmuster*s den ursprünglichen Sinn der ganzen Konstruktion als symbolische Auslegung der Erscheinungsordnung des Himmels. Dieses Schriftzeichen (*zhang*) bezeichnet nämlich die im Westen nach dem Athener *Meton* benannte *Meton-Periode* von 19 Sonnenjahren, nach der sich die Erscheinungskonstellationen von Sonne, Mond und Fixsternsphäre mit großer Genauigkeit wiederholen. Nach diesem Zeitraum erscheint immer die gleiche Mondphase am gleichen Ort des Tierkreises, was natürlich auch zugleich die Übereinstimmung der Tages- und Jahreszeit bedeutet. Die Meton-Periode repräsentiert so als übergeordnetes Ordnungsmuster die Vollständigkeit der kalendarischen Himmelserscheinungen und bildete daher die Grundlage sowohl des chinesischen Mondkalenders als auch der antiken Kalendersysteme im Westen. In China ist ihre Kenntnis schon im 3. Jahrtausend v. Chr. bezeugt, und zwar mit einem zahlensymbolischen Mondkalender, der zugleich eine Personifizierung des Himmels in der typischen mythologischen Gestalt des *Fuxi* darstellt (Abb. 12, S. 48).

Der zitierte Text sagt damit aus, daß das Hexagrammsystem insgesamt die binäre Formulierung dieser vollständigen Kartei der Himmelsbilder *auf sechs Plätzen* darstellt. Wenn man das Schriftzeichen *zhang* freilich hier wie üblich im verallgemeinerten Sinn als *Muster, Abschnitt* auffaßt, wird dies nicht ersichtlich. Der Satz wäre dann aber eine völlig unnötige und unverständliche Wiederholung, da ja schon kurz vorher sinngemäß gesagt wurde, daß die Orakelzeichen ein »Muster« aus sechs Strichelementen bilden. Das *Himmelsmuster*

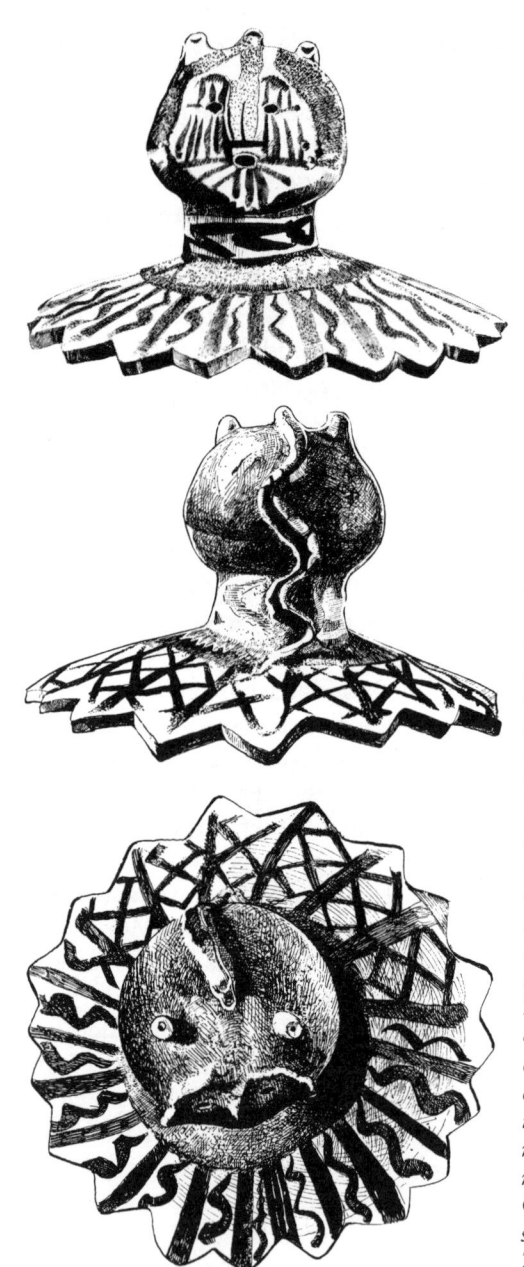

Abb. 12: Neolithische Grabkeramik aus Gansu (ca. 2500 v. Chr.), die einen zahlensymbolischen Mondkalender in Form einer Büste darstellt. Es handelt sich offenbar um eine frühe Ausprägung des Mondgottes Fuxi, der die Personifizierung der im Hexagrammsystem symbolisierten Himmelsordnung bedeutet. Der doppelgesichtige Mond-Januskopf ist auf der Vorderseite als Menschenkopf, auf der Rückseite als Schlangenkörper gestaltet (vgl. Abb. 1). Die 13 Schlangenlinien repräsentieren die 13 siderischen Mondumläufe des Jahres, die 12 paarweise angeordneten Rauten die 12 synodischen Monate. Und die 19 Zacken des Himmelsrades bzw. die 19 Trennungslinien stellen die 19 Sonnenjahre der Meton-Periode dar, die mit 254 siderischen und 235 synodischen Mondumläufen das gemeinsame Vielfache dieser zwei Mondrhythmen und damit die übergeordnete Struktur des Himmelsmusters (zhang) bildet. (Aus C. Hentze: Tod, Auferstehung, Weltordnung, Zürich 1955.)

der Meton-Periode erscheint auch mehrfach in den Sprüchen des *Yijing*.[30]

Darüber hinaus zeigt eine Untersuchung der numerischen Struktur des Hexagrammsystems im ganzen, daß darin die Zahlenverhältnisse der Rhythmen des Tages, des Monats und des Jahres sowohl zueinander als auch zur Meton-Periode in eine analogische Korrelation von größter Genauigkeit gesetzt sind. Ich habe diese Untersuchung unter gleichzeitiger Heranziehung der numerischen Struktur der DNS-Doppelhelix durchgeführt.[31] Dabei stellte sich heraus, daß die Gliederung der Doppelhelix in Windungen und die Komplementärverdoppelung der Tripletts die kalendarische Struktur des Hexagrammsystems durch ihre Zahlenverhältnisse nicht nur bestätigen, sondern in einigen Punkten noch verdeutlichen. Der Triplett-Kode der DNS entpuppt sich auf diese Weise als die biogenetische Urform des Kalenders – und als ein wahres Wunderwerk der analogischen Verdichtung, in dem wir mit Hilfe des *Yijing* die kosmische Handschrift des Mondes erkennen.

Die Deutung und Betextung der Hexagramme

Die Dimension des Kalenderhimmels ist aber nur einer der zwei fundamentalen Aspekte des Systems. Da die 64 Hexagramme *alle* möglichen Kombinationen von zwei Linienformen auf sechs Plätzen darstellen, bilden sie zugleich einen vollständigen *Spielraum der Gleichwahrscheinlichkeit* oder *Zufälligkeit*. In diesem Spielraum kann sich jede beliebige durch den Orakelprozeß erzeugte Zufallsentscheidung abbilden, und zwar so, daß sie andererseits auch im Rahmen des kosmischen Gesamtzusammenhanges systematisch definiert ist.

Im Gegensatz zu einem bloßen Kalendersystem, das nur eine starre Abfolge von Himmelsrhythmen darstellen würde, umfaßt es auf diese Weise zugleich die relative Arbitrarität der Einzelereignisse, mit der sich das Umweltgeschehen im Kleinen auf der Erde abspielt. Diese

---

30 Zum Beispiel H2/3 (= Hexagramm Nr. 2, Spruch zu Platz 3), H44/5, H55/5.
31 Siehe Frank Fiedeler: *Die Monde des I Ging. Symbolschöpfung und Evolution im Buch der Wandlungen*. München 1988, S. 214 -22.

zwei Erscheinungsdimensionen der Umwelt, die himmlische und die irdische, die makrokosmische und die mikrokosmische, sind durch die Konstitution der Hexagramme auf den gemeinsamen Nenner einer analogischen Korrelation gebracht. Das System entspricht damit auch im ganzen wiederum seiner Begründung in der schöpferischen Methode des *Fuxi*: *Er wandte sich hinauf und schaute die Bilder am Himmel. Er wandte sich herab und erkundete die Gesetzmäßigkeiten auf der Erde.*

Damit bildet das Hexagrammsystem in allgemeiner Form die binäre Symbolform der Umwelt als Kosmos der Erscheinungen, wie sie unter dem himmlischen ebenso wie unter dem irdischen Aspekt in der Dualität der Grunderscheinungen Licht und Schatten begründet ist. Aber die symbolische Erfassung der Erscheinungswelt erfüllt noch nicht den Sinn eines funktionierenden Sprachsystems, dessen Konstitution das *Yijing* ja darstellen sollte. Ein funktionierendes Sprachsystem muß den ganzen Erkenntnisprozeß formulieren, d. h. auch die Übersetzung der bloßen Erscheinungen in die Wirklichkeit der gegenständlichen Welt leisten.

Wir sind heute der Auffassung, daß die erscheinenden Dinge ihren Erscheinungen zugrundeliegen, d. h. diese verursachen. Das ist natürlich objektiv auch der Fall. Subjektiv aber, d. h. erkenntnistheoretisch, sind die Erscheinungen, der unmittelbare Eindruck, das Primäre, und die »hinter« ihnen stehenden Gegenstände werden erst sekundär aus ihnen geschlossen. Eine Fotoplatte weiß nichts von dem Gegenstand, dessen Erscheinungsbild sie aufnimmt, obgleich seine Information darin enthalten ist. Um diesen in dem Bild zu erkennen, muß man einen *Begriff* von ihm haben. Der Begriff des Gegenstandes ist nicht identisch mit seinem Erscheinungsbild, steht aber in einer gesetzmäßigen Beziehung zu ihm.

Die Dimension der Begriffe, welche die körperliche Gegenständlichkeit der Dingwelt erfaßt, wurde dementsprechend durch ein weiteres System von Zeichen dargestellt, das sich aus den Hexagrammen ableitet. Dieses Zeichensystem hat im Unterschied zum binären, eigentlich numerischen Schema der Hexagramme eine geometrische oder graphische Qualität. Es baut sich in zwei Stufen auf: Die erste Stufe besteht aus graphischen Gestalten, welche die Hexagramme im Rahmen des Mondplanes definieren. Jedes Hexagramm – mit Ausnahme der beiden homogenen Grundhexagramme H1 und H2 – erzeugt eine solche Gestalt, die ich als seinen *Graph* bezeichne. Diese stellt das gegenständliche Leitmotiv des Hexagrammes dar. Man kann sie auch als eine vorbegriffliche Symbolform betrachten, die den ganzen Bedeutungskomplex des Hexagrammes im Sinn eines Eigennamens charakterisiert. Und die zweite Stufe des graphischen Zeichensystems besteht aus den Schriftzeichen, welche den Hexagrammen Linie für Linie beigefügt wurden und als Orakelsprüche das

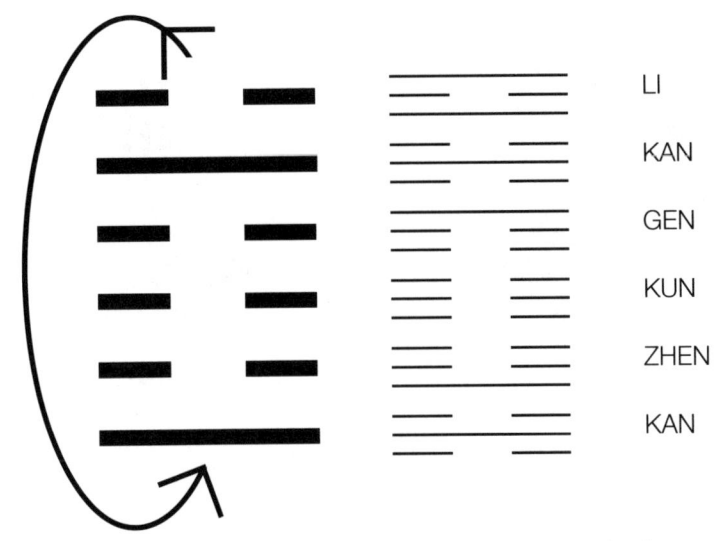

	LI
	KAN
	GEN
	KUN
	ZHEN
	KAN

Abb. 13: Die Aufschlüsselung des Hexagrammes H3 Zhun in die darin enthaltenen sechs Teiltrigramme (s. Text S. 52).

durch den Graph vorgegebene Leitmotiv je spezifisch abwandeln. Das graphische Zeichensystem bildet sozusagen die Benutzersprache des *Yijing*-Computers, während die binären Hexagramme seine Maschinensprache darstellen.

Um dies zu erläutern, müssen wir zunächst die formale Struktur der Hexagramme in ihrem Feinbau betrachten. Wir haben das Hexagrammsystem als kombinatorische Verdoppelung des Trigrammsystems entwickelt, so daß jedes Hexagramm aus einem unteren und einem oberen Trigramm besteht. Es enthält aber nicht nur diese zwei

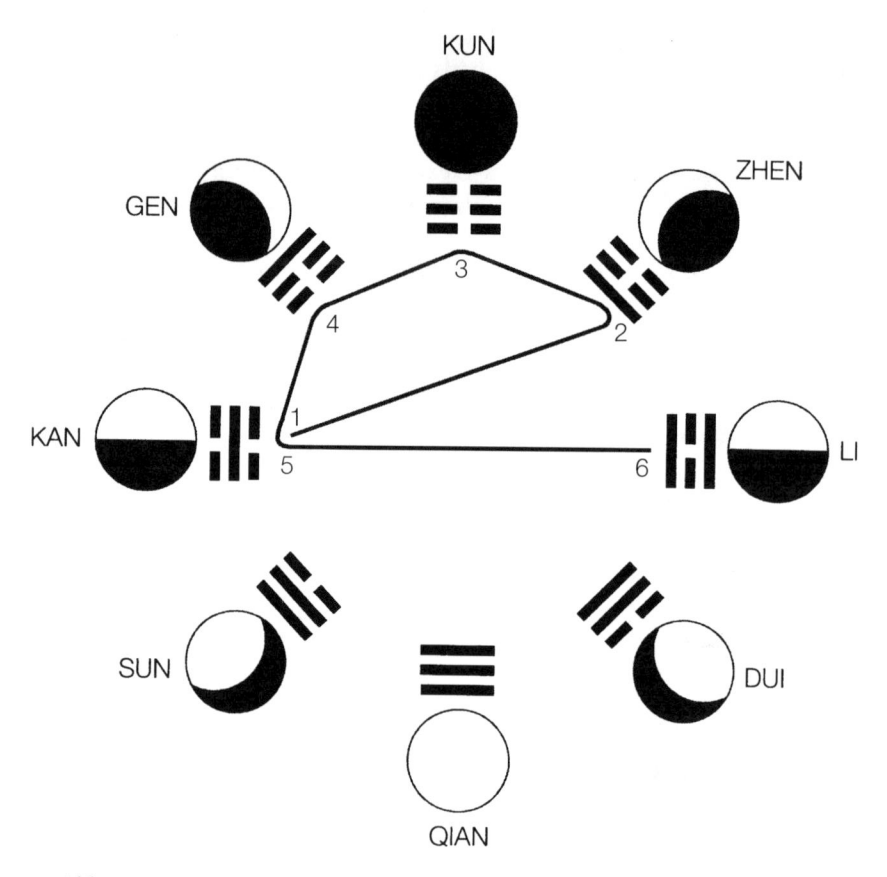

Abb. 14: Der Graph des Hexagrammes H3 Zhun (s. Text S. 53).

Trigramme, sondern zugleich die Formulierung des *Zusammenhanges* zwischen diesen, der sich in vier weiteren Trigrammen darstellt: Wenn man das Hexagramm von unten nach oben *kontextural*, d. h. als verketteten Zusammenhang von Trigrammen liest, und dabei zugleich *zyklisch* vorgeht, so daß auf die oberste und letzte Linie wieder die unterste und erste folgt, so sind darin insgesamt *sechs* Trigramme enthalten. So enthält zum Beispiel das Hexagramm H3 *Zhun* (*das Aufhäufen*) die Trigrammfolge *Kan – Zhen – Kun – Gen – Kan – Li* (Abb. 13, S. 51). Jede der sechs Linien ist durch ein Trigramm definiert. Das Hexagramm besteht auf diese Weise aus zwei Haupttrigrammen (Plätze 2 und 5) und vier Nebentrigrammen, die sich wiederum in zwei Kerntrigramme (Plätze 3 und 4) und zwei Randtrigramme (Plätze 1 und 6) gliedern lassen.

Der nächste Schritt ist nun die Lokalisierung dieser Trigrammfolge im Mondplan des Himmels. Wir erhalten damit eine Reihenfolge von sechs Mondbildern. Und wenn wir diese sechs Mondbilder durch Linien miteinander verbinden, so bekommen wir eine Figur, die als der Graph des Hexagrammes dessen gegenständliche Grundbedeutung darstellt (Abb. 14, S. 52).

Im Fall unseres Beispiels H3 ergibt sich das Bild einer *Anhäufung* oder eines *Haufens*, der auf der rechten Seite hochgehoben oder in die Schräge gekippt wird. Dem entspricht die Grundbedeutung *anhäufen, Häufung, Haufen* des Hexagrammnamens *Zhun*. Da die Symmetrie der Häufung aber auf der rechten Seite gestört, der Haufen gekippt wird, hat das Schriftzeichen *zhun* auch die Bedeutung *schwierig* im Sinn von *schwierig zu bewegen*. Ferner hat man damit das Bild eines Pflanzenkeimes assoziiert, der beim Durchbrechen ein Häufchen Erde hochhebt und zur Seite stößt. Von daher hat *zhun* auch noch die Bedeutung *sprießen* angenommen.

Die Graphe der Hexagramme bilden die unterschiedlichsten Formen, deren assoziative Deutung durch die Spruchtexte nicht immer so leicht nachzuvollziehen ist. Bei manchen Hexagrammen, die aufgrund ihrer Regelmäßigkeit eine gewisse Sonderrolle im System spielen, wurde die Gestalt des Graphs auch selbst wiederum als Ausdruck eines Mondbildes gedeutet (H11/H12, H31/H32, H41/H42, H61/H62).

Eine Beschreibung oder Darstellung der Graphe selbst ist meines Wissens nirgends in der Literatur überliefert. Die Textanalyse zeigt aber eindeutig, daß diese im Rahmen des Mondplanes die Leitfigur oder Assoziationsschiene bildeten, nach der die inhaltliche Deutung durch die dem jeweiligen Hexagramm zugeordneten Sprüche erfolgte. Der Graph definiert damit im Rahmen eines weiten, aber gleichwohl bestimmten Zusammenhanges die Bedeutungen und die Bedeutungszusammenhänge der Schriftzeichen, aus denen die Sprüche gebildet sind. Die Graphe sind offenbar die konstitutiven Urformen und strukturalen Kristallisationskerne für das ebenfalls graphische System der Schriftzeichen.

Praktisch fand die Spruchdeutung als assoziative Verbindung zwischen zwei Ebenen statt: den Erscheinungsbildern des Himmels, die der Mondplan selbst repräsentiert, und den gegenständlichen Gestaltqualitäten, die der Graph des Zeichens auf der durch den Mondplan gebildeten Weltbühne darstellt. Dabei hatten die Mondbilder der beiden Haupttrigramme (Plätze 2 und 5) einen gewissen, aber nicht immer deutlich ausgeprägten Vorrang bei der Deutung. Begrenzt spielte für das Deutungsschema auch die Hexagrammgestalt als Schichtung der Strichelemente von unten nach oben eine Rolle. So wurde z. B. der untersten Linie mit Vorliebe das Symbol der *Füße* zugeordnet (H21, H22, H34, H43, H50, H52).

In unserem Beispiel H3 heißt es zu Platz 1: *Der Felsen dreht sich herum. Günstig für ein Verweilen [...]*. Denn der Spruch steht für den zunehmenden Halbmond *Kan*, der hier als *Felsen* ausgelegt ist und im Bild des umkippenden Haufens den Ruhepunkt bildet, um den dieser *gedreht* wird, d. h. den Ort des *Verweilens*. Und zu Platz 2 heißt es: *Wie ein Aufhäufen, wie ein Umkippen. Wie ein Pferdegespann, das kehrt macht [...]*. Denn der Platz steht für den Altmond *Zhen*, der als der bewegende Pol der Verbindungslinie *Kan – Zhen* sowohl das *Umkippen* des Haufens als auch das *Kehrtmachen* des Pferdegespanns darstellt. Das Symbol des kehrtmachenden Pferdegespanns erscheint in dem Hexagramm noch zweimal (Plätze 4 und 6). Es suggeriert zugleich die Idee, daß das *Aufhäufen* als Leitmotiv des Zeichens durch das Auskippen von Wagenladungen stattfindet, die Fuhre um Fuhre mit einem immer wieder *kehrtmachenden* Pferdegespann herangeschafft werden. Auf dem dritten Platz heißt es dann: *Man trifft auf einen Hirsch. Ohne Wildhüter dringt man in den Wald ein. Der Edle nimmt davon besser Abstand. Hingehen bringt Not*. Dieser Spruch steht für den Schwarzmond *Kun*, d. h. für den Ort im Kreislauf, wo der Mond in der Konjunktionsphase auf die Sonne *trifft*, die mit ihren Strahlenzacken durch den *Hirsch* mit seinem vielzackigen Geweih – wie z. B. auch durch das *Dorngestrüpp* in H29 – symbolisiert wird. Und der zweite Satz des Spruches beschreibt als Kehrseite der Medaille den Einbruch der finsteren, weil in der Konjunktionsphase mondlosen Nacht, die als ein dunkler *Wald* ausgelegt ist, in den man ohne den *Wildhüter*, d. h. eben ohne den Mond *eindringt*, der sonst in seinem Nacht-Wald für Licht und Orientierung sorgt. Darum wird dem *Edlen* am Ende des Spruches vom *Hingehen* abgeraten. Und so weiter und so fort.

Grundlegend für die Betextung der Linien ist die direkte Auslegung der Mondbilder durch irdische Gestalten, wobei ein inhaltlicher Zusammenhang mit dem übergeordneten Leitmotiv – wie im Fall des zuletzt erläuterten Spruches – nicht immer zu erkennen ist. Die Mondbilder werden praktisch mit metaphorischen Namen belegt, die den durch ihre Gestaltqualitäten vorgegebenen Assoziationsbereich darstellen. Und umgekehrt werden die Bedeutungskomplexe der Schriftzeichen dadurch im urbildlichen Kontext des Hexagrammes lokalisiert und assoziativ determiniert. Dies ist das elementare Prinzip der archaischen Mythenproduktion, deren sprachschöpferischer Sinn in der exemplarischen Formulierung der Wortbedeutungen und ihrer immanenten Sinnzusammenhänge bestand.[32]

Diese Struktur der direkten Deutung wird aber immer wieder überlagert durch eine andere, die zu ihr eine Metaebene bildet, nämlich durch die Auslegung der Mondbilder als Verweisung auf ihr jeweiliges diametrales Gegenbild (exemplarisch in H11/H12). Da die Gegenbilder zueinander vollkommen komplementär sind, bedeutet dieser Bezug ein Ergänzungsverhältnis, mit dem die Einseitigkeit eines jeden Mondbildes durch sein Komplement ausgeglichen wird. Im Durchlaufen des Zyklus wird unter diesem Vorzeichen als Produkt der komplementären Gegenpole durch alle Wandlungen hindurch die unbeschadete Rundung des vollen Mondes bewahrt.

In den Sprüchen erscheint diese Struktur u. a. als *Weg der Mitte* (*zhong hang*) und wird häufig durch die Formel *kein Schaden* (*wu jiu*) signalisiert. Was sie ausdrückt, ist die Idee der Bewahrung einer gleichbleibenden Identität im Wechsel der Zeiten. Im *Großen Kommentar* finden wir diese Idee als das Prinzip von *Wechsel und Durchgängigkeit* (*bian tong*). Es wird dort als der Inbegriff des *Nutzens* (*li*) erklärt: *Indem sie (die Heiligen Menschen) es (das Yijing-System) im Wechsel durchgängig machten, vollendeten sie den Nutzen.*[33] Auch wird es besonders den Vier Jahreszeiten zugeordnet: *Für Wechsel und*

---

32 Siehe hierzu Frank Fiedeler: *Yin und Yang. Das kosmische Grundmuster in den Kulturformen Chinas.* Köln 1993, S. 113–144.
33 *Xici*, A XII.

Durchgängigkeit gibt es nichts Größeres als die Vier Jahreszeiten.[34] In den Wörterbüchern findet man die Bedeutung des Binoms *bian-tong* mit *anpassen* erklärt.

Das urbildliche Prinzip der Anpassung als *abwechselnder Gebrauch des Weichen und des Harten* haben wir in seiner dreidimensionalen Formalität bereits als die Struktur des Wechselbalges kennengelernt (s. S. 36). Der Bezug auf das Gegenbild drückt das Verhältnis der komplementären Oberflächenhorizonte in dieser Struktur aus. Semiotisch gesehen ist darin jedoch zugleich die subjektive Konstitution der Identitäts- oder Wahrheitsfunktion begründet, welche die fundamentale Ebene des »Oberbewußtseins« im Gegensatz zum »Unterbewußten« bildet. Im Rahmen des Sprachsystems entspricht dieser im Unterschied zu der rein assoziativen oder mythischen Ebene der Wortbedeutungen die *logische* Funktion des *Satzes*, der *Prädikation*.

Wie diese Funktion von ihrer kosmischen Naturgrundlage her gedacht wurde, finden wir in den kanonischen Kommentaren des *Yijing* nirgends erklärt. Es gibt jedoch in dem sehr archaischen Kapitel *Hongfan* im *Buch der Dokumente (Shangshu)* einen Text, der sie unter der Bezeichnung *Richtiges Bedeuten* im Rahmen des mythischen Weltbildes genau definiert. Die Überschrift des Textes lautet *Die Drei Tugenden (san de)*. Ich zitiere ihn in einer möglichst wörtlichen Übersetzung:

Die erste (der drei Tugenden) heißt: Richtiges Bedeuten. Die zweite heißt: Harte Fähigkeit. Die dritte heißt: Weiche Fähigkeit.

Bei gleichmäßigem Wohlergehen herrscht das Richtige Bedeuten. Der gespannte Gegensatz ist mit der Harten Fähigkeit befreundet. Die Übereinstimmung ist mit der Weichen Fähigkeit befreundet. In die Tiefe getaucht ist es die Harte Fähigkeit. Hoch oben im Licht ist es die Weiche Fähigkeit.

Nur der Fürst spendet den Segen, übt die Gewalt aus und herrscht über das Getreide. Die Bediensteten sollten keinen Segen spenden, keine Gewalt ausüben und nicht über das Getreide herrschen. Wenn die Bediensteten den Segen spenden, die Gewalt ausüben und über das Getreide herrschen, bringt es Schaden über die Dynastie und Unglück über den Staat. Die Menschen den-

---

34 *Xici*, A XI.

ken dann einseitig, schräg und schief, und das Volk gibt sich Anmaßungen und Illusionen hin.[35]

Der ganze Text versteht sich als Auslegung des Mondwandels. Er nennt zunächst eine Dreiheit, bei der die *Harte Fähigkeit* (*gang ke*) und die *Weiche Fähigkeit* (*rou ke*) den Gegensatz der *Zwei Rituale* darstellen, durch deren Wechselverhältnis das *Richtige Bedeuten* (*zheng zhi*) als drittes Element erzeugt wird. Dabei ist das dritte Element aber an den Anfang gestellt, weil es den höchsten Rang einnimmt. Das Richtige Bedeuten ist der Wahrheitsbegriff, der Begriff der Identität, dessen kosmische Konstitution hier beschrieben wird. Im letzten Abschnitt entspricht ihm der *Fürst* (*bi*), während die zwei »Fähigkeiten« als die *Bediensteten* (*chen*) erscheinen.

Hier finden wir die kosmische Grundbedeutung des Begriffspaares *Gang-Rou* ganz klar definiert: Der *gespannte Gegensatz* kann in der Dimension des Mondwandels nichts anderes bedeuten als die Oppositionsstellung von Sonne und Mond, die Vollmondphase; denn in der Vollmondphase erscheint das Urbild der *Harten Fähigkeit*, nämlich die Lichtseite des Mondes. Daher ist *der gespannte Gegensatz mit der Harten Fähigkeit befreundet*. Und *die Übereinstimmung ist mit der Weichen Fähigkeit befreundet*, weil uns der Mond in der Konjunktionsphase, wo seine Stellung mit der Sonne *übereinstimmt*, die *Weiche Fähigkeit* zuwendet, nämlich seine Schattenseite. Im mythischen Weltbild der chinesischen Frühzeit aber wurde der Nachthimmel, wo der Vollmond erscheint, als ein unterirdisches Wasser ausgelegt, als das glitzernde Sternenmeer. Und den Taghimmel, wo sich die Schattenseite des Mondes hervorkehrt, deuteten sie als den Weltenberg, der sich aus dem Wasser in den Himmel erhebt, und auf dem wie auf dem Olymp, dem Weltenberg der griechischen Sage, das Sonnenfeuer brennt (Abb. 11, S. 46). Darum ist es *in die Tiefe getaucht die Harte Fähigkeit*, und *hoch oben im Licht die Weiche Fähigkeit*.[36] Der Einbruch der Nacht bzw. der winterlichen Dunkelheit bedeutet in diesem Weltbild eine große Überschwemmung, während bei Tag bzw. im

---

35 *Shangshu, Hongfan*, Legge S. 333/34.
36 Noch in der *Han*-Zeit wurde der kosmische Sinn der Begriffe *Hart* und *Weich* dementsprechend verstanden. So heißt es bei *Dong Zhongshu* (2. Jh. v.

Sommer das Wasser wieder abfließt. Dies ist der mytho-logische Ursprung der interkulturell verbreiteten Sage von einer legendären »Sintflut«. Darum hat auch die Abhandlung, aus der unser Text stammt, den Titel *Hongfan*, was wörtlich *der Flutplan* bedeutet.[37]

Der Text umschreibt damit also das schon erläuterte Prinzip der Anpassung nach dem Vorbild der zum Tag-Nacht-Wechsel kontrapunktisch entgegensetzenden Monderscheinung. Es handelt sich um die urtümlichste aller Überlebenstechniken, die kosmo-logische Grundkonstitution des Lebens als Zustandsform überhaupt. Was sie praktisch bewirkt, ist die Herstellung einer sich durchhaltenden Identität, die den zerstörerischen Wechsel überbrückt und damit erst das Überdauern eines Wesens in der Zeit, also so etwas wie die Erfahrung einer zeitlichen Kontinuität ermöglicht. Dieser sich durchhaltenden Identität oder Kontinuität entspricht die dritte der *Drei Tugenden*, das *Richtige Bedeuten*. Sie wird daher auch durch das *gleichmäßige Wohlergehen* definiert: *Bei gleichmäßigem Wohlergehen herrscht das Richtige Bedeuten.*

Was aber mit dem *Richtigen Bedeuten* selbst und als solchem gemeint ist, ergibt sich wiederum unmittelbar aus der Erscheinungsstruktur des Mondwandels: Dadurch nämlich, daß die beiden Mondgesichter subjektiv, d. h. von der Erde aus gesehen, entgegensetzend zum Wechsel von Tag und Nacht ausgetauscht werden, behalten sie objektiv, d. h. von der Sonne aus gesehen, ihre immer gleiche Ausrichtung, ihr *richtiges Bedeuten*: Die Lichtseite des Mondes *deutet* immer auf die Sonne, *be-deutet* sie also im wörtlichsten Sinn, während seine Schattenseite ebenso unentwegt die Nacht bedeutet. Das ist das »richtige«, weil nicht entgegensetzende, sondern gleichsetzende Bedeuten auf der elementarsten Ebene: Licht gleich Helligkeit, Schatten gleich Dunkelheit.

So wird durch das erläuterte, durchaus *physische* Prinzip der komplementären Anpassung eine *meta-physische* Ebene durchgängiger

---

Chr.): *Der Abwechsel des Harten und des Weichen entspricht Winter und Sommer.* Denn im Winter hat der Vollmond seinen Höchststand, im Sommer der Schwarzmond. Dong Zhongshu: *Chunqiu fanlu*, Ed. Sibubeiyao, Kap. 56, 13.

37 Zur Darstellung des Flutmythos im *Hongfan* s. Frank Fiedeler: *Yin und Yang*. Köln 1993, S. 114 bis 126.

Identität hergestellt, die dem dialektischen Widerspruch des subjektiven Weltgetriebes als die widerspruchsfreie Dimension des *Seins* – als *Bewußt-Sein* – enthoben ist. Das Bewußtsein bedeutet auf diese Weise die geistige, d. h. symbolische Überwindung der Erdgebundenheit und die Einnahme eines quasi himmlischen Standpunktes. Das kosmische Vorbild dieses himmlischen Standpunktes ist der Mondwandel in seiner solaren oder signifikatischen Bedeutungsfunktion. Denn nur in bezug auf die Sonne bleibt das »Richtige Bedeuten« seiner zwei Gesichter konstant. Die Sonne ist die maßgebliche Instanz, nach der es sich zu richten hat.

Im zweiten Teil des zitierten Textes wird daher die Sonne bzw. der Mond in seiner Einheit mit ihr als der *Herrscher* oder *Fürst* (*bi*) dargestellt. Das Schriftzeichen bedeutet auch *glänzend*, ferner, wenn man es mit dem Zusatz *Jade* schreibt, gleichlautend ein rundes, aus Jade gefertigtes Ritualsymbol für die Einheit und Mitte des Himmels, das in seiner Form dem archaischen Zeichen für *Sonne* nachgebildet ist und die Konjunktion von Sonne und Mond repräsentiert. Die *Bediensteten* hingegen sind die Auslegung der je einzelnen und einseitigen Mondbilder in ihrer geozentrischen Erscheinungsform, denen mit dem Wechselverhältnis ihrer zwei »Fähigkeiten« nur die dienende Funktion des Unterbaues zukommt. Wenn sie an die Macht kommen, wird das Denken der Menschen daher *einseitig, schräg und schief, und das Volk gibt sich Anmaßungen und Illusionen hin.*

Dieses funktionale Schema von Unterbau und Überbau ist durch seine kosmische Bedingtheit so fundamental, daß man es geradezu als die Grundordnung des Lebendigen bezeichnen kann. Seine zweistufige Struktur läßt sich daher auch in den verschiedensten Bereichen aufzeigen: In der biologischen Konstitution sind es die Funktionen der Sexualität und der Individualität. Psychologisch sind es die Dimensionen des Unterbewußten und des Oberbewußten, Traum und Wachheit. Und im Aufbau des Sprachsystems sind es die kulturgeschichtlichen Entwicklungsstufen Mythos und Logos. Mit der Durchsetzung des »Richtigen Bedeutens« als vorrangiger Struktur fand in China eine programmatische Entmythologisierung des Denkens statt, die unter dem Titel *Richtigstellung der Namen* (*zheng ming*) auch und gerade Konfuzius auf seine Fahnen geschrieben hatte.

Im *Yijing* erscheint der Ansatz des logischen Überbaues jedoch noch in einer rein mytho-logischen Ausdrucksform als die Verweisung auf das diametrale Gegenbild. Durch das Prinzip der komplementären Ergänzung wurde damit das »gleichmäßige Wohlergehen« dargestellt, die durchgängige Bewahrung der runden Ganzheit des Mondes. Das Bild des Vollmondes aber ist wiederum nichts anderes als die urbildliche Repräsentation der Sonne. Denn der Vollmond stellt nach Größe, Gestalt und Erscheinungsbahn ein vollendetes Ebenbild der Sonne und ihres Tageslaufes dar. Was der Erleuchtete damit den Erdenwürmern seit Urzeiten am Himmel demonstriert und suggeriert, ist die elementare urbildliche Struktur einer *Gleichung*, d. h. nichts Geringeres als *die Idee der Identität*, die Grundlage aller Logik und aller rationalen Erkenntnis.[38]

Die himmlische Gleichung Vollmond – Sonne ist auch die natürliche Basis für die mythologische Theorie des Orakels, wie sie sich im Leitspruch des *Yijing* darstellt.

Der Leitspruch des Yijing und der Sinn des Orakels

Das *Buch der Wandlungen* beginnt mit einer Wahrsageformel aus vier Schriftzeichen, die als der Leitspruch des *Yijing* gilt und in einer höchst verdichteten Form definiert, wie das Orakel die Struktur des Entscheidungsprozesses als eine symbolische Nachbildung des kosmischen Schöpfungsvorganges darstellt. In der Wiedergabe durch eine einfach »wörtliche« Übersetzung ist dieser tiefere Sinn freilich kaum zu erkennen. Seine Erklärung erfordert daher eine genauere Betrachtung der chinesischen Begriffe.

Die Formel lautet: *Yuan heng. Li zhen.* Wenn man sie als Aussage auffaßt, bedeutet sie: *Der Wunschgedanke dringt durch. Günstig für eine Verwirklichung.* Oder, wenn man sie als eine Beschwörungsformel versteht: *Möge der Wunschgedanke durchdringen! Möge er sich günstig verwirklichen!*

Das mit *Wunschgedanke* wiedergegebene Schriftzeichen (*yuan* 元) zeigt in seiner archaischen Form einen *Menschen*, dessen Kopf durch

---

38 Zur vollständigen Struktur der himmlischen Gleichung s. H55/0 und Anhang, S. 574 ff.

zwei Striche, das Zeichen für die Zahl *Zwei*, dargestellt ist. Die Wörterbücher geben dafür Bedeutungen wie *groß, das Haupt, das Erste, der Ursprung* an. Die archaische Lautung des Zeichens bedeutet in anderer Schreibung (原) neben *Ursprung* mit dem graphischen Zusatz *Wasser*, auch *Quelle*, und, mit dem Zusatz *Kopf: wünschen, begehren*. Das letztere Zeichen wird häufig mit dem sinnverwandten *hoffen (wang)* kombiniert, einem Wort, das auch heute noch zugleich das volle Stadium des Mondes bezeichnet. Von daher ergibt sich die zweidimensionale Bedeutung des Schriftzeichens *yuan*:

In der Dimension der Himmelsbilder ist *yuan* als *der Große Ursprung* oder *das Große Haupt (tai yuan)* eine Metapher für den Vollmond oder ein archaischer Name desselben, der auch in der späteren taoistischen Tradition noch fortlebte (Abb. 15, S. 62). Die größte Erscheinungsform des Mondes suggerierte nicht nur unmittelbar die Bedeutung *groß*, sondern wurde auch als Zusammenschluß des rechtsseitigen (weiblichen) und des linksseitigen (männlichen) Halbmondes ausgelegt (vgl. H11/2, H13/5, H31/4), also als das Urbild der *Paarung*. Daraus erklärt sich die Gestaltung des Schriftzeichens *yuan* als *zwei Menschen* oder *Mensch mit zwei Köpfen*. Eine Personifizierung des Vollmondes ist der *Große Mann, Mann des Ursprungs* oder *Haupt-Mann (yuan fu)* in H38/4, offenbar eine ältere Form des im Text häufiger erscheinenden *Großen Mannes (daren)*. Die Auslegung des Vollmondes als *Haupt* oder *Kopf* wird u. a. auch durch den Spruch H1/7 bestätigt, der für die Wandlung aller harten Linien in weiche, d. h. für das Verschwinden der Lichtseite steht: *Man sieht eine Schar von Drachen ohne Kopf*. Und in H5/0 haben wir statt *yuan heng* die Variation *guang heng : Der Schein dringt durch*, womit der Bedeutungsbezug auf den *Mond-Schein (yue guang)* direkt zum Ausdruck kommt. Außerdem entspricht auch die Umschreibung des Begriffes in dem klassischen Kommentar *Wenyan* dem himmlischen Urbild: *Yuan ist die (ausgewachsene =) größte unter den Körpergestalten (d. h. der Vollmond)*.[39]

---

39 Nach der im *Zuozhuan* zitierten Fassung; s. Hellmut Wilhelm, *I-ching Oracles in the Tso-chuan and the Kuo-yü*, S. 280.

Abb. 15: Die Fünf Wandernden (wuxing) haben Audienz beim Großen Ursprung oder Großen Oberhaupt (tai yuan), d. h. die fünf Planetengötter versammeln sich um den Vollmond (taoistischer Holzschnitt aus der Qing-Zeit).

In der Dimension des Orakelwesens, das ebenso wie der Opferkult als rituelle Nachbildung des Mondwandels gedacht war, bedeutet *yuan* den *Beweggrund* für die Orakelbefragung, d. h. *das Motiv*, den *Wunsch* oder den *Grundgedanken*, über dessen Chancen in der Zukunft entschieden werden soll, und der damit den *Ursprung* oder *Ausgangspunkt* der Befragung bildete. In H8/0 wird der Begriff ausdrücklich in diesem Sinn als *das für die Befragung des Schafgarbenorakels zugrundegelegte Motiv (yuan shi yuan)* definiert (vgl. auch H45/5). Bei der älteren Form des Schildkrötenorakels *beauftragte* (*ming* oder *shang*) man mit diesem *Wunschgedanken* einen Schildkrötenpanzer als symbolische Repräsentation des Mondes. Dies kommt u. a. dadurch zum Ausdruck, daß das Schriftzeichen *yuan* in der gleichen Lautung mit einem spezifizierenden graphischen Zusatz auch die Bedeutung *Schildkröte* hat (黿).

Der zweidimensionale Sinn des Wortes beruht auf der wunderbaren Eigenschaft des Vollmondes, daß er nach Größe, Gestalt und Erscheinungsbahn ein vollkommenes Ebenbild der Sonne und ihres Tagesganges darstellt. Er vermittelt damit eine komplette *Vorstellung* des Tageslaufes auf der Bühne der Nacht. Dies ist das himmlische Urphänomen alles Vorstellens, alles Wünschens und Hoffens, das Wunschbild von der Sonne auf der anderen Seite der Welt, d. h. von dem Jenseits, das die Zukunft, den kommenden Tag bedeutet. Der *Wunschgedanke*, nach dessen Chancen das Orakel befragt wird, entspricht daher dem himmlischen Vorbild des Vollmondes, und die Voraussagetechnik des Schafgarbenorakels insgesamt wurde demgemäß von Grund auf als eine zahlensymbolische Nachbildung des Mondwandels entwickelt. Das eigentliche Motiv für die Befragung des Orakels war immer ein solcher *Wunschgedanke*, wie er ja auch in der negativen Formulierung – etwa als Befürchtung – enthalten ist. So etwas wie wertneutrale Fragen wurden nicht gestellt.

Betrachten wir nun das zweite Schriftzeichen der Formel *(heng)*, das als *durchdringen* oder *sich identifizieren mit (tong)* erklärt zu werden pflegt. Seine archaische Form wurde mit dem Bestandteil *Sonne* geschrieben und hatte zugleich (in der Lautung *xiang*) die Bedeutung *ein Opfer darbringen (für den Sonnengott)*, oder auch *das Annehmen des Opfers durch die Gottheit*. Das Orakel versteht sich als eine sublimierte oder experimentelle Form dieses Opfers. Mit dem Opfer wie mit dem Orakel teilte man der Gottheit einen Wunsch mit, den diese gewähren oder verweigern konnte. *Der Wunschgedanke dringt durch (yuan heng)* bedeutet auf diesem religiösen Hintergrund zugleich so viel wie: *Das (mit dem Wunsch betraute) Opfer wird angenommen.* In H14 besteht der ganze Hauptspruch nur aus dieser Formel, so daß wir dieses Hexagramm als die urbildliche Definition ihrer Bedeutung betrachten können, und sie wird dort vorwiegend in der Symbolik einer Opferung ausgelegt. Vielleicht war, wie u. a. *Gao Heng* glaubt, mit dem Spruch ursprünglich auch zugleich die Empfehlung gemeint, ein Opfer darzubringen. Die sinngemäße und terminologische Analogie zwischen Opfer und Orakel wird aber mißverstanden, wenn man die Orakelbegriffe ihres eigenständigen Sinnes beraubt, indem man sie inhaltlich nur auf das Opfer bezieht.

Das himmlische Vorbild der Opferung war das allmonatliche »Verbrennen« des Mondes in der Konjunktion mit der Sonne, in der er verschwindet, von der er gleichsam *angenommen* wird als Opfergabe. Dies ist die urbildliche Grundbedeutung des *Durchdringens*. Beim Schildkrötenorakel stellte man die Sonne durch eine Flamme dar, in der man den Schildkrötenpanzer, die Symbolform des Mondes, erhitzte. Und beim Schafgarbenorakel wurde das Abnehmen des Mondes und seine schließliche Auflösung in der Konjunktion durch das fortschreitende Zerteilen des Schafgarbenbündels nachgeahmt.

So bedeutet das *Durchdringen* des Mondes zur Sonne und sein Aufgehen in der Konjunktion mit ihr das urbildliche *Zutreffen* der Voraussage, die vorher der Vollmond darstellte. Allgemeiner wurde damit offenbar auch überhaupt das *Durchdringen* zum jeweiligen Gegenpol im Zyklus der Mondbilder bezeichnet, d. h. der komplementäre Ergänzungsbezug, der das Überdauern im Wechsel der Zeiten und damit den Überlebenserfolg bedeutet. Von daher hat dann das Schriftzeichen *heng* zugleich die allgemeine Bedeutung *Erfolg* oder *Gelingen* angenommen. Sinngemäß für die Formel *yuan heng* wäre auch die Übersetzung: *Der Wunsch ist erfolgversprechend*. *Richard Wilhelm* gibt den Ausdruck jedoch mit *erhabenes Gelingen* wieder, und *Gao Heng* und *Richard A. Kunst* verstehen ihn als *großes Opfer*, so daß *yuan* als ein Attribut aufgefaßt wird. Dies entspricht aber nicht dem ursprünglichen Sinn. Denn es gibt neben der Verwendung des Begriffes im *Yijing* selbst sowohl in dessen klassischen Kommentaren als auch im *Buch der Dokumente* eine Reihe von Parallelstellen zu diesem Spruch, durch die *yuan* eindeutig als Subjekt ausgewiesen wird.[40] *Yuan* ist dort gleichbedeutend mit dem *Befehl des Himmels (tianming)*, dem schöpferischen Grundimpuls des Kosmos, der im *Buch der Dokumente* auch als *yuan ming*, etwa *Befehl des Ursprungs*, erscheint. Dieser galt als der höchste Maßstab für alles Wünschen und Trachten der Menschen im goldenen Zeitalter der chinesischen Frühzeit. So heißt es im *Shangshu*:

> Ihre einzige Fähigkeit war die schöpferische Kraft des Himmels (*tiande*). Spontan führten sie den Befehl des Ursprungs aus, und in Entsprechung zu ihm brachten sie hienieden (auf der Erde) die Opfer dar.[41]

---

40 Siehe Frank Fiedeler: *Die Monde des I Ging*. München 1988, S. 265 ff.
41 *Shangshu*, Legge S. 597/8.

Mit der Formel *yuan heng* wird also eine urbildliche oder himmlische Ebene in Analogie zu einem menschlichen oder irdischen Szenario gesetzt, wie es ja für die Sprüche des *Yijing* und die mytho-logischen Texte der schamanistischen Epoche überhaupt charakteristisch ist. Die urbildliche Ebene ist die *abnehmende* Bewegung des Mondes, mit welcher sich dieser vom Vollmond, dem Urphänomen des *Gedankens* oder der *Vorstellung* her auf die Sonne als das, was er in der Außenwelt bedeuten soll, zubewegt, um schließlich in der Konjunktion auf sie *zu treffen*. Mit diesem *Zutreffen* verschwindet der urbildliche *Wunschgedanke* in seinem Gegenstand, geht in ihm auf oder verschmilzt mit ihm, so daß beide einander gleichsam *durchdringen* oder *identisch werden (heng = tong)*. Dies sagt auch die Umschreibung des Begriffes *heng* im Kommentar *Wenyan: Heng ist die Zusammenkunft der Vortrefflichen (d. h. die Konjunktion von Sonne und Mond)*. Im Opferszenario wurde dies als die Opferung und der Empfang der Opfergabe durch den Sonnengott ausgelegt, im Orakelszenario als das Annehmen des *Wunschgedankens* durch die Gottheit.

Daraus erklärt sich folgerichtig nun auch der zweite Teil des Leitspruches: *Günstig für eine Verwirklichung (li zhen)*. Sein urbildlicher Grund ist im Gegensatz zum ersten nun nicht die abnehmende, sondern die *zunehmende* Bewegung des Mondes, mit der dieser wieder aus der Sonne heraustritt und in den Nachthimmel hinein wandert. Im mythischen Weltbild der chinesischen Frühzeit wurde diese Richtung als der Weg vom Himmel (= Tag) auf die Erde (= Nacht) herunter ausgelegt (Abb. 11, S. 46), auf dem der Sonnengott seine Gegengabe für die ihm dargebrachten Opfer herabsandte (vgl. H14/6; H49/0/3/4/5). Beim Orakel aber entspricht dieser Gegengabe seine *Antwort* auf die ihm vorher nach dem Vorbild des abnehmenden Mondes symbolisch hinaufgeschickte Wunsch-Frage. Diese Antwort ist die *Manifestation* oder *Verkörperung* des göttlichen Willens, welche die *Verwirklichung* des *Grundgedankens* in einer experimentellen Form bedeutet, also seine *Verifizierung*. Sie wird durch den Begriff *zhen* ausgedrückt.

In der sinologischen Diskussion über das *Yijing* ist dieser Begriff so umstritten wie kein anderer. Sein Sinn wird traditionell als *Verfestigung* oder *Festigkeit (gu)* angegeben. Er hatte jedoch zugleich die technische Bedeutung *durch das Orakel entscheiden*, was in dem erläuterten urbildlichen Sinn *verifizieren* heißt, und zwar ursprünglich durch das Schildkrötenorakel. Praktisch wurde diese Entscheidung herbeigeführt, indem auf dem über das symbolische Sonnenfeuer gehaltenen Schildkrötenpanzer durch die Hitze Risse entstanden. Dann nahm der Orakelpriester den Panzer vom Feuer und las die jeweilige Gestalt der Risse als *Entscheidung* ab. Diese wurde räumlich als eine körperliche Manifestation des Himmels auf der Erde verstanden, d. h. als ein sozusagen im experimentellen Kleinformat stattfindender Schöpfungsakt. Zeitlich bedeutete das Orakelexperiment einen Vorlauf in die Zukunft *(yuan heng)*, dessen Rücklauf *(li zhen)* den Wunschgedanken in dem plastischen Sinn *verifizierte*, wie man im Deutschen vom *Erhärten* einer These oder vom *Feststellen* einer Tatsache spricht. Dem entspricht der ursprüngliche Wortsinn *Festlegung, Verfestigung, Konkretisierung* des Begriffes *zhen*. Der eigentliche oder inhaltliche Sinn der *Orakelentscheidung* als solcher ist ein *Verwirklichen*, nämlich die Verwirklichung des jeweiligen Wunschgedankens, die einerseits schon mit der Orakelentscheidung selbst als konkretes Ereignis in experimenteller Form vorweggenommen und andererseits zugleich mit ihrer Zeichenhaftigkeit als praktische Möglichkeit für die Zukunft vorausgesagt ist. An zwei Stellen des Textes kommt dies auch direkt zum Ausdruck mit dem gleichlautenden Satz: *Der Wunschgedanke (yuan) wird langfristig verwirklicht (zhen)* (H8/0, H45/5). Der Begriff *zhen* kann hier nur so etwas wie *(sich körperlich verfestigen =) verwirklichen* heißen (vgl. auch H2/3).

Ganz parallel dazu erscheint der Begriff – ohne Bezug auf das Orakel – auch im *Buch der Dokumente*, wo es heißt: *Wenn der Eine Mensch in seinem Wünschen (yuan) gut ist, werden dadurch alle Lande verfestigt (zhen).*[42] Der *Eine Mensch (yiren)* ist der Herrscher als irdischer Stellvertreter des Himmelskaisers, und das *Verfestigen* des Landes versteht sich als Entsprechung zu dem Schöpfungsakt, mit dem dieser es konkret *hervorbringt*. Da es sich gleichsam um einen sekundären Schöpfungsakt handelt, wird der Begriff *zhen* hier mit *richtigstellen* oder *in Ordnung bringen* erklärt.

Zhen bedeutet also im formalen Sinn die Antwort des Orakels, das Ergebnis, die Entscheidung, im inhaltlichen Sinn die zukünftige Ver-

---

42 *Shangshu*, Legge S. 211.

wirklichung des Grundgedankens, die sich darin als günstig oder ungünstig darstellen konnte. Der gemeinsame Nenner ist die Idee der Verfestigung. Die Bandbreite der möglichen Übersetzungen für den Begriff erstreckt sich daher je nach Zusammenhang von *Manifestation, Konkretisierung, Verwirklichung* über *Verifizierung, Bestätigung* oder *Bestimmung, Festlegung, (Orakel)Entscheidung* bis hin zu *Festgelegtheit, Festigkeit, Entschiedenheit*.

Auf der urbildlichen Ebene nimmt natürlich der Mond nach dem Sonnendurchgang mit seinem Zunehmen schließlich wieder die runde Gestalt des Vollmondes an, in der er sich »verfestigt« und als ganzes »verwirklicht«. Er stellt aber nun als die Antwort der Gottheit nicht mehr das Wunschbild, sondern den Ausdruck oder die Manifestation der Sonne am Nachthimmel dar. Das heißt, daß die Frage vollkommen mit der Antwort übereinstimmt, ihr wie ein Ei dem anderen gleicht. Eben diese Übereinstimmung aber bedeutet, daß die Antwort positiv oder bejahend ausfällt. Dies wird in der Formel *li zhen* durch den mit *günstig* wiedergegebenen Begriff *li* ausgedrückt: *Günstig für eine Verwirklichung (li zhen)*. Dem entspricht auch die Erklärung des Begriffes im Kommentar *Wenyan*: *Li ist die Übereinstimmung der Bedeutungen (von Frage und Antwort)*.

In der Dimension der Himmelsbilder selbst fällt die Antwort auf diese Weise natürlich immer *günstig* aus, da sie zwangsläufig mit der urbildlichen Wunsch-Frage übereinstimmt – wenn nicht gerade eine Mondfinsternis stattfindet. Eine *negative* Auskunft des Orakels bedeutete daher im Prinzip nur, daß die Wünsche des Fragenden eben *nicht* den »normalen« Gesetzen des Himmels entsprechen.

Insgesamt gibt die erläuterte Bedeutungsstruktur des Leitspruches *yuan heng li zhen* damit die zum Teil schon zitierte metaphorische Umschreibung seiner Bestandteile im Kommentar *Wenyan* wieder:

Yuan ist die (ausgewachsene =) größte unter den Körpergestalten (d. h. der Vollmond). *Heng* ist die Zusammenkunft der Vortrefflichen (d. h. die Konjunktion von Sonne und Mond). *Li* ist die Übereinstimmung der Bedeutungen (von Frage und Antwort). *Zhen* ist die Grundlage des Werkes (die Entscheidung, den Wunschgedanken zu verwirklichen).[43]

---

43 Nach der im *Zuozhuan* zitierten Fassung; s. Hellmut Wilhelm 1959, S. 280.

Praktisch formuliert der Leitspruch auf diese Weise die elementare Struktur des Entscheidungsprozesses, den das Orakel modellhaft in seiner kosmischen Bedingtheit darstellen sollte: die Vorwegnahme der Aktion in der Reflexion (*yuan heng*) und die Schlußfolgerung daraus in Form der Entscheidung für (oder gegen) die Aktion (*li zhen*). Sein Sinn und der Sinn seiner einzelnen Elemente hat damit nicht nur einen urbildlichen und einen orakeltechnischen, sondern auch einen psychologischen Aspekt. Der Begriff *zhen* kann ebenso die Manifestation des Himmels in Gestalt der Orakelentscheidung wie die darauf gegründete Entscheidung des Orakelnehmers und die ihm zugleich empfohlene Entschiedenheit oder Entschlossenheit bedeuten. Dies führt zu einer nicht geringen Übersetzungsschwierigkeit. Denn im Text kommen alle diese Bedeutungsaspekte zum Tragen, sind aber oft nur schwer zu unterscheiden. Auch scheint es, daß ihre jeweilige Betonung verschiedenen Schichten der Entstehungsgeschichte des Textes entsprechen.

Der vollständige und unveränderte Wortlaut der Formel *yuan heng li zhen* erscheint nur in Hauptsprüchen, und zwar insgesamt bei sechs Hexagrammen, nämlich H1, H3, H17, H19, H25 und H49. Ihre Zuordnung zu diesen sehr verschiedenartigen Orakelzeichen läßt sich aber durch deren urbildliche Struktur nicht so konsequent erklären, wie es sonst bei den Sprüchen der Fall ist. Man hat eher den Eindruck, daß die Formel markante Punkte im numerischen Aufbau des Gesamttextes kennzeichnen soll: H1 und H3 markieren die ersten beiden Hexagrammpaare im ersten Viertel des Textes, H17 und H19 die ersten beiden Paare im zweiten Viertel. H19 kennzeichnet außerdem die 19 Jahre der Meton-Periode. H49 markiert das erste Paar des vierten Viertels und zugleich die Zahl der ca. 49 1/2 Mondviertel eines Jahres, welche auch die Gesamtzahl der Schafgarbenstengel symbolisiert. H25 kennzeichnet die Hälfte dieser Zahl. Der Beginn des dritten Viertels ist nicht durch die Formel markiert, aber H33/H34 ist das diametrale Gegenzeichenpaar zu dem markierten Paar H19/H20, und ebenso H49/H50 zu H3/H4.

Dies legt die Vermutung nahe, daß es sich bei dem Leitspruch ursprünglich nicht um eine Erklärung des jeweiligen Orakelergebnisses, sondern um eine Beschwörungsformel handelte, die jeder Orakelbefragung und daher auch jedem Hexagramm vorangestellt wurde:

Möge der Wunschgedanke durchdringen! Möge er sich günstig verwirklichen!

Ein besonderes Indiz dafür ist der Umstand, daß der Hauptspruch in dem Hexagramm H2 *Kun* ebenso wie in dem völlig entgegengesetzten H1 *Qian* mit dem vollständigen Leitspruch beginnt, aber durch eine offensichtlich spätere Einfügung mit einem Zusatz versehen wurde, durch die der *Wunschgedanke (yuan)* nicht mehr als das Subjekt für das *Verwirklichen (zhen)* erscheint: *Der Wunschgedanke dringt durch. Eine (Verwirklichung =) Entscheidung, die günstig für eine Stute ist.* In der Endredaktion des *Yijing* wurde die Beschwörungsformel anscheinend nicht mehr als solche, sondern ebenso wie die übrigen Sprüche als eine Erklärung des jeweiligen Hexagrammes verstanden, so daß seine gleichlautende Wiederholung in den diametral entgegengesetzten Zeichen H1 und H2 einen offensichtlichen Widerspruch gebildet hätte.

Daß auch der Sinn des Zeichens *yuan* als *Wunschgedanke*, d. h. als der *Beweggrund* für das Orakelnehmen, zur Zeit der Endredaktion des Textes nicht mehr ohne weiteres verstanden wurde, kann man aus dem Hauptspruch H8/0 schließen, wo das Wort mit dem gleichlautenden und gleichbedeutenden Zeichen 原, das im *Yijing* nur dieses eine Mal vorkommt, ausdrücklich als *der für die Orakelbefragung zugrundegelegte (yuan* 原*) Wunschgedanke (yuan* 元*)* erklärt wird. Ebenso wurde der Begriff *zhen* nicht mehr im ursprünglichen Sinn einer *Verwirklichung* des *Wunschgedankens* verstanden, sondern allgemeiner als *Festlegung* oder *Entscheidung* für ein Ziel. Die Definition der Formel *li zhen* in diesem Sinn stellt das Hexagramm H34 dar, wo sie den ganzen Hauptspruch bildet und durch das Bild eines Widders symbolisiert wird, der seine Hörner zum Zustoßen senkt.

Insgesamt machen die Liniensprüche einen konsequenteren und systematisch geschlosseneren Eindruck als die Hauptsprüche. Dabei hat der Spruch zu Platz 1 häufig den Charakter einer Vorschau auf das ganze Hexagramm. Vermutlich sind die Hauptsprüche erst später hinzugefügt worden, indem man die ursprünglich immer vorangestellte Beschwörungsformel *yuan heng li zhen* von Fall zu Fall stehen ließ, kürzte oder völlig beseitigte und durch andere Sprüche ergänzte bzw. ersetzte, um daraus spezifisch erklärende Texte zu machen. Einzelne Elemente der Formel sind in fast jedem der 64 Hauptsprüche erhalten geblieben.

Das Orakelnehmen mit Schafgarbenstengeln

Die früheste überlieferte Beschreibung der Technik des Orakelnehmens mit Schafgarbenstengeln findet sich im *Großen Kommentar*. Dort heißt es:

> Die Zahl der Großen Flut ist 50. Davon werden 49 verwendet. Man zweiteilt sie, um die Zweiheit darzustellen. Einen hält man gesondert, um das Dritte darzustellen. Man zählt sie mit 4 durch, um die Vier (Jahres-)Zeiten darzustellen. Den Rest steckt man zwischen die Finger, um den Schaltmonat darzustellen. In 5 Jahren ist zweimal ein Schaltmonat. Darum wiederholt man das Wegstecken noch einmal, und dann registriert man es.[44]

An den Stichworten *Vier (Jahres-) Zeiten* und *Schaltmonat* sieht man sofort, daß die Numerik der Prozedur von der kalendarischen Himmelsordnung ausgeht. Das mit *Flut* wiedergegebene Zeichen (*yan*) setzt sich aus den Bestandteilen *Wasser* und *Gehen* zusammen und symbolisiert damit den im Flutmythos als Überschwemmungsgebiet ausgelegten Umkreis des Himmels (Abb. 11, S. 46). Dieser ist durch die Zahl 50 als Jahreslauf ausgelegt. Denn das Jahr hat annähernd 50 Mondviertel. Da es aber nicht genau 50 Mondviertel sind, sondern ca. 49,47, werden von den 50 Schafgarbenstengeln nur 49 verwendet. Nach der Teilung dieser 49 Stengel in zwei Haufen wird erneut einer *gesondert gehalten*, d. h. weggenommen, so daß es nun insgesamt noch 48 sind. Diese stellen nun als 12 x 4 = 48 Mondviertel die 12 Monate des »normalen« Mondjahres dar. Indem man die beiden Stengelhaufen dann *mit 4 durchzählt*, wird der Vierzahl der Mondviertel entsprochen und je eines von ihnen, d. h. eine Zahl zwischen 1 und 4 ermittelt. In Analogie dazu wird die Vierzahl zugleich auf die vier Jahreszeiten ausgedehnt, die ja in der siderischen Erscheinungsform des Mondwandels ebenfalls enthalten sind (siehe S. 42 ff.). Jedoch besteht das Mondjahr nicht immer aus 12 Monaten. Vielmehr wird ihm 7 mal in 19 Jahren, d. h. innerhalb einer Meton-Periode, ein 13. Mo-

---

44 *Xici*, A VIII.

nat, eben der *Schaltmonat* (*run*), hinzugefügt. Die Zahl von 5 *Jahren* steht, wiederum in Analogie zu der Vierzahl der Mondviertel, anscheinend für ein Viertel der Meton-Periode.

Die Beschreibung des Verfahrens bleibt freilich vage und ist wahrscheinlich fragmentarisch. Es wird jedoch in dem gleichen Abschnitt des *Dazhuan* durch verschiedene Zahlenangaben noch weiter definiert:

> Die Stengel von Qian (H1) sind 216. Die Stengel von Kun (H2) sind 144. Zusammen sind es 360. Das entspricht den Tagen eines Jahres. Die Stengel der beiden Abteilungen (d. h. aller harten und aller weichen Striche zusammen) sind 11520. Das entspricht der Zahl der Zehntausend Wesen. Darum sind es vier Verrichtungen, die eine Wandlung erzeugen, und 18 Wechsel, die ein Hexagramm bilden.

Auf der Grundlage dieser Angaben hat man verschiedene Theorien über die Orakelprozedur entwickelt. Im allgemeinen wird jedoch deren Rekonstruktion durch den berühmten Philosophen *Zhu Xi* (1130 – 1200) als gültig anerkannt.[45] Danach teilt man zunächst die 49 Stengel nach Belieben in zwei Haufen. Dann nimmt man einen Stengel vom rechten Haufen und steckt ihn zwischen den kleinen Finger und den Ringfinger der linken Hand. Als nächster Schritt werden vom linken Haufen immer Bündel von je 4 Stengeln weggenommen, bis 4 oder weniger übrigbleiben. Diesen Rest steckt man dann zwischen Ringfinger und Mittelfinger der linken Hand. Dann macht man es mit dem rechten Haufen ebenso und steckt den Rest zwischen Mittel- und Zeigefinger.

Man hat nun insgesamt entweder 5 oder 9 Stengel in der linken Hand. Diese legt man beiseite, vereinigt die übrigen Stengel wieder zu einem Haufen und wiederholt damit den ganzen Vorgang noch einmal. Nun bleiben 4 oder 8 Stengel als Rest in der linken Hand. Dieser wird wieder beiseite gelegt und die übriggebliebenen Stengel erneut zu einem Haufen vereint, mit dem man die gleiche Prozedur ein drit-

---

45 Zhu Xi: *Yixue chimeng* (1186). Hrsg. v. *Zhouyi zhezhong*, Reprint Taibei 1971, S. 1277 f.; Übersetzung bei Joseph Alan Adler: *Divination and Philosophy. Chu Hsi's Understanding of the I-ching*. Diss. University of California, Santa Barbara 1984, S. 297 f.; Beschreibung bei Richard Wilhelm: *I Ging. Das Buch der Wandlungen*. Düsseldorf/Köln 1956, S. 336 f.

tes Mal durchführt. Auch diesesmal bleiben als Rest entweder 4 oder 8 Stengel in der linken Hand.

Aus der Summe der drei Restmengen wird nun ein Strichelement berechnet. *Zhu Xi* führt diese Berechnung jedoch etwas gewaltsam und wenig überzeugend durch, indem er die Zahlen 5 und 4 mit 3 und die Zahlen 9 und 8 mit 2 gleichsetzt. Die Restsumme 13 (5 + 4 + 4) wird dadurch zum Endwert 9, die Restsumme 17 (9 + 4 + 4 oder 5 + 4 + 8) zum Endwert 8, die Restsumme 21 (9 + 8 + 4 oder 5 + 8 + 8) zum Endwert 7, und die Restsumme 25 (9 + 8 + 8) zum Endwert 6.

Es gibt aber eine andere Berechnungsmethode, die neuerdings von *Cheng Shiquan* dargelegt wurde und auf schlüssigere Weise zu den gleichen Endwerten gelangt. Danach zieht man die jeweilige Restsumme einfach von der ursprünglichen Stengelzahl 49 ab und teilt das Ergebnis durch 4. Also: 49 – 13 = 36; 36 : 4 = 9 u.s.w. Auf diese Weise bleibt die Vierzahl beim Durchzählen auch hier als Berechnungsbasis konsequent erhalten.[46]

Unter den 4 Endwerten 6, 7, 8 und 9 bedeutet nun jede gerade Zahl eine weiche oder *Yin*-Linie, jede ungerade Zahl eine harte oder *Yang*-Linie. Diese wiederum werden untergliedert in das *Junge Yang* (*shao yang*) beim Endwert 7, das eine ungebrochene Linie im Ruhezustand bedeutet: ——; das *Junge Yin* (*shao yin*) beim Endwert 8, d. h. eine gebrochene Linie im Ruhezustand: – – ; das *Alte Yin* (*lao yin*) beim Endwert 6, d. h. eine gebrochene Linie, die sich wandelt: -x- ; und das *Alte Yang* (*lao yang*) beim Endwert 9, d. h. eine ungebrochene Linie, die sich wandelt: -o-.

Indem man dieses Verfahren sechsmal wiederholt, werden von unten nach oben die 6 Linien eines Hexagrammes aufgebaut. Für jede Linie wird dreimal ein Stengelhaufen zerteilt, was die insgesamt *18 Wechsel* (*bian*) für ein ganzes Hexagramm ergibt. Auch die übrigen im *Dazhuan* genannten Zahlenwerte lassen sich aufgrund dieser Berechnungsmethode erklären, wenn man jeweils von den sich wandelnden Linien (*Altes Yin* und *Altes Yang*) ausgeht.[47]

---

46 Cheng Shiquan: *Yixue xintan,* Taibei 1979, S. 31 ff.; für eine Diskussion der Methode s. J. A. Adler, *Divination and Philosophy,* S. 301 f.
47 Siehe hierzu Richard Wilhelm: I Ging, S. 288 f.

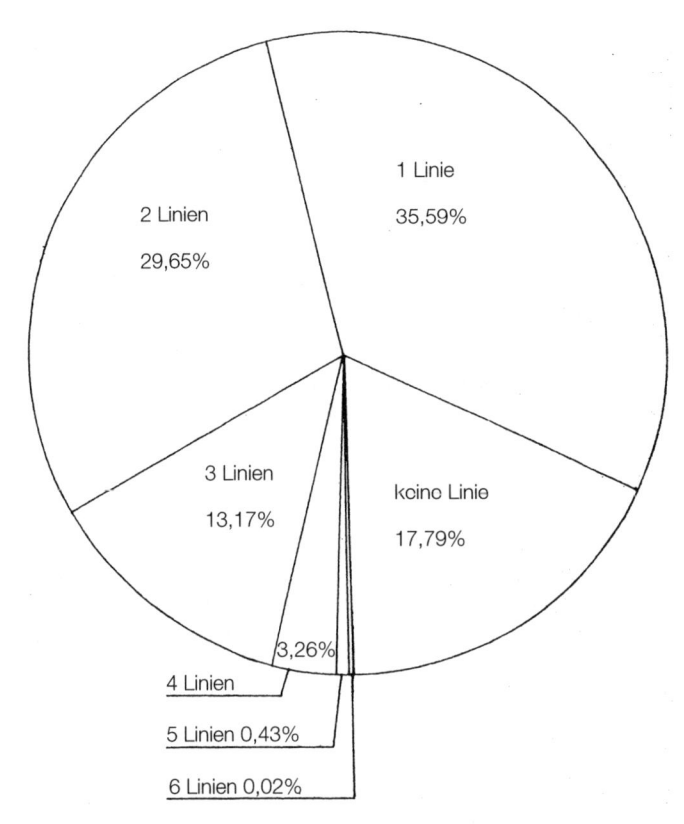

Abb. 16: Die Wahrscheinlichkeit des Auftretens sich wandelnder Linien beim Schafgarbenorakel.

Die Sprüche zu den einzelnen Linien haben nur dort für das Orakelergebnis Gültigkeit, wo es sich um ein *Altes Yang* oder ein *Altes Yin* handelt. Wenn keine sich wandelnden Linien auftreten, kommt nur der Hauptspruch in Betracht.

Das *Alte Yin* wandelt sich in eine *Yang*-Linie, das *Alte Yang* in eine *Yin*-Linie. Dadurch besteht das Orakelergebnis in der überwiegenden Zahl der Fälle nicht aus einem einzelnen Hexagramm, sondern aus einem ersten, dem *Basishexagramm* (*bengua*), und einem zweiten, dem *Tendenzhexagramm* (*zhigua*), das sich durch die Wandlung dieser Linien ergibt. Beim Tendenzhexagramm kommt nur der Hauptspruch als Antwort des Orakels in Betracht. Es stellt eine nähere Bestimmung des Basishexagrammes dar, indem es die Richtung anzeigt, in die dieses tendiert. Wir haben damit in der prinzipiellen Form des Orakelergebnisses die Struktur eines Satzes, einer *Prädikation*, und können sinngemäß auch von einem *Subjekt-Hexagramm* und einem *Prädikat-Hexagramm* sprechen. Dabei ist durch die Wahrscheinlichkeitsverhältnisse der Spielregel dafür gesorgt, daß das zweite mit dem ersten fast immer in der überwiegenden Zahl der Strichelemente übereinstimmt. (Abb. 16, S. 73) Damit ist die logische Korrelation von »Oberbegriff« und »Unterbegriff« in einer kombinatorischen Form modelliert, die eine widersprüchliche Prädikation zwar nicht absolut, aber praktisch so gut wie ausschließt.

Hauptteil

Die 64 Hexagramme

1. QIAN / DIE LICHTSEITE
(DAS TROCKENE LAND / DER HIMMEL)

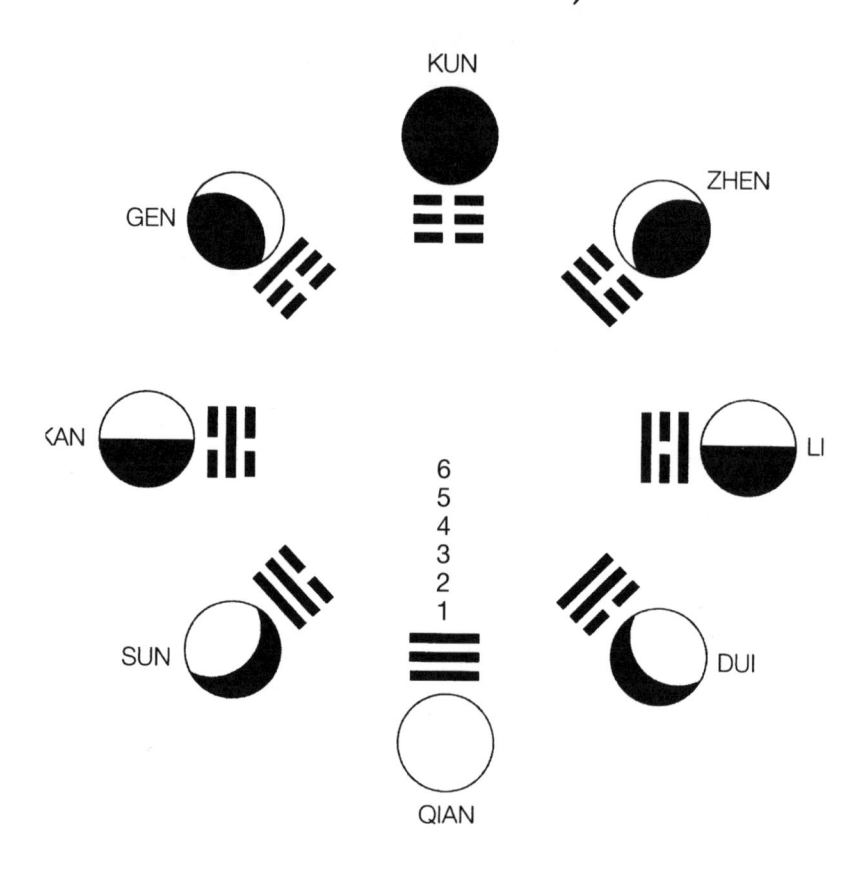

KUN

GEN

ZHEN

KAN

LI

6
5
4
3
2
1

SUN

DUI

QIAN

Partnerzeichen: H2.
Gegenzeichen: H2.

Der Hauptspruch

Die Lichtseite. Der Wunschgedanke dringt durch. Günstig für eine Verwirklichung.

Sie sind stark auf ein hochgestecktes Ziel hin motiviert und haben beste Aussichten, es zu erreichen.

Das Hexagramm QIAN ist die Doppelung des gleichnamigen Trigramms. Es besteht aus lauter ungebrochenen, d. h. harten oder männlichen Linien. Diese entsprechen der *Lichtseite* des Mondes, und so bedeutet es urbildlich zunächst den Vollmond, die frontale und vollständige Erscheinung der Lichtseite. Der Vollmond aber hat die wunderbare Eigenschaft, daß er nach Größe, Gestalt und Erscheinungsbahn ein vollkommenes Ebenbild der Sonne und ihres Tagesganges darstellt. Er vermittelt damit eine komplette *Vorstellung* des Tageslaufes auf der Bühne der Nacht. Dies ist das himmlische Urphänomen alles Vorstellens, alles Wünschens und Hoffens, das Wunschbild von der Sonne auf der anderen Seite der Welt, d. h. von dem Jenseits, das die Zukunft, den kommenden Tag bedeutet. Der *Wunschgedanke*, nach dessen Chancen das Orakel befragt wird, entspricht daher dem himmlischen Vorbild des Vollmondes, und die Voraussagetechnik des Schafgarbenorakels insgesamt versteht sich von Grund auf als eine zahlensymbolische Nachbildung des Mondwandels.

Da sich die diametral entgegengesetzten Mondbilder durchgängig immer zum kompletten Bild des Vollmondes ergänzen, steht das Hexagramm zugleich für den Mondwandel im ganzen unter dem Leitmotiv der Lichtseite. Diese Struktur kommt in der Symbolik der Liniensprüche sehr klar zum Ausdruck. Die Lichtseite des Mondes aber *zielt* oder *deutet* naturgemäß immer auf die Sonne, wie es die senkrechte Säule der Linienzahlen im Mondplan darstellt, die hier als der Graph des Zeichens zu verstehen ist. Das heißt, sie *be-deutet* im konkretesten Sinn des Wortes die Sonne und den Taghimmel, d. h. die Lichtseite der ganzen Welt. Der urbildliche Grundzug des Hexagramms ist daher das Streben nach dem Licht, nach der Sonne (vgl. Platz 3). Indem der Mond dieser Zielrichtung folgt, steuert er mit seiner abnehmenden Bewegung auf die Sonne zu, um schließlich in der Konjunktion auf sein Wunschziel zu treffen und darin zu verschwinden. Dies ist die urbildliche Bedeutung des Satzes: *Der Wunschgedanke dringt durch.*

Mythologisch gesehen heißt das, daß der Sonnengott den ihm vorgetragenen Wunsch bzw. die mit dem Wunsch identifizierte Opfergabe entgegennimmt. Der zweite Teil des Spruches umschreibt dann seine Antwort, die er nach dem Vorbild der zunehmenden Bewegung des Mondes herabsendet auf die Erde. Diese Antwort stellt sich als Manifestation des Himmels in Gestalt des Orakelergebnisses dar und bedeutet, zeichenhaft vorweggenommen, die *Verwirklichung* des *Wunschgedankens*. Insofern Wunsch und Wirklichkeit in der symbolischen Form der Antwort übereinstimmen, wie es dem himmlischen Vorbild des Vollmondes entspricht, der nach einem Monat wieder in der gleichen Gestalt von seiner Reise zur Sonne zurückkehrt, ist die Antwort *günstig*. Dies ist der urbildliche Sinn der zweiten Hälfte des Hauptspruches: *Günstig für eine Verwirklichung*. (Eine ausführlichere Erläuterung des Hauptspruches, den man auch als den Leitspruch des *Yijing* bezeichnen kann, findet sich in der Einführung S. 60 ff.)

Betrachten wir nun den Namen des Hexagrammes. Dieser wird traditionell *QIAN* gelesen. Das Schriftzeichen kommt aber in dieser Lautung nur hier in diesem einen Hexagramm des *Yijing* vor. In der sonst üblichen Lesung *gan* hingegen hat es bis heute die Bedeutung *trocken*, der zweifellos ursprünglich auch sein Erscheinen an dieser Stelle als Hexagrammname zu verdanken ist. Die Erklärung dafür ergibt sich aus der mythischen Weltvorstellung des frühen China: Darin wurde nämlich der Taghimmel als *trockenes Land* ausgelegt, der Nachthimmel als *das Wasser des Sternenstromes* (Abb. 11). Der urbildliche Grundzug des Hexagramms, die Zielrichtung der Lichtseite des Mondes auf die Sonne, bedeutete daher die Bewegungsrichtung vom Wasser aufs Land. Die Doppelung des Hexagrammnamens im Spruch zu Platz 3, sein einziges Vorkommen in den Liniensprüchen, hat also den ursprünglichen Sinn: *aufs Trockene, aufs Trockene!* Und dieser Sinn wird u. a. auch dadurch bestätigt, daß das entgegengesetzte Partnerzeichen H2 *KUN* in einer Textvariante den Namen *Strom, fließendes Wasser* (*CHUAN*) hat.

Allgemeiner wurden der Taghimmel und der Nachthimmel in dieser mythischen Weltdeutung räumlich als Oben und Unten, Oberwelt und Unterwelt ausgelegt. Dies führte dann zu den »entmythologisierten« Bedeutungen *Himmel* (die Welt über der Erdoberfläche) und *Erde* (die Welt unter der Erdoberfläche). Von daher erklärt sich die traditionelle Erklärung des Hexagrammnamens *QIAN* als *Himmel*. Diese spätere Deutungsebene entspricht dem kosmischen Leitbild der Konjunktion von Sonne und Mond, in der die Lichtseite des Mondes räumlich nach oben zeigt (*QIAN* = Himmel), seine Schattenseite nach unten (*KUN* = Erde).

Auf diesem mythologischen Hintergrund nun versteht sich die Bedeutung des *Drachens*, der das Leitmotiv in den Liniensprüchen unseres Hexagrammes bildet. Der Drachen wird im Buch *Lunheng* als ein Tier beschrieben, das im Himmel wohnt, und ist unter den erläuterten Voraussetzungen leicht als eine symbolische Verkleidung des Mondes zu erkennen: Der Mond wandert auf seiner Himmelsbahn allmonatlich hin und her zwischen Nachthimmel und Taghimmel, und da die Nacht ein tiefes Wasser, der Tag ein erhöhtes Land ist, wurde sein Wechselweg als ein abwechselndes Hinauf und Hinunter, Auftauchen und Untertauchen des Drachen gedacht. Eben dies drückt die charakteristische Schlangenbewegung des Drachenkörpers aus (Abb. 17). Auch ist der Drache das fabelhafte Reittier, auf dem die Schamanen zum Himmel zu reiten pflegten. Denn Tag und Nacht bedeuteten ja auch oben und unten, d. h. Himmel und Erde, so daß der Wechselweg des Mondes das natürliche Vorbild für den »Verkehr« zwischen Himmel und Erde bildete. Später wurde die rituelle Kommunikation mit dem Himmel zum Privileg des Kaisers und der Drache daher zum kaiserlichen Emblem.

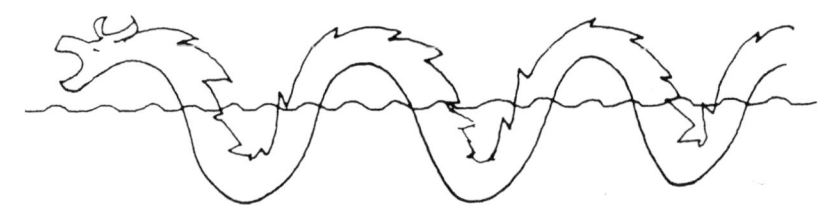

Abb. 17: Der Drache (long) als Auslegung des Mondwandels, der sich zwischen Nachthimmel (= unter Wasser) und Taghimmel (= über Wasser) hin und her bewegt.

Dementsprechend können wir den Drachen in der Reihenfolge der Liniensprüche bei der symbolischen Nachahmung eines Mondumlaufes beobachten. Dabei wird in der Symbolik sehr deutlich die Zusammengehörigkeit der jeweils diametral entgegengesetzten Mondphasen hervorgehoben, die sich gegenseitig immer zum kompletten Bild des Vollmondes ergänzen. Der ergänzende Bezug auf den Gegensatz bedeutet die Wahrung der »inneren Mitte«, die ein häufig wiederkehrendes Grundmotiv in der Philosophie des *Yijing* bildet (vgl. H11).

Auf Platz 1 sehen wir den Drachen in die Tiefe des Nachthimmels hinuntertauchen (Phase *Sun*). Auf Platz 2 erreicht er den tiefsten Punkt seiner Reise (Phase *Qian*), wo er als Vollmond *erscheint*, und zwar *auf dem Feld*, das die Erde im Gegensatz zum Himmel auf Platz 5 darstellt. Auf Platz 3 strebt er, hier als *der Edle* vermenschlicht, wieder hinauf *zur Sonne* bzw. *aufs Trockene* (Phase *Dui*). Auf Platz 4 sehen wir ihn im Gegensatz zum Hinuntertauchen auf Platz 1 aus dem Wasser heraus *über der Tiefe springen* wie ein Fisch

(Phase *Zhen*). Auf Platz 5 erreicht er als *fliegender Drache am Himmel* den höchsten Punkt seiner Reise im Gegensatz zum *Feld* auf Platz 2 (Phase *Kun*). Und auf Platz 6 sehen wir ihn im Gegensatz zum hoffnungsvollen Emporstreben auf Platz 3 wieder zurückgefallen *in der Schlucht* (Phase *Gen*). Die urbildliche Symbolik der Sprüche entspricht damit in etwa der Platzfolge von H11 *Das Sein* (*TAI*).

Die »harte« Lichtseite des Mondes ist das kosmische Urphänomen der männlichen Triebstruktur. Sie wurde dem männlichen Organ entsprechend als konvex hervortretend gedacht. Das Zeichen formuliert damit den männlichen Aspekt der schöpferischen Lebenskraft. Seine Symbolik versinnbildlicht den Weg eines Mannes, der nach oben strebt, zur Sonne, zur Erkenntnis, zum Erfolg. Hinter dem Sonnen-Ziel seines Strebens aber verbirgt sich in der Ordnung des Mondplanes die frontale Konjunktionsstellung der Schattenseite *Kun*, die das Urphänomen des weiblichen Organs darstellt und natürlich hohl und konkav zu denken ist.

Anfangs Neun Qian
Untertauchender Drache. Nicht gebrauchen.

Die Zeit für ein entschlossenes Vorgehen ist noch nicht reif. Es bedarf noch einer gründlichen Vorbereitung in stiller Zurückgezogenheit, ehe Sie auf der Basis einer soliden und durchdachten Entscheidung zur Tat schreiten können.

Das Symbol für den Mond in diesem Hexagramm ist, wie gesagt, der Drache. Der Wechselweg des Mondes zwischen Taghimmel und Nachthimmel wurde als ein abwechselndes Auftauchen und Untertauchen des Drachen ausgelegt (Abb. 17, S. 79). Hier ist das Bild des zunehmenden Mondes gezeichnet, der immer weiter in das Nachtmeer hinuntertaucht. Dabei folgt er nicht der Richtung, in die die Lichtseite zeigt, sondern der Gegenrichtung, in welche die Schattenseite weist. Die Funktion der thematisierten *Lichtseite* ist die Bewegung des auftauchenden Drachens, der ihrer Blickrichtung auf die Sonne folgt. Daher ist das Symbol des *untertauchenden Drachen* in dieser Funktion *nicht zu gebrauchen*.

Neun auf zweitem Platz Qian

Erscheinender Drache auf dem Feld. Es ist günstig, einen großen Mann zu sehen.

Es wird deutlich, worum es geht. Das Ziel tritt Ihnen groß und klar vor Augen. Es könnte in Gestalt einer eindrucksvollen Persönlichkeit erscheinen.

Hier haben wir den Drachen in der Rolle des am Nachthimmel erscheinenden Vollmondes. Das Schriftzeichen für *Feld (tian)* ist ein Quadrat, das durch ein Kreuz in vier gleiche Teile geteilt ist, wie es dem durch die vier Mondphasen gegliederten Nachthimmel entspricht. Zugleich symbolisiert das *Feld* die Erde im Gegensatz zum Himmel auf Platz 5. Ebenso ist der *große Mann (daren)* hier eine symbolische Verkleidung des Vollmondes. Der Spruch *Es ist günstig, einen großen Mann zu sehen* wiederholt sich jedoch noch einmal auf Platz 5 unseres Hexagrammes, welcher der Konjunktion von Sonne und Mond, d. h. der Erscheinung der Sonne im Kreislauf entspricht; denn die Sonne und der Vollmond als ihr nächtliches Ebenbild wurden vielfach als zwei Erscheinungsformen desselben Wesens gedeutet. So gibt es zum Beispiel einen Mythos, der den Vollmond als die im Nachtstrom badende Sonne auslegt, wodurch sie gereinigt wird und bei Tag wieder schön blitzblank scheinen kann. Der *große Mann* war also ursprünglich eine Himmelsgottheit, die mit der Einheit von Vollmond und Sonne den Himmel als ganzes personifizierte. Später wurde der Begriff als das Idealbild des moralisch hochstehenden Menschen im Gegensatz zum minderwertigen *kleinen Mann (xiaoren)* entmythologisiert.

Neun auf drittem Platz Qian

Der Edle ist den ganzen Tag zielstrebig. Am Abend fürchtet er sich. Gefahr. Kein Schaden.

Die Linie gebietet, das ins Auge gefaßte Ziel unbeirrt, ausdauernd und wachsam zu verfolgen. Es läßt sich auch nicht vermeiden, dafür Gefahren zu bestehen und Verluste hinzunehmen. In der Gesamtbilanz aber werden sie sich wieder ausgleichen.

Dieser Spruch lohnt eine ausführlichere Betrachtung, weil sich hier besonders schön zeigen läßt, wie der urbildliche Grundsinn des Textes durch spätere Zusätze und Änderungen entmythologisiert wurde. Die obige Übersetzung gibt diese vermenschlichte Fassung wieder. Ihr Sinn wird vor allem bedingt durch das Subjekt *der Edle*, das hier offensichtlich an die Stelle des Mond-Drachen gesetzt wurde. Wenn wir es weglassen, wie auch *Hellmut Wilhelm* vorschlägt, so läßt sich der Spruch leicht in seiner ursprünglichen Bedeutung entschlüsseln: Der mit *den ganzen Tag* wiedergegebene Ausdruck *(zhong ri)* wird wörtlich als *den Tag endend, bis zum Ende des Tages* gelesen. Nun bedeutet aber das Zeichen für *Tag* zugleich *Sonne*, so daß der Ausdruck den urbildlichen Sinn *mit Ziel auf die Sonne* ergibt. Dies aber ist nichts anderes als die von der Lichtseite des Mondes gewiesene Richtung, welcher der Erleuchtete mit der abnehmenden Bewegung aus dem Nachthimmel hinauf in den Taghimmel folgt (vgl. H16/2). Und wenn wir damit als Subjekt des Satzes den Mond-Drachen geortet haben, der aus dem Nachtstrom hinauf auf das *trockene* Land des Tages strebt, können wir auch die oben mit *zielstrebig* wiedergegebene Doppelung des Hexagrammnamens *(qian-qian)* in der üblichen Bedeutung des Schriftzeichens als *aufs Trockene, aufs Trockene! (gan-gan)* verstehen. Ebenso verbirgt sich auch hinter dem zweiten Satz des Spruches eine ganz klare urbildliche Grundbedeutung. Das Schriftzeichen für *Abend (xi)* ist eine graphische Abwandlung des in der archaischen Form noch damit identischen Wort-Bildes *Mond*. Und das mit *sich fürchten* wiedergegebene Zeichen *(ti)* besteht aus dem Hauptbestandteil *Wandlung (yi)*, der ursprünglich den Wechsel der Mondphasen bedeutet, und dem spezifizierenden Zusatz *Herz*. Wenn man es aber statt mit *Herz* mit *Messer* schreibt, so hat es bei identischer Lautung die Bedeutung *abschaben* oder *das Fleisch von den Knochen schneiden* – und das ist der urbildliche Sinn, auf den sich sein Erscheinen im *Yijing* immer wieder ganz klar zurückführen läßt (H6/0, H9/4, H59/6). Die ursprüngliche Bedeutung des Satzes lautet dann: *Der Mond ist wie abgeschabt*, oder: *Es ist, als würde der Mond verstümmelt.* Denn mit der abnehmenden Bewegung beginnt auf der rechten Seite des Mondkörpers der Einbruch des Schattens, als würde ein Stück von ihm *abgeschabt* oder *weggeschnitten*. Das gleiche Urbild kommt nicht minder deutlich auch im Seidenmanuskript von *Mawangdui* zum Ausdruck, wo statt *abgeschabt* bzw. *sich fürchten (ti)* das Schriftzeichen *schmutzig (ni)* steht: *Der Mond ist wie verschmutzt.* Dabei bezeichnet das mit *wie* übersetzte Schriftzeichen *(ruo)* ursprünglich das gleichnishafte Sprechen bei der Deutung des Orakels im Trancezustand und erweist sich damit ebenfalls erst auf der urbildlichen Ebene als sinnvoll. Es pflegt sonst in den Übersetzungen einfach weggelassen zu werden. In der ursprünglichen Fassung lautet der Spruch insgesamt also: *Hin zur Sonne, aufs Trockene, aufs Trockene! Der Mond ist wie abgeschabt. Gefahr. Kein Schaden.* – Es ist verständlich, daß die urbildliche *Abschabung* oder *Beschneidung* des abnehmenden Mondes, die auch in grausamen Verstümmelungsritualen zelebriert wurde, zu der vermenschlichten Bedeutungsabwandlung *sich fürchten, Erschrockenheit, Beunruhigung* etc. Anlaß gab. Auch daß dies als *Gefahr* ausgelegt wurde, leuchtet unmittelbar ein. Die abschließende Formel *kein Schaden* steht jedoch scheinbar im Widerspruch dazu. Dieser im *Yijing* sehr häufige Ausdruck *(wu jiu)* hat aber insbesondere die Funktion, daß er die komplementäre Ergänzung durch das diametrale Gegenbild anzeigt, welche den als *Schaden* ausgelegten Schattenteil der jeweiligen Mondphase ausgleicht (vgl. H40/1). Im vorliegenden Hexagramm erscheint er auf den Plätzen 3 und 4, die den beiden abnehmenden, d. h. in der »Beschädigung« begriffenen Mondbildern *Dui* und *Zhen* entsprechen. Diese werden ausgeglichen durch die komplementären Bilder *Gen* auf Platz 6 und *Sun* auf Platz 1 (vgl. H2/4).

Neun auf viertem Platz   Qian
Oder er springt über der Tiefe. Kein Schaden.

Sie haben den nötigen Rückhalt, um größere Sprünge wagen zu können. Aber vergessen Sie nicht, daß Sie darauf angewiesen bleiben.

Der Spruch klingt an eine Zeile aus dem *Buch der Lieder (Shijing)* an, wo er fast gleichlautend, aber mit dem Subjekt *Fisch* erscheint (Ode *Han lu*). Wir sehen damit den Mond-Drachen als einen springenden Fisch, der sich nach dem Vorbild der silbrigen Sichel des Mondbildes *Zhen* aus der Tiefe des Nachtstromes herausschnellt. In dieser Fisch-Rolle entspricht er dem *untertauchenden Drachen* auf Platz 1, der Auslegung des komplementären Gegenbildes *Sun*. Die Ergänzung oder Rückversicherung durch dieses Gegenbild drückt wie im vorigen Spruch wieder die Formel *kein Schaden* aus: Der Fisch kann ohne Gefahr springen, er fällt ja doch immer wieder zurück ins Wasser, bleibt in seinem Element. – Wie *Conrady* bemerkt hat, deutet das einleitende *oder* des Spruches darauf hin, daß es sich in der Tat um ein aus dem Zusammenhang gerissenes Zitat handelt. Wenn man den Zusatz *kein Schaden* wegläßt, bildet die Zeile einen maßgerechten Reim zu jeweils beiden Teilen der Sprüche 2 und 4. Das zeigt, daß im *Yijing* auch Bruchstücke von bekannten Liedern oder Gedichten verarbeitet wurden.

Neun auf fünftem Platz Qian

Fliegender Drache am Himmel. Es ist günstig, einen großen Mann zu sehen.

Sie erreichen ein hohes Ziel, das Sie seit langem angestrebt haben. Es steht im Zeichen der Begegnung mit einer bedeutenden Persönlichkeit.

Hier hat sich der Drache nun von einem Fisch in einen Vogel verwandelt. Denn er ist ein Wechseltier, und diese Doppelnatur bildet die Ausrüstung für seinen ewigen Wechselweg zwischen den Wassern der Unterwelt und den Höhen des Himmels. Urbildlich ist es der Sonnenvogel, der mit der Konjunktion aus dem zerbrochenen Mond-Ei geschlüpft ist und mit seinen beiden ausgebreiteten Flügeln *Zhen* und *Gen* am Himmel fliegt (vgl. H62/0/1/6). Natürlich ist auch der *große Mann* hier eine Auslegung der Sonne, die wie der aus der Tiefe des Nachtmeeres heraufgeholte Vollmond erscheint (vgl. Platz 2). Eine Parallele dazu haben wir z. B. in dem bekannten Märchen vom Froschkönig, der die goldene Sonnenkugel aus der Tiefe des Brunnens heraufholt und dafür durch die »Konjunktion« mit der Königstochter belohnt wird. Der Drache und der Frosch erfreuen sich mythologisch einer engen Verwandtschaft.

Oben Neun Qian

Der Drache in der Schlucht. Es gibt Kummer.

Die Linie bedeutet eine Situation des Reinfalls oder der Enttäuschung nach dem Erreichen eines lang angestrebten Zieles. Wer eine hohe Stellung endlich erreicht hat, erkennt dann oft erst nachträglich, wie einsam er dort ist.

Das mit *Schlucht* wiedergegebene Schriftzeichen *(kang)* wird traditionell als *hochmütig* oder *anmaßend* gedeutet, und zwar offenbar nur aufgrund dieser Stelle im *Yijing*. Im Gegensatz zu dieser moralisierenden Deutung folge ich mit der gegebenen Übersetzung der Interpretation von *Richard A. Kunst*, der hier einen im Text weggelassenen graphischen Zusatz *Erde* ergänzt, so daß das Zeichen (in der Lautung *keng*) die Bedeutung *Schlucht, Loch, Fallgrube* etc. gewinnt. Denn diese Version erklärt sich ohne weiteres aus dem zugrundeliegenden Himmelsbild: Die Konjunktion als Höhepunkt des Kreislaufes bedeutet einerseits die Vereinigung mit der Sonne (Platz 5), andererseits das

Verschwinden des Drachens – der Lichtseite des Mondes – in der als *Loch*, als konkave Höhlung ausgelegten Schattenseite. Dies ist der nächtliche Aspekt der Sache, der nach der Konjunktion im Bild des Neumondes *Gen* deutlich wird, wo man den Drachen gleichsam als schmalen Wurm sieht, der im Inneren des runden Schatten-Loches an der Wand entlang kriecht. Daher: *Der Drache in der Schlucht. Es gibt Kummer.* Das mit *Kummer* wiedergegebene Schriftzeichen *(hui)* bedeutet, wenn man es statt mit dem Zusatzzeichen *Herz* mit dem Zusatz *Sonne* schreibt, speziell *letzter Tag des Monats* (= *Schwarzmond*) und allgemein *dunkel*. In der gegebenen Schreibung mit *Herz* stellt es also *die Finsternis des Herzens* dar.

Lauter Neunen

Man sieht einen Schwarm von Drachen ohne Kopf. Glückverheißend.

Es bahnt sich eine tiefgreifende Wende an, die grundsätzliches Umdenken verlangt, aber eine glückliche Perspektive eröffnet.

Lauter Neunen bedeutet in der Spielregel des Orakels, daß das ganze Zeichen sich in sein Gegenteil verwandelt, in das Gegenzeichen H2, das *die Schattenseite* bedeutet. Die Lichtseite des Mondes wurde als der *Kopf* des Drachens, die Schattenseite als sein Körper ausgelegt. Auch die mythische Gestalt des Mondgottes *Fuxi*, dem die Erfindung der Acht Trigramme zugeschrieben wird, ist mit ihrem Schlangenkörper und ihrem Menschenkopf eine Darstellung des Mond-Drachens.

2. Kun / Die Schattenseite
(Der Strom / Die Erde)

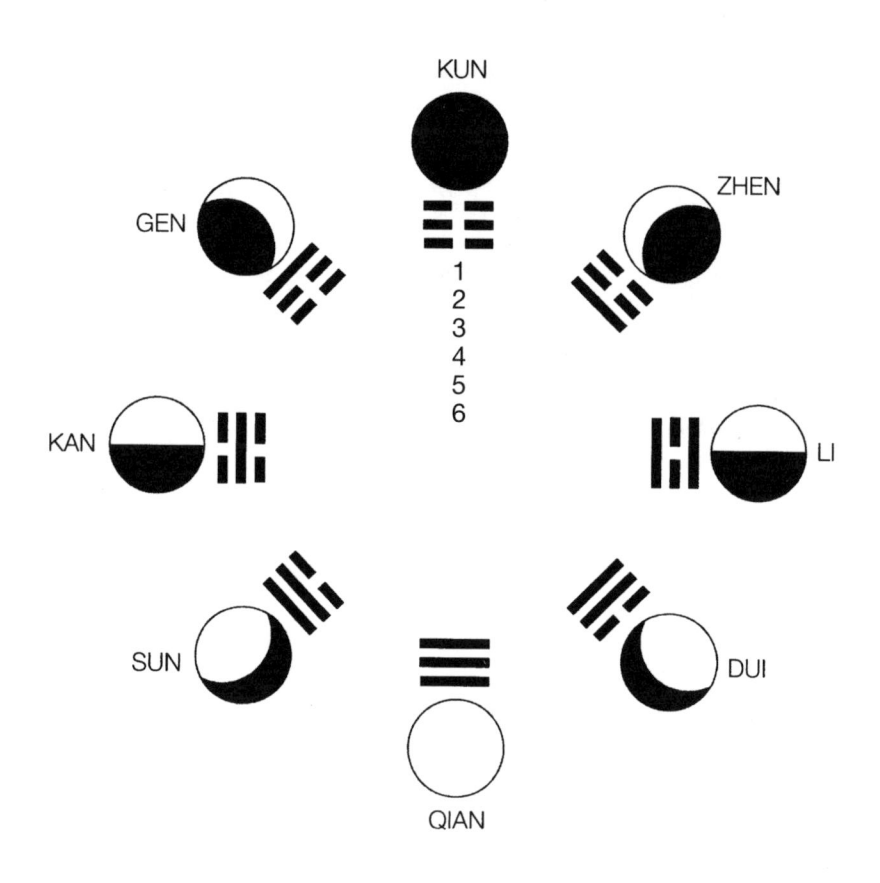

KUN

GEN

ZHEN

1
2
3
4
5
6

KAN

LI

SUN

DUI

QIAN

Partnerzeichen: H1.
Gegenzeichen: H1.

Der Hauptspruch

Die Schattenseite. Der Wunschgedanke dringt durch. Eine Entscheidung, die günstig für eine Stute ist. Wenn der Edle wo hinzugehen hat, irrt er zunächst umher. Danach findet er einen Meister. Günstig, um im Südwesten einen Freund zu gewinnen. Im Nordosten verliert man einen Freund. Glückverheißend als Entscheidung für den Frieden.

Die Aufgabe, vor der Sie stehen, erfordert eine Schutzzone, in der Sie Ihr Werk ungestört vollenden können. Um diese Sicherheit zu gewährleisten, empfiehlt sich die Anlehnung an einen starken Bündnispartner, der Ihnen den Rücken freihält.

Das Hexagramm *KUN* ist die Doppelung des gleichnamigen Trigramms. Es besteht aus lauter gebrochenen, d. h. weichen oder weiblichen Linien. Diese entsprechen der *Schattenseite*, dem dunklen Gesicht des Mondes, und so bedeutet es urbildlich zunächst den Schwarzmond. Die Schattenseite des Mondes aber deutet naturgemäß immer von der Sonne weg auf den Nachthimmel. So *be-deutet* sie im wörtlichsten Sinn zugleich die Schattenseite des ganzen Weltgetriebes, wie die Lichtseite die Tagwelt bedeutet.

Außerdem stellt das Hexagramm mit seinen Liniensprüchen analog zu seinem Partnerzeichen H1 zugleich auch den Mondwandel im ganzen dar, aber nun unter dem Aspekt der dunklen Seite. Und die Ergänzung der komplementären Gegenbilder ergibt hier nicht das allzeit runde Bild des Vollmondes, sondern ebenso durchgängig das Bild des Schwarzmondes. Dieser aber bedeutet ja praktisch nur die Unsichtbarkeit oder das Verschwundensein der Monderscheinung, den mondlosen Nachthimmel. Und im mythischen Weltbild der Frühzeit wurde der Nachthimmel mit seinen Sternen als ein glitzerndes Wasser, ein gigantischer *Strom* gedeutet, der um die Welt herum fließt. Daher finden wir in einer der überlieferten Textfassungen als Name des Hexagrammes noch die Bezeichnung *Strom, fließendes Gewässer (CHUAN)*. Das Schriftzeichen *KUN* hingegen hat keine andere Bedeutung als die Namensbezeichnung dieses Hexagrammes. Sein Sinn wird traditionell mit *Erde* erklärt und entspricht damit der verallgemeinerten räumlichen Auslegung von Tag und Nacht als *Oben* und *Unten* oder *Himmel* und *Erde*.

Der Anfang des Hauptspruches stimmt zunächst mit H1/0 überein. Anscheinend handelte es sich ursprünglich um eine Beschwörungsformel, die jeder Orakelbefragung und daher auch jedem Hexagramm vorangestellt wurde: *Möge der Wunschgedanke durchdringen! Möge er sich günstig verwirklichen!* (Siehe Einführung S. 60 ff.). Der zweite Satz der Formel ist jedoch hier mit einem Zusatz versehen, der die *Verwirklichung* des *Wunschgedankens* als *Entscheidung* des Orakels spezifiziert: *Eine (Verwirklichung =) Entscheidung, die günstig für eine Stute ist.* Denn in der Endredaktion des *Yijing* wurde die Beschwörungsformel nicht mehr als solche, sondern ebenso wie die übrigen Sprüche als eine Erklärung des jeweiligen Hexagrammes verstanden, so daß seine gleichlautende Wiederholung in den diametral entgegengesetzten Zeichen H1 und H2 einen offensichtlichen Widerspruch gebildet hätte. Daher wählte man zur Unterscheidung ein Symbol der Schattenseite des Mondes, nämlich das *Pferd*, dessen Hufspur seiner sichelförmigen Gestalt gleicht, die bis auf einen schmalen Rand die Schattenfläche hervorkehrt. Die Sichelgestalt stellt damit die gewöhnliche Erscheinungsform des Mondschattens dar, der ja vollständig und frontal (außer bei einer Sonnenfinsternis) niemals zu sehen ist. Das Pferd verdankt dieser Ähnlichkeit seiner Hufspuren mit der Mondsichel seinen Ruf als beliebtes Mondsymbol, und es gilt darum auch bis heute als Glückszeichen, wenn man ein Hufeisen findet. Und da die Schattenseite als das urbildliche Thema des ganzen Zeichens den *weiblichen* Aspekt des Mondes bedeutet, ist die *Entscheidung* nicht nur günstig für ein *Pferd*, sondern für eine *Stute*, wörtlich *ein weibliches Pferd*. Im Buch *Zuozhuan* wird statt der Stute die *Kuh* als das Tiersymbol des Hexagrammes genannt, weil die Mondsichel natürlich auch dem Gehörn eines Rindes gleicht.

Der Edle, wie in H1/3 zweifellos eine spätere Interpolation, steht hier natürlich für die Schattenseite *KUN*. Diese ist für sich genommen unsichtbar, nicht von der Schwärze des mondlosen Nachthimmels in der Konjunktionsphase zu unterscheiden, welche ihren eigentlichen »Erscheinungsort« im Kreislauf darstellt. So *irrt* sie gleichsam heimatlos ohne bestimmte Gestalt unter den Sternen *umher*. Erst mit dem Erscheinen der Lichtseite in Form der Neumondsichel findet sie einen *Meister*, oder, mit *Gao Heng*, einen *Gastgeber*, an dessen Seite sie ihre Bestimmtheit und feste Heimstatt erlangt.

Der Freund nun, den die Schattenseite *im Südwesten gewinnt*, ist wiederum ebenfalls die Lichtseite des Mondes, die bekanntlich nach der Konjunktion erstmalig als Neumondsichel *im Westen* am Abendhimmel zu erscheinen pflegt; und *der Freund*, den sie *im Nordosten verliert*, ist die *im Osten* am Morgenhimmel verschwindende Altmondsichel. Warum aber gerade *Süd*-Westen und *Nord*-Osten? Dies ist nur zu verstehen, wenn man zusätzlich die *jahreszeitlichen* Gewohnheiten des Mondes mit einbezieht:

Wenn der Neumond im *Südwesten* erscheint, ist es Winter, und die nächtlichen Erscheinungsbahnen des Vollmondes sind hoch und lang; wenn der Altmond im *Nordosten* verschwindet, ist es Sommer, und die nächtlichen Erscheinungsbahnen des Vollmondes sind niedrig und kurz. Mit anderen Worten, im Winter *gewinnt* der Mond an Licht, im Sommer *verliert* er an Licht. Die kosmische Bestimmung der *Freunde* durch den Text ist hier so präzise, daß man sie geradezu für sich genommen schon als Beweis für die lunare Konzeption des *Yijing* anführen könnte.

Diese Erklärung entspricht direkt dem Naturphänomen. Es gibt aber noch eine zweite, die von der traditionellen Schematisierung des Mondplanes als Windrose ausgeht. Dabei ist das Subjekt des Spruches nicht die Schattenseite, sondern die rechtsseitige oder zunehmende Gestalt des Mondes, und der *Freund* die linksseitige oder abnehmende. Denn mit der zunehmenden Bewegung folgt der Mond der von der Schattenseite gewiesenen Richtung in die Nacht hinein, so daß man seine rechte Hälfte als die weibliche deutete. Und umgekehrt folgt die abnehmende Bewegung der Zielrichtung der Lichtseite auf die Sonne, weshalb die linke Hälfte als die männliche galt (vgl. z. B. H28/2/5). Der Mondplan aber wurde schematisch so ausgelegt, daß *Kun* den Norden, *Qian* den Süden, *Kan* den Westen und *Li* den Osten bedeutete. Und in diesem Schema entspricht dann der *Südwesten* der Phase *Sun*, mit welcher die linke Hälfte zur rechten hinzutritt, um sie zum Vollmond zu ergänzen, so daß sie damit *einen Freund gewinnt* (vgl. H9/5). Und der *Nordosten* entspricht der Phase *Zhen*, mit welcher die linke Seite in der Konjunktion verschwindet, so daß damit der Freund wieder *verloren* geht (vgl. H11/4; H39/0/5).

Zuletzt wird noch gesagt, daß das Hexagramm *als Entscheidung für den Frieden Glück bringt*. Das Schriftzeichen für *Frieden* (an) stellt eine *Frau* unter einem *Dach* dar. Der Weg der Schattenseite ist der weiche, der weibliche Weg. Das dunkle Gesicht des Mondes vermeidet mit seiner himmlischen Nick-Bewegung konsequent den direkten Blick in das harte Licht der Sonne, gegen die der männliche Lichtmond immer wieder anstürmt, um darin zu sterben. Es suggeriert damit die Idee eines geschützten Raumes auf der inneren Kehrseite der Front gegen die feindliche Außenwelt, das Bild des Mutterleibes als Ort ungestörten organischen Wachstums in Ruhe und Frieden.

Die Schattenseite des Mondes wurde dementsprechend auch als ein konkaver Innenraum, eine Höhlung interpretiert. Der Mondkörper im ganzen gewinnt damit den Charakter eines *Gefäßes*, einer halbkugeligen Silberschale. Auf diesem urbildlichen Motiv beruht die mythologische Struktur der *Schöpfung*, die vorwiegend das Szenario der Liniensprüche bestimmt. Der urbildliche Schöpfungsvorgang besteht im Prinzip darin, daß das Mondgefäß sich als Vollmond in der Tiefe des Nachtstromes mit dem Sternenwasser füllt, seinen Inhalt heraufschöpft in die Oberwelt des Taghimmels und mit der Konjunktion in konzentrierter Form als das Sonnenlicht auf die Erde herabgießt, in dem alle irdischen Wesen erscheinen. So sind diese die körperliche Manifestation der Sterne. Da sich das dunkle Mondgesicht in der Nacht hinauf- und am Tag herunterwendet, besteht sein schöpferisches Wesen in der Projektion der nächtlichen Himmelsbilder auf die sonnenbeschienene Erde.

Diese uralte Vorstellung, der auch das deutsche Wort *Schöpfung* zu verdanken ist, erscheint in den Mythen aller Völker in vielerlei abgewandelten Formen. Ein chinesischer Mythos deutet den Mond in Gestalt der Göttin *Xihe*, einer weiblichen Vorform des *Fuxi*, als *die Mutter der Sonne*, welche diese allmonatlich in der Konjunktion aus ihrem schwarzen Schoß heraus gebiert. In den Sprüchen des vorliegenden Hexagrammes dürfen wir uns diese Göttin als das ungenannte Subjekt denken.

Unter diesem weiblichen Vorzeichen legt die Folge der Liniensprüche den Mondumlauf analog zu H1 in sechs Phasen aus: Platz 1 stellt das Zunehmen des Mondes als ihren Weg vom zarten Rauhreif zum festen Eis dar; Platz 2 den Vollmond als das Mond-Ei, in dem sie den Sonnenvogel ausbrütet; Platz 3 und Platz 4 die zwei abnehmenden Phasen *Dui* und *Zhen*, wo sie das mit der kostbaren Botschaft gefüllte Gefäß hinauftransportiert und beschützt; Platz 5 die Konjunktion als Hervortreten der gelben Sonne aus ihrem Inneren; und Platz 6 das Resultat des Schöpfungsvorganges mit den aus Nacht und Tag, schwarzem Schatten und gelbem Licht gebildeten Geschöpfen der Welt.

Anfangs Sechs   Kun
Wenn man auf Rauhreif tritt, kommt bald das feste Eis.

Wenn Sie die kleinen Anfänge nicht gering achten, sondern sie konsequent verfolgen, kann sich daraus etwas Solides entwickeln. .

Der *Rauhreif* ist eine Auslegung der den Mondkörper wie ein Reif umsäumenden Neumondsichel, was ja auch noch in dem deutschen Wort *Reif* anklingt. Und die Reihe der zunehmenden Mondbilder, die auf den Neumond folgt, führt zum Vollmond, d. h. zum *festen Eis*. Das kalte Mondlicht überzieht den Sternenstrom mit einer Eisdecke (vgl. H11/2). Im Winter, wenn der Vollmond seinen höchsten Stand erreicht und den Himmel beherrscht, ist daher auch die Erde mit Eis und Schnee überzogen. Ganz wörtlich übersetzt lautet der Spruch: *Wenn man (den Rauhreif als Schuh nimmt =)*

in die Fußspuren des Rauhreifs tritt, wird das feste Eis erreicht. Das Motiv klingt an den Mythos von der Geburt des *Fuxi* an, wo seine Mutter schwanger wird, indem sie *in die Fußspuren des Großen Mannes trat (Sima Zhen, Bu Shiji).* Man stellte sich nämlich auch vor, daß die Mondbilder die *Fußspuren des Großen Mannes* sind, der Personifizierung von Sonne und Mond (vgl. H1/2/5), der dort oben auf der anderen Seite des Sternenzeltes über den Himmel schreitet. Daß ein Mädchen schwanger wird, indem es in die Fußspuren eines Gottes tritt, ist ein internationales mythologisches Motiv. Die Empfängnis erfolgt auf diesem Pfad mit dem Erreichen des Vollmondes, in dem sich die weibliche und die männliche Hälfte vereinigen.

Sechs auf zweitem Platz   Kun

Senkrecht genau groß. Ohne einen Flügelschlag ist nichts, was nicht günstig wäre.

Sie sitzen in einem gemachten Nest, befinden sich in einer genau passenden Situation, aus der sich alles weitere ohne Mühe auf natürliche Weise günstig entwickelt. Das einzige, was Sie brauchen, ist Geduld.

Die ersten drei Worte des Spruches suggerieren zunächst unmittelbar das Bild des im Zenith stehenden Vollmondes: *senkrecht genau groß.* Das mit *genau* wiedergegebene Schriftzeichen *(fang)* wird direkt als eine Bezeichnung des Vollmondes gebraucht *(fang yue).* Es umschreibt die Idee der Symmetrie *(quadratisch)* oder Zentriertheit *(Fokus, Zentrum)* und bedeutet u. a. auch *paarweise verkoppelt, Seite an Seite,* so daß darin zugleich die Vorstellung der im Vollmond miteinander verkoppelten weiblichen und männlichen Hälfte enthalten ist. *Gao Heng* glaubt daher, es sei hier von zwei miteinander verkoppelten Schiffsrümpfen die Rede, einem Katamaran – , was allerdings einen künstlichen Eingriff in den Text erfordert. Gleichwohl formuliert der Spruch mit den ersten drei Worten in der Tat nicht nur die makrokosmische Assoziation des Vollmondes, sondern zugleich auch ein mikrokosmisches Szenario. Dieses wird zunächst durch den *Flügelschlag* im zweiten Teil signalisiert, der uns in die Vogelwelt führt. Damit kommt in Betracht, daß das besagte, oben mit *genau* wiedergegebene Schriftzeichen *(fang)* auch *loslassen, fallenlassen, (sich) niedersetzen* oder *plazieren* bedeuten kann. Das führt dann zu der Übersetzung: *das senkrecht hingesetzte Große;* oder, mit Subjekt: *Senkrecht läßt sie das Große niederfallen.* Und so sehen wir die Mondgöttin als himmlische Vogelmutter, die aus ihrem Schwarzmond-Schoß *Kun* heraus *senkrecht* den Vollmond *Qian* als ihr Ei in die Nest-Höhle der Nacht *fallen läßt* (vgl. die entsprechende Symbolik in H61/H62). Nun sitzt sie auf dem Ei und brütet es aus. Und dabei *tut sie keinen Flügelschlag*. Denn das Fallenlassen des Mond-Eies, die Abwärtsbewegung im Rahmen des Mondplans, bedeutet zugleich, daß der Himmelsvogel seine vorher ausgebreiteten Flügel *Zhen* und *Gen* zur Gestalt der beiden Hälften des Vollmondes zusammenlegt, d. h. seine Ruhestellung einnimmt (Abb. 18). Dieses Zusammenlegen der zwei Mondhälften wurde, wie gesagt, auch als *Paarung* ausgelegt, aus der das Kind entsteht wie das Küken aus dem Ei.

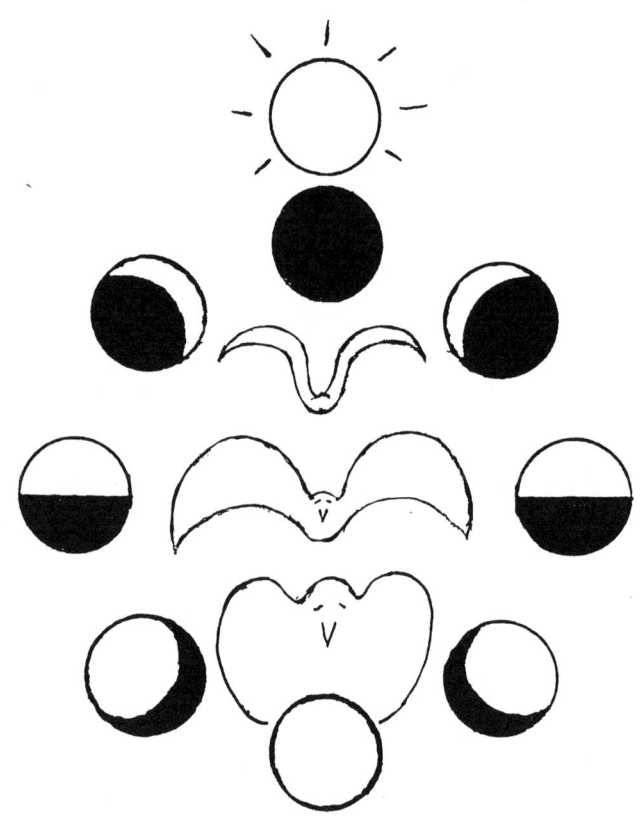

Abb. 18: Die Auslegung des Mond-Himmels als Vogel. Parallel zu den Flügeln des Vogels wurden die beiden Mondhälften auch als die zwei Flügel einer Tür oder eines Tores gedeutet, das sich mit dem Schwarzmond öffnet und mit dem Vollmond schließt. Auch gehört dazu die Vorstellung vom Vollmond als Ei, in dessen Innerem die Sonne als gelber Dotter verborgen ist, und aus dem, wenn es in der Konjunktion »zerbricht«, der Sonnenvogel herausfliegt.

Sechs auf drittem Platz   **Kun**

Sie trägt das Himmelsmuster in sich. Man kann es verwirklichen. Wenn man in der Gefolgschaft eines Königs dient, gibt es keine Vollendung. Es gibt ein Ende.

Halten Sie an den im eigenen Inneren angesammelten Erfahrungen und Einsichten fest, um sie fruchtbringend in die Tat umzusetzen. Lassen Sie sich nicht von äußeren Autoritäten leiten, und unterwerfen Sie sich nicht der Führung durch andere.

Das mit *Himmelsmuster* wiedergegebene Schriftzeichen (*zhang*) ist der Name der 19jährigen *Meton-Periode*, in der sich die Konstellationen zwischen Mondphase und Fixsternsphäre mit relativ großer Genauigkeit fortlaufend wiederholen (s. Einführung S. 47 f.). Es bedeutet damit die vollständige Kartei der durch die Mondphasen gegliederten Sternbilder. Man stellte sich vor, daß das gefüllte Mondgefäß diese als den Samen des Himmels aus dem Nachtstrom heraufschöpft in die Tagwelt, wo sie sich dann mit seiner gleichzeitigen Leerung als körperliche Geschöpfe auf der Erde *manifestieren* oder *verwirklichen*. In H44/5 heißt es daher: *Sie trägt das Himmelsmuster in sich. Etwas wird vom Himmel fallen.*

Der Vorstellung liegt das kosmische Phänomen zugrunde, daß der jeweilige Sternenhintergrund des Vollmondes im Halbmesser der Meton-Periode – d. h. nach 9 1/2 Jahren – tatsächlich immer den realen Hintergrund der Sonne bildet, sich also damit auf der Tagseite der Welt irdisch – weil am Himmel natürlich unsichtbar – *manifestiert* (vgl. H44/5; H55/0/5). – Das *Insichtragen* ist die eigentlich weibliche Funktion des Mondgefäßes. Das Schriftzeichen *(han)* hat aber die konkrete Grundbedeutung *im Munde tragen*, so daß damit mehr die Idee einer verbalen Botschaft des Himmels als die Vorstellung der Schwangerschaft betont wird. Und das Zeichen *Himmelsmuster* bedeutet zugleich auch ein *Schriftstück*, ein *Statut*, ein *Manifest*. Der vom Mond formulierte Himmelstext war das ursprüngliche Vorbild aller irdischen Schriftstücke. – Der Platz entspricht dem Beginn der abnehmenden Bewegung nach der Füllung des Mondgefäßes, also etwa der Phase *Dui*. Die abnehmende Bewegung aber geht in die von der Lichtseite des Mondes gewiesenen Richtung zur Sonne. Die Schattenseite *folgt* damit der ihr vorausgehenden Lichtseite, die im zweiten Teil des Spruches als der *König* erscheint. Diese Gefolgschaft, die Unterwerfung der Weiblichkeit unter die nach außen gerichteten Interessen des Mannes, ist in dieser Phase des *Insichtragens* nicht von Vorteil. Denn *der König*, die Lichtseite, läßt seinen Diener, die Schattenseite, im Stich, da er sich im Zuge des Abnehmens immer mehr »verdünnisiert«, um schließlich ganz zu verschwinden. Darum gibt es unter dieser Voraussetzung *keine Vollendung*, sondern *ein Ende*. Man kann das auch als die Gefahr eines Abortus interpretieren. Die Göttin muß sich in diesem Zustand vielmehr auf ihr Inneres konzentrieren und es gegen die Außenwelt schützen, wie es in dem folgenden Spruch zu Platz 4 dargestellt wird.

Sechs auf viertem Platz   Kun

Sie umfaßt die Tasche. Kein Schaden. Keine Ehre.

Es geht um die Sicherung eines kostbaren Besitzes. Um ihn nicht zu gefährden, geschieht das am besten in aller Stille und ohne Aufsehen zu erregen. Auf Beifall und Bewunderung sollten Sie dabei nicht spekulieren.

Dieser Spruch ist die Deutung der Altmondsichel *Zhen*, die sich um die hohl vorgestellte Schattenseite als die Öffnung der *Tasche* oder des *Sackes* wie in einer Umarmung herumschwingt. Es handelt sich um eine wirksame Vorsichtsmaßnahme, um den Inhalt beim Transport zu schützen. Daher *kein Schaden*. Urbildlich aber verweist die Formel *kein Schaden* zugleich auf das diametrale Gegenbild *Sun*, das als komplementäre Ergänzung der Schattenseite von *Zhen* den Inhalt der Tasche bedeutet, der so durch den gegenbildlichen Bezug in der abnehmenden Bewegung bewahrt bleibt (vgl. H1/3/4). Aber das *Umfassen* der Tasche bedeutet nicht nur *keinen Schaden*, sondern auch *keine Ehre*; denn es vollzieht sich als Abwendung von der Sonne und ihrem Licht, das *die Ehre* als Lob oder Gunst des Himmelskaisers darstellt.

Sechs auf fünftem Platz   Kun

Gelbes Untergewand. Der Wunschgedanke hat Glück.

Endlich können Sie das glänzende Ergebnis Ihrer Bemühungen präsentieren. Ihr größter, seit langem gehegter Wunsch erfüllt sich.

Hier hat sich der verschwundene Mond in die Sonne verwandelt. Sein Abnehmen ist das stufenweise Ablegen seines silbernen *Obergewandes*, das die Lichtseite darstellt. Die Schattenseite ist demgegenüber das *Untergewand*, das dabei immer weiter zum Vorschein kommt. In dem Augenblick aber, wo das Obergewand völlig abgelegt ist, nämlich in der Konjunktionsphase *Kun*, tritt die *gelb* leuchtende Sonne an die Stelle der schwarzen Schattenscheibe und färbt damit das Untergewand *gelb* (vgl. H30/2). Gelb ist die Farbe der Sonne und daher des Kaisers, der als irdischer Vertreter der höchsten Instanz des Himmels auf der Erde verstanden wurde. In der Vogelsymbolik des Gegenbildes auf Platz 2 wäre es der gelbe Sonnen-Dotter im Inneren des weißen Mond-Eies, der nun nach dem Zerbrechen der Schale zum Vorschein kommt. In dieser Mythologie ist die Mondgöttin die Mutter des Sonnengottes. – Auch in der abschließenden Formel *Der Wunschgedanke hat Glück* kommt der Bezug auf den Vollmond als das Wunschbild zum Ausdruck, das sich in Gestalt der Sonne realisiert. Denn das mit *Wunschgedanke* wiedergegebene Schriftzeichen *(yuan)* bedeutet ja urbildlich den Vollmond als die göttliche Idee oder den schöpferischen Wunschimpuls des Himmels (vgl. H1/0). Man könnte also auch sinngemäß übersetzen: *Der Wunsch erfüllt sich.* – Die erläuterte Gewändersymbolik erscheint unter anderem auch im Kommentar *Xici*, wo berichtet wird, daß die dreifaltige Himmelsgottheit *Huangdi/Yao/Shun* die Welt in Ordnung brachte, *indem sie (abwechselnd) ihr Obergewand und ihr Untergewand (vom Himmel) herabhängen ließen. Dies (d. h. diese Methode) entnahmen sie Qian und Kun.* Die Lichtseite *Qian* und die Schattenseite *Kun* werden damit als die Urphänomene von Obergewand und Untergewand definiert. Die himmlische Triade bedeutet das gelbe, das weiße und das schwarze Gesicht des Mondes bzw. Sonne, Mond und Sterne bzw. Jahr, Monat und Tag.

Oben Sechs   **Kun**

Die Drachen kämpfen in der Wildnis. Ihr Blut ist schwarz und gelb.

Jeder Neuanfang ist mit Konflikten und Schmerzen verbunden. Ein großer Erfolg wirft neue Probleme auf und läßt Gegensätze deutlich zutage treten.

Hier haben wir das Bild der Konjunktion als Ausgießung des Mondgefäßes auf die Erde herunter. Die *Wildnis* ist die Auslegung des Himmels als Weltenberg, wo sich *die Drachen*, nämlich die Altmondsichel *Zhen* und die Neumondsichel *Gen*, zu beiden Seiten des Gipfels wie gezückte Säbel gegenüberstehen (Abb. 11, S. 46). Der Gipfel, d. h. der Konjunktionsort *Kun*, ist der Punkt, wo sie aneinandergeraten. Von hier aus fließt *das Blut* der Drachen herunter in die Nacht-Erde. Dieses ist einerseits das *gelbe* Sonnenlicht, andererseits der *schwarze* Schatten des Schwarzmondes, der in der Sonne verborgen ist. Darum ist der Nachthimmel, die urbildliche Erde, durch die Erscheinung der *gelben* Sterne auf *schwarzem* Grund gekennzeichnet. Und darum erscheint die körperliche Manifestation des *Himmelsmusters* auf der Erde (vgl. Platz 3), d. h. die irdische Dingwelt, die sich im Tageslicht zeigt, nicht nur *gelb* oder hell, sondern auch *schwarz* oder dunkel, nämlich *als ein Muster aus Licht und Schatten*. – Man kann die kämpfenden Drachen sowohl als den Gegensatz von Weiblichkeit und Männlichkeit als auch von Alter und Jugend deuten. Durch ihren Kampf wird die Welt von Generation zu Generation immer wieder neu gestaltet.

Lauter Sechsen
Günstig für eine langfristige Entscheidung.

Sie stehen vor der Aufgabe, einen ungewöhnlich tiefgreifenden Wandel herbeizuführen oder zu bewältigen. Dies erfordert langfristige Planung.

Lauter Sechsen bedeutet in der Spielregel des Orakels, daß das ganze Hexagramm sich in sein Gegenteil H1 *QIAN* verwandelt. Urbildlich geschieht dies, indem der Schwarzmond die lange Reise auf die andere Seite des Himmels unternimmt und sich dabei in den Vollmond verkehrt: Der Monddrache taucht wieder aus dem Sonnenland hinunter in den Nachtstrom (vgl. H1/1/7). Das Schriftzeichen für *langfristig (yong)* wird mit dem Hauptbestandteil *Wasser* geschrieben, und das gleichlautende *tauchen* unterscheidet sich von ihm nur durch einen nochmaligen Zusatz des Zeichens *Wasser*, wodurch es von der verallgemeinerten Bedeutung *langfristig, dauernd* abgehoben wurde. Daher: *Günstig für eine langfristige Entscheidung*. – Nach der Spielregel des Schafgarbenorakels ist *lauter Sechsen* der unwahrscheinlichste Fall, der überhaupt vorkommen kann.

3. Zhun / Das Aufhäufen (Der Spross)

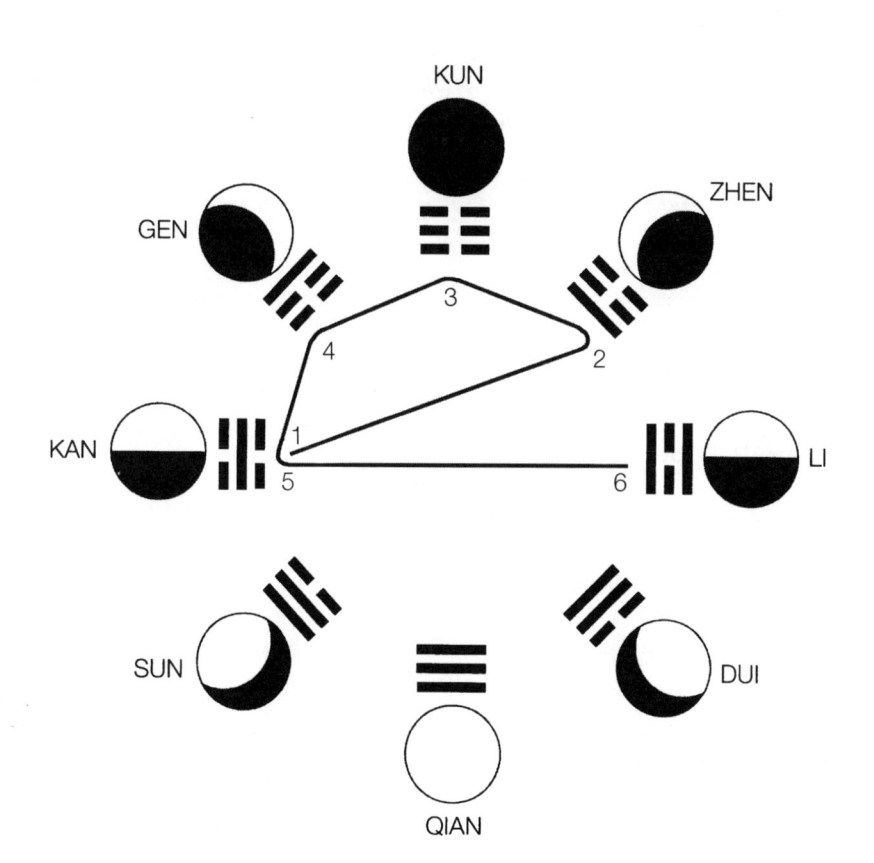

Partnerzeichen: H4.
Gegenzeichen: H50.
Parallelzeichen: H4, H35, H36, H39, H40.

Der Hauptspruch

Das Aufhäufen. Der Wunschgedanke dringt durch. Günstig für eine Verwirklichung. Nicht zu gebrauchen, um wo hinzugehen. Günstig, um (einen) Lehensfürsten einzusetzen.

Es ist eine Situation des Umbruchs und zugleich des Aufbaus, die kein Abschweifen zu fernen Zielen, sondern einen ruhenden Pol in der gegenwärtigen Bewegung erfordert. Bleiben Sie, wo Sie sind, und delegieren Sie die grobe Arbeit an verläßliche Gehilfen. Die werden Ihnen alles zutragen, was Sie brauchen.

Die Platzverteilung des Zeichens im Mondplan bildet die symmetrische Figur einer *Anhäufung* oder eines *Haufens*, dessen Gipfel *Kun* ist und dessen Grundlinie die Achse *Kan – Li* darstellt. Das Schriftzeichen ZHUN bedeutet *anhäufen, horten, ein Haufen,* auch *Dorf* oder *Lager,* d. h. eine Anhäufung von Behausungen. Betrachten wir aber dazu die Verbindungslinien des Graphs zwischen den Trigrammen, so zeigt sich, daß die Linie *Kan – Zhen* die Symmetrie stört. Es ergibt sich das Bild eines *Haufens,* der auf der einen Seite hochgehoben wird, als sollte er umgekippt werden, was wiederum *die Tätigkeit* des Aufhäufens darstellt, etwa beim Auskippen einer Wagenladung. ZHUN heißt daher auch *schwierig* im Sinn von *schwer zu bewegen* oder *schwer vorankommen*.

Von daher versteht sich außerdem auch noch die scheinbar völlig andersartige Bedeutung des Schriftzeichens, nämlich *das Sprießen eines Pflanzenkeimes*: Ehe der sprießende Keim durch die Erde bricht, erzeugt er durch seinen Druck von unten eine kleine *Erhebung,* ein *Häufchen,* das er dann zur Seite stößt. Das Hinaufdrücken des Erdhäufchens entspricht der Bewegung *Kan – Zhen – Kun,* sein Zur-Seite-Fallen der Folge *Kun – Gen – Kan,* und das Emporspringen des von der Last befreiten Sprosses der in die Aufwärtsbewegung *Li* mündenden Linie *Kan – Li.* Mit einiger Phantasie kann man auch in der Gestalt des Schriftzeichens ZHUN eine Verwandtschaft mit der Form des Graphs erkennen.

Von der Idee des Sprießens her interpretiert *Richard Wilhelm* den Hexagrammnamen ZHUN als *die Anfangsschwierigkeit*. In den Sprüchen haben wir jedoch keinerlei Pflanzensymbolik. Ein Leitmotiv bildet hier vielmehr das auf den Plätzen 2, 4 und 6 erscheinende *Pferdegespann*, wobei das Umkippen des Erdhäufchens als eine *Kehrtwende* desselben ausgelegt wird. Die beiden Pferde des Gespanns sind die normalerweise in der Waagerechten miteinander verkoppelten Monde jeweils links und rechts der Zentralachse, die den Vollmond *Qian* als beladenen Wagen ziehen (vgl. H14/2). Hier nun sehen wir das Gespann zunächst mit der schrägen Linie *Kan – Zhen* durch die Bewegung des rechten Pferdes *Zhen* auf Platz 2 nach links schwenken. Auf Platz 4 erreicht das rechte Pferd die Position *Gen* und das linke die Position *Zhen*, so daß sich das Gespann umgedreht hat und mit *Gen* in die zunehmende Richtung trabt. Auf Platz 6 schließlich ist mit dem rechten Pferd in *Li* und dem linken in *Kan* eine weitere Drehung vollzogen, so daß es im Sinn von *Li* wieder in die abnehmende Richtung geht. Das Gespann bewegt sich im Kreis oder fährt immer hin und her, so daß es nicht weit kommt. Es ist also nicht für eine Reise zu gebrauchen. Oder, wie es im Hauptspruch heißt: *Nicht gebrauchen, um sich (anders)wo hinzubegeben.*

Der Sinn des Hin- und Herfahrens ist es vielmehr, etwas Fuhre um Fuhre von einem Ort zum anderen zu transportieren, um es dort *anzuhäufen*. Das Umkippen des Erdhaufens auf Platz 2 bedeutet zugleich das Abladen der Wagenladung und die Kehrtwende des Gespannes mit dem entleerten Gefährt, um dasselbe nach dem Vorbild des zunehmenden Mondes erneut zu beladen.

In diesem Szenario nun erklärt sich auch der letzte Teil des Hauptspruches: *Günstig, um (einen) Lehensfürsten einzusetzen.* Dazu muß man wissen, daß der Sonnenort *Kun*, wo das Mondgefäß sich entleert bzw. als Wagen seine Ladung ablädt, urbildlich die Hauptstadt des Königs ist, und der Nachthimmel das Gebiet, welches dieser dem Mond oder den Monden als Lehen gibt. Die Aufgabe des Lehensfürsten aber war es natürlich, den König und seine Hauptstadt mit Gütern zu beliefern.

Dieses Beliefern des Königs mit Gütern entspricht dem urbildlichen Sinn des ersten Satzes im Hauptspruch: *Der Wunschgedanke dringt durch*, was im ursprünglich rituellen Kontext zugleich bedeutet: *Das Große (= der Vollmond = der Wunschgedanke) wird als Opfer dargebracht und/oder wird als Opfer angenommen* (vgl. H1/0). Das Motiv wird speziell in H14 thematisiert (vgl. insbesondere H14/2/3), wo der Spruch zum Zeichen allein aus dem Satz *Der Wunschgedanke dringt durch* besteht.

Hier hingegen ist nicht nur vom Beliefern des Königs (Platz 2), sondern auch von der Rückfahrt des entleerten Wagens die Rede, welche urbildlich der zunehmenden Bewegung des Mondes entspricht. Diese bedeutet die Gegengabe des Königs (Plätze 4 und 5) bzw. die Antwort des Sonnengottes auf den Orakelwunsch, d. h. dessen *Verwirklichung*. Daher: *Günstig für eine*

Verwirklichung. Auch die *Einsetzung* des Lehensfürsten selbst entspricht der Bewegung des Mondes aus der Sonne heraus in den Nachthimmel hinein und ist somit als Gegengabe des Königs zu verstehen.

Wie in vielen anderen Fällen kann man den Hauptspruch aber auch auf das Hexagrammpaar H3/H4 gemeinsam beziehen. In H3 verläuft der Graph insgesamt von *Kan* auf Platz 1 nach *Li* auf Platz 6, was der abnehmenden Bewegung entspricht *(Der Wunschgedanke dringt durch)*, während er in H4 den umgekehrten Weg von *Li* nach *Kan* nimmt *(Günstig für eine Verwirklichung).* (Vgl. den Parallelfall H17/H18.)

Anfangs Neun   Kan

Der Felsen dreht sich herum. Günstig als Entscheidung für ein Verweilen. Günstig, um Lehensfürsten einzusetzen.

Die Situation steht auf der Kippe. Sie brauchen einen ruhenden Pol, einen sicheren Ort zum Verweilen oder eine verläßliche Person, auf die Sie sich stützen können.

Der Spruch steht für den zunehmenden Halbmond *Kan*, der hier als *Felsen* ausgelegt ist und im Bild des umkippenden Haufens den *Ruhepunkt* bildet, um den dieser *gedreht* wird. Daher: *Der Felsen dreht sich herum. Günstig als Entscheidung für ein Verweilen.* Außerdem ist der Mond als Stellvertreter des Sonnenkönigs am Nachthimmel der *Lehensfürst*, der mit der zunehmenden Bewegung in die Nacht hinein *eingesetzt* wird. Daher: *Günstig, um (einen) Lehensfürsten einzusetzen.*

Sechs auf zweitem Platz   Zhen

Wie ein Aufhäufen, wie ein Umkippen. Wie ein Pferdegespann, das kehrt macht. Wenn er kein Räuber ist, geht es um eine Heiratsverbindung. Im Fall einer Entscheidung über eine Tochter gilt: Wenn sie nicht versprochen wird, wird sie erst in zehn Jahren versprochen.

Sie haben einiges investiert, und es kommt jetzt darauf an, ob es sich auszahlt. Wenn Sie leer ausgehen, werden Sie einen weiten Weg gehen müssen, um noch einmal eine Chance zu bekommen.

Der Platz steht für den Altmond *Zhen*, der als der bewegende Pol der Linie *Kan – Zhen* sowohl das *Umkippen* des Haufens als auch das *Kehrtmachen* des Pferdegespanns darstellt. Außerdem wird die wie ein gezückter Krummsäbel auf die Sonne zustürmende Sichel des Altmondes als *Räuber* oder *Bandit* gedeutet, der den Sonnen-König angreift. Wenn er aber *kein Räuber ist*, sondern als der Sohn des Lehensfürsten mit seinem Pferdegespann Tributgüter für den König bringt und am Hof desselben im Sonnenort *Kun* ablädt, *geht es um eine Heiratsverbindung.* Denn dann möchte er, daß ihm der König als Gegengabe seine *Tochter* zur Frau gibt. Die Tochter des Königs ist der aus der Sonne heraustretende, im Gegensatz zum Altmond *Zhen* rechtsseitige, d. h. *weibliche* Neumond *Gen* auf Platz 4 (vgl. H22/4).

Daher wird auch abschließend der Fall *einer Entscheidung über eine Tochter* genannt und mit dem Spruch beschieden: *Wenn sie (dem Sohn des Lehensfürsten) nicht versprochen wird, wird sie (erst) in zehn Jahren versprochen.* Denn in diesem Fall fährt der Sohn ohne Braut wieder zurück zu seinem Vollmond-Vater am Nachthimmel und muß dann mit einer weiteren Fuhre noch einmal kommen, um sein Glück zu versuchen. Und dann dauert es, von seinem gegenwärtigen Standort *Zhen* aus gerechnet, genau *zehn* Schritte im Kreislauf des Mondplanes, bis die Angebetete in Gestalt des Neumondes *Gen* wieder erreicht ist. Darum kann sie ihm dann erst *in zehn Jahren* wieder versprochen werden. Außerdem steht die Zahl Zehn immer für einen ganzen Mondumlauf, weil im kontexturalen Urzusammenhang der Acht Trigramme eine Folge von zehn binären Elementen erforderlich ist, um deren vollzählige Versammlung zu erzeugen (s. Einführung S. 34).

Sechs auf drittem Platz   Kun

Man trifft auf einen Hirsch. Ohne Wildhüter dringt man in den Wald ein. Der Edle nimmt davon besser Abstand. Hingehen bringt Not.

Es bietet sich unerwartet eine vielversprechende Gelegenheit. Sie erfordert aber ein gewagtes Unternehmen, an dem Sie lieber nicht teilnehmen sollten, da es an sachkundiger Führung fehlt.

Die Linie steht für den Schwarzmond *Kun*, d. h. für den Ort im Kreislauf, wo der Mond *auf* die Sonne *trifft*. Und der *Hirsch* mit seinem vielzackigen Geweih ist hier – ähnlich wie z. B. das Dornengestrüpp in H29/6 – das Symbol für die Sonne mit ihren Strahlenzacken. Daher: *Man trifft auf einen Hirsch.* Der zweite Satz des Spruches beschreibt als Kehrseite der Medaille den Gang in den dunklen *Wald*, nämlich den Einbruch der finsteren, weil in der Konjunktionsphase mondlosen Nacht. Dabei wird die verschwundene Lichtseite des Mondes zunächst durch den *Wildhüter* dargestellt (vgl. H61/1). Daher:

Ohne Wildhüter dringt man in den Wald ein. Dann erscheint die Lichtseite noch einmal in der Gestalt des *Edlen*, der, um dem Himmelsbild zu entsprechen, nicht hineingehen sollte, sondern *besser Abstand nimmt*. Die *Not*, die das *Hingehen* ihm bringen würde, ist eben wieder das Verschwundensein in der finsteren Nacht.

Sechs auf viertem Platz   Gen

Wie ein Pferdegespann, das kehrt macht. Wenn man eine Heiratsverbindung sucht, bringt Hingehen Glück. Nichts, was nicht günstig wäre.

Die Gelegenheit für eine Partnerschaft oder ein Bündnis bietet sich an. Sie sollten sich in Bewegung setzen und sie ergreifen.

Der Neumond *Gen* wird hier durch die Wiederholung der Motive auf doppelte Weise in Beziehung zum Altmond *Zhen* auf Platz 2 gesetzt: Einmal wird er in der Linie *Zhen – Gen* als die beiden *Pferde* des *Gespanns* verkoppelt, das sich nun nach dem Abladen seiner Wagenladung umgedreht hat und vor dem leeren Wagen *Kun* in der umgekehrten Richtung des zunehmenden Neumondes wieder zurück in den Nachthimmel strebt. Und zum anderen wird das Gespann in der selben Struktur als die beiden Partner der *Heiratsverbindung* definiert. Auch sehen wir hier, warum die Braut hier noch nicht verheiratet, sondern, wie es auf Platz 2 heißt, erst *versprochen*, d. h. verlobt wird. Denn die beiden Monde stehen zwar in schöner Harmonie links und rechts neben dem Thron *Kun* des Sonnenkönigs, sind aber noch nicht vereint. Die eigentliche Vereinigung findet erst mit dem *Hingehen* statt, d. h. mit der Fahrt des Gespanns in der zunehmenden Richtung, welche die beiden Mondhälften dann schließlich erst in der Gestalt des Vollmondes zusammenführt (vgl. H11/5). Daher: *Wenn man eine Heiratsverbindung sucht, bringt Hingehen Glück.*

Neun auf fünftem Platz   Kan

Man häuft sein Fett an. Glückverheißend als Entscheidung im Kleinen. Unheilvoll als Entscheidung im Großen.

Sie sind in einer Situation, wo Ihnen ein Zuwachs und eine Bereicherung zuteil wird. Darauf sollten Sie jedoch kein zu großes Gewicht legen, sondern im Auge behalten, daß es einem höheren Zweck dient und diesem untergeordnet bleibt.

Das Zunehmen des Mondes in der Bewegung *Gen – Kan* wird hier plastisch als ein *Anhäufen von Fett* ausgelegt. Aber *Kan* bedeutet nicht nur im engeren Sinn den zunehmenden Halbmond, dessen Bauch noch relativ *klein* erscheint, sondern auch das weitere Zunehmen bis zum *großen* Vollmond, wo die Fettleibigkeit bedenkliche Ausmaße annimmt. Auch erfolgt dort wieder die Kehrtwende in die Gegenrichtung, deren traurige Konsequenzen auf dem folgenden Platz geschildert werden. Daher: *Glückverheißend als Entscheidung im Kleinen. Unheilvoll als Entscheidung im Großen.* Das *Fett* versteht sich zugleich als der Besitz des *Lehensfürsten* von Platz 1, der nicht zu groß werden sollte, da seine Aufgabe nicht in der Anhäufung eigener Reichtümer besteht, sondern in der Belieferung des Königs. Die Macht des Lehensfürsten soll sich in Grenzen halten.

Oben Sechs   **Li**

Wie ein Pferdegespann, das kehrt macht. Wie wenn Tränen und Blut strömen.

Es ist eine Situation des Abschieds oder der Auflösung, die Schmerzen und Wunden verursacht. Sie müssen etwas hergeben, was Sie gerne behalten würden.

Hier hat das *Pferdegespann* als Auslegung der Linie *Kan – Li* erneut *kehrt gemacht* und sich in der Bewegungsrichtung des abnehmenden Halbmondes *Li* wieder dem Sonnenort zugewandt. Und im zweiten Teil des Spruches wird der Bewegungsgegensatz der beiden Pferde *Kan* und *Li*, der direkt die Drehung des *Kehrtmachens* ausdrückt, als der Gegensatz von *Blut* und *Tränen* gedeutet: Die silberne *Träne* ist der zunehmende Mond, der heruntertropft in das Nachtmeer *(Kan)*; das rote *Blut* hingegen stammt aus der Schatten-Wunde des abnehmenden, d. h. immer weiter verstümmelten Mondes und ergießt sich mit seinem Tod in der Konjunktion mit der Sonne als das Morgenrot über den Himmel *(Li)*. Die Belieferung des Königs mit Gütern steht in urbildlicher Analogie zur Darbringung von Menschenopfern an den Sonnengott.

4. Meng / Der Betrug
(Die Schmarotzerpflanze)

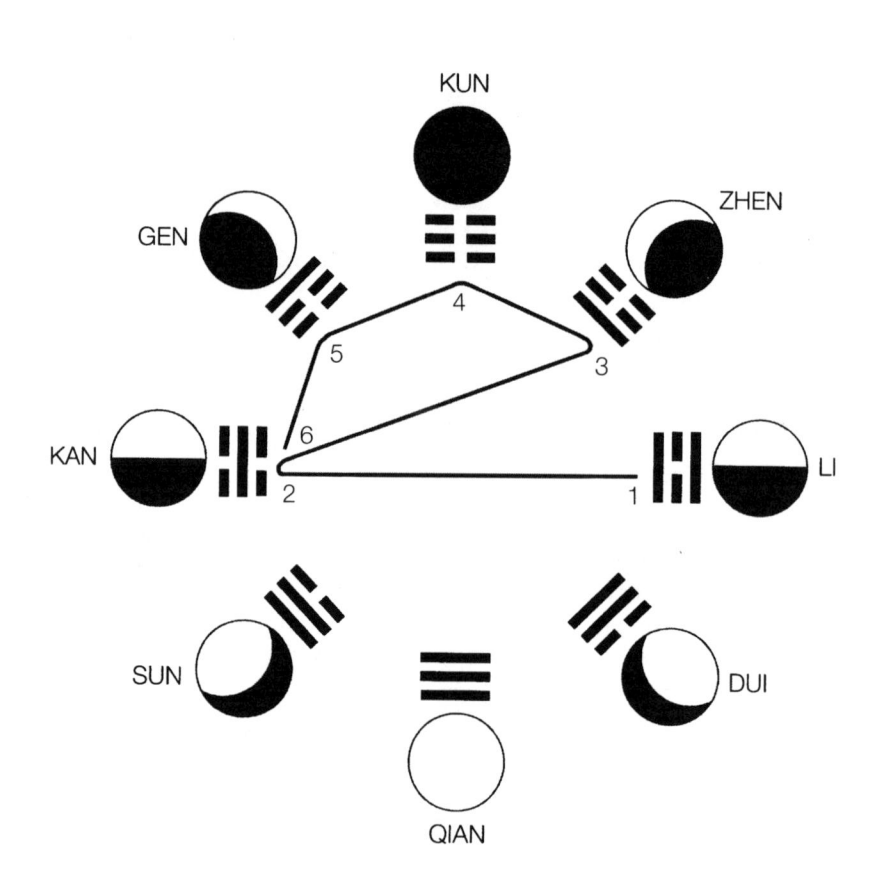

Partnerzeichen: H3.
Gegenzeichen: H49.
Parallelzeichen: H3, H35, H36, H39, H40.

Der Hauptspruch

Der Betrug. Man dringt durch. Nicht ich suche den jungen Betrüger. Der junge Betrüger sucht mich. Bei der ersten Befragung des Orakels offenbart es sich. Bei der zweiten und dritten ist es beleidigt. Wenn es beleidigt ist, offenbart es sich nicht. Günstig für eine Entscheidung.

Wenn man mit einer dubiosen Sache an Sie herantritt, haben Sie betrügerische Machenschaften zu befürchten. Es kommt darauf an, daß Sie den Schwindel auf Anhieb durchschauen und entschieden durchgreifen. Spätere Nachforschungen werden keinen Zweck mehr haben.

Der Hexagrammname *MENG* bedeutet *verdecken, verbergen,* auch *düster, verschwommen* oder *vernebelt,* woraus sich als übertragener Sinn einerseits *täuschen, betrügen,* andererseits *dumm, stumpfsinnig* ergibt. Diesen Eigenschaften entspricht auch die botanische Bedeutung des Schriftzeichens, auf die *Arthur Waley* hingewiesen hat; es ist nämlich der Name des *Teufelszwirns, auch Filzkraut* oder *Seidenwinde* genannt (lat. *cuscuta*), einer reinen *Schmarotzerpflanze,* die ihren Wirtspflanzen ganz ohne Gegenleistung die Säfte entzieht und sie damit *betrügt.* Der Teufelszwirn selbst besitzt weder Wurzeln noch Laubblätter, ist also nicht selbständig funktionsfähig, d. h. *dumm* oder *stumpfsinnig. Waley* deutet in diesem Sinn auch das mit *jung* wiedergegebene Schriftzeichen *(tong)* im Hauptspruch als die *Unvollständigkeit* der Schmarotzerpflanze und übersetzt es mit *schmächtig.* Der Teufelszwirn hat dünne, fadenartige Stengel, die sich auf der Wirtspflanze wie ein Spinnennetz von Zweig zu Zweig spannen. Wenn man die Deutung des Mondplans als Baum oder Pflanze zugrundelegt (Abb. 19, S. 106), kann man in der Gestalt des Graphs ein Gespinst von solchen Fadenstengeln sehen.

Offensichtlich gibt es hier eine Beziehung zum Namen des Partnerzeichens H3 *(ZHUN),* der ja u. a. auch einen *emporsprießenden Pflanzenkeim* bedeutet. Während es aber dort um die Belieferung des Sonnenkönigs mit Gütern durch seinen Mond-Vasallen geht, was der Ernährung der Pflanze entspricht, haben wir es hier umgekehrt mit dem urbildlichen Grundgedanken zu tun, daß der Sonnen-Pflanze durch den Mond-Schmarotzer der Saft abgezapft wird. Es handelt sich um eine Parallele zu dem griechischen My-

Abb. 19: Die Auslegung des Mondwandels als Pflanze oder Weltenbaum. Die Mondbilder Sun, Qian und Dui bilden die Wurzel, Gen, Kun und Zhen die Krone des Baumes. Die Sonne im Gipfel ist die Blüte. Mit dem Zunehmen des Mondes fallen die Früchte oder Samen herunter in die Nacht-Erde, mit der abnehmenden Bewegung wächst die neu gekeimte Pflanze wieder hinauf in den Tag-Himmel.

thos von *Prometheus*, der mit dem gleichen urbildlichen Hintergrund das Sonnen-Feuer aus einer Pflanze stiehlt.

Wie im Partnerzeichen H3 ist zwar in den Sprüchen über den Hexagrammnamen hinaus kein direkter Bezug zur Pflanzenwelt zu erkennen. Wohl aber bedingt das Schmarotzergewächs im übertragenen Sinn mit den Motiven des *Verbrechers*, der *Täuschung* und des *Räubers* (Plätze 1, 3 und 6) ein Szenario, das eben auf den Grundgedanken eines *Schwindels* oder *Betruges* verweist. Urbildlich entspricht das *Geheimnis* des Betrügers, d. h. das *Verdeckte* und *Verborgene*, das der Name MENG bezeichnet, natürlich dem von der Lichtseite verhüllten »Inneren«, der hohl gedachten Schattenseite des Mondes. Vermutlich haben bei dieser Assoziation die Saugnäpfe des Teufelszwirns Pate gestanden.

Das im Hauptspruch genannte *Ich* ist im Mondplan des Himmels die im Konjunktionsort *Kun* lokalisierte Sonne. Die zunächst *verborgene* Schattenseite, d. h. *der Schwindel*, das *Geheimnis* des Betrügers, wird immer mehr hervorgekehrt, je mehr sich der Mond der Sonne nähert. Der Betrüger serviert dem Opfer sein Geheimnis sozusagen wie auf einem silbernen Tablett. Die Enthüllung oder Entdeckung des Schwindels wird als Leitmotiv des ganzen Zeichens schon auf Platz 1 angekündigt. Sodann verläuft der Graph von der Verheimlichung (Platz 2) über die Enttarnung (Platz 3) nach *Kun* auf Platz 4, dem urbildlichen Ort des *Ich*, wo eigentlich der Mond-Schmarotzer an der Sonnen-Pflanze andocken würde –, was aber dort in vermenschlichter Form so ausgelegt wird, daß der Betrüger dingfest gemacht wird.

Aus der Analogie zwischen dem Himmelsbild und der Natur des Schmarotzergewächses versteht sich auf diese Weise der erste Teil des Hauptspruches: *Nicht ich suche den jungen Betrüger. Der junge Betrüger sucht mich.* Denn in der Tat *sucht* der Teufelszwirn durch kreisende Bewegungen seiner dünnen, fadenförmigen Stengel mit den freiliegenden Saugnäpfen nach einem Halt an der Wirtspflanze, um sich an ihr festzumachen.

Im zweiten Teil des Hauptspruches wird der gleiche urbildliche Gedanke dann noch einmal im Bild der *Orakelbefragung* spezifiziert. Die *dreimalige* Befragung stellt die *drei* Tage der Konjunktionsphase dar. Am Morgen des ersten Konjunktionstages, kurz bevor er in der Sonne verschwindet, *offenbart* der Mond sein Geheimnis. Man kann dann die nur noch von einem hauchdünnen Lichtreif umsäumte Schattenseite als sein sonst verdecktes »Inneres« aschgrau schimmern sehen; diese wird nämlich, wie *Leonardo da Vinci* erkannte, vom Widerschein der Erde beleuchtet. Am zweiten und dritten Konjunktionstag aber bleibt er unsichtbar: er ist *beleidigt* und *offenbart sich nicht*. Das mit *beleidigt* übersetzte Schriftzeichen hat die konkrete Grundbedeutung *der Graben*. Wir haben es also ursprünglich mit der Auslegung des Schwarzmondes als einem *Graben* zu tun, in dem der Mond verschwunden ist, wenn er in der mondlosen Nacht unsichtbar bleibt, ähnlich wie wir ihn an dieser urbildlichen Stelle schon in der *Schlucht* (H1/6) oder im *Wald* (H3/3) verschwinden sahen.

Traditionell deutet man den *jungen Betrüger (tong meng)* als *naiven Dummkopf* oder *jungen Tor (Richard Wilhelm)*. Damit wird dann der Saft, den der Schmarotzer aus seiner Wirtspflanze zieht, zu der Weisheit, die der Schüler aus seinem in der Ich-Form sprechenden Lehrer gewinnt. Diese Auffassung entsprach natürlich der pädagogischen Orientierung der Konfuzianer. Ohne Verrenkungen könnte man sie aber allenfalls für den Hauptspruch vertreten. In den Liniensprüchen hingegen wird allzu deutlich, daß es um eine Täuschung, einen Betrug, ein verbrecherisches Geheimnis und dessen Aufklärung geht. Aber freilich gehört das Problem des Schmarotzers, nämlich seine Unselbständigkeit, letztlich auch zum psychologischen Weichbild jugendlicher Torheit und Unreife.

Anfangs Sechs   **Li**

Man deckt den Betrug auf. Günstig, um jemanden zu bestrafen oder Fußfesseln und Handschellen abzunehmen. Durch Hingehen kommt man in Not.

Die Hintergründe einer dunklen Affäre können aufgeklärt, die Verantwortlichen zur Rechenschaft gezogen werden. Um nicht selbst in Schwierigkeiten zu kommen, sollten Sie es aber dann dabei belassen und sich nicht weiter mit der Sache beschäftigen.

Die Linie steht im Zeichen *Li* für den abnehmenden Weg des Mondes in die Konjunktion, auf dem seine Lichtseite verschwindet und die Schattenseite, der vorher hinter ihr verborgene *Betrug* oder *Schwindel*, zum Vorschein kommt. Daher: *Man deckt den Betrug auf.* Dementsprechend ist auch das *Bestrafen* hier dem Schriftzeichen *(xing)* nach die *Körperstrafe der Verstümmelung*, die das schrittweise Abnehmen des Mondes darstellt. Außerdem wurden die beiden klotzigen Halbmonde *Li* und *Kan* als *Fußfesseln* gedeutet, der Altmond *Zhen* und der Neumond *Gen* mit ihren schmalen Lichtreifen als *Handschellen*, die *abgenommen* werden, d. h. nach dem Vorbild des abnehmenden Mondes in der Konjunktion verschwinden. Zugleich aber bedeutet das Abnehmen wiederum die Hervorkehrung der Schattenseite, d. h. das *Aufdecken* des Betruges. Tatsächlich steht im Originaltext wörtlich nicht *Fußfesseln und Handschellen abnehmen*, sondern *mit Fußfesseln und Handschellen sprechen* –, was nur bedeuten kann: *einen Gefangenen verhören*. Dies wird zugleich kunstvoll angedeutet durch die zwei Schriftzeichen *Fußfesseln und Handschellen* (*zhi gu*), die sich beide mit dem graphischen Zusatz *Holz* schreiben. Denn wenn man den Zusatz wegläßt, bedeutet ihre Kombination: *zu einer Auskunft gelangen*. Das Schriftzeichen *sprechen* (*shuo*) steht aber sonst im *Yijing* stets für das verwandte Zeichen *tuo*, welches *abnehmen, ablegen* bedeutet. Der vorliegende Spruch, wo das Zeichen zum ersten Mal im Text vorkommt, verbindet beide Bedeutungen zu einem merkwürdigen Doppelsinn und erklärt auf diese Weise sozusagen, wie die »vermenschlichende« Substitution *sprechen* für *abnehmen* urbildlich begründet ist. – Analog dazu umschreibt schließlich auch der letzte Satz des Spruches den Weg in die Konjunktion, wie die Wiederholung der *Not* auf dem *Kun*-Platz 4 signalisiert, wo der Betrüger im Kerker verschwindet. Daher: *Durch Hingehen kommt man in Not.*

Neun auf zweitem Platz   **Kan**

Man verbirgt den Betrug. Glück. Eine Frau Nehmen ist glückverheißend. Ein Sohn kann eine Familie gründen.

Es gelingt Ihnen, ein gefährliches Geheimnis zu vertuschen und unangefochten ein neues Leben zu beginnen. Oder Sie verzeihen jemandem eine Schwäche, so daß damit ein neuer Anfang mit ihm möglich wird.

Im Zunehmen des Mondes wird seine Schattenseite, das betrügerische Geheimnis, gleichsam mit dem silbernen Tuch der Lichtseite *eingewickelt*, wie man ganz wörtlich ebenfalls übersetzen könnte. Der zunehmende Halbmond *Kan* bedeutet daher im Gegensatz zur vorigen Linie das *Verhüllen* oder *Verbergen* des Betruges. Gleichzeitig ist die Linie im Graph des Zeichens das Resultat der Bewegung von *Li* nach *Kan*, d. h. vom Halbmond der männlichen Seite des Mondplanes zu seinem weiblichen Gegenüber. Daher *bringt es Glück, eine Frau zu nehmen*. Die Aufdeckung des Schwindels setzt auf der Gegenseite – bei *Li* und *Zhen* – an, so daß *Kan* der ruhende Punkt bleibt, wo nichts aufgedeckt wird. Der Schwindler kann daher sein Geheimnis vertuschen und in Ruhe *eine Familie gründen*, wenn er noch keine hat, das heißt, insofern er ein *Sohn* ist.

Sechs auf drittem Platz   **Zhen**

Nicht gebrauchen, um eine Frau zu nehmen. Man sieht, daß der Mann aus Metall keinen Körper hat. Es gibt nichts, wofür das günstig wäre.

Von der Bemühung um eine Partnerschaft sollten Sie lieber Abstand nehmen. Der mögliche Partner erweist sich als zu schwach. Oder es fehlt Ihnen selbst an der nötigen Substanz.

Als *Zhen*-Linie zwischen *Kan* und *Kun* hat diese eine ähnliche Bedeutung wie die zweite Linie des Partnerzeichens H3. Auch dort wird eine Heiratsverbindung (mit der Partnerin *Gen*) in Frage gestellt. Hier aber wird von ihr massiv abgeraten, weil der Freier als Schwindler erkannt wird: *Der Mann aus Metall*, nämlich der Mond, ist schon zur schmalen Altmondsichel geworden und kehrt die Schattenseite hervor, so daß man sieht: Er ist innen hohl, er *hat keinen Körper* (vgl. H39/2). Wir haben hier das Motiv des Heiratsschwindels. Der Mann ohne Körper, d. h. ohne eigene Substanz, entspricht der selbständig nicht funktionsfähigen Schmarotzerpflanze. Wenn man den ganzen

Spruch als logische Einheit betrachtet, kann nur er es sein, dem von der Heirat abgeraten wird: Er hat keine Chance, weil er als Schwindler durchschaut ist.

Sechs auf viertem Platz　　　　　　Kun
Man schließt den Betrüger ein. Not.

Sie geraten in eine Klemme, weil Sie sich allzu weit von der Wahrheit entfernt haben. Man wird Sie zur Rechenschaft ziehen.

Die Linie steht für den Schwarzmond *Kun*, d. h. für die Konjunktion, wo der verschwundene Mond von der Sonne scheinbar *umschlossen, eingeschlossen* oder *eingebunden* ist (vgl. H33/2). Vor dieser *Not*-Situation wurde auf Platz 1 gewarnt. Vom Szenario der Schmarotzerpflanze her kann man den Spruch aber noch anders deuten: Der an der Wirtspflanze *festgebundene* oder mit ihr *verflochtene* Schmarotzer hat sein Ziel erreicht. Möglicherweise geht das vermenschlichte Verbrecher-Szenario ursprünglich auf dieses Naturbild zurück. Dann wäre die *Not* nicht das Problem des *Betrügers*, sondern der *betrogenen* Sonnen-Pflanze.

Sechs auf fünftem Platz　　　　　　Gen
Der junge Betrüger hat Glück.

Es gelingt Ihnen, sich aus einer Zwangslage zu befreien, in die Sie durch ein gewagtes Abenteuer geraten sind. Und dabei haben Sie das Glück, auch noch einen Gewinn verzeichnen zu können.

Das neugeborene, gerade aus der Sonne herausgetretene Mondbild *Gen*, in dessen schmalem Sichelrund wieder die blaß schimmernde Schattenseite zu sehen ist, wird hier als der *junge, kindliche* oder *schmächtige Betrüger* ausgelegt, den wir aus dem Hauptspruch kennen. Zudem erklärt sich aus dem Urbild, warum der Betrüger hier *Glück hat*: Es ist ihm gelungen, aus dem Sonnen-Gefängnis zu entkommen, in den man ihn auf Platz 4 eingeschlossen hatte. Und zudem hat er der Sonne auch noch das Licht gestohlen, das ihm nun auf seinem Fluchtweg in die Nacht hinein leuchtet. Durch die Bewertung mit *Glück* ist der Spruch mit Platz 2 verbunden, wo es dem Betrüger gelingt, seine Tat zu verbergen und ein neues Leben anzufangen.

Oben Neun   Kan

Man geißelt den Betrüger. Nicht günstig, um Räuber zu sein. Günstig, um Räuber abzuwehren.

Betrügerische Machenschaften werden gegeißelt und bestraft. Die Zeit ist nicht günstig, etwas Ungesetzliches zu unternehmen. Sie sollten sich auf die Seite des Rechts stellen.

Die schlank geschwungene Neumondsichel *Gen* wird hier als eine Peitsche ausgelegt, die mit dem Schritt *Gen – Kan* auf den Halbmond *Kan*, d. h. auf den *Betrüger*, herunterfährt. Daher: *Man geißelt den Betrüger.* Und die sich dabei gleichsinnig fortsetzende Bewegung des Mondes in die Nacht hinein, d. h. weg von der Residenz *Kun* des Sonnenkönigs, bedeutet dann zugleich die erfolgreiche *Abwehr* und *Verfolgung* der *Räuber*. Man beachte im Gegensatz dazu die positive Auslegung des gleichen Mondbildes *Kan* auf Platz 2, wo sein einseitiger Weg nach unten durch das aufsteigende Gegenbild *Li* ausgeglichen, d. h. stabilisiert wird.

5. Ru (Xu) / Das Schlängeln
(Das Abwarten)

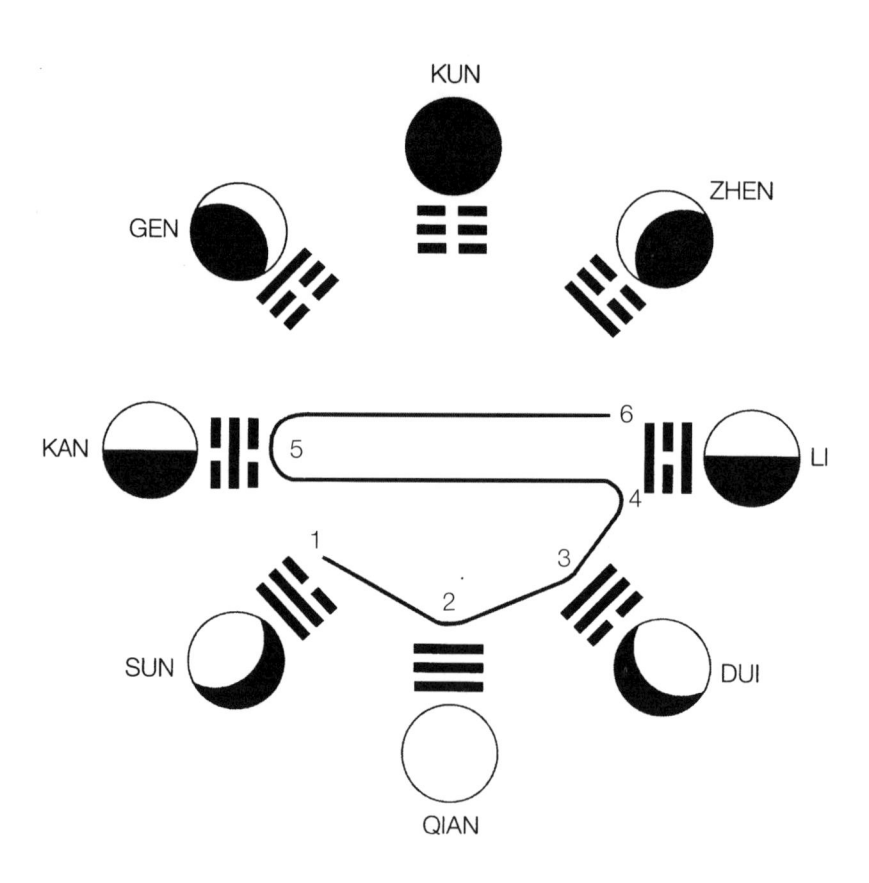

Partnerzeichen: H6.
Gegenzeichen: H35.
Parallelzeichen: H6, H37, H38, H49, H50.

Der Hauptspruch

Das Schlängeln. Es gibt eine Ausbeute. Der Schein trifft zu. Entschiedenheit bringt Glück. Es ist günstig, den Großen Strom zu durchwaten.

Setzen Sie einen Gewinn für die Sicherung Ihrer materiellen Lebensgrundlagen ein. Sie haben es mit einem langfristigen Prozeß zu tun, der keine gewaltsame Beschleunigung verträgt. Seien Sie zurückhaltend und geduldig, aber entschieden.

Der Graph pendelt im Durchlaufen der sechs Plätze dreimal zwischen der linken und der rechten Seite des Mondplanes hin und her und bildet damit, wenn man sich die Kanten abgerundet denkt, die Gestalt einer unregelmäßigen S-Kurve. Als Bewegungsform entspricht dies der Bedeutung *sich schlängeln*, *kriechen* oder *schleichen* des Hexagrammnamens mit der Lautung *RU*, in welcher man ihn auch mit dem graphischen Zusatz *Gewürm* schreibt. Auch *Arthur Waley* hat den Namen in diesem Sinn interpretiert, da der Kontext in den Liniensprüchen auffallend gut zu einer Art Kriechtier paßt. So zum Beispiel: *etwas sich Schlängelndes im Sand* (Platz 2), *etwas sich Schlängelndes im Schmutz* (Platz 3), oder *Es schlüpft in ein Loch hinein* (Platz 6).

Die mit dem *Schlängeln* oder *Schleichen* bezeichnete Bewegungsform der Schlange ist in sich gegenläufig: Mit dem Schritt *Sun – Qian* verläuft sie in der zunehmenden Richtung nach unten, mit der Folge *Qian – Dui – Li* in der abnehmenden Richtung nach oben, mit *Li – Kan* wieder zurück in die zunehmende Richtung des Halbmondes *Kan*, um zuletzt mit dem abnehmenden Halbmond *Li* nach vorwärts in die Konjunktion zu münden. Die beiden Haupttrigramme *Qian* und *Kan* stellen die Druckpunkte dar, mit denen sich die Schlange nach hinten abstößt, um nach vorne voranzukommen. Überhaupt besteht ja das Prinzip ihrer Gangart darin, daß sie vorwärts kommt, indem die Wellenbewegung des Schlängelns ständig nach rückwärts läuft. Dieser in sich gegensinnigen Verhaltensform entspricht zugleich die zweite Bedeutung des Hexagrammnamens, die er in der Lautung *XU* hat, nämlich *sich zurückhalten, zögern, abwarten* etc.

Der allgemeine Grundgedanke des Hexagrammes besteht darin, daß ein Werk vollbracht werden soll, dessen Gelingen keine künstliche Beschleunigung, sondern Zurückhaltung und eine vorsichtig abwartende Herangehensweise erfordert. In den Liniensprüchen wird angedeutet, daß dieses Werk vor allem als die Nahrungsgewinnung durch Ackerbau zu verstehen ist (Plätze 1 und 5). Denn die zunehmende Bewegung des Mondes in die Nacht-Erde hinein bedeutet das *Einpflanzen*, das ja analog zum *Schlängeln* mit der Absicht geschieht, die entgegengesetzte Bewegung des *Herauswachsens* der Getreidehalme aus der Erde zu bewirken. Und es ist eine alte Bauernweisheit, über die es in China verschiedene Volksmärchen gibt, daß man nicht an den Halmen ziehen darf, um ihr Wachstum zu fördern.

Von daher versteht sich auch der Sinn der *Ausbeute* im Hauptspruch. Der Verlauf des Graphs beginnt mit dem Schritt *Sun – Qian*, der das *Füllen* des Mondgefäßes darstellt (Platz 1), und die *Ausbeute* ist der *Inhalt*, mit dem es gefüllt wird. Das mit *Ausbeute* wiedergegebene Schriftzeichen *(fu)* bedeutet zugleich *Brut* (von Vögeln), so daß man auch übersetzen könnte: *Es gibt eine Brut* (vgl. H9/4, H49/0, H61/0)). Die zugrundeliegende Vorstellung ist hier wie in H2/2 wieder die Auslegung des Vollmondes als Mond-Ei. Die Betextung der Liniensprüche suggeriert aber mehr ein Szenario, bei dem die *Ausbeute* als Erntegut vom Nachthimmel-Acker zur Sonnenstadt transportiert wird, und zwar unter allerlei Gefahren (Plätze 3 und 4), welche die vorsichtig zurückhaltende Vorgehensweise des *Schlängelns* und *Schleichens* erforderlich machen.

Die Füllung des Mond-Gefäßes mit Licht bzw. des Nachthimmels mit Mondschein, die im Ackerbau-Mythos das Einpflanzen in die Erde bedeutet, wird auf Platz 1 zugleich als das Füllen des Opferaltars ausgelegt. Und der Aufstieg des abnehmenden Mondes aus dem Nachthimmel zur Sonne hinauf, den der Graph als die Vorwärtsbewegung der Schlange darstellt, bedeutet somit einerseits im profanen Sinn das Einfahren der Ernte vom Nacht-Acker in die Sonnen-Stadt und andererseits zugleich die Darbringung der Opfergaben an den Sonnengott (vgl. H14/0/2/3/5). Von hier aus versteht sich der zweite Satz des Hauptspruches, wo es heißt: *Der Schein (dringt durch =) trifft zu (guang heng)*; denn dieser Ausdruck ist eine Abwandlung der Formel *yuan heng: Der Wunschgedanke dringt durch*, welche im archaischen Kontext des Opferszenarios zugleich bedeutet: *Das Große* (d. h. urbildlich der Vollmond) *wird* (dem Sonnengott) *als Opfer dargebracht* bzw. *wird als Opfer angenommen*, so daß wir den *Schein* oder *Lichtschein* direkt im urbildlichen Sinn als den *Inhalt* des Gefäßes, den *Mond-Schein* verstehen dürfen, der als Vollmond die Voraussage der Sonne darstellt, welche dann mit der Konjunktion auch tatsächlich auf sie *zutrifft* (vgl. H14). Die Analogsetzung von Ackerbau und Opferkult geht auf den Mythos des Fruchtbarkeitsgottes *Houji* zurück, der im *Buch der Lieder* überliefert ist (Ode *Sheng min*). *Houji* galt als der Urahn der *Zhou*-Dynastie und soll sowohl die Kunst des Ackerbaues als auch das Himmelsopfer erfunden haben.

Während so das *Zutreffen* oder *Durchdringen* (zur Sonne) urbildlich der abnehmenden Richtung entspricht, in der sich die Mond-Schlange voranbewegt, bedeutet die *Entschiedenheit* oder *Festlegung (zhen)* umgekehrt den zunehmenden Richtungssinn ihres Rück-Haltes oder Rückstoßes, mit der sie sich auf den Vollmond als Ausgangspunkt zurückbezieht. Daher: *Der Schein trifft zu. Entschiedenheit bringt Glück.*

Schließlich wird am Ende des Hauptspruches der Nachthimmel, aus dem sich die Mond-Schlange im Verlauf des Graphs herausschlängelt, um auf Platz 6 in der Konjunktion mit der Sonne anzugelangen, noch als der *Große Strom* ausgelegt. Daher: *Es ist günstig, den Großen Strom zu durchwaten.*

Anfangs Neun   **Sun**

Es schlängelt sich auf dem Land außerhalb der Stadt. Günstig, um etwas zu füllen. Kein Schaden.

Machen Sie sich zunutze, was sich unter den natürlichen Bedingungen Ihrer Situation bietet, auch wenn Sie dabei auf Bequemlichkeit verzichten müssen. Es geht darum, Vorräte anzusammeln, die Sie später brauchen werden.

Der Sonnenort und der Taghimmel wurden als Stadtgebiet ausgelegt, der Nachthimmel als das *Land außerhalb der Stadt*. Zugleich bedeutet das damit wiedergegebene Schriftzeichen *(jiao)* den *Platz vor den Stadttoren*, wo der *Altar für das Himmelsopfer* stand, und wurde auch als Bezeichnung für diesen selbst verwendet. Dieser Himmelsaltar ist urbildlich die Auslegung des Vollmondes *Qian*, der hier, in der Phase *Sun*, erst noch dabei ist, sich gänzlich zu *füllen*. Und das in dem Spruch verwendete Schriftzeichen für *füllen (geng)* hat zugleich die konkrete Bedeutung *zunehmender Mond im zweiten Viertel*, d. h. *die Mondphase kurz vor dem Vollmond*, also jene Phase *Sun*, für die unser Spruch steht. Man könnte daher auch ganz wörtlich übersetzen: *Es ist günstig, den zunehmenden Mond im zweiten Viertel zu gebrauchen* (vgl. H16/5; H32/0). – Je nachdem, ob man den Ausdruck *jiao* speziell als *Altar des Himmels vor der Stadt* oder allgemein als *das Land außerhalb der Stadt* auffaßt, ergeben sich daraus zwei verschiedene Szenarien: Einerseits ist dabei offenbar das Ritual gemeint, mit dem das in der Mondphase *geng* stattfindende und darum ebenso genannte *Füllen* des Vollmondes symbolisch nachvollzogen wurde, indem man den Altar des Himmels mit Opfergaben füllte. Das Urbild dieser Opfergaben aber sind die Sterne, deren Licht sich im Mondgefäß sammelt (vgl. die Erklärung des *[Licht]scheins* im Hauptspruch). Der abnehmenden Bewegung des Mondes und der schließlichen »Aus-

115

gießung« seines Inhalts in Form des Sonnenlichts entspricht dann die Darbringung und Verbrennung der Opfergaben für den Sonnengott *Shangdi*, den *Kaiser in der Höhe*. – Andererseits aber hat das Schriftzeichen *geng* außerdem noch die Bedeutungsvariante *Anpflanzen*, so daß sich daraus der Bezug auf das *Land außerhalb der Stadt* im Sinn von *Ackerland* ergibt. Wie der Mond-Altar mit Opfergaben, so wird der Mond-Acker mit den Getreidekörnern gefüllt, deren Urbild die Sterne sind. Der abnehmenden Bewegung des Mondes und seinem Verschwinden in der Sonne entspricht dann das Einfahren der Ernte und der Verzehr der Feldfrüchte. Die symbolische, d. h. terminologische Einheit der beiden Szenarien hat ihren Ursprung in dem schon oben erwähnten Mythos des Fruchtbarkeitsgottes *Houji*, der sowohl als Schöpfer des Himmelsopfers als auch des Ackerbaues verehrt wurde. Das Himmelsopfer war offenbar ursprünglich eine Art Erntedankfest, bei dem Feldfrüchte geopfert wurden. – Schließlich steht am Ende des Spruches noch die Formel *kein Schaden*. Diese zeigt urbildlich stets die Beseitigung des als *Schaden* ausgelegten Schattens, d. h. die Ergänzung des Mondes zum Vollmond an, welche eben das *Füllen* als Funktion der Phase *Sun* bedeutet. Jedoch wurde analog dazu auch die strukturale Ergänzung eines jeden Mondbildes durch das diametrale Gegenbild als ein solches *Füllen* verstanden. Und da durch diesen Ergänzungsbezug im Durchlaufen des ganzen Zyklus *durchgängig* das Bild des Vollmondes erhalten bleibt, hat das Schriftzeichen *geng* zugleich (in der Lautung *heng*) die Bedeutung *dauerhaft, kontinuierlich*. Von daher bedeutet der Spruch im wörtlichen Sinn auch die Empfehlung, *Ausdauer zu gebrauchen* (vgl. H32).

Neun auf zweitem Platz   Qian

Es schlängelt sich im Sand. Die Kleinen haben das Wort. Das Ende ist glücklich.

In einer Versammlung kommt eine große Zahl von kleinen Leuten zusammen, die ihre Interessen artikulieren und sich darüber auseinandersetzen. Dabei bleiben sie jedoch auf Unterwürfigkeit gegenüber der Obrigkeit bedacht, damit ihnen am Ende nichts passiert.

In einer Textvariante steht nicht *Es schlängelt sich im Sand*, sondern *Es schlängelt sich auf der Insel im Strom*. Insofern sind wir hier wieder im Bild des *Großen Stromes*, der Auslegung des Nachthimmels als ein fließendes Gewässer, dessen Mitte der Vollmond *Qian* markiert. Dieser wird dabei als eine weiße *Sandbank* inmitten des glitzernden Sternenstromes gedeutet. Die Sandkörner aber sind ein Bild der Sterne. Wir haben es hier wieder mit der

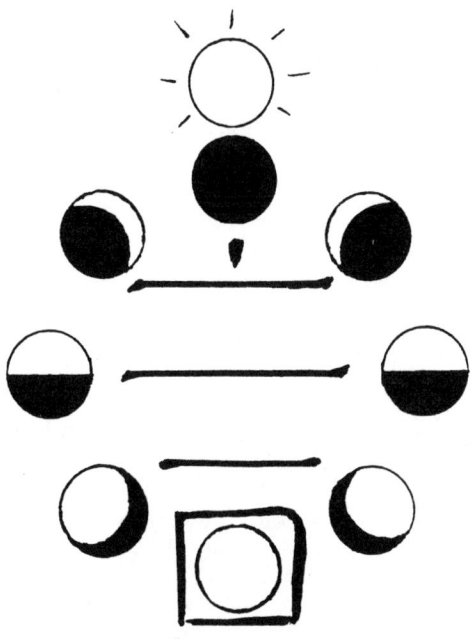

Abb. 20: Die Auslegung des Mondwandels als Wortwechsel zwischen den linksseitigen und den rechtsseitigen Monden durch das Schriftzeichen Wort 言 (yan).

Vorstellung zu tun, daß der Mond ein Gefäß ist, das sich als Vollmond mit dem Licht der Sterne füllt, wie die Sandkörner eines Flusses in dessen Mitte eine Sandbank bilden. – Die Sterne sind natürlich das himmlische Urbild der *Kleinen* im folgenden Satz. Man interpretiert diesen traditionell als *Es gibt (im Kleinen =) ein wenig Gerede.* Aber er wird in H6/1 wörtlich wiederholt und steht dort eindeutig im Gegensatz zu H36/1, dem entsprechenden Platz des diametralen Gegenzeichens, wo es heißt: *Der Hausherr* (d. h. die Sonne als Herrscher über die Sterne) *hat das Wort.* Wir haben es hier wieder mit der Vorstellung zu tun, daß der Mond die Sterne gleichsam *in Worte faßt*, nämlich in die Worte seiner himmlischen Bildersprache, und damit den ganzen Erscheinungsstrom des Himmels als gegliederten Text ordnet (vgl. H2/3). Dabei wurde die Funktion der Mond-Worte als ein Dialog oder Wort*wechsel* ausgelegt, der sich zwischen der linken (weiblichen) und der rechten (männlichen) Seite des Himmelsplanes abspielt, also als die verbale Version des *Schlängelns*. Das Schema des Wortwechsels zwischen der linken und der rechten Partei zeigt uns auch die Struktur des Schriftzeichens *Wort (yan)* selbst, wenn wir es in den Rahmen des Mondplanes stellen (Abb. 20). Dabei stellt der Vollmond den Punkt dar, wo sich die rechte und die linke Mondhälfte zusammenschließen, die Parteien des Wortwechsels sich treffen. Von hier aus entfaltet sich nun mit dem Hin und Her des *Schlängelns* ihre verbale Auseinander-Setzung, die sich *am Ende* mit der Konjunktion in Wohlgefallen auflöst, d. h. durch die Gnade des Sonnengottes zu einem für alle *glücklichen* Ergebnis führt. Dies signalisiert die Wiederholung der Aussage *Das Ende ist glücklich* auf Platz 6, wo die Einmündung der Schlangenbewegung in die Konjunktion formuliert wird. Als die Haltung der *kleinen* Sterne gegenüber der großen Sonne hat das *Schlängeln* hier auch die Bedeutung des sprichwörtlichen *Kriechens* der Untergebenen vor ihrem Boß (vgl. Platz 6).

Neun auf drittem Platz   Dui

Es schlängelt sich im Schmutz. Das bewirkt, daß Räuber kommen.

Sie bewegen sich leichtsinnig ohne Absicherung, so daß Sie Ihrem Gegner eine Blöße bieten. Dadurch laufen Sie Gefahr, empfindliche Verluste zu erleiden.

Den *Schmutz (ni)* haben wir schon bei der Besprechung von H1/3 an entsprechender Stelle des Kreislaufes kennengelernt, wo es im Seidenmanuskript von Mawangdui heißt: *(Der Mond) ist wie verschmutzt.* In der Phase *Dui* nach dem Vollmond beginnt der Mond wieder abzunehmen: Auf der rechten Seite seines silbernen Gewandes erscheint in Gestalt des hereinbrechenden Schattens ein sich langsam vergrößernder *Schmutzfleck* (vgl. H43/3, H50/3/4). Und der Prozeß des Abnehmens führt dann weiter dazu, daß scheinbar Stück für Stück von ihm *weggenommen* wird. Wer kann es sein, der dem Erleuchteten das antut? Natürlich muß man vermuten, daß *Räuber* dahinterstecken (vgl. H40/3). Im *Mawangdui*-Text hat das Trigramm nicht den Namen *Dui* (wörtlich *auswechseln*, weil hier der Mond seine Seite wechselt), sondern *Duo*, was *wegnehmen* oder *ablegen* (von Kleidern) bedeutet. – Der Mond bewegt sich hier einseitig und schutzlos in der abnehmenden Richtung aus dem Nachtstrom heraus, an dessen Ufer die Räuber lauern. Ihm fehlt die Sicherung oder der Rück-Halt durch das Gegenbild, das erst auf dem folgenden Platz mit der Polarität *Li – Kan* wieder wirksam wird.

Sechs auf viertem Platz **Li**

Es schlängelt sich im Blut. Man kommt heraus aus dem Loch.

Sie geraten in eine gefährliche Situation und könnten verletzt werden. Suchen Sie Hilfe bei einer Person, die aufgrund ihrer Fähigkeiten für Ihr Problem zuständig ist. Diese wird Sie aus der Zwangslage befreien.

Li steht für den Weg des abnehmenden Mondes in die Konjunktion, wo er schließlich als schlank geschwungene Sichel im Morgenrot verschwindet, das als *Blut* ausgelegt ist. Daher: *Es schlängelt sich im Blut.* Gleichzeitig kehrt sich mit dem Abnehmen die als hohles *Loch* gedeutete Schattenseite des Mondes hervor, so daß es aussieht, als würde die Lichtseite darin verschwinden oder versinken. Der nächste Schritt im Verlauf des Graphs springt jedoch hinüber zum zunehmenden Gegenbild *Kan*, mit dem umgekehrt das Schatten-Loch wieder verschwindet, als würde der Lichtmond aus ihm *hervortreten* oder *herauskommen*. Daher: *Man kommt heraus aus dem Loch.* Dies ist die Rettung vor der drohenden Gefahr, die schon auf dem vorigen Platz in Gestalt der *Räuber* angekündigt wurde.

Neun auf fünftem Platz **Kan**

Es schlängelt sich in Wein und Speisen. Entschiedenheit bringt Glück.

Sie haben einen sicheren Punkt erreicht, wo Sie sich stärken und Ihre Sache mit Nachdruck vertreten können. Lassen Sie darin nicht nach.

Der Graph springt mit den Plätzen 4, 5 und 6 zwischen dem abnehmenden Halbmond *Li* und dem zunehmenden Halbmond *Kan* hin und her. Der zunehmende Mond stellt dar, wie der himmlische Trinkbecher oder Eßnapf gefüllt wird, der abnehmende seine Leerung (vgl. H47/2). Der Wechsel von Auffüllen und Leeressen des Geschirrs, dem zugleich die in sich gegenläufige Bewegung des *Schlängelns* entspricht, ergibt die Vorstellung einer Mahlzeit, die der Spruch hier vermittelt: *Es schlängelt sich in Wein und Speisen.* In China, wo man bis heute auch Schlangen und Würmer zu essen pflegt, war dieser Spruch wohl auch im konkretesten Sinn nicht ganz so abwegig, wie es dem heutigen Europäer scheinen mag. Gleichzeitig bedeutet Essen und Trinken als die Ergänzung der beiden Halbmonde zum Vollmond, daß der Inhalt des Mond-Gefäßes, mit dem es auf Platz 1 gefüllt wurde, d. h. die im Hauptspruch genannte *Ausbeute*, nun sicher an das durch die Linie *Li – Kan* dargestellte Ufer des *Großen Stromes* gerettet wurde. Diesen sicheren Boden und Rück-Halt, der urbildlich der zunehmenden Bewegung von *Kan* entspricht, signalisiert auch am Ende des Spruches die Wiederholung der Aussage aus dem Hauptspruch: *Entschiedenheit bringt Glück.*

Oben Sechs   **Li**

Es geht in das Loch. Drei Gäste, die man nicht dazu gedrängt hat, werden kommen. Wenn du sie ehrst, ist das Ende glücklich.

Sie geraten in eine große Gefahr, die nur ein Höhergestellter von Ihnen abwenden kann. Es empfiehlt sich daher, diesem mit Ehrerbietung zu begegnen. Dann kann es noch ein gutes Ende nehmen.

Es geht in das Loch bedeutet den Schritt *Kan – Li* als die Umkehrung des Schrittes *Li – Kan*, der auf Platz 4 als *Herauskommen aus dem Loch* ausgelegt wurde. Mit dem Fortschreiten des Abnehmens verschwindet die Mondsichel unweigerlich wieder immer weiter im *Loch* des Schwarzmondes. Es gibt aber eine Rettung vor dem völligen Verschwinden in der Finsternis dieses Loches, nämlich die hell leuchtende Sonne, die in den *drei* Tagen der Konjunktion an die Stelle des Schwarzmondes tritt und seine Dunkelheit in strahlendes Licht verwandelt. Diese *drei* Tage oder *drei* Sonnen erscheinen hier als die *drei Gäste*, die man *nicht zum Kommen gedrängt hat*. Man hat sie *nicht gedrängt*, weil die *Zurückhaltung* oder das *Schlängeln* und *Schleichen*, das bis zu dieser Endstation der Platzfolge geführt hat, eben das Gegenteil einer *drängenden* Aktivität bedeutet. Und der dahinschwindende Altmond *ehrt* diese Gäste, nämlich die aufgehende Sonne, indem er sich vor ihr mit seiner gekrümmten, nach unten gerichteten Sichel gleichsam in tief gebückter Haltung verneigt. Dadurch ist dann *das Ende glücklich*. Die Wiederholung dieses Spruches von Platz 2 zeigt an, daß der Inhalt des dort als Vollmond gefüllten Opfergefäßes bzw. Opferaltars (vgl. Platz 1) nun in Gestalt der Sonne bzw. des in der Konjunktion verkörperten dreifaltigen Himmelsgottes seine Bestimmung erreicht hat. Und das Licht der Sonne ist die Gnade, mit der der große Herrscher seine kleinen Untergebenen für ihr *Schlängeln*, d. h. für ihre *Kriecherei* belohnt.

6. Song / Das Gericht

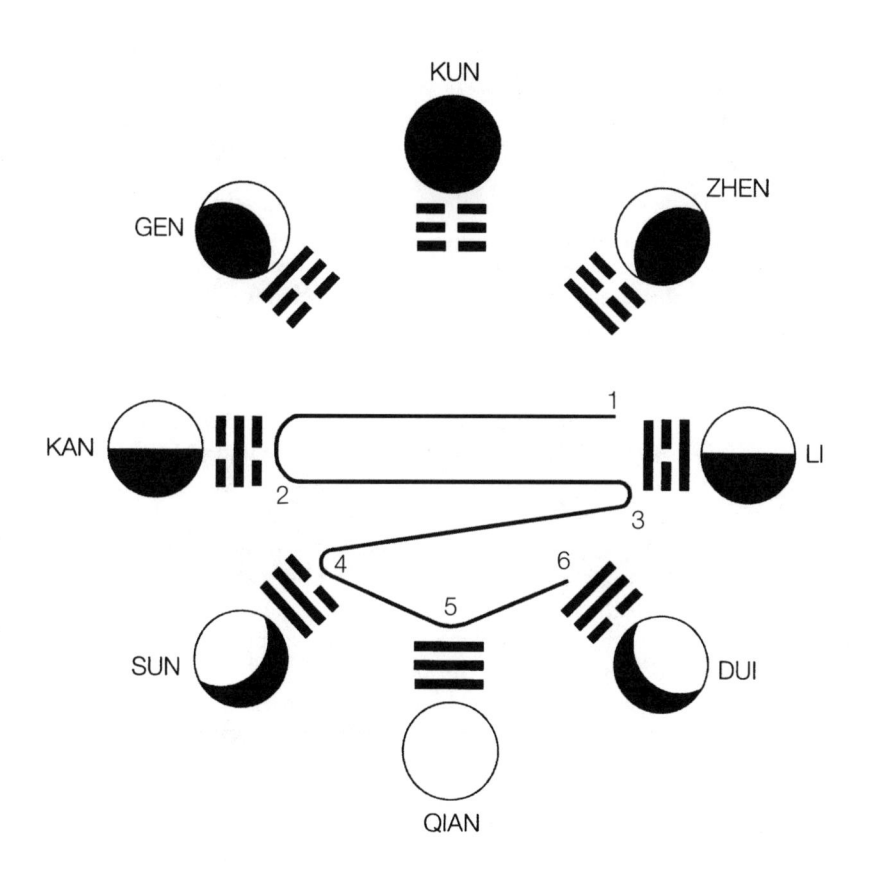

Partnerzeichen: H5.
Gegenzeichen: H36.
Parallelzeichen: H5, H37, H38, H49, H50.

Der Hauptspruch

Das Gericht. Man macht einen Fang. Jemand hält das Furchtbare auf. In der Mitte Glück. Am Ende Unglück. Es ist günstig, einen großen Mann zu sehen. Es ist nicht günstig, einen großen Strom zu durchwaten.

Es geht darum, in einem Streitfall den Dingen auf den Grund zu gehen und eine gerechte Entscheidung zu treffen. Es empfiehlt sich, die Sache im Licht der Öffentlichkeit von allen Seiten zu durchleuchten und dabei eine starke Persönlichkeit zu Rate zu ziehen, die über den Parteien steht. Eine Gewaltlösung führt nicht zum Ziel.

Das Schriftzeichen *SONG* mit der Bedeutung *Gericht, richten, Gerichtsverhandlung* etc. setzt sich aus den Bestandteilen *öffentlich, gerecht* (*gong*) und *Wort (yan)* zusammen. Wenn man die Bewegung des Graphs von *Li* nach *Kan* als schräg absteigend auffaßt, da der zunehmende Mond *Kan* ja hinunter in die Nacht wandert, und die Bewegung von *Kan* nach *Li* dementsprechend umgekehrt als schräg aufsteigend, so kann man in der Gestalt des Graphs noch direkt die Form des Schriftzeichens *gong* erkennen 公. In der archaischen Schreibweise besteht es aus einem Kreis mit zwei senkrechten Linien darüber . Dies stellt ganz offensichtlich den Vollmond und seinen Wechsel-Bezug zum Absteigen und Aufsteigen bzw. zum Zunehmen und Abnehmen dar, der ihn in seiner zentralen Schlüsselstellung zwischen beiden Seiten zum Urbild der Gerechtigkeit bzw. des Richters qualifiziert. Außerdem haben wir auch hier wieder das als *Wortwechsel* ausgelegte Hin- und Herspringen des Graphs zwischen der linken und der rechten Seite, das gleichlautend zu H5/2 auf Platz 1 angesprochen wird und zugleich dem zweiten Bestandteil *(Wort)* des Hexagrammnamens *SONG* entspricht (Abb. 20, S. 117).

Das Gericht stellt sich also urbildlich so dar, daß vor dem Richterstuhl *Qian* mit dem Hin- und Herspringen des Graphs ein Wortwechsel zwischen den beiden Parteien auf der linken und der rechten Seite des Mondplans stattfindet. Dabei entspricht das *Richten* im Sinn von *Verurteilen* der abnehmenden Bewegung auf der rechten Seite, mit welcher der Mond verstümmelt, d. h. *hingerichtet* wird. Daher heißt es in den Liniensprüchen der beiden *zunehmenden* Monde *Kan* und *Sun*: *Er kann nicht gerichtet werden.*

Der zu Beginn des Hauptspruches genannte *Fang* entspricht urbildlich dem Inhalt des als Vollmond gefüllten Mondgefäßes. Ich gebe damit das gleiche Schriftzeichen *fu* wieder, das im Partnerzeichen H5/0 mit *Ausbeute* übersetzt wurde. In der modernen *Yijing*-Forschung wird es meist als *(Kriegs-) Gefangene* interpretiert (*Gao Heng, Richard A. Kunst*). Hier spricht der Kontext des *Gerichts* in der Tat dafür, daß die *Ausbeute* eher in Menschengestalt als ein *Gefangener* zu verstehen ist, über dessen Schicksal entschieden werden soll. In archaischer Zeit führten die Könige Beutezüge durch, um Gefangene zu machen, die u. a. auch als Menschenopfer dargebracht wurden.

Im vorliegenden Fall aber findet eine solche Hinrichtung, nämlich *das Furchtbare*, nicht statt. Das mit *furchtbar* wiedergegebene Schriftzeichen *(ti)* ist wieder die vermenschlichte Abwandlung des gleichlautenden Zeichens *abschaben, Fleisch von den Knochen schneiden*, mit dem die Verstümmelung des abnehmenden Mondes ausgelegt wurde (vgl. H1/3). Der Graph aber verläuft vom Vollmond *Qian* aus, der dem *Gefangenen* entspricht, nur einen Schritt bis *Dui* in der abnehmenden Richtung und hört dann auf. Daher: *Jemand hält das Furchtbare auf.*

Daß die Hinrichtung am Ende nicht stattfindet, mag ein Glück für den Gefangenen sein, wird aber mit den folgenden zwei Sätzen als *Unglück* ausgelegt: *In der Mitte Glück. Am Ende Unglück*. Die Anklage erreicht ihr Ziel nicht. Der Hexagrammname *SONG* bedeutet nicht nur allgemein *Gerichtsverhandlung*, sondern auch spezieller *anklagen*. Die *Mitte* entspricht dem Vollmond als Inbegriff der Gerechtigkeit, den der Graph auf Platz 5 erreicht. Das *Ende* aber ist jenes (*bis zum Ende =) Zielen* (auf die Sonne), das den abnehmenden Weg in die Konjunktion anzeigt (vgl. H1/3), welcher hier mit dem Ende des Graphs in *Dui* nicht fortgesetzt wird. Seine Fortsetzung ist nur möglich auf den beiden *Li*-Plätzen 1 und 3, wo es heißt: *Das Ende bringt Glück*. Im Linienspruch zu Platz 6 wird *Dui* als eine ungerechte, nicht tragfähige Entscheidung ausgelegt.

Die beiden letzten Sätze wiederholen noch einmal den gleichen Gedanken: *Der große Mann* ist der Vollmond, den der Graph in Platz 5 erreicht. Daher: *Es ist günstig, einen großen Mann zu sehen*. Aber beim Durchlaufen des als *großer Strom* ausgelegten Nachthimmels gelangt dieser im Gegensatz zum vorigen Zeichen nicht ans rettende Ufer, sondern bleibt vorher in *Dui* stecken. Daher: *Es ist nicht günstig, einen großen Strom zu durchwaten*.

Anfangs Sechs   Li

Man wird seinen Dienst nicht lange fortsetzen. Die Kleinen haben das Wort. Das Ende bringt Glück.

Sie sollten einen Streitfall nicht in die Länge ziehen. Durch lästigen Kleinkram drohen allerlei Komplikationen. Sehen Sie zu, daß Sie bald zu einem Ende kommen und die Sache beilegen.

Der abnehmende Halbmond folgt der durch die Sonne bestimmten Richtung der Lichtseite, was als *Dienst* am Sonnenkönig bzw. als *Opferdienst* für den Sonnengott ausgelegt wird (vgl. Platz 3 und H2/3). Dieser Dienst wird *nicht lange fortgesetzt*, da sich der Graph nach einem nochmaligen Hin und Her auf den Plätzen 2 und 3 schließlich mit dem zweiten Haupttrigramm ganz in die Gegenrichtung zurückwendet, nämlich in die Zone des Nachthimmels. Dies aber ist die Domäne der *Kleinen*, nämlich der Sterne (vgl. H5/2). Man interpretiert den Satz traditionell als *Es gibt (im Kleinen =) ein wenig Gerede*. Aber er steht eindeutig im Gegensatz zu H36/1, dem entsprechenden Platz des Gegenzeichens, wo es heißt: *Der Hausherr* (d. h. die Sonne als Herrscher über die Sterne) *hat das Wort*. Wir haben es hier wieder mit der Vorstellung zu tun, daß der Mond die Sterne gleichsam *in Worte faßt*, nämlich in die Worte seiner himmlischen Bildersprache, und damit den ganzen Erscheinungsstrom des Himmels als gegliederten Text ordnet (vgl. H2/3). Dabei wurde die Funktion der Mond-Worte als ein Dialog oder Wort*wechsel* ausgelegt, der sich als Hin- und Her zwischen der linken (weiblichen) und der rechten (männlichen) Seite des Himmelsplanes abspielt (vgl. Abb. 20). Im vorliegenden Zusammenhang dürfen wir diese beiden Seiten als die zwei Prozeßparteien bei der Gerichtsverhandlung verstehen. Der Spruch selbst aber steht für den abnehmenden Halbmond *Li*, der zugleich den Weg in die Konjunktion und den Sonnenort bedeutet (vgl. H30/0). Wie auf dem anderen *Li*-Platz 3 haben wir daher hier noch den Vermerk *Das Ende ist glücklich*. Denn *das Ende (zhong)* ist jenes *(bis zum Ende =) Zielen* (auf die Sonne), das den abnehmenden Weg in die Konjunktion anzeigt (vgl. H1/3). Und auch weil *man seinen Dienst nicht lange fortsetzen wird*, d. h. weil man nicht viel Zeit hat, scheint es hier naheliegend, den Ausdruck eben in diesem Sinn verbal zu interpretieren: *Zu Ende Kommen bringt Glück*, oder: *Ans Ziel Kommen bringt Glück*.

Neun auf zweitem Platz   Kan

Er kann nicht gerichtet werden. Er kehrt heim und versteckt sich.
Die Menschen seiner Stadt, dreihundert Familien, erleiden keine
Verfinsterung.

Sie haben die Möglichkeit, der Auseinandersetzung mit einem überlegenen Gegner auszuweichen. Davon sollten Sie Gebrauch machen. Bedenken Sie die Folgen einer Niederlage für die Menschen, die Ihnen anvertraut sind.

Die abnehmende Bewegung *Li* bedeutet das urbildliche *(Hin-)Richten*, die Verstümmelung und Tötung des Mondes. Hier aber ist der Graph in die Gegenrichtung *Kan* umgesprungen. Daher: *Er kann nicht gerichtet werden.* Das *Heimkehren* oder *Zurückkehren* umschreibt hier die Bewegung des Graphs von *Li* nach *Kan*, die ein Überwechseln von der rechten, d. h. männlichen oder *öffentlichen* Seite des Mondplanes, zur linken, d. h. weiblichen oder *häuslichen* Seite darstellt. Und zugleich ist nun die linke, beleuchtete Seite des abnehmenden Halbmondes *Li*, die *gerichtet* werden soll, mit seiner Verwandlung in den rechtsseitigen Halbmond Kan *verschwunden*. Daher: *Er kehrt heim und versteckt sich.* – Im dritten Satz des Spruches erscheint dann mit den *dreihundert Familien seiner Stadt* wieder die Dreizahl der Konjunktionstage (vgl. H5/6). Aber der Delinquent entwischt hier der Konjunktion, indem der Graph in die zunehmende Bewegung *Kan* umspringt. Die Dreizahl jedoch bedeutet nicht nur die drei Tage, sondern zugleich deren Kehrseite, nämlich die *drei mondlosen Nächte* der Konjunktionsphase. In diesen drei dunklen Nächten müssen die Sterne, die hier als die *dreihundert Familien seiner Stadt* ausgelegt sind, ohne das Licht ihres himmlischen Nachtwächters auskommen. Das ist die urbildliche *Verfinsterung (sheng),* ein Schriftzeichen, das mit *Auge* geschrieben wird und speziell eine *Augenkrankheit,* allgemeiner auch ein großes *Elend* oder *Unheil* bedeutet. Hier aber ist es dem Erleuchteten gelungen, der drohenden Hinrichtung zu entgehen. Daher: *Die Menschen seiner Stadt, dreihundert Familien, erleiden keine Verfinsterung.*

Sechs auf drittem Platz   **Li**

Man zehrt von seiner früheren Kraft. Eine Festlegung ist gefährlich. Das Ende bringt Glück. Wenn man in der Gefolgschaft eines Königs dient, gibt es keine Vollendung.

Sie haben nicht viel Zeit für Ihre Aufgabe, da Ihre Kräfte nachlassen. Sehen Sie zu, daß Sie bald zu einem Ende kommen. Auf die Führung durch eine höhergestellte Person ist kein Verlaß.

Die *(alte =) frühere Kraft* oder *Fähigkeit*, von der man zehrt, wörtlich *die man ißt* oder *verzehrt*, ist die Lichtseite des Mondes, die hier in der Phase *Li* immer mehr im »Mund« der Schattenseite verschwindet. Mit der *Festlegung (zhen)*, welche die zunehmende Bewegung bedeutet, bezieht man sich zurück auf diese motivierende, den Weg zur Sonne weisende Funktion, verläßt sich auf sie. Da sie aber hier mit dem abnehmenden Halbmond *Li* im Dahinschwinden begriffen ist, geht dies gegen den Zug der Zeit. Daher: *Eine Festlegung ist gefährlich*. Parallel zu Platz 1 bedeutet dies, daß man nicht viel Zeit hat, seine Aufgabe zu erfüllen, und daher bald *zu einem Ende kommen* sollte. Daher: *Das Ende bringt Glück*. Und der letzte Satz des Spruches umschreibt den gleichen Gedanken noch einmal, indem die Lichtseite nicht als Kraftreserve, sondern als *der König* ausgelegt wird, dem man *folgt* und *dient*. Dies führt *nicht* zur *Vollendung*, da der König seinen Diener im Stich läßt, indem er verschwindet (vgl. den gleichlautenden Spruch in H2/3).

Neun auf viertem Platz   **Sun**

Er kann nicht gerichtet werden. In der Revision wird das Urteil widerrufen. Glückverheißend als Entscheidung für den Frieden.

In einem Streitfall wird eine schon getroffene Entscheidung wieder rückgängig gemacht. Die Beteiligten einigen sich friedlich durch einen Vergleich.

Die abnehmende Bewegung *Li* bedeutet das urbildliche *(Hin-)Richten*, die Verstümmelung und Tötung des Mondes. Aber wie auf Platz 2 ist hier der Graph mit dem Schritt *Li – Sun* in die zunehmende Richtung umgesprungen. Daher: *Er kann nicht gerichtet werden*. Dieses Umspringen des Graphs wird dabei einmal als *zurückgehen* oder *wieder hingehen* ausgelegt, was im juristischen Szenario am besten mit *Revision* wiederzugeben ist, und dann noch einmal als das *Widerrufen des (Befehls =) Urteils*. Am Schluß des Spruches ist die zunehmende Bewegung von *Sun* nach *Qian* als *Entscheidung für den Frieden* gedeutet, dessen Urbild die friedliche Eintracht der beiden Mondhälften in der Erscheinung des Vollmondes darstellt.

Neun auf fünftem Platz   Qian

Das Gericht. Der Wunschgedanke ist glückverheißend.

Bei einem Streit gibt es eine Einigung, die allen Beteiligten gerecht wird. Wenn Sie sich auf das besinnen, worauf es letztlich auch Ihnen ankommt, werden Sie damit zufrieden sein.

Indem *das Gericht* oder *die Gerichtsverhandlung* als Wortwechsel zwischen den linksseitigen (männlichen) und den rechtsseitigen (weiblichen) Monden des Himmelsplanes zu verstehen ist, stellt der Vollmond *Qian*, wo sich die linke und die rechte Hälfte zur runden Sache zusammenschließen, die Aufhebung des Gegensatzes, den Ausgleich, die Einigung der Parteien dar. Der Vollmond selbst ist zugleich das Urbild des *Wunschgedankens* (vgl. H1/0), dem im Szenario des Gerichts die Idee der Gerechtigkeit oder der unparteiische Richterspruch entspricht, und der sich in seiner Übereinstimmung mit der Sonne als *glückverheißend*, d. h. als zutreffend und wahrheitsgemäß erweist.

Oben Neun   Dui

Jemand verleiht ihm eine lederne Umgürtung. Bis zum Morgen wird sie ihm dreimal abgenommen.

Eine Entscheidung zu Ihren Gunsten entspricht nicht der Gerechtigkeit. Die Vorteile, die Sie sich davon versprechen, werden daher auf lange Sicht keinen Bestand haben.

Die *lederne Umgürtung*, die wir uns als eine breite, mehrfach um den Unterleib gewickelten Schärpe aus weißem Leder vorstellen müssen, ist hier die Auslegung der Lichtseite. Die in der Phase *Dui* beginnende »Einschnürung« des Mondes wurde als Gürtellinie gedeutet, so daß die noch überwiegend räumlich nach unten, d. h. auf die Erde gerichtete Lichtseite den umgürteten Unterleib darstellt. Das besagte Kleidungsstück soll es der Überlieferung nach für Männer aus Leder, für Frauen hingegen aus Seide gegeben haben, und wir dürfen annehmen, daß die Farbe dieser Seide als Ausdruck der Schattenseite schwarz gewesen ist. Hier aber handelt es sich um die männliche Umgürtung, denn es ist ja die Lichtseite, die in den *drei* darauffolgenden

Phasen *Li, Zhen* und *Kun* immer schmaler wird, als würde dem Mond jedesmal ein Teil seiner *Umgürtung abgenommen*. Und dies geschieht *bis zum Morgen*, weil der Morgen das *frühmorgens* bei Sonnenaufgang stattfindende Verschwinden des Altmondes in der Konjunktion markiert. Abgeleitet von diesem himmlischen Besuch des Mondes bei der Sonne hat das hier verwendete Schriftzeichen *Morgen (zhao)* auch die Bedeutung *Besuch bei einem Höhergestellten* oder *Audienz*. Daher ist in dem Spruch ebenso der Sinn enthalten: *Bis zur Audienz wird sie ihm dreimal abgenommen.* – Das Abnehmen des Mondes ist somit hier nicht als Hinrichtung, sondern als Beförderung oder Aufstieg in eine höhere Etage ausgelegt. Die Verleihung des Gürtels wird auch traditionell als ein Ausdruck des Erfolgs bei Gericht gedeutet. Es ist hier aber eine Lage gezeichnet, in dem einem das Gewonnene kein dauerhaftes Glück bringt, sondern wieder weggenommen wird. Denn das Mondbild *Dui* hat schon einen Schatten und entspricht darum als Richterspruch nicht der vollkommenen Gerechtigkeit, die auf dem vorigen Platz 5 in Gestalt des Vollmondes dargestellt ist.

7. Shi / Das Heer
(Die Volksmassen)

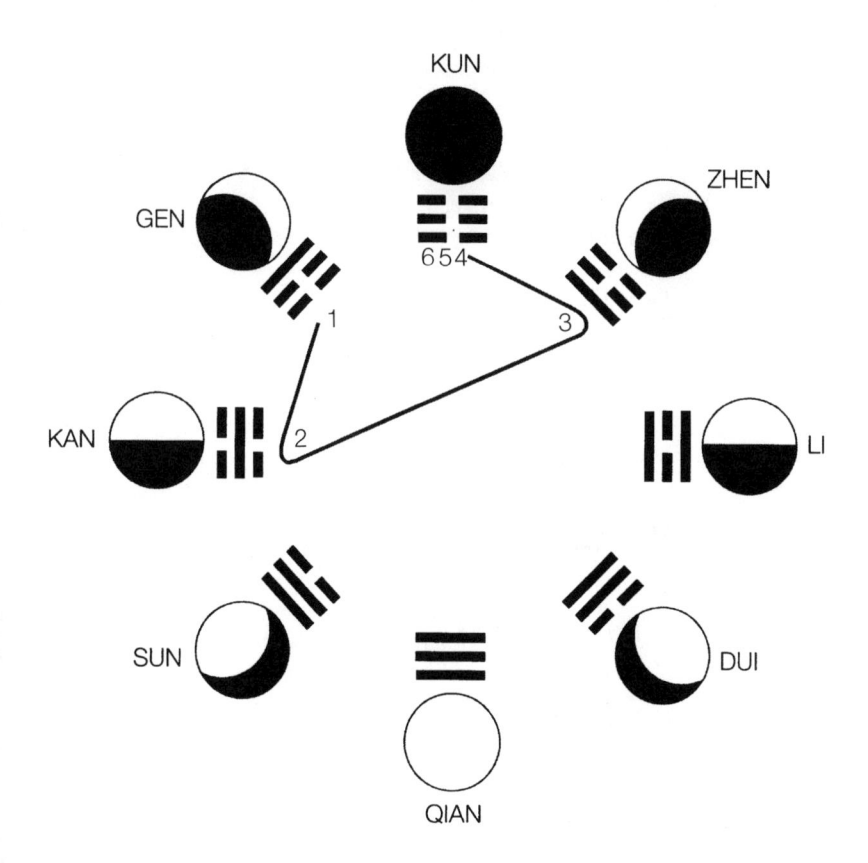

Partnerzeichen: H8
Gegenzeichen: H13.
Parallelzeichen: H8, H15, H16, H23, H24.

Der Hauptspruch

Das Heer. Die Entscheidung ist glückverheißend für einen starken Mann. Kein Schaden.

Es geht darum, eine kopflose Menschenmenge zu organisieren. Dazu bedarf es einer starken Persönlichkeit, die einerseits das Vertrauen der Massen genießt, weil sie selbst zu ihnen gehört, andererseits aber über ihnen steht und die Dinge von einer höheren Warte aus zu beurteilen vermag. Überlegen Sie, wer für diese Aufgabe geeignet ist.

Der Hexagrammname bedeutet nicht nur *Heer*, sondern allgemeiner auch *Menge, Volksmasse*. Außerdem hat er die Bedeutungen *Meister, Lehrmeister* und *Anführer* sowie, davon abgeleitet, *nachahmen*. Der Meister ist die Personifizierung der Menge, d. h. derjenige, der das Volk oder das Heer durch sein Vorbild zu sammeln und zu leiten versteht. Er erscheint im Hauptspruch als *der starke Mann (zhang ren)*.

Das himmlische Urbild der *Heerscharen* oder *Volksmassen* sind natürlich die Sterne. Das Gesamtbild des Hexagrammes mit der einzigen hellen Linie auf Platz 2 inmitten von lauter dunklen stellt den Mond als den Führer des Sternenheeres inmitten des Nachthimmels dar. Auf die Nacht, den charakteristischen Erscheinungsort der Sterne, bezieht sich der Mond mit seiner Schattenseite, die ja naturgemäß immer genau in die Richtung des Nachthimmels *deutet*, so daß sie denselben im konkreten Sinn des Wortes *be-deutet*. Dieser Bedeutungsrichtung, der die zunehmende Bewegung folgt, entspricht der urbildliche Sinn des hier im Hauptspruch mit *Entscheidung* wiedergegebenen Wortes *(zhen)*, das die Manifestation des Himmels (= Sonne) auf der Erde (= Nacht) bezeichnet. Mit seiner hellen Seite hingegen bezieht sich der Mond umgekehrt ebenso konsequent auf die Sonne, von der er sein Licht erhält. Dieses wird auf Platz 2 als der *Befehl des Königs* ausgelegt. So ist der Mond als Vermittler zwischen dem Sonnenkönig und dem Sternenheer ideal für die Rolle des himmlischen Heerführers qualifiziert, der im Hauptspruch als der *starke Mann* erscheint. Seine Aufgabe ist das Zusammenführen des Heeres oder das Sammeln der Volksmassen. Urbildlich entspricht dies dem Erscheinen der Sterne am Nachthimmel.

Die mythologische Weltvorstellung, die diese Erscheinung erklärt, wird in H36 als das *Verschließen des Lichts* thematisiert. Danach entstehen die

Sterne, weil die Sonne bei Nacht von einem riesigen *Sieb* mit Tausenden von kleinen Löchern verdeckt wird. Jenseits dieses Siebes, d. h. auf der anderen Seite des nächtlichen Himmelszeltes, ist der Tag. Und umgekehrt ist hinter der Sonne, auf der Kehrseite des Taghimmels, natürlich die Nacht. Allmonatlich kann man aus weiter Ferne sehen, wie sich das himmlische Sieb in Gestalt des Mond-Gefäßes hinter die Sonne schiebt und dadurch auf ihrer Rückseite die Nacht mit ihren unzähligen Lichtpunkten erzeugt. Darum ist in der Konjunktionsphase die Nacht am dunkelsten und die Sterne leuchten am hellsten und am zahlreichsten. Die Personifizierung dieses himmlischen Siebes aber ist ein gewisser *Jizi*, wörtlich *Meister Sieb* (H36/5), der im *Buch der Dokumente* als *Größter Meister (Taishi)* bezeichnet wird. Er ist der Meister der himmlischen Heerscharen, der mit seinem Sieb ihre Verteilung am Firmament bestimmt. So liefert dieser Mythos auch die urbildliche Erklärung dafür, warum der Hexagrammname *SHI* einerseits *Heer, Volksmasse,* und andererseits zugleich *Meister* bedeutet.

Darum ist der mondlose Nachthimmel der Konjunktionsphase der eigentliche Erscheinungsort der Sterne und das Hauptquartier des Heeres, das durch die drei Schwarzmondplätze 4 bis 6 dargestellt wird. Der urbildliche Leitgedanke des Zeichens besteht darin, daß die Sterne mit der Bewegung der Platzfolge 1 bis 3 *zusammengetrieben* werden, um das Heer zu bilden. Dem entspricht das konkrete, auf den Plätzen H7/5 und H8/5 angedeutete Szenario einer *Treibjagd*. Unter dem militärischen Vorzeichen würde das bedeuten, daß der König Bauernburschen aus der Landbevölkerung als Rekruten für sein Heer einfangen ließ.

Der Graph stellt eine mit dem Schritt *Gen – Kan* in der zunehmenden Richtung ausholende Bewegung dar, die dann über *Zhen* zurückführt zum Schwarzmond. Die drei Monde *Gen, Kan* und *Zhen* erscheinen auf Platz 2 als *drei Befehle des Königs*, in H8/5 als *drei Stoßrichtungen* bei der Treibjagd. Auch kann man die drei Linien *Gen – Kan, Kan – Zhen* und *Zhen – Kun* als drei Treiberketten sehen, die eine Umfassungsbewegung vollführen.

Zwischen *Kun* und *Gen* aber ist die Kette unterbrochen. Darum wird dem ausziehenden Heer in Gestalt des Neumondes *Gen* auf Platz 1 eine schlechte Ordnung bescheinigt. Außerdem hat die große Schattenfläche des Neumondes, die dem Heer entspricht, in Form der schmächtigen Lichtsichel einen Führer, der nur mit unzureichender Befehlsgewalt ausgestattet ist. Dies wird – ebenso wie der Altmond *Zhen* auf Platz 3 – mit *Unheil* bewertet. Auf dem zentralen Platz 2 jedoch sehen wir den kompetenten Oberbefehlshaber als den Vollmond *inmitten des Heeres*, d. h. im Zentrum des Nachthimmels. Danach kehrt das Mond-Heer bzw. die Jagdgesellschaft mit der Bewegung *Kan – Zhen – Kun* von der Expedition zurück. Auf Platz 3 sehen wir, wie es in Gestalt der am Morgenhimmel verblassenden Altmondsichel die Leiche seines Führers mit sich führt. Auf Platz 4 verschwindet die Lichtseite dann ganz in der Sonne. Der dunkle, nach unten gerichtete Schatten aber bleibt ohne seinen Führer und bildet als Kehrseite des Tages den schwarzen Untergrund des Nachthimmels, auf dem man in Gestalt der Sterne die Lagerfeuer der himmlischen Heerscharen brennen sieht. Diese Ansammlung wird auf Platz 5 durch das Bild der bei der Jagd zusammengetriebenen *Wildtiere* mit ihren im Dunkeln glühenden Augen dargestellt.

Auf Platz 6 schließlich, der den dritten der drei Konjunktionstage darstellt, hat ein *großer Fürst das Mandat (= die Macht), Reiche zu gründen und Dynastien zu stiften. Der große Fürst* bedeutet die Sonne, d. h. die Einheit der Konjunktionstriade, aus der heraus die Monde als seine Vasallen und Mandatsträger wieder hinunter in den Nachthimmel geschickt werden, um das Sternenvolk zu beherrschen. Damit wird in die Thematik des folgenden Hexagrammes H8 übergeleitet.

Das urbildliche Grundmotiv des Hexagrammes ist somit die Konzentration der Macht im Sonnenort, dem Sitz des Himmelskönigs, indem diesem der Mond mit seinem Umlauf durch den Nachthimmel und seiner Rückkehr in die Konjunktion die Sternen-Massen zutreibt (vgl. die Symbolik in den Parallelzeichen H15/H16).

Anfangs Sechs   **Gen**

Das Heer zieht aus mit Pfeifenspiel. Es hat keine Deckung. Unheil.

Sie laufen Gefahr, eine Unternehmung ohne Rückendeckung zu starten. Achten Sie darauf, daß es keine Lücke in der Planung gibt.

Der Graph des Zeichens beginnt mit dem aus der Konjunktion heraustretenden Neumond *Gen*, der das aus der Sonnen-Hauptstadt ausziehende Heer darstellt. Das *Pfeifenspiel* der nach Größe geordneten *Stimmpfeifen (lü)* entspricht der hier einsetzenden Reihe der zunehmenden Monde. Das Schriftzeichen bedeutet auch *Ordnung*. Im *Shiji*, dem klassischen Werk der chinesischen Geschichtsschreibung, wird berichtet, daß man das Pfeifenspiel der Heereskapelle beim Vormarsch eines Heeres als Vorzeichen für Sieg oder Niederlage deutete. – Nun ist aber der Graph zwischen *Kun* und *Gen* unterbrochen, und die schmale Lichtsichel im Rücken des Neumondes ist weit kleiner als seine große Schattenfläche, deren Richtung er auf seinem Weg in die Nacht hinein folgt: Das Heer hat keine ausreichende Rückendeckung. Insofern die Lichtsichel den Befehl des Königs darstellt, heißt dies, daß es für seinen Aufbruch nicht hinreichend autorisiert ist (vgl. Platz 5). Das mit

Deckung wiedergegebene Schriftzeichen *(zang)* wird allgemein als *gut* oder *richtig* interpretiert, weist aber durch sein graphisches Umfeld auf die konkrete Bedeutung *geborgen, verwahrt* etc. hin. Im Szenario der Treibjagd kann man die Unterbrechung zwischen *Kun* und *Gen* auch als eine Lücke in der Treiberkette deuten, durch die das Wild entkommen kann (vgl. H8/5).

Neun auf zweitem Platz   Kan

Inmitten des Heeres. Glückverheißend. Kein Schaden. Der König erteilt dreimal einen Befehl.

Sie müssen Ihren Platz im Zentrum des Geschehens einnehmen. Nur dann wird alles gut gehen. Eine übergeordnete Instanz erwartet von Ihnen, daß Sie ihre Anweisungen Schritt für Schritt befolgen.

Das Trigramm *Kan* bedeutet nicht nur den zunehmenden Halbmond, dessen Stellung es im Mondplan markiert, sondern überhaupt den Mond als das Helle (der harte Strich in der Mitte) in der dunklen Nacht (die beiden weichen Striche links und rechts davon) (vgl. H29/0/5), und aufgrund seiner Symmetrie insbesondere den Vollmond. Denn der Vollmond markiert ja das Zentrum des Nachthimmels und damit *die Mitte* der Sternenschar, wo wir ihn hier als den himmlischen Heerführer sehen: *inmitten des Heeres*. Zugleich bildet der Vollmond die komplementäre Ergänzung des Schwarzmondes auf Platz 5, was durch die dort wiederholte Formel *kein Schaden* signalisiert wird. Außerdem erscheint dieser Bezug mit dem letzten Satz des Spruches als der *dreifache Befehl des Königs*. Denn der Sitz des Königs ist der Sonnenort *Kun*, der durch die Dreizahl der Konjunktionstage definiert und zugleich hier durch die drei *Kun*-Plätze 4 bis 6 vertreten ist. Die Dreizahl der Befehle kennzeichnet daher deren Herkunft vom Sitz des Königs, d. h. urbildlich die Herkunft des Mondlichts von der Sonne. Und außerdem stellt sie noch einen direkten Bezug auf den Vollmond her, da das Schriftzeichen für *drei (san)* aus drei waagerechten Strichen besteht und damit vollkommen den drei ungebrochenen Linien des Trigramms *Qian* gleicht (vgl. H40/2). Ferner kann man sie auf die drei Monde *Gen, Kan* und *Zhen* als drei Stoßkeile oder Abteilungen des Heeres beziehen.

Sechs auf drittem Platz　　　　Zhen
Das Heer führt wohl im Inneren des Wagens eine Leiche mit. Unheil.

Es fehlt eine kompetente Führungspersönlichkeit. Dadurch besteht die Gefahr, daß eine nun kopflose Gemeinschaft die Orientierung verliert und sich auflöst.

Die hohl gedachte Schattenseite des aus dem Nachthimmel zurückkehrenden Altmondes *Zhen* wird hier als das *Innere eines Wagens* gedeutet, in dem die in Sonnennähe schon erblichene Mondsichel wie eine gekrümmte *Leiche* liegt. Rein sprachlich könnte es sich ebenso um eine Mehrzahl von Leichen handeln. Da man aber Verluste des einfachen Fußvolkes nach einem Kriegszug im feudalen China wohl kaum so betont als *Unheil* bewertet hätte, dürfen wir annehmen, daß es sich um die Leiche des Heerführers handelt, dem auch der Wagen als standesgemäßes Fortbewegungsmittel entspricht. Das Heer kehrt führerlos zurück (vgl. auch H8/6).

Sechs auf viertem Platz　　　　Kun
Das Heer schlägt linker Hand sein Lager auf. Kein Schaden.

Sie sind in einer Situation, wo ein geordneter Rückzug das beste ist. Es kann nicht schaden, wenn Sie Ihre Kräfte regenerieren und neu formieren.

Die Plätze 4, 5 und 6 des Hexagrammes stellen die drei mondlosen Tage und Nächte der Konjunktion dar. Diese ist der urbildliche Ort des Heerlagers. Hier, mit dem Eintritt in die Konjunktion, wird das Lager aufgeschlagen: Seiner nach *links* gerichteten Lichtseite folgend verschwindet der Mond in der Sonne (vgl. H36/4). Genauer gesagt ist es die Lichtseite, die verschwindet, indem sie sich ganz nach oben zur Sonne wendet: Der Heerführer hat auf der Tagseite des Himmels seine Audienz beim König. Oder er wird, wenn man von seiner *Leiche* auf Platz 3 ausgeht, mit einer Feuerbestattung beigesetzt. In der traditionellen chinesischen Militärterminologie bedeutet *Links* die Richtung des Rückzuges, *Rechts* (die aus der Sonne heraustretende rechtsseitige Sichel auf Platz 1) die Richtung des Vormarsches. Aber der damit hier formulierte Rückzug des Heeres ist *kein Schaden*, weil er in die zentrale Konjunktionsstellung auf Platz 5 führt, die im Ergänzungsbezug zu Platz 2 aufgehoben bleibt.

Sechs auf fünftem Platz   Kun

Auf dem Feld steht das Wild. Es ist günstig, die Worte zurückzuhalten. Dann gibt es keinen Schaden. Wenn aber der älteste Sohn das Heer führt, fährt der jüngste Sohn eine Leiche im Wagen. Die Entscheidung bringt Unheil.

Es ist eine Zeit der Sammlung und Konzentration auf das Innere. Alles steht bereit, aber es wäre verhängnisvoll, jetzt eine Initiative zu ergreifen. Dafür fehlt Ihnen die Kompetenz. Warten Sie auf eine wirkliche Inspiration oder, noch besser, auf einen Fachmann.

Hier wird das militärische Motiv des Heeres mit dem Motiv der Jagd vermischt. Der Platz markiert den Schwarzmond als das Zentrum der Konjunktion, die Frontalstellung der Schattenseite, die hier die mondlose Nacht bedeutet. Auf dem vorigen Platz wurde dargestellt, wie der Heerführer in Gestalt der Lichtseite des Mondes in der Konjunktion mit der Sonne am Taghimmel verschwindet. Der dunkle, nach unten gerichtete Schatten aber bleibt ohne seinen Führer und bildet als Kehrseite des Tages den schwarzen Untergrund des Nachthimmels, auf dem man in Gestalt der Sterne die Lagerfeuer der himmlischen Heerscharen brennen sieht, wie sie sich unter den Mauern der Sonnenstadt niedergelassen haben. Das erklärt sich, wie gesagt, daraus, daß das Himmelszelt ein gigantisches Sieb mit unzähligen Löchern ist, durch die das Sonnenlicht hindurchschimmert (vgl. H36/0/5). Hier aber tritt nun an die Stelle des Heeres das Bild der *Wildtiere*: Der Nachthimmel erscheint als das *Feld* (vgl. H1/2), auf dem die durch kein Mondlicht verschleierten Sterne im Dunkeln wie die Augenlichter wilder Tiere funkeln. Daher: *Auf dem Feld steht das Wild* (vgl. H32/4). – Zugleich wurde die dunkle Innenseite des Mondgefäßes als das Urbild des *Mundes* ausgelegt, aus dem heraus seine verschiedenen Lichtgestalten als die schöpferischen *Worte* des Himmelsgottes hervortreten. In der zentralen Stellung des Schwarzmondes aber sind keine Mondbilder zu sehen: Diese werden im Inneren des Himmelsmundes zurückgehalten. Daher: *Es ist günstig, wenn man die Worte zurückhält*. – Wenn man im Szenario der Jagd denkt, suggeriert das Gebot der Schweigsamkeit natürlich den praktischen Sinn, das Wild nicht zu verscheuchen. Zugleich entspricht aber die Auslegung des Mondplanes als Wortwechsel durch das Schriftzeichen *Wort* (Abb. 20) mit seinen *drei* waagerechten Ebenen dessen Auslegung durch das Schriftzeichen *König* (Abb. 21), so daß damit der Ergänzungsbezug zu den *drei* Befehlen des *Königs* auf Platz 2 ausgedrückt wird. Diesen signalisiert dann zur Verdeutlichung noch einmal der Vermerk:

(Dann) gibt es keinen Schaden. – Von daher hat das Zurückhalten der Worte den Sinn, *keine Befehle zu geben.* Denn der Befehlshaber des Heeres, die Lichtseite, ist auf diesem zentralen Schwarzmond-Platz nicht anwesend. Unter der Dominanz des Schattens könnten allenfalls seine *Söhne* das Kommando ergreifen, denen von ihrem Vater in Gestalt des schmalen Lichtrandes der kleinen Monde *Zhen* und *Gen* ein beschränktes Maß an Befehlsgewalt übertragen wurde. Das aber wäre die am Schluß des Spruches genannte *Entscheidung*, welche *Unheil* bringt. Der älteste Sohn steht für den (zuerst entstehenden) Neumond *Gen*, der jüngste für den (zuletzt entstehenden) Altmond *Zhen*, die auf den Plätzen 1 und 3 beide mit *Unheil* gekennzeichnet sind. So auch hier: *Wenn der älteste Sohn das Heer führt, fährt der jüngste Sohn eine Leiche im Wagen. Die Entscheidung bringt Unheil.* Die Entscheidung *(zhen)* würde als Ausdruck der zunehmenden Bewegung dem Aussprechen der *Worte* gleichkommen, die ja aber *zurückgehalten* werden sollen (vgl. H15/5).

Abb. 21: Das Schriftzeichen König 王 *(wang) gilt traditionell als Symbol für die Acht Trigramme und repräsentiert in der dargestellten Weise die Ganzheit des Mondplanes.*

Oben Sechs   Kun

Ein großer Fürst hat das Mandat, Reiche zu gründen und Dynastien zu stiften. Der kleine Mann sollte davon keinen Gebrauch machen.

Es tun sich verlockende Perspektiven auf. Wer sich zu Großem berufen fühlt, hat in dieser Situation die Möglichkeit, Macht zu gewinnen und bleibende Werte zu schaffen. Sie sollten sich aber gut überlegen, ob Sie einer so großen Aufgabe gewachsen sind.

Der Platz markiert den dritten Tag der Konjunktion und damit den Ausgangspunkt für einen neuen Mondumlauf. *Der große Fürst* bedeutet die Sonne, d. h. die Einheit der Konjunktionstriade, aus der heraus die Monde als seine Vasallen und Mandatsträger wieder hinunter in den Nachthimmel geschickt werden, um das Sternenvolk zu beherrschen (vgl. H19/5). Damit wird in die Thematik des folgenden Hexagrammes H8 übergeleitet. – Die auf Platz 2 durch den *dreifachen Befehl* dargestellte Befehlsgewalt des Sonnenkönigs wird, wie es ja auch der physikalischen Optik entspricht, in der senkrechten Linie Sonne – Vollmond ausgeübt. Diese aber ist die urbildliche Struktur des *großen Mannes* (vgl. H1/2/5). Der am Ende des Spruches genannte *kleine Mann* hingegen entspricht den beiden schwächlichen Möndchen *Zhen* und *Gen*, die mit ihren schmalen Lichtsicheln nur einen sehr unvollkommenen Abglanz des Mandats besitzen und auf den Plätzen 1 und 3 mit *Unheil* bewertet werden. Daher heißt es am Ende des Spruches: *Der kleine Mann sollte davon keinen Gebrauch machen.*

8. BI / DIE VERBUNDENHEIT

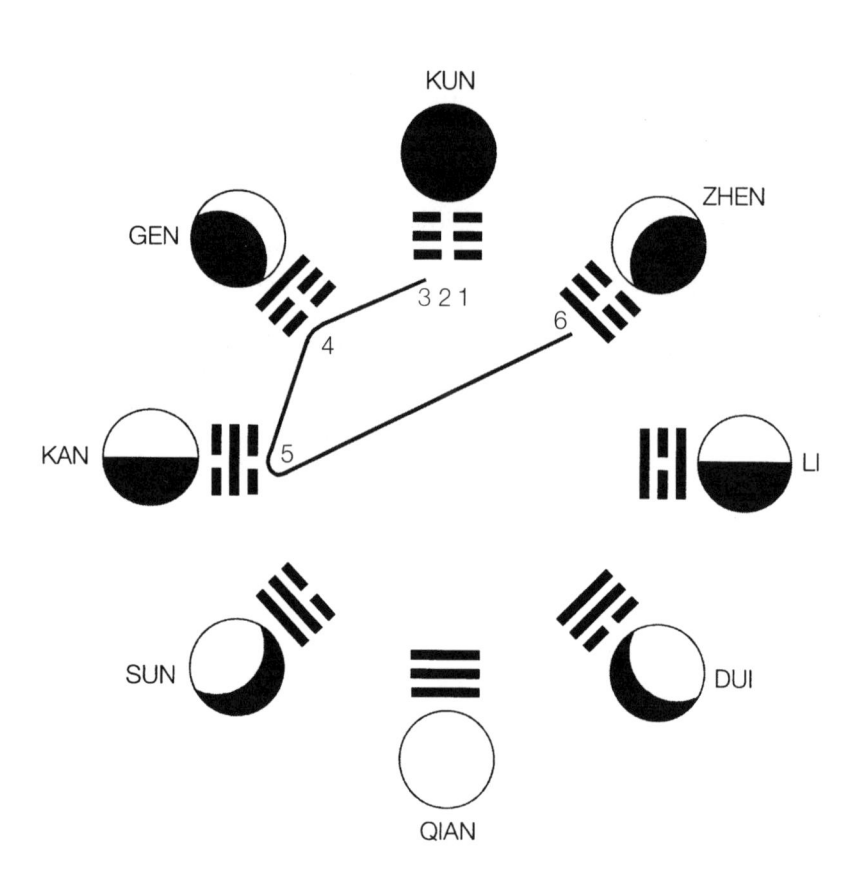

Partnerzeichen: H7.
Gegenzeichen: H14.
Parallelzeichen: H7, H15, H16, H23, H24.

Der Hauptspruch

Die Verbundenheit ist glückverheißend. Der für die Orakelbefragung zugrundegelegte Wunschgedanke wird dauerhaft verwirklicht. Kein Schaden. Die Unbefriedeten kommen herbei. Ein Mann, der danach kommt, hat Unheil.

Es geht um einen Zusammenschluß zwischen ungleichen Partnern. Sie sollten nicht zögern, ihm beizutreten, da die Verbindung dauerhaft und endgültig sein und ein nachträglich Hinzukommender keine Chance mehr haben wird, an ihr teilzunehmen.

Der Hexagrammname *BI* heißt *vereinigen, verbinden, zusammenfügen* und könnte im wörtlichen Sinn des Ausdrucks auch direkt mit *Konjunktion* (lat. *coniunctio* = Verbindung, Verknüpfung) übersetzt werden. Dabei ist die Konjunktion in der mythischen Auslegung zu verstehen, daß die Sonne darin die Verbindung mit dem Mond herstellt, indem sie ihm sein Licht verleiht, durch das er dann mit ihr verbunden bleibt, wenn sie ihn als ihren Stellvertreter in den Nachthimmel hinunterschickt. Als Ausdruck dieser Verbundenheit stellt er dort in Gestalt des Vollmondes ihr Ebenbild dar. Dem entspricht der Verlauf des Graphs mit den Haupttrigrammen *Kun* und *Kan*: Im Konjunktionsort *Kun* wird die Verbundenheit *von innen* hergestellt (Platz 2), als Vollmond am Nachthimmel *tritt sie nach außen* (Platz 4) *in Erscheinung* (Platz 5).

Im Hauptspruch wird die urbildliche Grundrichtung des Zunehmens sowohl durch das mit *Verwirklichen* wiedergegebene Schriftzeichen *(zhen)* ausgedrückt, das die *Manifestation* des Tag-Himmels (Sonne) auf der Nacht-Erde (Vollmond) bezeichnet, als auch durch sein Attribut *dauerhaft* oder *langfristig (yong)*, dessen konkrete Grundbedeutung *tauchen* das Hinuntertauchen in das Wasser des Nachthimmels symbolisiert (vgl. H2/7). Was sich damit *verwirklicht*, ist der *für die Orakelbefragung zugrundegelegte Wunschgedanke*, der urbildlich wieder den Vollmond bedeutet, aber hier als die anfängliche Wunschvorstellung, die vorher dem Sonnengott in symbolischer Nachahmung der abnehmenden Bewegung durch das Orakel vorgetragen worden war. Mit dieser symbolischen Nachahmung, dem Zerreißen des Schafgarbenbündels, wollte man, ebenso wie mit der Opferung von Menschen und Tieren, zum Sonnengott *Shangdi* »durchdringen«, wie es die Formel: *Der Wunsch dringt durch (yuan heng)* ausdrückt. Diese Formel aber bildet den Hauptspruch des diametralen Gegenzeichens H14, das ihren urbildlichen Sinn darstellt. Die beiden Gegenzeichen H14 und H8 definieren damit praktisch die zwei Teile der vollständigen Standardformel, die den Leitspruch des *Yijing* bildet: *Der Wunschgedanke dringt durch. Günstig für eine Verwirklichung (yuan heng, li zhen).*

Inhaltlich aber versteht sich das Hexagramm zugleich als eine Fortsetzung des Partnerzeichens H7: Dort wird das *Heer* aufgestellt oder das *Volk* versammelt, wobei sein urbildlicher Versammlungsort die Schwarzmondphase ist, in die der Graph nach dem als Treibjagd zu denkenden Mondumlauf *Gen – Kan – Zhen* mit den drei *Kun*-Plätzen mündet. Hier hingegen beginnt der Graph mit den drei *Kun*-Plätzen, und sein Verlauf stellt von der Konjunktion ausgehend in Gestalt des zunehmenden Mondes die *Verbindung* zwischen den Volksmassen und dem Herrscher her, die praktisch als Einsetzung von Lehensfürsten zu verstehen ist.

Der *Xiang*-Kommentar sagt dementsprechend zu H7: *So gestaltet der Edle das Volk und sammelt die Massen.* Und zu H8: *Die früheren Könige gründeten damit die Zehntausend Staaten und verbanden sich mit den Lehensfürsten.* Das heißt, daß das Versammeln bzw. Unterwerfen der Volksmassen (H7) nun seine *dauerhafte Verwirklichung* oder *Verfestigung (zhen)* durch eine Organisationsform erhält, die diese mit dem Herrscher *verbindet* (H8). Das Leitmotiv des Hexagrammes schließt damit direkt an den letzten Spruch H7/6 des vorigen an.

Von daher versteht sich auch der zweite Teil des Hauptspruches, wo es heißt: *Die Unbefriedeten kommen herbei. Ein Mann, der danach kommt, hat Unheil.* Die *Unbefriedeten*, wörtlich *die unbefriedeten Gegenden* oder *Staaten*, sind jene Fürsten, die sich dem König noch nicht unterworfen hatten. Nun aber kommen sie an seinen Hof zur Audienz, die wiederum urbildlich der Konjunktion entspricht, dem Besuch des Mondes bei der Sonne, wo sie durch das Lehensverhältnis an ihn gebunden werden. Das Motiv des Verbindens oder der Verbundenheit wird auf allen sechs Plätzen der Reihe nach unter den verschiedenen urbildlichen Aspekten durchgespielt.

Das *Unheil* am Ende des Hauptspruches aber entspricht dem letzten Platz, wo es heißt: *Der Kopflose in der Verbindung. Unheil.* Denn hier ist der Graph zwischen dem verschwindenden, d. h. seinen Licht-Kopf verlierenden Altmond *Zhen* und dem Sonnenort *Kun* unterbrochen. Es soll auch die Sitte gegeben haben, daß derjenige, der als letzter zur Audienz kam, einen Kopf kürzer gemacht wurde. Darum heißt es auch am Ende des Hauptspruches: *Ein Mann, der danach kommt, hat Unheil.*

Allgemein ist die *Verbundenheit* im Sinn einer Heiratsverbindung, einer Partnerschaft oder eines Bündnisses zu verstehen, durch das eine Familie oder ein anderer Gruppenverband gegründet wird. In der *Zhou*-Zeit war *BI* auch der Name für einen *Verband von fünf Familien*. Dies entspricht unmittelbar der numerischen Struktur des Hexagrammes, in dem sich *fünf* weiche Linien um eine harte als ihren gemeinsamen Mittelpunkt scharen. Da im vorigen Hexagramm urbildlich von der Masse des Sternenheeres ausgegangen wurde, legt dies den Gedanken an die *fünf* (mit bloßem Auge sichtbaren und den Chinesen bekannten) Planeten nahe, die *Fünf Wandernden* (*Wuxing*), auf die auch der Ausdruck *die Unbefriedeten* oder *die Ruhelosen* im Hauptspruch paßt. Natürlich hatten die beweglichen Planeten eine Sonderstellung gegenüber der starren Masse der Fixsterne, wie die Fürsten gegenüber dem Volk.

Anfangs Sechs   Kun

Man macht einen Fang. Dadurch hat die Verbundenheit keinen Schaden. Beutegut wird die Schüsseln füllen. Dem zuletzt Kommenden geschieht ein Leid. Glückverheißend.

Um Ihr Einkommen zu sichern, sollten Sie sich Hilfskräfte verpflichten, die loyal für Sie arbeiten. Wer zu diesem Team gehören will, muß sich vorbehaltlos dazu bereit erklären. Unentschlossene Zauderer sollten Sie rigoros ausschließen.

Der Spruch stellt, wie häufig auf Platz 1, eine Vorschau über das ganze Zeichen dar. Der *Fang* und das gleichbedeutende *Beutegut* (*fu*) stehen wieder für die Lichtseite in ihrer Eigenschaft als der Inhalt des Mond-Gefäßes (vgl. H6/0), das mit dem Zunehmen des Mondes in der Folge *Kun – Kan* gefüllt wird. Daher: *Beutegut wird die Schüssel(n) füllen.* Zugleich bedeutet dies, daß es *keinen Schaden* gibt, eben weil der *Schaden* oder *Mangel* die Auslegung des Schattens ist, der im Vollmond, dem Ausdruck der *Verbundenheit*, nicht zu sehen ist. Auf Platz 6 aber verliert der dahinschwindende Altmond *Zhen* seine dort als *Kopf* ausgelegte Lichtseite wieder. Daher: *Dem zuletzt Kommenden geschieht ein Leid.* Insgesamt aber wird das Zeichen als *glückverheißend* bewertet.

Sechs auf zweitem Platz   Kun
Verbundenheit im eigenen Inneren. Verwirklichen bringt Glück.

Ein dauerhaft tragfähiger Zusammenschluß muß aus einer inneren Überzeugung heraus stattfinden, vor der alle äußeren Gegensätze und Vorbehalte zurücktreten. Dann kann er auch nach außen verwirklicht werden.

Die drei *Kun*-Plätze stellen die drei Konjunktionstage dar. Dabei entspricht Platz 1 zugleich der Lichtseite des Mondes, deren Richtung er mit dem Eintritt in die Konjunktion folgt, Platz 3 seiner Schattenseite, die ihm die Richtung für seinen erneuten Aufbruch in die Nacht hinein weist. Der vorliegende Platz aber markiert den mittleren der drei, d. h. den eigentlichen Ort der Konjunktion, in dem die Verbundenheit hergestellt wird, den Sonnenort. Wörtlich bedeutet der erste Teil des Spruches zugleich: *Das eigene Innere der Verbindung.* Die Vorstellung des *Inneren* erklärt sich einerseits aus dieser Mittelstellung zwischen den beiden sie umgebenden Plätzen 1 und 3, andererseits zugleich aus der Deutung des Schwarzmondes als die *Innenseite* des Mondgefäßes, die sich in der Konjunktion mit dem Licht der Sonne *verbindet* (vgl. H2/5). Und *das Verwirklichen bringt Glück,* da dieses *Innere* der Ausgangspunkt für die Entsendung des durch sein Licht mit der Sonne verbundenen Mondes nach *draußen* in den Nachthimmel hinein ist, wodurch die Verbindung erst sichtbar wird und Gestalt gewinnt. Eben dies ist der urbildliche Sinn der *Verwirklichung* (zhen). Die Formel: *Verwirklichen bringt Glück* wird daher auf Platz 4 wiederholt, der den Aufbruch des Neumondes darstellt.

Sechs auf drittem Platz   Kun
Ein Unmensch in der Verbindung.

Wenn jemand nicht in Ihren Kreis paßt, sollten Sie sich lieber von ihm distanzieren.

Die drei *Kun*-Plätze stellen die drei Konjunktionstage dar. Dabei entspricht Platz 1 zugleich der Lichtseite des Mondes, deren Richtung er mit dem Eintritt in die Konjunktion folgt, Platz 2 der Sonne, und der vorliegende Platz 3 der Schattenseite des Mondes, die ihm die Richtung für seinen erneuten Aufbruch in die Nacht hinein weist. Der mit *Unmensch* wiedergegebene Ausdruck *(fei ren)* bedeutet wörtlich *nicht-Mensch* oder *kein Mensch.* Sein urbildlicher Sinn besteht einfach darin, daß in der Frontalstellung der

Schattenseite als Schwarzmond der als *Mensch* ausgelegte Lichtmond nicht zu sehen ist. Als stehender Begriff bedeutet er einen *Ausgestoßenen*, eine *Unperson*, die nicht dazu gehört. Darin liegt auch wieder ein Bezug auf *den Mann, der danach kommt* aus dem Hauptspruch, d. h. auf den Altmond *Zhen* von Platz 6, der draußen bleiben muß. Ebenso kann man den Spruch übersetzen: *Die Verbindung lehnt Menschen ab*, oder: *Die Verbindung schließt Menschen aus*. Die Schattenseite des Mondes bedeutet auch die urbildliche Funktion der Verneinung (vgl. H12/0).

Sechs auf viertem Platz   Gen

Die Verwirklichung der äußeren Verbundenheit bringt Glück.

Sie sollten sich in Ihrer Partnerschaft nicht nur auf die Intimsphäre beschränken. Sie muß sich auch nach außen bewähren und dargestellt werden.

Die *äußere Verbundenheit* oder *Verbundenheit nach außen* bildet den Gegensatz zur *Verbundenheit im eigenen Inneren* auf Platz 2. Der Spruch steht für den aus der Konjunktion mit der Sonne *heraustretenden* Neumond *Gen*, der durch seine auf diese gerichtete Lichtseite die Verbundenheit mit ihr nach *außen* hin sichtbar macht und im Zunehmen immer mehr Gestalt gewinnen läßt: *Die Verwirklichung der äußeren Verbundenheit bringt Glück.*

Neun auf fünftem Platz   Kan

In Erscheinung tretende Verbundenheit. Der König läßt von drei Seiten treiben. Vorne verliert man das Wild. Die Menschen der Stadt werden nicht in Alarmbereitschaft versetzt. Glück.

Die Solidarität in einer Gemeinschaft zeigt sich darin, daß sie einträchtig zu planvoll koordiniertem Vorgehen fähig ist. Wer nicht mitmachen will, wird dazu nicht gezwungen, sondern kann gehen.

Das Trigramm *Kan* bedeutet nicht nur den zunehmenden Halbmond, dessen Stellung es im Mondplan markiert, sondern überhaupt den Mond als das Helle (der harte Strich in der Mitte) in der dunklen Nacht (die beiden weichen Striche links und rechts davon), und aufgrund seiner Symmetrie insbesondere den Vollmond (vgl. H29/0/5). Der Vollmond aber ist der offensichtliche Ausdruck der Verbundenheit des Mondes mit der Sonne, indem er deren nächtliches Ebenbild darstellt. Daher: *In Erscheinung tretende Verbundenheit.*

Die Sonne selbst ist als der *König* ausgelegt, der *von drei Seiten treiben läßt*. Denn der Sitz des Königs ist der Sonnenort *Kun*, der durch die Dreizahl der Konjunktionstage definiert und zugleich hier durch die drei *Kun*-Plätze 4 bis 6 vertreten ist. Und außerdem stellt die Dreizahl noch einen direkten Bezug von der Sonne auf den Vollmond her, indem das Schriftzeichen *drei (san)* aus drei waagerechten Strichen besteht und damit vollkommen den drei ungebrochenen Linien des Trigramms *Qian* gleicht (vgl. H7/2, H40/2). Zugleich ist es der harte Strich dieses fünften Platzes, der die *drei* Linien des Graphs erzeugt: *Kun – Gen, Gen – Kan* und *Kan – Zhen*. Diese sind die *drei Seiten*, von denen *der König treiben läßt*, d. h. die von den Treibern bei der Treibjagd gebildeten Fronten. Darin zeigt sich die Verbundenheit in ihrer praktischen Anwendung als eine Zusammenarbeit. Nach dem folgenden Platz 6 aber, d. h. in der Richtung der Platzfolge *vorne*, hat der Graph zwischen *Zhen* und *Kun* eine Lücke in der Kette der Treiber, durch welche das Wild entfleuchen kann. Daher: *Vorne verliert man das Wild*. Der Sinn der Treibjagd wäre es ja eigentlich, das Wild dem Jagdherrn zuzutreiben, nämlich dem *König*, dessen urbildlicher Sitz der Sonnenort *Kun* ist. Zugleich aber bedeutet dieser Ort die *Stadt* (vgl. H6/2), deren *Menschen* nun *nicht in Alarmbereitschaft versetzt* werden müssen, weil eine Horde wilder Tiere auf sie zukommt, und dies wird mit *Glück* bewertet. Die Bewertung versteht sich aus der Vermischung des Jagdszenarios mit dem militärischen Motiv des Heeres in H7. Der Platz steht im Gegensatz zu H7/5, wo das Wild (bzw. die zusammengetriebenen Rekruten) auf dem zentralen *Kun*-Platz vor den König gelangt. Hier hingegen geht es nicht um die Aufstellung des Heeres oder die Sammlung der Volksmassen, sondern um die Sicherung der schon etablierten Herrschaft über diese. Daß die wilden Tiere entkommen, bedeutet daher hier die Vertreibung der Feinde des Reiches, die sich nicht unterwerfen wollen, so daß die loyale Bevölkerung, nämlich die *Menschen der Stadt*, nichts mehr von ihnen befürchten muß. Diese Bösewichte, die der folgende Platz 6 darstellt, werden aus der *Verbindung* ausgestoßen. Auch in der konfuzianischen Tradition deutet man das Verlieren des Wildes hier dementsprechend nicht als eine Panne, sondern als freiwilligen Verzicht des Königs auf die Dienste der Unbotmäßigen.

Oben Sechs   Zhen
Der Kopflose in der Verbindung. Unheil.

Jemand will sich den Prinzipien der Gemeinschaft nicht unterordnen und richtet damit Schaden an. Sie sollten dafür sorgen, daß er ausgeschlossen wird.

Der Spruch steht für den Altmond *Zhen*, der mit seiner immer mehr verschwindenden Lichtseite *den Kopf verliert*. Die Lichtseite wurde als Kopf, die Schattenseite als Körper gedeutet (vgl. H1/7). Zugleich steht die Lichtseite für den Befehl des Sonnenkönigs, unter den der Mond-Vasall gestellt ist, so daß die *Kopflosigkeit* auch Führerlosigkeit und Unbotmäßigkeit symbolisiert. Dem entspricht auch die Unterbrechung im Verlauf des Graphs zwischen *Zhen* und *Kun*. Es ist der einzige Platz, der mit *Unheil* bewertet wird. Der Kopflose ist *der Mann, der danach kommt* im Hauptspruch, *der zuletzt Kommende* auf Platz 1 und der ausgeschlossene *Unmensch* auf Platz 3.

9. Xiao chu /
Das Ansammeln im Kleinen

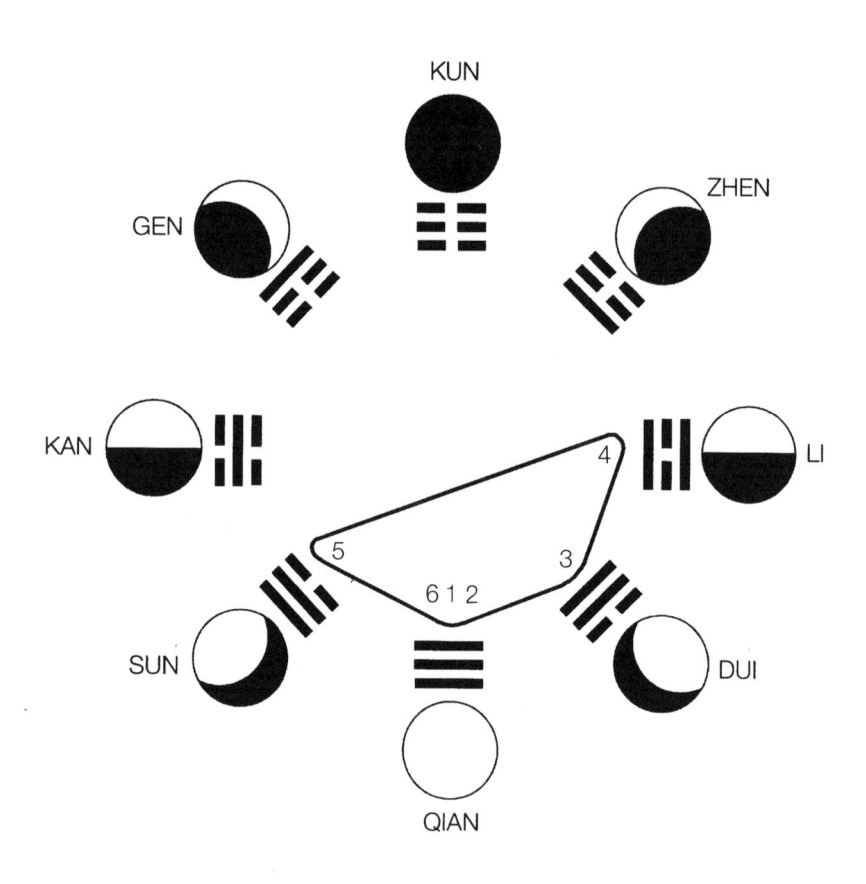

Partnerzeichen: H10.
Gegenzeichen: H16.
Parallelzeichen: H10, H13, H14, H43, H44.

Der Hauptspruch

Das Ansammeln im Kleinen. Man dringt durch. Eine dichte Wolke regnet nicht. Sie kommt von unserem westlichen Außengebiet.

Eine geplante Aktion, für die die Zeit noch nicht reif ist, sollten sie mit kleinen Schritten vorbereiten, um die dafür nötige Stärke anzusammeln. Dies bedeutet einen organischen Entwicklungsprozeß, der gefördert, aber nicht erzwungen werden kann.

Der Graph des Zeichens zeigt die Umrisse eines mit seinem Lichtbauch schräg nach rechts unten gerichteten, d. h. *zunehmenden* Halbmondes. Dem entspricht die abstrakte Bedeutung *Ansammeln* oder *Anwachsenlassen* des Schriftzeichens *CHU* im Hexagrammnamen. Das *Kleine* daran erklärt sich aus dem Gegensatz zu Hexagramm H26 *DA CHU Ansammeln im Großen*, wo der Graph ebenfalls die Umrißfigur eines zunehmenden Mondes aufweist, welche jedoch größer ist und ihn in einem fortgeschrittenen Stadium zeigt.

Das Schriftzeichen *CHU Ansammeln* im Hexagrammnamen bedeutet auch *Vieh* oder *Haustier*, so daß man ihn auch mit *das Kleinvieh* übersetzen kann. Ferner heißt es *füttern, großziehen, züchten* (Lautung *xu*) sowie *zurückhalten, in Schranken halten, zähmen*, was auf menschliche Verhältnisse übertragen zur Idee der *Erziehung* führt. *Richard Wilhelm* übersetzt den Hexagrammnamen mit *des Kleinen Zähmungskraft*. Diese Betitelung ist jedoch hier für das *Kleinvieh* – im Gegensatz zu H26 *Großvieh* – weniger passend, da es offenbar nicht so sehr um die *Zähmung*, sondern mehr um die *Züchtung* und *Vermehrung* (= *Ansammeln*) des Getiers geht.

Im Hauptspruch wird die Umrißfigur des Graphs als eine *Regenwolke* gedeutet, aus der es *nicht regnet*. Die Assoziation des Mondes mit dem Kreislauf des Wassers ist eine nicht nur in China verbreitete Vorstellung: Das Wasser steigt aus dem Erdinneren (Nachthimmel) hinauf (abnehmender Mond) in den Himmel (Taghimmel) und kommt als Regen (zunehmender Mond) wieder herunter, um sich im Erdinneren zu sammeln.

Im vorliegenden Fall aber *regnet es nicht*. Denn die Gestalt der Wolke ist rundherum durch die Linien des Graphs geschlossen, also keine Öffnung vorhanden, aus der das Wasser heraus könnte, so daß es sich immer weiter darin *ansammelt*.

Im letzten Teil des Hauptspruches wird dann noch gesagt, daß die Wolke *von unserem westlichen Außengebiet kommt*. Das liegt daran, daß das Vorbild der Wolke, nämlich der zunehmende Mond, zuerst als Neumond *im Westen* erscheint und von dort mit seiner Erscheinungsbahn immer weiter in den Nachthimmel, d. h. in *unser Außengebiet, das Land außerhalb der (Sonnen-)Stadt* hineinwächst (vgl. H5/1).

Der Verlauf des Graphs bildet von Platz 1 bis Platz 6 einen geschlossenen Kreislauf. In der Symbolik der Liniensprüche wird dieser erkennbar als der biologische Lebenszyklus ausgelegt, wie es ja unter dem Vorzeichen der Viehzucht zu erwarten ist. Die Plätze 1 bis 3 stellen Geburt, Aufzucht und Entwicklung dar, die Plätze 4 bis 6 Reife, Paarung und Schwangerschaft:

Zuerst entsteht das Tier *von selbst* oder *auf natürlichem Weg* als die Wiedergeburt des Vollmondes (Platz 1). Mit dem Hinzutreten des zweiten Vollmondplatzes, das diesen als Zusammenhang seiner beiden Hälften bedeutet, wird es *geführt*, d. h. unter der Obhut des Züchters dargestellt (Platz 2). Sodann ist die Folge *Dui – Li – Sun* als ein senkrecht nach oben gerichteter Keil mit der Spitze *Li* zu denken, der das Auseinandertreten der beiden Hälften in der abnehmenden Bewegung symbolisiert. Dieses entspricht einerseits in bezug auf Platz 2 der Herauslösung aus der Elternbindung, andererseits der geschlechtlichen Differenzierung des Nachwuchses, die auf Platz 3 im Zeichen *Dui* als Gegensatz von *Mann und Frau* erscheint. Auf Platz 4 wird der mit der einzigen weichen Linie des Hexagrammes im Zeichen *Li* zwischen die beiden Mondhälften getriebene Keil, der den Weg in die Konjunktion darstellt, als eine *blutige Kastration* ausgelegt. Diese ist einerseits eine Zähmungsmaßnahme beim Vieh, andererseits aber auch ein Symbol für den Ausbruch der Pubertät. Und außerdem entspricht sie auch noch dem Motiv der *Opferung*, die auch der konkrete bzw. rituelle Hintergrund des im Hauptspruch mit *durchdringen* wiedergegebenen Schriftzeichens (*heng*) ist. Daher: *Man dringt durch*. Der sich erneut anbahnende Zusammenschluß der beiden Mondhälften im Zeichen *Sun* auf Platz 5 schließlich, ausgelegt als *Bereicherung durch seinen Nachbarn*, stellt die Idee der Paarung dar, die auf Platz 6 deutlich genug durch eine Symbolik der Befruchtung und Schwangerschaft gekrönt wird. Daran schließt sich im Zyklus die Wiedergeburt auf Platz 1 an, womit sich das urbildliche *Ansammeln* im Vollmond fortsetzt.

Anfangs Neun   **Qian**

Die Wiederkehr geschieht auf natürlichem Weg. Was könnte das schaden? Glückverheißend.

Ein neuer Erdenbürger erblickt die Welt. Oder es handelt sich vielleicht um die unverhoffte und freiwillige Rückkehr einer Person, die Sie schon verloren geglaubt hatten.

Der mit *natürlich* wiedergegebene Begriff heißt auch *selbst, von selbst* oder *selbständig*. Sinngemäß bedeutet der Spruch also einfach: *Man kehrt von selbst wieder* (vgl. H38/1). Die beiden *Qian*-Plätze 1 und 2 sind als die rechte und die linke Hälfte des Vollmondes ausgelegt. Hier haben wir die rechte, die mit dem Zunehmen des Mondes zunächst allein, d. h. *von selbst* oder *selbständig* erscheint, während danach erst die linke Hälfte hinzutritt und ihre *Führung* übernimmt (vgl. Platz 2). – Die Idee der *Wiederkehr* ist durch den zyklischen Charakter des Graphs bedingt und durch die Schwangerschaftssymbolik des im Kreislauf vorausgehenden obersten Platzes als *Wiedergeburt* ausgewiesen. Unter den insgesamt drei Vollmondplätzen des Hexagrammes ist dieser der mittlere und bildet damit den Gegenpol zu Platz 4, der als einzige dunkle Linie dem Schwarzmond bzw. der Konjunktionsphase entspricht. Um diesen Ergänzungsbezug auszudrücken, wird auf beiden Plätzen vermerkt, daß es *kein Schaden* ist. In der biologischen Struktur des Reproduktionszyklus ist die Geburt der Gegenpol der Pubertät: Die Entstehungsphase des Kindes entspricht der Fortpflanzungsphase der Eltern.

Neun auf zweitem Platz   **Qian**

Wiederkehr unter Führung bringt Glück.

Nach einer Trennung finden sich zwei Partner wieder zusammen, von denen der eine die Führung übernimmt. Dies ist zum beiderseitigen Nutzen und bedeutet eine glückliche Zusammenarbeit.

Das mit *Führung* wiedergegebene Schriftzeichen *(qian)* hat die konkrete Grundbedeutung *Mitziehen* oder *Nachsichziehen* und wird besonders für das Führen eines Tieres am Halfter gebraucht. Wir haben hier eine Anspielung auf den Hexagrammnamen, der ja auch *das kleine Haustier* bedeutet. Die beiden *Qian*-Plätze 1 und 2 sind als die rechte und die linke Hälfte des Vollmondes ausgelegt. Nachdem die rechte auf Platz 1 mit dem Zunehmen des Mondes als erste, d. h. *von selbst* oder *selbständig* erschienen ist, wird sie nun mit dem Hinzutreten der linken unter deren *Führung* gestellt; denn der

Mond wandert bei seinem Umlauf (auf der Nordhalbkugel) von rechts nach links, als würde die linke Hälfte die rechte *hinter sich her ziehen*, wie man ein Kalb am Halfter führt. Das neugeborene Tier wird von seinem Besitzer in Obhut genommen, die Erziehung des Kindes beginnt. Auf dem folgenden Platz 3 erscheinen die beiden Mondhälften aber auch als *Mann und Frau*. Dies würde dann hier die Führung des Mannes bedeuten.

Neun auf drittem Platz   Dui

Am Wagen löst sich ein Achsenklotz. Mann und Frau wenden den Blick voneinander ab.

Eine gemeinsame Strategie oder eine menschliche Beziehung, die sich bisher als tragfähig erwiesen hat, wird überbelastet, so daß es zu einem Bruch kommt.

Auf der Unterseite des antiken chinesischen Wagens gab es links und rechts zwei *Achsenklötze*, d. h. Holzklötze zur Justierung der Achse. Der Vollmond ist der voll beladene Wagen (vgl. H14/2), die beiden Mondhälften entsprechen den Rädern, deren Symmetrie durch die Achsenklötze gesichert wird. Der Platz aber ist der Phase *Dui* zugeordnet, wo die eine, nämlich die rechte Hälfte zu verschwinden beginnt. Die symmetrische Stellung der Räder wird gestört: *Am Wagen löst sich ein Achsenklotz* (vgl. H26/2). Im zweiten Teil des Spruches erscheinen die beiden Mondhälften dann als *Mann* (links) *und Frau* (rechts), *die ihre Blicke voneinander abwenden*. Denn mit der Bewegung von unten nach oben im Mondplan, die der Keil *Dui – Li – Sun* anzeigt, treten die beiden im Vollmond vereinten Hälften wieder auseinander und wenden sich dabei als rechtsseitiger und linksseitiger Halbmond in entgegengesetzte Richtungen. Der *Xiang*-Kommentar sagt hier: *Das heißt, sie können ihr Haus nicht in Ordnung halten.*

Sechs auf viertem Platz   Li

Es gibt eine Ausbeute. Unter Blutvergießen wird etwas herausgeschnitten. Kein Schaden.

In Ihrem Leben gibt es einen schmerzhaften Einschnitt. Dieser wird Ihnen aber im Endeffekt keinen Schaden, sondern einen Gewinn bringen.

Der Spruch steht für die untere Linie des zweiten Haupttrigramms *Sun*, das die Wiederherstellung des Vollmondes bedeutet. Dies sagt die einleitende

Formel *es gibt eine Ausbeute*. In H49 wird sehr klar definiert, daß damit die Gegenleistung für das Opfer an den Sonnengott gemeint ist, also urbildlich der *wiederkehrende* Mond, die erneute *Füllung* des Mondgefäßes, dessen Inhalt der Begriff *Ausbeute (fu)* bezeichnet. Auf dem vorliegenden Platz jedoch führt der Weg im Zeichen *Li* zunächst in die Konjunktion, was die Opferung des Mondes an die Sonne bedeutet, welcher dann auf dem folgenden Platz 5 in der zunehmenden Phase *Sun* wiederhergestellt wird. Diesen Zusammenhang signalisiert die dortige Wiederholung der Formel *es gibt eine Ausbeute*. Die vorausgehende Opferung entspricht, wie gesagt, der Konjunktion, die mit dem Verschwinden des Neumondes bei Sonnenaufgang eintritt, wenn der Himmel sich in dem als *Blut* ausgelegten Morgenrot lichtet (vgl. H5/4). Dabei ist der Vorgang hier offenbar als eine *Kastration* gedeutet: *Unter Blutvergießen wird etwas herausgeschnitten*. Der Vollmond bzw. die Lichtseite des Mondes entspricht dem männlichen Geschlecht, das mit der Konjunktion *herausgeschnitten* wird. Das Schriftzeichen *schneiden (ti)* ist wieder durch die Schreibung mit *Herz* als *sich fürchten* verfälscht (vgl. H1/3), was hier kaum sinnvoll zu übersetzen ist. In dem fast identischen Spruch H59/6 erscheint stattdessen das ebenfalls lautgleiche Schriftzeichen *entfernen*, was die dort ebenfalls durch den Kontext nahegelegte Idee einer Kastration deutlich werden läßt. Schließlich ist am Ende des Spruches noch der Ergänzungsbezug zwischen dem Schwarzmond (*Li*) und dem Vollmond (*Qian*) auf Platz 1 durch die Wiederholung der Formel *kein Schaden* gekennzeichnet, da die hier durch die Kastration dargestellte Opferung des Mondes im Gegenzug seine Wiederherstellung als Vollmond (= *Ausbeute*) bewirkt. Im *Mawangdui*-Text erscheint das Wort *Ausbeute* überhaupt nicht, sondern ist durch das Schriftzeichen *Wiederkehr* ersetzt. Die *Ausbeute* wurde also offenbar als eine *Wiederkehr* verstanden und entspricht somit hier der *Wiederkehr auf natürlichem Wege* (= Wiedergeburt) auf Platz 1. Wenn man vom Lebenszyklus als einem Kreislauf von Tod und Wiedergeburt ausgeht, korrespondiert damit auch die traditionelle Erklärung des Begriffes als *Brut (von Vögeln)*, d. h. urbildlich als das Motiv des Mond-Eies (vgl. H2/2). Wie schon einleitend gesagt wurde, hat der Spruch im Gesamtzusammenhang des Zeichens als Lebenszyklus den Stellenwert der Geschlechtsreife, die sich auf den beiden folgenden Plätzen dann weiter als Paarung und Schwangerschaft bemerkbar macht.

Neun auf fünftem Platz   Sun

Es gibt eine Ausbeute. Wie wenn etwas zusammengebunden wird. Man wird durch seinen Nachbarn bereichert.

Ein Opfer hat sich gelohnt. Es ergibt die Möglichkeit einer Verbindung mit jemandem, der nicht weit entfernt ist. Diese kann einen Zuwachs an Macht oder Besitz bedeuten.

Der Platz steht für die Mondphase *Sun*, die unmittelbar das Vollwerden des Vollmondes, d. h die Füllung des Mondgefäßes bedeutet. Daher: *Es gibt eine Ausbeute* (vgl. Platz 4). Im zweiten Satz des Spruches ist die Entstehung des Vollmondes dann als ein *Zusammenbinden* seiner zwei Hälften ausgelegt: *Wie wenn etwas zusammengebunden wird.* Und dem gleichen Gedanken entspricht auch der letzte Teil des Spruches: *Man wird durch seinen Nachbarn bereichert* (vgl. H15/5). Die nur rechtsseitig ausgebildete Hälfte des zunehmenden Mondes gewinnt mit der im Vollmond hinzukommenden linken Hälfte einen *Nachbarn, durch den sie* oder *um den sie* damit *reicher* wird. Das *Zusammenbinden* und die *Bereicherung durch den Nachbarn* kann man auch als Metaphern für eine *Paarung* verstehen. In einer Textvariante steht statt *zusammenbinden (luan)* das gleichlautende Schriftzeichen *Liebesverlangen*.

Oben Neun   Qian

Es hat geregnet, aber nun hat es aufgehört. Wenn noch weiteres Gut aufgeladen wird, ist die Entscheidung gefährlich für eine Ehefrau. Die Mondphase ist Vollmond. Unglücklich für den Angriff eines Edlen.

Sie haben mit wiederholten Anstrengungen etwas erreicht, womit Sie sich nun begnügen sollten. Wenn Sie noch mehr wollen, droht stattdessen ein Verlust. Es geht jetzt darum, das Erreichte zu nutzen.

Die nach unten gerichtete Bewegung des zunehmenden Mondes, durch die er die Nacht mit seinem Licht füllt, wird hier als *Regenfall* und die Ansammlung des Wassers in der Erde gedeutet. Da der Spruch für den Vollmond steht, wo diese Bewegung ihren Endpunkt erreicht, hat aber nun der Regen *aufgehört*. Der zweite Satz führt uns dann wieder in die Symbolik des *Wagens* und des *Ehepaares*, die wir aus dem Spruch zu Platz 3 kennen: Der Vollmond ist als ein voll beladener Wagen gedeutet, dem, *wenn noch weiteres Gut aufgeladen wird*, auf der rechten Seite der Achsenklotz bricht. Und da es die rechte, d. h. die weibliche Seite des Vollmondes ist, wo nach der Vollmondphase der Einbruch des Schattens erfolgt, ist *die Entscheidung* nicht für den Mann, sondern *für die Ehefrau gefährlich*. Im dritten Satz des Spruches wird dann das Urbild direkt angesprochen: *Die Mondphase ist Vollmond.* Das mit *Phase* wiedergegebene Wort *(ji)* bedeutet *eine kurze Zeitspanne* (= *Phase*), ferner auch *Vorzeichen* und *Keim*, d. h. die als *Keime* der Zukunft aufgefaßten *Vorzeichen*. Insgesamt entspricht dieses Bedeutungsfeld damit genau dem Sinn der *Mondphase* im System des *Yijing*. Auch im Kommentar *Xici* bezeichnet das Wort ausdrücklich die im Orakel gegebenen Vorzeichen. Und in allen drei Textstellen des *Yijing*, wo der Mond direkt genannt wird, ist er in dieser Weise als *Mond-Phase* oder *Mond-Zeichen* bezeichnet (vgl. H54/5, H61/4). Das Schriftzeichen hat jedoch auch die Bedeutung *fast* angenommen, weshalb man die Stelle traditionell mit *Der Mond ist fast voll* interpretieren konnte – eines der vielen Beispiele für das konfuzianische Prinzip, den Bezug zum natürlichen Himmel in der Textauslegung zu verdrängen. – Da nun also *das Mond-Zeichen Vollmond* ist, kann die Bewegung des Füllens oder Zunehmens nicht mehr weiter gehen. Zugleich aber hat die umgekehrte Bewegungsrichtung des abnehmenden Mondes auf die Sonne zu noch nicht begonnen. Es ist die Phase des Stillstandes, wo die zwei entgegengesetzten Triebe des Erleuchteten sich wie die beiden Hälften in seinem Vollbild die Waage halten. Der Xiang-Kommentar erklärt hier: *Unglücklich für den Angriff eines Edlen – das heißt, es gibt Zweifel.* Überdies bedeutet das hier für *Angriff* verwendete Schriftzeichen *(zheng)* nach einer Definition von *Mengzi* einen *Angriff von oben nach unten*, was natürlich vom Vollmond, dem tiefsten Punkt des Mondplanes aus, nicht nur *unglücklich*, sondern sogar unmöglich ist. – Im Szenario des Lebenszyklus entspricht der Regen der Befruchtung und das Beladen des Wagens bzw. die Belastung der Ehefrau der Schwangerschaft. Das mit *Gut* wiedergegebene Schriftzeichen *(de)* bezeichnet die *schöpferische Lebenskraft*, die auch an anderen Stellen des Textes als Auslegung des Mondlichtes erscheint (vgl. H32/3/5). Und natürlich kann man auch den *Angriff des Edlen* sexuell verstehen, so daß sich die Fruchtlosigkeit seiner Bemühung aus der schon vorhandenen Schwangerschaft erklärt.

10. Lü / Das Schreiten

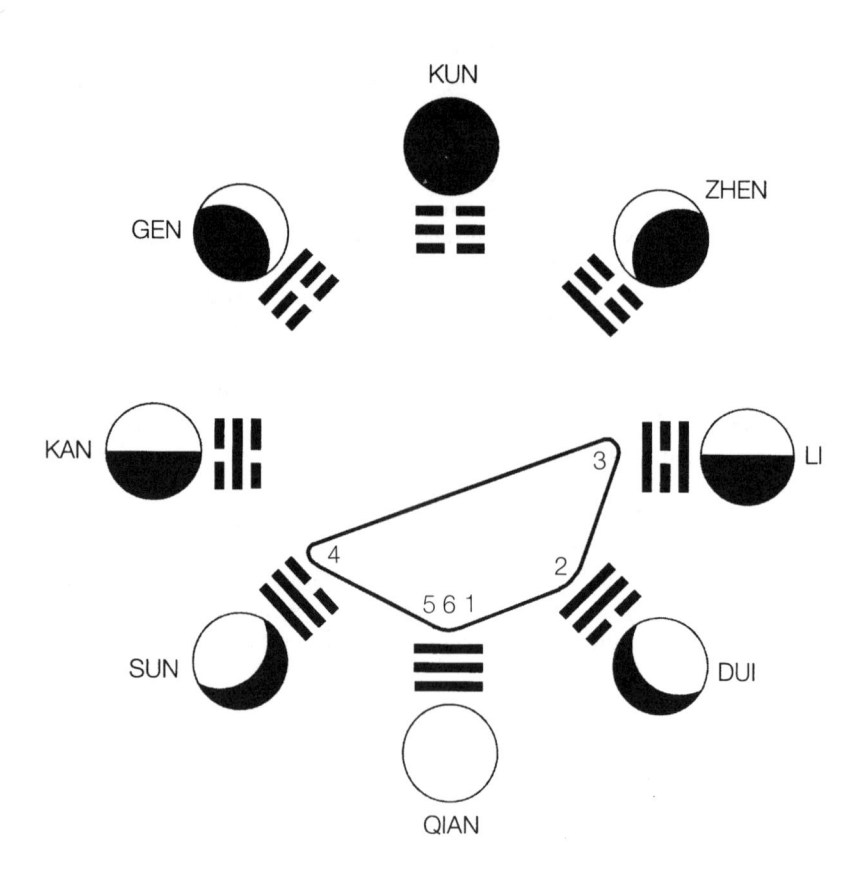

Partnerzeichen: H9.
Gegenzeichen: H15.
Parallelzeichen: H9, H13, H14, H43, H44.

Der Hauptspruch

Das Schreiten. Man tritt auf des Tigers Schwanz. Er beißt den Menschen nicht. Man dringt durch.

Die unverhoffte Begegnung mit einem überlegenen Gegner bringt Sie in eine gefährliche Lage. Sie können ihn nicht bekämpfen, sondern müssen ihm durch liebenswürdiges Entgegenkommen Ihre Unterwerfung signalisieren. Dann wird sich daraus eine Beziehung zu beiderseitiger Zufriedenheit entwickeln.

Der Hexagrammname *LÜ* bedeutet *Schuh*e und, davon abgeleitet, *(auf)treten, schreiten*. Das Schriftzeichen ist uns schon in H2/1 begegnet und verweist auf den Mythos von der Geburt des *Fuxi*, in dem die Mondbilder am Himmel als Fußstapfen eines Gottes ausgelegt sind, und ein Mädchen schwanger wird, indem es (seine Fußstapfen als Schuhe nimmt =) in seine Fußstapfen tritt. Damit ist bereits der betont weibliche Charakter des Zeichens angedeutet (vgl. die Parallelen in H54 *Das Heiratende Mädchen*).

Wie in dem vorigen Hexagramm H9 *Ansammeln im Kleinen* bilden die Umrisse des Graphs auch hier die Figur eines mit dem Lichtbauch schräg nach rechts unten gerichteten, d. h. zunehmenden Halbmondes. Daraus ergibt sich die urbildliche Erklärung des Hauptspruches: In der Mythologie des Tigers ist die hohl vorgestellte Schattenseite *Kun* des Mondes der Rachen und die Lichtseite *Qian* dementsprechend das entgegengesetzte Ende des Tieres, nämlich sein *Schwanz*. Die zunehmende, auf den Vollmond gerichtete Bewegung des Umrißbildes, die dem *Sun*-Platz 4 entspricht, bedeutet daher das *Treten auf den Schwanz des Tigers*. Die Gestalt des Graphs ist rundherum geschlossen, es gibt keine Lücke, die als offenes Maul gedeutet werden könnte, ebenso wie der zunehmende Mond seinen schwarzen »Rachen« immer mehr abwendet und stattdessen sein Hinterteil hervorkehrt. Daher: *Er beißt den Menschen nicht*.

Auch bildet der Verlauf des Graphs ebenso wie in H9 einen geschlossenen Kreislauf von Vollmond zu Vollmond. Der Unterschied besteht darin, daß dort der Ausgangspunkt zwei Vollmondplätze sind (Plätze 1 und 2), und der Endpunkt ein einzelner (Platz 6), während wir hier das umgekehrte Verhältnis haben. Dem entspricht die Deutung der beiden Zeichen als die zwei verschiedenen Aspekte des Lebenszyklus, nämlich als der männliche (H9) und der weibliche Aspekt (H10). In beiden Fällen verläuft dabei der Entwicklungsweg über die Erfahrung der Geschlechtlichkeit, die hier das Symbol des Tigers mit seinem Rachen auf der einen und seinem Schwanz auf der anderen Seite darstellt. In H9 haben wir für den Knaben auf Platz 4 das Kastrationsmotiv, in H10 für das Mädchen auf dem entsprechenden Platz 3 das dazu komplementäre Symbol: *Man tritt auf des Tigers Schwanz.*

Der männliche Weg von der Zweiheit zur Einheit bedeutet Konzentration oder Zuspitzung auf einen Punkt, der weibliche Weg von der Einheit zur Zweiheit Auseinandertreten und Öffnung. Letzteres wird hier direkt anhand der *Schuhe* oder *Schritte* dargestellt, die wir uns natürlich zusammen mit den Füßen und Beinen vorstellen müssen. Auf Platz 1 heißt es: *einfarbig weiße Schuhe*. Das bedeutet die geschlossen nebeneinanderstehenden Füße, urbildlich die beiden vereinten Hälften des *einfarbig weißen* Vollmondes. Und auf Platz 5 heißt es: *auseinanderklaffende Schritte*. Das bedeutet die Unterscheidung der beiden Hälften als die zunehmende und die abnehmende, d. h. als das Hin und Her, das vom Vollmond ausgeht und zum Vollmond zurückkehrt und sich gleichsam *zwischen* ihnen abspielt (vgl. H31/4). Dieses Hin und Her erscheint auf Platz 6 als der *Kreislauf* der Schritte. Zugleich ist Platz 6 durch die Formel *der Wunschgedanke hat Glück* als der *mittlere* der drei Vollmondplätze des Hexagrammes bestimmt, womit sich der von dem lückenlosen Verlauf des Graphs gebildete Kreis schließt. Die Pointe bildet also die Auslegung des Vollmondes als eine Triade, bei der die linke und die rechte Seite die beiden *auseinanderklaffenden Schritte* bzw. *Schuhe* bzw. Beine darstellen (Plätze 5 und 1), und das Kernstück in der Mitte zwischen ihnen sozusagen *den Schwanz des Tigers* in der Form, daß er *den Menschen nicht beißt* (Platz 6).

Anfangs Neun   Qian

Einfarbig weiße Schuhe. Man geht los ohne Schaden.

Sie stehen am Anfang eines Weges. Noch sind keine Fehler gemacht, Sie sind mit sich selbst im Reinen. Die Unschuld des Neubeginns ist an sich etwas Gutes, das nicht schaden kann.

Die *einfarbig weißen* Schuhe sind natürlich ein Bild für die zwei Hälften des Vollmondes, deren weißer Glanz noch von keinem schwarzen Schatten getrübt wird. *Einfarbig weiß* bedeutet im übertragenen Sinn zugleich *ursprünglich, schlicht* und *unverfälscht*. Der Vollmond markiert hier als erster Platz des Zeichens den Anfang eines Weges, wo man seine Schuhe noch nicht beschmutzt hat, noch *keinen Schaden* genommen hat. Wenn man die drei Vollmondplätze des Zeichens als Triade nimmt, ist es die linke Hälfte, welche das *(Los-)Gehen* der abnehmenden Bewegung repräsentiert.

Neun auf zweitem Platz   Dui

Der Gang der Schritte öffnet sich immer mehr. Glückverheißend für einen Menschen im Dunkel.

Wenn Sie allein leben und dabei offen und unbefangen bleiben, werden Sie unter der Einsamkeit nicht leiden. Ihre Haltung macht Sie im Gegenteil attraktiv für eine neue Partnerschaft.

Das gedoppelte, mit *sich öffnen* wiedergegebene Schriftzeichen *(tan)* hat zugleich die Bedeutungen *sich entblößen* und *unbefangen, unbeschwert.* Der urbildliche Gedanke ist, daß der Mond mit der abnehmenden Bewegung Schritt für Schritt sein silbernes Gewand ablegt und die als hohle *Öffnung* ausgelegte Schattenseite *entblößt*. Zugleich wird der schwarze Schatten zwischen den auseinandertretenden Mondhälften als der *Mensch im Dunkel* personifiziert (vgl. H54/2). Der Ausdruck bezeichnet einen *einsamen Menschen* oder *Einsiedler*. Als *Entscheidung* für eine solche Person ist dieses Orakelergebnis *glückverheißend*, da es die *Öffnung* für eine Begegnung bedeutet, die sich auf dem folgenden Platz anbahnt. Die Bewertung *glückverheißend (ji)* verweist durch ihre dortige Wiederholung auf die Plätze 4 und 6 im zweiten Haupttrigramm, wo mit dem Schritt *Sun – Qian* die Schattenlücke gefüllt und der Einsamkeit ein Ende gemacht wird.

Sechs auf drittem Platz   Li

Ein Einäugiger kann sehen, ein Hinkender kann gehen. Man tritt auf des Tigers Schwanz, und der beißt den Menschen: Unheil. Ein Krieger ist für einen großen Fürsten tätig.

Durch Unwissenheit und Ungeschicktheit Ihres Vorgehens provozieren Sie jemanden und können bedroht oder verletzt werden. Der Betreffende hat die Machtbefugnis eines Höhergestellten.

Der erste Teil des Spruches steht für den Schritt *Dui – Li*, d. h. für den Weg des abnehmenden Mondes in die Konjunktion. Von den zwei Augen, die die zwei Hälften des Vollmondes darstellen, bleibt dabei nur noch das linke übrig, und von den beiden Füßen bzw. *Schuhen*, die ebenso in das Himmelsbild hineingedacht werden, ist auch nur noch der linke intakt. Gleichwohl zieht der Mond weiter auf seiner abnehmenden Bahn: *Ein Einäugiger kann sehen, ein Hinkender kann gehen* (vgl. H54/1/2). Aber je weiter er geht, desto mehr schwindet unter seinen Schritten die ganze Lichtseite dahin, welche ja auch den *Schwanz des Tigers* darstellt: *Man tritt auf des Tigers Schwanz.* Und das bedeutet dann zugleich, daß der Mond seine als Tigerrachen ausgelegte Schattenseite hervorkehrt und die Lichtsichel darin verschwinden läßt, als würde das Raubtier sich umdrehen und sie verschlingen: *Er beißt den Menschen.* Der letzte Satz des Spruches schließlich überträgt das Verhalten des Tigers auf einen *Krieger*, der seinen Fürsten vor einem Angriff beschützt. Das Schriftzeichen *Krieger (wu)* bedeutet zugleich *Fußspur* und steht wie der Tigerrachen für die Schattenseite des Mondes. Diese ist naturgemäß immer von der Sonne, dem himmlischen Fürstenthron, abgewandt und auf die Nacht gerichtet. So »verteidigt« sie diesen gegen die »Angriffe« aus dem Nachthimmel, der das Feindesland darstellt: *Ein Krieger ist für einen großen Fürsten tätig.* Die häufig schwarzgesichtigen Wächtergottheiten mit dem Tigerrachen kann man noch heute in jedem chinesischen Tempel besichtigen.

Neun auf viertem Platz   Sun

Man tritt auf des Tigers Schwanz – o Schreck, o Schreck! Am Ende Glück.

Eine Begegnung nimmt bedrohliche Züge an, und Sie glauben, einen verhängnisvollen Fehler gemacht zu haben. Aber gerade dadurch, daß Sie zurückschrecken, wird der Angreifer besänftigt und kommt Ihnen entgegen.

Der vorige Platz stand im Zeichen *Li* für die abnehmende Bewegung, die das Verschwinden des als Tigerschwanz ausgelegten Lichtmondes unter den Schritten und zugleich das Erscheinen des Tigerrachens in Gestalt des Schwarzmondes bedeutet. Hier, mit der zunehmenden Bewegung *Li – Sun*, tritt die Mondgöttin jedoch in der Weise auf den Schwanz des Tigers, daß er *den Menschen nicht beißt*, wie es im Hauptspruch heißt. Das gedoppelte, mit *o Schreck* wiedergegebene Schriftzeichen *(su)* ist aus den Bestandteilen *Herz* und *Neumond* zusammengesetzt: Der aus der Konjunktion heraustretende Neumond zeigt mit seiner schmalen Umrandung der Schattenseite noch ein Bild des schrecklichen Tigerrachens. Aber der Schreck geht schnell vorüber, denn das Tier wendet seinen Rachen mit der zunehmenden Bewegung ab. In der Phase *Sun*, für die der Spruch steht, ist er schon fast völlig verschwunden. Stattdessen kehrt der Mond-Tiger in wachsendem Maße seinen Schwanz hervor. Daher: *Am Ende Glück.* Durch die Bewertung *Glück* ist der Spruch mit

Platz 2 verbunden, wo das Entblößen des Schattens als Motiv der Einsamkeit dargestellt ist. Hier hingegen bewahrheitet sich das dort verheißene Glück, indem die einsame Schattenlücke gefüllt wird. Zugleich ist mit diesem Platz die Symmetrie der beiden *Schritte* oder *Schuhe Dui* und *Sun* hergestellt, die Einseitigkeit bzw. Einsamkeit des *Hinkenden* vom vorigen Platz überwunden. Die Füllung der Schattenlücke vollendet sich auf Platz 6, wo erneut die Bewertung *Glück* erscheint.

Neun auf fünftem Platz   Qian

Auseinanderklaffende Schritte. Die Entscheidung ist gefährlich.

In einer partnerschaftlichen Verbindung sind starke Gegensätze enthalten, die sich auf Dauer schwer unter einen Hut bringen lassen. Sie sollten sich daher nicht darauf festlegen.

Das mit *auseinanderklaffend* wiedergegebene Schriftzeichen *(guai = jue)* bedeutet auch *entschlossen* und entspricht dem deutschen Ausdruck *entschließen* in dem wörtlichen Sinn des *Aufschließens*. Als konkrete Grundbedeutung wird *geteilt* oder *gegabelt* angegeben, in der Schreibung mit dem Zusatz *Wasser* auch *öffnen* und insbesondere *einen Durchlaß öffnen (jue)*. Wie auf Platz 1 bedeuten die *Schritte* oder *Schuhe* hier urbildlich wieder die beiden Hälften des Vollmondes. Während sie dort aber noch *einfarbig weiß*, d. h. *geschlossen* nebeneinander stehen, sind sie nun *auseinanderklaffend* oder *geöffnet*, d. h. *ent-schlossen*. Formal entspricht das dem zweifachen Vollmond auf den Plätzen 5 und 6 im Unterschied zu seiner Einzelstellung auf Platz 1. Als Darstellung der rechten und linken Hälfte bedeutet die Doppelung die einander entgegengesetzten Bewegungen des Zunehmens und des Abnehmens, d. h. das Wechselspiel von Vereinigung und Trennung bzw. den Gegensatz von Weiblichkeit und Männlichkeit, welcher *zwischen* den beiden Mondhälften herrscht. Der Platz selbst steht jedoch für die rechte, die weibliche Hälfte des Vollmondes. Dem entspricht die Auslegung der Zweiheit als *auseinanderklaffende Schritte*, d. h. als die *gespreizten Beine* der Mondgöttin. Das konkrete urbildliche *Auseinanderklaffen* oder *Sichteilen*, die Trennung der beiden Hälften, erfolgt aber mit der abnehmenden Bewegung, bei der die rechte oder weibliche Seite im Schatten verschwindet. Daher heißt es am Ende des Spruches: *Die Entscheidung ist gefährlich* (vgl. H9/6).

Oben Neun   Qian

Man betrachtet die Schritte und prüft die Vorzeichen in ihrem Kreislauf. Der Wunschgedanke hat Glück.

Rückblickend und vorausschauend werden Sie erkennen, daß Ihre Bemühungen nicht umsonst waren. Vielleicht zeitigt eine Liebesbeziehung endlich die ersehnte Erfüllung. Jedenfalls werden Sie von Grund auf bestätigt.

Der Vollmond *Qian* wird hier wiederum als Zusammensetzung aus der rechtsseitigen und der linksseitigen Hälfte aufgefaßt. Der rechtsseitige oder zunehmende Mond repräsentiert den Weg, den man gekommen ist, und dessen *Schritte* man rückblickend als Fußspuren *betrachtet*; und der linksseitige oder abnehmende Mond repräsentiert den Weg, den man gehen wird, und dessen Stationen man vorausschauend als *Vorzeichen prüft*. Beide Wege zusammen ergeben den geschlossenen *Kreis* oder ganzen *Kreislauf* des Mondwandels, dessen Vollständigkeit eben der Vollmond mit seinen zwei Hälften darstellt (vgl. H31/4). Und dieser ist zugleich auch das himmlische Urbild des *Wunschgedankens (yuan)*, der hier voll bestätigt wird. *Der Wunschgedanke hat Glück,* weil der *Kreislauf* geschlossen ist, wie es der Graph des Hexagrammes darstellt. Der Platz ist der zweite Vollmondplatz nach dem vorigen und entspricht damit der linken oder männlichen Hälfte. Das Hin- und Her des *Kreislaufes* von Zunehmen und Abnehmen erscheint so als die männliche Funktion, die im Szenario der gespreizten Beine aus dem vorigen Spruch die zentrale Rolle spielt, wie es auch durch den *Wunschgedanken* bestätigt wird. Daraus ergibt sich die gemeinsame Auslegung aller drei Vollmondplätze des Hexagrammes als eine Triade, bei der Platz 5 die rechte Hälfte darstellt, Platz 1 die linke Hälfte, und Platz 6 das, was sich *zwischen* ihnen als Kreislauf von Zunehmen und Abnehmen, Werden und Vergehen abspielt. So stellt sich die Geschlossenheit des Kreislaufes auch formal in der zyklischen oder lückenlosen Deutung der Platzfolge dar. Im Szenario des Lebenszyklus bedeutet sie den als Wiedergeburt gedachten Fortpflanzungserfolg (vgl. H9/1). Das mit *Kreislauf* wiedergegebene Schriftzeichen *(xuan)* kann man ebensogut mit *Wiederkehr* übersetzen.

11. Tai / Das Sein

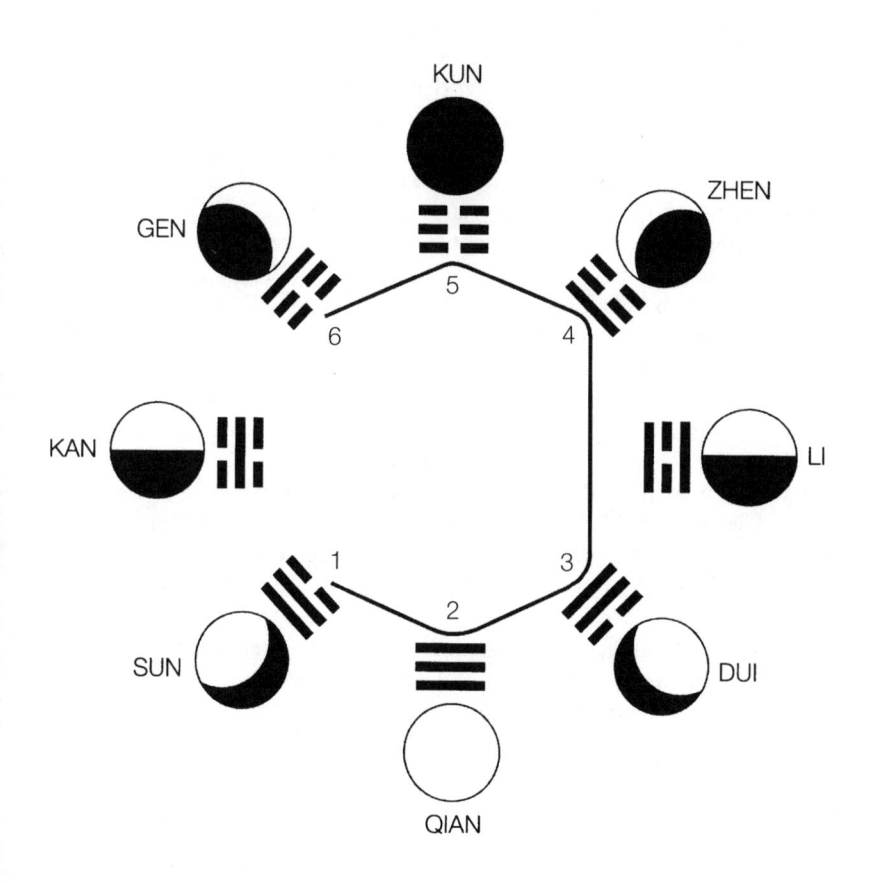

Partnerzeichen: H12.
Gegenzeichen: H12.
Parallelzeichen: H12, H31, H32, H41, H42.

Der Hauptspruch

Das Sein. Das Kleine geht, das Große kommt. Glückliches Durchdringen.

Alles fügt sich in günstiger Weise. Bestehende und neu aufbrechende Gegensätze lassen sich durch eine ganzheitliche Sicht der Dinge ausgleichen. Ein fruchtbarer Austausch setzt schöpferische Kräfte frei, die Sie zu wahrer Größe befähigen.

Der Hexagrammname *TAI* bedeutet den absoluten Superlativ: *das Größte, das Äußerste, das Allumfassende, das Absolute.* Oder, wenn wir ihn verbal verstehen: *alles ausfüllen, überall hinreichen.* Traditionell wird seine Bedeutung speziell im *Yijing* auch als *(sich) durchdringen, sich identifizieren mit (tong)* erklärt. Dem entspricht der Universalbegriff des *Seins*, das alles Seiende bestimmt und durchdringt: *die Idee der Identität.*

In der Tat stellt das Hexagramm auf kunstvolle Weise die urbildliche Struktur der Wahrheitsfunktion dar, die Bestimmung oder *Prä-dikation* des Gegenstandes durch seinen Begriff, die das Wort *sein* in seiner satzbildenden Funktion als Kopula bedeutet. Genauer gesagt handelt es sich hier um die positive oder bejahende Form der Prädikation, die der Bedeutungsrichtung der Lichtseite entspricht. Die negative oder verneinende Bedeutungsrichtung als Ausdruck der Schattenseite ist das Thema des Partnerzeichens H12. Das Hexagrammpaar ist in der Reihenfolge nach H1/H2 das erste, dessen zwei Partnerzeichen ebenfalls klappsymmetrisch sind. Es versteht sich daher in direkter Weise als Spezifizierung der beiden Grundhexagramme.

Das untere Haupttrigramm stellt die Lichtseite *Qian* dar, das obere die Schattenseite *Kun*. Wenn sich die beiden Kehrseiten des Mondes in dieser räumlichen Stellung befinden – die Lichtseite nach unten, die Schattenseite nach oben gerichtet – , dann sehen wir ihn als Vollmond. So definiert der symmetrische Aufbau des Zeichens den Vollmond, die Symbolform der Vollkommenheit, des allumfassenden Seins. In H12 haben wir die umgekehrte Stellung der beiden Kehrseiten, d. h. die Definition der Schwarzmondphase. Das Hexagrammpaar bedeutet also urbildlich die Gegenüberstellung von Vollmond und Schwarzmond.

Die systematische Schlüsselstruktur ist hier die Verweisung auf das jeweilige diametrale Gegenbild. Mit dieser erfolgt die komplementäre Ergänzung der Einseitigkeit eines jeden Mondbildes zur Ganzheit des Vollmondes, der Symbolform des Seins. Zugleich bedeutet sie den Bezug auf die Zukunft als das zeitliche Jenseits im Kreislauf, d. h. eben die urbildliche Struktur der *Prädikation*, was ja wörtlich *Voraus-sage* bedeutet.

Der Hauptspruch gibt auch hier wieder zunächst die Deutung der Gestalt des Graphs im ganzen. Dieser stellt, wenn wir uns die Ecken abgerundet denken, die Form eines nach links offenen, d. h. mit der Lichtseite nach rechts gerichteten, also *zunehmenden* Mondes dar. Die zunehmende Bewegung aber bedeutet eben das, was der Hauptspruch sagt: daß *das Kleine*, nämlich der Neumond, *geht*, und *das Große*, nämlich der Vollmond, *kommt*.

Dies aber steht genau im Widerspruch zu der Bewegungsrichtung der Platzfolge. Da das untere Haupttrigramm *Qian* den Vollmond darstellt und das obere Haupttrigramm *Kun* den Schwarzmond, bewegt sich die Platzfolge des Graphs von der Vollmondzone zur Schwarzmondzone, also im Sinn des *abnehmenden* Mondes.

Es ist aber eben dieser Widerspruch, oder vielmehr die Lösung dieses Widerspruches, was die Deutung des ganzen Hexagrammes bestimmt. Denn es wird wie gesagt so ausgelegt, daß sich jeder Platz zugleich als Verweisung auf das diametral entgegengesetzte Mondbild versteht. Die *verkleinernde* Platzfolge *Sun – Qian – Dui – Zhen – Kun – Gen* be-*deutet* auf diese Weise die *vergrößernde* Platzfolge *Zhen – Kun – Gen – Sun – Qian – Dui*. Unter diesem Vorzeichen stimmt die Sinnrichtung wieder mit der Aussage des Hauptspruches und dem Umrißbild des Graphs überein. Im Spruch zu Platz 1 wird das Prinzip programmatisch als Anweisung für das ganze Zeichen zum Ausdruck gebracht mit dem Satz: *Das Schilf und die Wurzeln herausreißen, wie sie zusammengehören*. Auf Platz 2 erscheint es als als *der Weg der Mitte*.

Dies ist die urbildliche Struktur des *Durchdringens* oder *Zutreffens (heng)*, der voraussagenden Bestimmung des Zukünftigen durch eine komplementäre Paßform, des Gegen-standes durch seinen Begriff. Und zwar ist diese Bestimmung *positiv* oder *bejahend*, weil die Platzfolge vom Vollmond zum Schwarzmond der Leitrichtung der Lichtseite folgt: Der Vollmond (Platz 2) erfüllt den Schwarzmond (Platz 5) mit seinem Licht. Daher: *Glückliches Durchdringen*. In dem folgenden Hexagramm H12 ist hingegen vollkommen analog dazu die umgekehrte Struktur der negativen oder verneinenden Bestimmung dargestellt.

Die beiden Hexagramme sind durch ihre besondere Symmetrie dafür prädestiniert, dieses Verhältnis paradigmatisch darzustellen. Wie in noch keinem anderen der bisher besprochenen Hexagrammpaare steht hier jedem Mondbild auf dem gleichen Platz des Partnerzeichens das diametral entgegengesetzte gegenüber. Und das gleiche Verhältnis der Gegenbildlichkeit herrscht zugleich innerhalb der beiden Einzelhexagramme zwischen den Plätzen der unteren und der oberen Hälfte.

Diese besondere Bedeutung der Hexagramme H11 und H12 wird auch durch ihre Anordnung im Text hervorgehoben: Die vier Hexagramme vor ihnen (H7, H8, H9 und H10) stellen die diametralen Gegensätze oder Spiegelbilder der vier auf sie folgenden (H13, H14, H16 und H15) dar.

Indem alle Gegensätze positiv aufeinander bezogen werden, so daß sie einander in ihrer Komplementarität gegenseitig *durchdringen (tong)* und zur Ganzheit des Seins oder der wahren Identität ergänzen, stellt das Zeichen ein Höchstmaß an Stabilität, Harmonie und fruchtbarem Austausch dar. Unter diesem Gesichtspunkt hat auch *Richard Wilhelms* Umschreibung des Hexagrammnamens mit *der Friede* ihren guten Sinn.

Im mythischen Weltbild bedeutet das jeweilige Gegenbild auch das Jenseits im Sinn des Totenreiches und der Ausgleich damit die ganzheitliche Vorstellung des Kreislaufes von Tod und Wiedergeburt, Werden und Vergehen, in dem nichts verloren geht.

Im biologischen Sinn ist dieses Jenseits die weibliche Seite, der Mutterleib, der die Wiedergeburt hervorbringt. Unter diesem Aspekt stehen sich in den beiden Hexagrammen H11 und H12 Männlichkeit und Weiblichkeit gegenüber, und ihr gegensinniges Wechselverhältnis stellt die Struktur des Geschlechtsverkehrs dar.

Anfangs Neun   **Sun**

Das Schilf und die Wurzeln herausziehen, wie sie zusammengehören. Ein Angriff ist glückverheißend.

Geben Sie sich nicht mit Halbheiten zufrieden. Unter der Oberfläche gibt es Zusammenhänge, mit denen erst die ganze Wahrheit zutage tritt. Wenn Sie forsch an die Sache herangehen, können Sie alles klarstellen.

Bemerkenswert an diesem Spruch ist zunächst, daß er bis auf seinen letzten Satz vollkommen gleichlautend auf dem ersten Platz des Partnerzeichens H12 wiederholt wird. Daraus läßt sich schließen, daß dieser erste Teil des Spruches sich nicht allein auf Platz 1 bezieht, sondern auf das ganze Hexagramm, und zwar in einer Hinsicht, die es mit dem folgenden verbindet. Denn dieses stellt sein vollkommenes Gegenbild dar. Jeder Platzzahl in H11 steht auf derselben Platzzahl in H12 immer genau das im Mondplan diametral entgegengesetzte Trigramm gegenüber. Damit spiegelt sich im Verhältnis der beiden Hexagramme die innere Ordnung eines jeden einzelnen wider, in der sich ebenso diametral die Plätze 1 bis 3 und 4 bis 6 gegenüberstehen. Diese im doppelten Sinn durchgängige Polarität der komplementären Gegenbilder wird in unserem Spruch als die *Zusammengehörigkeit* zwischen dem *Schilfgras* und seinen *Wurzeln* versinnbildlicht. Im Pflanzenmythos bilden die drei Mondbilder *Sun, Qian* und *Dui* die *Wurzeln, Zhen, Kun* und *Gen* die Krone des Weltenbaumes, die hier als *das Schilfgras* im Gegensatz zu seinen *Wurzeln* erscheint (Abb. 19, S. 106). Da der Nachthimmel ein Gewässer ist, wurde dabei speziell das in wässrigem Grund wachsende *Schilfgras* als Pflanze gewählt. Im Fall des vorliegenden Platzes ist das Gegenbild zu *Sun* der Altmond *Zhen*, der auf Platz 1 des Partnerzeichens durch den gleichlautenden Spruch gekennzeichnet ist. Der spitz zulaufenden Sichel des Altmondes entspricht das *Schilfgras*, dem rundlichen Mondbild *Sun* die *Wurzelknolle*. Daß man beide zusammen *herauszieht*, bedeutet als technische Anweisung, die Gegenbilder im Zusammenhang zu sehen und aufeinander zu beziehen. Der inhaltliche Sinn dieses Bezuges ist die durchgängige Bewahrung der Ganzheit des Seins durch die komplementäre Ergänzung der Gegensätze, die für die Philosophie des *Yijing* charakteristisch ist. – *Gezogen* wird aber von oben, am Schilf, so daß die Bewegung hier von *Sun* aus auf das Gegenbild *Zhen* zugeht. Diese aktive Gerichtetheit, die sich in H12/1 ins Passive umkehrt, wird durch den letzten Satz des Spruches ausgedrückt: *Ein Angriff ist glückverheißend.*

Neun auf zweitem Platz   **Qian**

Das Allumfassende. Gebrauche es, um einen Fluß zu überschreiten. Du bist noch nicht weit gekommen, da verschwindet ein hinter dir zurückgebliebener Freund. Du erlangst einen Zuwachs auf dem Weg der Mitte.

Wenn Sie alles bedacht haben und Ihrer Sache in jeder Hinsicht sicher sind, können Sie eine schwierige Unternehmung wagen. Ein Partner vermag Ihnen dabei nicht zu folgen. Scheuen Sie kein Opfer. Letztlich werden Sie für alles entschädigt.

Das Allumfassende ist hier nicht der Hexagrammname, sondern die wörtliche Übersetzung von *bao huang: das All umfassen.* In der »vermenschlichten« Interpretation bedeutet der Ausdruck soviel wie: *einen weiten Horizont haben* oder *großzügig denken.* Konkret bezeichnet der mit *All* wiedergegebene Begriff *(huang) die größte Ausdehnung* oder *die äußersten Grenzen* (eines Gebietes) und ist die durch den Zusatz *Gras* abgewandelte Schreibung des gleichlautenden Grundzeichens, das eine *ausgedehnte Wasserfläche* bedeutet. Wir gelangen damit zu dem ursprünglichen Sinn *umfaßte* oder *eingehüllte Wasserfläche*. Was aber eine Wasserfläche »*einhüllt*«, ist naturgemäß *das Eis*: der Vollmond *umhüllt* die ganze *Wasserfläche* des Nachthimmels von morgens bis abends lückenlos mit seinem weißen Eis-Licht. Die Auslegung des Vollmondes als *festes Eis* haben wir ja auch schon in H2/1 kennengelernt. Und dies erklärt wiederum das *Überschreiten des Flusses*, welches mit einem Zeichen geschrieben wird *(ping)*, das sich aus den graphischen Bestandteilen *Pferd* und *Eis* zusammensetzt. Wir haben es also ursprünglich mit der Vorstellung zu tun, daß der Fluß zu Pferd überschritten werden kann, weil er zugefroren ist. Daher: *Das Allumfassende. Gebrauche es, um einen Fluß zu überschreiten.* Der Fluß ohne Eis jedoch, der sich unter der Hülle verbirgt, nämlich der mondlose Nachthimmel, entspricht der Konjunktionsphase *Kun*, so daß darin zugleich der Bezug auf das diametrale Gegenbild enthalten ist. – Das Schriftzeichen *Freund (peng)* besteht graphisch aus zwei nebeneinandergestellten Monden: der linksseitige und der rechtsseitige Halbmond, die sich im Bild des Vollmondes zusammenschließen. Aber es dauert nicht lange, dann verschwindet mit dem Abnehmen zunächst wieder die rechte Hälfte, die von der Himmelsbewegung des Mondes her gesehen die hintere ist. Daher: *Du bist noch nicht weit gekommen, da verschwindet ein hinter dir zurückgebliebener Freund.* Der ergänzende Bezug auf das *diametrale* Gegenbild, den der *Weg der Mitte* bedeutet, gleicht diesen Verlust jedoch wieder aus, so daß die runde Ganzheit des Vollmond-Seins erhalten bleibt. Daher: *Du erlangst einen Zuwachs auf dem Weg der Mitte* (vgl. H42/3/4). Dieser Ergänzungsbezug beim Abnehmen wird auf dem folgenden Platz 3 als das Verhältnis *Dui – Gen* spezifiziert.

Neun auf drittem Platz   Dui

Keine Ebene ohne Abhang, kein Vergehen ohne Wiederkehr. Bei einer Entscheidung in der Not gibt es keinen Schaden. Mach dir keine Sorgen um deinen Besitz. Im Verzehren liegt das Glück.

Es gibt immer ein Auf und Ab. Geben und Nehmen, Werden und Vergehen halten sich die Waage. Nicht durch Festhalten am einmal Erworbenen, sondern durch ständigen Austausch und lebhaften Konsum floriert die Wirtschaft.

In der Phase *Dui* erhält die *ebenmäßige* Scheibe des Vollmondes auf der rechten Seite einen Schatten, der hier als *Abhang* ausgelegt ist. Auch die *Not* ist eine Auslegung des besagten Schattens, welcher bewirkt, daß *der Besitz*, der als Inhalt des Mondgefäßes für die Lichtseite steht, dahinschmilzt und *vergehen* muß oder *verzehrt* wird, indem die Lichtseite des Mondes im Zuge seines Abnehmens immer weiter im schwarzen Mund der Schattenseite verschwindet. Zugleich aber heißt es: *Kein Vergehen ohne Wiederkehr.* Dies ist der Bezug auf das diametral entgegengesetzte Mondbild *Gen*, wo genau jener im Schatten verschwundene Teil des Mondes als Neumondsichel *wiederkehrt* und den Verlust ersetzt. Daher heißt es auch: *Mach dir keine Sorgen um deinen Besitz. Im Verzehren liegt das Glück.* Denn was dabei verlorengeht, wird im Sinn eines tieferen oder langfristigen Zusammenhanges wieder ersetzt. Man kann sich getrost dem Genuß des Verzehrens hingeben.

Sechs auf viertem Platz   Zhen

Du flatterst umher. Durch deinen Nachbarn wirst du nicht bereichert. Du bist unvorsichtig und wirst dadurch gefangen.

Sie fühlen sich haltlos und werden von Ihren nächsten Bezugspersonen im Stich gelassen. Wenn Sie nicht vorsichtig sind, können Sie dadurch leicht in Abhängigkeit von jemandem geraten.

Der Spruch steht für den Altmond *Zhen*, der zusammen mit dem Neumond *Gen* einen der zwei Flügel des mythischen Sonnenvogels darstellt (Abb. 18). Daher das Bild aus der Vogelwelt: *Du flatterst umher.* Der zweite Teil des Spruches steht dann im urbildlichen Gegensatz zu H9/5, wo es zur Phase *Sun* vor dem Vollmond heißt: *Man wird durch seinen Nachbarn bereichert*; der *Nachbar* ist dabei die linke Mondhälfte, die im Vollmond zur rechten hinzutritt. Hier hingegen haben wir das entgegengesetzte Mondbild *Zhen*, die Phase vor dem Schwarzmond, wo die schon völlig abgemagerte Lichtsichel durch keinen hinzutretenden *Nachbarn bereichert* wird, sondern einsam verhungert: *Durch deinen Nachbarn wirst du nicht bereichert.* – Der letzte Teil des Spruches formuliert dann den Bezug auf das polare Gegenbild *Sun*, das mit seiner ovalen, offensichtlich aus der leeren, genau passenden Schattenfläche des Altmondes *Zhen* stammenden Eiform den verlorenen Reichtum desselben übernommen hat. Was davon noch fehlt, ist lediglich die schmale Lichtsichel, der in *Sun* die Schattensichel entspricht. Aber auch diese nimmt man ihm mit dem Schritt *Zhen – Kun* bzw. *Sun – Qian* noch weg, so daß er *zur Beute* seines Gegenspielers *wird* (vgl. H12/5). Dagegen *sieht er sich nicht vor*, weil seine Lichtseite, die Blickrichtung seiner Aufmerksamkeit, natürlich genau in die Gegenrichtung gewendet ist. Daher: *Du bist unvorsichtig und wirst dadurch gefangen.*

Sechs auf fünftem Platz   **Kun**

Di Yi gibt seine Tochter in die Ehe. Das bringt Heil. Der Wunschgedanke hat Glück.

Durch den Einfluß einer hochgestellten Persönlichkeit kommt eine Verbindung zustande, mit der Sie an das Ziel Ihrer Wünsche gelangen.

Di Yi ist der Name des vorletzten Königs der Shang-Dynastie. Wenn man ihn wörtlich übersetzt, ergibt er jedoch eine Bedeutung, die hier ausschlaggebender sein dürfte als die historische Figur, nämlich: *Kaiser Krumm* oder *Kaiser Haken*. Der Spruch steht für den Schwarzmond *Kun*, d. h. für den Sonnenort, der flankiert ist von den zwei *krummen* oder *hakenförmigen* Sicheln *Zhen* und *Gen*. *Kaiser Krumm* ist der Schwarzmond bzw. der Sonnengott in seiner Eigenschaft als Vermittler zwischen diesen beiden Monden. Diese sind – wie z. B. auch in H3/2/4 – das Brautpaar, das er zusammenführt. Die Richtung dieses Zusammenführens aber zielt auch hier wieder auf den Gegenpol im Mondplan, d. h. auf den Vollmond *Qian*: Die *Tochter* ist der Neumond *Gen*, der hinuntergewandert ist in die Nacht, um sich dort mit der anderen, der männlichen Hälfte zu treffen und im Vollmond zur *Ehe* zusammenzuschließen: *Di Yi gibt seine Tochter in die Ehe.* Der Grundbestandteil des Schriftzeichens *Heil (zhi)* bedeutet *stehenbleiben* und zeigt in seiner archaischen Form einen *Fuß*, der an eine Grenze stößt. Im Mondplan ist diese Grenze der Ort des Vollmondes, wo der Erleuchtete auf seinem Weg in die Nacht hinein *stehenbleibt*, um dann wieder umzukehren. Schreibt man es mit dem Zusatzzeichen *Wasser*, so bedeutet es *eine Insel im Strom*, die ebenfalls ein Vollmondsymbol darstellt (vgl. H5/2). Daher: *Das bringt Heil.* Und schließlich ist der Bezug auf das Gegenbild auch noch durch den *Wunschgedanken (yuan)* ausgedrückt, der die Auslegung des Vollmondes als die für die Orakelbefragung zugrundegelegte Wunschvorstellung bedeutet und hier voll bestätigt wird: *Der Wunschgedanke hat Glück* (vgl. H8/0).

Oben Sechs   **Gen**

Der Wall stürzt wieder in den Graben. Setze nicht das Heer ein! Aus der Stadt sendet man die Befehle. Festgelegtheit bringt Verlust.

In einer partnerschaftlichen Beziehung müssen Sie grundsätzlich umdenken und sich auch einmal etwas sagen lassen. Wenn Sie in Ihrer aggressiven Art weitermachen wie bisher, werden Sie noch alles verlieren.

In ganz wörtlicher Übersetzung lautet der erste Teil des Spruches: *Der Wall kehrt in den Graben zurück.* *Wall und Graben (cheng-huang)* war auch der Name für die Wächtergottheit einer Stadt. Die Stadt ist der Sonnenort *Kun*, *Wall und Graben* die aus Licht (*Wall*) und Schatten (*Graben*) zusammengesetzten Monde, die ihn links und rechts umgeben. Unser Spruch steht für den Neumond *Gen*, wo der Wall den Graben als schmale Sichel umsäumt; er hat sich gerade wieder aus dem Graben erhoben, in den er mit dem abnehmenden Mond gefallen war. Dies ist aber nur ein kurzfristiger Erfolg, denn die Sinnrichtung des Spruches bezieht sich auch hier wieder auf das diametrale Gegenbild, nämlich auf *Dui*: Die schmale Sichel des Neumondes ist genau jenes Stück des *Walles*, das mit der Phase *Dui* vom Schatten bedeckt wird, d. h. *wieder in den Graben stürzt.* – Der Platz markiert den Endpunkt im Verlauf des Graphs, wo das Prinzip der gegenpoligen Bedeutung mit dem Bezug auf *Dui* wieder in die abnehmende Bewegung führt, so daß nun im Gegensatz zum Leitmotiv des Hauptspruches *das Große geht* und *das Kleine kommt.* Dies aber ist die als *negativ* bewertete Sinnrichtung des folgenden Hexagrammes H12. Der Spruch empfiehlt daher, nun den aktiven oder positiven Bezug auf das Gegenbild nicht weiter fortzuführen. Dieser wurde auf Platz 1 als *der Angriff* bezeichnet und erscheint hier als *der Einsatz des Heeres.* Daher: *Setze nicht das Heer ein.* An seine Stelle tritt nun der passive oder negative Bezug auf das Gegenbild, der nicht vom Vollmond, sondern vom Schwarzmond, seinem weiblichen Gegenpol ausgeht, welcher zugleich der urbildliche Ort der *Stadt* ist (vgl. H6/2). Daher: *Aus der Stadt sendet man die Befehle.* Die Fortsetzung des bisherigen Vorgehens hingegen würde in die abnehmende Richtung führen, den Wall in den Graben fallen lassen. Daher: *Die Festgelegtheit* (auf das bisherige Vorgehen) *bringt Verlust.*

12. Fou (Pi) / Die Verneinung (Das Verfestigen)

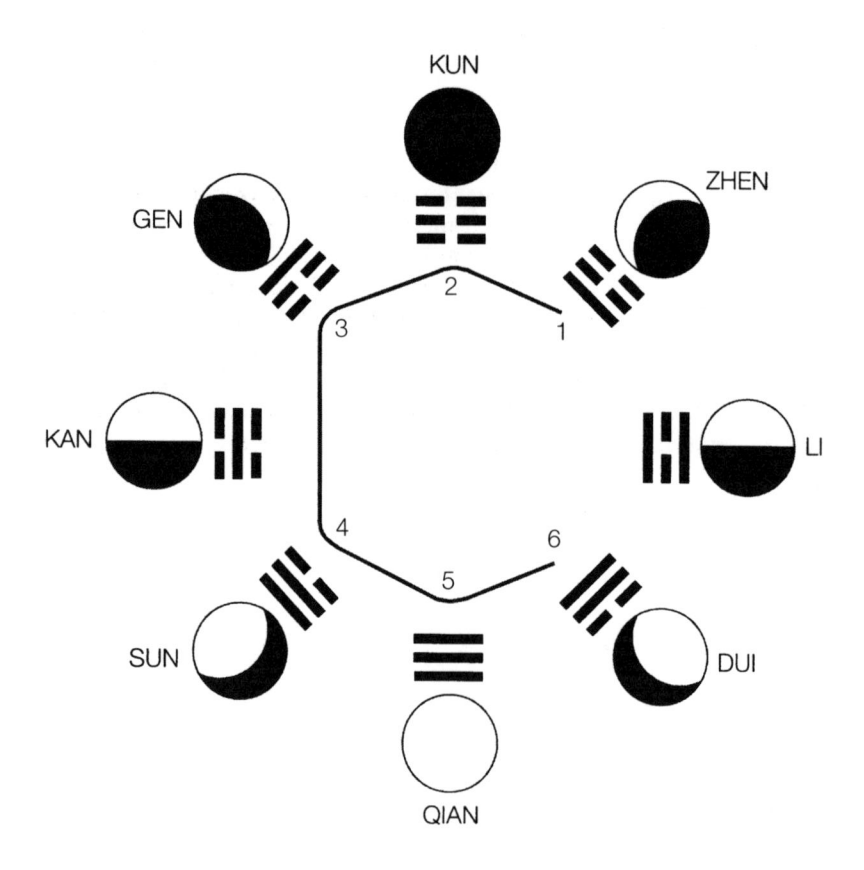

Partnerzeichen: H11.
Gegenzeichen: H11.
Parallelzeichen: H11, H31, H32, H41, H42.

Der Hauptspruch

Das Ablehnen des anderen Menschen durch die Verneinung ist nicht günstig als Entscheidung für einen Edlen. Das Große geht, das Kleine kommt.

Man kann es auf die Dauer nicht allen recht machen, auch wenn es im Sinn einer höheren Wahrheit angebracht wäre. Letztlich muß jeder sehen, wo er bleibt. Die Vielfalt der Möglichkeiten im freien Austausch der Gedanken hat nur einen Sinn, wenn dabei auch etwas Konkretes herauskommt.

Das Schriftzeichen des Hexagrammnamens hat zwei Lautungen. Im allgemeinen wird es *FOU* gelesen und bedeutet *verneinen, nicht* oder *nein*. Graphisch ist es aus den Bestandteilen *nein/nicht* und *Mund* zusammengesetzt, woraus sich die Grundbedeutung *neinsagen* ergibt. In der archaischen Form bedeutet der Bestandteil *nein* auch *fliegen* oder *flattern* und stellt einen fliegenden Vogel dar. Daraus ersieht man das Urbild des Himmelsvogels mit den zwei Flügeln *Zhen* und *Gen*, zwischen denen der schwarze Mund *Kun* steht, der die Bedeutungsrichtung des *Verneinens* anzeigt. Das Vogelmotiv erscheint ausdrücklich auf Platz 4. Vielleicht bezeichnete der Hexagrammname ursprünglich zugleich ein mythisches Vogelwesen, das seinen Bedeutungsgehalt symbolisierte.

In der zweiten Lautung *PI* wird die Bedeutung des Zeichens mit *falsch* oder *schlecht* angegeben, was sich offensichtlich aus der Idee des *Verneinens* ableitet. Traditionell aber erklärt man den Sinn des Hexagrammnamens mit *verstopfen* oder *blockieren*. Diese Erklärung, die *Richard Wilhelm* mit dem Titel *die Stockung* wiedergibt, entspricht der Deutung des Zeichens im *Tuan*-Kommentar, wo es heißt: *Dies bedeutet, daß Himmel und Erde (= Qian und Kun) nicht miteinander verkehren, und die zehntausend Wesen nicht kommunizieren.*

Tatsächlich aber ist die systematische Bezogenheit auf das diametrale Gegenbild, die den urbildlichen *Verkehr* bedeutet, in H12 nicht weniger ausgeprägt als in H11. Dies kommt u. a. auch durch den gleichlautenden Spruch auf Platz 1 in beiden Hexagrammen zum Ausdruck: *Das Schilf und die Wurzeln herausziehen, wie sie zusammengehören.* Jedoch steht der Bezug auf das

Gegenbild hier unter dem entgegengesetzten Vorzeichen. Das Hexagramm ist die vollkommen komplementäre Umkehrung seines Partnerzeichens. Das untere Haupttrigramm stellt die Schattenseite *Kun* dar, das obere die Lichtseite *Qian*. Diese räumliche Stellung der beiden Kehrseiten definiert die Schwarzmondphase. Mit H12 steht also der Schwarzmond dem in H11 symbolisierten Vollmond gegenüber: die *weibliche* Schattenseite (H12) der *männlichen* Lichtseite (H11). Zwischen diesen beiden Gegenpolen spielt sich der »Verkehr« ab. Das Hexagrammpaar H11/H12 schließt als Spezifizierung des Geschlechtergegensatzes sinngemäß an die beiden Grundzeichen H1 und H2 an. Der gegenbildliche Bezug eines jeden der beiden Partner in diesem Paar versteht sich zugleich als Verweisung auf den anderen.

Das bedeutet, daß der Verkehr hier nicht etwa unterlassen wird, sondern unter dem Vorzeichen der als Verneinung ausgelegten Schattenseite dargestellt ist. Das Hexagramm ist das weibliche Gegenstück des vorigen. Direkt kommt sein weiblicher Charakter darin zum Ausdruck, daß im *Mawangdui*-Text als Hexagrammname nicht *die Verneinung* oder *Verfestigung (FOU* oder *PI),* sondern *Frau, Gattin (FU)* erscheint. Die urbildliche *Verneinung,* bei der die Schattenhöhle den Lichtberg des jeweiligen Gegenbildes in sich aufnimmt oder verschluckt, ist ja auch leicht als ein Sinnbild der weiblichen Sexualfunktion zu erkennen, ebenso wie umgekehrt das männliche Streben dem Ausfüllen des gegenbildlichen Schattens durch das komplementäre Stück Lichtseite entspricht. Die Funktion der Schattenseite wird ausdrücklich als *Insichaufnehmen, Einverleiben* oder *Einpacken* eines *Dargebotenen* umschrieben (Plätze 2 und 3).

Urbildlich ist *die Verneinung* also eine Funktion der weiblichen Schattenseite. Der im Hauptspruch genannte *Edle* jedoch steht für die *männliche* Lichtseite. Daher: *Das Ablehnen des (anderen) Menschen durch die Verneinung ist nicht günstig als Entscheidung für einen Edlen.* Das hier mit *ablehnen* wiedergegebene Zeichen *(fei)* hat wiederum eigentlich die Grundbedeutung *verneinen* oder *ausschließen* (vgl. H8/3).

Der Bezug auf das Gegenbild ist hier nicht positiv und ergänzend bzw. vergrößernd, sondern negativ und verkleinernd. Dies entspricht zunächst der Umrißgestalt des Graphs, der das Bild eines rechts offenen, d. h. mit der Lichtseite nach links gerichteten, also *abnehmenden* Mondes darstellt. Daher: *Das Große geht, das Kleine kommt.*

Dies aber steht genau im Widerspruch zu der Bewegungsrichtung der Platzfolge. Da das untere Haupttrigramm *Kun* den Schwarzmond darstellt und das obere Haupttrigramm *Qian* den Vollmond, bewegt sich die Platzfolge des Graphs von der Schwarzmondphase zur Vollmondphase, also im Sinn des *zunehmenden* Mondes.

Wie im Partnerzeichen H11 ist es aber eben dieser Widerspruch, oder vielmehr die Lösung dieses Widerspruches, was die Deutung des ganzen Hexagrammes bestimmt. Denn es wird, wie gesagt, so ausgelegt, daß sich jeder Platz zugleich als Verweisung auf das diametral entgegengesetzte Mondbild versteht. Die *vergrößernde* Platzfolge *Zhen – Kun – Gen – Sun – Qian – Dui be-deutet* auf diese Weise die *verkleinernde* Platzfolge *Sun – Qian – Dui – Zhen – Kun – Gen*. Unter diesem Vorzeichen stimmt die Sinnrichtung wieder mit der Aussage des Hauptspruches und dem Umrißbild des Graphs überein.

Der urbildliche Sinn des Verneinens oder Verkleinerns bezieht sich also nicht auf die eigene, sondern auf die gegenbildliche Platzfolge des Hexagrammes, die nichts anderes ist als die Platzfolge des männlichen Partnerzeichens H11. Dort verläuft die Reihenfolge der Haupttrigramme von *Qian* nach *Kun* in der abnehmenden Richtung, so daß der Vollmond gleichsam bis auf den Grund entleert, ver-neint oder ver-nichtet wird, indem er in der Schattenhöhle des Schwarzmondes verschwindet. Das weibliche Partnerzeichen H12 aber stellt das Innere dieser Höhle dar. Denn die Platzfolge von H12 bildet durchgängig die Komplementärform von H11 und damit sehr eigentlich dessen *Negativ*, das sein männliches Gegenstück sozusagen als vollkommene Paßform umschließt. Und hier bildet sich die *Entleerung* des Vollmondes in H11 Platz für Platz umgekehrt mit der Folge *Kun – Qian* als die *Füllung* des schwarzen »Leermondes« ab. *Das Verneinen*, der negative gegenbildliche Bezug von H12 auf H11, erweist sich so als ein *Wegnehmen, Entgegennehmen* oder *Empfangen*. Und mit diesem Empfangen *verwirklicht* sich die immer auf das gegenbildliche »Jenseits« gerichtete Zielvorstellung von H11, *verkörpert* sich die männliche Projektion in der weiblichen Platzfolge von H12 sozusagen als das Zeugnis des Zeugungsaktes. Auf Platz 1 heißt es daher: *Man verwirklicht (verfestigt, verkörpert) das glückliche Durchdringen* – welches nämlich in H11/0 als Leitmotiv genannt ist.

Man könnte das Hexagrammpaar also sinngemäß auch mit der von *Richard Wilhelm* für die beiden Grundzeichen H1/H2 verwendeten Terminologie als *das Schöpferische* und *das Empfangende* betiteln. Unter dem Aspekt der *Empfängnis* läßt sich ja auch der Spruch: *Das Große geht, das Kleine kommt* als ein Bild des Generationenwechsels auffassen. Und wenn man die Empfängnis als eine Art *Verstopfung* oder *Blockade* versteht, die den Verkehr zur *Stockung* bringt, wie sich das weibliche Ei nach der Befruchtung verschließt, so hat auch die traditionelle Deutung des Zeichens ihre Berechtigung. Unter diesem Vorzeichen bedeutet es das *Festhalten* oder die *Verfestigung* des Empfangenen. Sein allgemeiner Sinn besteht auf diese Weise in der Beschränkung des in H11 dargestellten allumfassenden, nach allen Seiten gleich offenen Seins auf ein jeweils konkretes Seiendes, das sich als das Ergebnis des schöpferischen Prozesses versteht.

Die formallogische Auslegung der Weiblichkeit als Negation suggeriert natürlich auch eine negative Bewertung des Zeichens, wie sie in den konfuzianischen, d. h. patriarchalischen Kommentaren zum Ausdruck kommt. In den Sprüchen selbst aber ist eine solche nirgends ersichtlich, – mit Ausnahme des Hauptspruches, wo sie sich speziell auf den *Edlen* bezieht, weil dieser eben als Vertreter der Männlichkeit für die hier dargestellte, von Grund auf weibliche Funktion nicht geeignet ist.

Anfangs Sechs   **Zhen**

Das Schilf und die Wurzel herausziehen, wie sie zusammengehören. Man verfestigt das glückliche Durchdringen.

Eine Begegnung bietet Ihnen große Vorteile. Ergreifen Sie die Gelegenheit beim Schopf und behalten Sie, was Sie einmal ergattert haben.

Wie wir gesehen haben, erscheint der erste Teil dieses Spruches vollkommen gleichlautend auch auf dem ersten Platz des Partnerzeichens H11. Er zeigt an, daß es auch hier um den Bedeutungsbezug jedes Platzes auf sein diametrales Gegenbild geht, d. h. insgesamt um den Bezug auf das Partnerzeichen. Im Pflanzenmythos (Abb. 19, S. 106) bilden die drei Mondbilder *Sun, Qian und Dui* die *Wurzeln, Zhen, Kun* und *Gen* die Krone des Weltenbaumes, die hier als *das Schilf* im Gegensatz zu seinen *Wurzeln* erscheint. Der Spruch steht hier für den Altmond *Zhen* (das Schilf), in H11 für das Gegenbild *Sun* (die Wurzel). *Gezogen* wird aber von oben, am Schilf, so daß die Bewegung hier nicht auf das Gegenbild zugeht, sondern von ihm weg: die Wurzelknolle wird herangezogen, d. h. eingeheimst –, und damit zugleich das *glückliche Durchdringen* oder *Zutreffen*, das den umgekehrten Bezug auf die Gegenbilder in H11/0 bezeichnet, in Gestalt des vorliegenden Hexagrammes H12 *verfestigt* oder *verwirklicht*.

Sechs auf zweitem Platz   **Kun**

Sie nimmt das Dargereichte in sich auf. Glück für den kleinen Mann. Der große Mann dringt nicht durch.

Greifen Sie zu, wenn man Ihnen etwas anbietet. In Ihrer bedürftigen Lage können Sie darüber froh sein. Auf den großzügigen Gönner brauchen Sie keine Rücksicht zu nehmen. Er kommt schon auf seine Kosten.

Da das ganze Hexagramm den Schwarzmond im Gegensatz zum Vollmond H11 darstellt, ist dieser *Kun*-Platz von zentraler Bedeutung und als Gegenbild des *Qian*-Platzes H11/2 zu sehen. Thema des Spruches ist, wie das *Darreichen*, nämlich die Übertragung des männlichen Gegenbildes auf die weibliche Seite, von dieser *aufgenommen* wird, und zwar auf dem Weg der Negation. Was die Schwarzmond-Höhle erreicht, ist nicht der als *großer Mann* ausgelegte Vollmond, sondern der zum *kleinen Mann* geschrumpfte Altmond *Zhen*, der ihr mit der abnehmenden Bewegung *dargereicht* wird, und den sie mit der Konjunktion *in sich aufnimmt*. Die Urform des Schriftzeichens *Darreichen* zeigt zwei Hände, die ein mondförmiges Männchen emporheben. *Das Dargereichte* ist auch *das Erbe* und das *Überkommene*, das die Fortsetzung einer Tradition bedeutet, und suggeriert damit direkt die Idee des biologischen *Erbgutes*. Und das Schriftzeichen *in sich aufnehmen (bao)*, das auch *umhüllen* und allgemein *beinhalten* heißt, stellt in seiner archaischen Form einen *Embryo im Mutterleib* dar. Daher: *Sie nimmt das Dargereichte in sich auf. Glück für den kleinen Mann. Der große Mann dringt nicht durch.* Der letzte Satz hat aber zugleich den Sinn: *Der große Mann dringt mit der Verneinung durch,* oder: *Der große Mann kommt durch Verneinung zum Ziel –,* d. h. dadurch, daß er *sich (verneint =) klein macht*. Denn eben dies geschieht mit der abnehmenden Platzfolge H11/2 bis H11/5, durch die der Vollmond sozusagen scheibchenweise sein Licht in die Mutterleib-Höhle des Schwarzmondes überträgt. Die Übertragung ist auf Platz 5 vollendet, wo der entleerte Mond auf der männlichen Seite (H11/5) dem gefüllten auf der weiblichen Seite (H12/5) gegenübersteht, so daß der Verlust durch die *Verneinung* sozusagen in dem biologischen Jenseits, das die Frau darstellt, durch eine Wiedergeburt kompensiert ist. – Man kann aber den Spruch auch so auffassen, daß das *Dargereichte* die als Same des *großen Mannes* zu denkenden Sterne (= *die kleinen Menschen*) sind, die im Schoß der mondlosen Nacht *Kun* empfangen werden, so daß dann die Füllung des Mondes im weiteren Verlauf das Nähren und Wachsen der Frucht und damit die Wiedergeburt des großen Mannes darstellt, der zugleich auf der anderen Seite abstirbt. Dem entspricht die Deutung im *Xiang*-Kommentar, wo es heißt: *Der große Mann dringt nicht durch –, das bedeutet, daß er die Volksmassen nicht stört.*

Sechs auf drittem Platz   Gen
Sie nimmt das Geschenk in sich auf.

Sie brauchen sich nicht zu schämen. Eine scheinbare Erniedrigung wird sich noch als Bereicherung erweisen.

Das Geschenk entspricht dem vergehenden Teilstück des abnehmenden Gegenbildes *Dui* in H11/3, das hier auf der weiblichen Seite in *Gen* über den *Weg der Mitte* als die komplementäre Sichel des Neumondes wiederkehrt und den Schattenmund zu füllen beginnt. Tatsächlich bedeutet das mit *Schaf* geschriebene Zeichen *Geschenk (xiu)* auch speziell etwas Eßbares, eine *als (Opfer-)Gabe gereichte Fleischspeise*. Außerdem aber hat es zugleich die abstrakte Bedeutung *Scham* oder *Schüchternheit*, was man im sexuellen Szenario mit dem Zustand des weiblichen Schattenmundes *Gen* am hier dargestellten Anfang seiner Füllung assoziieren kann. Dann lautet der Spruch: *Sie wird von Scham erfüllt*. Auf der moralisierenden Deutungsebene der Konfuzianer wird dann daraus ein in weibischer Art gefügiges und kriecherisches Verhalten, für das sich »der Edle« schämen muß.

Neun auf viertem Platz   Sun

Du erhältst einen Befehl. Kein Schaden. Der Vogel Li auf dem Acker bringt Heil.

Die Erfüllung Ihrer Wünsche bedeutet zugleich eine Aufgabe. Es darf keine Panne geben. Das Ei, das Ihnen in den Schoß fällt, will auch ausgebrütet werden.

Der Spruch steht für *Sun* als das empfangende Gegenbild des dahinschwindenden Altmondes *Zhen* in H11/4, mit dem es durch die gemeinsame Vogelsymbolik verbunden ist. Der *Vogel Li auf dem Acker* ist die Auslegung des Schwarzmondes *Kun* mit seinen beiden Flügeln *Zhen* und *Gen* in H12, der sein Vollmond-Ei in die Nacht hinunter plumpsen läßt (vgl. H2/2). Der *Acker* bezeichnet das *trockene* Ackerland im Gegensatz zu den *nassen* Reisfeldern, d. h. urbildlich die Tagseite des Himmels *(Zhen – Kun – Gen)* im Gegensatz zur Nachtseite *(Sun – Qian – Dui)*. Dabei erscheint das Mond-Ei hier als *der Befehl* oder *Auftrag*. Das Schriftzeichen *(ming)* ist lautidentisch mit dem anders geschriebenen Zeichen *Licht*. Es ist zunächst die eiförmige Lichtgestalt von *Sun* und entspricht der hohlen Schattenfläche des komplementären Gegenbildes *Zhen*, dem es »weggenommen« wurde. Aber auch der noch fehlende Streifen, den der *(Schaden =) Schatten* in *Sun* darstellt, wird durch die Lichtsichel von *Zhen* zur vollen Rundung des Vollmondes ergänzt. Dies signalisiert zugleich das *Heil (zhi)*, das der Vogel bringt, indem es den mit dem gleichen Wort ausgedrückten Vollmondbezug in H11/5 bestätigt. Daher: *Du erhältst einen Befehl. Kein Schaden. Der Vogel Li auf dem Acker bringt Heil.*

Neun auf fünftem Platz   Qian

Die zur Ruhe gekommene Verneinung. Glück für den großen Mann. Er könnte verschwinden, könnte verschwinden! Binde ihn an einen üppig wachsenden Maulbeerbaum.

In einer Partnerschaft finden Sie die ersehnte Erfüllung. Aber dieser Zustand ist kein bleibender Besitz, auf dem Sie sich ausruhen können, sondern muß im Wandel der Zeiten immer wieder neu definiert werden.

Hier steht der entleerte Mond *Kun* auf der männlichen Seite (H11/5) dem gefüllten *Qian* auf der weiblichen (H12/5) gegenüber, so daß die Entleerung bzw. *Verneinung* der Gegenseite vollendet, *zur Ruhe gekommen* ist. Die Verneinung einer Verneinung bedeutet bekanntlich eine Bejahung. Damit ist *der große Mann*, die Auslegung des Vollmondes, *durch die Verneinung zum Ziel gekommen*, wie es oben auf Platz 2 heißt: Er füllt nun auf der weiblichen Seite in H12 die Schattenhöhle aus, die *zur Ruhe gekommene Verneinung*. Daher: *Glück für den großen Mann*. Oder, wie man ebenfalls übersetzen kann: *Ein großer Mann bringt Glück*. Damit hat hier zwischen der männlichen und der weiblichen Seite ein Rollentausch stattgefunden, eine Verkehrung der Fronten, wie es dem konkreten Wortsinn des deutschen Begriffes *Geschlechts-Verkehr* entspricht. Dies bedeutet die Idee der Vereinigung im Sinn wechselweiser Identifizierung. In H11/5 wird sie durch das Motiv der Eheschließung ausgedrückt. Die weibliche Seite hat ihren *großen Mann* damit gleichsam in der Tasche. Aber zugleich wird sie nun von der gleichen *Verneinung* bedroht wie die männliche in H11/2, nämlich daß, urbildlich gesprochen, der Vollmond wieder dahinschwindet: *Er könnte verschwinden, könnte verschwinden!* Dieser Gefahr wird nun das Bild des *üppig wachsenden Maulbeerbaumes* entgegengesetzt, des aus der Wurzel des Vollmondes emporsprießenden Weltenbaumes (Abb. 19, S. 106). Indem der Baum emporwächst, teilt der Vollmond sich in seine zwei Hälften, die links und rechts an die Zweige des Baumes *gebunden* werden. Dies aber symbolisiert wiederum die Ganzheit des mit diesem Hexagrammpaar als gegensinniger Wechselverkehr ausgelegten Kreislaufes, in dem durch die Ergänzung der Gegenpole nichts verlorengeht. Der Spruch empfiehlt damit, das Verkehrsverhältnis dem Wandel der Zeiten anzupassen und sich nicht auf ein einseitiges Rollenverhalten festzulegen.

Oben Neun   **Dui**

Die Verneinung kehrt sich um. Erst Verneinung, dann Freude.

Sie müssen sich mit einer ungewohnten Rolle anfreunden, die Ihnen zunächst ein Opfer abverlangt. Aber Sie werden dann sehen, daß das Opfern auch Spaß macht.

Die Phase *Dui* kennzeichnet analog zu H11/6 den Punkt, wo der Graph übergeht in die Bewegungsrichtung des Partnerhexagrammes: *Die Verneinung kehrt sich um.* Der Vollmond wird nun als männlicher Pol mit dem Abnehmen wieder *verneint* und *dringt mit der Verneinung durch* (vgl. Platz 2). Daher: *Erst Verneinung, dann Freude.* Das Verkehrsverhältnis der beiden Hexagramme hat die Struktur einer Endlosschleife, eines Möbiusschen Bandes.

同人

13. Tong ren / Gemeinschaft mit Menschen

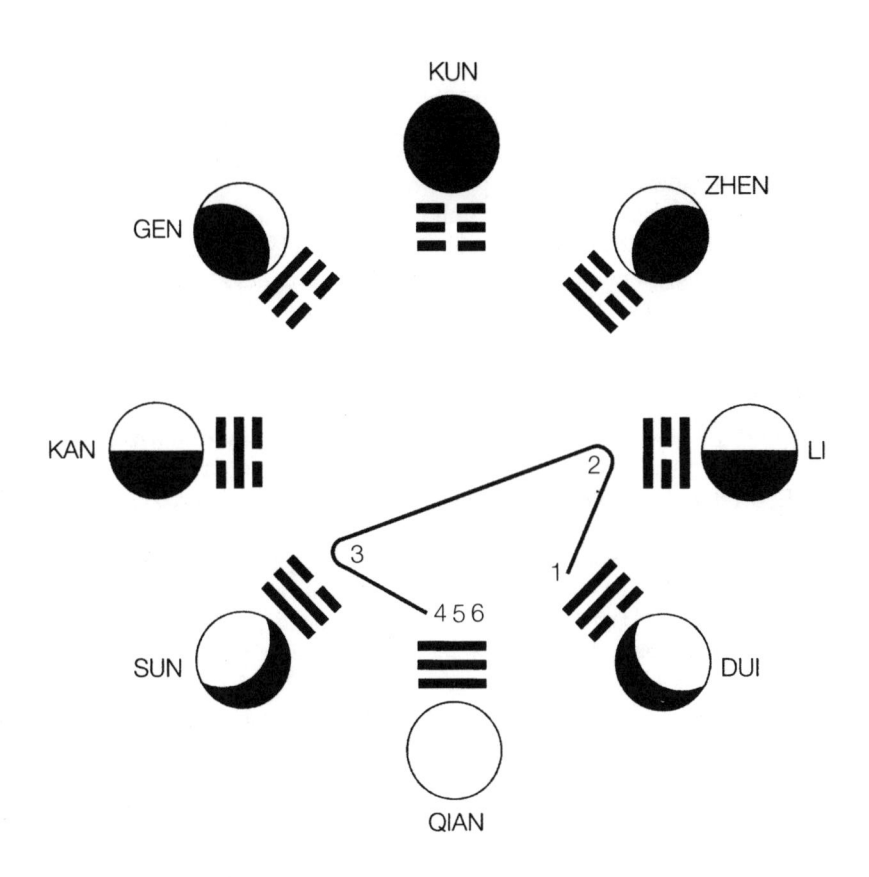

Partnerzeichen: H14.
Gegenzeichen: H7.
Parallelzeichen: H9, H10, H14, H43, H44.

Der Hauptspruch

Gemeinschaft mit Menschen auf freiem Feld. Man dringt durch. Es ist günstig, den großen Strom zu durchwaten. Günstig als Entscheidung für einen Edlen.

Es ist eine Zeit, wo es auf den Zusammenhalt mit anderen Menschen ankommt. Letztlich geht es für alle ums Überleben. Für dieses Ziel dürfen Sie auch gefahrvolle Unternehmungen nicht scheuen.

Der Hexagrammname TONG REN umfaßt die Übersetzungsmöglichkeiten *Gemeinschaft mit Menschen, zusammengehörige Menschen* und *die Menschen vereinigen.* Das mit *Gemeinschaft* wiedergegebene Schriftzeichen im Hexagrammnamen *(tong)* stellt nach *Karlgren* eine Öffnung mit Deckel dar, was zur Idee des Zusammenpassens und Zusammengehörens führt. Konkret zeigt es in seiner archaischen Form ein Möndchen oder Mündchen, das von einer Art Torbogen umrahmt ist. Auch im Gesamtbild des Hexagrammes als Strichfolge mit der Lücke auf Platz 2 kann man einen solchen Torbogen mit Öffnung sehen. Und auf Platz 1 erscheint das Tor als Leitmotiv für das ganze Zeichen: *Gemeinschaft mit Menschen am Tor.*

Der urbildliche Grundgedanke dabei ist die *Gemeinschaft* oder *Zusammengehörigkeit* der linken und der rechten Mondhälfte. Diese bilden die beiden Türflügel des Himmelstores. Das erste Haupttrigramm *Li* stellt die Konjunktionsphase als das offene Himmelstor dar, wo sie links und rechts bis zur Unsichtbarkeit auseinandergetreten sind. Und das zweite Haupttrigramm *Qian* ist das geschlossene, auf Platz 4 als *Mauer* ausgelegte Himmelstor, wo sich die beiden Hälften im Vollmond zusammenschließen.

Der Verlauf von *Li* nach *Qian* bedeutet also das Schließen des Tores, durch das die Türflügel bzw. die *Menschen* miteinander *vereinigt* oder *zusammengeführt* werden. Und zugleich ist die mondlose Nacht der Konjunktionsphase auch der als *großer Strom* ausgelegte Sternenhimmel, den der Vollmond dann mit seinem Licht überbrückt. Daher heißt es im Hauptspruch: *Es ist günstig, den großen Strom zu durchwaten.*

Im Hauptspruch des vorigen Zeichens H12/0, wo der Vollmond *Qian* auf den Schwarzmond *Kun* folgt, haben wir gelesen: *Nicht günstig als Entscheidung für einen Edlen.* Hier hingegen ist der weibliche Schwarzmond durch das männliche Sonnenzeichen *Li* ersetzt. Daher: *Günstig als Entscheidung für einen Edlen.* Die Folge der Haupttrigramme zeigt hier keine Umkehrung oder Entgegensetzung, sondern eine Gleichsetzung in dem Sinn, daß sich die Sonne in Gestalt des Vollmondes am Nachthimmel widerspiegelt oder manifestiert. Dies aber ist das innere Urbild für die äußere Manifestation des Himmels in den irdischen Dingen, die als solche *bei Tageslicht* erscheinen. Das Gesamtbild des Hexagrammes mit der einzigen dunklen Linie auf Platz 2 inmitten von lauter hellen kann man dementsprechend auch als den Schwarzmond inmitten des Taghimmels sehen. Die Auslegung des Taghimmels, der Außenseite des Weltenberges, der auf Platz 3 als der *hohe Hügel* erscheint, ist im Hauptspruch *das freie Feld* oder *das offene Land*. Daher: *Gemeinschaft mit Menschen auf freiem Feld.*

Die *zusammengehörigen Menschen* oder *Menschen gleicher Art*, die der Hexagrammname nennt, sind vor allem als die Mitglieder einer Sippe zu verstehen. Dies wird durch die Auslegung der dunklen Linie auf Platz 2 als *Ahnentempel* ausgedrückt. Die Schwarzmond-Höhle im Sonnenberg ist das Tor zur Unterwelt, der Durchlaß ins Jenseits, in die Welt der Ahnen, aus der heraus die Sippenmitglieder immer aufs Neue wiedergeboren werden und sich auf der Erde als *zusammengehörige Menschen* verkörpern. *Das freie Feld* bedeutet die Welt der Lebenden, wo *die Menschen zusammenkommen*. Das Partnerzeichen H14 stellt den umgekehrten Weg, das Eingehen ins Ahnenreich, die Opferung dar. Damit schließt das Hexagrammpaar an das Motiv des Lebenskreislaufes in dem parallelen Paar H9/H10 an. Unter diesem Aspekt sind die sich vereinigenden Mondhälften natürlich in erster Linie als die weibliche und die männliche Seite der *Gemeinschaft* zu sehen. Das Zeichen symbolisiert so die Überwindung des Todes (Platz 2) durch die Liebe (Platz 5).

Zugleich ist das Hexagramm die diametrale Umkehrung von H7 *Das Heer*, das als Gesamtbild den Nachthimmel, d. h. das Totenreich darstellt (vgl. die Todessymbolik in H7/3/5). Dieses erscheint hier, dem Motiv des Heeres entsprechend, als militärische Bedrohung (Plätze 3 und 4). Aber auch das *Zusammenkommen der Menschen* selbst auf dem Vollmondplatz 5 wird mit dem Spruch ausgedrückt: *Große Heere können zusammentreffen.* Es ist ein symbolisches Grundmuster in der chinesischen Literatur, daß erotische Vorgänge durch militärische Begriffe ausgedrückt werden.

Anfangs Neun   **Dui**

Gemeinschaft mit Menschen am Tor. Kein Schaden.

Alles ist noch offen. Sie sollten keine Vorurteile bei der Wahl Ihrer Partner haben.

Das Bild des Tores erklärt zunächst die urbildliche Struktur des ganzen Hexagrammes: Die rechtsseitigen und die linksseitigen Monde des Himmelsplanes wurden als die zwei Türflügel eines Tores gedeutet, das sich mit dem Vollmond schließt und mit dem Schwarzmond öffnet. Nach demselben Schema erscheinen die zwei Türflügel hier als die *zusammengehörigen Menschen*, die sich auf beiden Seiten gegenüberstehen und im Vollmond zusammenschließen oder vereinigen. Das untere Haupttrigramm *Li* stellt das offene Himmelstor dar, wo sie durch die Schattenlücke auf Platz 2 voneinander getrennt sind. *Li* steht für die Konjunktionsphase, indem die Schattenlücke zwischen den hellen Mondbildern *Dui* und *Sun* den Schwarzmond inmitten oder »im Inneren« des Taghimmels symbolisiert. Diese Schattenlücke wird mit dem zweiten Haupttrigramm *Qian* geschlossen. Daher: *Kein Schaden.*

Sechs auf zweitem Platz   Li
Gemeinschaft mit Menschen im Ahnentempel. Not.

Der Verlust einer nahestehenden Person gibt Veranlassung, sich auf die Verbundenheit mit den Hinterbliebenen zu besinnen. Der Tod ist die Herausforderung, vor der sich die Gemeinschaft der Lebenden bewähren muß.

Das Trigramm Li steht für die Konjunktion mit der Sonne, den unsichtbaren Schwarzmond am Taghimmel (die dunkle Linie zwischen den beiden hellen). Der Schwarzmond repräsentiert die verstorbene oder jenseitige Zustandsform des Erleuchteten, was durch den *Ahnentempel*, die Stätte der Trauer und des Gedenkens an die Toten dargestellt wird. Die Trauer um die Verstorbenen führt die Menschen zusammen, und der Tod ist die *Not* oder der *Verlust*, den sie immer wieder gemeinschaftlich überwinden müssen.

Neun auf drittem Platz   Sun
Verborgene Waffen im hohen Gras. Wenn man auf den hohen Hügel steigt, erheben sie sich drei Jahre lang nicht.

Wenn die verschiedenen Rollen in der Gemeinschaft verteilt werden und es darum geht, wer sich mit wem zusammentut, gibt es Eifersucht und Intrigen. Nur wenn Sie sich nicht in diese Machenschaften verstricken lassen, sondern darüberstehen und eine höhere Warte einnehmen, bleiben Sie unangefochten.

Sun und *Dui* werden durch den Schatten der dunklen Gegenbilder *Zhen* und *Gen* bedroht, die den Nachtaspekt der in *Li* symbolisierten Konjunktion bedeuten (vgl. H30). Wir haben die Sichelform dieser Mondbilder schon als die spitzen Blätter des Schilfs kennengelernt (H11/1, H12/1). Hier sind sie als *hohes Gras* und zugleich als *verborgene Waffen* ausgelegt (vgl. H43/2). Das mit *verborgen* wiedergegebene Zeichen bedeutet zugleich *sich niederkauern*, so daß damit auch auf die gekrümmte Form der Sichelmonde angespielt ist. Der vorliegende *Sun*-Platz aber bezieht sich als Gegenbild speziell auf den Altmond *Zhen*, der auf den *hohen Hügel*, d. h. auf den als Sonnenberg ausgelegten Taghimmel hinaufsteigt und dort verschwindet. Erst nach *drei Jahren*, nämlich nach den *drei* Tagen der Konjunktionsphase, erscheint er wieder in Gestalt der Neumondsichel. Daher: *Wenn man auf den hohen Hügel steigt, erheben sie sich drei Jahre lang nicht* (vgl. H53/5). Im Hinblick auf das Motiv des Ahnentempels im vorigen Spruch liegt es nahe, hier an Erbstreitigkeiten unter den Hinterbliebenen zu denken. Die *drei Jahre* können dann als die Trauerperiode verstanden werden, in der eine Friedenspflicht gilt.

Neun auf viertem Platz   Qian

Wenn sie sich auf ihre Mauer setzen, können sie nicht angreifen. Glückverheißend.

Verzichten Sie auf Ihre aggressiven Pläne und raffen Sie sich zu einer Geste der Versöhnung auf. Seien Sie kompromißbereit und kommen sie Ihrem Gegner auf halbem Weg entgegen.

Wir haben die *Mauer* oder den *Wall* bereits als eine Auslegung der Lichtseite des Mondes im Gegensatz zu dem zugehörigen *Graben* kennengelernt, der die Schattenseite darstellt (H11/6). Der Vollmond als Mauer entspricht der Geschlossenheit des Himmelstores, da sich seine beiden Türflügel schließen. Nun ist die Mauer andererseits das, was zwei Parteien voneinander trennt. Aber das mit *sich setzen* wiedergegebene Zeichen *(cheng)* bedeutet konkreter *ein Pferd besteigen* und *reiten*, so daß sich das Bild von jemandem ergibt, der sich rittlings auf die Mauer setzt. Er stellt sich damit nicht auf eine der beiden Seiten, sondern nimmt einen neutralen, versöhnlichen Standpunkt in der Mitte ein. Auch die Stammform des hier für *Mauer* verwendeten Schriftzeichens *(yong)* signalisiert dies, denn sie bedeutet *unparteiisch* oder *ohne Einseitigkeit*. Wenn sich zwei Gegner rittlings auf der Trennmauer gegenübersitzen, können sie sich nicht angreifen. Diese Haltung ist nicht für den Kampf geeignet, sondern für Verhandlungen, eine Geste der Versöhnung. Daher: *Wenn sie sich auf ihre Mauer setzen, können sie nicht angreifen.*

Neun auf fünftem Platz　　　　Qian

Menschen in Gemeinschaft. Erst Klagen und Weinen, danach Lachen. Große Heere können zusammentreffen.

Zwei Partner schaffen es endlich, sich nach langen Kämpfen zusammenzuraufen. Sobald die Versöhnung stattgefunden hat, können Sie alles Leid und allen Streit vergessen.

Dies ist der mittlere unter den drei Vollmondplätzen des Hexagrammes, in dem sich die beiden Partner, urbildlich die rechtsseitige und die linksseitige Mondhälfte (Plätze 4 und 6), zusammenfinden. Dabei steht das *Klagen und Weinen* für den rechtsseitigen oder zunehmenden Mond, das *Lachen* für den linksseitigen oder abnehmenden: Der aus der Sonne heraustretende Neumond mit dem geöffneten Mund seiner Schattenseite wird als *Klagen* oder *Rufen* gedeutet. Mit dem weiteren Zunehmen verwandelt er sich in das Bild der Träne, die hinuntertropft in die Nacht (vgl. H3/3). Gleichzeitig verdüstert sich mit dem Weg des Mondes in die Nacht hinein das Gesicht des Himmels. *Danach* aber, nämlich nach der Vereinigung der zwei Hälften im Vollmond, für die der Platz steht, hellt es sich mit dem Weg der linksseitigen Hälfte, d. h. mit dem Abnehmen des in den hellen Tag hinein wandernden Mondes, wieder auf. Offenbar ist auch der Mondplan im Ganzen hier als ein Gesicht gedeutet, dessen zwei Mundwinkel in Gestalt der rechtsseitigen und der linksseitigen Monde sich nach unten auf den Vollmond zu wie im Schmerz zusammenziehen, während sie nach oben auf die Sonne zu wie beim Lachen bis zu den Ohren auseinandertreten. Daher: *Erst Klagen und Weinen, danach Lachen.* Im letzten Satz des Spruches wird sodann das zentrale Motiv des Platzes selbst umschrieben, nämlich das *Zusammentreffen* der zwei Hälften im Vollmond: *(Zwei) große Heere können zusammentreffen.* Das militärische Bild symbolisiert die Versöhnung zwischen zwei Menschen, die vorher Gegner waren. Mit der hier dargestellten Vereinigung der Partner schließt sich die schmerzliche Lücke von Platz 2, die dort der Ahnentempel symbolisiert: Die Liebe hat den Tod überwunden.

Oben Neun   **Qian**

Gemeinschaft mit Menschen auf dem Land außerhalb der Stadt. Es gibt keinen Kummer.

Nach der Einigung der Partner geht es nun um die praktische Zusammenarbeit. Es ist an der Zeit, gemeinsam ein Werk unter höherer Zielsetzung zu vollbringen.

Der Spruch steht für den dritten der drei aufeinanderfolgenden Vollmondplätze des Hexagrammes und entspricht damit im engeren Sinn dem letzten Abschnitt der Vollmondphase oder der linken Mondhälfte, welche die abnehmende Bewegung vom Vollmond zur Sonne repräsentiert. Diese wird im darauffolgenden Partnerzeichen H14 thematisiert, so daß der Spruch eine Überleitung dorthin bildet. Der Sonnenort und der Taghimmel wurden als Stadtgebiet ausgelegt, der Nachthimmel als das *Land außerhalb der Stadt*. Zugleich bedeutet das damit wiedergegebene Schriftzeichen *(jiao)* den *Platz vor den Stadttoren*, wo der *Altar für das Himmelsopfer* stand, und wurde auch als Bezeichnung für diesen selbst verwendet (vgl. H5/1). Dieser Himmelsaltar ist urbildlich die Auslegung des Vollmondes, der im Zunehmen mit Opfergaben gefüllt wurde, und dessen Abnehmen dann die Darbringung derselben an den Sonnengott bedeutet. Dieses Opferszenario wird in H14/2/5 fortgesetzt. Wenn man aber den Ausdruck *jiao* nicht speziell als *Himmelsaltar vor der Stadt*, sondern allgemein als *das Land außerhalb der Stadt* auffaßt, wird nicht der Mond-Altar mit Opfergaben, sondern stattdessen der Mond-Acker mit den Getreidekörnern gefüllt, deren Urbild die Sterne sind. Der abnehmenden Bewegung des Mondes und seinem Verschwinden in der Sonne entspricht dann das Einfahren der Ernte und der Verzehr der Feldfrüchte. Dieses Motiv erscheint in H14/2. Die Partner haben sich hier also in vollkommener Eintracht und Harmonie zu einem gemeinsamen Werk zusammengefunden. Das mit *Kummer* übersetzte Schriftzeichen *(hui)* am Ende des Spruches hat in einer graphischen Modifizierung gleichlautend auch die Bedeutungen *dunkel* und *letzter Tag des Monats*, d. h. *Schwarzmond. Es gibt keinen Kummer* erklärt sich daher urbildlich aus der makellosen Lichtgestalt des Vollmondes *ohne jeden dunklen Schatten*, so daß er in vollkommener Weise der Sonne, seinem Vorbild und seiner Zielvorstellung, entspricht: *Der Wunschgedanke (dringt durch =) trifft zu (= Das Opfer wird angenommen)*, wie es im Hauptspruch des nun folgenden Partnerzeichens H14 heißt, zu dem der Spruch überleitet.

14. Da you / Grosser Besitz

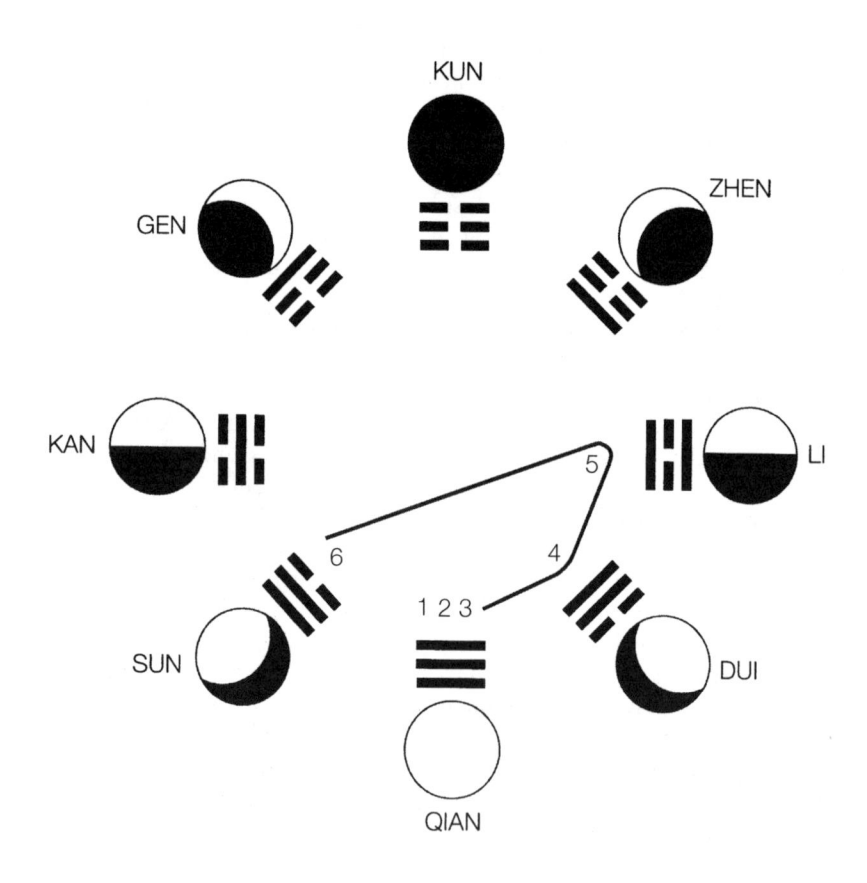

Partnerzeichen: H13.
Gegenzeichen: H8.
Parallelzeichen: H9, H10, H13, H43, H44.

Der Hauptspruch

Großer Besitz. Der Wunschgedanke dringt durch.

Es ist eine Zeit, in der alles bereitsteht. Führen Sie den gegebenen Reichtum seiner Bestimmung zu, damit er in Zukunft Früchte trage. Das gilt sowohl für materielle Güter als auch für Ihren Schatz an Erfahrungen und Fähigkeiten.

Der Hexagrammname *DA YOU Großer Besitz*, wörtlich *groß – haben*, von Wilhelm als *der Besitz von Großem* übersetzt, könnte ebensogut (mit *Kunst*) als ein Satz wiedergegeben werden: *Es gibt viel*, oder: *Man hat reichlich*. Ein *Jahr des großen Besitzes* (*da you nian*) war insbesondere die Bezeichnung für ein Jahr mit *reicher Ernte*.

Das *Große* in diesem Titel ist urbildlich der Vollmond *Qian*, dessen Zusammensetzung aus seinen beiden Hälften im vorigen Hexagramm mit der zunehmenden Bewegung *Li – Qian* als das Schließen des Himmelstores bzw. die Vereinigung der Partner zur *Gemeinschaft* gedeutet worden war. Hier haben wir die umgekehrte Reihenfolge der Haupttrigramme, die in der abnehmenden Richtung vom Vollmond *Qian* zum Sonnenzeichen *Li* verläuft. Dies bedeutet das Öffnen des Himmelstores, das Auseinanderreißen der beiden Hälften aus ihrer Einheit heraus. Dem entspricht das Leitmotiv der *Opferung*, das sowohl im Hauptspruch als auch in den Liniensprüchen (Plätze 3 und 5) hervortritt. Während das vorige Hexagramm die Herkunft der menschlichen Gemeinschaft aus dem Jenseits des Ahnenhimmels beschrieb, wird hier nach dem Vorbild des Mondes, der sich in der Konjunktion dem Sonnengott opfert, der umgekehrte Weg vom diesseits ins Jenseits beschritten, so daß das Hexagrammpaar zusammen wiederum eine vollständige Version des Lebenszyklus von Tod und Wiedergeburt darstellt (vgl. H9/H10).

Da der Hauptspruch nur aus dem Satz *der Wunschgedanke dringt durch* (*yuan heng*) besteht, versteht sich das ganze Hexagramm als die Definition dieser Formel. Die beiden Schriftzeichen lassen sich hier unmittelbar den beiden Haupttrigrammen *Qian* (Vollmond = *yuan*) und *Li* (Konjunktion = *heng*) zuordnen. Wie schon in der Einleitung ausführlich erläutert wurde (S. 60 ff.), ist der urbildliche Sinn der Formel das Aufgehen des Vollmondes in der Konjunktion mit der Sonne, deren nächtliches Wunschbild er darstellt.

Das Schriftzeichen *yuan*, seinem Wortsinn nach etwa *der große Ursprung*, ist in der Dimension der Himmelsbilder eine Metapher für den Vollmond oder ein archaischer Name desselben, der auch in der späteren taoistischen Tradition noch fortlebte (Abb. 15, S. 62). Graphisch ist es aus den Bestandteilen *Mensch* und *zwei* zusammengesetzt, da man die größte Erscheinungsform des Mondes auch als Zusammenschluß des rechtsseitigen (weiblichen) und des linksseitigen (männlichen) Halbmondes auslegte, also als das Urbild der *Paarung* (vgl. H13/0). In der Dimension des Orakelwesens, das ebenso wie der Opferkult als rituelle Nachbildung des Mondwandels gedacht war, bedeutet *yuan* das *Motiv* für die Orakelbefragung, d. h. eben den *Wunschgedanken*, über dessen Chancen durch diese entschieden werden soll (vgl. H8/0). Analog dazu wurde auch beim Opferritual die jeweilige Opfergabe als Symbol des Vollmondes mit einem solchen Wunsch betraut, den man der Gottheit durch die Opferung vortrug.

Das zweite Schriftzeichen der Formel *(heng)*, das als *durchdringen* oder *sich identifizieren mit (tong)* erklärt wird, bezeichnet urbildlich die Konjunktion. Seine archaische Form wurde mit dem Bestandteil *Sonne* geschrieben und hatte zugleich die konkretere Bedeutung *ein Opfer darbringen für den Sonnengott*, oder auch *das Annehmen des Opfers durch die Gottheit*. Das Orakel versteht sich als eine sublimierte oder experimentelle Form dieses Opfers. Auf Platz 3 erscheint als Personifizierung des Vollmondes der *Herzog*, der von dort aus zum *Sohn des Himmels*, d. h. zur Sonne *durchdringt* bzw. *dem Sohn des Himmels ein Opfer darbringt*. Die eigentliche Opferung wird auf Platz 5 dargestellt, der als einzige dunkle Linie das Verschwinden des Mondes in der Sonne bedeutet.

Auf diesem religiösen Hintergrund versteht sich der Sinn des Spruches: *Der Wunschgedanke dringt durch* bzw. *der Wunsch wird angenommen* urbildlich als die Bestätigung des Vollmond-Wunschbildes von der Sonne durch die Konjunktion, mit der sich der Mond scheinbar in die Sonne verwandelt oder von ihr aufgenommen wird. Von daher hat dann das Schriftzeichen *heng* zugleich die allgemeinere Bedeutung *Erfolg* oder *Gelingen* angenommen.

Ursprünglich bedeutete der Spruch sicherlich zugleich die konkrete Anweisung, ein Opfer darzubringen. Denn alle wichtigeren Unternehmungen wurden durch ein vorheriges Opferritual eingeleitet. Der Spruch besagt praktisch, daß sich der Aufwand einer Opferung lohnen wird, die mit dem Orakel sozusagen experimentell vorweggenommen wurde. Aus archaischer Sicht bedeutete das Opfer keinen Verlust, sondern eine Investition in die Zukunft. Allgemeiner hatte es den Sinn, daß die Dinge ihrer eigentlichen Bestimmung im Weltauf zugeführt wurden. Dies kommt durch die mythologische Parallele zwischen dem Opfer an den Himmel und dem Einfahren der Ernte zum Ausdruck, die hier auf Platz 2 mit der Auslegung des Vollmondes als ein *großer Wagen* erscheint, mit dem das Erntegut zur Sonnenstadt transportiert wird (vgl. H5/0/1, H13/6).

Anfangs Neun					Qian

Wer ohne die Pein der Überantwortung keinen Makel hat, wird auch in der schweren Stunde keinen Schaden nehmen.

In einer Situation des Wohlbefindens sollten Sie an Ihrer Vervollkommnung arbeiten, um innerlich und äußerlich für harte Zeiten gerüstet zu sein.

Der Spruch thematisiert als der erste der drei Vollmondplätze die »weiße Weste« des Vollmondes, die von keinem *Makel*, d. h. von keinem Schatten getrübt ist. Den Schlüssel zu seinem Verständnis liefert aber das hier mit *Überantwortung* wiedergegebene Schriftzeichen *(jiao)*. Dieses war, um zunächst seinen urbildlichen Sinn klarzustellen, laut *Needham* in der altchinesischen Astronomie der *terminus technicus* für *die Konjunktion von Sonne und Mond*. Die *Pein der Überantwortung* bedeutet also auf der urbildlichen Ebene wörtlich *die Pein (die Verletzung, die Zerstörung) durch die Konjunktion*. Das Zeichen hat die allgemeinen Bedeutungen *übereignen, austauschen, in Verkehr treten*: Der Mond wird in der Konjunktion der Sonne *übereignet* oder *überantwotet*, mit ihr ausgetauscht etc. Als konkrete Grundbedeutung aber wird *kreuzen* angegeben, und das archaische Ideogramm zeigt angeblich einen Menschen mit *gekreuzten* Beinen. In der (nach *Karlgren)* ältesten überlieferten Form jedoch ist dieser Mensch über einem *Feuer* dargestellt, und mit diesem Zusatz bedeutet das Zeichen *verbrennen auf einem Scheiterhaufen mit gekreuzten Scheiten* – welche wahrscheinlich ursprünglicher sind als die gekreuzten Beine. So ist in dem Begriff zugleich die Assoziation einer rituellen Darstellung der Konjunktion durch ein Menschenopfer enthalten, das der Gottheit in Gestalt des Sonnenfeuers *überantwortet* wird. Die eigentliche Opferung ist auf Platz 5 geschildert. Auch die graphische Etymologie des oben mit *schwere Stunde* wiedergegebenen Zeichens *(jian)* deutet in die Richtung einer Auslegung der Konjunktion als Hinrichtung durch Feuer nach dem Vorbild des in der Sonne verbrennenden Mondes (vgl. H36/0). Unser Spruch formuliert die Heilsvorstellung, die mit diesen Opfern verbunden war: Wie der Vollmond in seiner makellosen Rundung nur scheinbar stirbt und sich im Augenblick des Todes in die strahlende Sonne verwandelt, so werden auch die sterbenden bzw. geopferten Menschen im Jenseits des Ahnenhimmels ebenso makellos wiedergeboren, wie sie im Diesseits gewesen sind. Zugleich entspricht dem die Idee des komplementären Ausgleichs durch die »jenseitigen« Gegenbilder. Daher: *Wer ohne die Pein der Überantwortung keinen Makel hat, wird auch in der schweren Stunde keinen Schaden nehmen.*

Neun auf zweitem Platz   Qian

Ein großer Wagen zum Beladen. Wenn man ein Reiseziel hat, nimmt man keinen Schaden.

Sie verfügen über alles Nötige, um Ihre Mittel an der richtigen Stelle einzusetzen. Setzen sie sich ein Ziel und machen Sie davon Gebrauch.

Der zentrale Vollmondplatz ist hier als ein *großer Wagen* gedeutet. Seine beiden Hälften bzw. die beiden Vollmonde auf Platz 1 und 3 links und rechts daneben stellen die zwei Räder dar (vgl. H9/3). Das *Reiseziel* ist wörtlich *ein Ort, wohin man geht*, urbildlich der Ort der Sonne, auf die der Vollmond *abzielt*, indem er sie als ihr nächtliches Abbild voraussagt. Die auf dem Nacht-Feld geernteten Früchte, mit denen das Mond-Gefäß sich gefüllt hat, müssen eingefahren werden in die Sonnen-Stadt, die gewonnenen Güter dorthin gebracht werden, wo man sie braucht. Dafür ist alles bereitgestellt. Der Wagen entspricht urbildlich dem Opferaltar (H13/6), der mit Opfergaben oder Menschenopfern für die Reise ins Jenseits gefüllt wird.

Neun auf drittem Platz   Qian

Der Herzog gebraucht dies, um zum Sohn des Himmels durchzudringen. Ein kleiner Mann vermag das nicht.

Der edelste Sinn des Besitzes ist es, für einen höheren Zweck verwendet zu werden. Prüfen Sie, ob Sie sich das leisten können.

Der dritte *Qian*-Platz steht für die linke Hälfte des Vollmondes, mit der er sich auf den abnehmenden Weg zur Sonne macht. Das mit *durchdringen* wiedergegebene Schriftzeichen (*heng*) hat (in der Lautung *xiang*) zugleich die konkretere Bedeutung *ein Opfer darbringen*. So ist der Vollmond hier sinngemäß wieder als der Himmelsaltar ausgelegt, auf dem man dem Sonnengott, der hier als *Sohn des Himmels* erscheint, seine *Opfer darbrachte* (vgl. H5/1). Der chinesische Herrscher trug den Titel *Sohn des Himmels*, weil er sich als irdischer Vertreter dieses mächtigsten Himmelsgottes verstand. Und der Vollmond ist personifiziert in der Gestalt des *Herzogs* (vgl. H42/3; H50/4), der in seinem Gegensatz zum *kleinen Mann* der Größe seines Vorbildes entspricht. Daher: *Der Herzog gebraucht* (dieses Orakelergebnis), *um zum Sohn des Himmels durchzudringen;* oder, im konkreteren Sinn des Wortes *heng* (= xiang): *Der Herzog gebraucht dieses, um dem Sohn des Himmels ein Opfer darzubringen.* Das Durchdringen bzw. die Opferung bedeutet urbildlich den Weg in die Konjunktion (Platz 5), mit der das Opfer angenommen wird, indem sich das Wunschbild des Vollmondes in der kugelrunden Gestalt der Sonne »bewahrheitet«. Die kleineren Mondbilder hingegen gehen unter und bewahrheiten sich nicht. Daher: *Der kleine Mann vermag das nicht.* Der Sinn des Besitzes ist es, für einen höheren Zweck verwendet zu werden, den der Sohn des Himmels als Herrscher über das Ganze repräsentiert. Der *kleine Mann* hat nicht die erforderliche Größe für eine so selbstlose Haltung.

Neun auf viertem Platz   Dui

Er entsagt seiner Fülle. Das schadet nicht.

Klammern Sie sich nicht an vergängliche Güter. Befreien Sie sich von unnötigem Ballast. Wer freiwillig gibt, dem wird auch gegeben.

Der Spruch steht für die Phase *Dui*, wo *die Fülle* des Vollmondes wieder abzunehmen beginnt. Daher: *Er (verneint seine =) entsagt seiner Fülle.* Man kann den Spruch als die Empfehlung einer Abmagerungskur deuten. Aber natürlich bedeutet er auch: *Er distanziert sich von seinem Reichtum, verzichtet darauf.* Daß dies *nicht schadet*, entspricht wiederum der Idee der wechselweisen Ergänzung der diametralen Gegenbilder, durch welche die einmal hergestellte Ganzheit des Vollmondes im Verkehr mit dem Jenseits durchgängig erhalten bleibt (vgl. Platz 1). Die Entsagung und der Verzicht sind auch hier im Sinn des Opferszenarios zu denken. Wahrscheinlich ist aber das mit *Fülle* wiedergegebene Zeichen *(pang)* ursprünglich die Kurzschreibung für ein anderes *(peng)*, das eine *Seite des Tempeltores* bedeutet, d. h. eine der beiden Mondhälften-Türflügel des Himmelstores. Da in der Phase *Dui* zunächst die rechte Seite des Mondes zu verschwinden beginnt, öffnet sich das Tor zunächst nur auf einer Seite: *Wenn man (die eine Seite =) den einen Türflügel (verneint =) beseitigt, ist es kein Schaden.* In einer Textvariante des Spruches erscheint auch in der Tat das Wort *Seite* und pflegt als *Nebenmann* oder *Gefährte* interpretiert zu werden. Der damit erteilte Rat bedeutet dann, daß es nicht schaden würde, wenn man sich von einem Begleiter absetzt und seine Pläne allein weiterverfolgt. In einer weiteren Textversion schließlich heißt es: *Wenn man sich von dem Schwächeren distanziert, ist es kein Schaden.* Der *Schwächere* bedeutet auch konkret der *Abgemagerte*, d. h. die in der

Phase *Dui* schon schmaler gewordene rechte Seite des Vollmondes. Der Spruch hat dann die gleiche Bedeutung wie in der zweiten Version, gibt jedoch als Grund für die Ausgrenzung des anderen dessen Schwäche an.

Sechs auf fünftem Platz **Li**

Die dahinschwindenden Gefangenen, wie sie überantwortet werden, wie sie voller Entsetzen sind! Glückverheißend.

Es geht um ein Ziel, für das kein Opfer zu groß ist. Setzen Sie ohne Rücksicht auf Verluste alles ein, was Sie haben. Dann wird ein mit Schmerzen verbundener Übergang zu einem glücklichen Ende führen.

Das Konjunktionstrigramm *Li* bedeutet im Schema des Mondplanes die symmetrisch gedachte abnehmende Bewegung von unten nach oben, das Auseinandertreten der Türflügel-Mondhälften, d. h. das Öffnen des Himmelstores. Es ist das Tor, durch das die als Menschenopfer bestimmten *Gefangenen* ins Jenseits befördert werden sollen. In der Struktur des Graphs sind die zwei Türflügel durch *Sun* und *Dui* repräsentiert, die Lücke in der Mitte zwischen ihnen durch die dunkle Linie des vorliegenden Platzes *Li*. Dem entspricht der ursprüngliche Sinn des mit *dahinschwinden* wiedergegebenen Schriftzeichens *(jue)*, das man bedeutungsleer als besitzanzeigendes Fürwort zu interpretieren pflegt. Es wird aber im *Mawangdui*-Text mit dem graphischen Zusatz *Tor* geschrieben und versteht sich zweifellos als eine Kurzschreibung dieser Version. In dieser Form bedeutet es u. a. *vermindern* und ist ein Begriff für *das Abnehmen des Mondes*. Konkret bezeichnet es *ein Tor, eine Bresche, eine Lücke* oder *einen Mangel*. Als *Stadttor* ist *die Lücke* urbildlich die mit dem *Abnehmen* immer größer werdende Schattenseite, die Öffnung des Tores in der Mond-Mauer der Sonnenstadt. Von daher verstehen wir den Spruch in seinem ursprünglichen Sinn: *Die Gefangenen am Tor* oder *die dahinschwindenden Gefangenen* (vgl. H13/0/1). Die Menschenopfer waren für den Sonnengott *Shangdi* bestimmt, den höchsten Herrscher des Himmels. Diesem wurden sie *überantwortet*, indem man sie im symbolischen Sonnenfeuer eines Scheiterhaufens verbrannte (s. Platz 1). Was Wunder, daß sie *voller Entsetzen* waren. Das Schriftzeichen (*wei*) bedeutet aber auch *ehrfürchtig, würdevoll* etc. Dies entspricht dem religiösen Verständnis des grausamen Rituals, in dem Tod und Wiedergeburt die zwei Kehrseiten einer schöpferischen Beziehung zwischen Himmel und Erde, Jenseits und Diesseits bedeuteten. Die Opferpersonen wurden als Hoffnungsträger auf die Reise in den Himmel geschickt, von dem man im Gegenzug ebenso großzügige Segnungen für die diesseitige Welt auf der Erde erwartete (vgl. Platz 6). Das hier mit *Gefangene* wiedergegebene Schriftzeichen *(fu)*, das im *Yijing* vor allem Opferpersonen und für das Opfer bestimmtes Beutegut bezeichnet, hat nicht zufällig in der späteren Deutung den abstrakten Sinn von *Glaube, Hoffnung, Zuversicht* etc. angenommen. Daher endet der Spruch mit der Formel *Glückverheißend*.

Oben Neun   Sun

Vom Himmel her wird einem göttliche Hilfe zuteil. Glückverheißend. Nichts, was nicht günstig wäre.

Sie erhalten den Lohn für Ihre Opferbereitschaft, werden für alles entschädigt und erfreuen sich denkbar günstiger Perspektiven.

Nach dem Tod des Mondes in der Schattenlücke des vorigen Platzes *Li*, der die Konjunktion darstellte, wird hier im Zeichen *Sun* seine Wiedergeburt symbolisiert. Diese erfolgt in Gestalt des wieder zunehmenden Mondes, für den *Sun* als das Gegenstück der abnehmenden Phase *Dui* auf Platz 4 steht. Der zunehmende, d. h. *rechtsseitig* belichtete Mond ist der Retter in der Not, der den dort beschriebenen Verlust wieder ergänzt. Dies kommt direkt in dem hier verwendeten Schriftzeichen für *Hilfe (you)* zum Ausdruck, das aus den graphischen Bestandteilen *rechtsseitig* und einem Zusatz gebildet ist, der religiöse Zusammenhänge anzeigt. Und der rechtsseitige oder zunehmende Mond kommt natürlich *vom Himmel her*, das heißt von der Konjunktion mit der Sonne, vom Tag-Himmel im Gegensatz zur Nacht-Erde. Daher: *Vom Himmel her wird einem göttliche Hilfe zuteil.*

15. Qian / Die Bescheidenheit (Das Aufpicken)

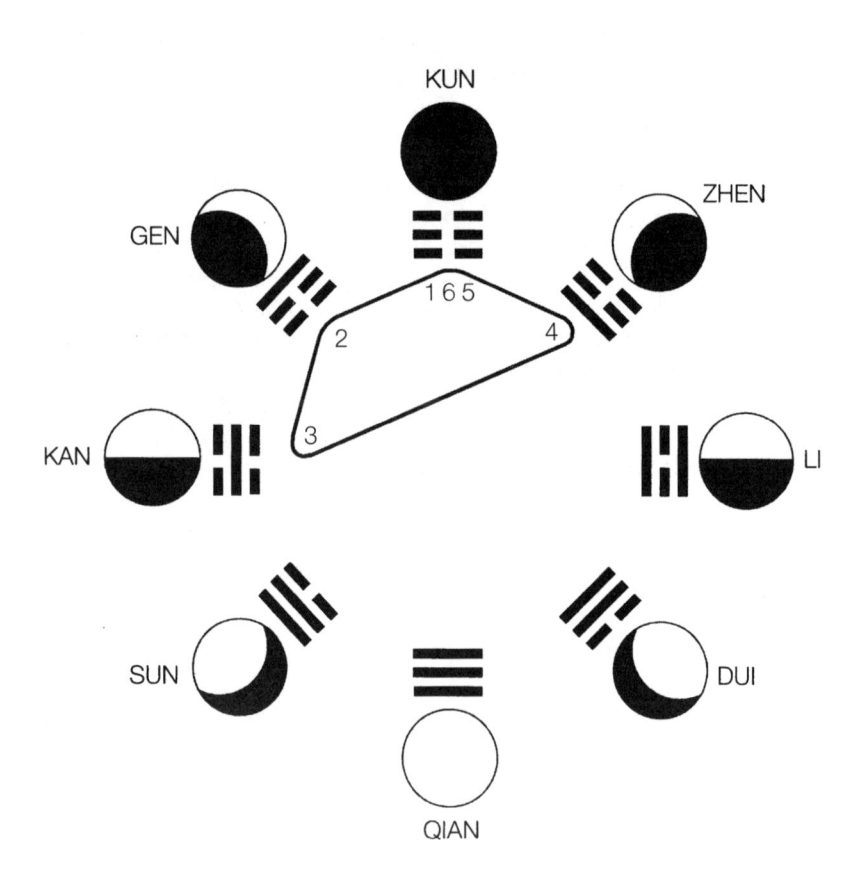

Partnerzeichen: H16.
Gegenzeichen: H10.
Parallelzeichen: H7, H8, H16, H23, H24.

Der Hauptspruch

Die Bescheidenheit. Man dringt durch. Der Edle kommt ans Ziel.

Die Situation erlaubt Ihnen keine großen Sprünge. Passen Sie sich an. Wenn Sie Ihre Ansprüche herunterschrauben und sich mit kleinen Schritten begnügen, kommen Sie langsam, aber sicher auch ans Ziel.

Der Hexagrammname Q*IAN* setzt sich zusammen aus einem Stammzeichen, das in seiner Urform zwei nach unten gerichtete, von einer Hand umfaßte Pfeile darstellt (rechts), und dem Zusatzzeichen Wort (links). Diese Kombination erscheint erstmalig im *Yijing* und wurde mit der Bedeutung *Bescheidenheit* belegt. Das Stammzeichen tritt in mehreren damit lautgleichen Kombinationen auf, die alle das Bedeutungsfeld *mangelhaft, bedürftig* und *unbefriedigend* umschreiben. Es handelt sich also um eine zur Tugend der *Bescheidenheit* modifizierte *Bedürftigkeit.*

Was haben zwei Pfeile in der Hand mit Bedürftigkeit und Bescheidenheit zu tun? Die konkrete Vorstellung hinter diesem Sinngehalt, die ihn verständlich macht und das ganze Hexagramm erklärt, geht aus dem *Mawangdui-*Text hervor. Dort nämlich ist das Stammzeichen des Hexagrammnamens nicht mit dem Zusatzzeichen Wort, sondern mit dem Zeichen für *Mund* kombiniert. Diese (lautgleiche) Kombination aber heißt nicht nur ebenfalls *Bedürftigkeit* und *Mangel,* sondern hat außerdem die konkrete Bedeutung *picken, aufpicken.* Die Kombination des Zeichens *Mund* mit den zwei zusammengehaltenen Pfeilen, die nach unten gerichtet sind, wurde also einleuchtenderweise auch für die Vorstellung eines *pickenden Vogelschnabels mit seinen zwei spitzen Schnabelscheren* verwendet.

Dies aber ergibt einen unmittelbaren Zusammenhang mit der Gestalt des Graphs: *Kun* markiert den hungrigen Schlund des Himmelsvogels, und der nach *Kan* heruntergezogene Keil stellt den spitzen Schnabel dar, der mit dem Schritt *Gen – Kan* auf die Nacht-Erde herunter *pickt* und sich mit dem Schritt *Kan – Zhen* den aufgepickten Happpen einverleibt. Der Sinn der Liniensprüche erklärt sich in der Tat völlig zwanglos, wenn man den Hexagrammnamen Q*IAN* nicht mit *Bescheidenheit,* sondern verbal mit *Picken* oder substantivisch mit *Schnabel* übersetzt; denn das Zeichen wird dort verschiedentlich mit ausgesprochen tierischen Eigenschaften verknüpft. *Ri-*

chard A. Kunst glaubt, es sei von einem Hamster die Rede. Dies entspricht zumindest dem Umstand, daß zum Bedeutungsfeld des *Aufpickens* offenbar auch das *Aufbewahren* bzw. *Ansammeln im Kropf oder im Mund* gehört, das ja besonders der Hamster mit seinen Backentaschen versinnbildlicht.

Der erste Teil des Hauptspruches hat daher ursprünglich den tiersymbolischen Sinn, daß *das Aufpicken durchdringt*, d. h. *Erfolg hat*, indem die aufgepickte Nahrung in den Schwarzmond-Schlund gelangt. Und die betont *zielgerichtete* Natur des *Pickens* erklärt zugleich den zweiten Teil des Spruches: *Der Edle kommt ans Ziel*. Dieser Satz erscheint bezeichnenderweise erneut auf dem dritten Platz *Kan*, der die Spitze des Schnabels darstellt.

Mit den kleinen Portionen, die ein Vogel aufzupicken pflegt, wurde damit dann sekundär auch die Assoziation der *Bescheidenheit* eingefangen und durch den vermenschlichenden Zusatz *Wort* festgeklopft. Urbildlich handelt es sich wieder um die Sternenkörner, deren Licht hier das Mondgefäß in Gestalt des Vogelschnabels heraufschöpft und im Schwarzmond-Schlund des Tieres ansammelt. Im Partnerzeichen H16 tritt an die Stelle des Vogels mit seinem Schnabel der Elefant mit seinem Rüssel. Es ist das gleiche Prinzip wie in dem zyklisch parallelen Hexagrammpaar H7/H8, wo es um die Versammlung bzw. das Zusammentreiben des Sternenheeres geht.

Diese Parallele kommt auch direkt in den Liniensprüchen der Plätze 5 und 6 zum Ausdruck, wo ein militärischer Angriff empfohlen wird. Die Grundidee ist also, bescheiden und geduldig Körnchen um Körnchen aufzupicken, um allmählich die für einen Angriff oder eine große Unternehmung erforderliche Stärke anzusammeln.

Anfangs Sechs   **Kun**

Pick! pick! Der Edle gebraucht dies (d. h. dieses Orakelergebnis), um den großen Strom zu überschreiten. Glückverheißend.

Die Umstände zwingen Sie, sich mit bescheidenen Erfolgen zufrieden zu geben. Aber für einen starken Charakter bedeutet gerade dies den Ansporn, alle Hindernisse zu überwinden. Sie haben gute Chancen, bald wieder Land zu sehen.

Der Spruch gibt mit der lautmalerischen Doppelung *pick! pick!* das Leitmotiv des ganzen Zeichens an: Die Bewegung des *Aufpickens*. Diese geht vom Schwarzmond *Kun* aus, der den Zustand der Bedürftigkeit, d. h. den hungrigen Schlund des Vogels darstellt, und zielt in die Richtung des Nachthimmels, d. h. von oben nach unten auf die Sternenkörner. Daraus ergibt sich dann die vermenschlichte Anweisung: *Bescheiden, bescheiden!* Und indem der Nachthimmel zugleich den *großen Strom* bedeutet, ist das auch die Richtung, die *der Edle* einschlagen muß, um in der Folge *Gen – Kan – Zhen* den *großen Strom zu überschreiten.*

Sechs auf zweitem Platz   **Gen**

Picken mit Geschrei. Entschiedenheit ist glückverheißend.

Es geht jetzt darum, entschlossen zur Tat zu schreiten. Machen sie Ihre Interessen mit aller Deutlichkeit geltend.

Das Schriftzeichen für *Geschrei (ming)* besteht aus den Bestandteilen *Mund* und *Vogel.* Es bezeichnet ausdrücklich die Lautäußerungen von Vögeln oder anderen Tieren und setzt damit ein tierisches Subjekt voraus. Im übertragenen Sinn kann man dies auch als den Ausdruck äußersten Mangels, als *schreiende Bedürftigkeit* verstehen. *Schreiende Bescheidenheit* hingegen ist offensichtlich nicht sinnvoll. Will man an der Tugend der Bescheidenheit festhalten, so muß man mit *Wilhelm* den tierhaften Charakter des *Schreiens* unterschlagen: *Sich äußernde Bescheidenheit.* – Der Spruch steht hier für den Neumond *Gen. Picken mit Geschrei* wird jedoch noch einmal auf dem sechsten Platz für den Schwarzmond *Kun* wiederholt. Die urbildliche Vorstellung geht offenbar davon aus, daß sich der Schrei in Gestalt des Neumondes *Gen* aus dem Vogelschlund *Kun* herauslöst. Zugleich ist die Bewegung von *Kun* nach *Gen* der erste Schritt der nach abwärts gerichteten Pickbewegung des Schnabels. Eben diese Bewegung in der zunehmenden Richtung bedeutet hier zugleich unmittelbar die genaue *Entscheidung* oder *Festlegung* des Ziels, auf das der Schnabel treffen soll (vgl. Platz 3). Daher: *Picken mit Geschrei. Entschiedenheit ist glückverheißend.*

Neun auf drittem Platz   **Kan**

Belohntes Picken. Der Edle kommt zum Ziel. Glückverheißend.

Ihre Mühe wird belohnt. Sie finden, was Sie gesucht haben.

Der Platz entspricht urbildlich dem Vollmond, in dem sich der Mond-Schnabel füllt und zugleich mit seinen beiden Hälften schließt. Er stellt als einzige harte Linie des Zeichens die Spitze des aus den Linien *Gen – Kan* und *Kan – Zhen* gebildeten Vogelschnabels und zugleich das Ziel seines Zustoßens dar. Hier findet das himmlische Huhn sein Korn, wird die Arbeit des *Pickens* belohnt. Daher: *Belohntes Picken. Der Edle kommt zum Ziel.*

Sechs auf viertem Platz   Zhen

Nichts, was nicht günstig wäre. Ausholendes Picken.

Der schlimmste Mangel ist behoben. Sie können sich jetzt erst einmal zurückziehen, um dann in Ruhe einen neuen Anlauf zu nehmen.

Das *Picken* eines Vogels besteht aus zwei Bewegungen: einmal das nach unten gerichtete Zustoßen des Schnabels, das der Schritt *Gen – Kan* darstellt, und zum anderen das nach oben gerichtete *Zurückziehen* oder *Emporschwingen* des Schnabels, das hier angesprochen wird und dem Schritt *Kan – Zhen* entspricht. In bezug auf den vorigen Platz 3 zieht der Vogel mit dieser Bewegung die dort schon gepackte Beute zu sich heran, reißt sie an sich, um sie zu verschlucken. *Kunst* übersetzt den Ausdruck *(hui)* mit *Zerren* oder *Reißen*. Dabei stellt der Altmond *Zhen* dar, wie der Brocken im Schwarzmond-Vogelschlund verschwindet. Seine Gestalt legt hier die Vorstellung eines fressenden Fischreihers nahe. In bezug auf den folgenden Platz 5 hingegen, wo ein *Angriff* empfohlen wird, hat die Bewegung den Charakter des *Ausholens* zum Zweck eines erneuten Schnabelstoßes. Dieser Sinnbezug wird durch die dortige Wiederholung der Formel *Nichts, was nicht günstig wäre* signalisiert und betont.

Sechs auf fünftem Platz   Kun

Man wird nicht durch seinen Nachbarn bereichert. Günstig für Eroberung und Angriff. Nichts, was nicht günstig wäre.

Von Ihrer nächsten Umgebung haben sie keine Hilfe zu erwarten. Schauen Sie nicht nach links und rechts, sondern konzentrieren Sie sich auf Ihr Ziel. Sie haben alle Voraussetzungen, um selbständig einen aggressiven Vorstoß gegen die feindliche Außenwelt zu wagen.

Wie in H11/4 heißt es hier wieder, daß man *nicht durch seinen Nachbarn bereichert wird*: Die zwei Mondhälften oder *Nachbarn* schließen sich im Schwarzmond, für den der Spruch steht, nicht wie im Vollmond zusammen, um sich gegenseitig zu *bereichern*. Zugleich bilden die zwei Monde *Zhen* und *Gen* links und rechts von *Kun* den Gegensatz zu der frontal nach unten auf die Nacht-Erde weisenden Bedeutungsrichtung des Schwarzmond-Schlundes, der Zielrichtung des *Pickens*, die im zweiten Teil des Spruches als *Eroberung und Angriff* erscheint. Mit dem vorigen Platz wurde der Schnabel in der Bewegung des Altmondes *Zhen* zurückgenommen, so daß er jetzt zu erneutem Zustoßen bereit ist. Dabei hat man die besten Aussichten: *Nichts, was nicht günstig wäre.* Mit Blick auf das Parallelzeichen H7 entspricht das Aufnehmen der Nahrung durch den Vogelschlund auf den vorausgehenden Plätzen dem Versammeln des Sternenheeres in der Konjunktionsphase. Auch dort wird die zentral von *Kun* ausgehende Befehlsgewalt oder Stoßrichtung den beiden kleinen und inkompetenten *Söhnen* oder *Nachbarn Zhen* und *Gen* entgegengesetzt (vgl. H7/5).

Oben Sechs   **Kun**

Picken mit Geschrei. Günstig, um das Heer in Marsch zu setzen und eine Stadt oder ein Land anzugreifen.

Ihre Position ist jetzt so stark und zentral, daß Sie endlich zuschlagen können. Machen Sie etwas daraus.

In der Vogelkehle *Kun* steckt der *Schrei*, der sich hier praktisch als ein *Kriegsgeschrei* entpuppt. Auf Platz 2 haben wir das gleiche *Geschrei* in Gestalt des Neumondes aus ihr hervortreten gesehen. *Picken mit Geschrei* bedeutet das aggressive Zustoßen des Schnabels, dessen Ausgangspunkt hier durch die Wiederholung im mittleren der drei *Kun*-Plätze lokalisiert wird. Dem entsprechend setzt der zweite Teil des Spruches das militärische Szenario des vorigen fort (Platz 5): Die von *Kun* ausgehende Stoßbewegung des Pickens wird als das *In-Marsch-setzen eines Heeres* und der *Angriff auf eine Stadt und ein Land* ausgelegt. Urbildlich ist die gegnerische *Stadt* inmitten des feindlichen *Landes* der Vollmond inmitten des Nachthimmels, der auf Platz 3 in Gestalt von *Kan* erscheint. Der Spruch bildet zugleich die Überleitung zu dem darauffolgenden Partnerzeichen H16, wo im Hauptspruch ebenfalls das *In-Marsch-Setzen des Heeres* empfohlen wird.

16. YU / DIE BEDÄCHTIGKEIT
(DER ELEFANT)

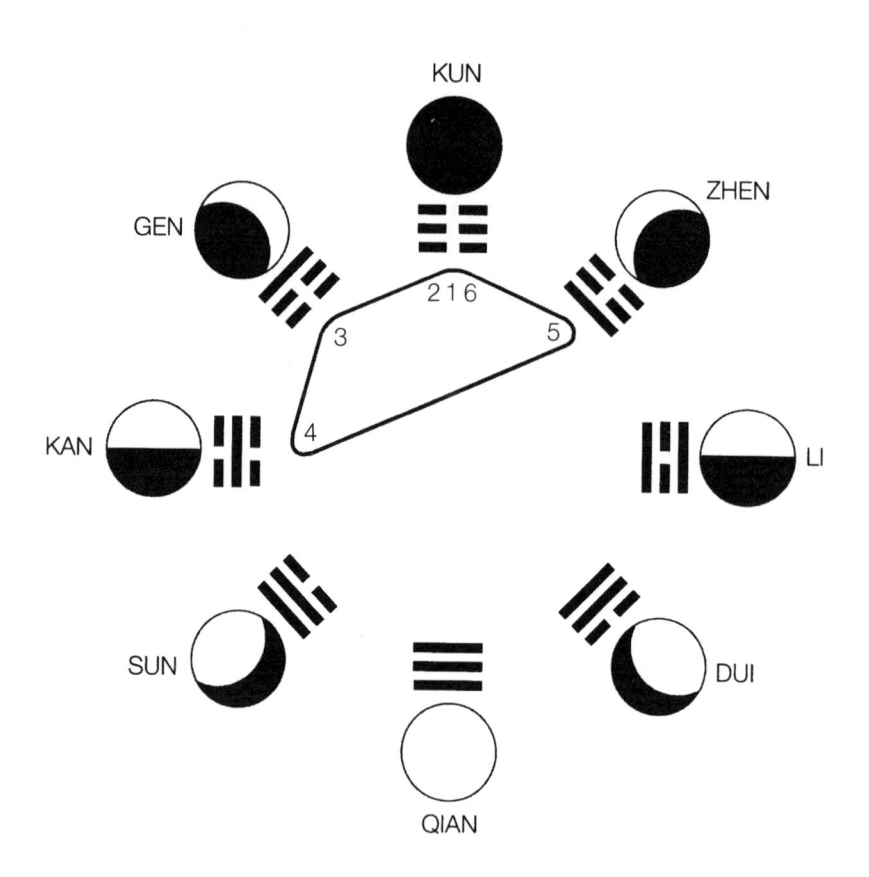

Partnerzeichen: H15.
Gegenzeichen: H9.
Parallelzeichen: H7, H8, H15, H23, H24.

Der Hauptspruch

Die Bedächtigkeit. Es ist günstig, einen Lehensfürsten einzusetzen und das Heer in Marsch zu setzen.

Sie können jetzt Ihre Machtstellung ausbauen und durch den Einsatz vertrauenswürdiger Stellvertreter festigen. Dies erfordert Voraussicht und Überlegung, aber auch entschlossenes Durchgreifen. Verlieren Sie nicht zu viel Zeit durch Zweifeln und Zögern!

Das älteste chinesische Lexikon Shuowenjiezi erklärt die Bedeutung des Schriftzeichens *YU* mit *Elefant.* Dieses ist zusammengesetzt aus den Bestandteilen *geben (yu)* und *Bild (xiang),* so daß man den Elefanten als *Der die Bilder gibt* verstehen kann. Die *Bilder* sind die *Vier Bilder (sixiang)* des *Yijing,* d. h. urbildlich die vier Mondphasen. Dabei hat das Zeichen *xiang (Bild, Symbol)* zugleich auch für sich genommen die Bedeutung *Elefant.* Der Zusammenhang erklärt sich durch die mythische Auslegung der Ähnlichkeit zwischen den Stoßzähnen des Elefanten und der Mondsichel (Abb. 22, S. 202). *Elfenbein* ist ja auch im Deutschen wörtlich *das Gebein der Elfen,* d. h. *der Mondgeister.*

Aus der Wesensart des Elefanten leitet sich für das Schriftzeichen sodann der abstrakte Sinngehalt *Bedächtigkeit* ab, und da man an den mit dem Tier mythologisch eng verwandten Mondbildern den Lauf des Himmels ablesen kann, hat sich diese Bedeutung vor allem zum *Vorausdenken* und zur *Vorsorge* spezifiziert. Sekundär ist daraus auch noch der Sinn der *Gelassenheit,* der *Zufriedenheit* und der *Vergnügtheit* geworden. *Gao Heng* deutet den Begriff negativ als *Trägheit* oder *Überdruß.* In der Tat erscheint die *Säumigkeit* als der gefährliche Aspekt dieser Geisteshaltung, der das Leitmotiv der drei ersten Liniensprüche bildet und ausdrücklich auf Platz 3 formuliert wird.

Von der Aussage des Hauptspruches her ist *die Bedächtigkeit* offensichtlich als *weise Voraussicht* und *Vorsorge* zu verstehen. Vorgesorgt wird für den Fall der Gefahr, für den Kriegsfall: *Es ist günstig, (einen) Lehensfürsten einzusetzen und das Heer in Marsch zu setzen.* Der *Lehensfürst* ist wieder der Vollmond *Kan* (vgl. H3/1), der vom Sonnenort *Kun* aus mit der zunehmenden Bewegung *eingesetzt,* d. h. als Vertreter des Königs in die Außengebiete des Reiches geschickt wird, die der Nachthimmel darstellt. Wie in dem Parallelzeichen H7 *Das Heer* findet sich auch hier in *Kan* der einzige Yang-Strich

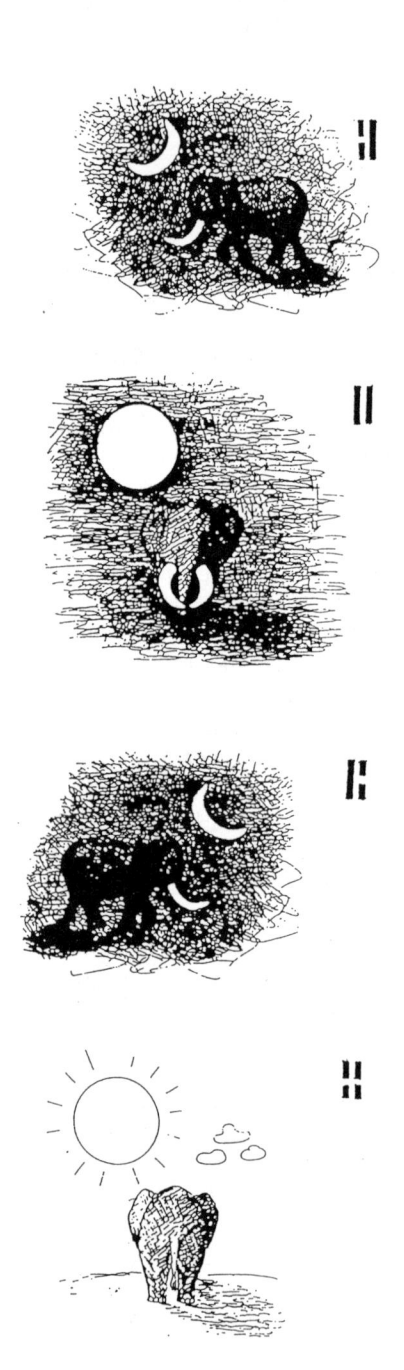

Abb. 22: Das Schriftzeichen xiang hat zwei scheinbar völlig zusammenhanglose Bedeutungen, nämlich Bild, Symbol, symbolisieren, *und* Elefant, Elfenbein. *Die Bezeichnung der* Vier Bilder *des Yijing, nämlich* si xiang *(die beiden Schriftzeichen rechts oben) kann man daher ganz wörtlich ebenso mit* die vier Elefanten *übersetzen. Die Ur-Bilder oder Ur-Symbole, denen die erste Bedeutung entlehnt ist, sind die Phasenbilder des Mondes. Die Brücke zur zweiten Bedeutung liegt allein in der Ähnlichkeit der Mondsichel mit der Erscheinungsgestalt des Elefantenzahnes.*

unter fünf Yin-Strichen, so daß der *Lehensfürst* zugleich als *der Heerführer* zu verstehen ist, der an der Spitze des Heeres dessen Stoßrichtung repräsentiert. Das Motiv der Einsetzung eines Fürsten oder Stellvertreters entspricht aber dem Grundgedanken von H8 *Die Verbundenheit*, der sich dort ebenso aus dem vorausgehenden Partnerzeichen H7 ergibt wie hier aus H15 *Das Picken*: Durch sein bescheidenes und geduldiges Picken hat der Vogel schließlich so viel Energie angesammelt, daß er nun in Gestalt des Elefanten mit voller Kraft auftrumpfen und seine Macht etablieren kann (vgl. H15/5/6). Durch das Motiv des Lehensfürsten im Hauptspruch und einige Elemente in den Liniensprüchen wird jedoch zugleich nahegelegt, daß dabei praktisch an einen Arbeitselefanten gedacht ist, der für seinen Herrn schuftet.

In den Liniensprüchen ist der Hexagrammname am sinnvollsten konkret mit *der Elefant* zu übersetzen. Der Graph ist ganz parallel zu dem vorausgehenden Partnerzeichen ausgelegt, wobei an die Stelle der Pickbewegung des Vogels die bedächtige Nahrungsaufnahme des Elefanten mit seinem vorautastenden Rüssel tritt. Der hohl gedachte Schwarzmond *Kun* ist der Schlund des Elefanten, *Gen* und *Zhen* bilden die zwei Augen bzw. die zwei Stoßzähne links und rechts davon, und *Kan* stellt das Ende des Rüssels dar, mit dem er auf die Erde herunterreicht und seine Nahrung greift. Diese wird dann auf dem Weg *Kan – Zhen – Kun* in den Schlund geschoben. Im Gegensatz zum hastigen Picken des Vogels in H15 beginnt die Bewegung des Graphs langsam und bedächtig mit *zwei* Plätzen in *Kun*, ehe sie sich über *Gen* fortsetzt.

Anfangs Sechs   **Kun**
Trompetender Elefant: Unheil.
Reden Sie nicht so viel, sondern handeln Sie.

Das mit *trompeten* wiedergegebene Schriftzeichen (*ming*) ist dasselbe, das in H15/2/6 das Geschrei des pickenden Vogels bezeichnet. Der Schwarzmond *Kun* ist der Schlund des Elefanten bzw. des Vogels, aus dem der Schrei kommt. Hier im Zeichen der *Bedächtigkeit* ist das *Trompeten* vor allem als Ausdruck der Tatenlosigkeit zu sehen. Ein *trompetender Elefant* arbeitet nicht. Daher: *Unheil*. Auch die folgenden beiden Sprüche 2 und 3 (also das ganze untere Haupttrigramm *Kun*) thematisieren Umständlichkeit und Zeitverlust als Gefahren der Bedächtigkeit.

Sechs auf zweitem Platz   Kun

Zwischen den Steinen zielt man nicht auf die Sonne. Entschiedenheit ist glückverheißend.

Wenn Sie zu viel vorausdenken, vergessen Sie das Nächstliegende. Handeln Sie ohne Zögern. Sie haben alle Voraussetzungen dafür.

Was *zwischen den Steinen liegt* oder *von den Steinen eingegrenzt wird*, ist urbildlich der Sonnenort *Kun* zwischen *Zhen* und *Gen*. Es sind die beiden Steine, die wir schon als die Türflügel des Himmelstores kennengelernt haben (vgl. H13/H14). Der westlichen Mythenforschung sind sie als die *Symplegaden*-Felsen bekannt. Sie begrenzen die Schwarzmond-Höhle im Inneren des Sonnenberges, das Tor zur Unterwelt. Das *Zielen auf die Sonne* setzt jedoch den entgegengesetzten Standpunkt voraus, nämlich die Perspektive des Vollmondes, der mit seiner Lichtseite frontal auf die Sonne *zielt* (vgl. H1/3). Diese Perspektive entspricht der abnehmenden Bewegung, die mit dem zweiten Haupttrigramm in der Folge *Kan – Zhen – Kun* dargestellt ist und das Einholen des Elefantenrüssels bedeutet. Hier aber geht es zunächst darum, den Rüssel in der zunehmenden Folge *Kun – Gen -Kan* auszustrecken und das Objekt der Begierde zu greifen. Der Satz: *zwischen den Steinen zielt man nicht auf die Sonne* hat auf diese Weise den Sinn einer Kritik an der Bedächtigkeit, nämlich daß man über dem Bedenken des zweiten Schrittes nicht vergessen soll, den ersten zu tun. Dies bekräftigt die Schlußformel: *Entschiedenheit bringt Glück*. Darauf baut sich nun die entmythologisierte oder »vermenschlichte« Deutung des Spruches auf: *zwischen den Steinen* kann wörtlich auch heißen: *mit Steinen gepanzert*, oder, im übertragenen Sinn: *felsenfest entschlossen*. Und das *Zielen auf die Sonne* wurde entmythologisiert, indem man das Schriftzeichen *Sonne* als *Tag* deutete und damit zu der Auslegung *bis zum Ende des Tages* gelangte. Unser ganzer Spruch lautet dann in der entmythologisierten Fassung: *Felsenfest entschlossen (wartet man) nicht bis zum Ende des Tages.*

Sechs auf drittem Platz   Gen

Der Elefant mit weit aufgerissenen Augen. Kummer. Die Verzögerung schafft den Kummer.

Gehen Sie entschlossen vor, ohne sich durch langes Staunen und trübsinnige Überlegungen aufhalten zu lassen.

Die *weit aufgerissenen Augen* bedeuten zugleich *Erstaunen* und *Angst*. Das zugrundeliegende Urbild ist der Neumond *Gen*, der mit seinem runden Sichelrand und seiner großen Schattenfläche wie ein *weit aufgerissenes Auge* aussieht. Dieser Schattenfläche entspricht zugleich das mit *Kummer* wiedergegebene Schriftzeichen *(hui)*, graphisch *die Finsternis des Herzens*, dessen Stammform speziell *(letzter Tag des Monats =) Schwarzmond* und allgemein *dunkel* oder *finster* bedeutet. Damit erklärt das Urbild zugleich die Idee der *Verzögerung*: Sobald der Mond »ohne zu zögern« zunimmt und sich zum Vollmond rundet (Schritt *Gen – Kan*), verschwindet die Erscheinung seiner Schattenfläche bzw. die deren Größe genau entsprechende *Finsternis* der mondlosen Nacht. Daher: *Die Verzögerung schafft den Kummer*. Damit wird hier in abgewandelter Form der Leitgedanke des vorigen Spruches fortgesetzt.

Neun auf viertem Platz   Kan

Durch den Elefanten wird großer Besitz gewonnen. Zweifle nicht! Warum sollten die Freunde nicht ebenso aufgefädelt werden wie die Kaurimuscheln mit einem Haarpfeil?

Jetzt geht es darum, aus dem Vollen zu schöpfen. Halten Sie sich nicht mit Zweifeln auf, sondern greifen Sie zu. Freunde und Geld kann man nie genug haben.

Der Platz markiert das Ende des Elefantenrüssels und zugleich das Ziel, nach dem er greift. Er folgt damit dem Vorbild des zunehmenden, d. h. immer *größer* werdenden Mondes, bis zur Fülle des Vollmondes, für den *Kan* hier steht. Der Ausdruck *Großer Besitz* ist der Hexagrammname von H14, wo er ebenfalls als Auslegung des Vollmondes erscheint. Daher: *Durch den Elefanten wird großer Besitz gewonnen*. Auch der *Zweifel* ist ein Ausdruck des Vollmondes, der sich ja aus der zunehmenden oder rechtsseitigen und der abnehmenden oder linksseitigen Hälfte zusammensetzt, also in sich einen Widerspruch verkörpert. Und eben diese beiden Hälften werden mehrfach im *Yijing* als zwei *Freunde* ausgelegt (H2/0, H11/2, H31/4). Auch das Schriftzeichen selbst *(peng)* ist die Verdoppelung des Zeichens *Mond*. In seiner ältesten Form aber stellt es *zwei parallel nebeneinander hängende Schnüre mit daran aufgereihten Schalen von Kaurimuscheln* dar. Diese Muscheln wurden in der Frühzeit Chinas als Geldwährung benützt, was der Idee des *großen Besitzes* in unserem Spruch entspricht. Die zwei Fäden mit Muscheln symbolisieren dabei urbildlich wieder die beiden Reihen der linksseitigen und der rechtsseitigen Mondphasen, und der *Haarpfeil* ist natürlich ein geeignetes In-

205

strument, um sie *aufzufädeln*. Wenn man den Schwarzmond *Kun* als die schwarzen Haare eines Chinesen auslegt, ist die spitze Neumondsichel *Gen* auf Platz 3 der Haarpfeil zu Beginn des Auffädelns, und die Altmondsichel *Zhen* der Haarpfeil nach dem Durchlaufen der ganzen Doppelreihe über den Vollmond, das hier abgekürzt durch den Weg über *Kan* dargestellt ist. Mit meiner obigen Übersetzung des Spruches fasse ich die Doppelbedeutung des Zeichens *peng* als ein beabsichtigtes Wortspiel auf. Der gemeinte Sinn ist in jedem Fall klar: Halte dich nicht lange mit Zweifeln auf, für was du dich entscheiden sollst, sondern nimm der Reihe nach alles mit, was sich bietet. Mache möglichst alle zu deinen Freunden und lasse dir auch in finanzieller Hinsicht nichts entgehen.

Sechs auf fünftem Platz **Zhen**

Die Entscheidung bedeutet Krankheit. Wenn man Ausdauer hat, stirbt man nicht.

Sehen Sie zu, daß Sie nicht in hemmungsloser Gier Ihre letzten Reserven verbrauchen. Was Sie brauchen, ist ein langer Atem. Denken Sie an Morgen.

Das Schriftzeichen für *Krankheit* hat zugleich die Bedeutung *Hast, Eile, Dringlichkeit*. Es ist die Krankheit, die urbildlich zum Altmond *Zhen* paßt, der heftig wie ein Krummsäbel gegen die Sonne anstürmt, sich dabei gleichsam aufzehrt und schließlich dahinschwindet. Im Elefantenszenario bedeutet der Vorgang, wie das Tier den Rüssel einholt und seinen Inhalt ins Maul schiebt, welches die Schwarzmond-Höhle auf dem folgenden Platz 6 darstellt. Als *Hast* und *Eile* steht sie im Gegensatz zum Motiv der *Verzögerung* auf Platz 3. Beim Fressen ist der Elefant offenbar mehr zur Eile geneigt als bei der Arbeit. Das urbildliche Gegenmittel für diese Krankheit aber ist naturgemäß das entgegengesetzte Mondbild *Sun*, mit dem das Schwinden des Altmondes in genauer Komplementarität kompensiert wird. Eben dieses Gegenmittel nennt das mit *Ausdauer* wiedergegebene Schriftzeichen *(heng)*, das auch die konkrete Bedeutung *der Mond kurz vor dem Vollmond* hat, also direkt die Mondphase *Sun* bezeichnet und dementsprechend auch *(Aus-)Füllen* heißt (in der Lautung *geng*; vgl. H5/1; H32/0). Analog zum *Ausfüllen* des Mondes in der Phase *Sun* wurde auch die komplementäre Ergänzung eines jeden Mondbildes durch das diametrale Gegenbild als ein solches *Füllen* verstanden. Im vorliegenden Fall ist es die Ergänzung von *Zhen* durch *Sun*, die das Dahinschwinden des Altmondes ausgleicht, so daß er vor dem Tod gerettet wird. Dies ist der paradigmatische Fall für die Überwindung der Vergänglichkeit durch den Ergänzungsbezug, der in H32 als Verhältnis der Haupttrigramme *Sun* und *Zhen* eben unter dem Hexagrammnamen *Geng/Heng* thematisiert wird. Von daher versteht sich ohne weiteres, warum das Schriftzeichen außerdem die Bedeutung *dauerhaft, ausdauernd* angenommen hat. Und von daher bedeutet der Spruch im wörtlichen Sinn auch die Empfehlung, *Ausdauer zu gebrauchen*. Praktisch heißt dies, daß alles, was verzehrt und verbraucht wird, wieder ergänzt werden muß, um die Versorgung dauerhaft zu gewährleisten. Daß man sich nicht gierig und gedankenlos dem Konsum hingeben, sondern zugleich die Sicherung des Nachschubs im Auge behalten soll. Dies ist die hier gemeinte Strategie der *Ausdauer*, d. h. des *langfristigen Überdauerns*. Der Sinn des Spruches fügt sich auf diese Weise in den Grundgedanken der *Bedächtigkeit* und der *Voraussicht*.

Oben Sechs   Kun

Der Elefant im Dunkeln. Wenn es eine Umkehr erzeugt, ist es kein Schaden.

Ihre Hemmungslosigkeit führt Sie in die Finsternis. Es ist an der Zeit, daß Sie sich umbesinnen und einen neuen Anfang machen.

In der Schwarzmondphase *Kun* ist die ganze Nacht *dunkel*, kein Mond ist zu sehen: *der Elefant im Dunkeln*. Möglich wäre auch *der unsichtbare Elefant* oder, im übertragenen Sinn, *der umnachtete Elefant*. Urbildlich aber *erzeugt* das *eine Umkehr*, nämlich das Wiedererscheinen der Mondsichel in *umgekehrter*, d. h. seitenverkehrter Form. Das mit *Umkehr* wiedergegebene Zeichen *(yu)* bedeutet speziell *etwas widerrufen* (vgl. H6/4). Durch sein Verschwinden in der Finsternis wird der Elefant geläutert und besinnt sich auf den rechten Weg.

17. Sui / Das Nachfolgen
(Die Verfolgung)

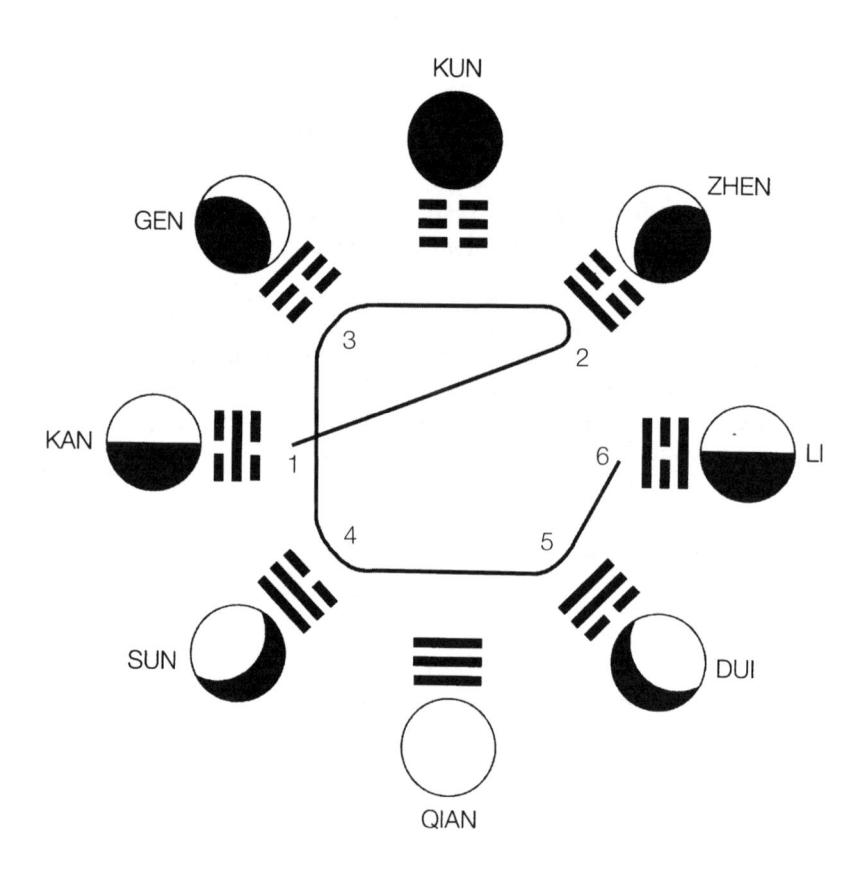

Partnerzeichen: H18.
Gegenzeichen: H18.
Parallelzeichen: H22, H48, H54, H56, H59.

Der Hauptspruch

Das Nachfolgen. Der Wunschgedanke dringt durch. Günstig für eine Verwirklichung. Kein Schaden.

Es geht darum, ein Höchstmaß an Übereinkunft herzustellen. Wenn es Ihnen gelingt, alle Seiten in angemessener Form einzubeziehen, wird man Ihnen auch dort folgen, wo es ein Opfer kostet. Freilich müssen auch Sie selbst mit gutem Beispiel vorangehen und bereit sein, sich den Sachzwängen unterzuordnen.

Der Graph des Zeichens durchläuft alle Trigramme außer *Qian* und *Kun*, welche jedoch in ihrer Vertretung durch *Kan* und *Li* ebenfalls präsent sind. Die Platzverteilung ist auf diese Weise insgesamt vollkommen ausgeglichen. Jedes Mondbild *trifft* darin auf sein diametrales Gegenbild, so daß in der komplementären Ergänzung kein einseitiger Rest, *kein Schaden* bleibt. Zugleich bilden die Plätze auch in der Waagerechten drei Paare von spiegelbildlich rechtsseitigen und linksseitigen Monden, wobei obendrein immer die geradzahligen (weiblichen) und die ungeradzahligen (männlichen) Plätze zusammengestellt sind.

Auf diese Weise faßt der Graph in seinem Verlauf alle Mondbilder zusammen, verbindet sie miteinander. Dem entspricht das Motiv des *Fesselns* und *Festbindens*, das in den Linientexten immer wieder auftaucht (Plätze 2, 3, 6). Sein Zusammenhang mit der Idee des *Nachfolgens* aber ergibt sich aus der Gestalt, die der Graph im ganzen bildet: Wenn wir uns seine Kanten etwas gerundet vorstellen, so gleicht er einem Seil, das in der Bewegung *Kan – Zhen – Gen – Sun* eine *Schlinge* bildet, danach im Verlauf *Sun – Dui* herunterhängt und in *Li* wieder hinaufgezogen wird. Da in der Auslegung des Mondplanes als Menschengestalt der Sonnenort *Kun* den Kopf und die Ebene *Zhen – Gen* die Schultern bildet, ergibt sich so das Bild eines Gefangenen, der mit einer Schlinge um den Hals abgeführt wird. Auf Platz 6 wird diese Vorstellung direkt ausgedrückt: *Man ergreift ihn und fesselt ihn. Dann führt man ihn locker an der Leine.* Dem entspricht der Doppelsinn des Hexagrammnamens *SUI*, der einerseits das aktive *Verfolgen* bedeuten kann, um einen Fang zu machen, und andererseits das *Nachfolgen, Gehorchen* oder *Sichfügen* des Gefangenen. Daraus ergibt sich naturgemäß das Problem der Rollenverteilung bei dem Vorgang (vgl. Platz 1).

Dabei ist der Ausgangspunkt des Graphs das den Vollmond vertretende *Kan*, und sein Endpunkt das Sonnenzeichen *Li*. Dies aber ist der urbildliche Weg der Opferung, zu welcher der (auf den Plätzen 4 und 5 genannte) Gefangene geführt wird (vgl. H14). Der Weg führt hier jedoch auf verschlungenem Pfad erst hinauf über *Zhen* und *Gen* und dann wieder herunter über *Sun* und *Dui*, ehe er in *Li* endet. Und zu dieser Struktur eröffnet sich wiederum ein Zugang durch den Hexagrammnamen *SUI*: Das Schriftzeichen besteht aus den Elementen *links* und *Mond* über *gehen*; außerdem ist noch der Bestandteil *Erdhügel* hinzugefügt. In der *Mawangdui*-Fassung aber fehlt das Element *gehen*. Der verbleibende Rest ist das Zeichen *TUO*, das allgemein ein *Leichenopfer* bedeutet, und spezieller *Streifen* oder *Schnitzel* von *Opferfleisch*, die man, wie im *Ritenbuch der Zhou (Zhouli)* ausdrücklich berichtet wird, *nach dem Opfer vergrub*: Der Graph führt auf dem zweiten Platz über den *linksseitigen* Altmond *Zhen*, der immer kleiner wird, was das streifenweise Abschneiden des Fleisches darstellt, und verläuft dann über *Gen* und *Sun* hinunter in die Nacht-Erde, was dem anschließenden Vergraben entspricht. Der Gedanke des Vergrabens kommt auch in der auf Platz 6 genannten *Opferung an den Westberg* zum Ausdruck. Denn der *Westberg* entspricht im mythischen Weltbild der schlanken Neumondsichel *Gen* (Abb. 11), die im *Westen* erscheint, und von hier aus ihren Weg hinunter in die Nacht-Erde beginnt, was man offenbar durch das Vergraben abgeschnittener Fleischstreifen symbolisierte. Von entsprechenden Verstümmelungsritualen wird u. a. im *Buch der Dokumente* berichtet.

Da die vollständige Komplementarität der Platzverteilung auch im Verhältnis zu dem darauffolgenden Partnerzeichen H18 besteht, ist das Hexagrammpaar in besonderem Maß als Einheit zu sehen. Unter diesem ganzheitlichen Aspekt ist das Leitmotiv hier in H17 die Opferung, während das Vergraben des Fleisches in H18 thematisiert wird (s. H18/0).

Der für heutige Begriffe makabere kulturgeschichtliche Hintergrund des Menschenopfers darf nicht darüber hinwegtäuschen, daß der Sinn des Zeichens außerordentlich positiv gewertet wurde. Das Sichfügen in den Kreislauf von Leben und Tod, die Kommunikation zwischen Diesseits und Jenseits, die es darstellt, bedeutete für das archaische Bewußtsein die gelungene Anpassung an den Lauf der Zeiten und ein Höchstmaß an Harmonie mit der Natur.

Anfangs Neun   **Kan**

Die Funktionen werden gewechselt. Die Entscheidung ist glücklich. Zur Tür Hinausgehen und sich Austauschen hat Erfolg.

Es ist an der Zeit, die Rollen neu zu verteilen. Seien Sie entschieden, aber auch offen für die Meinungen anderer. Niemand hat das ewige Leben gepachtet.

Der Spruch bildet eine Vorschau auf das ganze Zeichen. Das mit *Funktion* wiedergegebene Zeichen kann ein *Amt* bedeuten, einen *Amtsträger*, auch das *Wohnhaus* eines Amtsträgers. Der *Wechsel* erklärt sich urbildlich daraus, daß der Graph in seinem Verlauf mehrfach sowohl zwischen der linken und der rechten Seite als auch zwischen oben und unten hin und her *wechselt*. *Kan* steht für den Vollmond und bildet als Ort der *Entscheidung* den Ausgangspunkt der ganzen Wechselbewegung. Diese führt über den verschlungenen Verlauf des Graphs schließlich zur Konjunktion *Li* auf Platz 6, was die Öffnung des Himmelstores bedeutet (vgl. H13/0), die hier als das *aus der Tür Hinausgehen* erscheint. Und auch das mit *(sich) austauschen* wiedergegebene Zeichen *(jiao)* bedeutet urbildlich nichts anderes als *die Konjunktion von Sonne und Mond* und kann im rituellen Sinn auch als *Opferung auf dem Scheiterhaufen* aufgefaßt werden (vgl. H14/1/5), zumal auf Platz 6 von einer Opferung die Rede ist. Der *Austausch* und der *Wechsel der Funktionen* findet unter diesem Vorzeichen zwischen Diesseits und Jenseits statt.

Sechs auf zweitem Platz   **Zhen**

Man bindet das kleine Kind und verliert den erwachsenen Mann.

Vordergründig machen Sie ein schlechtes Geschäft. Aber es ist noch nicht aller Tage Abend.

Hier wird das Abnehmen des Mondes als der Verlust des *erwachsenen Mannes* ausgelegt. *Gebunden* oder *gefesselt* wird nur noch *das kleine Kind*, d. h. der schon zur schmalen Sichel geschrumpfte Altmond *Zhen*, den der Graph als die erste Station seiner Schlingbewegung erreicht. Zugleich schlingt sich auch die schmale Mondsichel selbst als ein Urbild der Fessel um den Mondkörper herum.

Sechs auf drittem Platz   **Gen**

Man bindet den erwachsenen Mann und verliert das kleine Kind. Im Nachfolgen wird das Gesuchte erlangt. Günstig als Entscheidung für das Verweilen.

Sie verzeichnen einen Zugewinn. Das ist der richtige Weg. Lassen Sie sich nicht davon abbringen.

Hier durchläuft der Graph die zweite Station der Schlingbewegung, die sich zugleich wieder im Schwung der Neumondsichel *Gen* darstellt. *Gen* aber ist im Gegensatz zum Altmond *Zhen* auf dem vorigen Platz im *Zunehmen* begriffen, so daß die Kleinheit des Neumondes, die *das kleine Kind* darstellt, *verloren geht*. Der Graph folgt dem Zunehmen des Mondes, das diesen zu dem *erwachsenen Mann* werden läßt, der in der Bewegung *Gen – Sun* gebunden wird. Diese Bewegung ist zugleich als erfolgreiche Suche ausgelegt. Und da sie (im Gegensatz zur vorigen und zur folgenden) auf der zunehmenden Seite des Kreislaufes *verweilt* und nicht auf die andere Seite umspringt, ist der Platz *günstig als Entscheidung für das Verweilen*.

Neun auf viertem Platz   **Sun**

Im Nachfolgen macht man einen Fang. Eine Festlegung bringt Unheil. Wenn man auf dem Weg einen Gefangenen macht, gewinnt man dadurch Licht. Was schadet es also?

Bleiben Sie flexibel für die Chancen, die Ihnen die Situation bietet. Versteifen Sie sich nicht auf ein Ziel, wenn Sie ein anderes leichter erreichen können.

Die Zunahme des Mondes bzw. die Füllung des Mondgefäßes mit Licht wird hier in Fortsetzung des Gedankens vom vorigen Platz als ein Zugewinn, ein *Fang* ausgelegt. Dies bezieht sich hier in *Sun* jedoch zunächst nur auf die rechte Hälfte des Mondes, die auf dem nächsten Platz *Dui* wieder verloren geht. Denn der Vollmond *Qian* wird übersprungen. Daher: *Eine Festlegung* (auf den Fang) *bringt Unheil*. Als Ersatz für den Verlust wird *auf dem Weg Sun – Dui* jedoch *die linke* Hälfte voll ausgebildet, die als *der Gefangene* erscheint, den man *auf dem Weg macht*. Das so gewonnene *Licht*, das sich ganz unmittelbar aus dem Himmelsbild erklärt, gleicht den *Schaden*, nämlich die erneute Verdunkelung der rechten Seite in *Dui*, wieder aus. Im übertragenen Sinn bedeutet das *Licht* die damit gewonnene *Erkenntnis* oder *Einsicht*.

Neun auf fünftem Platz   Dui

Gefangene in paarweisem Verbund bringen Glück.

Eine enge Verbindung legt Ihnen zwar Fesseln an, bietet aber auch eine glückliche Perspektive auf einem vorgezeichneten Weg.

Der Schlüssel zu dieser Zeile ist das Schriftzeichen *jia*, das ich mit *paarweiser Verbund* wiedergebe. Es wurde auch für die Schönheit des Mondes gebraucht und hat die allgemeine Bedeutung *gut, schön, glücklich* etc. Der urbildliche Grundgedanke dieser Schönheit ist die *Symmetrie* der linksseitigen und rechtsseitigen Monde, die sich im Vollmond vereinen. Das Zeichen bezeichnet daher auch ein *Hochzeitsfest (jia-li)*. In abgewandelter Schreibung bedeutet dasselbe Wort *jia* ein *Joch* oder ein unter einem gemeinsamen Joch vereintes *Gespann* von zwei Pferden. Urbildlich ist damit die Paarung der Mondbilder *Sun* und *Dui* gemeint, die durch den Graph direkt verkoppelt werden. Die Links-Rechts-Symmetrie setzt sich nach oben fort in den Ebenen *Kan – Li* (Plätze 1 und 6) und *Zhen – Gen* (Plätze 2 und 3), so daß sich zugleich immer die geraden (weiblichen) und die ungeraden (männlichen) Plätze gegenüberstehen.

Oben Sechs   Li

Man ergreift ihn und fesselt ihn. Dann führt man ihn locker festgebunden ab. Der König gebraucht ihn als Opfer an den Westberg.

Sie geraten in eine Abhängigkeit, die Ihnen Opfer abverlangt. Fügen Sie sich in Ihr Schicksal. Es dient einem höheren Zweck.

Dieser letzte Platz *Li* des Hexagrammes bildet den Gegenpol zu *Kan* auf Platz 1. Der Spruch umschreibt daher mit den ersten zwei Sätzen die gesamte Bewegung des Graph-Seiles, das sich über die ersten vier Plätze um den Gefangenen schlingt, ihn *fesselt*, dann in *Sun* und *Dui lose* herunterhängt und in *Li festgebunden* oder *festgehalten* wird, um ihn abzuführen. Der Weg führt mit *Li* in die Konjunktion, was die Opferung des Gefangenen bedeutet. Der *Westberg* aber entspricht im mythischen Weltbild der schlanken Neumondsichel *Gen* (Abb. 11, S. 46), die nach der Konjunktion im *Westen* erscheint, und von hier aus ihren Weg hinunter in die Nacht-Erde beginnt. Dies wurde offenbar durch das Vergraben der Überreste des Opfers rituell dargestellt (s. oben die Erläuterung des Hexagrammnamens). Auch das Schriftzeichen für *König* erscheint hier nicht zufällig, da es mit seiner Gestalt eben die vollständige Besetzung der drei Ebenen des Mondplanes repräsentiert (Abb. 21, S. 136). Der Spruch bedeutet zugleich eine Überleitung zu dem nachfolgenden Partnerzeichen H18, das mit seiner zunehmenden Grundtendenz gleichsam den *Westberg* darstellt, während das vorliegende als seine Umkehrung dem nicht genannten *Ostberg* entspricht.

18. Gu / Das Gewürm
(Die Erblast)

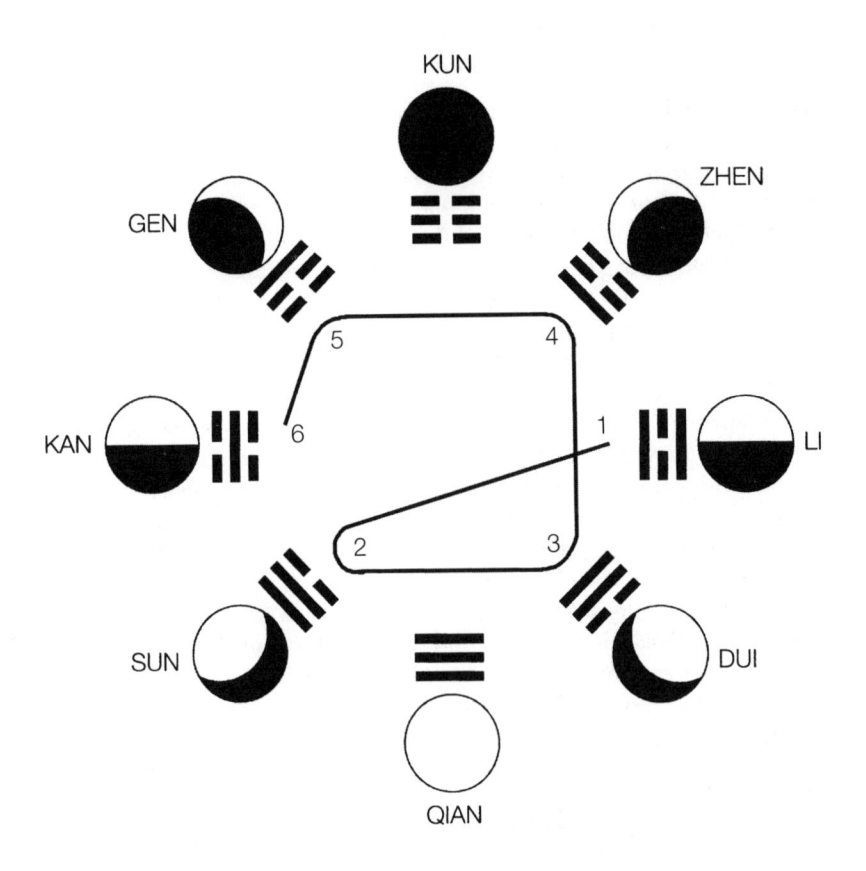

Partnerzeichen: H17.
Gegenzeichen: H17.
Parallelzeichen: H21, H47, H53, H55, H60.

Der Hauptspruch

Das Gewürm. Der Wunschgedanke dringt durch. Günstig, den großen Strom zu durchwaten. Vor dem Neubeginn drei Tage, nach dem Neubeginn drei Tage.

Es ist eine Zeit des Überganges und der Unsicherheit, in der das Alte nicht mehr und das Neue noch nicht besteht. Wünsche und Begierden, Gestalten und Möglichkeiten drängen nach Verwirklichung. Sie müssen eine befriedigende Lösung finden.

Das Gesamtbild des Graphs suggeriert die Gestalt eines Wurmes oder einer Schlange, deren Schwanzende *Li* auf dem ersten Platz und deren Kopfende *Kan* auf dem sechsten Platz darstellt. Das Tier ist mit dem Hinterteil in der Bewegung *Li – Sun – Dui* eingerollt und erhebt sich über *Dui – Zhen – Gen* aus der Nacht-Erde heraus in die Oberwelt des Taghimmels, um sich in *Kan* mit dem Kopf wieder herunterzuwenden. Diese Suggestion führte zu dem Hexagrammnamen *GU* mit der konkreten Grundbedeutung *ein Gefäß voll Gewürm*. Die archaische Form des Schriftzeichens stellt einen Kelch dar, aus dem sich zwei Würmer oder Schlangen emporringeln 蠱.

In der graphischen Gestalt des vorausgehenden Partnerzeichens H17, die dort als Schlinge oder Fessel gedeutet wurde, kann man die zweite, in der umgekehrten Bewegung begriffene Schlange sehen. Denn die beiden Hexagramme sind nicht nur Partnerzeichen, sondern zugleich Gegenzeichen, so daß sich in ihrem Verhältnis Platz für Platz immer die diametral entgegengesetzten Mondbilder gegenüberstehen. Außerdem sind aber auch in jedem einzelnen von ihnen alle Plätze gegenbildlich besetzt. Dies ist eine Analogie zu dem Hexagrammpaar H11/H12, das als ganzes besonders den Geschlechtergegensatz thematisiert. In den Linientexten erscheint die Zweizahl der Schlangen diesem Motiv entsprechend, indem zwischen dem *Gewürm des Vaters* und dem *Gewürm der Mutter* unterschieden wird.

Arthur Waley glaubt, daß es sich um *Maden im Fleisch von Tieren* handelt, *die den Geistern der verstorbenen Eltern geopfert wurden*. Einen rituellen Hintergrund dieser Art legt in der Tat das Opfermotiv des Partnerzeichens nahe. Dort geht es um eine Opferung, bei der die Auflösung des Mondes in der Konjunktion mit der Sonne als Zerstückelung symbolisiert wurde, um das Opferfleisch anschließend zu vergraben. Die Opferung ist in H17 als der verschlungene Weg des Graphs von *Kan* nach *Li* dargestellt, d. h. urbildlich aus der Tiefe der Nacht-Erde hinauf zum Sonnenort. Hier hingegen haben wir die durchgängig umgekehrte Bewegung von *Li* nach *Kan*, mit der das in – madenartig aussehende – Schnitzel zerschnittene Opferfleisch vergraben wurde. Zusammen umfassen die beiden Hexagramme damit einen vollständigen Kreislauf durch den Mondzyklus. Auf diese Weise »beißt sich die Schlange in den Schwanz«. So wird der Sinn des Zeichens auch in den klassischen Kommentaren gedeutet: *Wo ein Ende ist, gibt es einen Anfang. Das ist der Gang des Himmels* (*Tuanzhuan*).

In diesem urbildlichen Sinn beschreibt der Hauptspruch das Verhältnis der beiden Hexagramme des Paares: *Der Wunschgedanke dringt durch* bedeutet in der rituellen Auslegung die Opferung (vgl. H14/0), d. h. das Treffen des Mondes auf die Sonne in der Konjunktion *Li*, mit der H17 endet und H18 beginnt. Und *den großen Strom durchwaten* bedeutet das Überbrücken der Nacht durch den Vollmond *Kan*, mit dem H17 beginnt und H18 endet (vgl. die umgekehrte Reihenfolge der Formeln in H13/0 und H14/0).

Auch der letzte Teil des Hauptspruches drückt die Symmetrie zwischen den beiden Hexagrammen aus: *Vor dem Neubeginn drei Tage. Nach dem Neubeginn drei Tage.* Der *Neubeginn* entspricht hier der Konjunktion *(Li)*, mit der H17 endet und H18 beginnt. Und die *drei Tage* sind die Auslegung der drei durch die Platzverteilung in beiden Hexagrammen gleichermaßen gebildeten waagerechten Gegensatzpaare *Zhen – Gen, Li – Kan* und *Sun – Dui*. Die mit diesen drei Verbindungslinien dargestellte Vollständigkeit des Kreislaufes wird auch durch das Schriftzeichen *König (wang)* signalisiert (Abb. 21, S. 136), das bezeichnenderweise in beiden Hexagrammen zum Abschluß auf Platz 6 erscheint.

Das mit *Neubeginn* wiedergegebene Schriftzeichen *(jia)* ist eigentlich ein zyklisches Kalenderzeichen. Mit der gegebenen Übersetzung folge ich dem Kommentar des *Wang Bi*, der die Stelle politisch erklärt: *Jia, das ist der Befehl für ein neues Gesetz. Man kann danach nicht einfach urteilen wie nach dem alten. Darum geht man ihm drei Tage voraus und folgt ihm drei Tage nach: (Das heißt,) man befiehlt zuerst seine Verbreitung, und dann erst bestraft man danach.*

Die politische Erklärung scheint hier freilich etwas weit hergeholt. Allgemein wird die Bedeutung des Hexagrammnamens *GU* mit *Gewürm im Inneren des Bauches* angegeben, woraus sich die Idee einer *inneren Aufgewühltheit*, eines *tiefsitzenden Schmerzes*, einer *(Geistes-)Krankheit* ergibt. Was sich dergestalt wie ein nagendes Gewürm im Inneren des Bauches anfühlt, ist die Trauer um einen Verstorbenen oder der Schmerz über die Trennung von einem geliebten Menschen. Der Verlust erzeugt eine Leere, durch die das innere Gleichgewicht gestört ist, und die auf neue Weise wieder gestaltet und erfüllt werden muß. Dies ist die Aufgabe, die in dem Hexagramm formuliert ist. *Das Gewürm des Vaters* und *das Gewürm der Mutter* stellt sich so als eine belastende Hinterlassenschaft der verstorbenen Eltern dar, als eine *Erblast*. Diese pflegt so interpretiert zu werden, daß die Eltern etwas verdorben haben, das von den Kindern wieder in Ordnung gebracht werden muß.

Die Erblast des Vaters und *die Erblast der Mutter* bedeuten aber, ursprünglicher gedacht, überhaupt die männlichen und die weiblichen *Triebelemente*, die jeder Mensch in verschiedener Mischung von Vater und Mutter geerbt hat, und die, emotional als *Gewürm im Inneren des Bauches* spürbar, den *Fortpflanzungstrieb* bilden, der ja fundamental immer wieder auf die Erneuerung der absterbenden Generationen abzielt. Zugleich ist dieser Trieb gekennzeichnet als der Drang des unvollkommenen, gleichsam halbierten Einzelmenschen nach seiner Ergänzung durch das andere Geschlecht, seine »bessere Hälfte«. Eben dieser Ergänzungsbezug stellt sich urbildlich in dem durchgängig komplementären Verhältnis der beiden Hexagramme dar. Nach heutigen Begriffen erinnert die schlangenhafte Verschlungenheit der Graphe sogar direkt an die Doppelhelix der Erbsubstanz DNS.

Wie aus dem Spruch zu Platz 1 hervorgeht, ist das Leitmotiv des Zeichens die Bewältigung der *Erblast des Vaters* durch den *Sohn*. Die Grundbewegung des Abnehmens in H17 entspricht dem Sterben des Vaters, die Bewegung des Zunehmens in H18 seiner stellvertretenden Wiederherstellung in Gestalt des Sohnes. Dabei werden in den Linientexten zwei Ebenen dieser Wiederherstellung unterschieden: Mit der Ergänzung *Sun – Zhen (Mutter – Vater)* erfolgt sie auf der geschlechtlichen Ebene (Plätze 2 und 4), mit der Ergänzung *Dui – Gen (Kummer/Schaden – Ehre)* auf der Ebene der sozialen Stellung. Da jedes der beiden Hexagramme zugleich in sich eine vollständige Komplementarität der Platzverteilung aufweist, kann das Ergänzungsverhältnis auch ohne direkten Bezug auf das Partnerzeichen signalisiert werden.

Anfangs Sechs   Li

Die Erblast des Vaters bewältigen. Wenn ein Sohn da ist, hat der verstorbene Vater keinen Schaden. Gefahr. Am Ende Glück.

Eine durch einen schweren Verlust entstandene Lücke muß ausgefüllt werden. Sie tragen die Verantwortung für den Fortbestand einer Tradition.

Der Spruch formuliert noch einmal den Grundgedanken des Zeichens und versteht sich zugleich als Vorschau auf den Verlauf. Es ist die Aufgabe des

Sohnes, die Erblast des Vaters zu bewältigen, d. h. die Leerstelle auszufüllen, die dieser hinterlassen hat. Die Leerstelle ist der als *Schaden* interpretierte *Schatten*, der durch die komplementäre Ergänzung der Gegenbilder ausgefüllt oder ausgeglichen wird. Es geht darum, diesen Ausgleich auf dem verschlungenen Weg des Graphs durchgängig herzustellen. *Sun* auf Platz 2 wird durch *Zhen* auf Platz 4 ausgeglichen, *Dui* auf Platz 3 durch *Gen* auf Platz 5. Und zuletzt wird die durch *Li* auf Platz 1 repräsentierte Konjunktionsphase, die Todeszone des verschwundenen Mondes, durch das Gegenbild *Kan* auf Platz 6 ergänzt. Damit ist die Schatten-Lücke, die der Tod des Vaters hinterlassen hat, und die man sich zugleich auch als einen schmerzlichen Mangel oder Makel vorstellte, unter dem sein Geist im Jenseits leiden mußte, beseitigt. Daher: *Wenn ein Sohn da ist, hat der verstorbene Vater keinen Schaden. Gefahr. Am Ende Glück.*

Neun auf zweitem Platz   Sun

Die Erblast der Mutter bewältigen. Man darf sich nicht festlegen.

Vermeiden Sie jede starre Fixierung. Es geht darum, lebendige und dynamische Beziehungen zu entwickeln.

Das rechtsseitige oder weibliche Mondbild *Sun* wird hier als *die Mutter* ausgelegt, seine *zu bewältigende*, d. h. zu ergänzende Einseitigkeit als ihre *Erblast*. Die Abrundung des Bildes zum Vollmond würde das Problem lösen, aber zugleich die *Festlegung* oder *Verfestigung* bedeuten, die man unterlassen soll. Denn im weiteren Verlauf stabilisiert sich das Bild nicht im Vollmond *Qian*, sondern der Graph springt auf dem folgenden Platz 3 um in die linksseitige Phase *Dui* (vgl. H17/4). Im Unterschied zur statischen Einheit des Vollmondes geht es um die Herstellung des dynamischen Ergänzungsverhältnisses zwischen den diametralen Gegensätzen im Durchlaufen des Zyklus. Der ergänzende Gegenpol des mütterlichen Erbes in *Sun* ist das väterliche Erbe in *Zhen* auf Platz 4.

Neun auf drittem Platz   Dui

Die Erblast des Vaters bewältigen. Es gibt ein wenig Kummer, aber keinen großen Schaden.

Sie müssen sich einige Schwachpunkte eingestehen. Aber diese sind nicht sehr gravierend und werden sich beheben lassen.

Die *Erblast des Vaters* zeigt sich hier als der Schattenrand des Mondbildes *Dui* auf der rechten, der weiblichen Seite. Da er in dieser Phase aber noch schmal ist, gibt es nur *ein wenig Kummer* und *keinen großen Schaden*. Seine *Bewältigung* erfolgt durch den ergänzenden Lichtrand des Gegenbildes *Gen* auf Platz 5, der dort als *Ehre* ausgelegt ist.

Sechs auf viertem Platz Zhen

Der Erblast des Vaters nachgeben. Beim Weitergehen gerät man in Not.

Bei der Befriedigung Ihrer Triebe sollten Sie nicht zu weit gehen. Sonst geraten Sie noch in Teufels Küche.

Die *Erblast des Vaters* versteht sich hier speziell als der männliche Geschlechtstrieb, dem in der komplementären Ergänzung des weiblichen Gegenbildes *Sun* auf Platz 2 *nachgegeben* wird. Das *nachgeben (yu)* könnte man ebenso wortgetreu als *befriedigen* übersetzen. Beim *Weitergehen* aber verschwindet der Altmond *Zhen* in der Konjunktion und wird dort nicht mehr durch das Gegenbild *Qian* ergänzt (vgl. Platz 2). Daher: *Beim Weitergehen gerät man in Not.*

Sechs auf fünftem Platz Gen

Um die Erblast des Vaters in Ordnung zu bringen, bedient man sich der Ehrung.

Um der von Ihrem Vorgänger übernommenen Stellung gerecht zu werden, müssen Sie Anerkennung gewinnen.

Die *Ehrung* ist (wie in H2/4) ein Ausdruck des vom Sonnenkönig ausgehenden Lichtes, das hier den Neumond in seiner zarten Schönheit erstrahlen läßt. *Die Erblast des Vaters*, die damit *bewältigt* wird, ist *der Kummer* und *der Schaden* von Platz 3, d. h. der Schatten des Gegenbildes *Dui*, den die Lichtsichel des Neumondes ergänzt.

Oben Neun   Kan

Er dient nicht den Vasallen des Königs, sondern ist von höherer Stelle zu seinem Dienst berufen.

Es handelt sich um eine Situation, in der beschränkte Einzelinteressen gegenüber einem ganzheitlichen Zusammenhang höherer Art zurücktreten müssen.

Mit diesem letzten Platz des Hexagrammes ist die Ergänzung der Gegenbilder sowohl innerhalb des Hexagrammes als auch im Verhältnis zum Partnerzeichen H17 vollständig. Zugleich ist auch die vollständige Symmetrie zwischen der linken und der rechten Seite des Mondplanes hergestellt. Die Einheit dieses von oben bis unten durchgängigen Gleichgewichtes bildet die senkrechte Zentralachse *Kun – Qian*, die zusammen mit den drei waagerechten Verbindungslinien das Schriftzeichen *König (wang)* ergibt (Abb. 21, S. 136). *Kun* und *Qian* werden durch *Li* und *Kan* vertreten, so daß sich mit diesem Platz die ganze Machtfülle des himmlischen Königtums entlang der Zentralachse auf den Vollmond konzentriert, dessen Bild zugleich als Ergänzungsprodukt der Gegenbilder entsteht. Die Einseitigkeit der Monde auf der linken und der rechten Seite, welche die *Vasallen* oder *Lehensfürsten des Königs* darstellen, ist damit überwunden. Daher: *Er dient nicht den Vasallen des Königs, sondern ist von höherer Stelle zu seinem Dienst berufen.*

19. Lin / Das Wehklagen

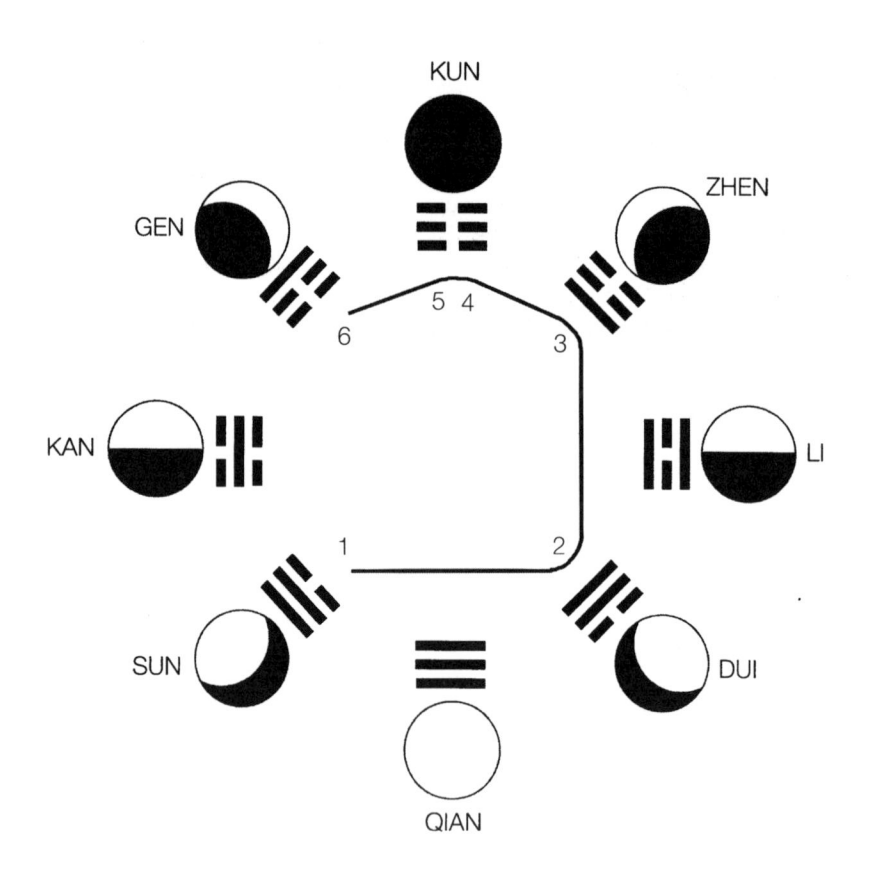

Partnerzeichen: H20.
Gegenzeichen: H33.
Parallelzeichen: H20, H27, H45, H46, H62.

Der Hauptspruch

Das Wehklagen. Der Wunschgedanke dringt durch. Günstig für eine Verwirklichung. Bis zum achten Mond herrscht Unheil.

Die Situation erfordert einen schmerzlichen, aber heilsamen Prozeß der Trauerarbeit. Nur aus den Tränen entsteht die Welt immer wieder neu. Wenn Sie sich ernsthaft und aufrichtig beklagen, können Sie von höherer Stelle Trost und Hilfe erwarten.

Der Hexagrammname *LIN* bedeutet *herabblicken, überwachen, herabkommen* und *ankommen*. Im Buch der Lieder ist es unter anderem der Schein von Sonne und Mond, dessen *Herabblicken* oder *Herabkunft* auf die Erde damit ausgedrückt wird. Zugleich aber bedeutet das Schriftzeichen, kausativ verstanden, *ein Ritual des Wehklagens*, mit dem die Gnade des Himmelsgottes, d. h. sein *Herabblicken* erfleht und bewirkt werden sollte. Dem Sinn dieses Wehklagens entspricht der Verlauf des Graphs von unten nach oben, d. h. die Bewegung, mit der es sich hinauf an den Himmel richtet und auf den Plätzen 4 und 5 die Adresse des Gottes, den Sonnenort *Kun* erreicht. Die umgekehrte, nach unten gerichtete Bewegung bleibt mit der Linie *Gen – Sun* ausgespart. Sie entspricht der Reaktion des Himmels auf das Wehklagen, eben dem *Herabblicken*, das in dem nachfolgenden Partnerzeichen H20 unter dem Titel *Die Schau* thematisiert wird.

Der Grundgedanke in beiden Hexagrammen ist die Auslegung des Mondplanes als ein Gesicht, in dem die paarigen Mondbilder links und rechts die Augen darstellen. In H18/0 wird dies ausdrücklich gesagt: *Es ist wie ein großes Gesicht*. Dabei stellen die zwei *Kun*-Plätze oben die beiden leeren, schwarzen Augen des Himmelsgottes dar, die durch das *Wehklagen* zum gnädigen *Herabblicken* bewogen werden sollen. Dies geschieht, indem das Augenpaar zunächst in Gestalt von *Sun* und *Dui* auf den Plätzen 1 und 2 mit silbrigen Tränen gefüllt wird, die der Gottheit dann mit der abnehmenden Bewegung *Dui – Zhen* nahegebracht werden. Auf Platz 4 erreicht die Botschaft des Wehklagens ihren Adressaten, auf Platz 5 begreift er sie, und auf Platz 6 wird die Gnade gewährt. Dabei stellt die Ebene der schmächtigen Mondbilder *Zhen* und *Gen* das Dahinschwinden des Mondes dar, das durch die tränenreichen Gegenbilder *Sun* und *Dui* ausgeglichen wird.

Zugleich bedeutet die Bewegung des Graphs nach oben, d. h. die mit dem

Abnehmen des Mondes immer weiter hervortretende Höhlung der Schattenseite, das Öffnen des Himmelstores, das sich, hier als Mund gedacht, weit zur Klage öffnet. So ist die Struktur des Hexagrammes als das weinende und wehklagende Antlitz des Himmelsgottes ausgelegt. Die Zeremonie des Wehklagens konnte nur den Sinn haben, ihn durch die rituelle Darstellung dieses Gesichtsausdruckes zum Mitleid mit der Vergänglichkeit alles Irdischen anzuregen.

Wie in dem vorigen Hexagrammpaar H17/H18 geht es also auch hier um eine rituelle Handlung, mit welcher der Gottheit ein Wunsch vorgetragen wird, dem sie dann entspricht. Daher heißt es im Hauptspruch auch hier: *Der Wunschgedanke dringt durch. Günstig für eine Verwirklichung.* Die *Verwirklichung*, nämlich die positive Antwort des Himmels, setzt mit der Wiedergeburt des Neumondes auf Platz 6 ein, welche zugleich die Überleitung in die zunehmende Bewegung des darauffolgenden Partnerzeichens bedeutet. Bis zu den beiden Schwarzmondplätzen 4 und 5 aber stellt der Verlauf in der abnehmenden Richtung das mit dem Wehklagen ausgedrückte Dahinschwinden des Mondes dar. Und dies umschreibt der letzte Satz des Hauptspruches. Denn wenn man den Zyklus der Mondphasen mit dem Neumond *Gen* beginnend durchzählt, so bildet der Schwarzmond *Kun* den *achten Mond*. Daher: *Bis zum achten Mond herrscht Unheil.* Durch das Wehklagen über dieses Unheil, nämlich das Dahinschwinden des Erleuchteten, werden jedoch immer wieder die Tränen des Himmelsgottes ausgelöst, die seine Wiedergeburt bedeuten. Der psychologische Sinn des Zeichens ist die heilsame Wirkung der Tränen, um einen Verlust verschmerzen und einen neuen Anfang machen zu können.

Anfangs Neun   **Sun**

Salziges Wehklagen. Die Entscheidung ist glückverheißend.

Hier sind echte Trauer und ehrlich empfundener Schmerz angebracht. Lassen Sie Ihren Tränen freien Lauf.

Mit der Übersetzung *salziges Wehklagen* folge ich der Interpretation von *Kunst*, der hier eine abgekürzte Schreibweise annimmt. Daß dies in der Tat der konkrete Grundgedanke ist, wird insbesondere durch den Spruch zu Platz 3 nahegelegt, wo vom *süßen Wehklagen* die Rede ist. *Salzig* bedeutet hier natürlich so viel wie *tränenreich*. Die beiden rundlichen Mondbilder *Sun* und *Dui* auf den Plätzen 1 und 2 sind mit der gleichen Formel *salziges Wehklagen* betextet und damit als zwei Augen ausgelegt, deren jedes mit einer dicken silbernen Träne gefüllt ist. Chinesische Kommentatoren vermuten darin die Abkürzung eines anderen Zeichens, das *betroffen* oder *gefühlsbe-*

wegt bedeutet und damit sinngemäß auf das gleiche hinausläuft. Zugleich bedeutet das Herabfallen der Mond-Tränen in das Nacht-Meer das, was durch das rituelle Wehklagen bewirkt werden soll, nämlich den Segen des Sonnengottes für das Sternenvolk, was die Linie zu einer *glücklichen Entscheidung* macht. Auch versteht sich der Platz als komplementäre Ergänzung des gegenüberliegenden Altmondes *Zhen*, dessen Verlust durch die Trauerarbeit verschmerzt wird (vgl. Platz 3).

Neun auf zweitem Platz   Dui

Salziges Wehklagen. Glückverheißend. Nichts, was nicht günstig wäre.

Kosten Sie Ihren Schmerz richtig aus bis zur Neige. Sie sind auf dem richtigen Weg. Getröstet werden Sie dem Tränenbad entsteigen.

Der Sinn des Spruches entspricht im wesentlichen dem der vorigen Linie. In Gestalt des Mondbildes *Dui* füllt sich hier nun auch das zweite Auge mit einer dicken Träne. Beide verstehen sich zugleich als die Ergänzung der diametral entgegengesetzten Bilder *Zhen* und *Gen* auf den Plätzen 3 und 6. Das *Wehklagen* erreicht damit die herzzerreißende Vollkommenheit, der sich die Gottheit nicht entziehen kann. Daher: *Glückverheißend. Nichts, was nicht günstig wäre.*

Sechs auf drittem Platz   Zhen

Süßes Wehklagen nützt nichts. Wenn man bereits darüber getrauert hat, ist es kein Schaden.

Nur wer wirklich leidet, wird vom Himmel getröstet. Geheuchelter Schmerz wirkt nur peinlich. Allein die echt und tief empfundene Trauer ermöglicht es, einen Verlust schließlich zu verschmerzen.

Die schwarze Schattenpupille des Mondauges *Zhen* ist tränenlos, d. h. nicht *salzig* wie das Augenpaar *Sun – Dui*, sondern *süß*. Wenn man nur vorgibt, zu leiden, aber keinen echten Schmerz empfindet, verfehlt das *Wehklagen* seine Wirkung. Vielleicht hat man aber schon vorher so viel geweint, daß das trockene Auge auf die Erschöpfung der Tränendrüse zurückzuführen ist. In diesem Fall wird der *Schaden*, den man beklagt, nämlich die große Schattenfläche des Mondbildes *Zhen*, durch die dicke Träne des komplementären Gegenbildes *Sun* ausgeglichen, die schon vorher auf Platz 1 geweint worden ist. Daher: *Wenn man bereits darüber getrauert hat, ist es kein Schaden.*

Sechs auf viertem Platz   **Kun**

Ankommendes Wehklagen. Kein Schaden.

Eine Klage erreicht ihren Adressaten. Ein drohender Verlust wird Ihnen erspart.

Der Spruch bedeutet zugleich *sein Ziel erreichendes Wehklagen* und *das Wehklagen auf dem Höhepunkt*. Die beiden Schwarzmondplätze 4 und 5 im Gipfelpunkt des Mondplanes entsprechen den Augen des Himmelsgottes und markieren zugleich den Sonnenort, seine Residenz, also die Adresse, an die das Ritual des Wehklagens gerichtet ist, und die es hier auf dem ersten *Kun*-Platz mit dem Eintritt in die Konjunktion erreicht. Zugleich bedeutet der schwarze Schatten *Kun* eigentlich den *Schaden*, die vollkommene Abwesenheit der Monderscheinung, der die Klage gilt. Eben der Schatten aber ist es, der durch die komplementäre Ergänzung der Gegenbilder in Gestalt des Wehklagens aufgehoben wurde (vgl. Plätze 3 und 6). Daß in *Kun* statt der schwarzen Mondscheibe die strahlende Sonne erscheint, stellte man sich anscheinend auch als einen Effekt dieser Ergänzung vor, so daß die Sonne eigentlich im Mittelpunkt des Mondplanes zu denken wäre (vgl. H30). Daher: *Ankommendes Wehklagen. Kein Schaden.*

Sechs auf fünftem Platz   **Kun**

Verstandenes Wehklagen. Das Opfer eines großen Fürsten für den Erdgott bringt Glück.

Sie stoßen mit Ihrem Problem auf Verständnis und können von höherer Stelle Entgegenkommen erwarten.

Während der erste *Kun*-Platz dem Eintritt des Mondes in die Konjunktion entspricht, der als das *Ankommen* der Klage gedeutet wurde, stellt dieser zweite den Ausgangspunkt für das Wiedererscheinen des Neumondes und seine Wanderung in die Nacht-Erde hinunter dar. Diese symbolisiert *das Opfer eines großen Fürsten* (= des Sonnengottes) *für den Erdgott* (vgl. H7/6). Zugleich bedeutet sie jenes gnädige *Herabblicken* der Gottheit, das mit dem Ritual des Wehklagens bewirkt werden soll. Den Ausdruck *verstandenes Wehklagen* kann man daher hier vom Sinn des Hexagrammnamens her ebenso als *verständiges Herabblicken* oder *wissendes Herabblicken* deuten.

Oben Sechs   Gen

Großzügiges Herabblicken. Kein Schaden.

Die ersehnte Gnade des Schicksals wird Ihnen reichlich gewährt.

Mit der zunehmenden Bewegung des Neumondes *Gen* beginnt das *Herabblicken* oder die *Herabkunft* der Gottheit von der Höhe des Sonnen-Himmels in die Nacht-Erde hinunter, die das *Wehklagen* bewirken sollte. Auch kann man es so auffassen, daß sich das Mond-Auge der Gottheit im Zunehmen mit den silbrigen Tränen des Mitleids für seine Kreaturen füllt. Das mit *großzügig* wiedergegebene Schriftzeichen *(dun)* bedeutet auch *groß* und *massiv* und bezieht sich (parallel zum Verhältnis *Sun – Zhen* auf Platz 3) auf die dicke, diametral gegenüberliegende Träne *Dui*, die *den Schaden*, d. h. den großen Schatten des Neumondes *Zhen*, durch ihre ebenso große Lichtfläche genau ausgleicht.

20. Guan / Die Schau

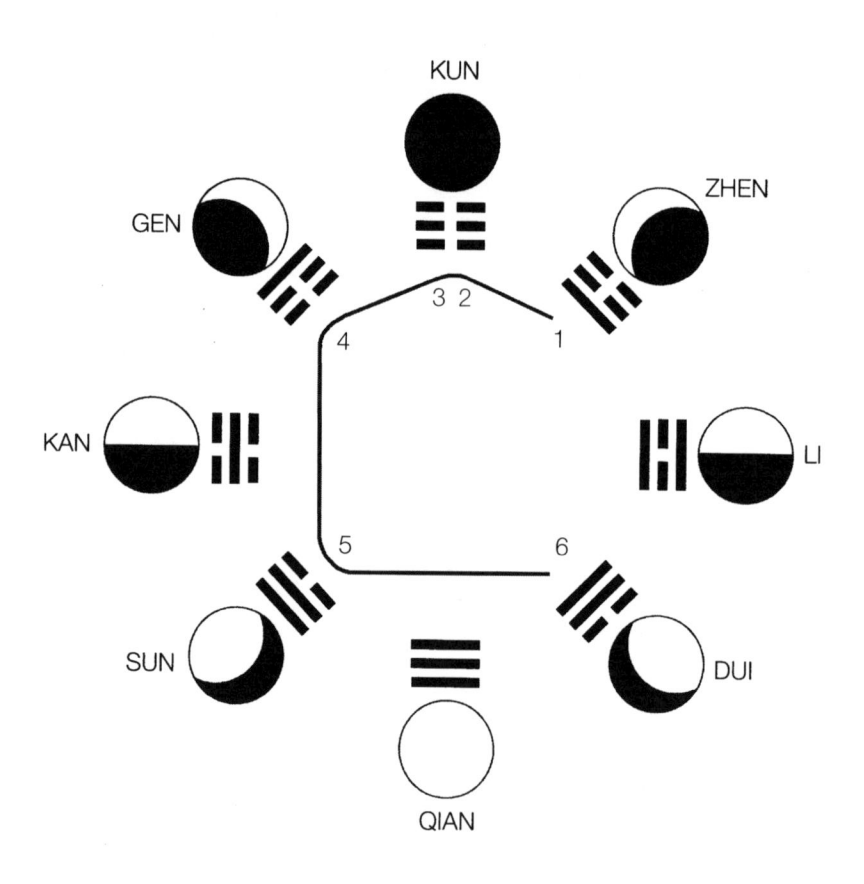

Partnerzeichen: H19.
Gegenzeichen: H34.
Parallelzeichen: H19, H27, H45, H46, H62.

Der Hauptspruch

Die Schau. Die Waschung wird vollzogen, aber das Opfer nicht dargebracht. Man hat eine Ausbeute. Es ist wie ein großes Gesicht.

Es ist an der Zeit, die Dinge in einer Gesamtschau zu betrachten und Inventur zu machen. Prüfen Sie kritisch Ihre Lage und sich selbst, ehe Sie sich zu weiteren Taten entschließen.

Das Deutungsmuster des Hexagrammes ist ganz parallel zum vorigen konstruiert. Auch hier ist der Himmel als ein Gesicht, die paarigen Mondbilder als seine Augen gedeutet, wie es dem Grundmotiv des *Schauens* oder *Betrachtens* entspricht. Daher heißt es am Ende des Hauptspruches: *Es ist wie ein großes Gesicht* oder *wie ein großer Kopf*.

Während sich aber im vorigen Hexagramm der Graph aus den Niederungen des Nachthimmels nach oben bewegt und in *Kun* den Sitz des Himmelskaisers erreicht, d. h. den Adressaten des dort thematisierten *Wehklagens*, ist der Weg des Graphs hier nach unten gerichtet: Das leere Augenpaar der beiden Schwarzmondplätze 2 und 3 füllt sich auf dem Weg von oben nach unten über die Paarung *Zhen – Gen* nach *Sun – Dui* immer mehr mit den Inhalten der *Schau*: Der Himmelskaiser schaut auf seine Geschöpfe herab (Plätze 3, 5). Er gewährt ihnen damit die im vorausgehenden Partnerzeichen erflehte Gnade des *Herabblickens*, die zugleich den Akt ihrer Schöpfung oder Wiedergeburt bedeutet.

Zugleich sind die Geschöpfe des Himmelsgottes aber auch die Opfergaben für ihn, die im Hauptspruch als die auf der Erde gemachte *Beute* erscheinen, oder, wenn man an Menschenopfer denkt, als *Gefangene*. Und die Bewegung des Mondes in den als Wasser ausgelegten Nachthimmel hinunter wird als die *Waschung* der Opfergaben ausgelegt. Die *Darbringung* des Opfers aber findet nicht statt, denn dies wäre urbildlich der erneute Weg des abnehmenden Mondes zur Sonne hinauf. Der Graph endet jedoch mit *Dui* und setzt sich nicht weiter nach *Zhen* fort.

Praktisch bedeutet das Zeichen die Herabkunft und Ausbreitung des himmlischen Segens, der in dem vorausgehenden Partnerzeichen H19 erfleht wurde. Im *Bild*-Kommentar heißt es dazu: *So inspizierten die früheren Könige die vier Weltgegenden, betrachteten das Volk und spendeten Belehrung.*

So bedeutet das Hexagramm in der Übertragung auf menschliche Verhältnisse die Idee einer Wesensschau der Welt und der eigenen Existenz in ihrer vom Himmel gegebenen Vollkommenheit, um sein Denken und Handeln danach auszurichten.

Anfangs Sechs   **Zhen**

Kindliche Schau. Für den kleinen Mann kein Schaden, für den Edlen ein Makel.

Was Ihnen fehlt, ist der Überblick. Wenn Sie sich in untergeordneter Stellung befinden, schadet das nichts. In einer Führungsposition können Sie sich das aber nicht leisten.

Die schmächtige Sichel des Mondbildes *Zhen* ist hier als *Kind* oder *Knabe* ausgelegt. Dessen *Schau* ist noch *kindlich* oder *naiv*, weil er die höhere Warte des Sonnenortes *Kun* noch nicht erreicht hat, die sich mit den beiden Schwarzmondplätzen 2 und 3 als die beiden Augen des Himmelsgottes darstellt. Außerdem ist der Altmond *Zhen* erst das eine Auge des später auf Platz 4 vervollständigten Augenpaares *Zhen – Gen*, was ebenfalls eine Unvollkommenheit oder Unreife der Sicht suggeriert. Für den *kleinen Menschen* oder *kleinen Mann*, den die *unbeschadet* gebliebene Lichtsichel zugleich bedeutet, ist diese Sichtweise gleichwohl angemessen. Daher: *Für den kleinen Mann kein Schaden.* Der *Edle* hingegen entspricht im Gegensatz dazu dem *großen Menschen*, d. h. dem Vollmond, dessen Lichtfläche in der Phase *Zhen* schon fast völlig verschwunden ist. Daher ist es *für den Edlen ein Makel* oder *ein Verlust*. Auf Platz 5, wo dieser Verlust durch das komplementäre Gegenbild *Sun* ergänzt wird, heißt es daher: *Für den Edlen kein Schaden* (vgl. den analogen Spruch in H17/2).

Sechs auf zweitem Platz   **Kun**

Durch den Türspalt spähende Schau. Günstig als Entscheidung für ein Mädchen.

Mit Ihrer derzeitigen Einstellung sehen Sie nur die halbe Wahrheit. Ihre Sichtweise ist völlig subjektiv. Dies ist nur angebracht, sofern es sich um sehr persönliche Dinge handelt.

Die Schwarzmond-Höhle, das weibliche Mondbild *Kun*, ist die Türöffnung des Himmelstores zwischen den zwei Türflügeln *Zhen* und *Gen*, aus der das *Mädchen*, hinter dem Strahlenschleier der Sonne verborgen, hervorlugt, ohne sich selbst zu zeigen. Mit *Zhen* auf Platz 1 und dem ersten der beiden *Kun*-Plätze ist die Tür erst halb geöffnet. Daher: *Durch den Türspalt spähende Schau.* Diese Einseitigkeit entspricht der einäugigen Unvollkommenheit der *kindlichen Schau* auf dem vorigen Platz und wird daher mit der weiblichen, durch den Standort im Inneren des Hauses beschränkten Sicht assoziiert.

Sechs auf drittem Platz   Kun

Ich schaue, wie meine Geschöpfe hervortreten und zurücktreten.

Stellen Sie sich auf einen übergeordneten Standpunkt, von dem aus Sie Ihr Leben und Wirken ganzheitlich mit allen seinen Erfolgen und Mißerfolgen betrachten und daraus eine Bilanz ziehen können.

Mit diesem zweiten *Kun*-Platz ist das durch die beiden Schwarzmonde dargestellte Augenpaar des Himmelsgottes vollständig. Die derart gedoppelte Blickrichtung der Schattenseite auf den Nachthimmel eröffnet das Schauspiel, wie die als *Geschöpfe* des in der Ich-Form sprechenden Gottes ausgelegten Lichtgestalten des Mondes zunehmend aus der scheinbaren Höhlung des Schattens hervortreten und abnehmend wieder darin verschwinden (vgl. Plätze 5 und 6). Daher: *Ich schaue, wie meine Geschöpfe hervortreten und zurücktreten.* Das mit *Geschöpfe* wiedergegebene Zeichen *(sheng)* wird von Kunst als *Opfertiere,* von Gao Heng als *Beamte* gedeutet. Das Wort heißt aber konkret vor allem *gebären.* Dies legt, ebenso wie die Auslegung von *Kun* in der vorigen Linie, für das *Ich* in dem Spruch ursprünglich ein weibliches Subjekt nahe, eine Muttergöttin. Die Schwarzmond-Höhle ist zugleich der Mutterschoß, aus dem die *Geschöpfe geboren* werden, und die Blickrichtung der Schattenseite in die Nacht ist die weibliche (vgl. H2). Dafür spricht auch die Unterscheidung von *meinen Geschöpfen* im zunehmenden (= weiblichen) Mondbild *Sun* auf Platz 5 und *seinen Geschöpfen* im abnehmenden (= männlichen) Bild *Dui* auf Platz 6. Außerdem hat das Schriftzeichen *sheng* auch noch die allgemeine Bedeutung *Leben,* wodurch eine abstrakte und zugleich vermenschlichte Auffassung des Spruches möglich wird: *Ich betrachte die Fortschritte und Rückschritte in meinem Leben.* Natürlich ist das Zunehmen und Abnehmen des Mondes auch das urbildliche Muster des Lebenslaufes aller Geschöpfe.

Sechs auf viertem Platz   Gen

Man schaut den Glanz des Reiches. Günstig, um bei einem König zu Gast zu sein.

Studieren Sie die Quelle der Macht. Es ist von Vorteil, wenn Sie sich von einem Stärkeren belehren lassen.

Mit dem Neumond *Gen* wird die Einäugigkeit des Altmondes *Zhen* von Platz 1 zu einem kompletten Augenpaar vervollständigt. Diese beiden Mond-Augen stehen links und rechts des Sonnenortes *Kun* und sind mit ihren sichelförmigen Lichtseiten gleichsam schielend auf die Sonne gerichtet, die natürlich den *Glanz des Reiches* und zugleich die Residenz des *Königs* bedeutet. Daher: *Man schaut den Glanz des Reiches. Günstig, um bei einem König zu Gast zu sein.*

Neun auf fünftem Platz   Sun

Ich schaue meine Geschöpfe. Für den Edlen kein Schaden.

Die Situation erfordert eine kritische und uneingeschränkte Sicht Ihres eigenen Wirkens, durch die Fehler und Mängel ausgeglichen werden können.

Mit den Mondbildern *Sun* und *Dui* auf diesem und dem folgenden Platz wird das noch unvollkommene Augenpaar der Gegenbilder *Zhen – Gen* auf den Plätzen 1 und 4 zu zwei Vollmonden ergänzt, die als die *Geschöpfe* der in der Ich-Form sprechenden Himmelsgottheit nun den Inhalt oder Anblick seiner beiden Schwarzmond-Augen bilden (vgl. Platz 3). Zugleich ist der Vollmond *der Edle*, dessen *Makel* oder *Beschädigung* auf Platz 1 beklagt wird, hier aber durch das komplementäre Gegenbild ausgeglichen ist. Die volle Ergänzung bedeutet auch die ausgereifte und ganzheitliche Sichtweise, mit welcher der Edle sein Leben und Wirken zu betrachten vermag, während sie der beschränkten Sicht des *kleinen Menschen* von Platz 1 versagt bleibt. Daher: *Ich schaue meine Geschöpfe. Für den Edlen kein Schaden.*

Oben Neun   **Dui**

Ich schaue seine Geschöpfe. Für den Edlen kein Schaden.

Sie sollten nicht nur Ihre eigenen Leistungen betrachten, sondern auch würdigen, was andere schaffen. Dadurch wird Ihnen kein Zacken aus der Krone fallen.

Während auf dem vorigen Platz im Zeichen *Sun* die zunehmende Bewegung zum Vollmond führt, wird hier im Zeichen *Dui* die abnehmende Bewegung thematisiert. Diese geht nicht vom Ich-Augenpaar des Schwarzmondes aus *(meine Geschöpfe)*, sondern von seinem Gegenpol, dem Vollmond *(seine Geschöpfe)*. Die beiden Plätze entsprechen damit dem *Hervortreten* und *Zurücktreten*, von dem auf Platz 3 die Rede ist, sowie der rechten und der linken, d. h. weiblichen und männlichen Mondhälfte. Das Ich-Subjekt ist unter diesem Aspekt die weibliche Himmelsgottheit (Schwarzmond), die betrachtet, was ihr von ihrem männlichen Gegenpol (Vollmond) her entgegengebracht wird. Daher: *Ich schaue seine Geschöpfe.* Die damit gemeinte abnehmende Bewegung von *Dui* wird jedoch durch das komplementäre Gegenbild *Gen* auf Platz 4 ebenso ausgeglichen wie *Sun* durch *Zhen* auf Platz 1, so daß kein Schatten, d. h. *kein Schaden* entsteht, was zugleich die Vollkommenheit des *Edlen* bewahrt. Daher: *Für den Edlen kein Schaden.*

21. Shi Ke / Das Durchbeissen

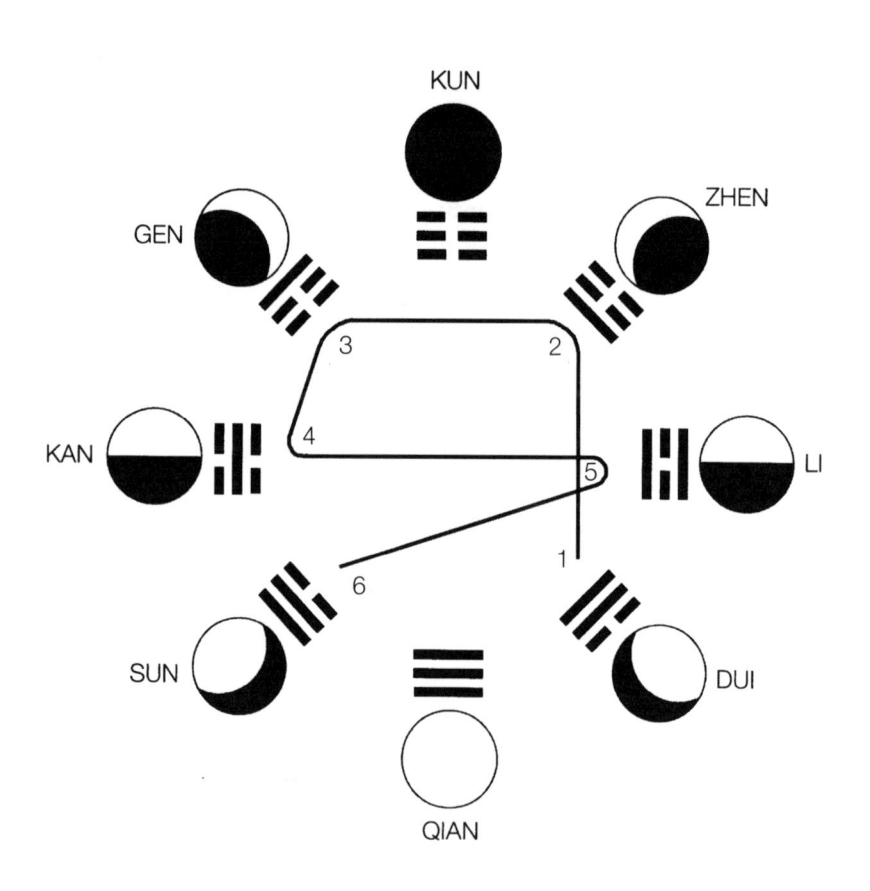

Partnerzeichen: H22.
Gegenzeichen: H48.
Parallelzeichen: H18, H47, H53, H55, H60.

Der Hauptspruch

Das Durchbeißen. Man dringt durch. Günstig, um Gericht zu halten.

Eine festgefahrene Situation muß aufgelöst werden. Scheuen Sie sich nicht, hart durchzugreifen. Es geht jetzt darum, Recht und Unrecht zu unterscheiden und die Spreu vom Weizen zu trennen.

Die Gestalt des Graphs suggeriert das Bild eines zum *Beißen* geöffneten Mundes im Profil: Die weiche Linie *Li* bildet den Mundwinkel, die zwei harten Linien *Kan* und *Sun* die oberen und unteren Schneidezähne. In den Liniensprüchen kommt die Gefährlichkeit der Zähne u. a. dadurch zum Ausdruck, daß auf allen Plätzen die Formel *kein Schaden* erscheint – mit Ausnahme der beiden harten Linien *Kan* und *Sun*.

Was *das Durchbeißen* hervorruft, ist also der *Schaden*, der, wie wir schon vielfach gesehen haben, für den Mondschatten steht. Die Erscheinung des Mondschattens aber entsteht, indem der schattenlose Vollmond *Qian* in die zwei Halbmonde *Kan* und *Li* zerbissen wird. Dies wird ganz direkt in den Sprüchen zu *Kan* und *Li* gesagt, wo es beide Male heißt: *Man durchbeißt trockenes Fleisch*; denn das Schriftzeichen für *trocken (gan)* ist das gleiche, das wir in der Lesung Qian als den Namen des Vollmondtrigrammes kennen.

Zugleich stellt der Verlauf des Graphs insgesamt den Beißvorgang als Öffnen und Schließen des als Mund ausgelegten Himmelstores dar. Wie aus der parallelen Betextung der jeweiligen Linien hervorgeht, sind dabei die Mondbilder in der Waagerechten immer als Paare zu denken: *Dui* und *Sun* bilden den geschlossenen Mund; in der Paarung *Zhen-Gen* auf den Plätzen 2 und 3 hat er sich zum Biß geöffnet; mit den Plätzen 4 und 5 zerbeißt er den Vollmond in die zwei Halbmonde *Kan* und *Li*, wobei *Kan* als Ausdruck der zunehmenden Bewegung das Zubeißen der Zähne und *Li* als Ausdruck der abnehmenden die Zerteilung des Bissens darstellt, der damit zugleich in den Schwarzmond-Schlund hineinwandert; und auf Platz 6 kehrt der Mund nach dem Biß wieder in die geschlossene Ausgangsstellung zurück. Diese Beißbewegung des Auf-und-Zu ist es auch, was die Zeichenkombination des Hexagrammnamens *SHI KE* wörtlich bedeutet.

Das *Durchdringen* bzw. *der Erfolg (heng)*, der dem *Durchbeißen* im Hauptspruch bescheinigt wird, entspricht dem Zerteilen und Verschlucken des Bissens, den das zweite Haupttrigramm *Li* als den Weg in die Konjunktion, d. h. in den Schwarzmond-Schlund des Himmelsmundes darstellt. Zugleich wurde mit dem Zerteilen des Mondes in seine linksseitigen und rechtsseitigen Erscheinungsformen die Körperstrafe assoziiert, die man in der Strafjustiz jener Zeit als verschiedene Formen der Verstümmelung praktizierte. Daher: *Günstig, um Gericht zu halten.* Die damit getroffene Unterscheidung von Rechts und Links bedeutet zugleich den Unterschied zwischen Recht und Unrecht, Richtig und Falsch. So ist das Zeichen ein Gleichnis des *Ur-Teilens* und *Ent-Scheidens* überhaupt, wie man es mit dem Orakel durch das Zerteilen der Schafgarbenbündel darstellte. Das im Hexagrammnamen verwendete Wort für *beißen* (*shi*) ist nicht zufällig etymologisch identisch mit dem Wort für *Befragen des Schafgarbenorakels*, von dem es sich lediglich in der Schreibung durch den graphischen Zusatz *Mund* unterscheidet.

Anfangs Neun   Dui

Man steckt in der hölzernen Fessel, so daß die Füße darin verschwinden. Kein Schaden.

Ihre Bewegungsfreiheit wird eingeschränkt. Aber dies ist zu Ihrem Besten, um Sie vor allzu hitzigem und hemmungslosem Vorgehen zu bewahren.

Das mit *hölzerne Fessel* wiedergegebene Schriftzeichen (*jiao*) besteht aus *verknüpfen* und *Holz*. Es kehrt im Spruch zu Platz 6 für *Sun* wieder, wodurch *Dui* und *Sun* bzw. die linke und die rechte Mondhälfte als zusammengehörig gekennzeichnet sind, was hier die beiden miteinander verknüpften oder aneinandergefesselten *Füße* bedeutet (vgl. H10/1). Das Schriftzeichen *Füße* (*zhi*) erscheint im *Yijing* stets auf Platz 1, ist also zugleich ein Ausdruck für die *unterste* Linie des Hexagrammes. Hier stellt die *Fesselung* der Füße, d. h. der Zusammenschluß der beiden Mondhälften in der Vollmondphase, durch den sie nicht mehr zu unterscheiden und wie in einen Holzblock gesperrt sind, die Festgefahrenheit dar, die das *Durchbeißen* als Grundmotiv des Zeichens durchbrechen soll. Daher: *Man trägt Holzfesseln an den Füßen, so daß die Füße darin verschwinden.* Zugleich bildet das Motiv der Fesselung, das in dem Spruch Platz 6 wiederkehrt, mit *Dui* und *Sun* aber auch das komplementäre Gegengewicht zu der Paarung *Zhen – Gen*, die den aufgerissenen Himmelsmund und die hemmungslose Freßgier bedeutet (vgl. Plätze 2 und 3), und symbolisiert damit den heilsamen Zwang zur Zurückhaltung. Daher erscheint am Ende des Spruches die Formel *kein Schaden*. Die Kommentare erklären dies damit, daß es sich nur um eine kleine Strafe für ein geringes Vergehen handelt, die den positiven Charakter einer Warnung im Sinn von »Wehret den Anfängen« hat.

Sechs auf zweitem Platz Zhen

Man beißt in weiches Fleisch, daß die Nase darin verschwindet. Kein Schaden.

Sie haben einen sehr kräftigen Appetit. Zum Glück sind Ihnen gewisse Hindernisse auferlegt, die Ihre hemmungslose Gier beschränken und Sie vor Schaden bewahren.

Mit der abnehmenden Bewegung *Dui – Zhen* wird das Schattentor geöffnet, der Himmelsmund aufgerissen. Die hervortretende *Nase* steht für die konvex gedachte Lichtseite des Mondes (im Gegensatz zur konkaven Hohlform der Ohren im Spruch zu dem gegenbildlichen Platz 6). Mit dem Altmond *Zhen* verschwindet sie gerade im Mondschatten, dem Urbild der *weichen* Linie, der hier als *weiches Fleisch* ausgelegt ist. Auch steht das *weiche Fleisch* im Gegensatz zum *Dörrfleisch* auf dem folgenden Platz 3, weil es hier in der Phase vor der Konjunktion noch nicht durch die Sonnenhitze getrocknet ist. Daher: *Man beißt in weiches Fleisch, daß die Nase verschwindet*. Der gegen die Sonne anstürmende Altmond symbolisiert Dringlichkeit und Eile, was wir hier auf das Konto eines ausgeprägten Appetits schreiben dürfen. *Zhen* und *Gen*, die beiden Mundwinkel des gierig aufgerissenen Himmelsmundes, werden aber komplementär ausgeglichen durch die Gegenbilder *Dui* und *Sun*, welche beide als Blockade oder Fesselung ausgelegt sind (Plätze 1 und 6), so daß sie ein symbolisches Gegengewicht zu der hemmungslosen Freßgier bilden. Daher endet der Spruch (ebenso wie der folgende) mit der Formel *kein Schaden*.

Sechs auf drittem Platz Gen

Man beißt in Dörrfleisch und stößt auf Giftiges. Eine kleine Schwierigkeit. Kein Schaden.

Prüfen Sie sorgfältig, was Sie zu sich nehmen, um sich vor Schaden zu bewahren. Lieber etwas weniger, aber bekömmlich.

Man beißt in Dörrfleisch, weil der Neumond *Gen* nach dem Sonnendurchgang *ausgedörrt* ist. Außerdem gemahnt seine hauchdünne Sichel an die schmalen Streifen, in die man das Fleisch zum Trocknen schneidet. Auch weist in unmittelbarer Sonnennähe die Schattenseite des Mondes einen aschgrauen Schimmer auf, der auf der Rückspiegelung des Sonnenlichtes durch die Erde beruht. Das sieht aus wie eine verdorbene oder *giftige* Stelle im Fleisch. Daher: *Man beißt in Dörrfleisch und stößt auf Giftiges.* Das ist aber nur *eine kleine Schwierigkeit*, oder nur *eine Schwierigkeit des Kleinen*, nämlich des Neumondes *Gen*. Denn der giftige Schatten desselben wird durch das komplementäre Gegenbild *Dui* ausgeglichen, das eine gewisse Gehemmtheit beim Zubeißen bedeutet, so daß man das Gift noch rechtzeitig erkennen kann. Daher: *kein Schaden.*

Neun auf viertem Platz   Kan

Man beißt auf trockenes Fleisch mit Knochen darin und findet eine Pfeilspitze aus Metall. Günstig als Entscheidung in schwieriger Lage. Glückverheißend.

Der gordische Knoten muß zerschnitten werden. Durch einen harten Entschluß verschaffen Sie sich die Möglichkeit, Ihr Ziel auf direktem Weg anzusteuern.

Die Linie ist durch den gemeinsamen Ausdruck *trocken (gan)* mit dem Spruch für *Li* auf Platz 5 koordiniert. In der Lesung *Qian* bedeutet das gleiche Schriftzeichen die Lichtseite bzw. den Vollmond (vgl. H1/0). Damit ist ausgedrückt, daß in der Folge *Kan – Li* das eigentliche *Durchbeißen* stattfindet, mit dem urbildlich der Vollmond in seine zwei Hälften zerbissen wird, eben in die Halbmonde *Kan* und *Li*. Der zunehmende Halbmond *Kan*, für den der Spruch steht, symbolisiert den Weg des Mondes in die Nacht hinein, wo er als helles Licht am dunklen Himmel strahlt. Dies stellt der harte Strich des Trigrammes zwischen den zwei weichen dar. Aufgrund dieser Gestalt wurde das Trigramm *Kan* auch als allgemeines Symbol für die Mond-Nacht (= Vollmond) im Gegensatz zum Sonnen-Tag *Li* (= Schwarzmond) verstanden (vgl. H29/H30). Hier in unserem Spruch ist der harte Strich zwischen den zwei weichen als der *Knochen im Fleisch* gedeutet. Und ebenso ist die Lichtseite des Mondes auch die metallisch glänzende *Pfeilspitze aus Metall*, die immer aus der Nacht heraus auf die Sonne zielt. Damit weist sie den Weg aus der *schwierigen Lage*, d. h. aus dem Abgrund der Nacht in den Tag hinauf. Das Zielen selbst aber ist die *Entscheidung (zhen)*, mit der die Ausrichtung auf das Ziel *festgelegt* wird, d. h. urbildlich die Einnahme des Vollmond-Standpunktes.

Sechs auf fünftem Platz   **Li**

Man beißt auf trockenes Fleisch und findet gelbes Metall. Die Entscheidung ist gefahrvoll. Kein Schaden.

Sie machen eine unverhoffte Entdeckung, die Sie in Gefahr bringt, sich aber als wertvoll und gewinnbringend erweist.

Die Linie ist durch den gemeinsamen Begriff *trocken (gan)* mit dem Spruch für *Kan* auf Platz 4 koordiniert. In der Lesung *qian* ist das gleiche Schriftzeichen der Name des Vollmondtrigrammes. Damit ist ausgedrückt, daß in dem Schritt *Kan – Li* das eigentliche *Durchbeißen* stattfindet, mit der Vollmond in seine zwei Hälften zerbissen wird, eben in die beiden Halbmonde *Kan* und *Li*. Wie *Kan* allgemein für den Lichtmond am Nachthimmel, so steht aber auch *Li* nicht nur für den abnehmenden Halbmond, sondern zugleich für die Konjunktion als das Ziel des Abnehmens, den Schattenmond am Taghimmel (die dunkle Linie zwischen den beiden hellen) (vgl. I130). Hier in unserem Spruch kommt dies auf zweierlei Art zum Ausdruck: Einmal durch das *gelbe Metall*, d. h. *Gold*, das den Mond (Metall) in der Sonne (gelb) symbolisiert (vgl. H2/5, H30/2); zum anderen durch das Bedeutungsfeld des hier verwendeten Schriftzeichens für *Fleisch*. Dieses nämlich bezeichnet zugleich *eine runde Scheibe mit einem Loch darin*, also die traditionelle Form der chinesischen Geldstücke. Das Loch in der Mitte ist der Schwarzmond im Inneren der Sonnenscheibe, dem hier in der Gestalt des Trigramms *Li* der weiche Strich zwischen den beiden harten entspricht. Eine aus gelber Jade gefertigte Scheibe dieser Form *(bi)* wurde beim großen Himmelsopfer verwendet. Auch ist die Scheibe mit dem schwarzen Kreis in der Mitte das Bild der Zielscheibe, auf die sich die Pfeilspitze aus dem vorigen Spruch richtet. – Da das Loch ja das Verschwinden des Mondes bedeutet, erklärt es zugleich auch die *Gefahr* eines Verlustes, die mit dieser *Entscheidung* verbunden ist. Die komplementäre Ergänzung durch das Gegenbild *Kan* (Schwarzmond – Vollmond) aber bewirkt auch hier, daß daraus *kein Schaden* entsteht.

Oben Neun   **Sun**

Man trägt eine hölzerne Fessel auf den Schultern, so daß die Ohren verschwinden. Unheil.

Durch Verstocktheit und Eigensinn geraten Sie in eine Klemme. Sperren Sie Ihre Ohren auf und hören Sie auf die Ratschläge anderer.

Hier kehrt die *hölzerne Fessel* von Platz 1 wieder, welche die Verknüpfung der beiden durch *Sun* und *Dui* vertretenen Mondhälften in der Vollmondphase darstellt. Auf Platz 1 sind sie als Füße zusammengefesselt, hier als die zwei durch die *Ohren* gekennzeichneten Gesichtshälften, die offenbar in einen Holzkragen gespannt sind. Während sich aber die Fessel in *Dui* mit dem Abnehmen des Mondes zu lösen beginnt, wird sie hier in *Sun* noch zunehmend festgezurrt. Daher ist diese Linie im Gegensatz zu *Dui* und allen anderen Plätzen nicht positiv bewertet, sondern hat das negative Prädikat *Unheil*. Die »Fesselung« der zwei Mondhälften aneinander in der Vollmondphase bedeutet die Festgefahrenheit, die das *Durchbeißen* als Grundmotiv des Zeichens durchbrechen soll, und zugleich die Härte des Bisses. Die Gelöstheit der Fessel bzw. des Bisses entspricht demgegenüber der urbildlichen Ebene *Zhen* – *Gen*. Mit dem *Verschwinden* der *Ohren* steht der Spruch daher im Gegensatz zum Verschwinden der *Nase* auf Platz 2. Denn hier ist es der als konkave Ohrmuschel ausgelegte Altmond *Zhen*, der durch sein komplementäres Gegenbild *Sun* verdeckt wird. Daher: *Man trägt eine hölzerne Fessel auf den Schultern, so daß die Ohren verschwinden*. Das Verschwinden der Ohren symbolisiert zugleich auch eine geistige Festgefahrenheit und Verstocktheit, so daß man taub für alle Warnungen und Ratschläge bleibt und das Richtige nicht vom Falschen unterscheiden kann.

22. Bi / Das Glänzen
(Die Ausdruckskraft)

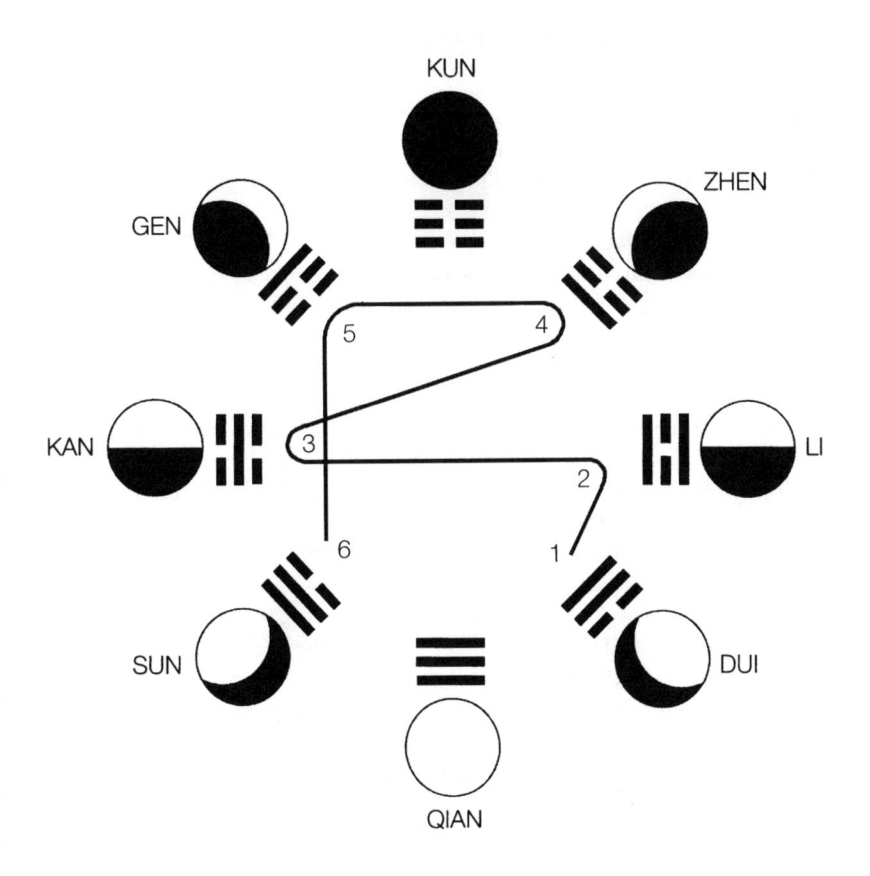

Partnerzeichen: H21.
Gegenzeichen: H47.
Parallelzeichen: H17, H48, H54, H56, H59.

Der Hauptspruch

Das Glänzen. Man dringt durch. Im Kleinen günstig, wenn man wo hinzugehen hat.

Achten Sie auf Ihr Äußeres und stellen Sie sich so formvollendet wie möglich dar. Damit machen Sie einen guten Eindruck, der langfristig seine Früchte tragen wird. In einer ernsten Konfliktsituation kann Ihnen das freilich nicht den großen Durchbruch bescheren.

Das Schriftzeichen des Hexagrammnamens *BI* stellt in seiner archaischen Form eine Pflanze dar, die sich aus der Wurzel heraus zur Blüte entfaltet 賁. Die Entfaltung erfolgt in drei Stufen, die durch drei Paare von Blättern oder Zweigen markiert sind. In der Platzverteilung des Hexagrammes entsprechen diese den drei Ebenen *Dui-Sun, Li-Kan* und *Zhen-Gen*. Die zwei ausgesparten Mondbilder *Qian* und *Kun* sind Keim und Blüte. Dabei wird die differenzierende Entfaltung des Wachstums der Pflanze in Gegensatz zu ihrer Rückkehr in den einfachen Urzustand des Keims gesetzt. Die Pflanze entfaltet sich in der differenzierten Bewegung *Dui – Li – Kan -Zhen* zur Blüte; in der einfachen Bewegung *Gen -Sun* fällt das Samenkorn wieder hinunter in die Erde und bildet einen neuen Keim.

Durch ihre Entfaltung zur Blüte *erstrahlt* die Pflanze in ihrem ganzen *Glanz*, ihrer *Schönheit* und *Formvollendung*. Zugleich aber ist die Blüte das Organ, aus dem heraus die Samenkörner erzeugt werden und zur *Ausschüttung* gelangen. Wenn man den Hexagrammnamen *BI* mit dem spezifizierenden Zusatz *Kraut* schreibt, so gewinnt das Schriftzeichen in der Tat die Bedeutungen *reichlich Frucht tragen* und speziell *Samenkörner des Hanfs*. Und mit dem Zusatz *Mund* (oder *Wasser*) bedeutet es *ausspucken, spritzen, hervorsprudeln* etc. Die Idee des *Ausspuckens* aber ist die Umkehrung des in dem Partnerzeichen H21 thematisierten *Zubeißens*. Wie dort kann man das Gesamtbild des Graphs auch hier als einen Mund im Profil sehen, der sich in seinem Verlauf zuerst öffnet und dann wieder schließt. Im Gegensatz zum Durchbeißen aber liegt nun die Betonung bzw. der Effekt dieser Bewegung nicht im *Schließen*, sondern im *Öffnen*: Was sich öffnet, sind die zwei *weichen* Lippen *Li* und *Zhen*, und dabei spucken sie in einem spitzen Strahl, der durch die Verbindungslinien *Li – Kan – Zhen* markiert wird, das *harte* Objekt *Kan* heraus. Freilich, das Spucken trägt nicht weit. Der Apfel fällt nicht

weit vom Stamm. Daher sagt der Hauptspruch: *Im Kleinen ist es günstig, wenn man wo hinzugehen hat.*
Auch aus den Liniensprüchen geht hervor, daß an diesen speziellen Bedeutungsaspekt gedacht wurde. So ist dort insbesondere die Unterlippe *Li* durch den *Bart* gekennzeichnet, und die Spucke oder das ausgespuckte Objekt *Kan* wird als *feuchtglänzend* oder *schlüpfrig* bezeichnet.

Jedenfalls umschreibt der Hexagrammname in seinen verschiedenen Lesarten die Idee eines kraftvollen Herausdrängens aufgestauter Energie und bedeutet u. a. auch *spurten, schnell laufen etc.* (vgl. Platz 1). Wie die Spucke aus dem Mund, so bricht die Blüte aus der Knospe hervor. Im Gegensatz zum vorigen Zeichen wird die dynamische Differenzierung nicht durch ein gewaltsames Zertrennen der starren Einheit, sondern organisch aus ihrem Inneren heraus zur Entfaltung gebracht, also *ausgedrückt* in dem wörtlichen Sinn des *Herausdrückens*. Der Vollmond ist der geschlossene Mund, der, indem er sich in der Bewegung des Ausspuckens zum Schwarzmond öffnet, links und rechts von der Achse *Qian – Kun* die Spritzer seines himmlischen Speichels in Gestalt der einseitigen Mondbilder wie ein Springbrunnen emporspritzt (vgl. das Parallelzeichen H59); oder er ist die Knospe, die sich auf dieselbe Weise zu einer Blüte entfaltet. Das aus dieser hervorgehende Samenkorn aber konzentriert mit der umgekehrten Bewegung das Wesen der ganzen Pflanze in einem harten Kern.

Das Ausspucken ist auch ein Gleichnis des Wortschwalles, der verbalen, d. h. symbolischen Äußerung oder Darstellung im Gegensatz zum handfesten Zupacken, das mit dem *Durchbeißen* des vorigen Hexagramms dargestellt wurde. Man bringt etwas so zum Ausdruck oder zur Geltung, daß es in allen seinen Elementen deutlich wird und in seiner vollendeten Form erscheint. Dem entsprechen die Attribute *glanzvoll, leuchtend, hübsch* etc. Auch *Richard Wilhelms* Interpretation des Zeichens als *Anmut* betont seinen ästhetischen Aspekt. In den klassischen chinesischen Kommentaren wird mehr seine pädagogische Seite hervorgehoben, nämlich die formvollendete Gestaltung der Kulturformen nach dem Vorbild des himmlischen Ordnungsmusters als Methode der Menschenbildung.

Anfangs Neun   **Dui**

Setze deine Füße in Bewegung. Verlasse den Wagen und laufe.

Um in festgefahrener Situation etwas in Bewegung zu bringen, müssen Sie alle Hilfsmittel einsetzen und dürfen keine Anstrengung scheuen. Sonst kommen Sie nicht weiter.

Der Hexagrammname ist hier am besten als *in Bewegung setzen* bzw. *losrennen* wiederzugeben, wenn man die Füße nicht *glänzen lassen* oder *zur Geltung bringen* will. Urbildlich bedeutet der Spruch, daß die im Vollmond gleichsam zusammengewachsenen *Füße*, nämlich die linke und die rechte Mondhälfte, sich im ersten Schritt der Entfaltung auf der Ebene *Dui – Sun* voneinander zu trennen und zu unterscheiden beginnen, wie es zur Ausübung ihrer Funktion als Gehwerkzeuge gehört. Der Spruch ist im Gegensatz zum ersten Platz des vorigen Hexagrammes zu sehen, wo das Zubeißen des Himmelsmundes als das *Zusammenschnüren* der Füße in der *Holzfessel* dargestellt wird. Hier hingegen geht es umgekehrt um die Öffnung, das *Heraustreten* aus der noch ungestalteten Einheit. Die Ebene *Sun-Dui*, der erste Schritt der Entfaltung der Mondbilder aus der Einheit des Vollmondes heraus, steht hier unter der Dominanz von *Dui*, während sie im *Durchbeißen* von *Sun* beherrscht wird. Zugleich wird wieder der Vollmond als *ein Wagen* interpretiert, aus dem das abnehmende Mondbild *Dui* auf der einen Seite heraustritt (vgl. H9/3, H14/2). *Conrady* weist an dieser Stelle darauf hin, daß der Hexagrammname (im Sinn von *schnell laufen* oder *spurten*) auch für die Soldaten der Leibgarde des Königs verwendet wurde, die beim Stillstand des königlichen Wagens die Räder festhalten und beim Fahren links und rechts daneben herlaufen mußten.

Sechs auf zweitem Platz   **Li**

Er läßt seinen Kinnbart glänzen.

Der Bart ist nichts Substantielles, sondern nur die Umrahmung des Gesichts. Sie sollten darauf achten, daß die Betonung des Äußeren nicht auf Kosten des Eigentlichen und Wesentlichen geht.

Die Zeile versteht sich am besten aus dem erläuterten Bild des ausspuckenden Mundes im Profil, das der Graph hier suggeriert. *Li* ist dann die Unterlippe oder das Kinn, wo der *Bart* sitzt. Dem Emporstreben des abnehmenden Halbmondes zur Sonne entspricht das Anheben des Kopfes, um beim Ausspucken einen möglichst hohen Bogen zu erzielen. Dies bedeutet dann zugleich ein *Hervor-heben* oder *Glänzenlassen* des schwarzen Bartes, d. h. der Schattenseite, die mit dem Abnehmen im weißen Gesicht des Mondes einen immer größeren Raum einnimmt.

Neun auf drittem Platz Kan

Wie etwas Glänzendes, wie etwas Feuchtes und Glitschiges. Eine langfristige Entscheidung bringt Glück.

Der elegante Schwung, mit dem Sie Ihre Sache vorbringen, darf nicht darüber hinwegtäuschen, daß nur sehr langfristig ein wirklicher Erfolg daraus werden kann.

Der Platz markiert die Mitte der Bewegung von *Li* nach *Zhen*, mit der sich der durch den Graph im Profil dargestellte Mund öffnet, um das *glänzende, feucht-glitschige* Objekt *Kan* herauszuspucken. Da *Li* im Mondplan den Weg nach oben, *Kan* den Weg nach unten bedeutet, ist die Linie *Li – Kan* als ein hoher Bogen zu denken, mit dem das ausgespuckte Objekt hinaufgeschleudert wird in den Tag-Himmel, um dann hinunterzufallen in die Nacht-Erde. Da die Nacht aber im mythischen Weltbild auch ein Gewässer ist (Abb. 11), bedeutet das Herunterfallen zugleich ein *Untertauchen*. Und eben dies bringt das Wort *langfristig (yong)* zum Ausdruck, das wir schon aus dem H2/7 kennen, wo es als verkürzte Schreibung des gleichlautenden Schriftzeichens *untertauchen* erklärt wurde. Es symbolisiert dort den urbildlichen Vorgang, wie sich der Schwarzmond *(Li)* in den Vollmond *(Kan)* verwandelt, indem er in das Nachtmeer *hinuntertaucht*. Auch der Begriff der *Entscheidung* oder *Verwirklichung (zhen)* bedeutet diesen urbildlichen Sinn der *Verfestigung* in der Vollmondphase. Und wenn wir vom Bild der aufblühenden Blume ausgehen, die der Name des Hexagrammes ja ursprünglich darstellt, so ergibt sich auch daraus eine einleuchtende Brücke zu der allgemeineren Bedeutung *langfristig*. Es liegt dann nahe, daß das ausgespuckte Objekt ein Samenkorn ist, etwa ein Kirschkern; denn das Samenkorn ist ja die Frucht, die von der Blüte hervorgebracht wird. Und diese sinkt hinunter in die Erde, von wo aus sie erst sehr *langfristig* wieder eine neue Pflanze und Blüte zur Entfaltung bringt.

Sechs auf viertem Platz Zhen

Wie etwas Glänzendes, wie etwas Silbergraues, wie ein weißes Pferd, das emporfliegt. Wenn es kein Räuber ist, geht es um eine Heiratsverbindung.

Glanzpunkte und Höhenflüge haben ihre Grenzen. Sie sollten beizeiten erkennen, wenn diese erreicht sind, und sich auf die Bedeutung der einfachen, aber soliden Grundlagen des Lebens besinnen.

Li auf Platz 2 war das Bild des geschlossenen Mundes, der sich zusammen mit dem Bart anhebt, um auszuspucken. Der Altmond *Zhen*, der die Schattenseite als dunkle Mundhöhle hervorkehrt, ist der geöffnete Mund, der seinen *glänzenden* Inhalt in hohem Bogen entläßt. Dabei wird er zugleich auch in seiner Betagtheit als »Altmond« durch den Ausdruck *silbergrau* gewürdigt (*po*), den man sonst für die grauen oder melierten Haare alter Menschen gebraucht. Wir haben hier wieder eine Anspielung auf den grauen Schimmer der Schattenseite des Mondes in Sonnennähe. Und mit dem *weißen Pferd* schließlich wird seine weiße, hufeisenförmig gekrümmte Sichel als der Hufabdruck eines Pferdes gedeutet, das über den Himmel galoppiert. Altmondsichel und Neumondsichel (*Zhen* und *Gen*) sind die beiden aufgespannten Flügel des Sonnenvogels, die hier unter Betonung des hinaufstrebenden Altmondes das *Emporfliegen* erklären. Und der Ausdruck *emporfliegen (han)* ist zugleich eine Metapher für den Hahnenschrei, der frühmorgens – wenn die Altmondsichel zu sehen ist – hinauf zum Himmel schallt. Daher: *Wie etwas Glänzendes, wie etwas Silbergraues, wie ein weißes Pferd, das emporfliegt.* – Nun könnte der wie ein Krummsäbel auf die Sonne zustürmende Altmond *Zhen* natürlich auch ein *Räuber* oder *Bandit* sein. Aber im Bild der sich entfaltenden Pflanze bedeutet die Ebene *Zhen – Gen* die Blüte, die zwischen dem (männlichen) Altmond und dem (weiblichen) Neumond als die strahlende Sonne erscheint. Die Blüte ist der Ort der Befruchtung, aus der die Samenkörner hervorgehen. Dieses Motiv wird durch die Idee der *Heiratsverbindung* dargestellt. Die Heirat bedeutet die »Verbindung« zwischen dem Altmond *Zhen* und dem Neumond *Gen*, d. h. die Konjunktion. Daher: *Wenn es kein Räuber ist, geht es um eine Heiratsverbindung* (vgl. H3/2). – In den Kommentaren wird das *Emporfliegen* (analog zu H11/4) als Flatterhaftigkeit und Unentschlossenheit gedeutet. Es ist ein Zustand des Höhenfluges *(Zhen)*, der zugleich auf der Kippe zum Absinken *(Gen)* steht. Die höchste Entfaltung der Pflanze in der Blüte bedeutet zugleich eine Umkehrung der Entwicklungsrichtung, nämlich die Rückkehr zu der ganzheitlichen und noch unentfalteten Form des Samenkorns. Diese entspricht der Ergänzung durch das komplementäre Gegenbild *Sun*, was durch die dortige Wiederholung des Begriffes *weiß, einfach (wie ein weißes Pferd)* signalisiert wird (vgl. Platz 6).

Sechs auf fünftem Platz   Gen

Glanz im Hügelgarten. Das Seidenbündel ist klein und kärglich. Not. Am Ende Glück.

Wenn Verschwendung und Prunk vermieden werden, kann auch aus kleinen Anfängen Reichtum entstehen.

Der Taghimmel wurde als Berg oder Hügel gedacht, so daß die Ebene *Zhen-Gen* einen *Hügelgarten* bildet (Abb. 11, S. 46). Ein solcher Garten läßt steinigen Boden erwarten, was die Idee der Kargheit mit sich bringt, die hier von einem *Seidenbündel* ausgesagt wird. Die graue Farbe der Rohseide entspricht als Auslegung der aschgrauen Schattenseite dem *silbergrau* auf Platz 4 oder dem *Gift im Fleisch* in H21/3, und die schmale Sichel des Neumondes ist als Umhüllung der Seide zu einem *Bündel* gedacht. Das mit *klein und kärglich* wiedergegebene Schriftzeichen entspricht der Kleinheit der Sichel in diesem Anfangsstadium. Es besteht aus der Verdoppelung des Zeichens für *Dolchaxt*. Die Dolchaxt hat eine mondsichelförmige Klinge, so daß die Verdoppelung die zwei kleinen Sichelmonde *Zhen* und *Gen* auf der Ebene des *Hügelgartens* symbolisiert. – Im Bild der Pflanze ist *Gen* der Punkt, wo sich die glanzvolle Entfaltung der Blüte wieder in die bescheidene Form des Samenkorns umkehrt. Dieses Kleinformat wird durch das kleine und kärgliche Seidenbündel dargestellt. Die Seide wurde in China schon früh als Zahlungsmittel verwendet, und so bedeutet die Kleinheit des Seidenbündels Armut und Not. Aber der kleine Neumond wächst schließlich zum großen Vollmond heran. Daher: *Not. Am Ende Glück.*

Oben Neun   Sun

Weißer Glanz. Kein Schaden.

Verzichten Sie auf äußerlichen Schnickschnack, und konzentrieren Sie sich auf den Wesenskern, von dem alles weitere abhängt. Damit gehen Sie den sichersten Weg.

Das Schriftzeichen *weiß* (*bai*) bedeutet auch *ungefärbt, einfach, schlicht,* so daß sich zugleich der Sinn ergibt: *Man glänzt durch Schlichtheit.* Die Rückführung der Entfaltung und Differenzierung in die einfache Form, die sich auf Platz 5 angekündigt hat, wird hier voll verwirklicht. Die Phase *Sun* bildet den Übergang in die undifferenzierte Einheit des Vollmondes, dessen *weißer Glanz* sich unmittelbar versteht. Im Bild der Pflanze bedeutet der Vollmond den *weißen*, noch nicht ergrünten, im Inneren der Nacht-Erde noch unentfalteten Keim. Mit *Sun* wird der Keim gelegt, mit *Dui* sprießt er hervor. In der schlichten Form des Keimes ist aber die ganze Pflanze mit ihrer glanzvollen Entfaltung zur Blüte schon – eben keimhaft – enthalten. Die Entfaltung wurde in dem diametralen Gegenbild *Zhen* auf Platz 4 dargestellt mit dem *weißen Pferd, das emporfliegt*. Die Wiederholung des Kennzeichens *weiß* als *weißer Glanz* signalisiert die Einbeziehung dieser Phase in die keimhafte Einheit, woraus sich mit der komplementären Ergänzung der Gegenbilder *Sun* und *Zhen* eben wiederum das makellos *weiße*, d. h. schattenfreie Bild des Vollmondes ergibt. Daher endet der Spruch mit der Formel *kein Schaden*.

23. Bo / Die Abspaltung

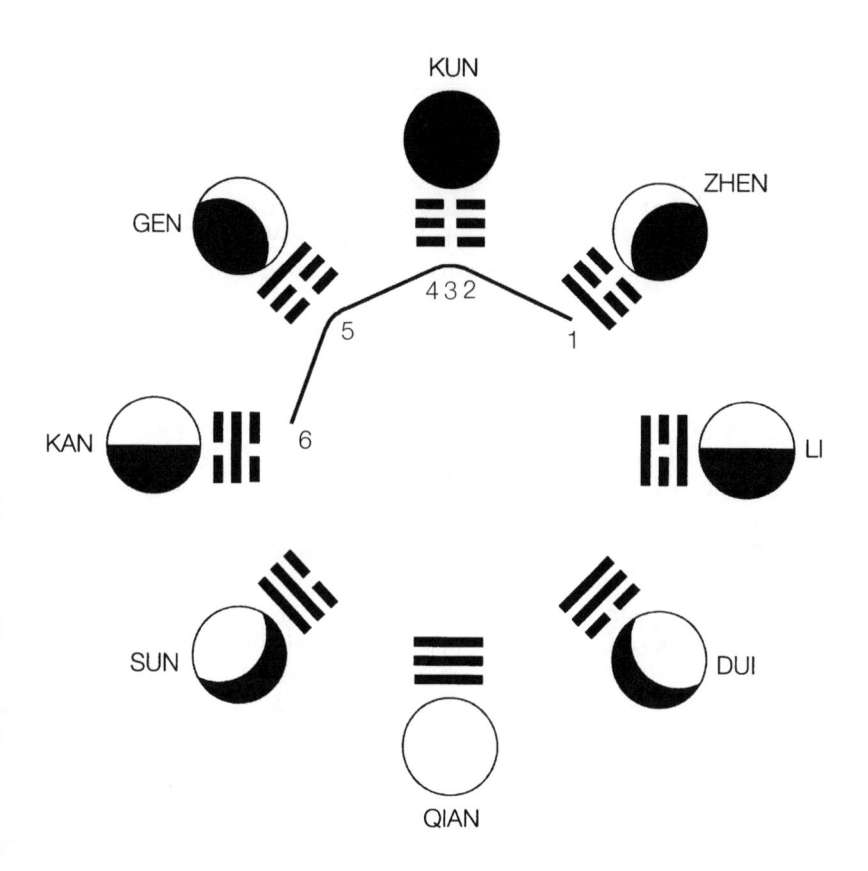

Partnerzeichen: H24.
Gegenzeichen: H43.
Parallelzeichen: H7, H8, H15, H16, H24.

Der Hauptspruch

Die Abspaltung. Nicht günstig, wenn man wo hinzugehen hat.

Es droht eine gewaltsame Trennung, die durch eine Reise gefördert werden könnte. Sie sollten nichts Besonderes unternehmen, sondern sich ruhig und wachsam verhalten, um der drohenden Gefahr die Spitze zu nehmen.

Durch den gleichmäßigen Abstand in der Anordnung des Textes ist hier auf den Zusammenhang mit den parallelen Hexagrammpaaren H7/H8 und H15/H16 verwiesen. Wie in diesen haben wir hier die symmetrische Figur eines dreifachen Schwarzmondes *Kun*, der von *Zhen* und *Gen* flankiert wird. Der zentrale Schwarzmondkomplex aus drei weichen Linien ist das richtungsweisende, auf den Nachthimmel zielende Element, durch dessen *dreifachen Befehl* (in H7/2) die einzige harte Linie *Kan* sozusagen als Speerspitze dirigiert wird. In H15 ist diese Speerspitze der pickende Schnabel des Vogels, in H16 der Rüssel des Elefanten. Hier erscheint sie im Hexagrammnamen als das graphische Element *Messer* (rechts), das zusammen mit *schnitzen* (links) das Schriftzeichen *BO* abschneiden, abspalten, abschälen etc. bildet.

Die Folge der Haupttrigramme *Kun – Gen* stellt dar, wie sich der Neumond *Gen* aus dem Schwarzmond *Kun*, d. h. aus der Konjunktion mit der Sonne, *abspaltet*. Sein Weg geht dann weiter bis *Kan* auf Platz 6 und endet dort. Mit anderen Worten, sein einseitiger Vorstoß in den Nachthimmel hinein ist eine Reise ohne Wiederkehr. Daher: *Es ist nicht günstig, wenn man wo hinzugehen hat.* Die Wiederkehr wird jedoch in dem nachfolgenden Partnerzeichen H24 formuliert, wo der Graph mit *Kan* beginnt und im ersten Schritt nach *Zhen* zurückgeht.

In den Liniensprüchen ist die Schwarzmond-Höhle als ein *Bett* ausgelegt, das gespalten wird (Plätze 1/2/4). Die Seidenschrift von *Mawangdui* hat statt *Bett* den Begriff *Speicher (zang)*, eine klassische Definition der Schattenseite *Kun*. Der Schwarzmond ist das gemeinsame *Bett*, in das sich rechts die rechtsseitigen oder weiblichen und links die linksseitigen oder männlichen Monde hineinlegen. Die *Spaltung* des Bettes bedeutet auf diese Weise die Trennung eines Paares.

Die linke und die rechte Seite des Bettes entsprechen den Plätzen 2 und 4, seine Mitte dem zentralen *Kun*-Platz 3. Insgesamt aber ist die Symmetrie des

Bettes in unserem Hexagramm zugunsten der rechten, also weiblichen Seite gestört, die sich in Gestalt des Neumondes *abspaltet*, d. h. selbständig macht. Dies kommt auf Platz 5 zum Ausdruck, wo es heißt: *Die Damen des Palastes werden dadurch begünstigt*. Die männliche Seite hingegen repräsentieren die Plätze 1 und 2, welche das Verschwinden des Altmondes darstellen. Dort lesen wir beide Male: *Vernichtend. Die Entscheidung bedeutet Unheil*. Richard A. *Kunst* interpretiert das mit *vernichtend* wiedergegebene Zeichen *(mie)*, das auch *wegwerfen* und *wertlos* bedeutet, als *Exorzismus*. In diesem Kontext würde das heißen, daß der männliche Partner aus dem Bett *vertrieben* wird.

Anfangs Sechs Zhen

Man spaltet das Bett an den Füßen. Vernichtend. Die Entscheidung bedeutet Unheil.

Obgleich Sie noch nicht unmittelbar behelligt werden, sollten Sie dem Frieden auf keinen Fall trauen. Man will Sie ausbooten. Halten Sie sich lieber bereit, das sinkende Schiff zu verlassen.

Die Altmondsichel *Zhen* stößt wie ein Säbel *von unten her* gegen den als *Bett* ausgelegten Schwarzmond *Kun*. Diese Stoßrichtung wird durch *die Füße* des Bettes ausgedrückt, die Bettpfosten, die ja seinen Unterbau bilden. Man kann auch den Altmond selbst als den Fuß des Bettes deuten, der mit dem Eintritt in die Konjunktion verschwindet, d. h. *vernichtet* wird. Der Ausdruck erscheint gleichermaßen auf den Plätzen 1 und 2, die hier zusammen die männliche Hälfte des Bettes repräsentieren, in der sich die linksseitigen oder abnehmenden Monde niederlegen. So wird mit dem Altmond der männliche Teil der Partnerschaft *vernichtet* oder *verworfen*. Daher bedeutet diese *Entscheidung* des Orakels *Unheil*. Der Beginn der Abspaltung bei den Füßen unter dem Bett bedeutet praktisch, daß das Zerstörungswerk, obgleich fundamental, noch nicht besonders auffällt.

Sechs auf zweitem Platz Kun

Man spaltet das Bett an der Unterseite. Vernichtend. Die Entscheidung bedeutet Unheil.

Es geht hier um eine Trennung, die nicht offen und ehrlich, sondern hinterrücks herbeigeführt wird. Die Gefahr droht von dort, wo man sie nicht erwartet. Vielleicht sollten Sie auch einmal unter das Bett schauen.

Der mit *Unterseite* wiedergegebene Ausdruck wird von einem chinesischen Kommentar als *das Untere des Bettkörpers und das Obere der Bettfüße* definiert, entspricht also dem *Rahmen* des Bettes. Er steht im Gegensatz zu dessen *Oberfläche*, von der auf Platz 4 die Rede ist. Hier auf dem ersten der drei *Kun*-Plätze, die den drei Konjunktionstagen entsprechen, setzt sich die abnehmende Aufwärtsbewegung des Altmondes als Impuls noch fort. Sie erreicht nun aber schon den Rahmen, d. h. das Bett selbst, wo der Mond in der Konjunktion mit der Sonne verschwindet, d. h. *vernichtet* wird. Daher ist auch diese *Entscheidung* des Orakels wie auf dem vorigen Platz mit *Unheil* bewertet.

Sechs auf drittem Platz   Kun

Die Spaltung ist kein Schaden.

Eine Trennung kann ehrlich und gerecht vollzogen werden. Sie steht im Einklang mit den Erfordernissen der Situation und der Ordnung der Natur, so daß niemand damit geschädigt wird.

Dies ist der mittlere der drei Schwarzmondplätze, der die genaue Stellung der Konjunktion anzeigt. Durch diesen Punkt verläuft die Zentralachse *Qian-Kun*, der *Große Firstbalken Taiji*, der das Himmelsdach trägt und zu dessen zwei Seiten sich die rechtsseitigen oder weiblichen und die linksseitigen oder männlichen Monde wie Dachziegel vollkommen gleichgewichtig aneinanderreihen und die Waage halten. Wenn der Trennungsschnitt hier vollzogen wird, erfolgt die Spaltung des Bettes genau in der Mitte zwischen Gatte und Gattin, so daß keiner von beiden verletzt wird. Daher: *Die Spaltung ist kein Schaden.*

Sechs auf viertem Platz   Kun

Man spaltet das Bett an der Oberfläche. Unheil.

Eine Trennung geht Ihnen nicht unter die Haut. Aber sie ist trotzdem ein Unglück.

Der Spruch bildet den Gegensatz zu Platz 2, wo die Spaltung von der Unterseite des Bettes her erfolgt. Hier hingegen ist der Höhepunkt der Konjunktion (Platz 3) schon überschritten, was die umgekehrte Bewegungsrichtung von oben nach unten bedeutet, mit der das Bett nun *an der Oberfläche* gespalten wird. Zugleich heißt das, daß dieser Schlag *die weibliche* Seite des Bettes trifft. Das mit *Oberfläche* wiedergegebene Schriftzeichen bedeutet konkret *die Haut* und im übertragenen Sinn *oberflächlich*. Der Ort des Schnittes ist auch hier nicht die gerechte Mitte wie auf Platz 3; daher: *Unheil*. Anders als auf der männlichen Seite (Plätze 1 und 2) aber fehlt hier die Aussage *vernichtend*. Die weibliche Seite ist durch die Spaltung nur oberflächlich betroffen oder verletzt. Der eigentlich leidtragende Teil ist hier der männliche. Die Fortsetzung des Graphs über *Gen* nach *Kan* bedeutet eine einseitige Begünstigung der Weiblichkeit, die durch den folgenden Spruch auf Platz 5 auch direkt ausgesprochen wird.

Sechs auf fünftem Platz   Gen

Man fädelt die Fische auf. Damit werden die Damen des Palastes begünstigt. Nichts, was nicht günstig wäre.

Sie gewinnen materielle Vorteile aus einer Trennung. Dies gilt vor allem für die weibliche Seite.

Die Idee des Auffädelns bildet hier eine direkte Parallele zu H16/4, wo in derselben Weise *die Freunde wie Kaurimuscheln mit einem Haarpfeil* aufgefädelt werden. Die mit *Gen* beginnende Reihe der zunehmenden Monde, die wie silbrige Fische immer tiefer in das Nachtmeer hineinschwimmen, ist als *Auffädeln der Fische* gedeutet. Sie repräsentiert die weibliche Seite des Mondplanes, d. h. *die Damen des Palastes*, wörtlich *die Menschen in den Frauengemächern*. Sie sind es, denen der Fischzug zugute kommt, die bei der Abspaltung mit dem einseitigen Verlauf des Graphs *begünstigt* werden. Die Linie verheißt einen materiellen Vorteil, den die weibliche Seite aus einer Trennung ziehen kann. Daher: *Nichts, was nicht günstig wäre*.

Oben Neun   Kan

Eine große Frucht wird nicht gegessen. Der Edle erlangt einen Wagen. Der kleine Mann reißt seine Hütte nieder.

Es geht um die Konsequenzen aus einer Trennung. Für den Starken bedeutet sie den Aufbruch zu neuen Ufern, für den Schwachen den Verlust seiner Heimat. Fragen Sie sich, welche Rolle Ihnen mehr liegt.

Die *große Frucht* ist der mit *Kan* als dem Endpunkt der zunehmenden Folge *Kun – Gen – Kan* erreichte Vollmond. Sie *wird nicht gegessen*, weil der Verlauf des Graphs hier endet, so daß die abnehmende Bewegung, mit der sie wieder im schwarzen Mund der Schattenseite verschwinden würde, unterbleibt. Zugleich wird die Symmetrie des Vollmondes mit seinen beiden Räder-Hälften hier wieder als *Wagen* ausgelegt (vgl. H14/2, H22/1), seine Größe als der Edle, der den Gegensatz zum *kleinen Mann* bildet (vgl. H33/4). Daher: *Der Edle erlangt einen Wagen.* Der kleine Mann repräsentiert hingegen die kleinen Mondsicheln in Sonnennähe, die gleichsam in der Höhlung der Schattenseite ruhen. Diese entspricht dem *Bett* in den Sprüchen 1/2/4 und wird hier als *die Hütte* des kleinen Mannes ausgelegt. Sie wird *niedergerissen*, weil die Schattenseite mit dem Zunehmen des Mondes und seiner gleichzeitigen Bewegung nach abwärts in die Nacht hinein immer mehr verschwindet. Das *Niederreißen* gibt wiederum den Hexagrammnamen *BO* wieder, der auch *abhäuten, abschälen, bloßlegen*, somit also das Entfernen einer Umhüllung bedeutet. Man kann diesen Bedeutungsaspekt auch auf das Bild der Mond-Frucht zu Beginn des Spruches anwenden, die beim Zunehmen Schritt für Schritt ihre Schattenhaut verliert, also *abgeschält* wird, so daß immer mehr das weiße Fleisch im Inneren sichtbar wird, was wiederum zugleich die wachsende *Größe* der Frucht bedeutet. – *Der Edle* – wörtlich *der Fürstensohn* – gewinnt, *der kleine Mann* verliert. Für den Starken wird aus der Spaltung ein Aufbruch zu neuen Ufern, den der *Wagen* symbolisiert. Für den Schwachen bedeutet sie den Verlust seiner *Hütte*, seiner Heimat, seines Schutzes.

24. Fu / Die Wiederkehr

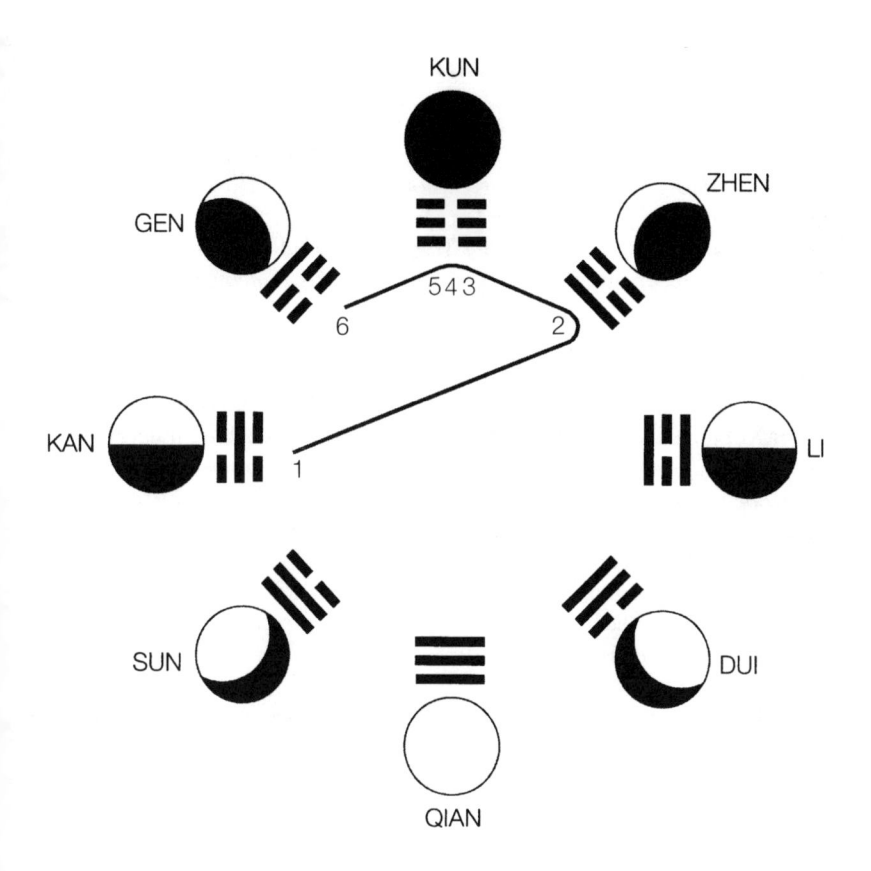

Partnerzeichen: H23.
Gegenzeichen: H44.
Parallelzeichen: H7, H8, H15, H16, H23.

Der Hauptspruch

Die Wiederkehr. Man dringt durch. Aus- und Eingehen ohne Haß. Wenn ein Freund kommt, ist es kein Schaden. Umgedreht kehrt er auf seinem Weg zurück. Am siebenten Tag kommt er wieder. Es ist günstig, wenn man wo hinzugehen hat.

Die Situation ist günstig für friedliches Zusammenkommen und Versöhnung. Sie haben die Möglichkeit, durch Besinnung und Umkehr eine in die Brüche gegangene Beziehung wiederherzustellen.

Der Hauptspruch ist im Zusammenhang mit dem vorausgehenden Partnerzeichen H23 zu verstehen. *Die Wiederkehr* macht als dessen Umkehrung die dort thematisierte *Spaltung* oder *Trennung* rückgängig. Die einseitig eingeschlagene Richtung des zunehmenden Mondes aus der Schwarzmond-Höhle heraus – das *Hinausgehen*, d. h. die Trennung – wird mit der Folge *Kan – Zhen – Kun* wieder durch die Gegenrichtung – das *Hineingehen*, d. h. *die Wiederkehr* – ausgeglichen. Man versöhnt sich nach der Trennung, so daß kein Ressentiment zurückbleibt. Daher: *Aus- und Eingehen ohne Haß. Wenn ein Freund kommt, ist es ist kein Schaden.*

In H23 fand *die Abspaltung* mit dem Neumond *Gen* (2. Haupttrigramm) aus der Konjunktion *Kun* (1. Haupttrigramm) heraus statt. Hier hingegen erfolgt *die Wiederkehr* nach *Kun* im zweiten Haupttrigramm über den Altmond *Zhen* im ersten, mit dem sich die rechtsseitige Sichel des Neumondes in die Linksseitigkeit *umgedreht* hat. Daher: *Umgedreht kehrt er auf seinem Weg zurück.* Und wenn wir die Trigramme im Zyklus beginnend mit *Kan*, dem letzten Platz des vorigen und dem ersten Platz des vorliegenden Hexagrammes, der Reihe nach abzählen, so kommen wir mit dem *siebenten* Schritt in *Kun* an, dem Zielort der *Wiederkehr.* Daher: *Am siebenten Tag kehrt er wieder.*

Der letzte Satz schließlich ist die direkte Umkehrung des Hauptspruches aus dem Partnerzeichen H23, wo es heißt: *Nicht günstig, wenn man wo hinzugehen hat.* Während dort von dem Gang oder der Reise abgeraten wird, da kein Weg mehr zurückführt, ist hier die *Wiederkehr* gesichert. Daher: *Günstig, wenn man wo hinzugehen hat.*

Anfangs Neun   Kan

Man kehrt von nicht weit zurück. Wenn es weder Verehrung noch Abwendung gibt, hat der Wunschgedanke Glück.

Eine Trennung oder ein Zwist ist noch nicht sehr weit gediehen, so daß Sie sich leicht wieder versöhnen können. Die Bereitschaft dazu sollten Sie sich jedoch nicht als Verdienst anrechnen lassen, und zugleich auch keinen Groll gegen den anderen zurückbehalten.

Der Spruch versteht sich zugleich als Vorschau über das ganze Zeichen. Mit dem ersten Satz legt er die Folge der Haupttrigramme aus, die in dem Schritt *Zhen – Kun* nur die kürzest mögliche Entfernung zwischen zwei Mondbildern durchmißt. Daher: *Man kehrt von nicht weit zurück.* Der Rest des Spruches umschreibt das Eintreffen des Heimkehrers am Ziel, d. h. die Konjunktion im Sonnenort *Kun,* welche die Formel *der Wunschgedanke hat Glück* als das Aufgehen des Vollmond-Wunsches in seinem Wunschobjekt ausdrückt (vgl. H2/5, H11/5, H30/2 etc.). Die *Verehrung* ist die Auslegung der immer auf die Sonne ausgerichteten Lichtseite des Mondes, das himmlische Vorbild für die *Verehrung* des Fürsten durch seinen Untertan. Die *Abwendung* hingegen entspricht der Schattenseite, die ebenso regelmäßig von der Sonne abgekehrt ist. Das Schriftzeichen *(hui)* stellt sich graphisch als *die Finsternis des Herzens* dar und wurde hier sonst mit *Kummer* wiedergegeben, bedeutet aber zugleich *sich abwenden,* was den logischen Gegensatz der *Verehrung* bildet. *Weder Verehrung noch Abwendung* hat also urbildlich den Sinn: *weder Mondschein noch Mondschatten.* Dies aber ist eben kennzeichnend für die Konjunktion, wo der ganze Mond im gleißenden Licht der Sonne verschwunden ist. Daher: *Wenn es weder Verehrung noch Abwendung gibt, hat der Wunschgedanke Glück.* Der Spruch gewinnt seinen besonderen Sinn als Anspielung auf Platz 6, wo der Fall einer Sonnenfinsternis als mißlungene Wiederkehr und Abkehr vom Fürsten ausgelegt ist.

Sechs auf zweitem Platz   Zhen

Die Ruhe wird wiederhergestellt. Glückverheißend.

Durch die Rückkehr eines abtrünnigen Partners kann die Bettruhe und das Glück eines Paares wiederhergestellt werden.

Das mit *Ruhe* wiedergegebene Zeichen *(xiu)* bedeutet zugleich *Glück und Segen* oder *ein günstiges Schicksal.* In diesem Sinn wird es hier traditionell interpretiert, und auch diese Bedeutungsaspekte sind hier natürlich sinnvoll.

Konkret aber ist in der *Ruhe* eine Anspielung auf das *Bett* im Partnerzeichen H23 zu sehen, dessen *Spaltung* dort ja deutlich genug eine Störung der Ruhe symbolisiert. Diese wird hier wieder rückgängig gemacht. Auch steht die *Ruhe* im Kontrast zu dem für Bewegung stehenden Symbol der *Füße* in dem entsprechenden Spruch H23/1.

Sechs auf drittem Platz   Kun
Rückkehr am Ufer. Gefahr. Kein Schaden.

Der letzte Schritt bei der Wiederkehr ist noch ein kritischer Moment. Aber es wird alles gutgehen.

Dies ist der erste der drei Schwarzmondplätze, die zusammen den Zielort der *Rückkehr* bilden. Der Erscheinungsbogen des Schwarzmondes deckt sich mit der Sonne, bedeutet also die Zone des Taghimmels, die im mythischen Weltbild als Land ausgelegt wurde (Abb. 11, S. 46). Der aus dem Wasser des Nachthimmels zurückkommende Mond erreicht hier mit dem ersten der drei Schwarzmondplätze gerade *das Ufer* dieses Landes. Da er gleichzeitig von der Bildfläche verschwindet, versteht sich auch die *Gefahr*. Gleichwohl bedeutet dies *keinen Schaden*, weil der Verschwundene durch die strahlende Sonne ersetzt wird. Sie nämlich ist die gewandelte Form, in welcher der Vollmond (Platz 1) auf dem *Pfad der Mitte* (Platz 4) von seiner Wanderung durch die Nacht *zurückkehrt*.

Sechs auf viertem Platz   Kun
Auf dem Pfad der Mitte kehrt man allein zurück.

Auf dem goldenen Mittelweg, der sich von allen Gefahren und Verlockungen links und rechts fernhält, erreichen Sie als einziger Ihr Ziel.

Der *Pfad der Mitte* ist die Zentralachse *Qian – Kun*, d. h. die direkte Zielrichtung des Vollmondes auf die Sonne, welche hier durch den zentralen *Kun*-Platz repräsentiert wird. Wer auf diesem senkrechten Weg aus der Tiefe der Nacht zurückkehrt, wird zuerst links und rechts von den paarigen Mondbildern flankiert, die aber nach oben zu immer mehr verschwinden, bis er schließlich *allein*, nämlich in Gestalt der Sonne, am Taghimmel *wiederkehrt*. Ausgangspunkt dieses »goldenen Mittelweges« ist der Vollmond *Kan* auf Platz 1, wo das Alleinsein als Fehlen der Monderscheinung (*weder Verehrung noch Abkehr*) vorausgesagt wird.

Sechs auf fünftem Platz   Kun
Gefestigte Wiederkehr. Keine Abkehr.

Bei einer Versöhnung müssen Sie die Wiederherstellung der Verbundenheit ernsthaft bekräftigen, so daß kein Mißtrauen zurückbleibt.

Am dritten Konjunktionstag, den hier der dritte *Kun*-Platz darstellt, hat sich die durch die *Wiederkehr* des Mondes *wiederhergestellte* Einheit von Sonne und Mond schon *gefestigt*. Man könnte auch *gewichtige* oder *ernsthafte Wiederkehr* übersetzen. Das Schriftzeichen *(dun)* bedeutet im konkreten wie im übertragenen Sinn zugleich *Gewicht auf etwas legen*. Wir sehen hier wieder die Parallele zu H23 *Die Abspaltung*, wo das Bett auf dem entsprechenden Platz 4 *an der Oberfläche*, d. h. *von oben* gespalten wird. Hier ist es die nach unten drückende Schwerkraft des Gewichtes, die in dieselbe Richtung weist. Der erste Schwarzmondplatz (3) repräsentiert den nach oben gerichteten Bewegungsimpuls des abnehmenden Mondes, der dritte (Platz 5) die Abwärtsbewegung des zunehmenden (vgl. H19/6, H52/6). Jedoch tritt der Mond auch am dritten Konjunktionstag noch nicht heraus aus der Sonne. Seine als *Finsternis des Herzens* oder *Abwendung* (vgl. Platz 1) gedeutete Schattenseite wird noch nicht sichtbar. Daher: *Keine Abwendung.*

Oben Sechs   Gen
Falsche Wiederkehr. Unheil. Es gibt Unglück und Finsternis. Wenn man es (d. h. dieses Orakelergebnis) gebraucht, um ein Heer in Marsch zu setzen, gibt es am Ende eine große Niederlage für den Herrscher des Landes. Unheil. Bis zum zehnten Jahr kann man nicht angreifen.

Eine Versöhnung hat nur zum Schein stattgefunden. Hüten Sie sich vor Hinterlist und Heimtücke, durch die Sie für lange Zeit außer Gefecht gesetzt werden könnten.

Der Neumond *Gen* hat die Sonne verlassen und bricht auf in die Nacht hinein. Dieser Weg ist der Richtung der Rückkehr entgegengesetzt, also *falsch, fehlgehend* oder *trügerisch*, was natürlich *Unheil* bedeutet. Zudem ist die harte oder helle Linie des Trigramms *Gen* durch die Lücke zwischen Platz 6 und Platz 1 abgetrennt, so daß die Folge der dunklen Linien ohne Licht bleibt. Daher wird das *Unheil* hier auf der urbildlichen Ebene selbst als eine *Sonnenfinsternis* ausgelegt. Das mit *Finsternis* wiedergegebene Schriftzeichen *(sheng)* bedeutet nicht nur im übertragenen Sinn *große Not* oder *Katastro-*

phe, sondern ursprünglich auch konkret *Sonnenfinsternis*, und die Kombination *Unglück und Finsternis* wird außerdem in H62/6 als eine solche definiert. Mit dem Eintritt der Finsternis verdunkelt sich der Himmel, so daß *das Heer* der Sterne erscheint, während die als *Herrscher des Landes* ausgelegte Sonne vom Schwarzmond verdeckt wird. Daher: *Wenn man es gebraucht, um ein Heer in Marsch zu setzen, gibt es am Ende eine große Niederlage für den Herrscher des Landes.* Und davon ist dieser so angeschlagen, daß er *bis zum zehnten Jahr nicht angreifen kann.* Denn das *Angreifen* bedeutet, daß er den Mond als Heerführer ausschickt, um den Nachthimmel zu erobern; aber eine Sonnenfinsternis geht immer mit einer Mondfinsternis einher, so daß es dem Heerführer im Feindesland genau so ergeht wie seinem Herrn. Er muß also noch einmal einen ganzen Umlauf ausführen, um wieder angreifen zu können. Dies aber drückt die Zahl *Zehn* aus, weil im kontexturalen Urzusammenhang der Acht Trigramme eine Aufeinanderfolge von *zehn* binären Elementen erforderlich ist, um deren vollzählige Versammlung zu erzeugen (s. Einführung S. 34). Daher: *Bis zum zehnten Jahr kann man nicht angreifen.*

25. Wu wang / Die Unschuld

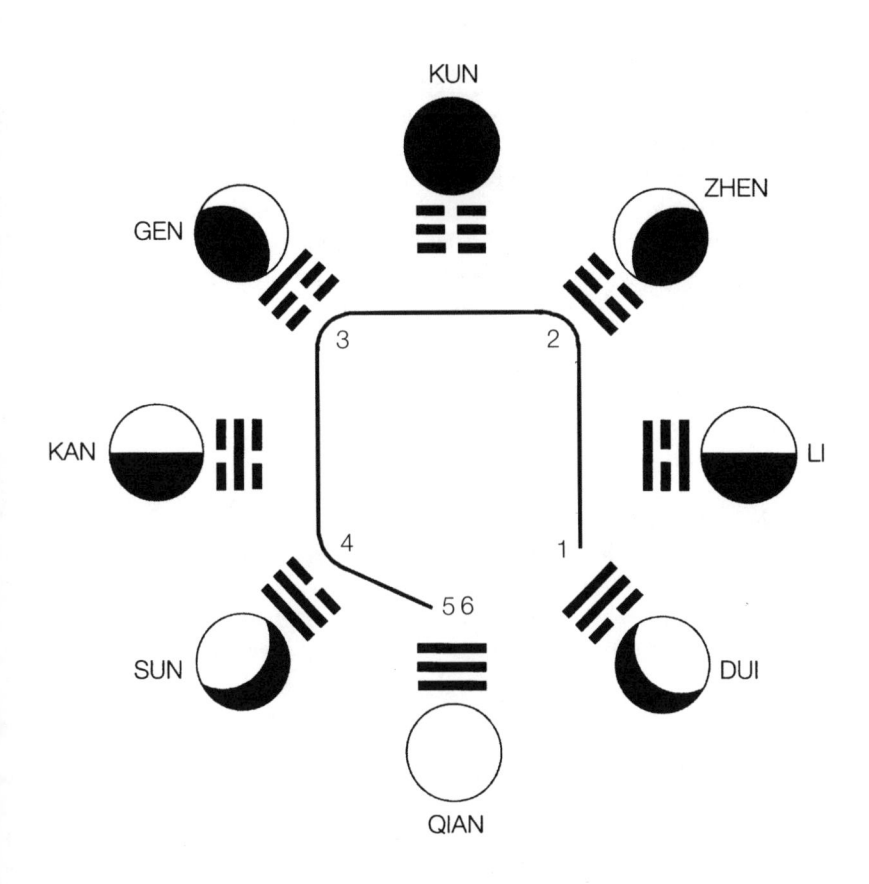

Partnerzeichen: H26.
Gegenzeichen: H46.
Parallelzeichen: H26, H28, H33, H34, H61.

Der Hauptspruch

Die Unschuld. Der Wunschgedanke dringt durch. Günstig für eine Verwirklichung. Wenn man darin nicht korrekt ist, gibt es Finsternis. Es ist nicht günstig, wenn man wo hinzugehen hat.

Seien Sie offen dafür, wie die Dinge sich entwickeln. Eine vorgefaßte Meinung und starres Festhalten an einem Plan können nur schaden. Handeln Sie spontan und ohne Hintergedanken.

Der Hexagrammname WU WANG ist die Verneinung des Wortes *wang*, das in der gegebenen Schreibung *falsch, Fehler, Unregelmäßigkeit, Gesetzlosigkeit* etc. bedeutet. Dieses Wort ist aber lautidentisch mit einem anders geschriebenen, das *den auf die Sonne gerichteten Mond* und speziell *den Vollmond* bedeutet. Von daher hat es auch die Bedeutungen *von ferne auf etwas schauen, voraussehen, hoffen, erwarten* angenommen. Kunst glaubt, daß der gegebene Hexagrammname eine Fehlschreibung für dieses Zeichen ist, und übersetzt ihn mit *unerwartet* – ein Bedeutungsaspekt des Hexagrammes, der auch in den chinesischen Kommentaren erwähnt wird.

In der Tat ist das vorausschauende Wesen des Vollmondes der urbildliche Schlüssel zum Verständnis des Hexagrammes. Das Urbild von Vorausschau, Planung und Absicht wird durch die gegebene Schreibung seines Namens jedoch negativ ausgelegt als *anormale* oder *unwahrhaftige* Befangenheit in einer Projektion, als *Voreingenommenheit*. Solche Voreingenommenheit ist *das Falsche*, das der Hexagrammname verneint. Insofern bedeutet *die Unschuld* soviel wie *Spontaneität*, d. h. Handeln ohne Vorurteile und Hintergedanken. Man kann *WUWANG* übrigens auch als einen Eigennamen auffassen, der die mythische Personifizierung des Hexagrammes bedeutet. Bei einigen Hexagrammen drängt sich diese Möglichkeit besonders auf (vgl. z. B. H36, H53).

Der ganze Vorstellungskomplex erklärt sich aus der Gestalt des Graphs. Dessen Umrißbild stellt – wie bei allen sechs Parallelzeichen dieser Serie – das Profil des mit der Schatten-Öffnung *(Zhen – Gen)* nach oben und mit dem Licht-Bauch *(Sun – Qian – Dui)* nach unten gerichteten Mondgefäßes dar, also des Vollmondes, der aber hier in Gestalt der Lücke zwischen *Qian* und *Dui* auf der rechten Seite einen Schatten aufweist. Dieser Schatten ist im zweiten Teil des Hauptspruches als das Einseitige, das *nicht Korrekte* oder *nicht Wahrhaftige* ausgelegt, das konkret eine *Finsternis*, im übertragenen Sinn ein *Verhängnis* bedeutet. Daher: *Wenn man darin nicht korrekt ist, gibt es Finsternis*. Und unter dieser Voraussetzung *ist es nicht günstig, wenn man wo hinzugehen hat*, d. h. einem vorgefaßten Ziel nachzugehen.

Mit dem Motiv der *Finsternis* setzt der Hauptspruch den Schlußgedanken des vorigen Zeichens H24/6 fort. In den Liniensprüchen entspricht ihm der an die Schattenlücke grenzende Vollmondplatz 6, wo es noch einmal wiederholt wird. Denn der Schatten auf der rechten Seite ist nur im Bild des Vollmondes etwas *Falsches* oder *Anormales*, d. h. Ausdruck einer *Mondfinsternis*. Und in seiner einseitig verfinsterten Form droht der Vollmond als verfälschtes Wunschbild der Sonne in der Konjunktion das *Unglück* einer Sonnenfinsternis herbeizuführen: Eine Mondfinsternis pflegt stets mit einer Sonnenfinsternis einherzugehen. Die Verneinung des *Anormalen* durch den Hexagrammnamen bedeutet urbildlich die Vermeidung dieses Unglücks, welche dadurch ermöglicht wird, daß der Graph am Sonnenort *Kun* vorbeigeht (vgl. Platz 3).

Der Verlauf des Graphs beginnt aber nicht mit dem Vollmond *Qian*, d. h. mit Absicht oder Planung für die Zukunft, sondern erst einen Schritt danach mit Platz 1 in *Dui*: Im Zeichen der *Unschuld* findet man sich anfänglich in einer Lage vor, die man selbst in keiner Weise *verschuldet*, verursacht, beabsichtigt oder geplant hat. Dies ist die Situation eines Kindes. Das Mondbild *Dui* gleicht mit seinem Schatten auf der rechten Seite zwar der Einseitigkeit und Unvollkommenheit des Umrißbildes und markiert wie *Qian* auf Platz 6 ebenfalls die Grenze der Schattenlücke desselben. Aber hier am Anfang auf Platz 1 ist diese Einseitigkeit im Gegensatz zum Ende mit *glückverheißend* bewertet. Denn sie wird mit dem Verlauf des Graphs in allen Stationen ergänzt: *Dui* auf Platz 1 durch das Gegenbild *Gen* auf Platz 3, und *Zhen* auf Platz 2 durch das Gegenbild *Sun* auf Platz 4, von wo aus sich die damit hergestellte Vollständigkeit mit dem Übergang zum Vollmond manifestiert: *Man kann es verwirklichen. Kein Schaden.* Auf dem Vollmondplatz 5 verschwindet dann *die Krankheit der Unschuld*, nämlich der als Unreife und Unwissenheit gedeutete Schatten, ohne den *Gebrauch von Arznei*, d. h. ganz von selbst. Dieser glücklichen Fügung entspricht die Bewertung des ganzen Zeichens durch die vollständige Leitformel im Hauptspruch: *Der Wunschgedanke dringt durch. Günstig für eine Verwirklichung.*

So formuliert das Hexagramm eine natürliche Entwicklung gleich dem Wachstum eines Kindes, das dieses nicht selbst steuern kann und in das man nicht künstlich von außen eingreifen darf. Dem entspricht auch die Folge der Haupttrigramme vom Kleinen (*Zhen* = Kind) zum Großen (*Qian* = Erwachsener). Es ist der Gedanke des freien Wachsenlassens nach den Gesetzen der

Natur, den auch der Bild-Kommentar hervorhebt: *Den Wesen wird Unschuld gewährt. Die früheren Könige (d. h. die Götter) brachten alle Wesen dadurch zum Wachsen, daß sie sie entsprechend der Zeit gedeihen ließen.*
Auch das Szenario in den Liniensprüchen kann man als den Entwicklungsgang eines Kindes verstehen. Nach dem Beginn in Platz 1 schildert Platz 2, wie es von seinen Eltern versorgt wird: *Man erntet, ohne gepflügt zu haben.* Auf Platz 3 wird das *Unglück* (= Sonnenfinsternis) vermieden, das der *Unwahrhaftigkeit* des Hauptspruches (= Mondfinsternis) entsprechen würde, sozusagen die Feuertaufe bestanden. Auf Platz 4 hat das herangewachsene Geschöpf durch die gegenbildliche Ergänzung seine urbildliche Reife und Vollständigkeit erlangt, die sich auf Platz 5 als Vollmond manifestiert. Platz 6 hingegen grenzt an die Schattenlücke des Umrißbildes und bedeutet daher sozusagen eine Fehlentwicklung, die urbildlich der Mondfinsternis entspricht. Wenn ein erwachsener Mensch so tut, als wüßte er noch von nichts und sich weiterhin unschuldig wie ein Kind verhält, ist das keine echte und wahrhaftige Unschuld mehr, sondern etwas Falsches, das ihm nur Unglück bringt.

Anfangs Neun   **Dui**

Unschuldig Hingehen ist glückverheißend.

Sie befinden sich in einer Lage, wo es angebracht ist, völlig spontan und ohne Vorbehalte Ihren inneren Antrieben zu folgen. Vertrauen Sie Ihrem Herzen.

Indem der Graph erst nach der vorausschauenden Vollmondphase mit *Dui* beginnt, hat man keinerlei vorgefaßte Pläne und Absichten, sondern folgt spontan dem eigenen Trieb. Dieser strebt nach der Ergänzung des eigenen Mangels, der mit der *Unschuld* verbundenen Unreife und Unvollkommenheit, d. h. hier im Fall des Mondbildes *Dui* nach dem diametralen Gegenbild *Gen*. Dorthin ist die Bewegung gerichtet, die das *Hingehen* anzeigt (vgl. Platz 3).

Sechs auf zweitem Platz   Zhen

Wenn man erntet, ohne zu pflügen, und ein Feld bestellt, das man nicht gerodet hat, ist es günstig, einen Ort zum Hingehen zu haben.

Die Situation hat noch eine andere Seite, derer Sie sich nicht bewußt sind. Sie sollten nicht vergessen, daß Sie noch viel lernen müssen, und tun gut daran, sich an bewährten Methoden zu orientieren.

Man *erntet* die Früchte der Arbeit anderer: Die Situation des Kindes, das von seinen Eltern ernährt wird. Der Altmond *Zhen* symbolisiert hier die Rückkehr vom Feld des Nachthimmels zur Sonnenstadt, das Einfahren der Ernte. Der andere Gegensatz, daß man *ein Feld bestellt, das man nicht gerodet hat*, ist analog dazu gedacht. Die Erfahrung des ersten Arbeitsganges, des *Pflügens* oder des *Rodens*, ist noch nicht gemacht. Diesen repräsentiert das Gegenbild *Sun* auf der anderen Seite, das der *Ort* ist, zu dem man *hingehen* soll. *Sun* bedeutet auch die *Aussaat* im Gegensatz zur *Ernte* (vgl. H5/1). Mit der gegenbildlichen Ergänzung wird die einseitige Erfahrung zur vollständigen Kunst des Ackerbaues abgerundet. Auch deutet man den Ort des Hingehens als einen Älteren, bei dem man sich Belehrung holen soll.

Sechs auf drittem Platz   Gen

Das Unglück der Unschuld: Jemand hat es an ein Rind gebunden. Dadurch bekommt der Wanderer das Unglück der Stadtbewohner.

Um ein großes Desaster zu vermeiden, sollten Sie lieber stellvertretend dafür einen kleineren Verlust in Kauf nehmen.

Mit der gegebenen Übersetzung folge ich *Arthur Waley*, der die Stelle im Sinn eines *Sündenbockrituals* interpretiert hat. Das *Unglück der Unschuld* entspricht der *Finsternis* aus dem Hauptspruch und bedeutet urbildlich die Sonnenfinsternis, welche mit der durch die Schattenlücke des Umrißbildes zwischen *Qian* und *Dui* angezeigten Mondfinsternis einhergeht. Denn das *Unglück* und die *Finsternis* gehören als Binom *(zai sheng)* zusammen (vgl. H24/6). *Die Unschuld* vermeidet aber dieses *Unglück*, indem der Graph mit der Verbindungslinie *Zhen – Gen* an *Kun*, dem Ort der Sonnenfinsternis, vorbeigeht. Die beiden hornförmigen Monde *Zhen* und *Gen* sind dabei als die Hörner eines *Rindes* ausgelegt, so daß die Verbindungslinie bedeutet, daß das *Unglück an ein Rind gebunden* wird (vgl. H26/4). Und zugleich bedeutet sie den Weg des *Wanderers*, der an dem als *Stadt* ausgelegten Sonnenort *Kun* vorbeigeht und die Bewohner vor dem Unglück bewahrt, indem er, wie man sich zusätzlich ausmalen kann, das Rind mitgehen läßt: *Dadurch bekommt der Wanderer das Unglück der Stadtbewohner.*

Neun auf viertem Platz   Sun

Man kann es verwirklichen. Kein Schaden.

Machen Sie sich selbständig, und setzen Sie Ihre eigenen Vorstellungen in die Tat um.

Mit diesem Platz sind die gegenbildlichen Ergänzungen *Dui – Gen* und *Zhen – Sun* vollständig, was die Formel *kein Schaden* ausdrückt. Speziell ergänzt *Sun* das Gegenbild *Zhen* auf Platz 2, wo die Unselbständigkeit bzw. Abhängigkeit des unschuldigen Kindes formuliert wird. Nun hat es seine Erfahrungen gemacht und kann sich selbständig *entscheiden*, auf etwas *festlegen*, *etablieren* oder *verwirklichen (zhen)*, ohne damit Schaden anzurichten. Urbildlich ist dies der Schritt von *Sun* zum Vollmond *Qian*, in dem sich die aus der Ergänzung der gegenbildlichen Teilstücke gewonnene Ganzheit *verwirklicht*. Im Entwicklungsszenario ist es der Punkt, wo man seine kindliche Unschuld hinter sich gelassen hat und selbst eine Familie gründen kann.

Neun auf fünftem Platz   Qian

Für die Krankheit der Unschuld gebrauche keine Arznei, und sie löst sich in Wohlgefallen auf.

Quälen Sie sich nicht aus gewohnter Unsicherheit künstlich mit Schwierigkeiten, die sich ganz von selbst lösen.

Die *Krankheit der Unschuld* ist der Schatten auf der rechten Seite der abnehmenden Mondbilder *Dui* und *Zhen*, d. h. die anfängliche Unvollständigkeit oder Unreife des Kindes. Aber dieser wurde durch die komplementären Gegenbilder *Gen* und *Sun* ergänzt. Der erste der beiden *Qian*-Plätze 5 und 6 steht für die rechte (d. h. zuerst entstehende) Hälfte und so für den Eintritt in die Vollmondphase, mit dem der Schatten, nämlich *die Krankheit der Unschuld*, vollends verschwindet. Hier ist keine künstliche Ergänzung durch die Gegenbilder mehr nötig, was dem *Gebrauch der Arznei* entspräche. Daher: *Für die Krankheit der Unschuld gebrauche keine Arznei, und sie löst sich in Wohlgefallen auf.*

Oben Neun   **Qian**

Unschuldiges Vorgehen bringt Finsternis. Es gibt nichts, wofür das günstig wäre.

Fehler, die in früheren Zeiten verzeihlich waren, können Sie sich in Ihrer jetzigen Position nicht mehr leisten.

Platz 5 markiert mit der rechten Hälfte den Eintritt in die Vollmondphase, Platz 6 mit der linken den Austritt aus ihr. Die Linksseitigkeit bedeutet das *Vorgehen* oder *die Reise*, auf die sich der Mond mit der abnehmenden Bewegung begibt. Da der Platz aber an die Schattenlücke des Umrißbildes grenzt, ist er hier von der *Finsternis* betroffen, durch die sein Blick auf die Sonne einseitig und *unwahrhaftig* wird, wie es im Hauptspruch heißt. Wenn ein erwachsener Mensch so tut, als wüßte er noch von nichts, und sich weiterhin unschuldig wie ein Kind verhält, ist das keine echte und wahrhaftige Unschuld mehr, sondern etwas Falsches, das ihm nur Unglück bringt. Daher: *Es gibt nichts, wofür das günstig wäre.*

26. DA CHU /
DAS ANSAMMELN IM GROSSEN

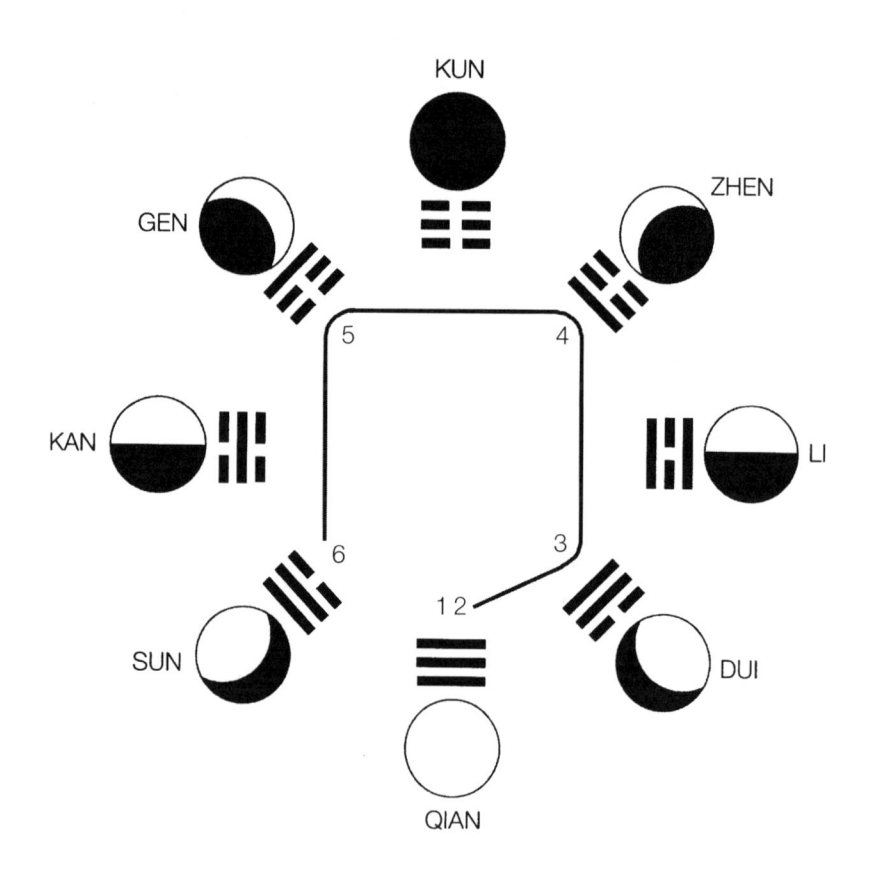

Partnerzeichen: H25.
Gegenzeichen: H45.
Parallelzeichen: H25, H28, H33, H34, H61.

Der Hauptspruch

Das Ansammeln im Großen. Günstig für eine Festlegung. Nicht zu Hause Essen bringt Glück. Es ist günstig, den großen Strom zu durchwaten.

Es geht darum, Ihre Kräfte zu sammeln und unberechenbare Elemente unter Kontrolle zu bringen. So lange dies nicht gelungen ist, dürfen Sie sich keine Ruhepause am häuslichen Herd gönnen, sondern müssen methodisch und ausdauernd am Ball bleiben, bis Sie Land sehen.

Wie das Partnerzeichen H25 *Die Unschuld* stellt das Gesamtbild des Graphs das Profil des mit dem Bauch nach unten gerichteten Mondgefäßes dar, d. h. die räumliche Stellung des Vollmondes. Dem entspricht das Attribut *groß* im Hexagrammnamen. Die Lücke zwischen *Sun* und *Qian* aber bildet einen Schatten auf der linken Seite, welcher der Figur zugleich die Erscheinung eines rechtsseitigen, also *zunehmenden* Mondes verleiht. Dem entspricht die Idee des *Anwachsenlassens* oder *Ansammelns*, so daß sich daraus insgesamt das *Ansammeln im Großen* ergibt. Zugleich erklärt sich von daher der Gegensatz zum Namen des Hexagrammes H9, *das Ansammeln im Kleinen*, wo der Graph den zunehmenden Mond in einem noch *kleineren* Stadium als Halbmond darstellt.

Das Schriftzeichen *CHU ansammeln* im Hexagrammnamen bedeutet auch *Vieh* oder *Haustier*, ferner *füttern, großziehen, züchten* (Lautung *xu*), sowie *zurückhalten, in Schranken halten, zähmen*, was auf menschliche Verhältnisse übertragen zur Idee der *Erziehung* führt. Richard Wilhelm übersetzt den Hexagrammnamen mit *des Großen Zähmungskraft*. Diese Betitelung erweist sich hier für *das Großvieh*, als welches man den Hexagrammnamen *DA CHU* ebenfalls übersetzen kann, durchaus als passend – im Gegensatz zu H9 *Kleinvieh*, wo es mehr um das *Züchten* als um das *Zähmen* geht.

Im Hauptspruch wird das mit dem Umrißbild als Grundtendenz des Zeichens vorgegebene Zunehmen des Mondes zunächst als *Verfestigung* oder *Festlegung* (zhen) ausgelegt: *Günstig für eine Festlegung.* Sodann suggeriert sein Sichfüllen die Idee des *Essens*, das man *nicht zu Hause* tun sollte. Denn das *Zuhause* ist der Ort der Sonnenstadt *Kun*, der in beiden Partnerzeichen dieses Hexagrammpaares vom Verlauf des Graphs ausgespart wird. In H25/3 wurde dies als die Vermeidung einer Sonnenfinsternis ausgelegt, und eben darauf spielt der Begriff *Essen (shi)* hier ebenfalls an, da er auch für die Bezeichnung einer solchen verwendet wird *(rishi = Aufessen der Sonne = Sonnenfinsternis)*. Daher: *Nicht zu Hause Essen bringt Glück*. Außerdem wird mit der urbildlichen Grundtendenz des Zunehmens oder *Ansammelns* natürlich der Vollmond hergestellt, dessen Bahn den Sternenstrom des Nachthimmels vollständig überbrückt. Daher heißt es am Ende des Spruches auch noch: *Es ist günstig, den großen Strom zu durchwaten*.

Der urbildliche Rahmen des Zunehmens, den das Umrißbild darstellt, wird jedoch durch die Folge der Haupttrigramme in der umgekehrten Richtung ausgefüllt. Denn diese geht vom Vollmond *Qian* zum Neumond *Gen*, d. h. vom Großen zum Kleinen. Diese abnehmende Tendenz des Verlaufs ist es, die durch die zunehmende Rahmenordnung des Umrißbildes gleichsam *gezähmt* oder *gebändigt* wird. Sie bedeutet das jugendliche Ungestüm der *Pferde* auf Platz 3, des *Jungstiers* auf Platz 4 und des *Ebers* auf Platz 5 (vgl. die verwandte Symbolik in dem Parallelzeichen H34). Die Pferde werden im *Gespann* diszipliniert, der Stier unter ein *Joch* oder *Hornbrett* gezwungen und der Eber *beschnitten*. Denn von Haus aus fügen sich diese Tiere nicht vorschriftsmäßig in die gegebene Rahmenordnung. Der Vollmond als Ausgangspunkt wird auf Platz 1 mit *Gefahr* bewertet, auf Platz 2 als ein einseitig beschädigter *Wagen* mit *abgebrochenem Achsenklotz* ausgelegt. Insofern man das Umrißbild nämlich direkt auf den Vollmond bezieht, stellt seine Schattenlücke jene Anomalie dar, die im vorausgehenden Partnerzeichen (H25/0/6) als (partielle) Mondfinsternis gedeutet wurde. An dieses Motiv wird hier sinngemäß angeknüpft. Mit dem Zähmungs- oder Erziehungsprozeß im Verlauf des Graphs aber wird wie dort alle Einseitigkeit durch die komplementären Gegenbilder ausgeglichen und schließlich das Mondbild *Sun* auf Platz 6 erreicht, das mit dem Umrißbild und seinem Schatten auf der linken Seite auf normale Art übereinstimmt und den Übergang in einen finsternisfreien Vollmond darstellt.

Als ein Gleichnis für das ganze Hexagramm bietet sich das auf den Plätzen 2 und 3 gezeichnete Bild eines Pferdegespanns an, das durch ein unvorhergesehenes Ereignis außer Kontrolle zu geraten droht und im Zaum gehalten werden muß. Die Disziplinierung der wildgewordenen Zugtiere im Verlauf des Graphs ermöglicht es aber am Ende, den Wagen in aller Ruhe zu beladen (vgl. Platz 6).

Anfangs Neun   **Qian**

Es gibt eine Gefahr. Günstig für das eigene Selbst.

Ein bedrohliches Ereignis wirft seine Schatten voraus. Im Gegensatz zu Ihrem Nachbarn können Sie selbst sich aber davor retten.

Der Platz grenzt an die Schattenlücke im Umrißbild des Graphs, welche für die Erscheinung des Vollmondes die Anomalie einer partiellen Mondfinsternis bedeutet (vgl. H25/0/6) und hier als *Gefahr* ausgelegt ist. Der erste der beiden *Qian*-Plätze steht jedoch für die *rechte* (d. h. zuerst entstehende) Hälfte des Vollmondes, während der Schatten die *linke* Seite des Umrißbildes bedeckt. Da die beiden Hälften des Vollmondes u. a. auch als zwei *Nachbarn* ausgelegt werden (H9/5), bedeutet dies, daß die *Gefahr* nur den Nachbarn, aber nicht *das eigene Selbst* betrifft. Daher: *Es gibt eine Gefahr. Günstig für das eigene Selbst.*

Neun auf zweitem Platz   **Qian**

Am Wagen löst sich ein Achsenklotz.

Durch einen Unfall wird eine gefährliche Störung des Gleichgewichtes hervorgerufen.

Als zweiter Vollmondplatz steht diese Linie für die linke Hälfte des Vollmondes, die vom Schatten des Umrißbildes betroffen ist, der im vorigen Spruch genannten *Gefahr*. Die zwei Hälften des Vollmondes sind dabei wieder als die beiden *Achsenklötze* eines *Wagens* ausgelegt, so daß der einseitige Schatten den Verlust eines solchen Klotzes bedeutet. In H9/3 ist der gleiche Spruch dem Mondbild *Dui* zugeordnet, wo sich diese Ablösung als der reguläre Schatten auf der rechten Seite des abnehmenden Mondes zeigt. Hier im Bild des Vollmondes hingegen haben wir es mit der Unregelmäßigkeit einer Mondfinsternis zu tun, welche auch die *Notlage* im folgenden Spruch bedingt, nämlich die Gefahr einer darauf folgenden Sonnenfinsternis.

Neun auf drittem Platz   Dui

Gute Pferde in ordentlicher Reihenfolge. Eine Entscheidung, die für eine schwierige Lage von Vorteil ist. Sie besagt: Ein kunstgerecht bespannter Wagen bietet Schutz. Es ist günstig, wenn man einen Ort zum Hingehen hat.

Zügeln Sie Ihr Ungestüm und gehen Sie mit wohlüberlegter Methode vor. Jeder Schritt sollte sorgfältig abgesichert werden, damit Sie nicht aus dem Gleichgewicht geraten.

Das mit *kunstgerecht bespannt* wiedergegebene Zeichen wird im *Buch der Lieder* als die Fahrkünste eines Gespannes mit *vier* Pferden definiert. In der Platzverteilung unseres Hexagrammes sind die vier Pferde *Dui-Sun* und *Zhen-Gen* vor dem Wagen *Qian*, dessen zwei Räder die beiden Vollmondplätze darstellen. Dieser vollkommen symmetrische Aufbau des Wagengespanns ist das Gegenbild zu der auf dem vorigen Platz genannten Einseitigkeit durch den Verlust des *Achsenklotzes*, der die *Notlage* bedingt. Diese besteht urbildlich in der Gefahr einer Sonnenfinsternis. Wenn aber der Wagen *kunstgerecht* mit *guten Pferden* bespannt ist, wird das Unglück nicht geschehen. Denn der Graph geht mit dem Schritt *Zhen – Gen* am Sonnenort *Kun* vorbei. Zugleich ist in der Vierheit mit den diametralen Gegenbildern *Dui-Gen* und *Zhen-Sun* durchgängig die komplementäre Ergänzung des Schattens gegeben. Das jeweilige Gegenbild – hier speziell *Gen* auf Platz 5, wo die Gefahr vorüber ist – stellt auch den *Ort zum Hingehen* dar. Daher: *Es ist günstig, wenn man einen Ort zum Hingehen hat* (vgl. H25/2).

Sechs auf viertem Platz   Zhen

Das Hornbrett eines jungen Stieres. Der Wunschgedanke hat Glück.

Halten Sie ihre Aggressionen zurück. Damit entschärfen Sie die Situation, gehen kein Risiko ein und sichern das gewünschte Ergebnis.

Wir haben hier wieder die Auslegung der beiden hornförmigen Mondsicheln *Zhen* und *Gen* als Hörner eines Rindes (vgl. H25/3). Die Linie *Zhen – Gen* ist das *Hornbrett* auf der Stirn des Tieres, das die beiden Hörner miteinander verbindet. Es soll dem Schutz gedient haben, damit der junge Stier niemanden verletzen kann. Dies entspricht dem Umstand, daß der Graph von *Zhen* aus nicht nach *Kun* weitergeht – der urbildliche Hornstoß des Altmondes sein Ziel nicht erreichen kann – sondern waagerecht hinüber nach *Gen* läuft:

Der Mond geht an der Sonne vorbei, so daß keine Finsternis entsteht. Das Tagesgestirn, dessen nächtliches Wunschbild der Vollmond darstellt, kann ungetrübt am Himmel erscheinen. Daher: *Der Wunschgedanke hat Glück.*

Sechs auf fünftem Platz   Gen

Der Hauer eines verschnittenen Ebers bringt Glück.

Ein Lernziel muß verinnerlicht werden. Solange die gefährlichen Triebe durch äußeren Druck gebändigt werden müssen, ist es noch nicht erreicht. Packen Sie das Problem bei der Wurzel an.

Als Symbol der Mondsichel tritt hier an die Stelle des Stierhornes auf dem vorigen Platz der gekrümmte *Hauer eines Ebers*. Es ist aber nun die rechtsseitige, d. h. weibliche Sichel des Neumondes *Gen*, der das Gegenstück des linksseitigen oder männlichen Altmondes *Zhen* darstellt. Daher ist der Eber *verschnitten*, seiner Männlichkeit beraubt. Die Konjunktion wird im *Yijing* mehrfach als Kastration ausgelegt (vgl. H9/4, H36/2). Sie entspricht als Zähmungsmaßnahme dem Hornbrett des Stieres. Auch haben wir die Parallele zum Neumondplatz des Partnerzeichens H25: Dem Eber wird seine Männlichkeit auf dieselbe urbildliche Weise genommen, wie der Wandersmann dort den Stadtbewohnern ihre Kuh klaut (H25/3).

Oben Neun   Sun

Lade dir die Wege des Himmels auf und bringe das Opfer dar.

Alle Hilfsmittel stehen zu Ihrer Verfügung. Es geht jetzt darum, sie sinnvoll einzusetzen und etwas zu leisten.

Der Platz grenzt wie Platz 1 an die Schattenlücke des Umrißbildes, aber das Mondbild *Sun* mit seinem linksseitigen Schatten steht nun, anders als *Qian*, in Übereinstimmung mit diesem. Das *Großvieh* ist gezähmt, und der auf den Plätzen 2 und 3 genannte *Wagen* mit dem Pferde- oder Ochsengespann steht bereit. Das Füllen des Vollmondes, das in der Phase *Sun* stattfindet, wird mit dem *Beladen* des Wagens dargestellt. Und das mit *Wege* übersetzte Schriftzeichen *(qu)* bedeutet spezieller *den Punkt, wo zwei Landstraßen zusammentreffen:* In den zwei Hälften des Vollmondes treffen sich die beiden entgegengesetzten Wege des zunehmenden und des abnehmenden, des rechtsseitigen und des linksseitigen Mondes. So bilden sie die Fracht, mit welcher der Wagen beladen wird. Der Vollmond-Wagen aber bedeutet zugleich den Altar für das Opfer an die Sonne (vgl. H5/1, H14/2/3). Daher:

Lade dir die Wege des Himmels auf und bringe das Opfer dar. Daß man sich *die Wege des Himmels auflädt*, d. h. seinem Vorbild entspricht, ist für das mythische Denken überhaupt der Inbegriff aller sinnvollen Arbeit und Tätigkeit. So kommt der Schluß des Hexagrammtextes mit dem Beladen des Vollmond-Wagens wieder auf seinen Titel im Sinn von *Ansammeln im Großen zurück* (vgl. auch die Symbolik des Beladens in H9/6).

27. YI / DIE KINNLADEN
(DIE ERNÄHRUNG)

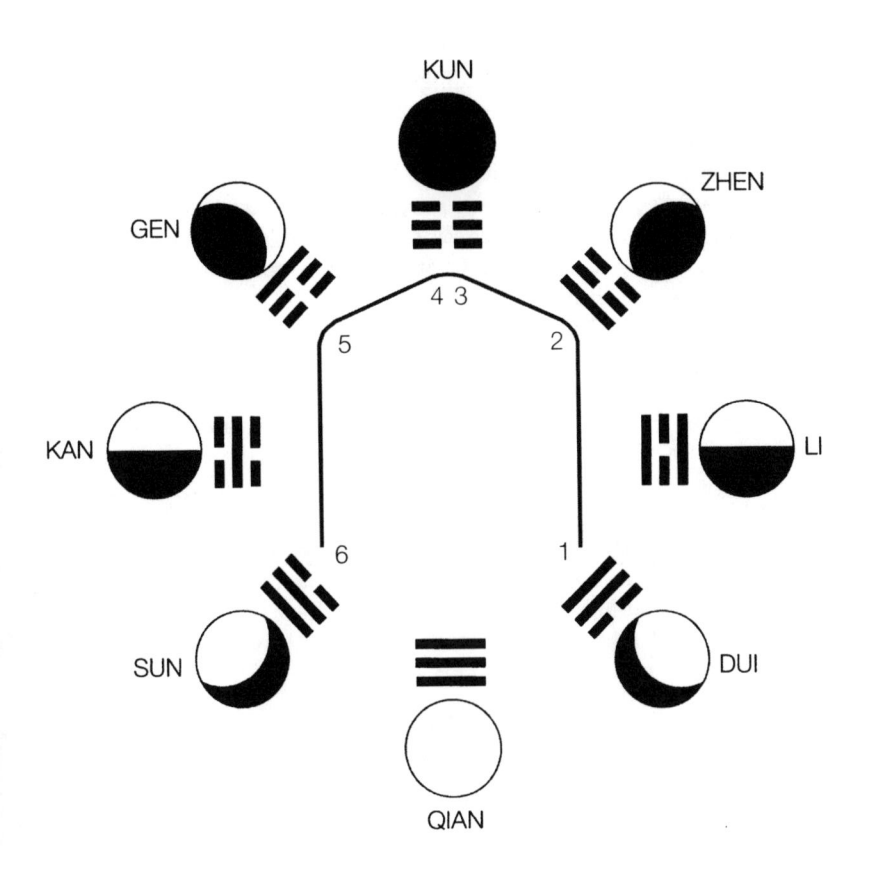

Partnerzeichen: H28.
Gegenzeichen: H28.
Parallelzeichen: H19, H20, H45, H46, H62.

Der Hauptspruch

Die Kinnladen. Entschiedenheit ist glückverheißend. Schau auf die Ernährung. Suche selbst etwas zum Füllen des Mundes.

Hemmungsloses Konsumdenken und Versorgungsmentalität drohen Sie in eine Zwangslage zu bringen, die Sie von der Hilfe anderer abhängig macht. Nehmen Sie sich zusammen und kümmern Sie sich verantwortlich um Ihre Ernährung.

Wie in H11/H12 stellen die Umrißfiguren der Graphe in diesem Hexagrammpaar zwei vollkommen entgegengesetzte Mondbilder dar. Dort sind es der zunehmende und der abnehmende Halbmond. Hier sind es der Schwarzmond und der Vollmond. Im vorliegenden Fall zeigen die Umrisse des Graphs das auf den Kopf gestellte, mit der Öffnung nach unten gerichtete Mondgefäß im Profil, d. h. seine Stellung als Schwarzmond. Das folgende Partnerzeichen H28 definiert in der gleichen Weise die Stellung des Vollmondes.

In dem Parallelzeichen H20 *(die Schau)* wird der Mondplan bzw. der Graph als ein *großes Gesicht* ausgelegt (vgl. H20/0). Dies ist auch hier der Fall, und der Hauptspruch spielt mit der Verwendung des Wortes *schauen (guan)* darauf an. Dem entspricht die konkrete Grundbedeutung *Kinnladen* oder *Kiefer* des Hexagrammnamens. Wenn wir aber nach der Form einer Kinnlade suchen, so erkennen wir diese hier nicht ohne weiteres –, wohl aber im Umrißbild des Partnerzeichens H28, indem wir uns *Sun* und *Dui* als die Kinnbacken und *Qian* als die Kinnspitze denken. Im vorliegenden Fall hingegen zeigt das Umrißbild des Graphs im Vergleich dazu keine normale, sondern eine *umgekehrte, auf den Kopf gestellte Kinnlade.* Eben von einer solchen aber ist in den Liniensprüchen mehrfach die Rede (Plätze 2, 4). Und sie wird dort als ein *Umklappen* der Kinnlade gedeutet, das *der richtigen Bahn entgegensteht* (Plätze 2, 5), d. h. als *Kiefersperre.*

Die Kiefersperre bedeutet einen krampfhaft aufgerissenen Mund, der sich nicht von selbst und ohne fremde Hilfe schließen will. Dem entsprechen auch die beiden Haupttrigramme *Zhen* und *Gen*, die das größte Auseinandertreten der als Kinnbacken oder Mundwinkel zu denkenden Mondhälften darstellen. Und der Mund ist nicht nur offen, sondern auch leer. Der hohl gedachte Schwarzmond, dessen Umrißprofil der Graph darstellt, ist in Analogie zur Symbolik des Tores der offene und zugleich leere Himmelsmund, während der Vollmond seine Geschlossenheit bzw. seinen Inhalt bedeutet. Das Bild des Vollmondes *Qian* aber fehlt in der Platzverteilung unseres Zeichens. Auf Platz 1 werden dementsprechend die Mondbilder *Sun* und *Dui* als zwei Augen von jemandem ausgelegt, der auf die *herabhängenden Kinnladen* (die beiden senkrechten Linien *Dui* – *Zhen* und *Sun* – *Gen*) eines hungrigen Maules *schaut,* ohne es jedoch mit Nahrung zu füllen. Im Hauptspruch erscheint die Kurzfassung des Gedankens: *Man schaut auf die Kinnladen,* oder: *Schau auf die Kinnladen.* Hier kommt jedoch sinnvoller die abstrakte Bedeutung des Hexagrammnamens in Betracht: *Schau auf die Ernährung.*

Der in der Kiefersperre aufgerissene Mund entspricht der Haltung eines Kindes, das sich nicht selbst ernähren kann, sondern gefüttert werden will. Die im Hauptspruch formulierte Zielvorstellung aber ist, daß es *selbst etwas zum Füllen des Mundes sucht.* Unter diesem Aspekt wird der aufgesperrte Mund auf Platz 4 sogar positiv gedeutet, und zwar durch das Symbol des Tigers, der sich vorsichtig an seine Beute anschleicht und dabei das Zuschnappen seines Rachens geduldig verzögert und aufspart, bis es Erfolg verspricht. Das Zuschnappen selbst bzw. die Lösung der Kiefersperre ist auf dem *Sun*-Platz 6 dargestellt, der urbildlich den Eintritt in die Vollmondphase markiert.

Die Problemlösung, nämlich das Schließen der Kinnladen bzw. das Füllen des Mundes entspricht so der zunehmenden Bewegung des Mondes. Diese ist zugleich die urbildliche Richtung der im Hauptspruch genannten *Entschiedenheit (zhen).* Daher: *Entschiedenheit ist glückverheißend.* Der Verlauf des Graphs stellt die zunehmende Bewegung in der Platzfolge *Kun* – *Gen* – *Sun* dar. Diese drei Plätze werden daher durchwegs ebenfalls mit dem Prädikat *glückverheißend* als positiv gewertet. Und die umgekehrte Bewegung, das Aufsperren des Mundes, wird in der Platzfolge *Dui* – *Zhen* – *Kun* ebenso durchgängig negativ mit dem Prädikat *Unheil* belegt.

Anfangs Neun   **Dui**

Du hast deine Zauberschildkröte weggelegt und schaust auf meine herabhängenden Kinnladen. Unheil.

Sie sind auf die Hilfe anderer angewiesen, die Ihnen aber verweigert wird.

Der Spruch definiert als *Ich* den urbildlichen Standpunkt des Schwarzmondes, den der Graph zugleich als Umrißbild darstellt (vgl. H20). Das *Du* ist das Gegenüber dieses Standpunktes, die Vollmondphase. Zugleich ist der Vollmond als die *Zauberschildkröte* ausgelegt, wie es der Rolle des Schildkrötenpanzers als Mondsymbol beim pyromantischen Orakel entspricht (s.

Einführung S. 62 ff.). Mit dem Mondbild *Dui* aber, für das der Platz steht, wird der Vollmond *verlassen, aufgegeben* oder *weggelegt* (vgl. H22/1). Daher: *Du hast deine Zauberschildkröte weggelegt.* In der Platzverteilung fehlt der Vollmond *Qian*, so daß zwischen *Dui* und *Sun* eine Lücke klafft. Diese beiden Mondbilder bilden nun stattdessen das *Du*-Gegenüber des Schwarzmond-*Ichs* und sind als zwei Augen ausgelegt, die *auf meine herabhängenden Kinnladen schauen*, d. h. auf die beiden senkrechten Linien *Dui – Zhen* und *Sun – Gen*. Außerdem bedeutet der Vollmond im Gegensatz zum leer offenstehenden Schwarzmond die geschlossene bzw. gefüllte Form des Himmelsmundes, d. h. zugleich dessen Inhalt, die Nahrung. Wie *Gao Heng* hier bemerkte, diente Schildkrötenfleisch auch als Nahrungsmittel. Der *Zauber* der Schildkröte hat also einen praktischen Nährwert, wie man ja auch die Opferung des Mondes an die Sonne, der das Schildkrötenorakel im Grundgedanken entspricht, als eine »Fütterung« des Sonnengottes verstehen kann. Das Fazit des Spruches läuft somit darauf hinaus, daß ein Hungernder mit aufgesperrtem Mund von jemandem gefüttert werden will, der ihm die Nahrung verweigert. Das bedeutet natürlich *Unheil*. Und es entspricht der Empfehlung des Hauptspruches: *Suche selbst etwas zum Füllen des Mundes.*

Sechs auf zweitem Platz   Zhen

Umgeklappte Kinnladen. Sie stehen entgegen der richtigen Bahn. Ein Angriff der Kinnladen am Hügel bringt Unheil.

Eine gewaltsame Anstrengung bewirkt das Gegenteil des gewünschten Erfolges. Sie verschlimmern damit Ihre Lage nur.

Hier ist das Motiv der Kiefersperre formuliert. *Zhen* und *Gen* sind die beiden Gelenke der Kinnlade. Das mit *entgegenstehen* wiedergegebene Zeichen erscheint außerdem auch auf den Plätzen 3 und 5, so daß seine dreimalige Wiederholung in der Figur *Zhen – Kun – Gen* den Weltenberg des Taghimmels umschreibt, der als *Hügel* erscheint (vgl. H22/5, H59/4). Zugleich ist dieser als das umgedrehte, *auf den Kopf gestellte* Kinn mit der Kinnspitze *Kun* ausgelegt, was auch das mit *umgeklappt* wiedergegebene Zeichen eigentlich bedeutet. Daher: *Umgeklappte Kinnladen. Sie stehen entgegen der richtigen Bahn.* Der *Angriff der Kinnladen* schließlich bedeutet das Zubeißen, das dadurch nicht möglich ist (vgl. das Bild des Tigers auf Platz 4). Denn im Fall einer Kiefersperre wirkt der Muskelzug, der normalerweise die Kiefer schließt, in der entgegengesetzten Richtung, so daß er sie immer weiter aufsperrt. Daher: *Ein Angriff der Kinnladen am Hügel bringt Unheil.*

Sechs auf drittem Platz   Kun

Gegenständige Kinnladen. Entschiedenheit bringt Unheil. Zehn Jahre lang nicht zu gebrauchen. Nichts, was von Vorteil wäre.

Sie geraten in eine Zwangslage, aus der Sie sich nur mit fremder Hilfe befreien können, so daß Sie lange Zeit zu keiner selbständigen Entscheidung fähig sind.

Der Platz ist der extreme Endpunkt der negativ gedeuteten Öffnungsbewegung *Dui – Zhen – Kun*. Er kennzeichnet die Kinnspitze der auf den Kopf gestellten Kinnlade, deren Umgekehrtheit als *gegenständig* oder *zuwiderlaufend* ausgelegt ist: Die Kinnlade ist in der Kiefersperre blockiert. Das Zubeißen, urbildlich die Bewegungsrichtung der *Entschiedenheit* oder *Verfestigung, bringt Unheil*. Der Kiefer muß erst wieder eingerenkt werden. Das heißt, daß der Mund zunächst wieder mit fremder Hilfe geschlossen werden muß, ehe er sich erneut zum Biß öffnen kann (vgl. Platz 6). Dieser Vorgang bedeutet urbildlich einen vollen Umlauf durch den Mondplan, der durch die im Urzusammenhang der acht Trigramme formulierte Zahl Zehn symbolisiert wird (vgl. Einführung S. 34). Daher: *Zehn Jahre lang nicht zu gebrauchen.*

Sechs auf viertem Platz   Kun

Angespannte Kinnladen bringen Glück. Der Blick des Tigers, er lauert und lauert. Seine Gier ist Schritt für Schritt gezügelt. Kein Schaden.

Ihre erzwungene Zurückhaltung ist von Vorteil. Beherrschen Sie sich, konzentrieren Sie sich auf Ihr Ziel und erregen Sie kein Aufsehen. Jede voreilige Aktion ist schädlich.

Dieser Platz ist der Beginn der positiv gedeuteten Bewegung *Kun – Gen – Sun*, mit der sich die Kinnlade schließt. Daher wird hier die Blockade des aufgesperrten Rachens nicht negativ als Kiefersperre, sondern positiv als die Jagdtechnik des Tigers gedeutet, der sich vorsichtig Schritt für Schritt anschleicht und dabei das Zuschnappen seines Rachens geduldig verzögert und aufspart, bis er seiner Beute nahe genug gekommen ist. Das auf Platz 2 mit *umgeklappt* wiedergegebene Zeichen *(dian)* kann auch *angespannt, konzentriert* heißen, was hier als der gemeinte Bedeutungsaspekt näher liegt. Zugleich bedeutet der Blick des Tigers die Perspektive, mit der man *selbst den Mund zu füllen sucht*, wie es im Hauptspruch heißt, und die Abwendung von der kindlichen Strategie des Mundaufsperrens, um von anderen gefüttert zu werden.

Sechs auf fünftem Platz   Gen

Entgegen der richtigen Bahn. Glückverheißend als Entscheidung für ein Verweilen. Man kann nicht den großen Strom durchwaten.

Es gibt starke Widerstände, aber die Zeit arbeitet für Sie. Bleiben Sie, wo Sie sind, und unterlassen Sie große Unternehmungen.

Der Platz steht für das zweite Kiefergelenk der auf den Kopf gestellten Kinnlade, das daher ebenso wie das erste (Platz 2) *entgegen der richtigen Bahn* steht, d. h. in der Kiefersperre blockiert ist. Jedoch gehört der Neumond *Gen* in die positiv gedeutete Bewegungslinie *Kun – Gen – Sun*, auf der die verkehrte Kinnlade wieder richtiggestellt, d. h. eingerenkt wird. Da dies nur mit Hilfe anderer möglich ist, muß man sich dabei ruhig und passiv verhalten. Daher: *Glückverheißend als Entscheidung für ein Verweilen*. Man kann noch nicht aktiv werden, noch nicht *den großen Strom durchwaten*. Dies wird erst auf dem folgenden Platz *Sun* möglich.

Oben Neun   Sun

Man löst die Kinnladen. Gefahr bringt Glück. Es ist günstig, den großen Strom zu durchwaten.

Sie können aus einer Zwangslage befreit werden, so daß Sie wieder zu großen Unternehmungen fähig sind. Die damit verbundene Gefahr dürfen Sie nicht scheuen. Sie ermöglicht den Erfolg erst.

Man löst oder *befreit die Kinnladen* bedeutet, daß der Kiefer wieder eingerenkt wird. Wenn man *(mit Kunst)* den graphischen Zusatz *Hand* ergänzt, lautet der Sinn: *Man zieht die Kinnladen heraus.* Die Kiefersperre wird gelöst, indem man den Unterkiefer des Patienten mit beiden Händen aus der Sperre herauszieht. Die zunehmende Bewegung von *Sun* ist dieser Zug nach unten, durch den der Kiefermuskel zunächst noch weiter überdehnt werden muß. Dies ist die *Gefahr*, welche urbildlich der Schattenlücke des Umrißbildes zwischen *Sun* und *Dui* entspricht, an die der Platz grenzt. Aber die Phase *Sun* ist zugleich der Übergang in das Bild des Vollmondes, der den geschlossenen Himmelsmund darstellt, in dem sich die Sperre gelöst hat. Man kann sich auch *Zhen* und *Gen* als die Gelenkkapseln denken, in die die Gelenkköpfe *Sun* und *Dui* wieder einrasten, so daß sich damit aus der gegenbildlichen Ergänzung das Bild des Vollmondes ergibt. Und dies bedeutet zugleich das *Durchwaten des großen Strom*es, nämlich des Nachthimmels, den der Vollmond mit seiner Erscheinungsbahn von abends bis morgens vollständig *durchwatet*. Der Spruch bildet zugleich den Übergang zu dem folgenden Vollmondzeichen H28.

28. DA GUO /
DAS FEHLGEHEN DES GROSSEN

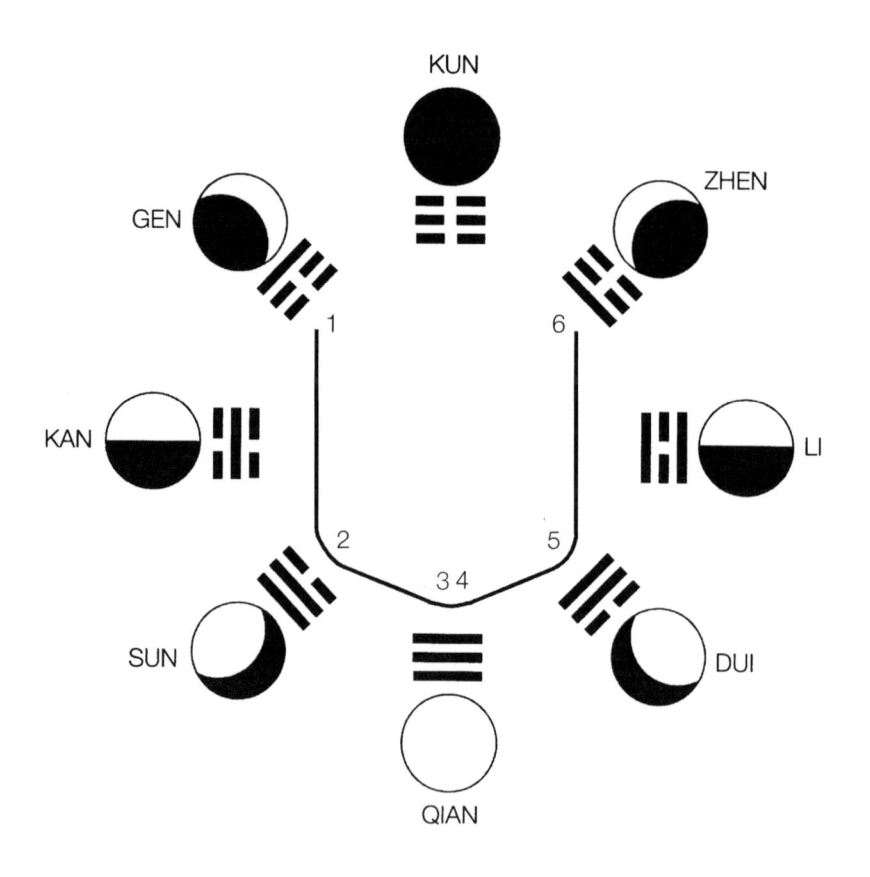

Partnerzeichen: H27.
Gegenzeichen: H27.
Parallelzeichen: H25, H26, H33, H34, H61.

Der Hauptspruch

Das Fehlgehen des Großen. Der Firstbalken biegt sich durch. Es ist günstig, wenn man einen Ort zum Hingehen hat. Man dringt durch.

Sie werden niedergedrückt von einem einseitigen Übermaß und nähern sich der Grenze Ihrer Belastbarkeit. Geben Sie nach Möglichkeit etwas davon ab an jemanden, der dafür dankbar ist. Gegebenenfalls sollten Sie auch eine Abmagerungskur machen.

Die vollkommen symmetrische U-Form, die der Graph dieses Zeichens bildet, stellt als Umkehrung des Partnerzeichens H27 das Profil des mit dem Bauch nach unten gerichteten Mondgefäßes dar, d. h. die Stellung des Vollmondes. Dem entspricht auch der gedoppelte Vollmond auf den Plätzen 3 und 4 als zentraler Schwerpunkt der Figur. Diese U-Form des Graphs wird als ein *Firstbalken* gedeutet, der sich, gleichsam unter dem Gewicht der zwei schweren Vollmonde auf den Plätzen 3 und 4, nach unten *durchbiegt*. Richard Wilhelm übersetzt den Hexagrammnamen dementsprechend mit *das Übergewicht des Großen*. Im Gegensatz zum Partnerzeichen H27, das einen hungrig nach Nahrung gierenden Mund symbolisiert, haben wir hier eine belastende Überfülle, von der man etwas abgeben sollte.

Das zu geringe Gegengewicht des *Großen* stellen die beiden kleinen Mondbilder *Gen* und *Zhen* auf den Plätzen 1 und 6 dar. Und die Strategie gegen diese Einseitigkeit besteht darin, daß man deren Gewicht vergrößert. Wie dies geschieht, wird u. a. auf Platz 1 durch das Symbol des *Schilfs* angezeigt, das für die komplementäre Ergänzung durch das diametrale Gegenbild steht (vgl. H11/1 und H12/1): *Gen* wird durch *Dui* ergänzt, *Zhen* durch *Sun*. Dies ist auf den Plätzen 1 und 6 durch die Formel *kein Schaden* angezeigt. Und auf den Plätzen 2 und 5 sind die schwächlichen kleinen Monde *Zhen* und *Gen* als ein *alter Mann* und eine *alte Frau* ausgelegt, die durch jugendliche Ehepartner in Gestalt der kräftigen Gegenbilder *Sun* und *Dui* gestärkt werden. Dabei müssen sich die Jungen zu den Alten begeben, um die Gewichtsverlagerung zu erzielen. Dieser Bezug ist auch im Hauptspruch gemeint mit der Formel: *Es ist günstig, wenn man einen Ort zum Hingehen hat* (vgl. H25/2, H26/3). Und auch das mit *durchdringen* wiedergegebene Zeichen *(heng)*, das ursprünglich die symbolische Opferung des Mondes im Brandopferritual be-

283

deutet, zeigt die Bewegung vom Großen zum Kleinen, die abnehmende Richtung an.

Allein die beiden Vollmondplätze 3 und 4 haben *keinen Ort zum Hingehen*, treffen im Verlauf des Graphs auf kein Gegenbild. Dieses *Nicht-treffen* wird in H62 *(Das Fehlgehen des Kleinen)* als *Vorübergehen, Vorbeigehen* oder *Verfehlen* ausgelegt, was die konkrete Grundbedeutung des Zeichens *guo* in dem Titel *DA GUO* ist. Von daher versteht sich der Hexagrammname primär in dem Sinn von *das Fehlgehen* oder *das Danebengehen des Großen*. Analog zu H62, wo *das Fehlgehen des Kleinen (xiao guo)* als Sonnenfinsternis ausgelegt wird (H62/6), ist dabei hier auf der urbildlichen Ebene offenbar eine *Mondfinsternis* gemeint (vgl. Plätze 3, 4, 6).

Im *Xiang*-Kommentar wird das *Fehlgehen* so gedeutet, daß man niemanden trifft, d. h. *allein bleibt*: *So ist der Edle ohne Furcht, wenn er allein steht, und nicht traurig, wenn er sich aus der Welt zurückzieht.* Und der Kommentar *Xici* führt auf dieses Hexagramm die Erfindung des *Sarges* zurück. Auch die Alterssymbolik auf den Plätzen 2 und 5 deutet auf das Todesmotiv hin.

Anfangs Sechs   **Gen**

Als Opfermatte verwende man weißes Schilf. Kein Schaden.

Achten Sie darauf, daß Sie Ihr Anliegen in einem passenden Rahmen vorbringen.

Die schmale Neumondsichel *Gen* am Ufer des Nachtstromes ist hier als *weißes Schilf* gedeutet, und das *Schilf* haben wir bereits als Symbol für den Bezug auf den diametralen Gegenpol kennengelernt (vgl. H11/1 und H12/1). Daher ist die Opfergabe, die auf der Matte dargeboten wird, das komplementäre Gegenbild *Dui* auf Platz 5. Die dadurch erzielte Ergänzung des Schattens zeigt die Formel *kein Schaden* an, die auf Platz 6 wiederkehrt, und die Idee der Opferung bedeutet die Grundrichtung des Abnehmens als Ausgleich für das *Übergewicht*. Da der Spruch damit den Leitgedanken des ganzen Zeichens formuliert, kann man auch (analog zu der *Weide* auf den Plätzen 2 und 5) *Gen* und *Zhen* gemeinsam als die Schilfmatte und *Dui* und *Sun* als die Opfergaben sehen.

Neun auf zweitem Platz   **Sun**

Die verdorrte Weide treibt einen Sproß. Ein alter Mann bekommt eine junge Frau. Nichts, was nicht günstig wäre.

Eine scheinbar unvermeidliche Talfahrt wird überraschend noch einmal gestoppt. Die Begegnung mit einem ungleichen Partner könnte einen Neuanfang ermöglichen und Ihre Lebensgeister wieder in Schwung bringen.

Der Weltenbaum (Abb. 19, S. 106) ist in diesem Zeichen eine *verdorrte Weide*. Stamm und Krone, repräsentiert durch das hohle Innere der U-Form, sind schon ausgehöhlt und abgestorben. Nur noch der dem Vollmond Qian entsprechende Wurzelstock lebt und treibt hier auf der linken Seite einen Sproß in Gestalt von *Sun*, auf der rechten eine Blüte in Gestalt von *Dui* (vgl. Platz 5). Im engeren Sinn aber ist die *Weide*, die wie das Schilf auf dem vorigen Platz am Ufer des Nachtstromes wächst, die einem biegsamen Weidenzweig gleichende Sichel des Altmondes *Zhen*, und wird mit der Ergänzung durch das Gegenbild *Sun* um einen kräftigen *Sproß* bereichert. Diesem urbildlichen Gedanken entspricht auch der zweite Teil des Spruches: Hier ist die linksseitige, d. h. männliche Altmondsichel *der alte Mann*, der in Gestalt des rechtsseitigen, d. h. weiblichen Mondbildes *Sun* eine *junge Frau bekommt*.

Neun auf drittem Platz   **Qian**

Der Firstbalken biegt sich durch. Unheil.

Sie nähern sich einem Tiefpunkt, der die Grenze Ihrer Belastbarkeit überschreitet. Niemand kann Ihnen helfen.

Durch die Wiederholung des Satzes aus dem Hauptspruch an dieser Stelle wird das U-förmige *Sich-durchbiegen* des Graphs als Vollmondprofil definiert. Außerdem ist es der erste der beiden Qian-Plätze, der für die rechte (weil zuerst entstehende) Hälfte des Vollmondes steht und mit der Rechtsseitigkeit zugleich die zunehmende Bewegung nach unten repräsentiert, d. h. die Druckrichtung des Gewichtes. Der Vollmond wird damit gleichsam hinunter in die Tiefe des Nachtstromes gedrückt, so daß er darin verschwindet. Dem entspricht die Idee einer *Mondfinsternis* (vgl. Platz 6). Daher: *Unheil*.

Neun auf viertem Platz　　　　　　**Dui**

Der Firstbalken hebt sich empor: glückverheißend. Wenn es einen Unfall gibt: Not.

Die Befreiung von einer bedrückenden Last bahnt sich an. Allerdings müssen Sie sich davor hüten, in das entgegengesetzte Extrem zu verfallen und das Kind mit dem Bad auszuschütten.

Dies ist der zweite der beiden *Qian*-Plätze, der für die linke (weil an zweiter Stelle zur rechten hinzukommende) Hälfte des Vollmondes steht und mit der Linksseitigkeit zugleich die abnehmende Bewegung nach oben bedeutet, mit der sich der durchgebogene *Firstbalken emporhebt*, weil die Belastung verringert wird. Daher: *glückverheißend*. Der zweite Teil des Spruches aber warnt vor der Gefahr des entgegengesetzten Extrems. Das Emporwölben des Balkens bedeutet nämlich, daß sich das Übergewicht von der Mitte an die Enden verlagert. Auch dadurch kann der Balken durchbrechen. Diese Figur stellt der Graph von H62 *(Das Fehlgehen* oder *das Übergewicht des Kleinen)* dar, und zwar mit der Bruchstelle zwischen zwei Schwarzmondplätzen, welche dort als die Katastrophe einer Sonnenfinsternis ausgelegt ist (vgl. H62/6). Sowohl *Unfall (ta)* als auch *Not (lin)* beziehen sich im *Yijing* immer auf die Konjunktionsphase.

Neun auf fünftem Platz　　　　　　**Dui**

Die verdorrte Weide treibt Blüten. Eine alte Frau bekommt einen jungen Mann. Kein Schaden. Keine Ehre.

Die Begegnung mit einem ungleichen Partner könnte einen Neuanfang ermöglichen und Ihre Lebensgeister wieder in Schwung bringen. Es ist aber zweifelhaft, ob sich dies auch im Licht der Öffentlichkeit bewährt.

Der Spruch steht in vollkommener Analogie zu Platz 2 (vgl. die dortige Erläuterung), wobei lediglich das gegenbildliche Verhältnis *Sun – Zhen* durch *Dui – Gen* ersetzt ist. Die *Weide* ist hier der Neumond *Gen*, welcher mit der Ergänzung durch das Gegenbild *Sun* um eine *Blüte* bereichert wird. Und die rechtsseitige, d. h. weibliche Neumondsichel ist *die alte Frau*, die in Gestalt des linksseitigen, d. h. männlichen Mondbildes *Dui* einen kräftigen *jungen Mann* bekommt. Die Beseitigung des Schattens durch die komplementäre Ergänzung zeigt die Formel *kein Schaden an*, die sich auf Platz 1 wiederholt. Aber der Spruch hat am Ende auch noch den Zusatz *keine Ehre.* Er legt damit die Abgewandtheit der (weiblichen) Schattenseite von der Sonne und ihrem Licht aus, das *die Ehre,* das *Lob* oder die *Gunst* des Himmelskaisers darstellt: Der Erfolg einer Frau besteht nicht in öffentlichen Ehrungen (vgl. die gleichlautende Formel in H2/4).

Oben Sechs   Zhen

Wenn man beim Durchwaten des Flusses fehlgeht und das Wasser über den Scheitel steigt, ist es ein Unheil. Ansonsten kein Schaden.

Halten Sie sich an die bewährte Marschroute und machen Sie keinen unüberlegten Alleingang. Eine partnerschaftliche Beziehung bewahrt Sie vor Schaden.

Da die Formeln *Unheil* und *kein Schaden* offenbar einen Widerspruch bedeuten, vermutet *Gao Heng* hier eine Interpolation. Im logischen Gefüge des Hexagrammes erklärt sich der Widerspruch aber ohne weiteres: Wenn der Altmond *Zhen,* der nach seiner Wanderung durch den Nachtstrom normalerweise in der Konjunktion mit der Sonne das trockene Land des Taghimmels erreicht, *beim Durchwaten des Flusses fehlgeht,* verschwindet er nicht im Tageslicht, sondern wird als der schwarzhaarige Kopf der Schattenseite in die künstliche Nacht einer Sonnenfinsternis getaucht: *Das Wasser steigt über den Scheitel.* Dies wäre der *Unfall,* vor dem in dem ebenfalls zwiespältigen Spruch auf Platz 4 gewarnt wird. Und die Wiederholung der Formel *Unheil* stellt den Bezug zu Platz 3 her, d. h. zu dem Durchsacken des Firstbalkens, das urbildlich die Mondfinsternis und damit die Entsprechung zu der hier gemeinten Sonnenfinsternis darstellt. Die Formel *kein Schaden* aber zeigt den komplementären Ergänzungsbezug zum Gegenbild *Sun* auf Platz 2 an, das den Altmond in der symbolischen Verkleidung einer jungen Frau vor dem Unglück rettet –, wenn er nicht *fehlgeht.* Daher: *Wenn man beim Durchwaten des Flusses fehlgeht und das Wasser über den Scheitel steigt, ist es ein Unheil. (Ansonsten) kein Schaden.*

29. XI KAN /
DIE DOPPELTE GRUBE
(DER MOND)

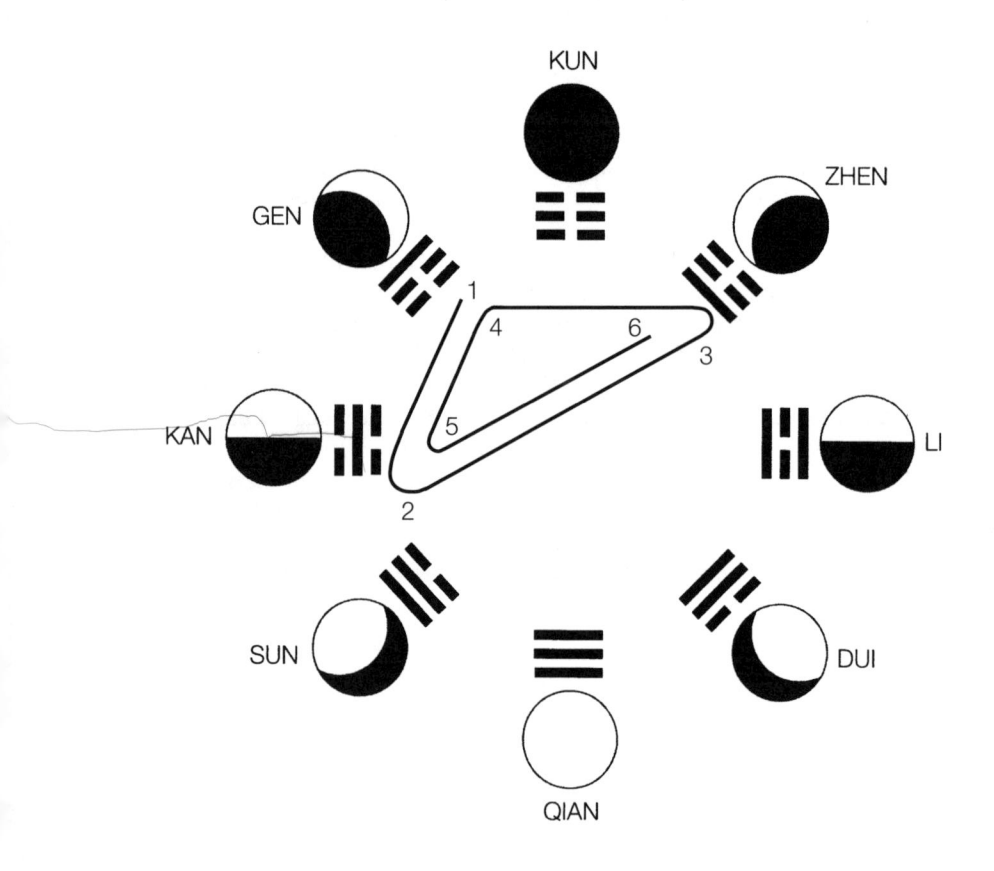

Partnerzeichen: H30.
Gegenzeichen: H30.
Parallelzeichen: H51, H52.

Der Hauptspruch

Die doppelte Grube. Es gibt eine Ausbeute. Sie ist das Innere. Der Opfergang erhält ein Wunschziel.

Es ist eine Situation, die Zurückgezogenheit und innere Einkehr verlangt. Verfallen Sie nicht in Depressionen, sondern nützen Sie die Gelegenheit, um sich zu motivieren und eine gute Idee auszubrüten.

Das Hexagramm besteht aus der Doppelung des Trigramms *Kan*. Zusammen mit seinem Partnerzeichen H30 hat es für die Systematik des *Yijing* eine herausragende Bedeutung. Denn dieses Hexagrammpaar definiert die Sonderstellung der Trigramme *Kan* und *Li*, die im Zyklus die Positionen des zunehmenden und des abnehmenden Halbmondes einnehmen. Aber ihre urbildliche Bedeutung entspricht dieser Stellung nicht so eindeutig, wie es bei den übrigen Trigrammen der Fall ist. Denn es gibt keine Erscheinungsform des Mondes mit einer Lichtfläche zwischen zwei Schattenflächen *(Kan)* oder mit einer Schattenfläche zwischen zwei Lichtflächen *(Li)*.

Kan und *Li* markieren die Bruchstelle zwischen dem Trigrammzyklus des *Fuxi* und dem kontexturalen Urzusammenhang der Trigramme, welcher die jeweils möglichen Verlaufsrichtungen des Graphs bestimmt (s. Einführung, Abb. 8, S. 38). Im Fall von *Kan* ist es daher nicht möglich, daß der Graph weiter nach *Sun* läuft, wie es der natürlichen Bewegung des zunehmenden Halbmondes entspräche. Vielmehr gibt es von *Kan* aus nur die Schritte *Kan – Li* und *Kan – Zhen*: Die zunehmende Bewegung hat mit *Kan* schon einen Endpunkt erreicht, von dem aus es nicht mehr weitergeht. Dieser Endpunkt aber ist naturgemäß nicht der zunehmende Halbmond, sondern der Vollmond. Analog dazu markiert *Li* nicht nur den abnehmenden Halbmond, sondern verweist auf den Endpunkt der abnehmenden Bewegung, die Konjunktion mit der Sonne (s. hierzu auch Anhang S. 570). Dem entspricht die traditionelle Erklärung der beiden Trigramme als *Mond (Kan)* und *Sonne (Li)*.

So bedeutet der Verlauf des Graphs über *Kan* praktisch den Weg des Mondes durch die Nacht in abgekürzter Form. Und die Gestalt des Trigrammes mit einer hellen Linie zwischen zwei dunklen ist auf diese Weise das Symbol für den *hellen* Vollmond inmitten des *dunklen* Nachthimmels. Umgekehrt stellt das Trigramm *Li* den *dunklen* Schwarzmond inmitten des *hellen* Taghimmels dar. Im Unterschied zu *Qian* und *Kun* bedeuten *Kan* und *Li* auf diese Weise jedoch nicht speziell die beiden Mondbilder, sondern allgemeiner die lunaren Definitionen der Nachtphase und der Tagphase des Kreislaufs, die untere und die obere Hälfte des Mondplanes. Im Kommentar *Zagua* heißt es daher: *Kan ist das Unten und Li ist das Oben.*

Um diesem urbildlichen Sinn zu entsprechen, müssen wir uns also das Trigramm *Kan* eigentlich in der Mitte des Nachthimmels, d. h. der unteren Hälfte des Mondplanes denken, und *Li* in der Mitte der oberen. Der Graph von H29 *XIKAN* bildet dann mit dem ersten Haupttrigramm einen symmetrischen, mit der Spitze nach unten gerichteten Keil *Gen – Kan – Zhen*, in dem man auch den Querschnitt durch einen *Graben* oder eine *Grube* sehen kann. Dies ist die geläufigste Bedeutung des Schriftzeichens *Kan*. Mit dem zweiten Haupttrigramm aber bildet der Graph den Umriß einer zweiten, in die erste eingepaßten Grube, die jedoch im Gegensatz zu dieser nicht leer, sondern gefüllt erscheint, da sie in Gestalt der Linie *Zhen – Gen* die Markierung eines Wasserspiegels aufweist. Der Hexagrammname *XI KAN Doppelte Grube* bedeutet also eine leere und eine gefüllte Grube – wobei man die zweite im ganzen ebensogut auch als den Inhalt oder die Füllung der ersten sehen kann.

Genau diesem Schema entspricht die Betextung der Linien. Das erste Haupttrigramm steht für die Schwarzmondphase, das zweite für die Vollmondphase. Die Schwarzmondphase ist als die Leerung der Nacht-Grube gedeutet, indem die beiden Mondhälften in einer symmetrischen Bewegung von unten nach oben auseinandertreten und in einem *Loch* innerhalb der *Grube* verschwinden, das die Schwarzmond-Höhle versinnbildlicht (Plätze 1/3). In dem zwischen ihnen aufklaffenden Abgrund der mondlosen Nacht leuchten nur noch die *kleinen* Sterne, die hier der hellen Zentrallinie des Trigramms *Kan* inmitten der zwei dunklen entsprechen (Platz 2). Die Vollmondphase hingegen ist als die Füllung der Nacht-Grube ausgelegt, welche mit dem Mondlicht als Opfergabe an die Erdgottheit angefüllt wird. Dabei schließen sich die beiden Mondhälften in einer symmetrischen Bewegung von oben nach unten zusammen, wie es die Keilform des Graphs darstellt (Platz 4). Und auf Platz 5 wird auch direkt ausgedrückt, daß das Trigramm *Kan* zwar im Zyklus die Stellung des zunehmenden Halbmondes markiert, aber dennoch zugleich die symbolische Qualität des Vollmondes besitzt: *Die Grube ist noch nicht voll, aber die Erdgottheit* (= der Mond) *ist schon (im Gleichgewicht =) befriedigt.*

Damit ist aber das Hexagramm *XI KAN* in einem Schema gedeutet, mit dem es als ganzes wiederum der Gestalt des zunehmenden Halbmondes entspricht: das erste Haupttrigramm stellt mit der Schwarzmondphase seine dunkle Hälfte dar, das zweite mit der Vollmondphase seine helle. Denn bei der zunehmenden Bewegung des Halbmondes in die Nacht hinein ist es ja die Schattenseite, die vorangeht, d. h. an erster Stelle kommt. Und beim Partnerhexagramm H30 ist das Deutungsschema genau umgekehrt: dort steht das erste Haupttrigramm für den hellen Tag, das zweite für die dunkle Nacht, wie es der Reihenfolge der beiden Hälften des abnehmenden Halbmondes entspricht. So ist H29 die Auslegung des zunehmenden Halbmondes als Symbol für die Erscheinungsstruktur des Mondes (Schwarzmond/Vollmond), H30 die Auslegung des abnehmenden Halbmondes als Symbol für die Erscheinungsstruktur der Sonne (Tag/Nacht).

Aufgrund des erläuterten Deutungsschemas versteht sich nun aber der Hexagrammname *Doppelte Grube* noch in einer ursprünglicheren Weise. Das mit *doppelt* wiedergegebene Schriftzeichen *(xi)* hat nämlich die konkrete Grundbedeutung *flügelschlagen*, was wieder auf die schon erläuterte Auslegung des Mondes als Himmelsvogel hindeutet (Abb. 18, S. 92; vgl. H2/2), und das Zeichen *Grube (kan)* kann auch *schlagen* oder *das Geräusch des Schlagens* bedeuten (vgl. Platz 3). Die Leerung der Grube, d. h. das Auseinandertreten der beiden Mondhälften im ersten Haupttrigramm, stellt dann das Ausbreiten der Flügel dar, und ihre Füllung im zweiten, ihr Zusammenschluß zum Vollmond, das Zusammenklappen derselben. Der Hexagrammname *XI KAN* ist demnach in einem ursprünglich tiersymbolischen Sinn als *der Flügelschlag* des Mond-Vogels zu verstehen. Auch das Partnerzeichen *Li* bezieht sich dementsprechend mit seinem Namen und der Symbolik des *Fangnetzes* auf die Vogelwelt.

Unter diesem Vorzeichen ergibt sich ein naheliegender Zugang zum Sinn des Hauptspruches. Mit dem Zusammenklappen seines Flügelpaares im zweiten Haupttrigramm läßt sich der Vogel herab in sein Nest, welches die Gestalt der *Grube* natürlich ebenfalls suggeriert. Im Inneren des Nestes bzw. auf dem Grund der Nacht-Grube aber füllt er diese als der Vollmond, der zugleich das Vogelei, seine *Brut* darstellt (vgl. H2/2). Eben dies erklärt der erste Teil des Spruches, wenn wir das mit *Ausbeute* wiedergegebene Schriftzeichen *(fu)* hier in seiner tiersymbolischen Grundbedeutung als *Brut* auffassen: *Es gibt eine Brut. Sie ist (das Herz =) das Innere* (vgl. H61/0).

Im *Yijing* steht das Zeichen *fu* jedoch meist für *Beutegut* oder *Gefangener*, und in den Liniensprüchen wird die *Grube* u. a. auch als *Fallgrube* ausgelegt, so daß dieser »vermenschlichte« Bedeutungsaspekt ebenfalls in Betracht kommt. Auch der letzte Satz des Hauptspruches weist in diese Richtung: *Der Opfergang erhält ein Wunschziel.* Denn das *Beutegut* bzw. die *Gefangenen* wurden ja auch als Opfer dargebracht (vgl. H14/5). Der Satz deutet den Vollmond als das Wunschbild der Sonne, dem das *Wunschziel oder der Wunschauftrag (shang)* an den Himmel nachgebildet war, mit welchem man

291

das Orakel bzw. die jeweilige Opfergabe betraute. Aber die Idee des *Wunsches* ist natürlich andererseits ebenso in der Assoziation des Mond-Eies enthalten, aus dessen »*Opfergang*« ja in der Konjunktion der Sonnenvogel hervorgehen soll. Ferner entspricht sie auch dem abgeleiteten Sinn des Zeichens *fu* als *Zuversicht* oder *innere Gewißheit*. Und das mit *Inneres* wiedergegebene Zeichen *(xin)* heißt aufgrund seiner konkreten Grundbedeutung *Herz* zugleich *Bewußtsein, Vernunft, Sinn, Absicht* etc., wie es dem Vollmond als dem Urbild der nächtlichen, d. h. *inneren* (Wunsch-)Vorstellung von der Sonne, von der Außenwelt, entspricht. Auf eine völlig abstrakte Ebene übersetzt hat der Spruch damit insgesamt die Bedeutung: *Es gibt eine innere Gewißheit. Sie ist der Sinn. Das nach außen gerichtete Handeln gewinnt eine Zielsetzung.*

Anfangs Sechs   **Gen**

Flügelschlagend gerät er in die Fallgrube. Unheil.

Durch Ihre Flatterhaftigkeit übersehen Sie die Gefahr, so daß Sie leicht einen Reinfall erleben könnten.

Die *Fallgrube* ist die Auslegung des ersten Haupttrigramms, das urbildlich der dunklen Schwarzmondnacht entspricht. Wörtlich bedeutet die Zeichenkombination *(kandan) Grubenloch* oder *Loch in der Grube*. Die große *Grube* ist der Nachthimmel selbst, und das kleine *Loch in der Grube* die hohl gedachte Schattenseite des Mondes, in der dieser mit der Konjunktion verschwindet. Darum wird auf Platz 3 im Zeichen des verschwindenden Altmondes der Satz: *Er gerät in die Fallgrube* noch einmal wiederholt. Zugleich markiert die Wiederholung die Zusammengehörigkeit der beiden Mondsicheln Gen und Zhen, die als ein flatterndes Flügelpaar ausgelegt sind. Daher: *Flügelschlagend gerät er in die Fallgrube*. Das Zeichen *flügelschlagen (xi)* kann im übertragenen Sinn auch *üben* oder *sich an etwas gewöhnen* heißen. Diese Assoziation führt hier zum Bild eines jungen Vögelchens, das das Fliegen noch üben muß und dabei in eine Grube fällt. – Die dunkle, d. h. *leere* Nacht-Grube, die das erste Haupttrigramm eigentlich bedeuten soll, wird also dadurch dargestellt, daß ihr Licht-Inhalt sie nicht etwa nach oben durch die Grubenöffnung, sondern durch das kleine Schwarzmond-Loch in ihrem Inneren wie durch ein Abflußgully verläßt. Sein Verschwinden nach oben zu in der Sonne wird stattdessen auf Platz 6 formuliert, was durch die dortige Wiederholung der Schlußformel *Unheil* markiert wird.

Neun auf zweitem Platz   Kan

In der Grube gibt es einen Engpaß. Suche kleinen Gewinn.

Eine sich zuspitzende Zwangslage gebietet, daß Sie sich mit kleinen Erfolgen begnügen müssen.

Der Platz steht für die finstere Schwarzmondnacht zwischen Altmond und Neumond, wobei die Schwarzmond-Höhlung, das Loch in der Nacht-Grube aus dem vorigen Spruch, hier als ein *Engpaß* innerhalb derselben versinnbildlicht wird. Kein Mond ist zu sehen, so daß das Licht im Dunkel, das der harten Zentrallinie des Trigramms *Kan* entspricht, nur durch die *kleinen* Sterne vertreten wird. Daher: *Suche kleinen Gewinn*.

Sechs auf drittem Platz   Zhen

Man treibt ihn her mit Tamtam. Es wird steil, es wird tief. Er geht in die Fallgrube. Nicht gebrauchen!

Wenn Sie dem Wunschgedanken folgen, nach dem Sie das Orakel gefragt haben, geraten Sie in ein Dilemma. Schlagen Sie ihn sich lieber aus dem Kopf.

Das Schriftzeichen *kan* »Grube« bedeutet auch *das Geräusch des Schlagens*, insbesondere des *Trommelschlagens*, was ich mit *Tamtam* wiedergebe. Ich folge damit der Interpretation von *Conrady*, der es als Beispiel für den lexikalischen Charakter des *Yijing* anführt, aufgrund dessen in den Hexagrammen die verschiedenen Bedeutungsaspekte eines Schriftzeichens durchgespielt werden. Die Deutung des Vollmondes als Trommel *(Kan)* bzw. des nach unten gerichteten Zunehmens *(Gen)* und des nach oben gerichteten Abnehmens *(Zhen)* als die Wechselbewegung des Trommelschlagens ist ein geläufiges Motiv in der chinesischen Mythologie (vgl. H30/3). Dabei haben wir hier offenbar die Vorstellung einer *Treibjagd*, bei der der Altmond *Zhen*, für den der Platz steht, immer weiter in die als *Fallgrube* ausgelegte Schattenhöhle des Schwarzmondes hineingetrieben wird.

Sechs auf viertem Platz   **Gen**

Wein im Becher, Reis in der Schüssel. Wenn man sie paarweise vom Fenster her auf einem Tongeschirr zusammenstellt, gibt es am Ende keinen Schaden.

Vielleicht sollten Sie Ihre Freunde wieder einmal zum Essen einladen. Das wird die düstere Stimmung sicherlich aufhellen.

Im Unterschied zum ersten Haupttrigramm stellt das zweite die gefüllte Grube dar. Die Gefülltheit wird im Querschnitt der Grube durch die waagerechte, einem Wasserspiegel gleichende Linie *Zhen – Gen* markiert, die auf den ersten drei Plätzen noch fehlt. Der Spruch beschreibt als Beginn des zweiten Haupttrigramms das Prinzip, nach dem die Nacht-Grube mit dem Mondlicht gefüllt wird. Im Zeichen des zunehmenden Neumondes *Gen* erfolgt dieses Füllen von oben nach unten, aber beidseitig im Sinn einer symmetrischen Perspektive auf den Mondplan im ganzen, wie es der Gestalt des Trigramms *Kan* entspricht. Dabei ist hier das zur Sonne hin offene Himmelstor, die Schwarzmond-Öffnung mit ihren zwei Türflügeln *Zhen* und *Gen*, als das *Fenster* gedeutet, *von dem her* die Mond-Gefäße *paarweise zusammengestellt* werden. Der im Inneren des *Bechers* dunkel schimmernde *Wein* ist die Schattenseite, die im Bild des Neumondes zuerst vorherrscht, und der weiße, gehäufte Berg *Reis in der Schüssel* die sich später hervorkehrende Lichtseite (vgl. H5/5). Die Bewegung insgesamt entspricht dem Schließen des Himmelstores, mit dem die hier als Gefäße ausgelegten Türflügel-Mondhälften sich zum Bild des Vollmondes zusammenschließen, *zusammengestellt* oder *in Verbindung gebracht* werden. Und dies geschieht *auf einem Tongeschirr*, einem Tablett, das als Einheit der beiden Hälften wiederum den Vollmond im ganzen symbolisiert. Darum gibt es *am Ende keinen Schaden*, weil der Schatten, das Urbild des *Schadens*, im Vollmond verschwunden ist. Auch das Symbol des Fensters signalisiert natürlich den Grundgedanken, daß es darum geht, die dunkle Nacht-Grube mit Licht zu füllen.

Neun auf fünftem Platz   **Kan**

Die Grube ist noch nicht voll, aber die Erdgottheit ist schon befriedigt. Kein Schaden.

Sie müssen Ihr Anliegen nicht realistisch darstellen. Wenn das Gemeinte verstanden wird, genügt auch eine symbolische Geste.

Hier wird direkt die spezielle urbildliche Bedeutung des Trigramms *Kan* erklärt. Es hat einerseits im Mondplan die Stellung des zunehmenden Halbmondes: *Die Grube ist (noch) nicht voll.* Der Nachthimmel (= die Grube) hat sich erst halb mit dem Licht des Mondes gefüllt, der bekanntlich in dieser Phase nur bis Mitternacht scheint. Andererseits bedeutet das Trigramm aber eigentlich den Vollmond. Denn die im vorigen Spruch formulierte symmetrische »Zusammenstellung« der beiden Mondhälften von oben nach unten führt ja schon auf halbem Wege im Stadium der Halbmonde zum runden Vollbild des Erleuchteten. Daher: *Die Erdgottheit (= der Mond) ist schon (im Gleichgewicht =) befriedigt.* Der Spruch beschreibt so das Ergebnis des auf dem vorigen Platz beschriebenen Prozesses und endet daher auch wie dort mit der Schlußformel *kein Schaden.* Das mit *Erdgottheit* wiedergegebene Schriftzeichen *(qi)* ist eine Textvariante für das fast identische Zeichen *zhi* »Verehrung« (vgl. H24/1). Urbildlich verweisen beide Wörter gleichermaßen auf den Mond, dem man, wie das *Buch der Riten (Liji)* berichtet, *in einer Grube opferte.*

Oben Sechs   Zhen

Gefesselt mit einem Seil aus drei Strähnen und einem schwarzen Strick aus zwei Strähnen legt man ihn in ein Dornendickicht. Drei Jahre erreicht man nichts. Unheil.

Sie werden Ihrer Bewegungsfreiheit beraubt und von Ihrer Umgebung isoliert. Aus dieser mißlichen Lage können Sie sich lange Zeit nicht befreien.

Während der Schritt *Gen – Kan* auf den vorigen beiden Plätzen als die Herstellung des Vollmondes gedeutet wurde, stellt der Schritt *Kan – Zhen* wieder seinen Rückweg in der abnehmenden Richtung dar. Hier wird der Eintritt des Altmondes *Zhen* in die Sonne umschrieben, die mit ihren stacheligen Strahlen als *Dornendickicht* ausgelegt ist. Die drei Tage der Konjunktion, wo der Mond in der Sonne verschwunden bleibt, erscheinen als die *drei Jahre,* in denen man *nichts erreicht.* Und die beiden Arten von *Fesseln* symbolisieren die Einheit von Sonne und Schwarzmond in der Konjunktionsstellung: *das Seil aus drei Strähnen ist die Sonne, der schwarze Strick aus zwei Strähnen* der Schwarzmond. Denn die ungerade Zahl *Drei* steht für *Yang,* die gerade Zahl *Zwei* für *Yin.* Zugleich ist damit jedoch auf die Struktur der Trigramme angespielt (*drei* Schichten von *zwei* Linienformen), die als Symbolform in der Konjunktionsphase »zusammengehängt« werden (s. Einführung S. 37). *Conrady* weist an dieser Stelle auf das Bestattungsritual der *Leichenfesselung* hin, das die Toten an einer vorzeitigen Wiederkehr als Gespenster hindern sollte. In der Tat wurde der gestorbene Mond in zahlreichen mythologischen Verkleidungen auch als mehr oder minder tote Leiche auf dem Sonnenberg beschrieben. Ein Beispiel dafür ist das schlafende Dornröschen. – Das Motiv der Fesselung leitet zugleich über zu dem nachfolgenden Partnerzeichen H29, wo die Konjunktion von Sonne und Mond als der Gebrauch eines Fangnetzes zum Vogelfangen ausgelegt ist.

30. Li / Das Fangnetz (Die Sonne)

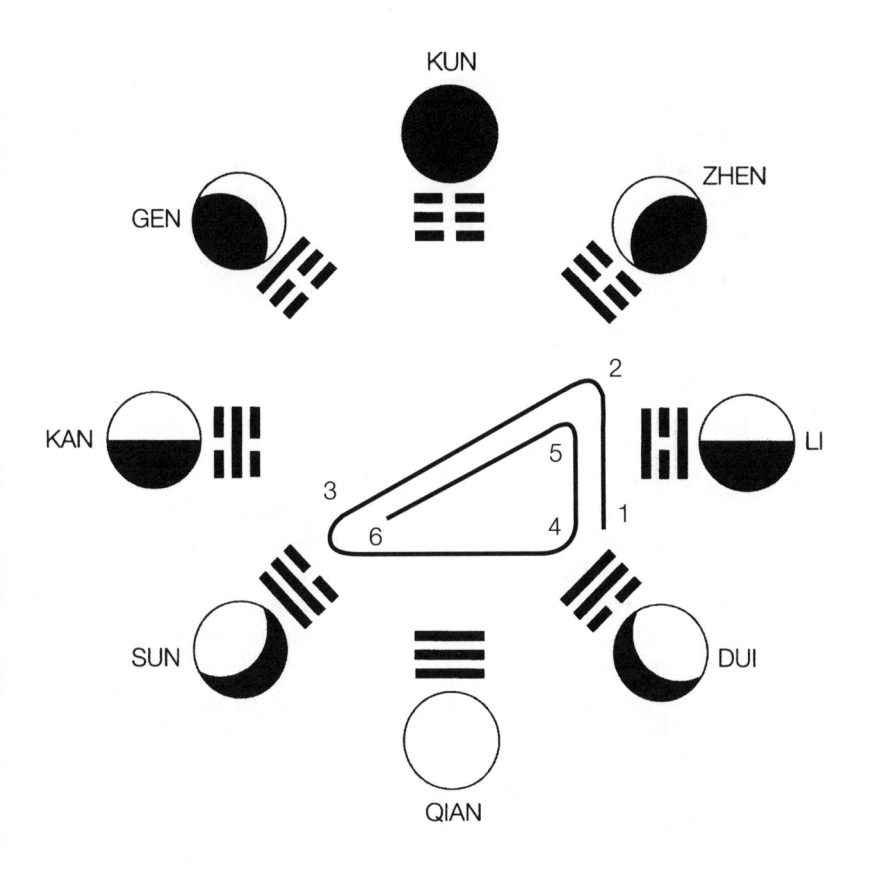

Partnerzeichen: H29.
Gegenzeichen: H29.
Parallelzeichen: H57, H58.

Der Hauptspruch

Das Fangnetz. Günstig, einen Erfolg zu verfestigen. Das Großziehen einer Kuh ist glückverheißend.

Sehen Sie der Wahrheit ins Auge. Gestehen Sie sich ein, daß Ihr Leben, wie alle Dinge, auch eine dunkle Kehrseite hat, die Sie gerne vergessen. Wer sich praktisch verwirklichen will, muß Licht und Schatten gleichermaßen berücksichtigen.

Das Hexagramm *LI* besteht aus der Doppelung des Trigramms *Li*, das im Zyklus des *Fuxi* dem abnehmenden Halbmond entspricht. Wie im Fall seines Gegenzeichens *Kan* deckt sich seine urbildliche Bedeutung aber nicht eindeutig mit diesem Mondbild. Denn es gibt keine Erscheinungsform des Mondes mit einer Schattenfläche zwischen zwei Lichtflächen. Außerdem gibt es aufgrund der Kontextur der Trigramme von *Li* aus nur die Schritte *Li – Sun* und *Li – Kan*: Die abnehmende Bewegung hat mit *Li* immer schon einen Endpunkt erreicht, von dem aus es nicht mehr weitergeht. Dieser Endpunkt aber ist naturgemäß nicht der abnehmende Halbmond, sondern die Konjunktion mit der Sonne. Daher bedeutet der Verlauf des Graphs über *Li* den Weg des Mondes durch die Konjunktionsphase in abgekürzter Form. Und die Gestalt des Trigrammes mit einer dunklen Linie zwischen zwei hellen wurde dementsprechend als Symbol für den *dunklen* Schwarzmond inmitten der *hellen* Sonne am Taghimmel gedeutet.

Entsprechend dieser urbildlichen Bedeutung als lunare Definition der Sonnenseite des Kreislaufes müssen wir uns das Trigramm *Li* eigentlich in der Mitte der oberen Hälfte des Mondplanes denken. Der Umriß des Graphs ergibt dann die Gestalt eines gleichseitigen Dreiecks mit der nach oben gerichteten Spitze *Li* und der Basislinie *Sun – Dui*, also die Form eines Berges; oder vielmehr, genauer gesagt, die gedoppelte Form von *zwei* ineinandergeschachtelten Bergen, die den beiden Haupttrigrammen entsprechen. Dieser Berg ist der mythische Weltenberg, dessen Außenseite den Taghimmel darstellt, und dessen Innenseite – der zweite Berg in seinem Inneren – den Nachthimmel bedeutet. Auf dem Gipfel des äußeren Berges strahlt die Sonne, in welcher der Schwarzmond als Gipfel des inneren Berges enthalten ist. Genau diesem Schema entsprechend sind die beiden Haupttrigramme in den Liniensprüchen ausgelegt: das erste in Form eines Tageslaufes als Gang der Sonne von morgens bis abends und als Gleichnis des menschlichen Lebensweges (Plätze 2/3); und das zweite als dessen »innere« Kehrseite durch Symbolbilder der Nacht, der Trauer und des Todes (Plätze 4-6). Denn die unvermittelte, weil mondlose Scheidung des hellen Tages von der finsteren Nacht ist das Kennzeichen der Konjunktionsphase.

Damit ist aber das Hexagramm *LI* in einem Schema gedeutet, mit dem es als ganzes gleichwohl wiederum der Gestalt des abnehmenden Halbmondes entspricht, dessen Stellung das Trigramm *Li* im Zyklus einnimmt: das erste Haupttrigramm stellt mit dem Taghimmel seine helle Hälfte dar, das zweite mit der Nacht seine dunkle. Denn bei der abnehmenden Bewegung des Halbmondes in den Tag hinein ist es ja die Lichtseite, die vorangeht, d. h. an erster Stelle kommt. So bedeutet das Hexagramm die Auslegung des abnehmenden Halbmondes als Symbol für die Erscheinungsstruktur der Sonne (Tag/Nacht). Wie wir gesehen haben, ist das Deutungsschema beim Partnerzeichen H29, das die Erscheinungsstruktur des Mondes als Auslegung des zunehmenden Halbmondes *Kan* darstellt, dementsprechend genau umgekehrt (vgl. H29/0).

Die oben erläuterte Mythologie des Weltenberges klingt auch in der graphischen Gestalt des Schriftzeichens *LI* an, das aus den Bestandteilen *Berggeist* und *Vogel* zusammengesetzt ist. Es ist u. a. der Name eines sagenhaften *gelben Vogels*, in dem wir den Sonnenvogel mit seinen links und rechts vom Sonnenort *Kun* ausgebreiteten Flügeln *Zhen* und *Gen* erkennen. Außerdem aber hat es die Bedeutungen *auf etwas stoßen, sich festhängen, verhaftet*, was direkt dem Motiv der Konjunktion als Zusammentreffen oder Verknüpfung von Sonne und Mond entspricht. Insbesondere wird es für das *Sichverfangen eines Vogels im Fangnetz* gebraucht (vgl. H62/6). Der Kommentar *Xici* berichtet, daß das Hexagramm *LI* den *Fuxi* zur Erfindung des *Fangnetzes* inspirierte. Und im *Mawangdui*-Text ist der Hexagrammname *LI* durch ein anderes Zeichen (*luo*) ersetzt, das nichts anderes als *Netz zum Vogelfangen* bedeutet. Zu dieser Deutung hat zweifellos auch die Hexagrammgestalt beigetragen, welche man als zwei Maschen eines Netzes sehen kann.

Li bedeutet also als Ausdruck der Konjunktion einerseits den Vogel, andererseits zugleich das Fangnetz, mit dem er vom Himmel geholt wird: die Sonne und den Schwarzmond. Im Bild des Weltenberges würde das Einholen des Fangnetzes bedeuten, daß dieser sich vollständig umstülpt, sein Inneres nach außen und seine Spitze nach unten kehrt, so daß daraus die in H29 dargestellte Nacht-Grube entsteht, in welcher die Sonne als Vollmond gefangen ist. Auch gehört hierher die Vorstellung des Nachthimmels als die dunkle Kehrseite eines Netzes oder eines Siebes, durch dessen Maschen bzw. Löcher das Sonnenlicht in Gestalt der Sterne hindurchschimmert (vgl. H36/0/5).

Dem Grundgedanken des Fangnetzes entspricht auch die Platzverteilung, in der sich das Hexagramm *Li* als die doppelte Dreiheit *Dui – Li – Sun* darstellt. Denn es bildet damit die komplementäre Paßform für den Sonnenvogel mit seinen beiden Flügeln *Zhen* und *Gen*: *Dui* (helle Linie) erfaßt den linken Flügel, d. h. seinen komplementären Gegenpol *Gen* (dunkle Linie); *Li* (dunkle Linie) ist das zentrale Paßbild für den Vogelkörper, die Sonne selbst, der natürlich eine helle Linie entsprechen würde; und *Sun* (helle Linie) greift den rechten Flügel in Gestalt seines Gegenbildes *Zhen* (dunkle Linie). Der kreuzweise Bezug der beiden Mondbilder *Dui* und *Sun* auf ihre diametralen Gegenbilder wird als Anweisung für die Deutung direkt im Spruch zu Platz 1 ausgedrückt, wo es heißt: *Die Schritte verlaufen kreuzweise. Wenn man darauf achtet, hat man keinen Schaden.*

So bedeutet die Paßform des Graphs das Erfassen des Sonnenvogels mit dem Mond-Netz, die Definition der Sonne durch ihren lunaren Begriff. Im Hauptspruch wird aber die Konjunktionstriade noch in einer anderen Tiergestalt versinnbildlicht, nämlich als *weibliches Rind*, bei dem die beiden Flügel des Vogels nun zu zwei Kuhörnern geworden sind: *das Großziehen einer Kuh ist glückverheißend.* Im *Yijing* ist mehrfach von einem *gelben Rind* die Rede, das die Sonne darstellt (H33/2, H49/1). Hier aber ist mit der Weiblichkeit des Tieres der Schwarzmond-Aspekt der Konjunktion betont. Die Kuh entspricht also dem Fangnetz, nicht dem Vogel. Auch ist die Kuh ein Symbol der Duldsamkeit und Unterwürfigkeit, so wie sich der Schwarzmond in der Konjunktion der Sonne »unterwirft«, um sich ihr wie ein Netz gleichsam anzupassen. Auf diese Weise legt der Spruch den Gedanken nahe, daß die Aufzucht der Kuh analog zum Einholen des Fangnetzes den symbolischen Sinn hat, den Sonnenvogel herunterzuholen, d. h. die Manifestation des Himmels auf der Erde zu bewirken. Urbildlich geschieht dies, indem der Mond »großgezogen« wird und schließlich als Vollmond das Ebenbild der Sonne auf der Nacht-Erde bildet. Und diese Idee der Manifestation drückt auch der erste Satz des Hauptspruches aus, wenn wir ihn in seinem urbildlichen Sinn verstehen: *Es ist günstig, (das Durchdringen =) einen Erfolg zu festigen.* Denn *der Erfolg* oder *das Durchdringen* (*heng*) bedeutet konkreter das Annehmen des Opfers oder des Wunsches durch den Sonnengott, d. h. die Konjunktion, und das *Festigen* oder *Verwirklichen* (*zhen*) seine Antwort, die körperliche Manifestation des Gewünschten auf der Erde (vgl. H12/1). Der ganze Spruch umschreibt damit urbildlich die umgekehrte Perspektive des Partnerzeichens H29/0, wo es heißt: *Der Opfergang erhält ein Wunschziel.*

Der unmittelbare Ausdruck der Manifestation des Himmels auf der Erde aber ist *die Erscheinung* der irdischen Dinge im Sonnenlicht. Im Kommentar *Shuogua* wird die Bedeutung von *LI* dementsprechend einfach mit *Licht* oder *Lichtschein (ming)* angegeben. Und der *Tuan*-Kommentar sagt hier: *Indem das doppelte Licht (= Sonne und Mond) der genauen Übereinstimmung (= der Konjunktion) verhaftet ist, bringt es die Welt unter dem Himmel hervor.* Wie die Einheit von Sonne und Schwarzmond in der Konjunktion sich zugleich als die radikale Scheidung von Tag und Nacht darstellt, so bestehen die Erscheinungen aller Dinge aus Licht und Schatten, die sowohl *voneinander abhängen* oder einander *verhaftet* sind, als auch *unterschieden* oder *getrennt* – beides Bedeutungsaspekte des Schriftzeichens *LI*. Die Erscheinung bildet das Gewand der Dinge, das sie wie ein Netz umhüllt. Nur durch ihre Erscheinung können wir die Dinge wahrnehmen und erkennen. So symbolisiert das Hexagramm im elementarsten Sinn des Wortes die Idee der *Erleuchtung*.

Anfangs Neun   **Dui**

Die Schritte verlaufen überkreuz. Wenn man das beachtet, hat man keinen Schaden.

Sie sollten sorgfältig darauf achten, daß kein Ungleichgewicht entsteht. Ihr Plan muß lückenlos durchgeführt werden. Berücksichtigen sie immer beide Seiten gleichermaßen, dann machen sie keinen Fehler.

Der Spruch gibt den Grundgedanken für das ganze Zeichen vor, nämlich die Idee der komplementären Paßform des Fangnetzes für den Lichtvogel. *Dui* erfaßt wie gesagt den linken Flügel, d. h. seinen komplementären Gegenpol *Gen*, während *Sun* den rechten Flügel *Zhen* greift, so daß diese zwei Bewegungen *überkreuz* verlaufen. Der *Schaden* aber, die Auslegung des Schattens, wird durch die Komplementarität der gegenbildlichen Lichtflächen vollkommen ergänzt. Daher hat man dann *keinen Schaden*: anstelle des Schwarzmondes erscheint im Kreuzungspunkt auf Platz 2 die helle Sonne als Erfüllung des Vollmond-Wunsches. Im zweiten Haupttrigramm hingegen ergänzen sich ebenso die gegenbildlichen Schattenflächen zum Bild des Schwarzmondes. Das Verhältnis der beiden zentralen Plätze 2 und 5 aber stellt die Einheit von Sonne und Schwarzmond in der Konjunktion dar, weswegen sie durch die Bewertung *Glück* miteinander verkoppelt sind. Die Struktur des Hexagrammes bringt auf diese Weise zum Ausdruck, daß der Sonnenort eigentlich in der Mitte des Mondplanes zu denken ist, und die ihn umgebenden Mondbilder nicht primär den Mond, sondern die durch seinen Phasenwechsel bedingten Erscheinungformen des Nachthimmels bedeuten, der die Sonneninsel in seiner Mitte als Weltenstrom umfließt.

Sechs auf zweitem Platz   Li

Gelbes Fangnetz. Der Wunschgedanke hat Glück.

Sie sind in Hochform und können Ihren Wunschtraum verwirklichen. Die Welt steht Ihnen offen. Nutzen Sie die Gunst der Stunde.

Die dunkle Linie bedeutet den Schwarzmond inmitten der hellen Sonne, die ihn mit ihrem *gelben* Licht erfüllt. Der Spruch steht in offensichtlicher Parallele zu H2/5, wo es heißt: *Gelbes Untergewand. Der Wunschgedanke hat Glück.* Das *Untergewand* steht für die Schattenseite des Mondes und hat hier seine Entsprechung in dem *Fangnetz*, mit dem der Sonnenvogel in der Konjunktion erfaßt wird. Damit erfüllt sich der *Wunsch*, der in der urbildlichen Gestalt des Vollmondes auf die Sonne gerichtet war. Der Platz bildet die Mitte des ersten Haupttrigramms, das, wie aus dem folgenden Spruch zu Platz 3 hervorgeht, insgesamt als der Tagesgang der Sonne in drei Phasen und zugleich als Gleichnis des Lebenslaufes ausgelegt ist. Hier steht die Sonne im Zenith, was dem Höhepunkt der Lebensbahn entspricht.

Neun auf drittem Platz   Sun

Der Schein der untergehenden Sonne. Wenn man nicht auf das Geschirr trommelt und singt, ertönt laut das Klagen des Greises. Unheil.

Es droht ein schmerzlicher Verlust, auch wenn Sie den Gedanken daran durch lärmende Aktivitäten und Vergnügungen zu verdrängen suchen.

Im Zeichen der hellen Linie ist hier offenbar an den Sonnen-Aspekt des Hexagrammnamens *LI* gedacht, weshalb ich ihn im Gegensatz zum vorigen Spruch nicht mit *Fangnetz*, sondern mit *Schein* wiedergebe. Das tiefstehende Mondbild *Sun* auf der Westseite des Himmelsplanes ist als die *untergehende Sonne* ausgelegt, seine Abwärtsbewegung auf den Vollmond zu als das *Trommeln auf das Geschirr*. Die Deutung des Vollmondes als Trommel bzw. seines Zunehmens und Abnehmens als die Handbewegung des Trommelns kommt in der chinesischen Mythologie vielfach vor (vgl. H29/3, H61/3). Entsprechend der Anweisung auf Platz 1 aber bezieht sich der Spruch zugleich *über kreuz* auf das diametrale Gegenbild *Zhen*, der seine Schattenhöhle hervorkehrt, so daß er sich als Mond-Mund zum *Gesang* öffnet. Trommelschlag und Gesang ergänzen sich in Gestalt der komplementären Gegenbilder zu einer lückenlosen Tonfolge. Ohne diese Ergänzung jedoch, d. h. *wenn man nicht auf das Geschirr trommelt und singt, ertönt laut das Klagen des Greises.* Der *Greis* ist natürlich ein Symbol für den mit weit zur *Klage* geöffnetem Schattenmund dahinschwindenden Altmond. Das Schriftzeichen *klagen* oder *seufzen (jie)* besteht aus den graphischen Bestandteilen *Mund* und *auseinanderklaffen*. Die untergehende Sonne und der untergehende Mond werden damit zu einer Symbolik des Todes verknüpft, dessen Herannahen man durch die laute Musik zu verdrängen sucht. Das Motiv des Todes und der Totenklage bestimmt dann die folgenden drei Plätze als Auslegung der mondlosen Nacht.

Neun auf viertem Platz   Dui

Wie plötzlich hervorspringend kommt er, wie brennend, wie sterbend, wie weggestoßen.

Ihr heftiges Aufbegehren ist sinnlos. Sie geraten in eine Position, wo Sie nicht bestehen können, und werden gefeuert.

Das aufsteigende Mondbild *Dui* definiert nach der im Spruch zu Platz 1 angesagten Devise (*Die Schritte verlaufen überkreuz*) sein in die Nacht heruntersinkendes Gegenbild *Gen*. Zugleich ist dies der erste Platz des zweiten Haupttrigramms, das im Gegensatz zum ersten die Konjunktion nicht als Sonne und Tageslauf, sondern als die mondlose Nacht auslegt. Wie sich im ersten Haupttrigramm die Lichtflächen der Gegenbilder zum runden Bild der Sonne ergänzen, so ergänzen sich hier die Schattenflächen zum Bild des Schwarzmondes. Der Neumond *Gen* wird hier durch seine gegenbildliche Paßform *Dui* nicht als Beginn des Mondzyklus definiert, sondern als das Hereinbrechen der finsteren Nacht. Diese ist mit Todessymbolik besetzt, und so umschreibt der Spruch auch den aus der Sonne heraustretenden Neumond in der negativen Form eines Absturzes: Er leuchtet *plötzlich* am westlichen Himmel auf, gleich nach Sonnenuntergang, *wie brennend* im Schein des Abendrotes, um gleich darauf schon wieder unter dem Horizont zu verschwinden, d. h. *wie sterbend* niederzusinken und *wie weggestoßen* von der Sonne oder *ausgestoßen* aus der Sonnenwelt des Taghimmels hinunterzustürzen in die Finsternis des Totenreiches. Zugleich aber erzeugt der Spruch die Assoziation einer Sternschnuppe. Denn es soll ja die mondlose Nacht dargestellt werden, die ganz von der Erscheinung der Sterne beherrscht wird.

Sechs auf fünftem Platz   Li

Wie ein sich teilender Tränenstrom, wie ein Klagen in Trauer. Glück.

Sie erleiden Kummer und Schmerz, aber aus den Tränen entsteht ein neues Glück.

Der Platz bildet die Mitte des zweiten Haupttrigramms, das im Gegensatz zu dem im ersten dargestellten Tagesgang der Sonne die Nacht bedeutet. Darin sind die Mondbilder *Dui* und *Sun* wieder als *Tränen* ausgelegt (vgl. H19/1/2), die mit dem Auseinandertreten der Hälften in der abnehmenden Bewegung einen sich rechts und links *teilenden Tränenstrom* bilden, um in der Mitte die schwarze, der dunklen Zentrallinie des Trigramms *LI* entsprechende Öffnung des Himmelstores freizugeben. Und diese ist zugleich wieder, wie auf Platz 3, als das Aufreißen des Himmelsmundes zur *Klage* gedeutet: der Tränenvorhang öffnet sich, um das Bild des Schwarzmondes bzw. der finsteren Nacht zu zeigen. Daher: *Wie ein sich teilender Tränenstrom, wie ein Klagen in Trauer*. Im Spruch zu Platz 2 hingegen wird die zentrale Linie des Trigramms als das *gelbe Fangnetz*, d. h. als die Erscheinung der Sonne ausgelegt. So repräsentieren die zwei Haupttrigramme mit Sonne und Schwarzmond bzw. Tag und Nacht die Bestandteile der Konjunktion. Und am Ende sind beide Plätze – 2 und 5 – durch die gemeinsame Schlußformel *Glück* aufeinander bezogen. Dieses Schriftzeichen aber bezeichnet urbildlich *den ersten Tag des Monats*, d. h. den Neumond, der aus dem Absterben des Altmondes in der Konjunktion heraus wiedergeboren wird.

Oben Neun   Sun

Der König gebraucht dieses Orakelergebnis, um zum Angriff auszuziehen. Bei einer Hochzeitsfeier wird ein Kopf abgeschlagen. Was man gewinnt, ist nicht von seiner Art. Kein Schaden.

Durch entschlossenes Handeln kann es Ihnen gelingen, einen Rivalen auszuschalten. Damit haben Sie einen Grund zum Feiern, und Ihre Beziehung gewinnt eine neue Qualität, die Sie nicht mit früheren Erfahrungen in einen Topf werfen sollten.

Während *Sun* auf Platz 3 als untergehende Sonne ausgelegt wurde, d. h. als Ende des Tages, ist es hier ganz auf das komplementäre Gegenbild *Zhen* bezogen, welches im Mondzyklus das Ende der Nacht, die Morgenstunde markiert, wo der Altmond in der aufgehenden Sonne verschwindet. Die aufgehende Sonne ist der *König*, der *zum Angriff auszieht*, wobei der *Angriff (zheng)* mit dem Sinngehalt von *richtigstellen* oder *in Übereinstimmung bringen* die Idee der Konjunktion ausdrückt; ebenso die *Hochzeitsfeier* als Vermählung von Sonne und Mond, bei der dieser seinen *Kopf* verliert, indem die Erscheinung seiner Lichtgestalt verschwindet: das Motiv der Todeshochzeit. Auch kann man in der Altmondsichel noch den Säbel oder das Messer sehen, mit dem der Kopf *abgeschlagen* wird (vgl. H1/7; H8/6). Zugleich aber verwandelt er sich in die strahlende Sonne. Daher: *Was man gewinnt, ist nicht von seiner Art*. Wenn es jedoch *von seiner Art* wäre, läge der Fall einer Sonnenfinsternis vor, wo in der Konjunktion statt der Sonne der Schwarzmond erscheint. Dies wird dadurch ausgedrückt, daß das mit *Art* wiedergegebene Zeichen *(chou)*, dessen konkrete Grundbedeutung *häßlich, deformiert* ist, zugleich die im *Buch der Lieder* verbürgte Bezeichnung für *Sonnenfinsternis* war.

咸

31. XIAN / DIE VEREINIGUNG (DAS GEFÜHL)

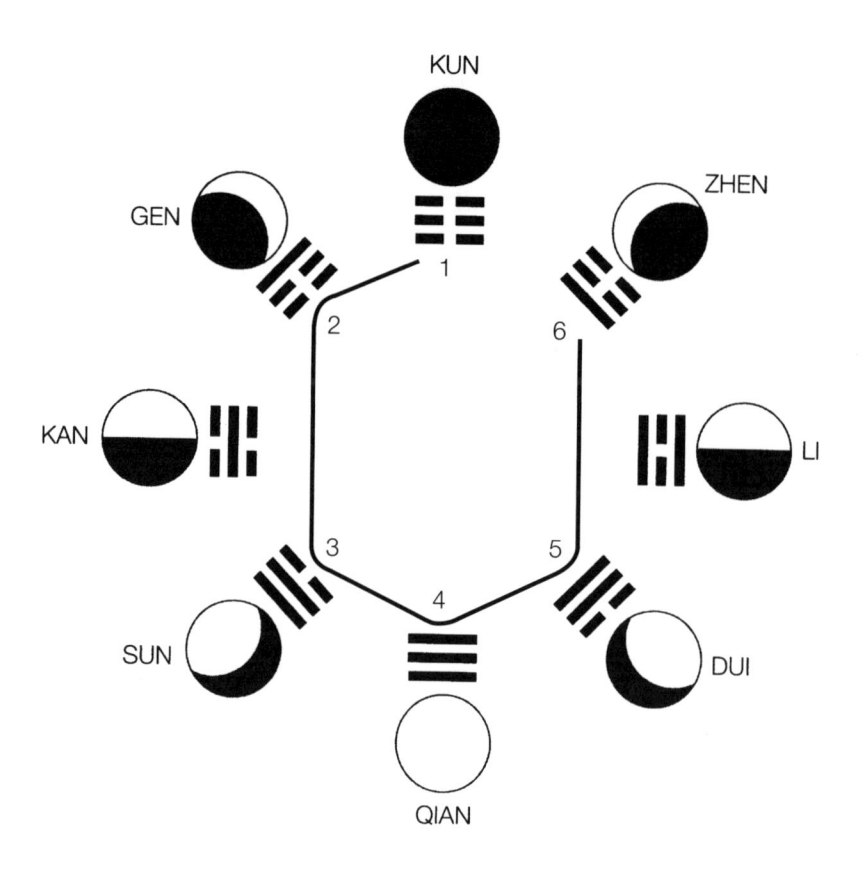

KUN
ZHEN
GEN
KAN
LI
SUN
DUI
QIAN

Partnerzeichen: H32.
Gegenzeichen: H41.
Parallelzeichen: H11, H12, H32, H41, H42.

Der Hauptspruch

Die Vereinigung. Man dringt durch. Günstig für eine Entscheidung. Eine Frau Nehmen bringt Glück.

Ihr Gefühlsleben drängt über die beengenden Grenzen Ihrer Person und Ihre gewohnte Identität hinaus. Was Sie attraktiv macht, ist Ihre Bereitschaft, zu geben.

Jedes der sechs Parallelzeichen dieser Serie ergibt in der Form des Graphs ein regelmäßiges sechseckiges Umrißbild, das, wenn man es als den Umriß des Mondkörpers auffaßt, jeweils durch die Stellung der Schattenlücke zwischen Platz 1 und Platz 6 als eine bestimmte Phase definiert wird. Hier im Fall XIAN sitzt die Schattenlücke rechts oben, was die Phase *Dui* kurz nach dem Vollmond definiert; denn der Schatten ist in dieser Phase auf der rechten Seite zu sehen und noch schwach ausgeprägt, was bedeutet, daß er überwiegend zugleich räumlich nach *oben* gerichtet ist.

Im Partnerzeichen H32 ist in analoger Weise das Mondbild *Sun* definiert und dort zugleich durch den Hexagrammnamen *Geng* mit dem verbalen Sinn *füllen* direkt bezeichnet. Im vorliegenden Fall ist der Titel jedoch problematischer. Das Schriftzeichen *XIAN* umfaßt die Bedeutungsaspekte *zusammenbringen, vereinigen, vervollständigen, alles, überall*. Es setzt sich aber aus *Mund* und *verletzen* zusammen, was auf die ursprüngliche Bedeutung *(ab)beißen* weist. Und im *Mawangdui*-Text ist es durch *(ab)schneiden, (ab)hacken (kan)* ersetzt. Dies entspricht als Leitmotiv für das ganze Hexagramm dem Umrißbild *Dui*, mit dem ja die fortschreitende »Beschneidung« des abnehmenden Mondes beginnt, und weist auf das – möglicherweise in einer älteren Textschicht vorherrschende – Szenario eines Menschenopfers mit Verstümmelungsritual hin. Auch das mit *durchdringen* wiedergegebene Zeichen *(heng)* im Hauptspruch bedeutete ja ursprünglich zugleich *ein Opfer bringen*.

Im *Tuan*-Kommentar aber wird *XIAN* als Kurzschreibung für das Zeichen *fühlen, (be)rühren, reizen (gan)* erklärt, was im gegebenen Kontext der Sprüche zur Idee der *erotischen Stimulation* führt und der Grundbedeutung des Hexagrammnamens *XIAN* als *vereinigen* den Sinn einer *sexuellen Vereinigung* verleiht. Das urbildliche Leitmotiv der Verletzung oder Beschädigung des linksseitigen, d. h. männlichen Mondbildes *Dui* auf der rechten, d. h.

weiblichen Seite wird damit zum Ausdruck eines Defizits, das als das Verlangen nach der Ergänzung durch eine »bessere Hälfte« die *Vereinigung* herbeiführt. Auch der *Xiang*-Kommentar erklärt das Hexagramm in diesem Sinn: *So läßt der Edle durch Leere die Menschen an sich herankommen.* Oder man versteht es konkreter als die männliche *Entleerung*, welcher auf der weiblichen Seite die (im Partnerzeichen H32 thematisierte) *Füllung* entspricht.

Dieser sexuelle Sinngehalt ist zunächst schon im Hauptspruch ausdrücklich angezeigt mit dem Hinweis: *Eine Frau zu nehmen bringt Glück.* Vor allem aber entspricht ihm das anatomische Szenario in den Linientexten, mit dem die erotische Vereinigung zugleich kunstvoll durch die Symbolik des Körperbaues dargestellt wird:

Auf den drei ersten Plätzen werden zunächst die größer werdenden Monde in der Reihe *Kun – Gen – Sun* als die Folge *großer Zeh – Unterschenkel – Oberschenkel* ausgelegt. Die beiden Reihen der rechtsseitigen und der linksseitigen Monde, die sich in der Perspektive von oben nach unten zum Vollmond vereinigen, erscheinen dadurch nicht nur als Frau und Mann, sondern zugleich als das linke und das rechte Bein. Das Schließen des Himmelstores oder Zusammenwachsen der zwei Mondhälften in der zunehmenden Bewegung entspricht dem Aufeinanderzustreben der beiden Beine, die sich einander auf den ersten drei Plätzen immer mehr annähern, um schließlich im Vollmond *Qian* auf Platz 4 zusammenzutreffen. Dieser bedeutet somit einerseits die Vereinigung von Frau und Mann und andererseits zugleich den Ort des Geschlechts, wo die Beine zusammenlaufen. Der Spruch zu Platz 4 ist dementsprechend auch als direkte Anspielung auf den Liebesakt zu erkennen *(rastloses Hin und Her)*. Zugleich ist dieser Vollmondplatz der erste Platz des zweiten Haupttrigramms, mit dem die Gegenüberstellung zur Reihe der diametralen Gegenbilder im ersten Haupttrigramm beginnt. Das bedeutet, daß die Vereinigung nun als durchgängiges gegenseitiges Ergänzungsprinzip hergestellt ist. Die Symbolik der Sprüche zu den verbleibenden Plätzen *Dui* und *Zhen* stellt dies durch den »zusammengewachsenen« Teil des Körpers dar, der auf den Treffpunkt der zwei Beine folgt, nämlich auf Platz 5 durch den *Rumpf (das Fleisch zu beiden Seiten der Wirbelsäule,* Ebene *Sun-Dui)* und auf Platz 6 durch den Kopf *(Wangen/Zunge,* Ebene *Zhen-Gen).* Insgesamt entspricht die Reihe der Körperteile vom großen Zeh auf Platz 1 bis zum Kopf auf Platz 6 damit zugleich direkt der Aufeinanderfolge der Linien des Hexagrammes in ihrer Schichtung von unten nach oben.

So symbolisiert das Hexagramm das Prinzip der taoistischen Energielehre: Die Lebenskraft *Qi* entsteht durch die Vereinigung der Geschlechter im Sexualzentrum des Unterleibes und wird dann entlang der Wirbelsäule hinaufgeleitet zum Gehirn.

Auf diese Weise ist mit der Auslegung des Hexagrammes *die Vereinigung* zugleich im waagerechten Links-Rechts-Schema des Mondplanes als Verhältnis der beiden Hälften und im diagonalen Schema als Verhältnis der Gegenbilder erfaßt. Die Platzverteilung stellt auf beiden Ebenen eine vollkommene Symmetrie dar.

Anfangs Sechs   **Kun**

Er fühlt ihre große Zehe.

Ihre Gefühle sind bisher nur oberflächlich und auf das Äußere gerichtet. Vielleicht ist es aber der Beginn einer innigeren Beziehung.

Der aus *Kun* heraustretende Neumond in seiner kleinsten Erscheinungsform ist hier als *große Zehe* gedeutet. Es ist der erste der Körperteile, die in diesem Zeichen der Reihenfolge der Plätze folgend von unten nach oben aufgezählt werden. Die große Zehe bedeutet den Punkt des Körpers, der vom Zentrum am weitesten entfernt ist, seine äußerlichste Zone, wo er gerade erst anfängt.

Sechs auf zweitem Platz   **Gen**

Er fühlt ihre Waden. Unheil. Verweilen bringt Glück.

Sie sollten Ihre Gefühle noch zügeln und nichts Voreiliges unternehmen. Es würde daneben gehen.

Die schön geschwungene, langsam dicker werdende Sichel des Neumondes *Gen* ist hier als *Wade* ausgelegt. Aber die Unterschenkel sind als Teile des Beines vom Ort der Vereinigung noch weit entfernt. Die urbildliche Vereinigung schreitet, wie gesagt, in der zunehmenden Bewegung *Kun – Gen – Sun – Qian* als das Schließen des Himmelstores fort, mit dem die zwei Mondhälften immer weiter zusammenwachsen. Hier aber, auf der Ebene *Gen – Zhen*, bilden sie noch keine wechselweise Paßform, ergänzen sich noch nicht, sondern ihre Zusammenstellung läßt im Inneren eine nicht abgedeckte Schattenfläche frei. Die Vereinigung bleibt notwendig oberflächlich und erreicht keine Harmonie. Daher wird der Platz mit *Unheil* bewertet. Es ist besser, die Vereinigung in dieser Situation nicht zu forcieren, sondern sich in Geduld zu fassen, bis die Zeit reif ist. Daher heißt es: *Verweilen bringt Glück.*

Neun auf drittem Platz   Sun

Er fühlt ihre Oberschenkel und ergreift, was auf sie folgt. Weggehen bringt Not.

Sie stehen kurz vor der Erfüllung Ihrer Träume. In dieser Situation können Sie nicht mehr zurück, sondern müssen entschlossen zugreifen. Wenn Sie zögern und sich zurückziehen, verderben Sie alles.

Kunst nimmt hier eine Kurzschreibung des Zeichens *Knochenmark (sui)* an und übersetzt im Sinn des *Mawangdui*-Textes: *Schneide die Schenkel ab. Ergreife das Knochenmark.* Aufgeschlagene menschliche Oberschenkelknochen, um das Mark daraus zu gewinnen, sind bei Knochenfunden das Kennzeichen für Kannibalismus. Neben dem Kontext spricht auch die Gleichlautung der Schriftzeichen für eine solche Assoziation. Gleichwohl bildet sie keinen Widerspruch zu der sexuellen Deutungsebene, da das Knochen*mark* im übertragenen Sinn auch *das Wesentliche, der Kern der Sache* bedeuten kann. Denn »der Kern der Sache« ist eben das, was in der Körpersymbolik *auf die Oberschenkel (*urbildlich *Sun) folgt,* nämlich der Ort, wo sich die zwei Beine vereinigen, das Geschlecht. Der Platz kennzeichnet die Station kurz vor dem Höhepunkt der Vereinigung in *Qian.* Hier, kurz vor dem Ziel, darf es kein Zurück mehr geben. Daher heißt es: *Weggehen bringt Not.*

Neun auf viertem Platz   Qian

Die Entscheidung ist glückverheißend. Der Kummer vergeht. In rastlosem Hin und Her folgen die Freunde deinen Gedanken.

Die ersehnte Vereinigung wird Wirklichkeit. Kummer und Sorgen lösen sich in Wohlgefallen auf. Ihr Einfluß auf andere erreicht einen Höhepunkt. Sie sollten ihn mit Bedacht gebrauchen.

Dies ist der Höhepunkt der Vereinigung. Die weibliche und die männliche Hälfte, die hier wieder als zwei *Freunde* ausgelegt sind, haben sich im Bild des Vollmondes zusammengeschlossen. Zugleich ist damit der *Kummer,* nämlich die Erscheinung der Schattenseite, vollkommen verschwunden. Das *rastlose Hin und Her* oder *Kommen und Gehen* ist die Auslegung des Zunehmens, das im Vollmond endet *(Kommen),* und des Abnehmens, das vom Vollmond ausgeht *(Gehen).* Der Ausdruck *Hin und Her* kann allgemein mit *Verkehr* wiedergegeben werden. Er umfaßt damit sowohl die Assoziation des Geschlechts-Verkehrs mit seiner *rastlosen* Bewegung als auch die Assoziation eines Besuchsverkehrs, eines Kommens und Gehens der *Freunde.* Und schließlich ist das Bild des Vollmondes zugleich noch als der *Gedanke* ausgelegt, dem *die Freunde folgen,* d. h. als die umfassende Einheit der Gegensätze, als der geistige Knotenpunkt, in dem die Wege von Gehen und Kommen, von Vergangenheit und Zukunft zusammenlaufen.

Neun auf fünftem Platz   Dui
Er fühlt ihr Rückenfleisch. Kein Kummer.

Ihre innere Verbundenheit mit einem geliebten Menschen ist so stark, daß sie über äußere Trennung in Raum und Zeit hinweg erhalten bleibt.

Das *Rückenfleisch* bedeutet wörtlich *das Fleisch zu beiden Seiten der Wirbelsäule.* Die Wirbelsäule entspricht der zentralen Achse *Qian – Kun,* dem *Großen Firstbalken (taiji),* der die Mitte und Einheit der zwei Hälften bedeutet. Mit dem abnehmenden Mondbild *Dui* beginnen diese sich in der Zweiheit *Dui – Sun* wieder zu unterscheiden, erhalten aber nun die auf Platz 4 gewonnene Einheit weiterhin mittels der komplementären Ergänzung durch den diametralen Gegenpol, so daß *kein Kummer,* d. h. kein Schatten auf dem vollkommenen Bild der Vereinigung bleibt. So bleiben die zwei Partner miteinander verbunden wie die zwei Muskelstränge des Rückenfleisches zu beiden Seiten der Wirbelsäule. Mit der Aufwärtsbewegung entlang der Wirbelsäule wird die im Unterleib gewonnene Einheit von *Yin und Yang,* die Lebenskraft *Qi,* sublimiert und vergeistigt.

Oben Sechs   Zhen
Er fühlt ihre Kinnladen, ihre Wangen und ihre Zunge.

Eine Beziehung muß sich in der rationalen Auseinandersetzung bewähren. In der Konfrontation mit realen Konflikten und äußeren Schwierigkeiten erweist sie ihre Tragfähigkeit als Grundlage der Verständigung.

Kinnladen, Wange und Zunge werden traditionell als die Sprechwerkzeuge gedeutet. Wir können *Zhen* und *Gen* als die rechte und die linke Kinnlade bzw. Wange, den Schwarzmond *Kun* in der Mitte als offenen Mund sehen; oder wir sehen *Zhen* und *Gen* als zwei hohle Münder mit je einer Mond-Zunge darin, die sich gegenüberstehen. Das im Umrißbild des Graphs dargestellte Mondbild *Dui,* mit dem sich der geschlossene Himmelsmund *Qian* zu öffnen beginnt, gilt traditionell als Symbol des Sprechens. So bedeutet der

Spruch, daß hier die gewonnene Einheit und Verbundenheit in die verbale Sphäre, in die sprachliche Kommunikation übergeht. Dies ist die Dimension der Außenwelt, der Welt außerhalb des Körpers. Die damit gegebene »Äußerlichkeit« hat der Spruch mit Platz 1 gemeinsam, der die Lücke des Graphs von der anderen Seite begrenzt. Nun aber ist durch die Vereinigung eine Beziehung hergestellt, mit der die gefühlsmäßige oder körperliche Einheit durch die komplementäre Ergänzung *Sun – Zhen* auch in der verbalen oder rationalen Sphäre des Bewußtseins erhalten bleibt.

32. GENG (HENG) / DIE AUSBREITUNG (DIE DAUER)

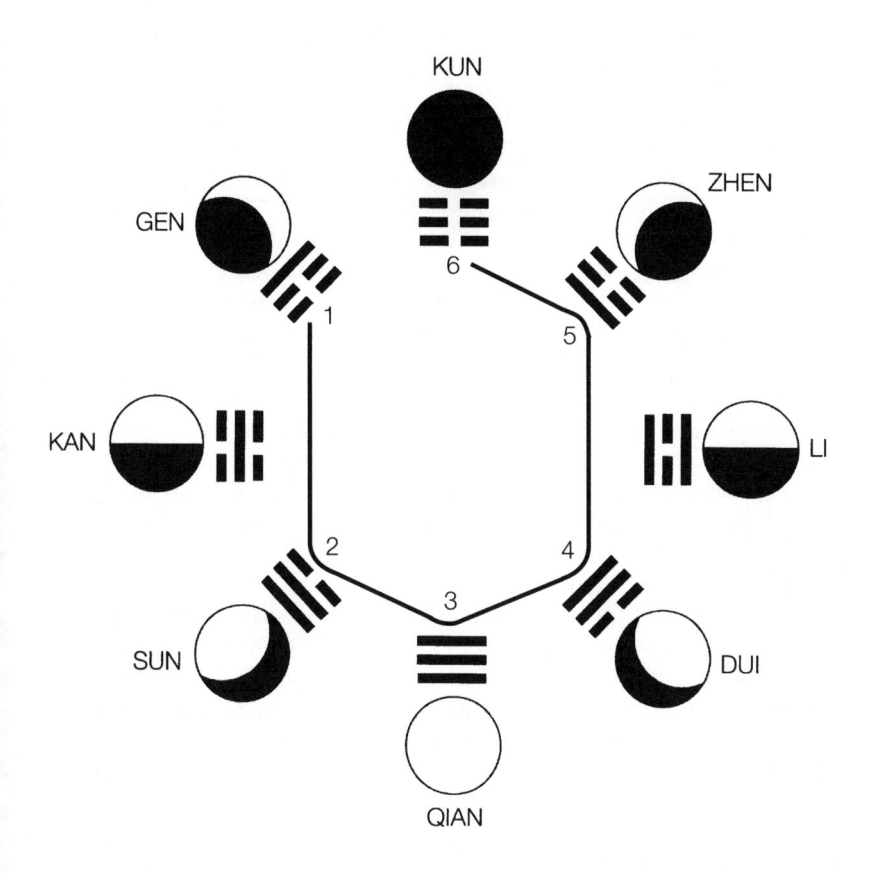

Partnerzeichen: H31.
Gegenzeichen: H42.
Parallelzeichen: H11, H12, H31, H41, H42.

Der Hauptspruch

Die Ausbreitung. Man dringt durch. Kein Schaden. Günstig für eine Entscheidung. Es ist günstig, wenn man wo hinzugehen hat.

Sie gelangen in ein Kraftfeld, durch das Sie viel positive Energie gewinnen können. Sie sollten es in geduldiger Konzentration zielbewußt kultivieren. Hüten Sie sich davor, es durch unbeherrschte Reaktionen voreilig zu zerstören.

Jedes der sechs Parallelzeichen dieser Serie ergibt in der Form des Graphs ein regelmäßiges sechseckiges Umrißbild, das, wenn man es als den Umriß des Mondkörpers auffaßt, jeweils durch die Stellung der Schattenlücke zwischen Platz 1 und Platz 6 als eine bestimmte Phase definiert wird. Im vorliegenden Fall sitzt die Schattenlücke links oben, was die Phase *Sun* kurz vor dem Vollmond definiert; denn der Schatten ist in dieser Phase auf der linken Seite zu sehen und nur noch schwach ausgeprägt, was darauf beruht, daß er überwiegend von der Erde weg nach *oben* gerichtet ist. Genau dies ist die konkrete Bedeutung des Hexagrammnamens *GENG: zunehmender Mond im zweiten Viertel*. Dadurch wird zugleich in direkter Weise die urbildliche Deutung des Partnerzeichens H31 auf der Basis des Mondbildes *Dui* bestätigt.

Aus dem Urbild erklären sich ferner die Bedeutungsaspekte *(sich) ausbreiten, ausfüllen, überall(hin)* des Schriftzeichens *GENG*. Nicht nur der Mond selbst füllt sich in dieser Phase, sondern sein Licht breitet sich zugleich immer weiter über den ganzen Nachthimmel aus.

Außerdem entspricht der Idee des vollständigen *Ausbreitens* oder *Ausfüllens* jedoch auch die komplementäre Ergänzung der diametralen Gegenbilder, durch die sozusagen aus jedem Gegensatzpaar ein Vollmond zusammengesetzt wird. Indem jedes Mondbild in diesem Hexagramm seinem Gegenbild gegenübersteht, bleibt kein einseitiger Rest, d. h. *kein Schaden*, wie es im Hauptspruch heißt. Auch bedeutet der Bezug auf den diametralen Gegenpol die auf ein entferntes Ziel gerichtete Bewegung. Daher: *Es ist günstig, wenn man wo hinzugehen hat.*

Durch die komplementäre Ergänzung wird die Ganzheitlichkeit der *Ausbreitung* aber nicht nur für die Vollmondphase, sondern *durchgängig* als Dauerzustand hergestellt. Dem entspricht eine weitere Bedeutung des Hexagrammnamens, den das Schriftzeichen in der Lautung *HENG* hat, nämlich *dauerhaft*.

Dem Umrißbild entsprechend ist es speziell die Schattenlücke des Mondbildes *Sun* (erstes Haupttrigramm), die mit dem im Hauptspruch genannten *Durchdringen* durch das komplementäre Gegenbild (zweites Haupttrigramm *Zhen*) ergänzt wird. Dieser Schatten befindet sich auf der linken, der männlichen Seite des Mondkörpers, bedeutet also in einer Partnerschaft das Fehlen eines Mannes, so daß es sich um die Ergänzung der weiblichen Hälfte durch die männliche handelt.

Auch hier bietet sich daher eine sexuelle Deutungsebene an. In den Liniensprüchen werden auf Platz 5 ausdrücklich Mann und Frau als die Partner des Geschehens genannt. Ferner ist dort vom *Ausbreiten der Kraft* die Rede. Die ursprüngliche Bedeutung des mit *Kraft* wiedergegebenen Zeichens *(de)*, das die Konfuzianer als *Tugend* interpretierten, hat der holländische Sinologe *van Gulik* als die *sexuelle Energie* definiert, deren Verständnis als *magische Macht* und *schöpferische Kraft* im frühen China er mit dem bekannten polynesischen Begriff *Mana* gleichsetzt. Es ist ein älterer Vorbegriff für *Qi* »*Odem, Lebenskraft*«.

Während im Partnerzeichen H31 die *Vereinigung* mit dem Leitmotiv *Dui* durch die erotische Öffnung oder den Entleerungstrieb der männlichen Seite herbeigeführt wird, steht hier bei der gleichen Gelegenheit unter dem Vorzeichen *Sun* die *Erfüllung* der weiblichen Seite im Vordergund: indem sich der männliche Licht-Same mit dem zunehmenden Mond im Inneren der Nacht-Höhle *ausbreitet*, wird der urbildliche Mutterleib *befruchtet*. Die Assoziation der milchigen Samenflüssigkeit mit dem Mondlicht liegt ja nahe. Im *Buch der Lieder* gibt es ein Gedicht, wo das Schriftzeichen *GENG* ganz dementsprechend für das *Bepflanzen* der Nacht-Erde gebraucht wird. Auch haben wir es schon als Ausdruck für das *Füllen des Opferaltars* in der urbildlichen Gestalt des Vollmondes kennengelernt (vgl. H5/1).

Die Schattenlücke des Umrißbildes zwischen den Plätzen 6 und 1 aber markiert die Stelle, wo die Erfüllung noch nicht erreicht oder gestört ist. Daher werden diese beiden Plätze mit *Unheil* bewertet. Die Zielvorstellung ist das vollkommene Gleichgewicht der beiden Hälften, die auf Platz 3 als unentschiedene Alternative oder Ambivalenz zwischen Zunehmen (Ausbreiten) und Abnehmen (Opfern) umschrieben wird, – als ein ganzheitlicher Schwebezustand in der Vereinigung der Gegensätze. Der Gedanke, das erotische Spannungsfeld meditativ aufzubauen und als Dauerzustand zu kultivieren, entspricht der taoistischen Sexualpraxis des *coitus reservatus* (vgl. H60/0). Von hier aus gewinnt der Bedeutungsaspekt *Ausdauer* des Hexagrammnamens (in der Lautung *HENG)* einen speziellen, sozusagen technischen Sinn. Eine Botschaft des Zeichens wäre demnach die Idee der dauerhaften Einrichtung oder Stabilisierung des erotischen Spannungszustandes als Quelle der Lebensenergie. Im sozialen Kontext bedeutet dies dann den Aufbau einer dauerhaften Beziehung zwischen Mann und Frau.

Anfangs Sechs   Gen

Geschmälerte Ausbreitung. Die Entscheidung bringt Unheil. Es gibt nichts, wofür das günstig wäre.

Sie sollten nicht voreilig sein. Die Schwachstelle in Ihrem Plan ist zu groß. Die Entscheidung, ihn durchzuführen, wird Ihnen zum gegebenen Zeitpunkt nur Unglück bringen.

Das mit *geschmälert* wiedergegebene Zeichen umfaßt die Bedeutungen *ausschachten, auslöffeln, vertiefen, abtragen, wegnehmen*. Dies entspricht dem großen Schatten, der dunklen »*Vertiefung*« des Mondbildes *Gen*, für das der Spruch steht. Vor allem aber grenzt dieser Platz zusammen mit Platz 6 an die Schattenlücke des Umrißbildes. Beide Plätze werden daher mit *Unheil* bewertet. Die *Ausbreitung* des Mondlichts hat an dieser Stelle noch ein Defizit, das erst mit dem Beginn des zweiten Teiltrigramms auf Platz 4 durch das Gegenbild ausgeglichen wird. Sie hat noch nicht die Vollkommenheit des Vollmondes erreicht. Die Zeit ist noch nicht reif für eine dauerhafte *Entscheidung* oder *Festlegung*. Daher: *Die Entscheidung bringt Unheil.*

Neun auf zweitem Platz   Sun

Der Kummer vergeht.

Machen Sie sich keine Sorgen. Sie stehen auf der Schwelle zur Erfüllung.

Der Platz steht für das Mondbild *Sun* und entspricht damit zugleich dem Umrißbild. Es ist die Phase kurz vor dem Vollmond, wo der als *Finsternis des Herzens*, als *Kummer* oder *Sorge* ausgelegte Schatten immer mehr verschwindet. Daher heißt es: *Der Kummer vergeht*. Aber er ist an dieser Stelle – im Gegensatz zu H31/5 – noch nicht vergangen. Denn die Ergänzung durch das diametrale Gegenbild *Zhen* erfolgt erst auf Platz 5. Es ist der Kummer der weiblichen, der rechten Seite, d. h. der Frau, die noch keinen Mann hat.

Neun auf drittem Platz   **Qian**

Wenn er seine Kraft nicht ausbreitet, bringt er sie vielleicht als Opfer dar. Die Entscheidung macht Schwierigkeiten.

Sie werden zwischen gegensätzlichen Stimmungen hin und her gerissen und geraten dabei in Zugzwang. Halten Sie sich nach Möglichkeit zurück.

Der Vollmondplatz markiert die Einheit und Mitte zwischen den beiden Hälften. Dies wird hier als Unentschiedenheit zwischen zwei Möglichkeiten umschrieben, die dem *Hin und Her* oder *Kommen und Gehen* der zwei *Freunde* auf dem Vollmondplatz H31/4 des Partnerzeichens entsprechen: das *Ausbreiten seiner Kraft* ist urbildlich das Zunehmen des Mondes, für das die rechte oder weibliche Hälfte steht, und das *Darbringen als Opfer* die abnehmende Bewegung der linken oder männlichen Hälfte. Dabei bedeutet das Ausbreiten den Aufbau und das Andauern der Verbindung, das Opfern ihre Auflösung. Wenn der Höhepunkt der Vereinigung erreicht ist, beginnt unweigerlich die Trennung. Daher heißt es: *Die Entscheidung macht Schwierigkeiten.*

Neun auf viertem Platz   **Dui**

Auf dem Feld steht kein Wild.

Durch eine Begegnung zur falschen Zeit verderben Sie alles und haben das Nachsehen.

Das Feld ist der Nachthimmel, auf dem die Sterne wie die im Dunkeln leuchtenden Augen der Wildtiere stehen. In der mondlosen Konjunktionsphase sind sie zahlreich und deutlich zu sehen (vgl. H7/5). Je mehr sich aber der Mond füllt, je weiter sein Licht sich über den Nachthimmel ausbreitet, desto mehr verschwindet das Bild der Sterne im milchigen Nebel. Hier haben wir den ersten Platz des zweiten Haupttrigramms, das mit dem Mondbild *Dui* den komplementären Gegenpol zu *Gen* auf Platz 1 bildet und damit den Schatten, d. h. die Dunkelheit, in der die Sterne erscheinen, gänzlich zum Verschwinden bringt. Daher: *Auf dem Feld steht kein Wild.* Oder, wie man ebenfalls übersetzen kann: *Bei der Jagd gibt es kein Wild.* Die komplementäre Ergänzung zwischen *Dui* und *Gen* wird damit praktisch negativ bewertet. Der zur Jagd in das Revier des Nachthimmels aufbrechende Neumond trifft auf eine andere Jagdgesellschaft in Gestalt seines Gegenbildes *Dui*, die das Wild naturgemäß schon verscheucht hat.

Sechs auf fünftem Platz **Zhen**

Er breitet seine Kraft aus. Die Entscheidung ist glücklich für die Frau und unheilvoll für den Mann.

Ein Mann läuft Gefahr, sich aus Liebe selbst aufzugeben. Eine Frau erfährt die Erfüllung ihrer Träume in einer dauerhaften Verbindung.

Der linksseitige, d. h. männliche Altmond *Zhen* bildet die komplementäre Ergänzung zu seinem diametralen Gegenpol, dem rechtsseitigen, d. h. weiblichen Gegenbild *Sun* auf Platz 2. Durch ihre Verbindung wird *seine Kraft ausgebreitet*, d. h. die Ganzheit der Lichtseite in Gestalt des Vollmondes hergestellt (vgl. Platz 3). Zugleich aber ist der Altmond *Zhen* die Phase des Dahinschwindens und Untergehens in der Konjunktion: die Erfüllung der weiblichen Seite ist die Entleerung der männlichen. Daher: *Die Entscheidung ist glücklich für die Frau und unheilvoll für den Mann.*

Oben Sechs **Kun**

Zerstobene Ausbreitung. Unheil.

Durch Ihre Heftigkeit und Unbeherrschtheit könnten Sie eine geordnete Verbindung zerstören und sich vor einem Scherbenhaufen wiederfinden.

Der Platz steht in der Mitte der zwei Hälften des Umrißbildes an der Stelle, wo die Schattenlücke beginnt. Zugleich ist der Schwarzmond *Kun* die mondlose Zone des Kreislaufes, wo der Nachthimmel den über ihn *ausgebreiteten* Schleier des Mondlichtes zerrissen oder abgeschüttelt hat. Daher: *Zerstobene Ausbreitung*. Das mit *zerstoben* wiedergegebene Schriftzeichen mit der Grundbedeutung *schütteln* ist u. a. in der Bedeutung *Staub abschütteln* überliefert. Auch wurde es für das *Öffnen eines Kornspeichers* gebraucht: Das Mondgefäß, im Erntemythos als Kornspeicher zu denken, wird mit dem Abnehmen geöffnet, so daß in der Schwarzmondphase die vorher darin vom Mondlicht umhüllten Sternen-Körner (das Wild auf dem Feld in Platz 4) hervortreten. Der abgeschüttelte Schleier des Mondlichtes und die zusammenhanglos über den Himmel verstreuten Sterne sind ein Bild des Chaos. Daher wird der Platz mit *Unheil* bewertet.

33. Dun (Tun) / Der Rückzug (Die Ferkel)

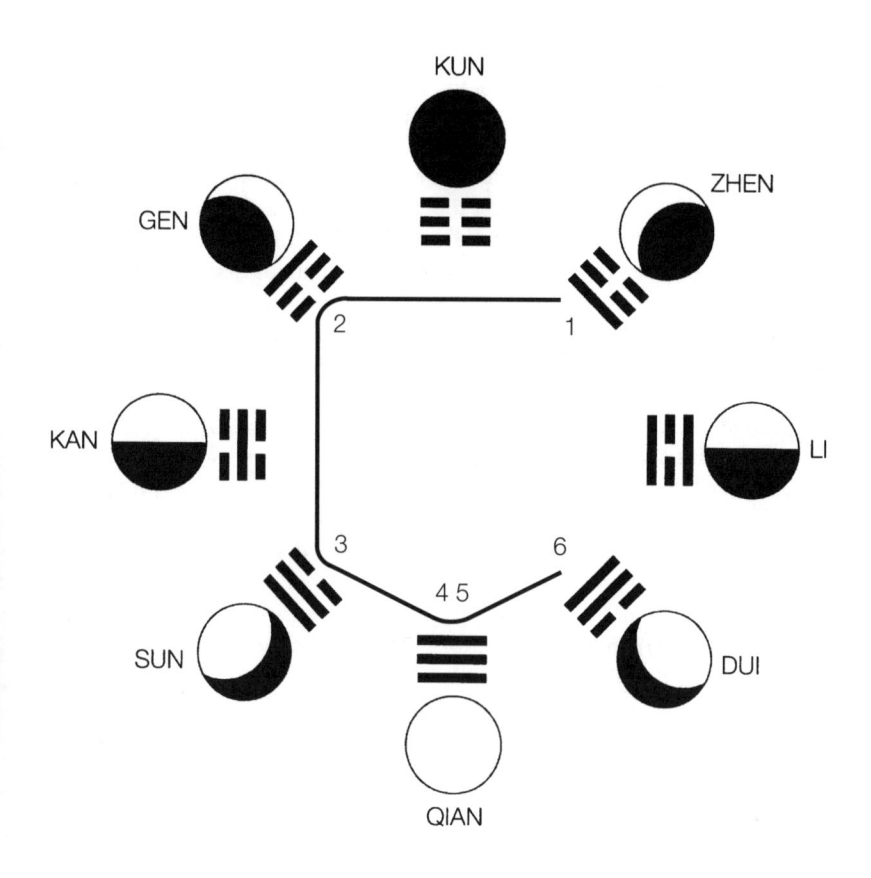

Partnerzeichen: H34.
Gegenzeichen: H19.
Parallelzeichen: H25, H26, H28, H34, H61.

Der Hauptspruch

Der Rückzug ist erfolgversprechend. Im Kleinen günstig für eine Entscheidung.

Sie sollten sich zunächst einmal zurückziehen und auf Ihre Ursprünge besinnen, um wieder Kräfte zu sammeln. Erst dann wird ein erneuter Angriff Erfolg haben.

Das Gesamtbild ergibt hier wieder die Umrisse des mit dem Bauch nach unten gerichteten Mondgefäßes, d. h. des Vollmondes in der Tiefe der Nacht-Erde. Dem entspricht der Schwerpunkt des Zeichens in dem doppelten Vollmond *Qian* auf den Plätzen 4 und 5. Im Gegensatz zum Partnerzeichen H34 klafft dabei auf der *rechten* Seite des Umrißbildes die Schattenlücke zwischen den Plätzen 6 und 1. Dies bedeutet die Betonung der linksseitigen, d. h. abnehmenden Tendenz des Vollmondes, seiner Zielrichtung auf die Sonne.

So formuliert das Umrißbild die Ausgangsstellung für den Angriff auf die Sonnenstadt. Die Herstellung dieser Stellung durch den Verlauf des Graphs aber vollzieht sich in einer Bewegung von den zwei kleinen Monden auf den Plätzen 1 und 2 zu den vier großen Monden auf den Plätzen 3 bis 6, d. h. in der umgekehrten Richtung, die den *Rückzug* von der durch die Linie *Zhen – Gen* gekennzeichneten Front bedeutet. So wird durch den Rückzug eine dem Anwachsen der Monde entsprechend stärkere Ausgangsposition für den erneuten Angriff gewonnen. Der Angriff bedeutet die Richtung des im Hauptspruch genannten (*Durchdringens =*) *Erfolges*. Daher heißt es: *Der Rückzug ist erfolgversprechend.* Aber der Rückzug hat nur den Sinn einer Vorbereitung für den Angriff, weshalb das Ergebnis nur *im Kleinen* (= *in geringem Maß) günstig für eine Entscheidung* ist. Denn die *große* Hauptsache, der Angriff selbst, wird erst mit dem nachfolgenden Partnerzeichen H34 *(Die Kraft des Großen)* im Bild eines angreifenden Widders dargestellt. Und dort heißt es im Hauptspruch uneingeschränkt: *Günstig für eine Entscheidung.*

Der Hexagrammname und die Sprüche weisen aber noch auf ein anderes, ursprünglicheres Szenario als Leitbild der Betextung hin. Das Schriftzeichen *DUN* besteht aus den Bestandteilen *Ferkel* und *gehen* und bedeutet *sich zurückziehen, sich verstecken, sich anschleichen*. Die Liniensprüche legen jedoch nahe, daß hier der Bestandteil *gehen* dem ursprünglichen Bildsymbol *Ferkel (tun)* sekundär als vermenschlichender Zusatz beigefügt wurde. Ausdrücke wie *der Schwanz des Ferkels* (Platz 1) und *fette Ferkel* (Platz 6) weisen allzu deutlich auf das Tier hin. Auch *Gao Heng* und *Richard A. Kunst* kommen zu diesem Schluß.

Den genannten Sinologen blieb jedoch gleichwohl verborgen, daß sich die Liniensprüche unter diesem thematischen Vorzeichen ganz eindeutig als die Schilderung einer Schweinegeburt entpuppen. Dabei ist der Mondplan im ganzen als die Hinteransicht eines Mutterschweins ausgelegt: die dunkle Höhlung des Schwarzmondes *Kun* oben stellt den Geburtskanal dar, aus dem heraus die Ferkel in Gestalt des Neumondes geboren werden (Platz 2), und die Rundung des Graphs unten den Mutterbauch mit den vier Zitzen *Sun – Qian – Qian – Dui*, an denen sie sich volltrinken und fett werden (Plätze 3 bis 6). Das entspricht im Prinzip zugleich der Folge der Haupttrigramme vom kleinen Neumond zum dicken Vollmond. Die Idee des *Rückzuges* wurde aus diesem tiersymbolischen Szenario offenbar mit dem Gedanken abgeleitet, daß die kleinen Ferkel sich nach der Geburt zunächst einmal an die Mutterbrust *zurückziehen*, um für ihren späteren »Angriff« auf die feindliche Außenwelt Kräfte zu sammeln. Und der zweite Satz des Hauptspruches gewinnt damit zugleich den konkreteren Sinn: *Für die Kleinen günstig als Entscheidung.*

Anfangs Sechs   Zhen

Der Schwanz des Ferkels. Gefahr. Nicht gebrauchen, um wo hinzugehen.

Sie sind in einer Klemme, die sich durch aktive Anstrengung nur verschlimmern kann. Daher sollten Sie sich lieber passiv verhalten.

Die dünn gekrümmte Sichel des Altmondes *Zhen* ist hier das himmlische Vorbild für das geringelte Schwänzchen des Ferkels. Das Schweinchen hängt im Geburtskanal fest, so daß nur die zarte Gestalt jenes hintersten Körperteiles in der dunklen Schwarzmond-Höhle zu erkennen ist. Die *Gefahr*, die ihm bei solcher Steißlage droht, ist offensichtlich: Wenn es sich voranbewegt, gelangt es immer tiefer hinein statt heraus, eben wie der Altmond immer kleiner wird, bis er ganz in der Höhlung des Mondschattens verschwunden ist. Darum sollte man dieses Orakelergebnis *nicht gebrauchen, um wo hinzugehen*. Die Lage ist für einen Aufbruch denkbar ungeeignet.

Sechs auf zweitem Platz   Gen

Man hält ihn in der Haut eines gelben Rindes fest. Der Sieg des Abends löst sie ihm ab.

Sie werden in einer Verstrickung festgehalten. Diese dient aber Ihrem Schutz. Wenn die Zeit reif ist, werden Sie sich auf natürliche Weise von selbst daraus lösen.

Das Verschwinden des Mondes in der *gelben* Sonne zwischen den zwei »Kuhörnern« *Zhen* und *Gen* ist hier durch die Vorstellung ausgelegt, daß er (bzw. das Schweinchen) in die Haut eines *gelben Rindes* eingehüllt und darin festgehalten wird. Nach der Konjunktion aber, wenn die Bahn des Mondes sich von der Sonne löst und erneut in die Nacht hineinwächst, befreit er sich aus dieser Umhüllung und wird nach Sonnenuntergang in Gestalt des Neumondes *Gen* am westlichen Abendhimmel wieder sichtbar. Daher: *Der Sieg des Abends löst sie ihm ab.* Die reale Entsprechung der Rinderhaut ist die Fruchthülle, mit der die kleinen Ferkel im Mutterleib alle zusammengehalten werden. Bei der Geburt, urbildlich dem Austritt des Neumondes aus der Schwarzmond-Höhle, wird die Hülle zerrissen und die Ferkel purzeln heraus. Dabei färben sich die an den Schweinchen klebenden Überreste der Fruchthülle schwärzlich. So haben auch noch die graue Schattenfläche des neugeborenen Mondes und die Dunkelheit des Abendhimmels ihre Entsprechung. – Man sieht hier sehr schön, wie der Sinn des Spruches durch das Grundmuster des Himmelsbildes bestimmt wird. Ohne den Bezug darauf könnte man das Schriftzeichen *Abend (mu)* auch in der Lautung *mo* mit der Bedeutung *niemand* auffassen. Dies ermöglicht dann die »vermenschlichte«, aber auch verfälschende Interpretation des Satzes als: *Niemand vermag sie (die Fessel aus gelbem Rindsleder) ihm abzunehmen* (vgl. H53/5).

Neun auf drittem Platz   Sun

Die zusammengehörigen Ferkel drängeln. Gefahr. Es ist glückverheißend, Sklaven und Sklavinnen zu halten.

Es geht darum, durch einen fairen Wettkampf die richtige Rangordnung zu ermitteln. Sie kämpfen dabei nicht nur für Ihren persönlichen Erfolg, sondern zugleich um das Wohl der Allgemeinheit.

Die *einander angehörigen* oder *zusammengehörigen* Ferkel sind die Schweinchen des gleichen Wurfes. Sie *drängeln* oder *sind zornig*, weil nun, nach der Geburt, der Kampf um die besten Plätze an den Brüsten der Mutter beginnt.

Natürlich besteht dabei die *Gefahr*, abgedrängt zu werden. Die schwächeren Ferkel werden von den stärkeren unterdrückt, zu *Sklavinnen und Sklaven* gemacht. Wie mir dankenswerterweise mein in der Welt der Schweine bewanderter Freund und Doktor der Tiermedizin *Lothar Friese* erklärte, erzeugt der Konkurrenzkampf der neugeborenen Ferkel in der Tat eine regelrechte Hierarchie unter ihnen mit »Herren« und »Sklaven«. Die größten Zitzen im Zentrum des Mutterbauches werden von den Stärksten besetzt, die etwas kleineren am Rande von den Schwächeren. Die Doppelung *Sklaven und Sklavinnen* symbolisiert dabei zugleich die paarige Anordnung der Zitzen am Bauch der Sau. Die Hauptzitzen sind durch die zwei zentralen Vollmondplätze repräsentiert, die Nebenzitzen durch *Sun* und *Dui*. Und die so entstandene Rangordnung unter den Ferkeln wird dann für ihr ganzes weiteres Säuglingsleben beibehalten. Dies nämlich dient dem Wohl des Ganzen: die kleineren Zitzen am Rande geben nur Milch, wenn die Hauptzitzen kräftig stimuliert werden. Das aber können nur die stärksten Tiere leisten. Die Schwachen sind somit direkt von der Kraft der Starken abhängig. Gelangen aus irgendeinem Grund schwache Tiere an die Hauptzitzen, wird also die natürliche Rangordnung durchbrochen, so muß ein Teil des Wurfes verhungern. Daher muß in dieser Situation jeder um den ihm gebührenden Platz in der Rangordnung kämpfen. Die Starken müssen sich von den Schwachen unterscheiden und deutlich distanzieren. Aber nur wenn jeder seine ganze Energie einsetzt, werden sich die wahren Kräfteverhältnisse herausstellen, wird die richtige Rangordnung ermittelt. Das dient dann dem Wohl aller.

Neun auf viertem Platz   Qian

Ein vortreffliches Ferkel. Glücklich für den Edlen. Ein kleiner Mann ist fehl am Platz.

Es geht hier um eine Stellung, die nur den Stärksten zusteht. Wer sie erreicht, ist ein gemachter Mann. Die Schwächeren müssen arme Schweine bleiben.

Die Logik des vorigen Spruches wird hier direkt fortgesetzt. *Ein vortreffliches Ferkel*, das den anderen, schwächeren überlegen ist, hat nun in dem ersten der zwei Vollmondplätze eine der beiden Hauptzitzen an der Mutterbrust erobert. Es ist das Vorbild für den *Edlen* im Gegensatz zum *kleinen Mann*, der hier *fehl am Platze* ist und abgedrängt wird. Urbildlich entspricht die Überlegenheit des großen und starken Schweinchens bzw. des Edlen natürlich der Größe des Vollmondes.

Neun auf fünftem Platz   **Qian**

Ferkel in Harmonie. Die Entscheidung ist glücklich.

Es ergibt sich eine sehr günstige partnerschaftliche Konstellation, mit der jeder zufrieden sein kann. Sie sollten sich für ihre Beibehaltung entscheiden.

Das mit *in Harmonie* wiedergegebene Zeichen *(jia)* hat die allgemeine Bedeutung *gut, schön, erfreulich, glücklich* und speziell *eine Frau heiraten*. In abgewandelter Schreibung bedeutet das selbe Wort ein Joch oder ein unter einem gemeinsamen Joch vereintes Gespann von zwei Pferden. Der urbildliche Grundgedanke hier ist die Paarung der rechtsseitigen und der linksseitigen Monde im Bild des Vollmondes, wie sie sich in den beiden Vollmondplätzen 4 und 5 darstellen (vgl. H17/5). Die zwei stärksten Ferkel haben nun diese beiden besten Plätze an der Mutterbrust besetzt. Daher: *Ferkel in Harmonie*. Mit dieser symmetrischen und harmonischen Besetzung ist die Platzfrage glücklich entschieden und kann in dieser Form beibehalten werden. Daher: *Die Entscheidung (= eine Festlegung) ist glücklich*.

Oben Neun   **Dui**

Fette Ferkel. Nichts, was nicht günstig wäre.

Sie haben zwar eine untergeordnete Rangstellung, aber in einer Gruppierung, die als Ganzes ausgezeichnet arbeitet. Dadurch kommen Sie wie alle anderen zu Ihrem Vorteil und können zufrieden sein.

Der Platz steht in paariger Entsprechung zu Platz 3. In dem dortigen Spruch werden beide zusammen als *Sklave und Sklavin* gekennzeichnet. Denn die Mondbilder *Sun* und *Dui* sind kleiner als die dicken Vollmonde auf den Plätzen 4 und 5. Sie repräsentieren die Nebenzitzen an der Mutterbrust und damit die in der Rangordnung niedrigeren Plätze, die für die schwächeren Tiere vorgesehen sind. Im Gegensatz zu Platz 3, wo der Konkurrenzkampf erst beginnt, ist er hier schon entschieden und die richtige Rangordnung hergestellt. Auf diese Weise können alle Ferkel, auch die schwächeren, satt und fett werden. Daher: *Fette Ferkel*. Der abschließende Satz: *Nichts, was nicht günstig wäre* hat so auch den konkreten Sinn: *keines ohne Nutzen*, oder: *allen zum Vorteil*.

大壯

34. Da zhuang /
Die Kraft des Grossen

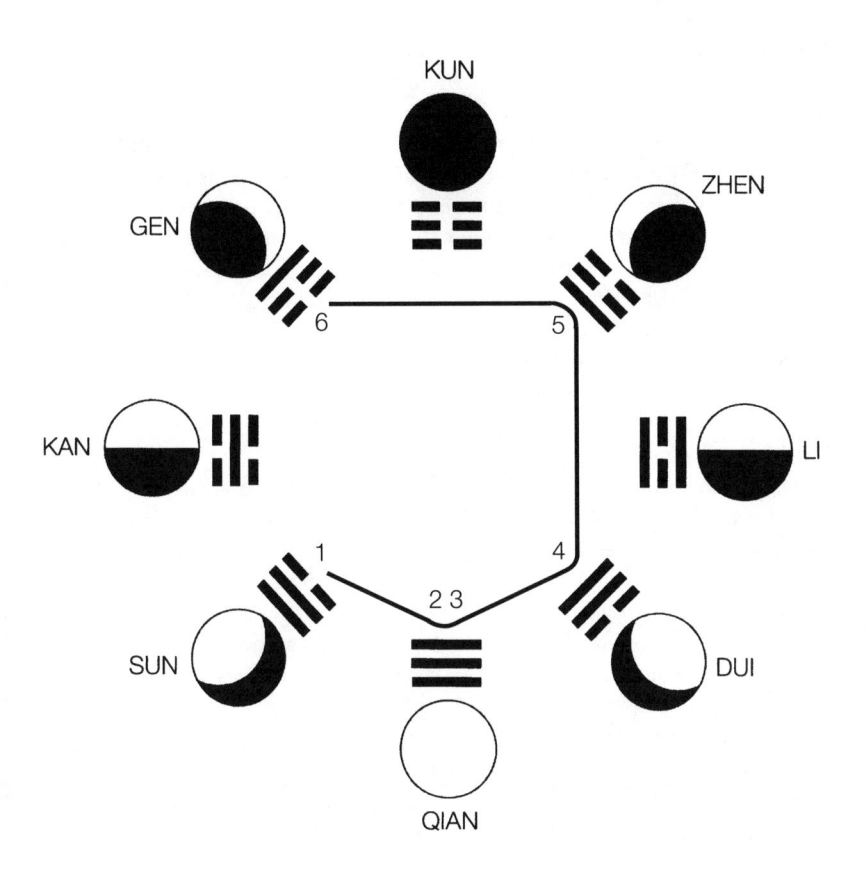

Partnerzeichen: H33.
Gegenzeichen: H20.
Parallelzeichen: H25, H26, H28, H33, H61.

Der Hauptspruch

Die Kraft des Großen. Günstig für eine Entscheidung.

In einer Zeit, wo Sie sich stark fühlen, besteht die Gefahr, daß Sie sich zu einseitig auf rohe Gewalt verlassen. Sie sollten nicht vergessen, daß die Lage sich ändern kann. Wahre Stärke besteht darin, auf jeden Fall vorbereitet zu sein.

Wie im Partnerzeichen H33 ergibt das Gesamtbild des Graphs die Umrisse des mit dem Bauch nach unten gerichteten Mondgefäßes, d. h. des Vollmondes in der Tiefe der Nacht-Erde. Dem entspricht der Schwerpunkt des Zeichens in dem doppelten Vollmond *Qian* auf den Plätzen 2 und 3. Im Gegensatz zu H33 klafft dabei nun aber hier auf der *linken* Seite des Umrißbildes die Schattenlücke zwischen den Plätzen 6 und 1. Dies bedeutet die Betonung der rechtsseitigen, der zunehmenden Bewegung, die dem *Rückzug* in H33 entspricht. Zugleich aber formuliert der Verlauf des Graphs im Rahmen des Mondplanes die umgekehrte, die abnehmende Richtung mit der Folge der Haupttrigramme vom Vollmond *Qian* zu dem gegen die Sonne anstürmenden Altmond *Zhen*, also die Bewegung des Angriffs. Die Spannung zwischen diesen zwei gegensinnigen Richtungen, die zugleich den beiden durch die Plätze 2 und 3 dargestellten Hälften des Vollmondes entsprechen, wird in dem Hexagramm als *die Kraft des Großen* thematisiert.

Das in den Linientexten vorherrschende Szenario ist das Bild eines Widders, der seinen Vollmond-Kopf (Plätze 2 und 3) mit den zwei Hörnern *Sun* und *Dui* zum Zustoßen senkt und gegen einen *Zaun* anrennt, der durch die Linie *Zhen – Gen* gebildet wird. Es ist der »Zaun« der Sonnenstrahlen, durch den das Bild des Schwarzmondes am Taghimmel abgeschirmt wird. Indem die zwei Hörner *Sun* und *Dui* auf den Zaun treffen, verwandeln sie sich in die kleinen Sichelmonde *Zhen* und *Gen*, weshalb sie *geschwächt* oder *mager* werden, wie es im Spruch zu Platz 3 heißt.

Der Hauptspruch besteht hier – und nur hier – allein aus der Formel: *Günstig für eine Entscheidung* (*li zhen*). Und nur hier erscheint auf Platz 2 auch die Formel *Entschiedenheit ist glückverheißend* (*zhen ji*) als ein selbständiger Spruch. Wir können das Hexagramm daher als die Definition des Begriffes *zhen* im Sinn von *Entscheidung* für oder *Festlegung* auf ein Ziel betrachten, wie es das Bild des Widders darstellt, der seine Hörner zum Zustoßen senkt und damit zugleich seine *Entschiedenheit* oder *Entschlossenheit* ausdrückt. Urbildlich entspricht diese Bewegung der rechten, der zunehmenden Hälfte des Mondes (Platz 2), mit der er sich zum Vollmond *verfestigt*. Und das ist zugleich die Phase, die das Umrißbild des Graphs darstellt und damit als die dominierende Tendenz des Hexagrammes ausweist. Die Stoßrichtung aber, auf die diese Entschlossenheit ausgerichtet ist, wird durch die Folge der Haupttrigramme von *Qian* nach *Zhen* als die abnehmende Bewegung auf die Sonne zu definiert.

Diese Stoßrichtung des Widders entspricht im Bild des Vollmondes der linken, abnehmenden Hälfte auf Platz 3, die dort als die einseitige Sicht des *kleinen Mannes* dargestellt wird. Der große Mann bzw. *der Edle* hingegen sieht zugleich die umgekehrte Richtung, die das rechtsseitige Umrißbild repräsentiert. Die Berücksichtigung beider Richtungen, d. h. beider Hälften des Vollmondes, macht eben seine Größe aus. Als Gegensatz zum einseitigen Zustoßen erscheint das Bild des *Fangnetzes*, das nicht nur ausgeworfen, sondern auch wieder eingeholt wird (Platz 3). Diesem Gleichgewicht der Gegensätze entspricht die paarige Symmetrie zwischen den Plätzen 1 und 4 sowie 2 und 3. Ihre Auslegung als Fangnetz bedeutet zugleich den komplementär ergänzenden Bezug auf die schmächtigen Mond-Hörner *Zhen* und *Gen*, so daß sie beim Ansturm auf den Sonnenzaun nicht zerbrechen können (Platz 4). Der Gedanke entspricht wiederum der optimalen Verteilung der Schweinchen an der Mutterbrust, die wir im vorigen Hexagramm kennengelernt haben.

Anfangs Neun   **Sun**

Kraft in den Füßen. Angriff bringt Unheil. Man macht einen Fang.

Anstatt Ihre Kraft voreilig verpuffen zu lassen, sollten Sie sich zügeln und konzentrieren. Dadurch gewinnen Sie einen Zuwachs an Stärke, durch den Sie doppelt gerüstet und nach allen Seiten abgesichert sind.

Die zwei *Füße* entsprechen in ihrer Symmetrie den zwei Mondbildern *Sun* und *Dui* links und rechts des Widderkopfes, die auf Platz 4 als die *Achsenklötze* eines Wagens erscheinen. Der *Angriff* geht vom Vollmond aus in Richtung Sonne. Das Mondbild *Sun* aber bewegt sich noch einen Schritt zurück in die Nacht, so daß *die Kraft in den Füßen* umschreibt, wie der Bock zuvor einen Anlauf nimmt oder sich zum Sprung zusammenkauert. Die Spannung wird dadurch sozusagen in den Füßen konzentriert. Für den Angriff selbst aber ist es noch zu früh, weshalb er negativ mit *Unheil* bewertet ist. Mit dem Schritt von *Sun* nach *Qian* jedoch wird diese Lücke um die linke Mondhälfte ergänzt, die am Ende des Spruches als der *Fang* oder der *Gefangene* ausgelegt ist, den die in die Nacht vordringende rechte Hälfte erbeutet.

Neun auf zweitem Platz   Qian
Entschiedenheit ist glückverheißend.
Ihre Lage erfordert es, einen festen Entschluß zu fassen.

Als erster der beiden *Qian*-Plätze steht der Spruch für die rechte Hälfte, die sich zuerst bildet, also für den Eintritt in die Vollmondphase. Damit wird die Ausgangsstellung für den Angriff eingenommen, was den *Entschluß* oder die *Entscheidung* für seine Durchführung bedeutet. Zugleich entspricht diese Bewegung der rechtsseitigen Grundtendenz des Umrißbildes. Daher: *Entschiedenheit* (= Festlegung, Entschlossenheit etc.) *ist glückverheißend.*

Neun auf drittem Platz   Qian
Der kleine Mann gebraucht Gewalt. Der Edle gebraucht ein Netz. Die Entscheidung ist gefahrvoll. Wenn der Schafbock gegen den Zaun rammt, stößt er sich die Hörner ab.

Gehen Sie nicht mit Gewalt in einer Richtung vor, sondern machen Sie sich die Gegenbewegung des Feindes zunutze. Dadurch vermindern Sie das Risiko einer Verletzung.

Als der zweite *Qian*-Platz repräsentiert der Spruch einerseits die linke Hälfte des Vollmondes, die als zweite hinzutritt. Diese bedeutet die abnehmende Richtung, die Richtung des Angriffs, und ist als *der kleine Mann* ausgelegt, der *Gewalt gebraucht*. Andererseits ist hier mit der Paarigkeit der beiden *Qian*-Plätze das Bild des Vollmondes im ganzen fertiggestellt, das *der Edle* versinnbildlicht. Dieser macht sich dementsprechend mit dem *Gebrauch des Netzes* nicht nur die abnehmende Richtung des Angriffs, sondern auch die zunehmende Gegenrichtung in Gestalt der rechten Hälfte zunutze: das Netz wird nicht nur ausgeworfen, sondern auch wieder eingeholt. Damit entspricht er zugleich der rechtsseitigen Grundtendenz des Umrißbildes. Der einseitige, gewaltsame und daher gefahrvolle Angriff des kleinen Mannes wird demgegenüber dargestellt durch den *Schafbock*, der *gegen den Zaun rammt* und sich dabei seine *Hörner abstößt*, wörtlich *schwächt* oder *dünn macht*, wie eben das abnehmende Mond-Horn im Anrennen gegen die Sonne immer mehr dahinschwindet. Die Struktur des Fangnetzes hingegen besteht, wie auch aus H30/1 hervorgeht, im gegenbildlichen Bezug von *Sun* auf *Zhen* und von *Dui* auf *Gen*, so daß damit die Schwäche der kleinen Mondhörner komplementär ausgeglichen wird. Diese symmetrische Struktur wird aber erst auf dem nächsten Platz fertiggestellt. Das Vorpreschen des Schafbocks bzw. des *kleinen Mannes* ist so gegenüber der abwartenden Haltung des *Edlen* zugleich als voreilig charakterisiert.

Neun auf viertem Platz   Dui

Entschiedenheit ist glückverheißend. Der Kummer vergeht. Der Zaun bricht auf, und es gibt keinen Verlust. Die Kraft beruht auf den Achsenklötzen eines großen Wagens.

Durch solide Vorbereitung gelingt es Ihnen, sich nach beiden Seiten abzusichern, so daß Sie ohne Gefahr zum großen Schlag ausholen können.

Wie im Partnerzeichen H33 steht *Dui* hier für die mit diesem Platz hergestellte Vollständigkeit des symmetrischen Vierergespanns mit den paarigen Plätzen 1 – 4 und 2 – 3. Die Symmetrie ist dargestellt durch das Bild eines *großen Wagens* mit seinen zwei runden Vollmond-Rädern (2 und 3), die links und rechts durch die beiden *Achsenklötze Sun* und *Dui* stabilisiert werden. Urbildlich *beruht die Kraft auf den Achsenklötzen*, weil *Sun* und *Dui* sich diametral auf die komplementären Mondbilder *Zhen* und *Gen* beziehen und dadurch deren Schattenfläche – den *Kummer* oder *die Sorge* – ausgleichen. Dies entspricht der Struktur des auf dem vorigen Platz erwähnten Fangnetzes. Die Linie *Zhen* – *Gen* aber markiert den *Zaun*, der mit dem Angriff des Widders *aufbricht* –, nun jedoch, kraft der ausgleichenden Wirkung der Achsenklötze, ohne seine Hörner zu beschädigen, d. h. ohne *Verlust* oder *Schwächung*. Dieses Schriftzeichen *(lei)* ist das gleiche, das im vorigen Spruch für das Abstoßen oder Abbrechen der Hörner steht.

Sechs auf fünftem Platz   Zhen
Man verliert ein Schaf in der Wandlung. Kein Kummer.

Ein Verlust bedeutet zugleich Erneuerung. Sorgen Sie sich nicht um den Schnee von gestern.

Das Schaf repräsentiert das hornförmige Mondbild *Zhen*, welches mit der Konjunktion im Schwarzmond verschwindet, um sich dann in den umgekehrten Neumond *Gen* zu *verwandeln*. Daher: *Man verliert ein Schaf in der*

Wandlung. Dies ist aber *kein Kummer*, weil durch den gegenbildlichen Bezug des Vollmondkomplexes mit den komplementären Mondbildern *Sun* und *Dui*, der dem *Fangnetz* des *Edlen* auf Platz 3 entspricht, die als *Kummer* ausgelegte Dunkelzone ausgeglichen wird. Man kann das Schriftzeichen *Wandlung* mit *Gao Heng* auch als einen Ortsnamen *Yi* auffassen, was an der urbildlichen Symbolbedeutung freilich nichts ändert.

Oben Sechs   Gen

Der Schafbock rammt den Zaun. Er kann weder vor noch zurück. Das ist zu nichts nütze. Wenn es schwierig wird, ist es ein Glück.

Sie haben sich in eine Sache verrannt und darin festgefahren. Aber wenn die Schwierigkeit am größten ist, zeigt sich bald auch wieder eine Lösung.

Der Spruch steht für das hier vervollständigte Hörnerpaar *Zhen* und *Gen*. Aber *Zhen* bewegt sich in der abnehmenden, *Gen* in der zunehmenden Richtung, so daß sie sich widerstreiten. Dies ist so ausgelegt, daß der Bock sich mit seinen Mond-Hörnern im *Zaun* der Sonnenstrahlen verfängt und blockiert wird. Daher: *Der Schafbock rammt den Zaun. Er kann weder vor noch zurück.* Warum aber *ist es ein Glück, wenn es schwierig wird?* Dieser Satz verdankt sich hier offenbar allein dem Umstand, daß das Schriftzeichen *schwierig (jian)* den Bestandteil *Gen* enthält, d. h. den Namen des Neumondtrigrammes, für das der Platz steht. Dies geht auch aus dem *Mawangdui*-Text hervor, wo von *schwierig* keine Rede ist, sondern es direkt heißt: *Wenn Gen, dann Glück.* Der Satz bedeutet also seinem urbildlichen Sinne nach: *Mit dem Neumond kommt das Glück.* Denn mit dem Erscheinen des Neumondes löst sich ja das Mond-Horn wieder heraus aus dem Sonnenzaun, in dem es sich verfangen hatte (vgl. die parallele Vorstellung in H33/2).

35. Jin / Das Vordringen

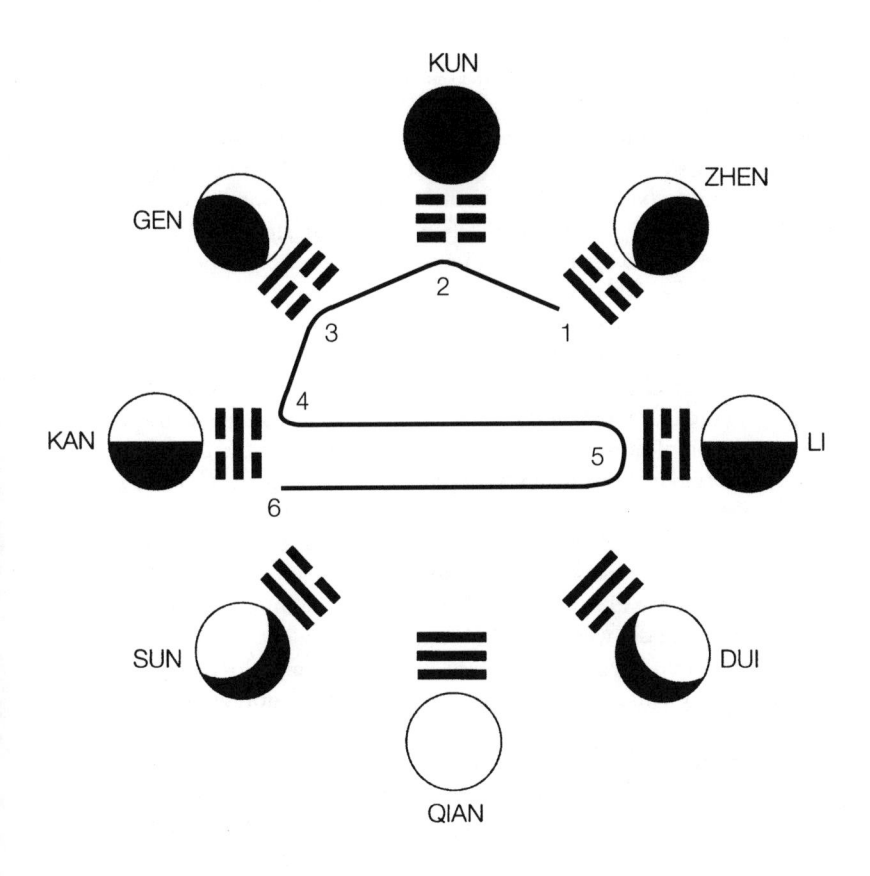

Partnerzeichen: H36.
Gegenzeichen: H5.
Parallelzeichen: H3, H4, H36, H39, H40.

Der Hauptspruch

Das Vordringen. Der Fürst von Kang gebrauchte dieses Orakelergebnis, um die ihm geschenkten Pferde zu vermehren. Im Licht des Tages ließ er sie sich dreimal paaren.

Stellen Sie Ihr Licht nicht unter den Scheffel. Machen Sie etwas aus Ihren Fähigkeiten. Ergreifen Sie die Initiative. Seien Sie produktiv.

Wie *Arthur Waley* erkannte, ist der Hexagrammname *JIN* mit den Bedeutungsaspekten *vordringen, hineinstecken, eindringen* etc. hier ursprünglich sexuell zu verstehen. Der Graph umfaßt im ersten Haupttrigramm die Schwarzmond-Höhle *Kun* zwischen den beiden Sichelmonden *Zhen* und *Gen*, die u. a. als Vulva zwischen den beiden Schenkeln oder Schamlippen ausgelegt wurde (vgl. H60/1/2). Und im zweiten Haupttrigramm bildet er mit den Verbindungslinien *Kan – Li – Kan* die Gestalt eines Phallus, dessen Spitze *Li* den Weg in die Konjunktion, d. h. das *Vordringen* oder *Eindringen* in die urbildliche Vulva darstellt.

Zugleich stellt die Folge der beiden Haupttrigramme damit den Weg vom Tal zum Berg, vom Schatten zum Licht, von der Nacht zum Tag dar. Demgemäß wird der Hexagrammname *JIN* hier traditionell im Sinn von *hervortreten* gedeutet. Dies entspricht dem Aufleuchten des Sonnenlichts, welches mit der Konjunktion scheinbar aus der Schwarzmond-Höhle *hervortritt* (vgl. Platz 2). So heißt es in dem antiken Lexikon *Shuowen: JIN heißt hervortreten. Wenn die Sonne aufgeht, treten alle Wesen hervor.* Dies suggeriert eher die Vorstellung einer *Geburt*. Andererseits ist die Idee des *Hervortretens* aber natürlich ebenfalls ein Ausdruck der männlichen Triebrichtung. Das Partnerzeichen H36 hingegen thematisiert in der umgekehrten Folge der Haupttrigramme die weibliche Richtung, mit der nicht der Sonnen-Phallus die Nacht-Höhle erleuchtet, sondern von dieser umschlossen und verhüllt wird. In den Linienspruchen ist die sexuelle Symbolik dort ausgeprägter (vgl. H36/2/4).

Im vorliegenden Fall bestimmt die Kombination der beiden Organe vor allem das Szenario des Hauptspruches. Da die zwei Mondsicheln *Zhen* und *Gen* rechts und links von der Schwarzmond-Höhle hufeisenförmig sind, ist darin auch die Assoziation einer *Pferde*-Vulva zwischen den beiden Hinterhufen einer Stute enthalten. Im Parallelzeichen H3, wo wir ebenfalls eine

Pferde-Symbolik haben, bringen die Lehensfürsten dem Sonnenkönig mit Pferdegespannen ihren Tribut. Hier sind es im Hauptspruch die Pferde selbst, die ihm in Gestalt der abnehmenden Mondsicheln *geschenkt* oder *dargebracht* werden. Der Sonnenkönig aber erscheint als *der Fürst von Kang*, der hier die Auslegung des Schwarzmondes ist, welcher ja den Sonnenort markiert. Das Schriftzeichen *kang* hat nämlich die konkrete Bedeutung *leere Schote*: Der Schwarzmond, das Mondgefäß im Leerzustand, ist die *leere Schote*, aus der die Mond-Erbsen herausgefallen sind. Zugleich bedeutet das Schriftzeichen *Stärke, auf der Höhe sein, sich freuen* etc., wie es dem Konjunktionsort als Höhepunkt des Mondzyklus entspricht. Der *Fürst von Kang* repräsentiert also selbst den Ort, wo die Vulva und der Phallus seiner Pferde sich treffen. In der Konjunktion aber fällt die Tagesbahn des Mondes mit der Sonnenbahn zusammen, d. h. mit dem *Licht des Tages*, und zwar *drei* Tage lang. Daher: *Der Fürst von Kang gebrauchte (dieses Orakelergebnis), um die ihm geschenkten Pferde zu vermehren. Im Licht des Tages ließ er sie sich dreimal paaren.* Das heißt zugleich, daß wir es hier – im Gegensatz zum Partnerzeichen H36 – mit dem Sonnen- oder Tagesaspekt der Konjunktion zu tun haben.

Historisch war der *Fürst von Kang* ein jüngerer Bruder des *Zhou*-Königs *Wu*, der mit einem Fürstentum namens *Kang* belehnt wurde. Das ist aber kein Widerspruch zum urbildlichen Sinn des Spruches, sondern nur ein Beispiel dafür, daß man in diesem archaischen Königtum auch die Geographie des Reiches nach dem Vorbild der Himmelsordnung aufgliederte.

Der politische Sinn des Hexagrammes geht dahin, daß dem Fürsten von *Kang* als Stellvertreter des Sonnenkönigs eine Würde verliehen wird (Platz 2), mit der er den Wohlstand des Reiches vermehrt (Hauptspruch) und die Loyalität des Volkes bewirkt (Platz 3). Auf Platz 6 wird jedoch anscheinend auch vor einem Umsturzversuch, einem Mißbrauch seiner Macht gewarnt.

Anfangs Sechs   Zhen

Wie ein Vordringen, wie ein Zerbrechen. Entschiedenheit ist glückverheißend. Die im Netz gefangene Beute wird reich sein. Kein Schaden.

Ihr Einsatz scheint verloren. Aber der Verlust wird in anderer Form durch einen reichen Gewinn ausgeglichen.

Der Spruch steht für den Altmond *Zhen*, der in die Schwarzmond-Höhle *Kun* vordringt und dabei dahinschwindet, d. h. scheinbar *zerbricht* oder zerstört wird. An seine Stelle aber tritt die strahlende Sonne, welche nun in dem hier wieder als *Fangnetz* ausgelegten Schattenloch zappelt (vgl. H30/2; H36/4). Und das bedeutet natürlich zugleich die Verneinung des *Schadens* (= Schattens). Das mit *reich* wiedergegebene Wort *(yu)* wird mit dem Kennzeichen *Kleid* geschrieben und bezeichnet insbesondere eine glanzvolle Erscheinung. Der Gedanke wird im nächsten Spruch auf Platz 2 folgerichtig fortgeführt.

Sechs auf zweitem Platz   Kun

Wie ein Vordringen, wie ein Trauern. Entschiedenheit ist glückverheißend. Er empfängt hier großes Glück von seiner königlichen Mutter.

Ein Verlust wird großzügig ersetzt. Sie können eine bedeutende Schlüsselstellung einnehmen. Diese wird Ihnen von einer einflußreichen weiblichen Person angeboten.

Der Beginn des Spruches wiederholt das Leitmotiv des *Vordringens* in die Schwarzmond-Höhle vom vorigen Platz, wobei aber nun im Zeichen *Kun* um den schon verschwundenen Altmond *getrauert* wird. Der Schwarzmond selbst, die als Vulva ausgelegte Öffnung des Mond-Gefäßes, ist *seine königliche Mutter*, nämlich die Mutter des Sonnen-Königs. Denn man sah den Mond – in Gestalt der Göttin *Xihe* – auch als die Mutter der Sonne, die diese, ihren königlichen Sohn, allmonatlich aufs neue aus ihrem Schwarzmond-Schoß heraus gebiert. Zugleich erscheint das Sonnenlicht als *das große Glück*, das er, nämlich der *Fürst von Kang*, hier im Konjunktionsort aus dem Schoß der Mutter *empfängt*. Das mit *groß* wiedergegebene Zeichen *(jie)* bedeutet auch *dazwischen(stellen)* und weist so zugleich auf die Stellung der Schwarzmond-Sonne *zwischen* den beiden Mond-Schenkeln *Zhen* und *Gen* hin (vgl. H16/2).

Sechs auf drittem Platz   Gen

Alle haben Vertrauen. Der Kummer vergeht.

Eine Vereinbarung erweist sich als tragfähig. Unter ihrem Vorzeichen formiert sich eine Gemeinschaft, in der jeder auf seinem Platz in Loyalität zum ganzen handelt.

Der aus der Konjunktion heraustretende Neumond *Gen* hat das Licht der Sonne empfangen. Die archaische Form des Schriftzeichens *alle* stellt drei Menschen unter einer Sonne oder unter einem Auge dar. Die Zahl Drei entspricht den drei Konjunktionstagen bzw. der mit diesem Platz vollendeten Dreizahl der Mondbilder *Zhen, Kun* und *Gen,* die den Konjunktionskomplex und damit die loyale Einigkeit mit dem Sonnenkönig repräsentieren. Auch befindet sich der Neumond auf dem zunehmenden Weg, so daß die als *Kummer* ausgelegte Schattenseite immer mehr verschwindet.

Neun auf viertem Platz   Kan

Vordringen wie eine Felsenratte. Die Entscheidung ist gefahrvoll.

Wagen Sie sich nicht zu weit vor. Es droht Gefahr.

Der deutsche Ausdruck *Felsenratte* ist eine wörtliche Nachbildung. Das chinesische Schriftzeichen hat die Bestandteile *Stein* und *Ratte.* Manche sagen daher, es handle sich um ein Murmeltier. Andere deuten das Tier als die Maulwurfsgrille. Vom Original her aber drängt sich allein der Gedanke auf, daß es sich um ein rattenartiges Tier handelt, das besonders mit Steinen oder Felsen zu tun hat. Das Murmeltier scheint mir dafür nicht ungeeignet, da es auf steinigem Gelände in Höhlen unter der Erde wohnt. Mit der Bewegung *Kun – Gen – Kan* hat sich die Mond-Ratte vorsichtig aus ihrem Schwarzmond-Loch herausgewagt, welches zwischen den beiden Felsen *Zhen* und *Gen* liegt (vgl. H16/2). Aber mit dem folgenden Schritt *Kan – Li* verschwindet sie blitzartig wieder darin, – ihr charakteristisches Verhalten bei *Gefahr* (vgl. H5/4/6).

Sechs auf fünftem Platz   Li

Der Kummer vergeht. Sorge dich nicht, wenn du das Gewonnene verlierst. Hingehen bringt Glück. Nichts, was nicht günstig wäre.

Sie sind auf dem richtigen Weg, den Sie ohne Rücksicht auf Verluste weitergehen sollten.

Der Spruch steht im Zeichen *Li* für den Weg in die Konjunktion, bei dem mit dem Abnehmen *das Gewonnene,* nämlich der Lichtmond *Kan* auf dem vorigen Platz, *verloren* geht. Auch das *Hingehen* bedeutet diese Bewegungsrichtung, mit welcher der durch die Verbindungslinien *Kan – Li – Kan* gebildete Phallus auf die Schwarzmond-Vulva zustrebt. Und der dabei immer größer werdende Mondschatten ist *der Kummer,* der aber im Augenblick der Konjunktion *vergeht,* weil die strahlende Sonne an seine Stelle tritt. Daher: *Der Kummer vergeht. Sorge dich nicht, wenn du das Gewonnene verlierst. Hingehen bringt Glück.*

Oben Neun   Kan

Man läßt seine Hörner vordringen. Es bedeutet die Gefahr, daß man es zum Angriff auf die Stadt gebraucht. Wenn man Glück hat, ist es kein Schaden. Die Entscheidung bringt Schwierigkeiten.

Ehe Sie zur Waffe greifen, sollten Sie sich überlegen, ob Sie sich den Konflikt mit einem so mächtigen Gegner leisten können. Die Sache ist jedenfalls riskant.

Die beiden *Kan*-Plätze 4 und 6 entsprechen der rechten und der linken Mondhälfte, die als *Hörner* in der Leitrichtung des zentralen Zeichens *Li* auf die Konjunktion *vordringen*. Insbesondere das linke Horn, für das der Platz steht, zeigt diese Stoßrichtung an (vgl. H34/3), nämlich die Richtung auf die Sonnenstadt, das Machtzentrum des Himmelreiches: *Es bedeutet die Gefahr, daß man es zum Angriff auf die Stadt gebraucht.* Dies ist eine Überleitung zu dem nachfolgenden Partnerzeichen H36, wo der Weg in die Finsternis führt. Aber es muß nicht so sein: *Wenn man Glück hat, ist es kein Schaden.* Die Formel *kein Schaden* verbindet den Spruch mit dem (hornförmigen) Altmond von Platz 1, wo stattdessen *reiche Beute* verheißen wird.

36. Ming Yi /
Das Verschliessen des Lichts
(Das Lichtgefäss)

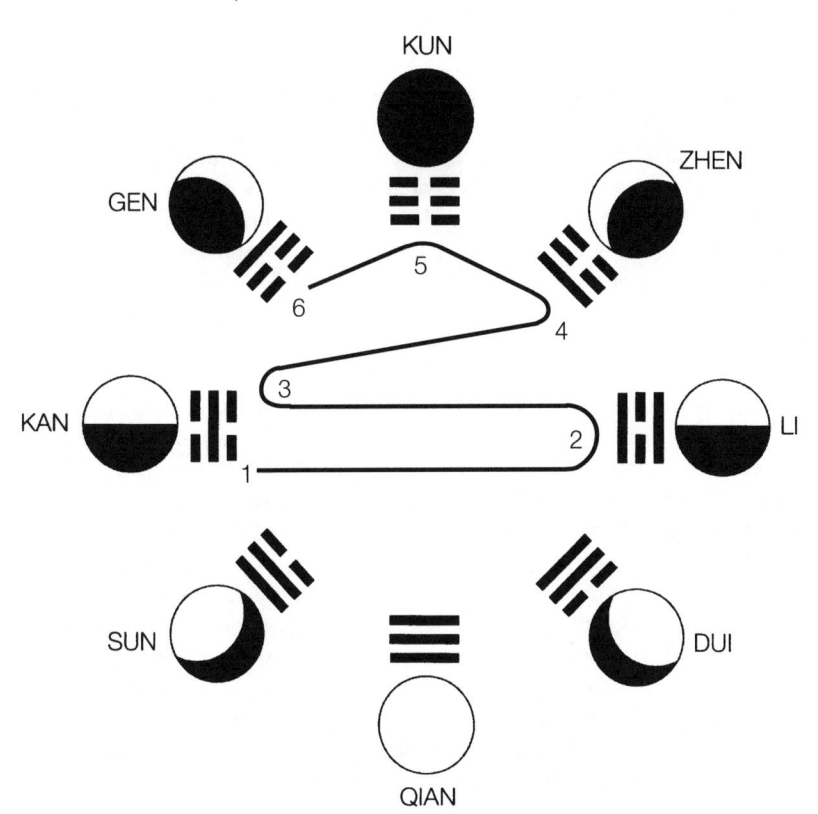

Partnerzeichen: H35.
Gegenzeichen: H6.
Parallelzeichen: H3, H4, H35, H39, H40.

Der Hauptspruch

Das Verschließen des Lichts. Günstig als Entscheidung in schwieriger Lage.

Mit der herrschenden Gewalt ist nicht gut Kirschen essen. Stellen Sie Ihr Licht unter den Scheffel, damit es nicht mißbraucht werden kann. Das bedeutet Verzicht auf Einfluß und Ansehen. Aber es ist besser, als von einer verbrecherischen Macht zu profitieren und schließlich mit ihr unterzugehen.

Der Graph bildet im ersten Haupttrigramm mit den Verbindungslinien *Kan – Li – Kan* die Gestalt eines Phallus und umfaßt mit dem zweiten die Schwarzmond-Höhle *Kun* zwischen den beiden Sichelmonden *Zhen* und *Gen*, die unter anderem auch als Vulva zwischen den beiden Schenkeln oder Schamlippen ausgelegt wurde (vgl. H60/1/2). Das Hexagramm thematisiert damit in Umkehrung des Partnerzeichens H35 die weibliche Triebrichtung, mit der nicht der Sonnen-Phallus die Nacht-Höhle erleuchtet, sondern von dieser eingeschlossen oder verhüllt wird: *das Verschließen des Lichts*. Es stellt den Weg vom Berg zum Tal, vom Licht zum Schatten, vom Tag zur Nacht dar.

Das Schriftzeichen *yi* in dem Hexagrammnamen *MING YI* bedeutet jedoch nicht nur *verschließen* oder *einschließen*. Der Wortsinn umfaßt auch Übersetzungsmöglichkeiten wie *die Zerstörung, die Verwundung, die Regulierung, die Befriedung, das Zurruhebringen, die Verteilung* oder *die Einrichtung des Lichts*. Die archaische Form des Zeichens stellt einen senkrechten Pfeil dar, der eine Gestalt von der Art des *Yin-Yang*-Symbols durchdringt, d. h. Tag und Nacht miteinander verbindet 夷. Auch erscheint es im Namen des Schützengottes *Yiyi* (= *Houyi*), der mit seinem Mond-Pfeil die Sonne abschießt und so dafür sorgt, daß nicht ewig Tag ist. In einer anderen Schreibung aber bedeutet das gleiche Wort *yi* das *Weltgefäß*, das die Scheidung des Tages (Außenseite) von der Nacht (Innenseite) und damit die elementare Weltordnung oder das fundamentale *Gesetz der Natur* darstellt: *das Gefäß des Lichts*. Im *Buch der Dokumente (Shangshu)* wird ein gewisser *Jizi* als der weise Fachmann für dieses Gesetz befragt. Und eben dieser begegnet uns hier in dem Spruch zu Platz 5. Sein Mythos liefert uns den Schlüssel zum Verständnis der hier gemeinten Vorstellung.

Der Name *Jizi* bedeutet wörtlich *Meister Sieb*. Das Mondgefäß ist mit ihm als ein korbförmig zu denkendes Getreidesieb ausgelegt. Es ist das Sieb, mit dem die Spreu (die gelben Sonnenstrahlen in der oberen Tagwelt) vom Weizen (den Sternenkörnern in der Nacht-Erde) getrennt wird. Die Erscheinung der Sterne entsteht, weil die Sonne bei Nacht von diesem riesigen Sieb mit seinen Tausenden von kleinen Löchern verdeckt wird. Jenseits des Siebes, d. h. des Nachthimmels, ist es nämlich Tag. Ebenso aber ist hinter der Sonne, auf der Oberseite des Taghimmels, die Nacht. Allmonatlich kann man in Form der Konjunktion von Sonne und Mond aus weiter Ferne sehen, wie sich die dunkle Innenseite des Mond-Siebes hinter die Sonne schiebt und dadurch auf ihrer Rückseite die Nacht mit ihren unzähligen Lichtpunkten am Himmel erzeugt. Darum ist in der Konjunktionsstellung die Nacht am dunkelsten und die Sterne leuchten am hellsten. Und darum heißt es im Xiang-Kommentar zu diesem Hexagramm: *Das Licht dringt ins Innere der Erde ein: das Verschließen des Lichts. So kontrolliert der Edle die Massen* (= die Sterne). *Er läßt (sie) durch den Gebrauch der Dunkelheit (er)leuchten.* Das hier mit *Dunkelheit* wiedergegebene Schriftzeichen *(hui)* hat auch die konkrete Bedeutung *letzter Tag des Monats*.

Es handelt sich also nicht nur um eine *Verfinsterung (Wilhelm)*, sondern zugleich um *Licht*, das *durch den Gebrauch der Dunkelheit* leuchtet, und in einer Vielzahl, nämlich als *Masse* erscheint. Das himmlische Urbild dieser massenhaften Lichterscheinung aber sind natürlich die Sterne. Im sexuellen Szenario entspricht sie der Ausstreuung des Samens.

In der Personifizierung verkleidet der Mythos das Mond-Sieb *Jizi* als den Großmeister *(taishi)* des bösen Königs *Zhou Xin*, der für die Sonne steht. Als dieser nicht auf seinen Rat hören wollte, *zerraufte er sich die Haare und gab vor, verrückt zu sein*. Er lebte dann als Sklave und wurde vom König eingekerkert. All das sind Symbole des dahinschwindenden Mondes: Wenn ein Chinese sich seine schwarzen Haare zerrauft, fallen sie ihm ins Gesicht und verdecken die helle Haut. Mit dem Mondschein verschwindet das Licht des Geistes, so daß er geistig »umnachtet« scheint. Zugleich ist die Nacht, in der er nicht mehr zu sehen ist, als der *Kerker* des Sonnenkönigs gedeutet, wo er sich nur noch in Gesellschaft der Sklaven bzw. der einfachen Volksmassen, d. h. der Sterne befindet. Mit dem Motiv der Einkerkerung entspricht das Hexagramm zugleich seiner Rolle als Gegenzeichen zu H6 *Das Gericht* (vgl. Platz 1).

Eben dies ist auch die urbildliche Bedeutung des lapidaren Hauptspruches: *Günstig für eine Entscheidung in schwieriger Lage.* Das mit *schwierige Lage* wiedergegebene Zeichen stellt ursprünglich eine mondköpfige Menschengestalt mit gebundenen Händen neben einer Trommel dar, d. h. einen Gefangenen, *der nicht trommeln kann*. Wir haben die Trommel schon als Symbol des

Vollmondes kennengelernt (vgl. H29/3), wobei das Zunehmen und Abnehmen (das anfängliche Hin- und Herspringen des Graphs zwischen *Kan* und *Li*) die Bewegung der schlagenden Hände darstellt. In der Konjunktion sind die »Hände« dann verschwunden bzw. gebunden. In einer Version des archaischen Zeichens ist die Gestalt auch noch über ein *Feuer* gesetzt, um die Konjunktionsstellung mit der Sonne zu verdeutlichen.

Der *Tuan*-Kommentar erklärt das Verhalten des *Jizi* in dieser mißlichen Lage sozusagen als innere Emigration: *Günstig für eine Entscheidung in schwieriger Lage bedeutet: Man verdunkelt sein Licht. Indem man die Schwierigkeit verinnerlicht, kann man seinen Willen richtigstellen. So hat es Jizi gemacht.* Dabei ist das mit *richtigstellen* wiedergegebene Zeichen in seiner graphischen Gestalt ursprünglich wiederum ein Symbol der Konjunktionsstellung.

Der Hexagrammname *MING YI* erscheint in den Liniensprüchen auch als ein belebtes Wesen, das mit *Flügeln fliegt* (Platz 1) sowie *Schenkel* (Platz 2) und *ein Herz* hat (Platz 4). Es handelt sich offenbar um eine mythische Gestalt, in welcher der Mond-Schütze *Yiyi* und das Mond-Sieb *Jizi* miteinander verwoben sind, eine in diesem Hexagramm dargestellte Personifizierung des Mondes unter den erläuterten Aspekten, die auf den Namen *MINGYI »Lichtgefäß«* hört.

Anfangs Neun   **Kan**

Lichtgefäß im Fluge. Er senkt seine Schwingen. Der Edle ist auf Wanderschaft. Drei Tage lang ißt er nichts. Wenn man sich wo hinbegeben muß, hat der Hausherr das Wort.

Ein scheinbarer Rückzug bringt Sie in Wahrheit voran. Befristete Entbehrungen sind unvermeidlich. Sie können sich nicht frei bewegen, sondern sind von einem Mächtigeren abhängig.

Der Hexagrammname *MING YI* ist hier offenbar als der Name eines fliegenden Wesens aufgefaßt. *Gao Heng* glaubt daher, es handle sich um einen Vogel, und deutet den ganzen Ausdruck als eine Fehlschreibung für *der rufende Fasan (ming zhi)*. Daß eine mythologische Personifizierung des Mondes mit Flügeln ausgestattet wurde, ist indessen nichts Ungewöhnliches. Man denke nur an den griechischen Gott Hermes. Der Körper des fliegenden Wesens ist das zur Sonne aufsteigende Mondbild *Li* auf Platz 2. Es markiert mit seiner zentralen Schattenlinie die Mitte zwischen den zwei Mondhälften auf den Plätzen 1 und 3, die im Zeichen *Kan* die Gegenrichtung in die Nacht hinunter anzeigen (vgl. H29/5) und als seine beiden *Schwingen* ausgelegt sind. Der

Abschwung der Flügel erzeugt im Flugrhythmus eines Vogels den Aufschwung. Daher: *Lichtgefäß im Fluge. Er senkt seine Schwingen.* Zugleich ist der Spruch aber eine Zusammenschau des ganzen Zeichens. Im zweiten Teil wird der Flug des *Lichtgefäßes* als *Wanderschaft des Edlen* ausgelegt. Sein Weg führt ihn in die Konjunktionsphase *Kun*, wo der (auf Platz 4 erwähnte) Mond-Bauch *drei Tage lang* leer bleibt. Daher: *Drei Tage lang ißt er nichts.* Den letzten Teil des Spruches schließlich können wir als eine direkte Anspielung auf den Mythos von *Jizi* verstehen: Da dieser im Kerker des Sonnenkönigs gefangen ist, kann er nicht selbst bestimmen, wohin er geht. Wie wir im Gegenzeichen H6 gesehen haben, ist *das Wort* die Zickzackbewegung des Graphs zwischen der linken und der rechten Seite des Mondplanes (Abb. 20, S. 117). Hier bleibt diese Bewegung ganz auf der Tagseite des Himmels, wo der Sonnenkönig als *Hausherr* das Sagen hat. Daher: *Wenn man sich wo hinbegeben muß, hat der Hausherr das Wort.* In H6/1 hingegen heißt es: *Die Kleinen haben das Wort.* Dort verläuft die gleiche Zickzackbewegung ganz im Bereich des Nachthimmels. *Die Kleinen* sind natürlich die Sterne.

Sechs auf zweitem Platz   Li

Lichtgefäß wird am linken Schenkel verwundet. Die Kraft eines verschnittenen Pferdes zu gebrauchen ist glückverheißend.

Durch eine Verletzung oder einen Schadensfall werden Sie auf Ihrem Weg behindert. Die Anspannung aller Kräfte und der Verzicht auf persönliche Wünsche aber wird Sie in die Lage versetzen, ihn weiterzugehen.

Im Gegensatz zum vorigen Spruch sind die beiden Mondhälften hier nicht mehr als *Flügel*, sondern als *Schenkel* ausgelegt. Da der Halbmond *Li* auf seinem Weg in die Konjunktion *linksseitig* ist, wird seine Schmälerung beim Abnehmen als Verwundung am *linken Schenkel* ausgelegt. Das Motiv der Linksseitigkeit kehrt noch einmal wieder mit dem *linken Bauch* auf Platz 4. Mit dem zweiten Satz des Spruches werden die Schenkel sodann zu zwei Pferdehufen. Auf dem Weg in die Konjunktion klafft die Schattenlücke zwischen den als Pferdehufe ausgelegten Mondhälften immer weiter auf, und dieses Aufklaffen der Lücke zwischen den Hufen (*Kun* zwischen *Zhen* und *Gen*), die der mittlere Strich des Trigramms *Li* darstellt, wird als das Fehlen des Geschlechtsteils ausgelegt. Daher: *Die Kraft eines verschnittenen Pferdes zu gebrauchen ist glückverheißend.* Das Bild des kastrierten Pferdes ist ein Symbol des Triebverzichts, des geduldigen Ertragens und der Bescheidenheit, wie es zum Verhalten des *Jizi* auf Platz 5 gehört (vgl. H59/1/6).

Neun auf drittem Platz   **Kan**

Lichtgefäß auf der Jagd im Süden. Er bekommt sein großes Haupt. Eine Entscheidung, nach der man sich nicht drängen sollte.

Es wird Ihnen eine bedeutende Stellung angeboten, die Ihnen zu Macht und Ansehen verhelfen würde. Aber Sie würden dadurch ein untergehendes Reich unterstützen. Halten Sie sich lieber zurück, bis die Zeit reif für einen Neuanfang ist.

Dieser Platz kennzeichnet die Abwärtsbewegung des zweiten Flügels (vgl. Platz 1). *Kun* ist der Norden, der Sitz des Herrschers, dessen Blick nach Süden gerichtet ist, also auf den Vollmond *Qian*. In diese Richtung bewegt sich *Lichtgefäß* in Gestalt des zunehmenden Halbmondes *Kan*, der als Vollmond *sein großes Haupt bekommt*. Auch die *Jagd* wird hier jahreszeitlich als *Winterjagd* definiert, was wiederum der Schnee – und Eissymbolik des Vollmondes entspricht (vgl. H2/1; H11/2). Im Hinblick auf das Kastrationsmotiv auf Platz 2 gewinnt *das große Haupt* als Gegenbild einen sexuellen Sinn. Unter dem Aspekt der Jagd aber kann der Satz auch bedeuten: *Er erbeutet ihr großes Oberhaupt*, d. h. *ihr großes Leittier*, wenn man von einer Tierherde ausgeht. Politisch gesehen folgt er damit dem Befehl des Sonnenkönigs, der ihn in das Jagdgebiet des Nachthimmels schickt (vgl. die *Kan*-Plätze H7/2 und H8/5). Er nimmt auf diese Weise eine bedeutende Stellung ein und läßt sein Licht weithin leuchten. Eben dies aber widerspricht dem Sinn des ganzen Zeichens, das auf Streik und Verweigerung gegenüber der Staatsmacht ausgerichtet ist. Der Abschwung der Flügel nach *Qian* ist nicht die eigentliche Zielrichtung, sondern der Auftrieb des Vogels nach *Kun*. Daher: *Eine Entscheidung, nach der man sich nicht drängen sollte.*

Sechs auf viertem Platz   **Zhen**

Er dringt ein in den linken Bauch. Man erbeutet das Herz von Lichtgefäß beim Heraustreten aus dem Torhof.

Auf dem Höhepunkt eines grandiosen Aufschwungs müssen Sie schmerzlich erfahren, daß die Bäume nicht in den Himmel wachsen.

Die Mondbilder *Gen* und *Zhen* sehen wir hier zunächst als zwei *Bäuche*, die nach rechts *(Gen)* und nach links *(Zhen)* gerichtet sind. Daher wird das fortschreitende Verschwinden des *linksseitigen* Altmondes *Zhen* in der hohlen Schattenfläche als *Eindringen in den linken Bauch* gedeutet – die Fortsetzung des *linken Schenkels* von Platz 2. Im zweiten Teil des Spruches bilden *Zhen* und *Gen* dann als die beiden Türflügel des Himmelstores *Kun* den *Torhof*, aus dem in der Konjunktion die aufgehende Sonne *heraustritt*, als käme sie aus dem Inneren des gleichzeitig verschwindenden Mondgefäßes (vgl. H60/1/2). Das Sonnenlicht ist der Inhalt des Gefäßes, sein *Herz*, sein *Innerstes* oder sein *Zentrum*, das inmitten der Schwarzmond-Vulva ausgeschüttet und damit von ihr *erbeutet* wird (vgl. H30/6; H35/1). Die Idee entspricht dem Kastrationsmotiv von Platz 2.

Sechs auf fünftem Platz   Kun

Das Verschließen des Lichts durch Jizi. Eine günstige Entscheidung.

Die schwierigen Verhältnisse zwingen Sie zur Beschränkung auf das Wesentliche. Durch den Verzicht auf äußeren Glanz und Einfluß ist es Ihnen wenigstens möglich, eine minimale Grundlage zu bewahren, von der ein neuer Anfang ausgehen kann.

Der Eintritt des Mondes in die Konjunktion bedeutet einerseits seine Verwandlung in die Sonne. Dieser Aspekt wurde im vorigen Spruch formuliert. Auf der anderen Seite bedeutet er die mondlose Dunkelheit der Nacht. Diesen Aspekt stellt der folgende Spruch auf Platz 6 dar. Hier, in der Mitte zwischen beiden, auf dem zentralen Platz *Kun*, findet die Vermittlung und Unterscheidung zwischen beiden Aspekten statt: indem der legendäre Großmeister *Jizi* (= *Meister Sieb*) sein himmlisches Getreidesieb in der Konjunktion hinter die Sonne schiebt und sie damit umschließt, erzeugt er auf der anderen Seite, jenseits ihres Lichtschirms, das Bild des mondlosen Nachthimmels mit seinen unzähligen Lichtpunkten, welche die Masse des unterdrückten Volkes im Kerker des Sonnenkönigs darstellen, zu der sich *Jizi* gesellt. Damit distanziert er sich von dem ruchlosen Herrscher, sichert und festigt aber zugleich mit der Scheidung von Tag und Nacht die minimale Grundordnung der Welt, die *das Gefäß des Lichts* oder das *Gesetz des Lichts* bedeutet. Daher heißt es am Ende des Spruches: *Günstig für eine Festlegung.*

Oben Sechs   **Gen**

Er erleuchtet die Dunkelheit nicht. Zuerst steigt er zum Himmel empor. Danach dringt er in die Erde ein.

Als Folge eines Umsturzes entsteht ein finsteres Chaos, das aber wenigstens die Möglichkeit eines Neuanfangs enthält.

Mit dem Spruch wird das Geschehen auf den letzten drei Plätzen zusammengefaßt. Der Altmond *Zhen* auf Platz 4 erscheint morgens und symbolisiert daher den Sonnenaspekt der Konjunktion: *Zuerst steigt er zum Himmel empor*, d. h. zum Sonnenort hinauf. Der Neumond *Gen* erscheint abends, um gleich wieder unterzugehen, und symbolisiert damit den Nachtaspekt der Konjunktion: *Danach dringt er in die Erde ein*. Beide Sätze sind Aspekte des Schwarzmondes *Kun* in der Mitte: *Er erleuchtet die Dunkelheit nicht*. Im *Mawangdui*-Text steht hier stattdessen: *Er erleuchtet das Meer nicht*. Auch darin erkennen wir wiederum ein Bild des als Sternenozean ausgelegten Nachthimmels. Gleichwohl bedeutet der Neumond die Möglichkeit eines Neuanfangs.

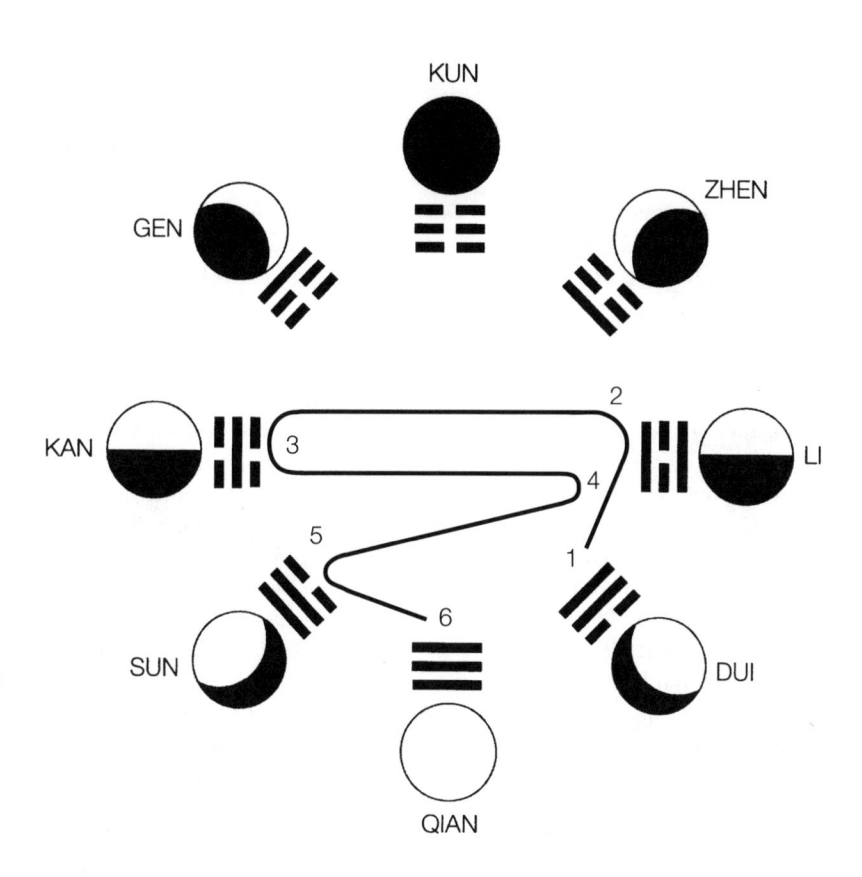

37. JIA REN / DIE FAMILIE

Partnerzeichen: H38.
Gegenzeichen: H40.
Parallelzeichen: H5, H6, H38, H49, H50.

Der Hauptspruch

Die Familie. Günstig als Entscheidung für eine Frau.

Ein Konflikt stört die Harmonie Ihrer Familie. Höhere Interessen stehen gegen elementare Gefühle. Jeder muß versuchen, die ihm entsprechende Rolle in Eintracht mit den anderen zu finden.

Der Graph suggeriert die Gestalt des Schriftzeichens *Frau, Mädchen (nü)*, das in seiner archaischen Form einen knienden Menschenkörper ohne Kopf mit überdimensionaler Brust darstellt ⪽. Die Brust entspricht der durch die Verbindungslinien *Li – Kan – Li* gebildeten Figur, der kniende Körper der Linie *Dui – Li – Sun – Qian*. Dies erklärt zunächst den lapidaren Hauptspruch: *Günstig als Entscheidung für eine Frau.*

Der Hexagrammname bedeutet wörtlich *die Menschen des Hauses.* Das Zeichen *Haus (jia)* hat aber auch den verbalen Sinn *eine Familie gründen*, was uns zu der Deutung *Menschen, die eine Familie gründen* führt, mithin also *die Gatten.* Daß *die Entscheidung günstig für eine Frau* ist, legt sogar die Einzahl *der Gatte* oder *der Familienvater* nahe. In den Sprüchen erscheint der Ausdruck nur auf Platz 3, wo er im Gegensatz zu *Frau und Kind* steht, was eben auf diesen Sinn hinweist. Außerdem bedeutet er so viel wie *einfache Leute*: *der Familienvater* repräsentiert *die einfachen Leute aus dem Volk.*

Wenn man diese beiden Motive – die Frau mit der Mutterbrust und die einfachen Leute bzw. der Familienvater – in Beziehung zu den Liniensprüchen setzt, führen sie auf die Spur einer alten Legende: *Kong Jia*, ein Herrscher der *Xia*-Dynastie, wurde auf der Jagd von schlechtem Wetter überrascht und nahm Zuflucht in einem Haus bei einfachen Leuten, wo gerade ein Kind zur Welt gekommen war. Jemand sagt, das Erscheinen des Königs werde dem Kind sicher Glück bringen. Ein anderer meint aber, es werde diesem Glück nicht gewachsen sein und Unglück erleiden. Der König nahm daraufhin das Kind mit nach Hause und sprach: *Ich betrachte es als meinen eigenen Sohn. Wer wird es dann wagen, ihm Unglück zuzufügen?* Als der Knabe erwachsen war, schlug er sich jedoch durch ein Mißgeschick mit der Axt selbst einen Fuß ab und endete als Türhüter. *Kong Jia* dichtete darauf ein berühmtes *Lied vom Axthieb.*

Gao Heng zitiert diese Legende aus dem Buch *Lüshi Chunqiu* als Erklärung zu Platz 5, wo es heißt: *Der König begibt sich zu der Familie.* Die Geschichte hat aber offenbar nicht nur dort, sondern bei der Betextung des ganzen Hexagrammes Pate gestanden. Denn auf Platz 2 ist davon die Rede, wie jemand seine Reise nicht fortsetzen kann und zum Essen eingeladen wird: *Keine Möglichkeit, weiterzukommen. In der Zwischenzeit wird Speise angeboten.* Auf Platz 3 sind die Hausbewohner offenbar verschiedener Meinung. Auf Platz 4, vor dem Erscheinen des Königs auf Platz 5, heißt es: *Man bereichert das Haus.* Auf Platz 6 schließlich erscheint das vom König mitgenommene Kind als ein verängstigter *Gefangener.* Und in dem nachfolgenden Partnerhexagramm H38 begegnen wir diesem wieder in der Gestalt eines von seinen Eltern getrennten Kindes (H38/4/6). Zwar ist dabei nicht vom Abhacken des Fußes die Rede. Aber in dem darauffolgenden Hexagramm H39 bildet der Fuß das Leitmotiv, welches im Sinn eines *hinkenden* oder *gehemmten Ganges* ausgelegt wird, und sich unter umgekehrtem Vorzeichen auch in H40 fortsetzt. Daß hier ein vier Hexagramme übergreifender Zusammenhang gemeint ist, wird auch dadurch signalisiert, daß H37 mit H40 und H38 mit H39 im Verhältnis des diametralen Gegensatzes stehen. Es ist der einzige Fall im *Yijing,* wo zwei Gegenzeichenpaare aufeinander folgen.

Auf dem konkreten Hintergrund dieser Legende läßt sich das Hexagramm aber zugleich auch als ein Gleichnis für die Ordnung der Familie verstehen, wie es in dem klassischen *Tuan*-Kommentar gedeutet ist. Dabei repräsentiert urbildlich wieder der zunehmende Mond (rechte Hälfte) die Frau, der abnehmende (linke Hälfte) den Mann. Wie in dem Parallelzeichen H6 ist der dreimalige Wechsel des Graphs zwischen diesen beiden Seiten als eine Auseinandersetzung oder ein Wortwechsel zwischen den Gatten zu denken (Platz 3), und wie dort wird ihr Gegensatz in der Einheit des Vollmondes aufgehoben (Platz 6), so daß insgesamt die Symmetrie zwischen links und rechts hergestellt ist. Traditionell wird dieser Hergang auch als Disziplinierung der Ehefrau gedeutet, vor deren Eigenmächtigkeit auf Platz 3 gewarnt wird. Der männliche Trieb ist nach außen gerichtet, urbildlich auf die Sonne, und wird zugleich durch den König repräsentiert, der den Knaben mit in die weite Welt nimmt. Der weibliche Trieb ist nach innen gerichtet, urbildlich auf den Nachthimmel, die Innenwelt des Hauses, und entspricht der Mutter, die das Kind behalten will. Die Vereinigung der weiblichen und der männlichen Hälfte auf Platz 6 bedeutet sowohl die Zeugung des Kindes als auch seine Überantwortung an den König. Der Spruch dort klingt deutlich an das Opferszenario in H14/5 an. Überhaupt ist der Gedanke naheliegend, daß der Ursprung der Legende vom König, der den Bauern ihr Kind wegnimmt, etwas mit der archaischen Praxis der Personalbeschaffung für die Menschenopfer zu tun hat.

Anfangs Neun   **Dui**

Man sichert seine Familie. Der Kummer vergeht.

Es geht darum, die Familienbande oder eine partnerschaftliche Beziehung zu stabilisieren, indem man sich auf eine feste Rollenverteilung einigt.

Der hier mit *seine Familie* wiedergegebene Ausdruck heißt wörtlich *ein Haus haben*. Man könnte ihn auch mit *Hausstand* oder *Haushalt* übersetzen. Der Spruch bezieht sich speziell auf das Bilderpaar *Dui – Sun*, was durch die Wiederholung des Ausdrucks auf dem *Sun*-Platz 5 signalisiert wird. Wie häufig steht dieser erste Spruch aber zugleich für den Sinn des Hexagrammes im ganzen. Das Schriftzeichen *sichern (xian)* besteht aus einem *Holz* in einem *Tor*, entspricht also der Vorstellung eines hölzernen Querbalkens oder Riegels vor einer Tür und bedeutet auch *verbarrikadieren*. Die zwei Türflügel, die hier durch den Querbalken verbunden werden, sind die beiden Mondhälften, zwischen denen der Graph hin und her läuft, um sie am Ende auf Platz 6 im Bild des Vollmondes zu verkoppeln. Der gegen-seitige Schatten in den Mondbilderpaaren ist der *Kummer*, der durch ihre Verkoppelung wechselweise ergänzt und aufgehoben wird. Daher: *Der Kummer vergeht*. Allgemeiner kann man das *sichern* auch mit *in gute Ordnung bringen* oder *einüben* wiedergeben – entlehnt von der paarigen Ordnung eines Pferdegespanns, vermutlich weil dabei pro Pferdepaar ein Querbalken zur Befestigung der Zugseile verwendet wurde (vgl. H26/3).

Sechs auf zweitem Platz   **Li**

Keine Möglichkeit, weiterzukommen. In der Zwischenzeit wird Speise angeboten. Die Entscheidung ist glückverheißend.

Die Unterbrechung eines Weges durch widrige Umstände führt zu einer Bekanntschaft mit glücklichen Konsequenzen.

Der mit dem Schritt von *Dui* nach *Li* begonnene Weg in der abnehmenden Richtung wird durch das Umspringen des Graphs nach *Kan* unterbrochen: *keine Möglichkeit weiterzukommen*, oder: *keine Möglichkeit, (die Reise) fortzusetzen*. Auf Platz 4 jedoch kehrt der Graph nach *Li* zurück. *Die Zwischenzeit* entspricht also *Kan* auf Platz 3, wo die dort erscheinenden Hausbewohner dem König bei der Unterbrechung seiner Reise *Speise anbieten*. Diese Assoziation wird auch dadurch nahegelegt, daß *Kan* in der Auslegung des Graphs als Frauengestalt die Spitze der Mutterbrust darstellt (vgl. H5/5).

In der Zwischenzeit bedeutet zugleich *in der Mitte* oder *im Inneren* und verweist damit auch auf den *Innenraum* des Hauses.

Neun auf drittem Platz　　　　Kan

Der Hausvater ist hocherfreut. Kummer und Gefahr bringen Glück. Frau und Kind fürchten sich. Am Ende Verlust.

Sie sollten einer ernsthaften Auseinandersetzung mit Ihrem Partner nicht aus dem Weg gehen, auch wenn es schmerzlich ist. Durch übermäßige Ängstlichkeit könnte eine Chance vertan werden.

Kan steht für den Nachthimmel, d. h. für das auf dem vorigen Platz genannte *Innere* des Hauses, dessen Bewohner hier als Reaktion auf den Besuch des Königs den Interessengegensatz zwischen Mann und Frau darstellen. Das mit *hocherfreut* wiedergegebene Zeichen *(he)* ist ein hier gedoppelter Ausruf der Freude und setzt sich aus den Bestandteilen *Mund* und *hoch* zusammen: *Der Hausvater* repräsentiert mit seiner Begeisterung die männliche Triebrichtung, d. h. die abnehmende Bewegung nach oben, in die Außenwelt, zur Sonne, die zugleich die Residenz des Königs bedeutet. Es ist der Weg, auf dem sein Sohn dem König folgen wird. Dieses *Glück* aber ist zugleich mit dem *Kummer* und der *Gefahr* verbunden, welche die Trennung von der Familie mit sich bringt, nämlich mit dem immer größer werdenden Mondschatten und der fortschreitenden Bedrohung des Mondes durch sein Schrumpfen. Daher: *Kummer und Gefahr bringen Glück*. *Mutter und Kind* hingegen repräsentieren mit ihrer *Furcht* oder *Bedrücktheit* die weibliche Triebrichtung, d. h. die zunehmende Bewegung nach unten, in das Innere des Hauses, das der Nachthimmel darstellt. Der als *fürchten* wiedergegebene Ausruf *(xi)* wird mit *Mund* und *Trommel* geschrieben und verweist damit auf die nach unten gerichtete Bewegung des Trommelschlagens (vgl. H30/3). In dieser Richtung rücken die beiden Mondhälften zum Vollmond zusammen: Die Mutter möchte ihr Kind behalten. Am Ende aber wird es ihr mit dem Abnehmen des Mondes doch genommen und wandert hinauf zum Palast des Sonnenkönigs. Daher: *Am Ende Verlust*.

Sechs auf viertem Platz　　　　Li
Man bereichert das Haus. Großes Glück.

Ein Konflikt mit einem Partner wird beigelegt. Eine frühere Gegnerschaft wird sich als Bereicherung erweisen.

Bereichert (fu) wird man im *Yijing* mit Ausnahme dieser einen Stelle stets *durch seinen Nachbarn*. Als positive Aussage wird dies dem *Sun*-Platz H9/5 zugeschrieben. Denn *Sun* ist die Phase, wo die linke oder männliche Mondhälfte zur rechten oder weiblichen hinzutritt und sie damit *bereichert*. Hier geschieht dies im Verlauf des zweiten Teiltrigramms *Sun*, das mit dem vorliegenden Platz beginnt: Ebenso wie in H9 lagert sich der linksseitige Halbmond *Li* im Verlauf der letzten 3 Plätze an seine bessere Hälfte an und bildet auf Platz 6 mit dem Vollmond *Qian* die Symbolform des einträchtigen Ehepaares. Die auf dem vorigen Platz gezeichnete Auseinandersetzung der Partner wird damit glücklich überwunden. Daher: *großes Glück*.

Neun auf fünftem Platz   Sun

Der König begibt sich zu seiner Familie. Bedauere es nicht! Glück.

Nach einem Konflikt kommt man in Liebe und Eintracht zusammen. Verschließen Sie sich nicht vor Ihrem Glück.

Der König repräsentiert hier die linksseitige oder männliche Mondhälfte, die in der Phase *Sun* zu der rechten oder weiblichen (= Haus/Familie) hinzutritt und sie *bereichert*, wie es auf dem vorigen Platz angekündigt wurde. Auch das mit *sich begeben* wiedergegebene Zeichen *(jia)* kann als *bereichern* oder *beglücken* aufgefaßt werden. Der *Xiang*-Kommentar sagt zu diesem Spruch: *Sie verbinden sich in gegenseitiger Liebe*. Es ist zwar zweifelhaft, ob mit *seine Familie* die persönliche Familie des Königs gemeint ist und nicht vielmehr eine der *ihm dienstbaren* Familien seines Reiches, die er besucht, wie es der besagten Legende entspricht. Ungeachtet dessen ist der Spruch aber zugleich ein Gleichnis für die Vereinigung der Geschlechter. Das mit *Bedauern* wiedergegebene Schriftzeichen *(xu)* besteht aus den Bestandteilen *Blut* und *Herz*, stellt also wörtlich die Bedeutung *Herzbluten* dar. Wie wir schon an anderer Stelle gesehen haben, fließt das urbildliche Blut aus der Schattenwunde des abnehmenden Mondes (H5/4, H9/4). Mit dem Verlauf *Li – Sun – Qian* aber schließt sich die Wunde. Da die Paarung auf dem folgenden Platz zu einem Ergebnis führt, das man als *Gefangener*, aber auch als *Brut* oder *Nachwuchs* interpretieren kann, ist auch die Assoziationsbrücke zum Ausbleiben des Menstruationsblutes nahegelegt.

Oben Neun   Qian

Man macht einen Gefangenen. Wie verschreckt er ist! Am Ende Glück.

Eine glückliche Begegnung führt zu einem Ergebnis. Dies bedeutet zugleich eine radikale Umwälzung in Ihrem Leben, die Ihnen Angst macht. Aber es wird sich alles zum Guten wenden.

Der Vollmond *Qian* ist die vollkommene Vereinigung der zwei Ehehälften. Manchem Leser wird der Vergleich der Eheschließung mit einer Gefangennahme unmittelbar einleuchten. Aufgrund der Paarungssymbolik im Vorlauf ist es hier aber zugleich naheliegend, den *Gefangenen* der Originalschreibweise des Zeichens *(fu)* entsprechend als *Brut* aufzufassen: *Es gibt Nachwuchs.* Der Vollmond ist ja auch das himmlische Urbild des Vogeleies bzw. des schwangeren Leibes. Dem entspricht in der Legende das Motiv des Kindes, das der König adoptiert. Andererseits kennen wir die *verschreckten* oder *entsetzten Gefangenen* bereits aus H14/5, wo sie als Menschenopfer für den Sonnengott erscheinen. Das Schriftzeichen *Schrecken, Angst, Entsetzen* setzt sich aus *Frau* und *Waffe* zusammen, stellt also eine Frau dar, die von einer Waffe bedroht wird. Das kann man nun wieder auf die verängstigte Mutter beziehen, der ihr Kind weggenommen wird. Dabei ist die Schlußformel *am Ende Glück* nicht unbedingt ein Trost für sie. Denn in H14/5 wird auch die Opferung der Gefangenen mit *Glück* bewertet.

38. Kui / Das Widerstreben

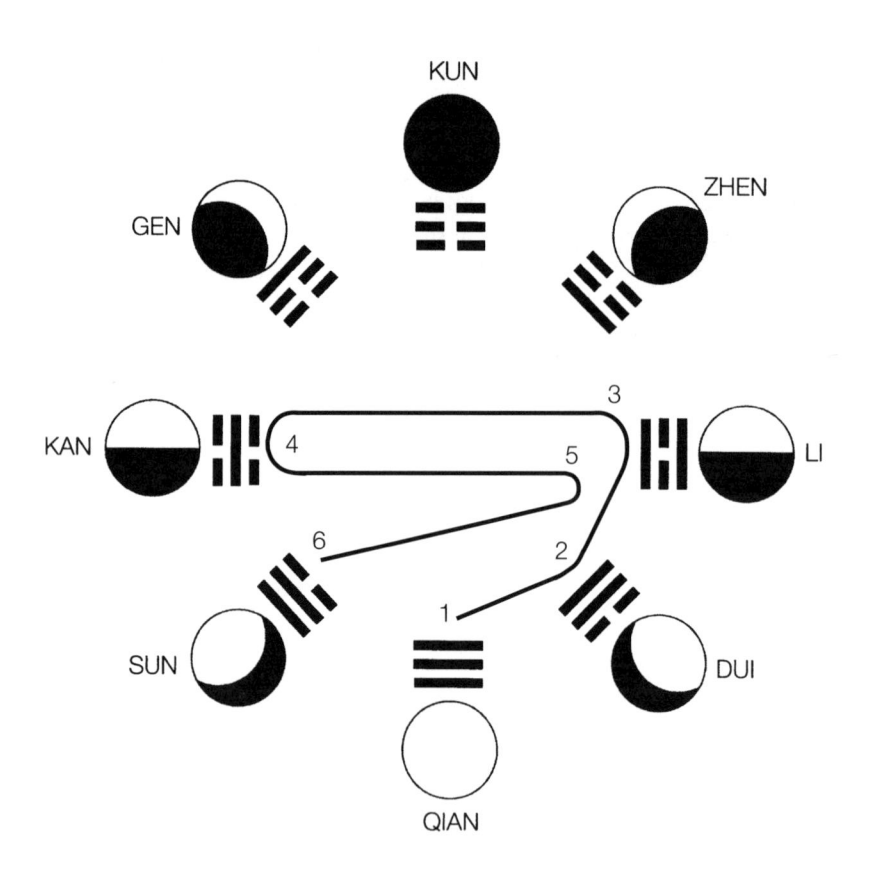

Partnerzeichen: H37.
Gegenzeichen: H39.
Parallelzeichen: H5, H6, H37, H49, H50.

Der Hauptspruch

Das Widerstreben. In kleinen Dingen Glück.

Ihr Eigensinn birgt die Gefahr der Entfremdung von anderen Menschen und führt zur Verunsicherung. Ein Alleingang bringt vielleicht kleine Vorteile, aber große Dinge können nur in Gemeinschaft mit anderen vollbracht werden.

Die archaische Form des Hexagrammnamens *KUI* besteht aus zwei *Augen*, von denen zwei sich kreuzende Linien ausgehen ⚹. Daraus ergeben sich die konkrete Bedeutung *schielen, starr blicken* und die abgeleiteten Bedeutungen *widerstrebend, eigensinnig, ungehorsam etc.* Die Haupttrigramme sind *Dui* und *Li*, weisen also in die Richtung des Abnehmens, d. h. der Einseitigkeit und Vereinzelung. Mit dem graphischen Zusatz *Sonne* statt *Auge* bedeutet der Hexagrammname *KUI* auch *die Oppositionsstellung* gegen die Sonne. In den Liniensprüchen kommt das Zeichen nur in der Kombination mit *dem Wort Waisenkind, einzeln, allein (gu)* vor als *das starr blickende Waisenkind*, oder, allgemeiner: *der widerstrebende Fremdling, der Fremdling in Oppositionshaltung* (Plätze 4, 6).

Das Motiv des fremden Kindes klingt an die für das vorausgehende Partnerzeichen bestimmende Legende an, in der ein König einer Bauernfamilie das Kind wegnimmt. Dementsprechend zeichnen die Liniensprüche ein Szenario, in dem jemand (das von seinen Eltern getrennte Kind) zwischen Furcht und Vertrauen (gegenüber dem König, seinem Ziehvater) hin und hergerissen wird. Einerseits begegnet ihm eine angsteinflößende Schreckgestalt, die schon auf Platz 1 als der *böse* oder *der häßliche Mensch* angekündigt wird: auf Platz 3 ein *Fuhrmann* mit *abgeschnittener Nase*, auf Platz 6 *ein Wagen mit einem Gespenst darin*. Andererseits trifft er auf eine vertrauenserweckende Person, die auf Platz 2 als *Herr und Meister*, auf Platz 5 als *sein Ahnherr* erscheint: Am Ende erweisen sich die Schreckgespenster als ungefährlich, die Furcht als unbegründet. Dies kommt auf Platz 6 zum Ausdruck, wo es heißt: *Erst ein gespannter Bogen, danach ein abgespannter Bogen. Er ist kein Räuber, sondern sucht eine Heiratsverbindung.*

Das Motiv des Schießbogens liegt offenbar der Deutung des Graphs im ganzen zugrunde: Die Verbindungslinie *Qian – Dui – Li – Kan* entspricht dem Bogen, die Linie *Sun – Li* dem Pfeil. *Li* kennzeichnet die Sonne als Zielpunkt, wo auf Platz 3 das Schreckgespenst erscheint, *Sun* das Auge des Schützen, symbolisiert durch das *starrende Waisenkind* auf Platz 6. Das *Starren* verdankt sich also ursprünglich dem *starr auf das Ziel gerichteten Blick* des Schützen, der zugleich die Idee der *Opposition* ausdrückt. Außerdem finden wir *das starrende Waisenkind* auch auf Platz 4. Denn die Bewegung *Li – Kan* bedeutet das *Spannen* des Bogens, mit dem nach dem Auftauchen des Schreckgespenstes auf Platz 3 der äußerste Gegensatz in der Gegenüberstellung Vollmond *(Kan)* – Sonne *(Li)* hergestellt wird. Und die umgekehrte Bewegung *Kan – Li*, die sich auf das wohlwollende Bild des *Ahnherrn* auf Platz 5 bezieht, stellt das *Entspannen* des Bogens dar, durch das der Pfeil dann in seine durch die Linie *Li – Sun* markierte Ausgangslage zurückgebracht wird. Dies bedeutet zugleich die Rückkehr des Waisenkindes aus seiner Oppositionshaltung in den Schoß der Gemeinschaft: *Er ist kein Räuber. Er sucht eine Heiratsverbindung* (Platz 6). So wird es auch schon in der Vorausschau auf Platz 1 angekündigt: *Wenn ein Pferd verloren geht, verfolge es nicht. Es kehrt von selbst zurück.*

Dabei wird die Aufgabe der Oppositionshaltung durch die Bereitschaft zum *Opfer* symbolisiert (Plätze 4/5). Das schon in H37/6 angekündigte Opfermotiv suggeriert zusammen mit der Todessymbolik auf Platz 3, dem *Ahnherrn* auf Platz 5 und dem *Gespenst* auf Platz 6 einen ausgeprägten Bezug zum Jenseits. Unter diesem Aspekt sehen wir den *widerstrebenden Fremdling* als einen zum Opfer auserschenen *Gefangenen* (Platz 4), der zunächst vor seinem Schicksal zurückschreckt, um sich dann im zweiten Anlauf zu fügen und auf Platz 5 dem *Ahnherrn* im Jenseits überantwortet wird. Und die auf Platz 1 angekündigte *Wiederkehr* des verlorenen Pferdes wäre dann als seine *Wiedergeburt* zu verstehen (vgl. H9/1). In der schamanistischen Himmelsreligion der chinesischen Frühzeit betrachtete man ja die Grenze zwischen Diesseits und Jenseits als außerordentlich durchlässig. Vielleicht war ursprünglich auch ein Initiationsritual gemeint, bei dem die Erfahrung von Tod und Wiedergeburt als Feuertaufe für das Erwachsenwerden symbolisch inszeniert wurde.

Das Hexagramm gilt als Gleichnis für die Verselbständigung des Einzelnen, die Entwicklung der Individualität im Gegensatz zur herrschenden Ordnung. Die Eigenwilligkeit des Einzelnen hat eine Funktion, aber ihr Stellenwert ist klein im Verhältnis zur zeitlosen Ordnung des ganzen, in der sie aufgehoben bleibt. Im *Xiang*-Kommentar heißt es dazu: *So hat der Edle seine Besonderheit in der Gemeinschaft.* Der Alleingang führt nicht weit. Wirklich große Dinge können nur in Gemeinschaft mit anderen vollbracht werden. Daher sagt der Hauptspruch: *In kleinen Dingen Heil.*

Anfangs Neun   **Qian**

Der Kummer vergeht. Wenn ein Pferd verlorengeht, verfolge es nicht. Es kehrt von selbst zurück. Wenn du einen häßlichen Menschen siehst, ist es kein Schaden.

Die Trennung von einem Partner und die Begegnung mit einer unangenehmen Person erzeugen Mißverständnisse. Es gibt Irrwege, aber das ist letztendlich kein Grund zur Sorge. Es wird sich alles wieder einrenken.

Der Spruch formuliert die Vorschau auf das ganze Zeichen. Die zwei Hälften des Vollmondes *Qian* werden zunächst als Gespannpferde ausgelegt (vgl. H61/4). Mit der abnehmenden Bewegung auf den drei ersten Plätzen geht die rechtsseitige Hälfte und damit eines der Pferde verloren. Aber auf Platz 6 kehrt der Graph in *Sun* auf die zunehmende Seite zurück, so daß die fehlende Hälfte wieder ergänzt wird: *Es kehrt von selbst zurück*. Im zweiten Teil des Spruches erscheint dann die Deformation des Mondes beim Abnehmen als *häßlicher Mensch*. Im Spruch zu Platz 3 haben wir dem entsprechend das Schreckbild eines Verstümmelten. Auch dies aber ist *kein Schaden*, da die Deformation am Ende ebenso wie das verlorene Pferd wieder ergänzt wird. Und schließlich ist die fehlende Seite auch der am Anfang des Spruches genannte *Kummer*, der wieder *vergeht*.

Neun auf zweitem Platz   **Dui**

Du wirst dem Herrn und Meister in der Gasse begegnen. Kein Schaden.

Auf dem Weg, den Sie eingeschlagen haben, werden Sie Ihren Meister finden. Das kann nicht schaden. Es wird eine lehrreiche Erfahrung für Sie sein.

Hier wird die abnehmende Bewegung *Qian – Dui – Li* als das Auseinandertreten der zwei Mondhälften nach oben zu in dem Sinn gedeutet, daß sich zwischen ihnen eine *Gasse* öffnet. Diese Gasse führt genau auf die Sonne zu, welche als *der Herr* oder *der Meister* erscheint. Das Schriftzeichen *Herr (zhu)* besteht aus dem Element *König*, das von einem einzelnen, die Sonne im Mondplan markierenden Strich gekrönt wird: 主 (vgl. Abb. 21, S. 136). Das Gegenbild des *Herrn* in der anderen Richtung ist *der große Mann* oder *Mann des Ursprungs* auf Platz 4, die Auslegung des Vollmondes.

Sechs auf drittem Platz   Li

Man sieht, wie ein Wagen gezogen wird. Sein Zugrind hat ein nach oben gerichtetes und ein nach unten gerichtetes Horn. Sein Fuhrmann hat ein Brandzeichen auf der Stirn und die Nase abgeschnitten. Kein Anfang. Ein Ende.

Sie begegnen einem Schreckbild, an dem Sie nicht vorbei können. Aber es wird seinen Schrecken verlieren, wenn Sie ihm entschlossen entgegentreten.

Im Zeichen *Li* wird die auf den Sonnenort gerichtete Perspektive aus dem vorigen Spruch erweitert und konkretisiert. Dabei taucht wieder die Idee des Gespanns aus dem Spruch zu Platz 1 auf, aber der *Wagen* wird nicht von zwei Pferden, sondern von einem *Rind* gezogen. *Zhen* und *Gen* sind die beiden Hörner des Rindes. Diese sind in entgegengesetzter Richtung gewachsen, weil ja der abnehmende Mond sich *nach oben*, der zunehmende *nach unten* bewegt. Und zugleich ist der Mondplan auch noch als die Gestalt eines *Menschen* ausgelegt, des Wagenslenkers, der *ein Brandzeichen auf der Stirn und die Nase abgeschnitten* hat. Das Brandzeichen auf der Stirn ist der von der Sonne verkohlte Schwarzmond, und die abgeschnittene Nase wird durch die darunterliegenden zwei bloßgelegten Nasenlöcher *Zhen* und *Gen* dargestellt (vgl. H21/2). Dies ist das auf Platz 1 vorausgesagte Schreckbild des *häßlichen Menschen*. Als Auslegung der Konjunktion bedeutet es das Verschwinden des Mondes in der Sonne. Daher die Schlußformel: *Kein Anfang. Ein Ende.* Der Spruch symbolisiert den Schrecken des Todes.

Neun auf viertem Platz   Kan

Der widerstrebende Fremdling begegnet einem großen Mann. Wenn man einen Gefangenen überantwortet, bewirkt die Gefahr keinen Schaden.

Jemand mit Durchblick gibt Ihnen den Rat, ein Opfer zu bringen, durch das Sie eine drohende Gefahr schadlos überstehen und in den Schutz der Gemeinschaft zurückkehren können.

Wie schon erläutert, bedeutet *der widerstrebende Fremdling* zugleich auch konkret *das starr blickende Waisenkind*. Der vorige Spruch stellte im Zeichen *Li* ein Bild der Konjunktion dar. Hier wird mit der zunehmenden Gegenbewegung im Zeichen *Kan* die Position des Vollmondes eingenommen, welcher nun der Sonne bzw. dem vorher gezeichneten Schreckbild gegenübersteht und es gleichsam *anstarrt* wie das zielende Auge des Bogenschützen. Dabei erscheint der Vollmond selbst als *der große Mann*, der auch ein *Häuptling* oder ein *Führer* sein kann. Das hier mit *groß* wiedergegebene Schriftzeichen *(yuan)* besteht aus den Bestandteilen *Mensch* und *zwei* und bedeutet urbildlich den aus seinen zwei Hälften zusammengesetzten Vollmond. So stellt die Begegnung mit dem personifizierten Vollmond zugleich die Rückkehr in die Gemeinschaft dar, welche sich in der Bereitschaft zum Opfer ausdrückt. *Der Große Mann* ist das Gegenbild zu dem *Herrn* oder *Meister* auf Platz 2, der die Sonne repräsentiert. Dieser wiederum erscheint aufs neue mit dem folgenden Platz 5 als der himmlische *Ahnherr*, der das Opferfleisch entgegennimmt. Wir haben den Vollmond ja auch schon als Opferaltar kennengelernt (H5/1). Seine Ausrichtung auf die Sonne weist den Weg der Opferung, der mit dem Schritt *Kan – Li* erfolgt. Daher: *Man überantwortet einen Gefangenen*, d. h. bringt ein Opfer dar. Das *Überantworten* bedeutet konkret *verbrennen auf dem Scheiterhaufen*, der das Sonnenfeuer symbolisiert (vgl. H14/1/5).

Sechs auf fünftem Platz   Li

Der Kummer vergeht. Sein Ahnherr wird in das weiche Fleisch beißen. Was könnte es schaden, wenn man hingeht?

Bringen Sie das Opfer, das die Situation erfordert. Es wird seine Wirkung nicht verfehlen.

Sein Ahnherr entspricht dem auf Platz 2 vorausgesagten *Herrn in der Gasse*, der die Sonne repräsentiert. Daraus erklärt sich zunächst, daß *der Kummer* (= *die Finsternis des Herzens*) vergeht. Zugleich aber bedeutet der Spruch als der zweite *Li*-Platz des Zeichens die Wiederholung des Schreckbildes von Platz 3 in verwandelter Gestalt: das Gespenst des gestorbenen Mondes verwandelt sich in den *Ahnherrn*, der das nun dargebrachte Opfer annimmt. Der Schritt vom Vollmond *Kan* in die Konjunktion *Li* bedeutet die auf dem vorigen Platz angekündigte Opferung. Die Schattenseite des Mondes, das Urbild der weichen Linie, die mit der Konjunktion im Zeichen *Li* vom harten Licht der Sonne umschlossen wird, ist das *weiche Fleisch*, in das *sein Ahnherr beißen wird*, d. h. das dargebotene Opferfleisch. Für die Nachkommen auf der Erde ist es ein Segen, wenn ihre Ahnen im Himmel ihr Opfer annehmen. Daher: *Was könnte es schaden, wenn man hingeht*, d. h. wenn man das Opfer durchführt. Die Formel *beißt in weiches Fleisch* ist zugleich eine Anspielung auf *die abgeschnittene Nase* des Gespenstes auf Platz 2. Denn in H21/2 heißt es: *Man beißt in weiches Fleisch, daß die Nase verschwindet.*

Oben Neun   Sun

Der widerstrebende Fremdling sieht ein Schwein, das sich mit dem Rücken im Schmutz wälzt, und einen Wagen mit einem Gespenst darin. Erst ein gespannter Bogen, danach ein abgespannter Bogen. Er ist kein Räuber, sondern sucht eine Heiratsverbindung. Wenn man unterwegs auf Regen trifft, bringt es Glück.

Nach einem gefahrvollen Alleingang werden Sie in den Schoß der Gemeinschaft zurückkehren.

Der Spruch faßt zunächst noch einmal den Verlauf der vorigen Plätze zusammen und kommt auf das Schreckbild von Platz 3 zurück: die gegensätzlich gewachsenen Hörner des Zugrindes dort erscheinen als die Hauer des *Schweins*, die durch dessen *Rückenlage im Schmutz* verkehrt herum stehen, und der Fuhrmann mit dem verstümmelten Gesicht als *das Gespenst im Wagen.* Mit der Bewegung *Li – Kan spannt (der widerstrebende Fremdling) seinen Bogen*, um darauf zu schießen. Mit der Bewegung *Kan – Li* wird der Bogen wieder *entspannt,* was auf den Plätzen 4 und 5 anstelle des unterlassenen Schusses als Opferung ausgelegt ist. In der entspannten Position *Sun,* für die der Spruch steht, ist das Gegenüber nun der Altmond *Zhen*, auf den sich die darauf folgende Formel bezieht: *Er ist kein Räuber, sondern sucht eine Heiratsverbindung* (vgl. H3/2, H22/4). Seine *Heiratsverbindung* besteht eben in dem Bezug zu seinem komplementären Gegenbild *Sun* auf der weiblichen Seite des Mondplanes, das zugleich mit der zunehmenden Bewegung auf die Vereinigung der beiden Hälften im Bild des Vollmondes zustrebt. Zugleich bedeutet die zunehmende Bewegung nach unten den *Regen*, mit dem sie am Ende als der richtige Weg gekennzeichnet wird: *Wenn man unterwegs auf Regen trifft, bringt es Glück* (vgl. H9/6).

39. JIAN / DIE HEMMUNG

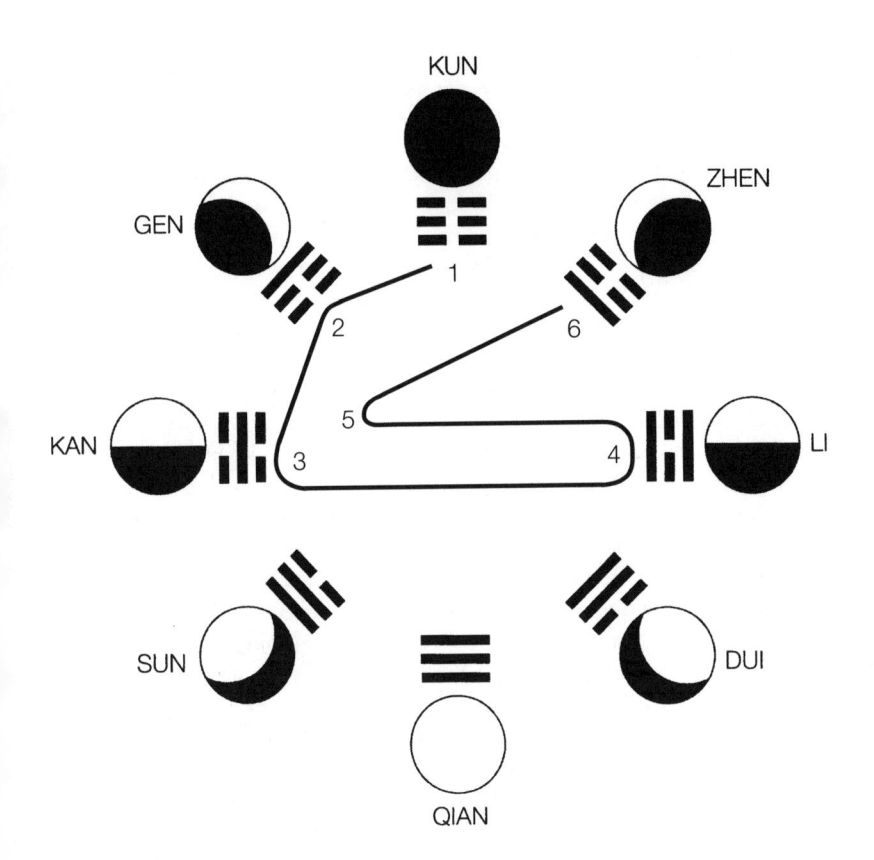

Partnerzeichen: H40.
Gegenzeichen: H38.
Parallelzeichen: H3, H4, H35, H36, H40.

Der Hauptspruch

Die Hemmung. Günstig für den Südwesten. Ungünstig für den Nordosten. Es ist günstig, den großen Mann zu sehen. Die Entscheidung ist glückverheißend.

Überwinden Sie Ihre Hemmung. Es muß einmal gesagt werden, und zwar an maßgeblicher Stelle. Schrecken Sie nicht davor zurück, daß Sie auf Ablehnung stoßen könnten. Man wird es letztlich honorieren.

Der Hexagrammname *JIAN* wird mit *Fuß* geschrieben und bezeichnet damit zunächst einen *behinderten* oder *hinkenden Gang*. Offenbar ist die Gestalt des Graphs im ganzen als der Umriß eines nach einwärts verdrehten Fußes mit der Wadenlinie *Kun – Gen – Kan*, der Fußspitze *Li* und dem Schienbein *Kan – Zhen* gedeutet. Indem der Fuß mit der Spitze entgegen der zunehmenden Folge der Haupttrigramme *Gen – Kan* in die abnehmende Gegenrichtung weist, ist damit die *Hemmung* beim Vorwärtsgehen versinnbildlicht.

Bestimmend für den Verlauf ist die Folge der Haupttrigramme von *Gen* nach *Kan*, welche die urbildliche Bewegung des Zunehmens vom Neumond zum Vollmond bedeutet. Der Neumond erscheint im *Westen*, der Vollmond kulminiert im *Süden*. Daher: *Günstig für den Südwesten.* Die Himmelsrichtung definiert das Zunehmen des Mondes, bei dem die linke Hälfte zur rechten hinzutritt oder *einen Freund gewinnt*, wie es in H2/0 heißt. Hier erscheint der *Freund* dementsprechend auf Platz 5, der für den Vollmond steht. Umgekehrt verschwindet der *Freund* im *Nordosten*, wo der linksseitige Altmond *Zhen* sich verabschiedet. Daher: *Ungünstig für den Nordosten.* Die urbildliche Zielvorstellung ist somit der Vollmond, der im Hauptspruch wieder als *der große Mann* ausgelegt wird: *Es ist günstig, den großen Mann zu sehen.*

Dieser Verlauf ist nun unter dem Vorzeichen des gehemmten Ganges gedeutet. Die beiden Mondhälften sind daher hier nicht primär als zwei Freunde, sondern als zwei Füße zu verstehen, die mit dem Zunehmen immer weiter zusammenrücken oder aneinandergefesselt werden, bis sie sich in der Vollmondphase überhaupt nicht mehr bewegen können. Dies wird auf Platz 5 als *die große Hemmung* oder *die große Lähmung* gekennzeichnet. Zugleich aber hat sich der Mond damit zu seiner vollen Körperlichkeit entwickelt. Dem entspricht ein weiterer Bedeutungsaspekt des Hexagrammnamens

JIAN, nämlich *gerinnen, verfestigen, Gestalt annehmen*. In diesem Sinn bezeichnet er u. a. die Menschwerdung als *Verkörperung* oder *Inkarnation*. Genau darauf wird auf Platz 2 angespielt: *Der Minister des Königs humpelt und humpelt. Das hat den Grund, daß er ohne Körper ist*. Er will nämlich seinen Körper haben und nimmt daher trotz der Behinderung den mühsamen Weg auf sich. Denn die volle Körperlichkeit des Erleuchteten bedeutet natürlich Glanz und Ehre (Platz 1), Größe und Ruhm (Platz 6). Aber das Umfeld des Hexagrammes im Text legt auch die Vorstellung einer Reinkarnation nahe, einer Wiedergeburt des Geopferten im Jenseits (vgl. H37/0/6; H38/0). Einen direkten Bezugspunkt zum *gehemmten Gang* bildet hier die in China bis in Neuzeit verbreitete Sitte, den Verstorbenen die Füße zusammenzubinden. Unter diesem Aspekt bedeutet dann das Partnerhexagramm H40 die Rückkehr ins Diesseits, bei der die Fußfessel wieder gelöst wird.

Wenn man den Hexagrammnamen *JIAN* statt mit dem Zusatz *Fuß* mit *Wort* schreibt, ergibt sich ein gleichlautendes Zeichen, das die Bedeutung *frei herausreden, ermahnen, zurechtweisen* etc. hat. In manchen Überlieferungen wird das Hexagramm mit diesem Namen zitiert, und *Gao Heng* hält ihn für den ursprünglichen. Das durch seinen Sinn suggerierte Szenario läßt sich aber besser als eine zweite Bedeutungsebene erklären, welche mit der ersten durch die Assoziation des *schweren Ganges*, aber auch der *Gestaltgewinnung*, der vollständigen und deutlichen Darstellung (= *frei herausreden*) verknüpft ist. Die Person, die den schweren Gang tut, ist *der Untertan des Königs* auf Platz 3. Er begibt sich nämlich vor den Thron seines urbildlich der Sonne entsprechenden Herrn, um ihm in Gestalt des Vollmondes den Spiegel vorzuhalten, d. h. *frei herauszureden, kein Blatt vor den Mund zu nehmen*, kurz, *ihm die Meinung zu sagen*. Die Formel *den großen Mann sehen*, die auf Platz 6 noch einmal wiederholt wird, drückt ja auch die Gegenüberstellung von Vollmond und Sonne aus (vgl. H1/2/5). Bei diesem gefährlichen Unterfangen muß der Untertan naturgemäß eine *Hemmung* überwinden, was eben durch den *hinkenden oder gehemmten Gang* dargestellt ist. Im ersten Anlauf ist er so gehemmt, daß er wieder *umkehrt* (Platz 3, Schritt *Kan – Li*), danach *nimmt er sich zusammen* (Schritt *Li – Kan*, Platz 4), erfährt Zustimmung (Platz 5) und zuletzt Ehre und Anerkennung (Plätze 1 und 6). Das Hexagramm wird auch in dem Sinn gedeutet, daß man nicht vor dem König, sondern vor dem eigenen Ich etwas eingestehen muß, was einem schwerfällt: *So wendet sich der Edle seiner eigenen Person zu und bildet seinen Charakter* (*Xiang*-Kommentar, Übers. *Wilhelm*).

Anfangs Sechs   **Kun**

Vorher Hemmung. Nachher Ehre.

Wenn Sie trotz aller Hemmungen Ihren Weg bis zum Ziel gehen, wird man es honorieren.

Vier Liniensprüche beginnen gleichlautend mit: *Im Gehen gehemmt*, und enden verschieden mit: *im Kommen geehrt* (Platz 1), *im Kommen umgekehrt* (Platz 3), *im Kommen verbunden* (Platz 4) und *im Kommen groß* (Platz 6). *Gehen* und *Kommen* bedeuten das Fortschreiten von der Vergangenheit in die Zukunft, von der Ursache zur Wirkung: *das Vorher und das Nachher*, was man *angeht*, und was dabei *herauskommt*. Der mit seinem Schatten den Weg in die Nacht weisende Schwarzmond *Kun* ist der Ausgangspunkt, von dem her der *gehemmte Gang* des zunehmenden Mondes beginnt. Zugleich versteht sich dieser erste Spruch als Vorschau auf das ganze Zeichen. Wie an anderer Stelle (H2/4, H28/5) ist das Mondlicht auch hier als die vom Sonnenkönig gespendete *Ehrung* ausgelegt. Indem der Erleuchtete trotz seines gehemmten Ganges bis zur Vollmondphase gelangt, wird ihm als Lohn dafür zugleich die größte Ehre zuteil.

Sechs auf zweitem Platz   **Gen**

Der Minister des Königs humpelt und humpelt. Das hat den Grund, daß er ohne Körper ist.

Sie müssen einen schweren Gang antreten. Das Problem dabei ist Ihre eigene Unsicherheit.

Der *Minister,* wörtlich *der Sklave*, die Selbstbezeichnung des Ministers, stellt den Mond als Diener und Sendboten der Sonne dar, die der *König* repräsentiert. In Gestalt der krummen Neumondsichel hat er zunächst nur ein Bein, mit dem er daher*humpelt*. Außerdem zeigt der Neumond außer einem schmalen Lichtrand nur seine Schattenseite, die ihn als *innen hohl*, d. h. *ohne Körper* erscheinen läßt (vgl. H4/3; H52/0). Indem er sich weiter in der zunehmenden Richtung bewegt, wird aber die Schattenfläche mit Licht gefüllt, so daß er damit einen Körper gewinnt. Seine Körperlosigkeit bildet also das Motiv, das ihn antreibt. Daher: *Das hat den Grund, daß er ohne Körper ist.* Wenn man von der konkreten Idee einer Inkarnation absieht, kann man das Bild eines Mannes *ohne Körper* (= *ohne Selbst*) natürlich auch als Ausdruck seiner Hohlheit, seines Mangels an fester Substanz, an Mut und Selbstsicherheit interpretieren, der seinen gehemmten Gang bedingt. Außerdem enthält der Satz aber zugleich noch einen anderen Sinn, nämlich (mit *Kunst*): *Es liegt nicht an seinem Körper*. So verstanden weist er darauf hin, daß der gehemmte Gang des Untertanen nicht durch ein körperliches Gebrechen, sondern durch die Situation bedingt ist, weil er sich fürchtet, vor den König zu treten und ihm die Meinung zu sagen. Und schließlich kann man den Spruch noch in einem dritten Sinn auffassen, nämlich (mit *Gao Heng*): *Es geht nicht um (seinen Körper =) ihn selbst*. So bedeutet er, daß der Grund für die Gehemmtheit des Untertanen kein persönliches Anliegen ist. Man sieht hier sehr schön, was für semantische Brechungen die einfachsten Sinnbilder bei ihrer Übertragung von der mythischen in die logische Dimension erfahren können.

Neun auf drittem Platz   Kan

Vorher Hemmung, nachher Umkehr.

Wenn sich ein Weg allzu beschwerlich gestaltet, sollten Sie besser wieder umkehren.

Wir können hier das *Vorher* direkt auf den vorigen Platz *Gen* beziehen, das *Nachher* auf den folgenden Platz *Li*. Dies bedeutet, daß der Minister vom vorigen Platz sich voller Hemmungen vor den Thron des Königs begibt *(zunehmende Richtung Gen – Kan)*, um dann aber doch wieder *umzukehren* und unverrichteter Dinge zurückzukommen *(abnehmende Richtung Kan – Li)*. Zugleich beschreibt der Spruch damit die in die Gegenrichtung *umgedrehte* Fußspitze *Li* des als verkrümmtes Humpelbein ausgelegten Graphs und damit eben die Struktur der *Hemmung*, die das Vorwärtsschreiten behindert.

Sechs auf viertem Platz   Li

Vorher Hemmung. Nachher Vereinigung.

Die Schwierigkeiten beim Vorwärtskommen legen es nahe, sich nicht allein auf die eigene Kraft zu verlassen, sondern Verbündete zu suchen.

Das *Vorher* entspricht der *Hemmung*, die den Untertan mit dem Schritt *Kan – Li* in der abnehmenden Richtung zur Umkehr bewegt hatte (Platz 3), das *Nachher* dem Schritt *Li – Kan* in der zunehmenden Richtung, mit der sich die beiden Mondhälften im Vollmond *vereinigen*, wie es durch das Kommen des *Freundes* auf dem folgenden Platz dargestellt ist. Wenn man die beiden

Mondhälften als Füße auslegt, bedeutet diese *Vereinigung* entweder, daß sie aneinander gefesselt werden und sich nicht mehr bewegen können; oder es bedeutet, daß ihre Bewegungen miteinander *koordiniert* und die Einseitigkeit des hinkenden Ganges damit überwunden wird. Das Schriftzeichen *vereinigen, zusammenhängend, gleich ausgerichtet (lian)* kann außerdem auch konkret einen *Wagen* bedeuten, wohl wegen der *gleichen Ausrichtung* seiner Räder. Dies ermöglicht zugleich die Übersetzung: *Man geht gehemmt und kommt auf einem Wagen.*

Neun auf fünftem Platz   Kan
Die große Hemmung: Ein Freund kommt.

Sie müssen gerade dort bestehen, wo Ihre Hemmungen am größten sind. Dann werden Sie Zustimmung und Unterstützung finden.

Dies ist die zentrale Linie des zweiten Haupttrigramms und der zweite *Kan*-Platz des Zeichens, also der Höhepunkt der zunehmenden Bewegung. Die beiden als Füße ausgelegten Mondhälften sind völlig zusammengewachsen, kein Schritt ist mehr möglich, es geht nicht mehr weiter: *Die große Hemmung.* Oder das krumme Hinkebein, die Neumondsichel *Gen* von Platz 2, ist mit dem Zunehmen immer *größer* geworden, sozusagen zum Klumpfuß angeschwollen. Zugleich aber tritt in Gestalt der linksseitigen Hälfte *ein Freund* hinzu, der sich als hilfreich erweist, indem er die Einseitigkeit des Hinkebeins ausgleicht. Außerdem bedeutet das Kommen des Freundes natürlich, daß der Untertan nun in der Position des Vollmonds vor dem Thron des Sonnenkönigs, wo seine Gehemmtheit naturgemäß am größten ist, Unterstützung und Zustimmung findet.

Oben Sechs   Zhen

Vorher Hemmung, nachher Größe. Glückverheißend. Es ist günstig, den großen Mann zu sehen.

Ein riskantes Unternehmen erweist sich als voller Erfolg. Sie überwinden endlich Ihre Hemmungen und gewinnen Zugang zu einer bedeutenden Persönlichkeit.

Der Spruch zieht als Schlußformel das Resümee aus dem ganzen Hexagramm. Mit dem Ende des zweiten Haupttrigramms *Kan* ist das ganzheitliche Bild des Vollmondes hergestellt, das die *Größe* symbolisiert. Der Minister von Platz 2 steht seinem König offen und ehrlich gegenüber wie der Vollmond der Sonne. Und der Altmond *Zhen* stellt zugleich die Ergänzung der auf Platz 2 als das einzelne Hinkebein des Untertanen ausgelegten Neumondsichel um das andere Bein dar, so daß nun einem ungehemmten Gang mit zwei frei beweglichen Füßen nichts mehr im Wege steht. Dieser aber führt nun in die andere Richtung. Als die Eintrittsphase in die Konjunktion symbolisiert der Altmond hier den ungehinderten Zugang zum Sonnenkönig. Daher: *Es ist günstig, den großen Mann zu sehen.* Zugleich stellt die Altmondsichel das Messer dar, das die beiden Mondhälften auseinanderschneidet, die Füße von ihrer Hemmung befreit. Der Schritt *Kan – Zhen* auf den beiden letzten Plätzen nimmt damit die Folge der Haupttrigramme des Partnerzeichens H40 vorweg, das die *Befreiung* bedeutet.

40. JIE / DIE BEFREIUNG
(DAS DURCHSCHNEIDEN)

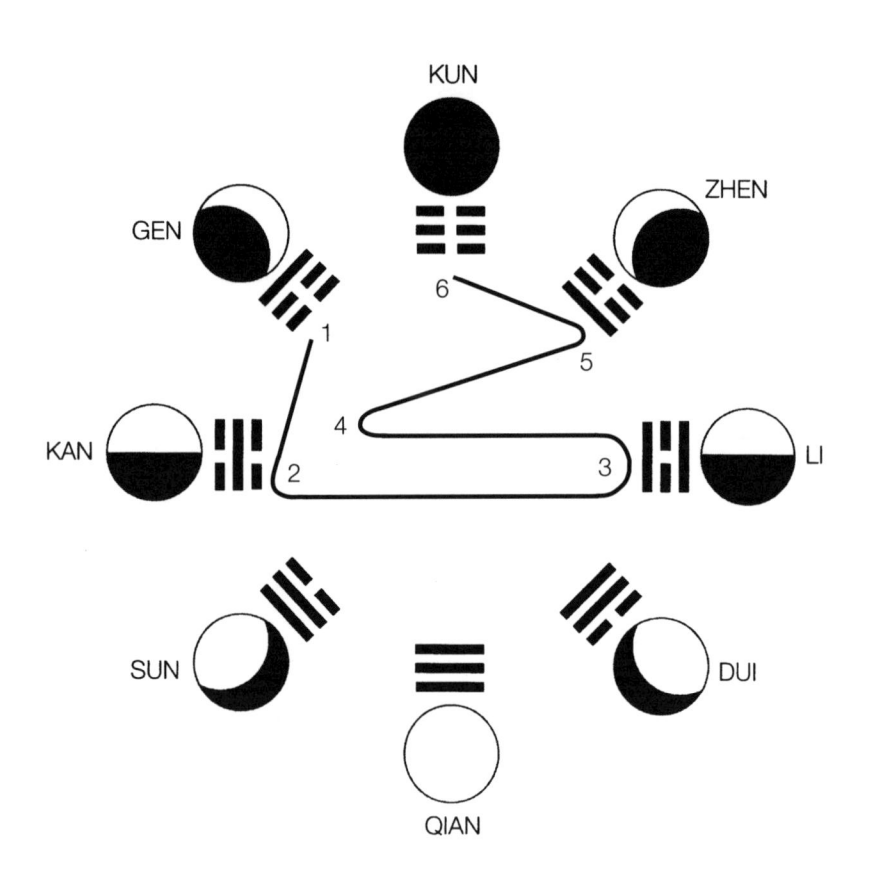

Partnerzeichens: H39.
Gegenzeichen: H37.
Parallelzeichen: H3, H4, H35, H36, H39.

Der Hauptspruch

Die Befreiung. Günstig für den Südwesten. Wenn einer nicht noch wo hinzugehen hat, ist sein Wiederkommen glückverheißend. Wenn einer noch wo hinzugehen hat, ist die Morgendämmerung glückverheißend.

Eine Bindung muß gelöst werden. Dies sollte gründlich geschehen, so daß keine unterdrückten Ressentiments zurückbleiben. Falls Sie das Gefühl haben, daß noch etwas zu klären ist, sollten Sie das so schnell wie wöglich tun.

Während im Partnerzeichen H39 der gehemmte Gang thematisiert wurde, bei dem man die Füße nicht mehr auseinanderbringt, haben wir hier das umgekehrte Motiv, die Lösung der Fesseln. Der Hexagrammname *JIE* hat die Bedeutungen *durchschneiden, zerlegen, zerteilen, auseinandernehmen, losbinden, befreien.*

Die Folge der Haupttrigramme geht von *Kan* nach *Zhen* und bedeutet damit die abnehmende Richtung. *Kan* steht für den Vollmond mit seinen zusammengewachsenen Hälften, die Altmondsichel *Zhen* für das Messer, mit dem sie auseinandergeschnitten werden. In diese Richtung bewegt man sich, *wenn man wo hinzugehen hat*. Mit der gleichen Folge *Kan – Zhen* aber endet das vorausgehende Partnerzeichen H39 auf den Plätzen 5 und 6, so daß das *Hingehen* nun in H40 von Anfang an schon erledigt ist. Und dieser Anfang auf den ersten beiden Plätze wiederholt zugleich umgekehrt mit dem Schritt *Gen – Kan* die Folge der Haupttrigramme von H39, also die zunehmende Gegenrichtung des *Hingehens*, das *Wiederkommen*. Diese Richtung aber entspricht dem *Südwesten* (vgl. H39/0). Daher: *Günstig für den Südwesten. Wenn einer nicht (noch) wo hinzugehen hat, ist sein Wiederkommen glückverheißend.*

So bezieht sich dieser erste Teil des Hauptspruches auf den Anfang des Verlaufs, d. h. auf das untere Haupttrigramm *Kan*. Der letzte Satz des Spruches hingegen liefert die Deutung für das obere Haupttrigramm *Zhen*: *Wenn einer (noch) wo hinzugehen hat, ist die Morgendämmerung glückverheißend.* Denn der Altmond *Zhen* erscheint am *frühen Morgen*, ehe er mit dem Aufgang der Sonne in der Konjunktion verschwindet. Die Formel *glückver-*

heißend, mit der beide Sätze enden, finden wir dementsprechend in den Liniensprüchen auf den Plätzen 2 *(Kan)* und 5 *(Zhen)*.

Vom Hauptspruch her wird die *Befreiung* somit als etwas dargestellt, was man nur tun sollte, wenn es noch nicht geschehen ist, dann aber in der *Morgendämmerung*, d. h. möglichst früh und ohne Aufschub. Der *Xiang*-Kommentar interpretiert sie offenbar als die Freisetzung oder Begnadigung von Straftätern: *So verzeiht der Edle die Fehler und vergibt die Schuld*. In den Linientexten ist aber die Idee eines Geburtsvorganges erkennbar (Plätze 4/5). Der urbildliche Gedanke geht dahin, daß das Mond-Ei in seine zwei Hälften *zerschnitten* oder aufgeklappt wird, so daß in der Konjunktion der (auf Platz 6 genannte) Sonnenvogel daraus hervorschlüpft. Die Idee entspricht so dem Doppelsinn des deutschen Wortes *Ent-bindung*. Auch der *Tuan*-Kommentar erklärt das Zeichen in diesem Sinn: *Indem Himmel und Erde sich entladen, entstehen Donner und Regen. Durch Donner und Regen werden die Schalen aller Früchte und Kräuter und Bäume aufgebrochen.*

Die Symbolik im vorausgehenden Partnerzeichen klingt an die chinesische Sitte an, den Verstorbenen die Füße zusammenzubinden, so daß sich die dort thematisierte Gehbehinderung als der Eintritt ins Totenreich versteht. Diese Deutung wird durch die Geburtssymbolik des vorliegenden Hexagrammes bestätigt. Es war nämlich umgekehrt auch der Brauch, zwischen den Beinen von kleinen Kindern mit einem Messer auf den Boden zu schlagen, um sie als Wiedergeborene symbolisch von der Totenfessel zu befreien.

Anfangs Sechs   Gen
Kein Schaden.

Es bahnt sich eine Lösung an, in der sich alle Gegensätze aufheben.

Mit dem Schritt *Gen – Kan* findet die im Hauptspruch als *Wiederkommen* charakterisierte Bewegung des Zunehmens statt. Sie steht im Gegensatz zum *Durchschneiden* der beiden Mondhälften im zweiten Haupttrigramm (Plätze 4/5), das mit der abnehmenden Bewegung den als *Schaden* ausgelegten Schatten erzeugt. Daher: *Kein Schaden*. Man kann diesen ersten Linienspruch aber auch sinnvoll als Vorschau auf das ganze Zeichen verstehen. Denn er ist der einzige Spruch im *Yijing*, der allein aus der Formel *kein Schaden* besteht, und entspricht damit zugleich der besonderen Stellung des Hexagrammes im Text. Dieses ist nicht nur die Umkehrung des Partnerzeichens H39, sondern zugleich das diametrale Gegenzeichen zu H37, so daß sich mit ihm der vollkommen komplementäre Ausgleich des vorausgehenden Hexagrammpaares H37/H38 durch das vorliegende Paar H39/H40 vollendet. Die Formel *kein*

Schaden signalisiert ja insbesondere das Verschwinden des Schattens durch die Ergänzung der komplementären Gegenbilder. So erklärt sie hier auch der *Xiang*-Kommentar: *Das Ineinandertreffen von Hart und Weich hat die Bedeutung »kein Schaden«.* Die 4 Hexagramme H37 – H40 stellen zusammen so etwas wie einen vollkommenen Kreislauf von Tod und Wiedergeburt dar, in dem alles aufgeht und kein ungeklärter Rest bleibt.

Neun auf zweitem Platz   Kan

Auf der Jagd erbeutet man drei Füchse und erlangt einen gelben Pfeil. Entschiedenheit ist glückverheißend.

Es eröffnet sich eine Perspektive, die Ihnen reiche Beute und großen Gewinn verspricht. Nutzen Sie Ihre Chance.

Kan steht für den Vollmond, der hier speziell als Gegenbild der Sonne und in seiner Ausrichtung auf diese zu sehen ist, wie es dem Schritt *Kan – Li* entspricht. Dies wird zunächst durch die *drei Füchse* ausgedrückt. Dabei müssen wir uns die Höhle des Schwarzmondes als den Fuchsbau vorstellen, in dem der Mond-Fuchs mit der Konjunktion drei Tage lang zu verschwinden pflegt. Hier wird er *auf der Jagd* oder *auf dem Feld erbeutet*, d. h. als Vollmond am Nachthimmel. Dies drückt seine Dreizahl aus, da das Schriftzeichen für *drei* (*san*) aus drei waagerechten Strichen besteht und damit den drei ungebrochenen Linien des Trigramms *Qian* gleicht (vgl. H57/4). Aber seine Dreizahl verweist außerdem ebenso wie seine Natur als Höhlenbewohner auf den Schwarzmond und die drei Konjunktionstage, d. h. auf den Sonnenort. Und die gleiche Zielrichtung stellt natürlich der *gelbe*, d. h. sonnenfarbene *Pfeil* dar. Daher ist auch der *Kun*-Platz 6 durch einen Sonnenvogel gekennzeichnet, auf den wiederum *geschossen* wird. Dieser und der folgende Platz stehen damit in enger Parallele zu H21/4/5. Das Zerteilen oder Zerschneiden in unserem Hexagrammnamen entspricht dem dort thematisierten *Durchbeißen*. Auch dort erscheint auf dem *Kan*-Platz das Symbol des Pfeils: *Man erlangt einen Pfeil aus Metall*. Die Farbe Gelb aber finden wir dort auf dem darauf folgenden *Li*-Platz: *Man erhält gelbes Metall*.

Sechs auf drittem Platz   Li

Wenn einer eine Last auf dem Rücken trägt und überdies auf einem Wagen fährt, bewirkt er, daß Räuber herbeikommen. Die Entscheidung bringt Verlust.

Sie sollten nicht so viel Aufhebens von Ihrem Besitz machen.

Der Spruch zieht das Resümee aus den drei ersten Plätzen: Der gekrümmte Neumond *Gen* auf Platz 1 wird als jemand gedeutet, der unter einer Last gebeugt geht, die er *auf dem Rücken trägt* (vgl. H52/0), die symmetrischen Hälften des Vollmondes auf Platz 2 sodann wieder als die Räder eines *Wagens* (vgl. H14/2), der sich schließlich im Zeichen *Li* auf Platz 3 in die abnehmende Richtung bewegt. Und das Abnehmen wird wieder so ausgelegt, daß *Räuber herbeikommen*, die davon Stück für Stück wegnehmen (vgl. H5/3). Daher: *Die Entscheidung bringt Verlust.* Wer seinen Rucksack auch dann noch anbehält, wenn er in einem Wagen fährt, signalisiert damit, daß der Inhalt besonders wertvoll ist. Das erregt Neid und Begehrlichkeit.

Neun auf viertem Platz   Kan

Befreit als Mutter. Ein Freund trifft ein und reißt die Gefangenen auseinander.

Eine schmerzhafte Trennung erweist sich als fruchtbar. Was dabei herauskommt, wird zwischen den Parteien aufgeteilt.

In den meisten Textüberlieferungen ist dem Schriftzeichen *Mutter* eine *Hand* hinzugefügt, was dann *Daumen* oder *großer Zeh* bedeuten würde. Dies scheint mir aber hier keinen Sinn zu machen. Die Idee des *Sichlösens* von der Mutter, die der deutsche Begriff *Ent-bindung* ausdrückt, entspricht hingegen vollkommen dem Sinn des Hexagrammnamens. Seine Grundbedeutung *aufschneiden* legt sogar den Gedanken einer Kaiserschnittgeburt nahe. Die Linie bildet den Beginn des zweiten Haupttrigrammes *Zhen*, das mit dem Altmond die Gestalt der Sichel bzw. des Messers suggeriert. Der urbildliche Gedanke ist, daß das Mond-Ei in seine zwei Hälften zerschnitten oder aufgeklappt wird, so daß in der Konjunktion der (auf Platz 6 genannte) Sonnenvogel daraus hervorschlüpft. Genau diesem Gedanken entspricht auch der zweite Teil des Spruches: *Ein Freund trifft ein und schneidet die Gefangenen auseinander.* Der eintreffende *Freund* ist wieder die linke Mondhälfte, die mit der Bewegung *Li – Kan* zu der rechten hinzutritt und den Vollmond bildet (vgl. H39/5). Und dieser Freund leitet dann die abnehmende

Bewegung *Kan – Zhen*, mit der die zwei Hälften, nun als zusammengebundene *Gefangene* ausgelegt, wieder auseinandertreten oder *auseinandergerissen* werden (vgl. H9/5). Das Schriftzeichen *Gefangene (fu)* können wir hier dem Wortsinn nach aber auch als *die Brut* auffassen, was dann einen direkten Bezug auf den Eier-Mythos ergibt (vgl. H49/0; H61).

Sechs auf fünftem Platz   Zhen

Die Bindung des Edlen wird gelöst. Glückverheißend. Es gibt Beute für einen kleinen Mann.

Ein Mächtiger wird glücklich von einer belastenden Bindung befreit. Dies geschieht durch die Einwirkung einer unbedeutenden Randfigur, die sich damit zugleich ihren Vorteil sichert.

Der Spruch setzt den Gedanken des vorigen fort: Die *Bindung* zwischen den zwei Mondhälften wird mit der abnehmenden Bewegung *gelöst* oder *durchschnitten*. Der Zustand der Gebundenheit entspricht dem Vollmond, für den der vorausgehende *Kan*-Platz steht. Zugleich repräsentiert den Vollmond *der Edle*, der im Gegensatz zum *kleinen Mann* als der *große* zu denken ist. Wenn wir die zwei Mondhälften wieder als die aneinandergefesselten *Gefangenen (fu)* des Edlen verstehen, die ich hier mit *Beute* umschreibe, so wird diese Fessel nun durchschnitten, und der linke Gefangene wird dem *kleinen Mann*, nämlich dem zur schmalen Sichel geschrumpften Altmond *Zhen* übergeben. Auch suggeriert die Sichel den Gedanken des Messers, mit dem die Fessel zerschnitten wird.

Oben Sechs   Kun

Der Herzog gebraucht dieses Orakelergebnis, um nach dem Habicht über der hohen Mauer zu schießen. Er erlegt ihn. Alles ist günstig.

Sie erreichen das Ziel Ihrer Wünsche. Das Opfer zahlt sich aus.

Der Spruch versteht sich zugleich als Resümee des ganzen Hexagrammes. Der Sonnenort *Kun* ist die Zielvorstellung, die mit dem *gelben Pfeil* auf Platz 2 gewonnen wurde. Sie bedeutet die senkrecht nach oben gerichtete Perspektive des auf die Sonne »zielenden« Vollmondes. Der Schuß erfolgt also urbildlich vom Vollmond aus, der hier wieder als *Mauer* ausgelegt ist (vgl. H13/4). Hoch über dieser Mauer schwebt der durch die zwei Flügel *Zhen* und *Gen* gekennzeichnete Sonnenvogel in Gestalt des *Habichts*. Mit dem

Auftreffen des Altmondes *Zhen* auf den Sonnenort *Kun* trifft der gelbe Pfeil sein Ziel. Der Sonnenvogel wird damit sozusagen als Ergebnis seiner Befreiung aus dem Mond-Ei »erzielt«. Auch *der Herzog (gong)* ist eine Auslegung des Vollmondes und seiner Zielrichtung auf die Sonne. An anderer Stelle wurde der gleiche Vorgang als Opferdarbringung des Herzogs an den Himmelssohn interpretiert (vgl. H14/3).

41. Sun / Die Minderung

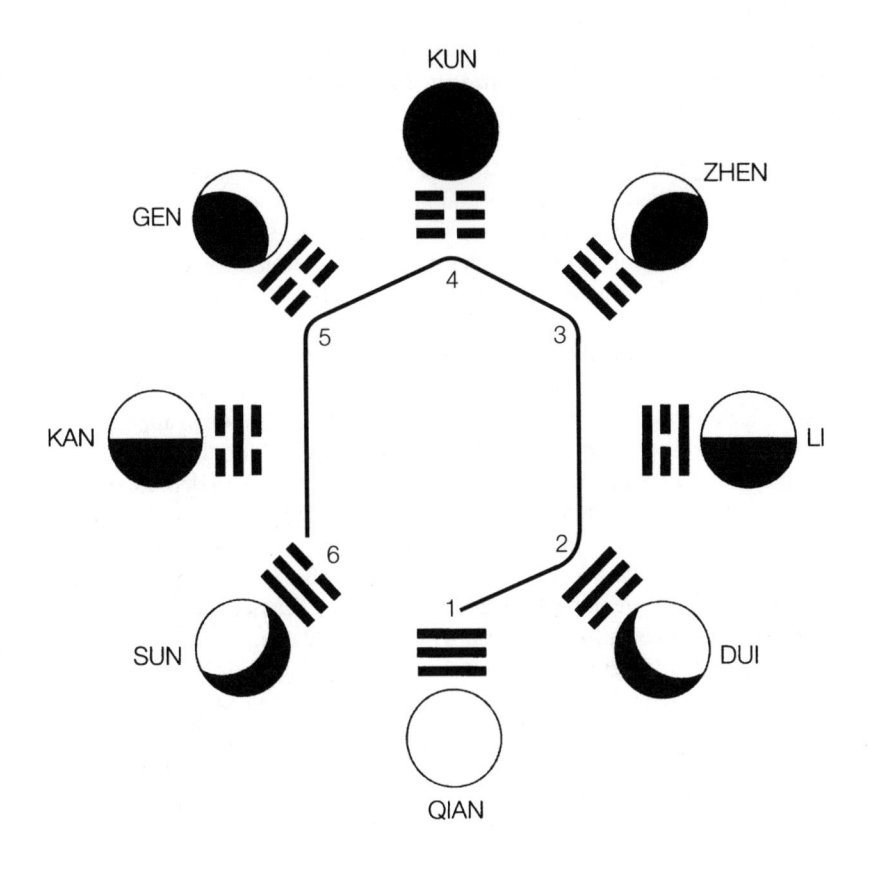

Partnerzeichen: H42.
Gegenzeichen: H31.
Parallelzeichen: H11, H12, H31, H32, H42.

Der Hauptspruch

Die Minderung. Es gibt eine Ausbeute. Der Wunschgedanke hat Glück. Kein Schaden. Man kann ihn verwirklichen. Es ist günstig, sich wo hinzubegeben. Wozu dient das? Zwei Schüsseln kann man zum Opfer verwenden.

Die Interessen gegnerischer Parteien ergänzen sich auf glückliche Weise, so daß für alle Beteiligten ein befriedigender Kompromiß möglich wird. Das Gebot der Stunde ist die aktive Vermittlung zwischen entgegengesetzten Standpunkten.

Hier haben wir wieder eine fortlaufende Gegenüberstellung der diametralen Gegenbilder in beiden Haupttrigrammen. Jedes der sechs Parallelzeichen dieser Serie ergibt in der Form des Graphs ein regelmäßiges sechseckiges Umrißbild, das, wenn man es als den Umriß des Mondkörpers auffaßt, jeweils durch die Stellung der Schattenlücke zwischen Platz 1 und Platz 6 als eine bestimmte Phase definiert wird. Im vorliegenden Fall sitzt die Schattenlücke links unten, was den Neumond *Gen* definiert; denn der Schatten des Neumondes ist auf der linken Seite zu sehen und bedeckt den größten Teil seiner Fläche, was bedeutet, daß er zugleich räumlich nach *unten* auf die Erde gerichtet ist. Daher ist es speziell die Einseitigkeit des Mondbildes *Gen*, die durch die Komplementarität der Gegenpole ergänzt wird. In dem folgenden Hexagramm H42 *Die Mehrung* ist in entsprechender Weise das Mondbild *Zhen* definiert. Die Struktur wird sehr deutlich zum Ausdruck gebracht, indem auf dem *Gen*-Platz 5 in H41 der gleiche Spruch wie auf dem *Zhen*-Platz 2 in H42 erscheint: *Jemand bereichert ihn um eine Schildkröte im Wert von zehn Paar Muschelschnüren. Das kann er nicht ablehnen.*

Das erste Haupttrigramm dieses Zeichens bildet das große Mondbild *Dui*, das zweite der kleine Neumond *Gen*. Insofern stellt der Verlauf eine *Verminderung* dar. Dieser oberflächliche Befund kommt im Hexagrammnamen zum Ausdruck, erschöpft jedoch nicht den Sinn der in sich gegensinnigen Struktur des Zeichens. Denn nur mit dem Verlauf *Qian – Dui – Zhen* im ersten Haupttrigramm folgt der Graph der abnehmenden Bewegung. Im zweiten Haupttrigramm hingegen folgt er mit dem Verlauf *Kun – Gen – Sun* der Richtung des *Zunehmens*. Dabei steht jeder Platz im ersten Haupttrigramm seinem diametralen Gegenbild im zweiten gegenüber. Diese Struktur wird mit der Auslegung der beiden Haupttrigramme als *zwei Schüsseln* dargestellt: In dem Maß, in dem sich die erste Schüssel leert, füllt sich die zweite. Der Inhalt – *die Ausbeute* im Hauptspruch – wird von der einen in die andere geschüttet. Dies sagt der Spruch zu Platz 1 mit den Worten: *Ohne Schaden vermindert man es durch das Ausgießen.* Vermindert wird damit auf dem abnehmenden Wege die Fülle des ersten Gefäßes, die der Vollmond *Qian* darstellt, aber die zweite Schüssel, in die es umgegossen wird, erfährt damit auf dem zunehmenden Wege eine dieser Minderung genau entsprechende *Mehrung*, so daß insgesamt weder Verminderung noch Vermehrung stattfindet, sondern mit jedem Schritt eine jeweils verschieden gepolte Ganzheit erhalten bleibt. Diese Ganzheitlichkeit drückt das Symbol der *Schildkröte im Wert von zehn Paar Muschelschnüren* auf Platz 5 aus. Zugleich ist der Bezug auf das diametrale Gegenbild bzw. das Prinzip der komplementären Ergänzung der urbildliche Richtungssinn *der Opferung (xiang), des Durchdringens (xiang = heng = tong)*, das höchste Harmonie und Erfüllung der Wünsche bedeutet. Die Struktur unseres Zeichens entspricht dem Ideal in vollkommener Weise. Darum werden im Hauptspruch günstige Prädikate aneinandergereiht: *Es gibt eine Ausbeute. Der Wunschgedanke hat Glück. Kein Schaden. Man kann ihn verwirklichen.*

Das Hexagramm erklärt uns das in den verschiedensten Mythologien erscheinende Motiv des *Füllhorns*, aus dem man sich immer wieder einschenken kann, ohne daß es leer wird. Zugleich ist sein Strukturbild eine differenzierte Darstellung des konkret im Sinn des deutschen Wortes verstandenen Begriffes der *Schöpfung*.

Anfangs Neun *Qian*

Zum Opferdienst geht man auf schnellstem Weg. Ohne Schaden vermindert man es durch das Ausgießen.

Geben und Nehmen gehören zusammen. Nicht der einseitige Gewinn der einen Partei, sondern der fruchtbare Austausch zwischen beiden läßt eine Partnerschaft gedeihen. Ein Opfer bedeutet zugleich eine Bereicherung.

Der Vollmond *Qian* ist hier als das gefüllte Opfergefäß interpretiert, das mit dem Abnehmen *ausgegossen* wird. Und zwar wird es in das zweite, das leere Gefäß gegossen, das sein Gegenpol, der Schwarzmond *Kun* auf Platz 4 darstellt, und das sich komplementär dazu mit dem Zunehmen im zweiten Haupttrigramm füllt. *Der schnellste Weg* ist der kürzeste, der Weg quer durch die Mitte, d. h. der Bezug auf den diametralen Gegenpol, durch den das Leeren oder *Vermindern* auf der einen Seite das Füllen oder *Vermehren* auf der anderen bedeutet. Dies wird ferner dadurch angezeigt, daß der gleiche Ausdruck noch ein zweites Mal erscheint, und zwar im Spruch zu Platz 4, der eben den Gegenpol *Kun* markiert. Auch die Formel *kein (= ohne) Schaden* wird dort (wie im Hauptspruch) noch einmal wiederholt, was bedeutet, daß insgesamt nichts verlorengeht. Daher: *Zum Opferdienst geht man auf schnellstem Weg. Ohne Schaden vermindert man es durch das Ausgießen.* Der Ausdruck *auf schnellstem Wege* kann auch *Hin und Her* bedeuten. Man könnte sich ein Opferritual vorstellen, bei dem mehrere Gefäße der Reihe nach in dieser Weise graduell geleert bzw. gefüllt wurden, so daß das *Hin- und Hergehen* seinen konkreten Sinn hatte (vgl. Platz 4).

Neun auf zweitem Platz   Dui

Eine günstige Entscheidung. Angriff bringt Unheil. Im Gegensinn zur Verminderung vermehrt man es.

Sie sollten auf eine gewaltsame Konfrontation verzichten und im gemeinsamen Interesse einem Ausgleich zustimmen.

Der Gegner, auf den sich der *Angriff* richten würde, ist der diametrale Gegenpol *Gen* auf Platz 5. Das große, aber *abnehmende* Mondbild *Dui* bildet die komplementäre Ergänzung seines kleinen, aber *zunehmenden* Gegenbildes *Gen*, welches daher im gleichen Maß mit der *Verminderung* desselben *vermehrt* wird: *Im Gegensinn zur Verminderung vermehrt man es* (vgl. den gleichen Spruch zum Verhältnis *Sun – Zhen* auf Platz 6; auch H62/4)). Ein *Angriff* hingegen würde darauf abzielen, daß der eigene Besitz vermehrt und dem Gegner etwas genommen wird. Daher: *Angriff bringt Unheil.* Für den friedlichen Verkehr jedoch bedeutet die komplementäre Ergänzung der Gegensätze eine *günstige Entscheidung*, in der jeder zu seinem Recht kommt und die sich widerstreitenden *Triebe gebändigt* sind, wie es im *Xiang*-Kommentar heißt.

Sechs auf drittem Platz   Zhen

Wenn drei Menschen zusammen wandern, vermindern sie sich um einen. Wenn einer allein wandert, findet er seine Gefährten.

Wo in einer Gemeinschaft kein Platz mehr für Sie ist, sollten Sie lieber gehen. Erst dann werden Sie neue Freunde finden.

Der Spruch drückt die besagte Komplementarität von Verminderung und Vermehrung, die den Sinn des ganzen Hexagrammes kennzeichnet, in zahlenmäßiger Form aus. Der erste Satz beschreibt das Vermindern oder Ausgießen des Gefäßes, das die abnehmende Bewegung des ersten Haupttrigramms darstellt: *Wenn drei Menschen zusammen wandern, vermindern sie sich um einen.* Die *drei Menschen* sind die drei harten Linien des Vollmondtrigrammes Qian auf dem ersten Platz. Mit dem Abnehmen vermindern sie sich um einen und ergeben die verbleibenden zwei harten Linien des Trigramms Dui auf dem zweiten Platz. Der eine, der sich von ihnen getrennt hat, ist die einzelne harte Linie des Trigramms Zhen auf dem dritten Platz, für das der Spruch steht. Der zweite Satz des Spruches beschreibt die Ergänzung des Altmondes Zhen durch die zwei harten Linien seines komplementären Gegenbildes Sun: *Wenn einer allein wandert, findet er seine Gefährten.*

Sechs auf viertem Platz   Kun

Man vermindert seine Krankheit und bewirkt, daß es auf schnellstem Weg Heilung gibt. Kein Schaden.

Eine Spannung wird behoben, ein Bedürfnis befriedigt, eine Krankheit geheilt.

Die Ausdrücke *auf schnellstem Weg* und *kein Schaden* verweisen auf das Gegenbild Qian auf Platz 1. Wie dort der Prozeß der Ausgießung im ersten Haupttrigramm beginnt, so hier das Füllen des Mondgefäßes im zweiten. Der schnellste Weg bedeutet die Ergänzung durch den diametralen Gegenpol. *Die Krankheit, der Schmerz* oder *der Mangel* ist die Leere der Schattenfläche des Schwarzmondes, die auf den zwei folgenden Plätzen durch den Ein-fluß der Gegenseite schrittweise *vermindert* wird. Daher: *Man vermindert seine Krankheit und bewirkt, daß es auf schnellstem Weg (Freude =) Heilung gibt.* Wenn wir jedoch das Zeichen *auf schnellstem Weg, eilig (chuan)* in seiner ebenfalls überlieferten Bedeutung *Hin und Her* auffassen, so legt der Spruch die Assoziation eines sexuellen Szenarios nahe: *Er vermindert ihren Mangel (= befriedigt ihr Verlangen) und bewirkt, daß das Hin und Her Freude macht. Kein Schaden.*

Sechs auf fünftem Platz Gen

Jemand bereichert ihn mit einer Schildkröte im Wert von zehn Paar Muschelschnüren. Das kann er nicht ablehnen. Der Wunschgedanke hat Glück.

Durch glückliche Fügung oder geschickte Diplomatie erlangen Sie eine Stellung, in der Sie für alle Eventualitäten gerüstet und von allen Seiten unangreifbar sind.

Wie in der Erklärung zum Hauptspruch ausgeführt, definiert das Umrißbild des Graphs mit seiner Schattenlücke das Mondbild *Gen*, welches durch die ganzheitliche Symmetrie des Zeichens ergänzt wird. Speziell ist es das Gegenbild *Dui* auf Platz 2, dem es diese *Mehrung* oder *Bereicherung* verdankt. Die durch die Ergänzung hergestellte vollkommene Ganzheit wird durch das Symbol der *Schildkröte im Wert von zehn Paar Muschelschnüren* dargestellt. Der Schildkrötenpanzer repräsentierte die Ganzheit des Mondplanes, d. h. der Weltordnung, und wurde daher als Medium des Orakels verwendet. Da man die *Muschelschnüre* als Zahlungsmittel gebrauchte, bedeutete eine Schildkröte im Wert von 10 Paar Muschelschnüren eine besonders wertvolle Schildkröte. Bedeutsamer als diese wirtschaftliche Assoziation ist in unserem Zusammenhang jedoch der Symbolgehalt der Zahl *Zehn*, die nämlich einen vollständigen Umlauf durch den Mondplan und damit ebenfalls die Ganzheit der Weltordnung darstellt; denn die Formulierung des vollständigen Ur-Zusammenhanges der Acht Trigramme erfordert eine Aufeinanderfolge von *zehn* binären Elementen (s. Einführung S. 34). Auf diese Assoziation verweisen auch die *Muschelschnüre*, mit denen ja ein *Zusammenhängen* der Muscheln im konkreten Sinn hergestellt wurde. (vgl. H16/4). Ferner entspricht dem der zweite Satz des Spruches: *Das kann er nicht ablehnen*. Da die durch die Schildkröte dargestellte Ganzheitlichkeit in sich alle Gegensätze enthält, gibt es keinen entgegengesetzten Standpunkt mehr, von dem aus man sie *ablehnen* oder sich ihr *widersetzen* könnte. Im Sinn der komplementären Ergänzung beruht dies natürlich auf Gegenseitigkeit. Zum Gegenbild *Dui* auf Platz 2 heißt es darum auch folgerichtig: *Angriff bringt Unheil*. Schließlich wird abschließend noch die Formel *Der Wunschgedanke hat Glück* aus dem Hauptspruch wiederholt. Dies signalisiert, daß der für das ganze Hexagramm zugrundegelegte *Wunsch*gedanke, nämlich die Ergänzung des Schattens im Umrißbild des Graphs, das eben den Neumond *Gen* darstellt, mit dem vorliegenden *Gen*-Platz erfüllt wird.

Oben Neun   Sun

Im Gegensinn zur Verminderung vermehrt man es. Kein Schaden.
Die Entscheidung ist glücklich. Es ist günstig, sich wo hinzubegeben. Man gewinnt einen Diener, der keine Familie hat.

Sie helfen jemandem, indem Sie ihn aus der Isolation befreien und unter Ihren Einfluß bringen. Damit gewinnen Sie zugleich einen Anhänger oder eine Hilfskraft.

Der erste Satz wiederholt einen Teil des Spruches von Platz 2. Wie sich dort das abnehmende Mondbild *Dui* ergänzend auf den zunehmenden Neumond *Gen* bezieht, so bezieht sich hier umgekehrt das zunehmende Bild *Sun* auf den abnehmenden Altmond *Zhen*. Die komplementäre Ergänzung der Gegenbilder funktioniert in beiden Richtungen. Daher: *Im Gegensinn zur Verminderung vermehrt man es* (vgl. H62/3). Was auf der Seite des Gegenbildes *Zhen vermehrt* wird, ist der einzelne Wanderer aus dem Spruch zu Platz 3, der in Gestalt der zwei harten Striche des Trigramms *Sun* seine Gefährten findet. Andererseits ist *Sun* im Gegensatz zu *Dui* eine zunehmende Mondphase. Das bedeutet, daß man auch selbst etwas gewinnen kann. Darum wird hier die Möglichkeit des Angriffs nicht wie auf Platz 3 negativ mit *Unheil* bewertet. Stattdessen ergeht die Empfehlung, etwas zu unternehmen, auf die Reise zu gehen: *Es ist günstig, sich wo hinzubegeben.* Denn auf dieser Reise wird man dem einsamen Wanderer begegnen, der dann gleich seinen Platz im Kreise der neuen Gefährten zugewiesen bekommt: *Man gewinnt einen Diener, der keine Familie hat.*

42. Yi / Die Mehrung

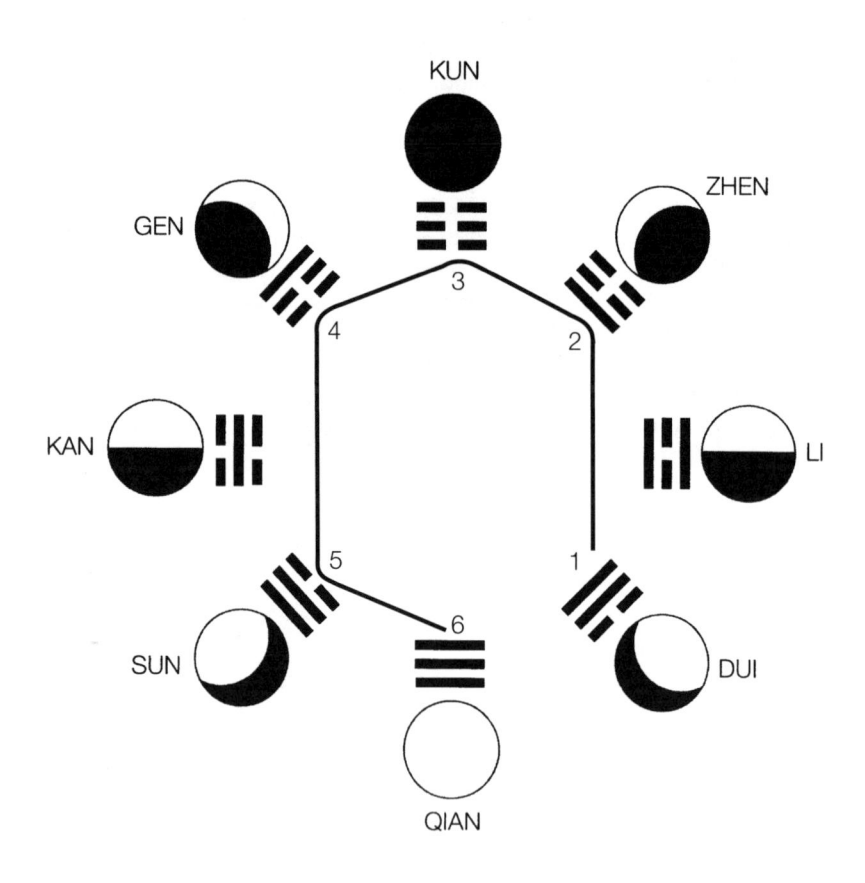

Partnerzeichen: H41.
Gegenzeichen: H32.
Parallelzeichen: H11, H12, H31, H32, H41.

Der Hauptspruch

Die Mehrung. Es ist günstig, wenn man wo hinzugehen hat. Es ist günstig, den großen Strom zu durchwaten.

Die Zeichen stehen günstig für einen Umzug oder einen Wechsel der beruflichen Stellung. Sie haben die Möglichkeit, sich in harmonischer Zusammenarbeit mit anderen von Grund auf zu verändern und zu verbessern.

Hier haben wir wieder eine fortlaufende Gegenüberstellung der diametralen Gegenbilder in beiden Haupttrigrammen. Alle sechs Parallelzeichen dieser Serie ergeben in der Form des Graphs ein regelmäßiges sechseckiges Umrißbild, das, wenn man es als den Umriß des Mondkörpers auffaßt, jeweils durch die Stellung der Schattenlücke zwischen Platz 1 und Platz 6 als eine bestimmte Phase definiert wird. Im vorliegenden Fall sitzt die Schattenlücke rechts unten, was den Altmond *Zhen* definiert; denn der Schatten des Altmondes ist auf der rechten Seite zu sehen und bedeckt den größten Teil seiner Fläche, was bedeutet, daß er zugleich räumlich nach *unten* auf die Erde gerichtet ist. Daher ist es speziell die Einseitigkeit des Mondbildes *Zhen*, die durch die Komplementarität der Gegenpole ergänzt wird. Im Partnerzeichen H41 *Die Minderung* ist in entsprechender Weise das Mondbild *Gen* definiert. Die Struktur wird sehr deutlich zum Ausdruck gebracht, indem auf dem *Gen*-Platz 5 in H41 derselbe Spruch wie auf dem *Zhen*-Platz 2 in H42 erscheint: *Jemand bereichert ihn mit einer Schildkröte im Wert von zehn Paar Muschelschnüren. Das kann er nicht ablehnen.*

Das erste Haupttrigramm des Zeichens bildet der kleine Altmond *Zhen*, während das zweite das große Mondbild *Sun* darstellt. Insofern stellt der Verlauf eine *Vermehrung* dar und steht im logischen Gegensatz zu dem vorigen Hexagramm H41 *die Minderung*. Dieser Befund kommt zwar im Hexagrammnamen zum Ausdruck, erschöpft jedoch nicht den Sinn der in sich gegensinnigen Struktur des Zeichens. Denn Zunehmen und Abnehmen halten sich darin Schritt für Schritt die Waage: Jeder Platz im ersten Haupttrigramm steht seinem diametralen Gegenbild im zweiten gegenüber. Und wie in H41 ist auch hier der Grundgedanke das Prinzip der Ergänzung durch den diametralen Gegenpol. Auf den Plätzen 3 und 4 wird die diametrale Richtung hier direkt als *Weg durch die Mitte* genannt (vgl. H11/2). Auch der Satz: *Es ist günstig, wenn man wo hinzugehen hat* umschreibt wieder den zielgerichteten Charakter dieses *schnellsten Weges* (vgl. H41/1,4).

Das Schriftzeichen des Hexagrammnamens *Yi* stellt ursprünglich ein mit Flüssigkeit gefülltes Gefäß dar. Wir haben damit einen Anklang an das Motiv der *zwei Schüsseln* in H41, die sich niemals erschöpfen, da die Leerung der einen zugleich die Füllung der anderen bedeutet. Das in den Liniensprüchen vorherrschende Szenario ist hier jedoch politischer Art. Und zwar geht es um die auf Platz 4 genannte *Verlegung des Staates*, d. h. der Hauptstadt, und *die Mehrung* bedeutet eine *Verstärkung oder Unterstützung* durch eine Gegenpartei, die den Verlust der alten Hauptstadt ausgleicht, indem sie ihre Wiedererrichtung an anderer Stelle ermöglicht. Der Repräsentant des Staates ist der *König* auf Platz 2, und die Gegenpartei ist ein auf den Plätzen 3 und 4 genannter *Herzog*, der über den *Weg der Mitte* um Hilfe angerufen wird und dem königlichen Ruf folgt. Dabei wird die Hauptstadt von Nordosten (erstes Haupttrigramm *Zhen*) nach Südwesten (zweites Haupttrigramm *Sun*) verlegt. Mit den ersten drei Plätzen wird sie in der abnehmenden Bewegung abgebaut, mit den letzten drei Plätzen auf der anderen Seite in der zunehmenden Bewegung wieder aufgebaut. Gao Heng glaubt, daß diesem Szenario das historische Vorbild einer Verlegung der Hauptstadt der *Yin*- (= *Shang*-) Dynastie mit Unterstützung eines *Zhou*-Herzogs zugrundeliegt.

In den Linientexten wird einerseits angedeutet, daß die Hauptstadt wegen eines Unglücks verlegt werden muß (Platz 3): Die abnehmende Bewegung im ersten Haupttrigramm läßt sie in den Fluten des Nachtstromes versinken, so daß sie auf der zunehmenden Seite wieder aufgebaut werden muß. Ebensogut aber kann man dies natürlich als eine erfolgreiche Flußüberquerung sehen. Denn die fortlaufende komplementäre Ergänzung der Gegenbilder bedeutet zugleich, daß die runde Ganzheit des Erleuchteten durchgängig erhalten bleibt, im Endeffekt nichts verloren geht. Daher heißt es im Hauptspruch: *Es ist günstig, den großen Strom zu durchwaten* (vgl. H61/0).

Andererseits wird der *mehrende* Zugriff auf die Gegenseite auch als ein Beutezug gedeutet (Plätze 3 und 5). Und schließlich hat die Verlegung der Hauptstadt auch noch über die geographische Bedeutung hinaus den Sinn einer *Reform* und *Neuordnung* des Staatswesens, einer *Vervollkommnung*, wie es auf den Plätzen 2 und 5 zum Ausdruck kommt. In diesem Sinn sagt der Bildkommentar zu diesem Zeichen: *Wenn der Edle Gutes sieht, macht er eine Reform. Wo es Fehler gibt, ändert er sie.*

Anfangs Neun   **Dui**

Günstig, um Großes zu schaffen. Der Wunschgedanke hat Glück. Kein Schaden.

Die Zeit ist günstig, um ein großes Projekt zu beginnen. Dabei kommt es auf gründliche Planung an, damit für alle Eventualitäten vorgesorgt ist.

Der mit *schaffen* wiedergegebene Ausdruck wurde in der Frühzeit besonders für *bauen* gebraucht. Das *Große*, das erbaut werden soll, ist die neue Hauptstadt, von deren Verlegung auf dem Gegenplatz 4 die Rede ist. Hier in *Dui* beginnt dieses Bauvorhaben mit der abnehmenden Bewegung als der Abbau der alten Residenz, die zugleich auf der Gegenseite von *Gen* aus wieder zunehmend neu aufgebaut wird. Der Spruch versteht sich aber zugleich als Vorschau auf das ganze Hexagramm. Die Formel *Der Wunschgedanke hat Glück* erscheint noch einmal auf Platz 5, wo der Schatten im Umrißbild des Graphs, das den Altmond *Zhen* darstellt, durch das komplementäre Gegenbild *Sun* ergänzt wird. Eben diese Ergänzung ist der mit dem Umrißbild für das ganze Hexagramm zugrundegelegte *Wunschgedanke* (vgl. H41/5). Seine Erfüllung ist hier gleichbedeutend mit der Schlußformel *kein Schaden*, weil die komplementäre Ergänzung der Gegenbilder vollkommen und durchgängig ist, so daß kein (Schatten =) Schaden, kein unerledigter Rest bleibt und nichts verlorengeht.

Sechs auf zweitem Platz   **Zhen**

Jemand bereichert ihn mit einer Schildkröte im Wert von zehn Paar Muschelschnüren. Das kann er nicht ablehnen. Glückverheißend für eine langfristige Entscheidung. Der König gebraucht dieses Orakelergebnis, um dem Himmelskaiser zu opfern. Glückverheißend.

Durch glückliche Fügung gelingt Ihnen eine Neuordnung und Vervollkommnung Ihrer Lebensordnung, die sich auf lange Sicht als tragfähig erweist.

Wie in der Erklärung zum Hauptspruch ausgeführt, definiert das Umrißbild des Graphs mit seiner Schattenlücke das Mondbild *Zhen*, welches durch die ganzheitliche Symmetrie des Zeichens ergänzt wird. Speziell ist es das Gegenbild *Sun* auf Platz 5, dem es diese *Mehrung* oder *Bereicherung* verdankt.

Die durch die Ergänzung hergestellte vollkommene Ganzheit wird durch das Symbol der *Schildkröte im Wert von zehn Paar Muschelschnüren* dargestellt. Der Schildkrötenpanzer repräsentierte die Ganzheit des Mondplanes, d. h. der Weltordnung, und wurde daher als Medium des Orakels verwendet. Da man die *Muschelschnüre* als Zahlungsmittel gebrauchte, bedeutete eine Schildkröte im Wert von 10 Paar Muschelschnüren eine besonders wertvolle Schildkröte. Bedeutsamer als diese wirtschaftliche Assoziation ist in unserem Zusammenhang jedoch der Symbolgehalt der Zahl *Zehn*, die nämlich einen vollständigen Umlauf durch den Mondplan und damit ebenfalls die Ganzheit der Weltordnung darstellt; denn die Formulierung des vollständigen Ur-Zusammenhanges der Acht Trigramme erfordert eine Aufeinanderfolge von zehn binären Elementen (vgl. Einführung S. 34). Auf diese Assoziation verweisen auch die *Muschelschnüre*, mit denen ja ein *Zusammenhängen* der Muscheln im konkreten Sinn hergestellt wurde (vgl. H16/4). Ferner entspricht dem der zweite Satz des Spruches: *Das kann er nicht ablehnen.* Da die durch die Schildkröte dargestellte Ganzheitlichkeit in sich alle Gegensätze enthält, gibt es keinen entgegengesetzten Standpunkt mehr, von dem aus man sie *ablehnen* oder sich ihr *widersetzen* könnte. Im Sinn der komplementären Ergänzung beruht dies natürlich auf Gegenseitigkeit. Zum Gegenbild *Sun* auf Platz 5 heißt es darum auch folgerichtig: *Man macht Gefangene, die freundlichen Sinnes sind.* Und weil die Ergänzung durchgängig quer durch den ganzen Mondplan erfolgt, ist sie *glückverheißend für eine langfristige Entscheidung* (vgl. H2/7). Die vollkommene Ganzheit des Mondplanes repräsentiert ferner das Schriftzeichen *König (wang)* (Abb. 21, S. 136). Und der Altmond *Zhen*, für den die Linie steht, ist die Phase, wo der Mond in der Sonne verschwindet, d. h. *dem Himmelskaiser geopfert* wird. In der Diametrale *Zhen – Sun* bedeutet dies gleichzeitig den Übergang in die Zentralachse *Qian – Kun*, mit der die Grundrichtung der Opferung definiert ist (vgl. H14/3). Mit der Opferung wird die Verlegung der Hauptstadt bzw. die Neuordnung und Vervollkommnung des Staates dem Himmelskaiser mitgeteilt und damit abgesegnet.

Sechs auf drittem Platz   Kun

Man braucht die Mehrung wegen eines unglücklichen Ereignisses. Kein Schaden. Man macht Gefangene. Er gibt auf dem Weg der Mitte Bescheid. Der Herzog gebraucht die Nephritscheibe.

Der Verlust, den ein unglückliches Ereignis verursacht hat, läßt sich durch einen unerwarteten Gewinn kompensieren. Dieser ist von einem treuen Anhänger in der Ferne zu erwarten, mit dem man möglichst schnell in Kontakt treten sollte.

Das Urbild des *unglücklichen Ereignisses* ist natürlich das Verschwinden des Mondes in der Schwarzmondphase *Kun*. Den genau passenden Ersatz für diesen Verlust, so daß *kein Schaden* entsteht, stellt das komplementäre Gegenbild des Vollmondes *Qian* auf Platz 6 dar. Dieses sind *die Gefangenen* oder *die Beute*, um die man *(vermehrt =) verstärkt* oder *bereichert* wird. Im *Mawangdui*-Text steht statt *unglückliches Ereignis* der Ausdruck *Arbeitsprojekt*, womit die *Gefangenen* als Arbeitskräfte für die Verlegung der bedrohten Hauptstadt gekennzeichnet werden (vgl. Platz 4). Der *Herzog*, dessen urbildlicher Ort ebenfalls der Vollmond ist (vgl. H14/3), hat anscheinend den Fang gemacht. Jedenfalls formuliert der letzte Teil des Spruches mit seiner Symbolik den Gedanken noch einmal in analoger Weise: *Er gibt auf dem Weg der Mitte Bescheid. Der Herzog gebraucht die Nephritscheibe.* Der von dem Unglücksfall in *Kun* betroffene König benachrichtigt den *Herzog auf dem Weg der Mitte*, d. h. auf dem direkten, dem schnellsten Weg, da dieser ihm *diametral* gegenüber in *Qian* residiert. Die *Nephritscheibe* ist wiederum ein unmittelbar einleuchtendes Symbol des Vollmondes. Solche Nephritscheiben *(gui)* wurden den Lehnsfürsten vom König als Zeichen ihrer Würde verliehen und dienten anscheinend auch dazu, die Botschaft eines Fürsten an den König zu beglaubigen. Wenn der Herzog *die Nephritscheibe gebraucht*, so bedeutet das, daß er seiner Treuepflicht nachkommt und dem Ruf des Königs Folge leistet. Der Spruch hat damit den gleichen Sinn wie der erste Teil des folgenden auf Platz 4. Ebenso möglich und sinnvoll wäre die Übersetzung: *Er erhält auf dem Weg der Mitte Bescheid. Der Herzog gebraucht (dabei) die Nephritscheibe.*

Sechs auf viertem Platz   Gen

Man gibt auf dem Weg der Mitte Bescheid, und der Herzog leistet Gefolgschaft. Günstig, um die Verlegung der Hauptstadt abzustimmen.

Es geht darum, eine bedeutende Veränderung mit einer verbündeten Partei Schritt für Schritt abzustimmen und zu organisieren. Dabei ist eine direkte und offene Kommunikation zu empfehlen.

Der *Weg der Mitte*, die Diametrale, führt hier von *Gen* nach *Dui*. Mit dem abnehmenden Mondbild *Dui* beginnt *der Herzog*, seinen Platz für die neue Hauptstadt zu räumen, der mit dem zunehmenden Neumond *Gen*, d. h. mit der Neuerrichtung der Hauptstadt, in genau *abgestimmter* Weise besetzt wird. *Die Verlegung der Hauptstadt* kann, abstrakter übersetzt, auch *die Reform des Staates* bedeuten, d. h. die Ablösung einer alten Ordnung durch eine neue. Parallel zu dem Spruch auf Platz 3 wäre auch für den ersten Teil eine andere Übersetzung möglich: *Man erhält auf dem Weg der Mitte Bescheid, und der Herzog leistet Gefolgschaft.*

Neun auf fünftem Platz   Sun

Man macht Gefangene. Sie sind freundlichen Herzens. Frage nicht! Der Wunschgedanke hat Glück. Die Gefangenen fördern unsere Kraft.

Wenn Ihnen von unerwarteter Seite Hilfskräfte zur Verfügung gestellt werden, sollten Sie diesen nicht mit Mißtrauen begegnen. Es ist nur zu Ihrem Vorteil.

Die Gefangenen sind urbildlich der Zuwachs, der dem Mond in der Phase *Sun* auf dem Weg zum Vollmond zuteil wird. Er entspricht vollkommen komplementär seiner Abnahme im Gegenpol *Zhen*, deckt also genau den Bedarf an Arbeitskräften für die *Verlegung der Hauptstadt*, von der auf dem vorigen Platz die Rede war. Man könnte sich zwar wundern, daß die Gefangenen *freundlichen Herzens*, d. h. kooperativ sind. Aber dadurch soll man sich nicht irritieren lassen: *Frage nicht! Der Wunschgedanke hat Glück.* Die Formel *der Wunsch hat Glück* zeigt an, daß der Schatten im Umrißbild des Graphs, das den Altmond *Zhen* darstellt, hier durch das komplementäre Gegenbild *Sun* ergänzt wird, für das der Spruch steht. Denn eben diese Ergänzung ist der mit dem Umrißbild für das ganze Hexagramm zugrundegelegte

Wunschgedanke (vgl. H41/5). Auch der letzte Satz des Spruches umschreibt den gleichen Gedanken. Der mit *Kraft* wiedergegebene Ausdruck *(de)* ist eine Auslegung des Mondlichts, ihre *Förderung* wiederum die Ergänzung des dahinschwindenden Altmondes durch das Gegenbild *Sun* (vgl. hierzu H32/5). Daher: *Die Gefangenen fördern unsere Kraft.*

Oben Neun   **Qian**

Niemand verstärkt ihn. Jemand schlägt ihn. Wenn man einen Entschluß faßt, hat er keinen Bestand. Unheil.

Ihr Wohlstand und Ihr Einfluß hat zwar einen Höhepunkt erreicht, aber nun sehen Sie sich gezwungen, diese Güter für die Interessen eines Höhergestellten oder das Wohl der Allgemeinheit zu opfern.

Der Spruch steht in Parallele zu dem Vollmondplatz H32/3. Der Mond hat seine volle Größe erreicht: Er wird nicht mehr *verstärkt* oder *vermehrt*. Stattdessen beginnt nun die abnehmende Phase, und der Einbruch der Schattenseite trifft ihn wie ein Schlag, der sichtbar blaue Flecken erzeugt. Der Ausdruck *einen Entschluß fassen* bedeutet wörtlich *das Herz aufstellen*. So ist der zum Abnehmen verurteilte Vollmond als *das Herz* oder *der Entschluß* ausgelegt, der *keinen Bestand* hat. Im Szenario der Hauptstadtverlegung wäre dies als Gegenpol zu dem *Kun*-Platz 3 die feindliche Gegenpartei, die in Gefangenschaft gerät, oder der Herzog, der seinen Platz als Ausweichquartier für den König räumen muß.

43. Guai / Das Aufbrechen

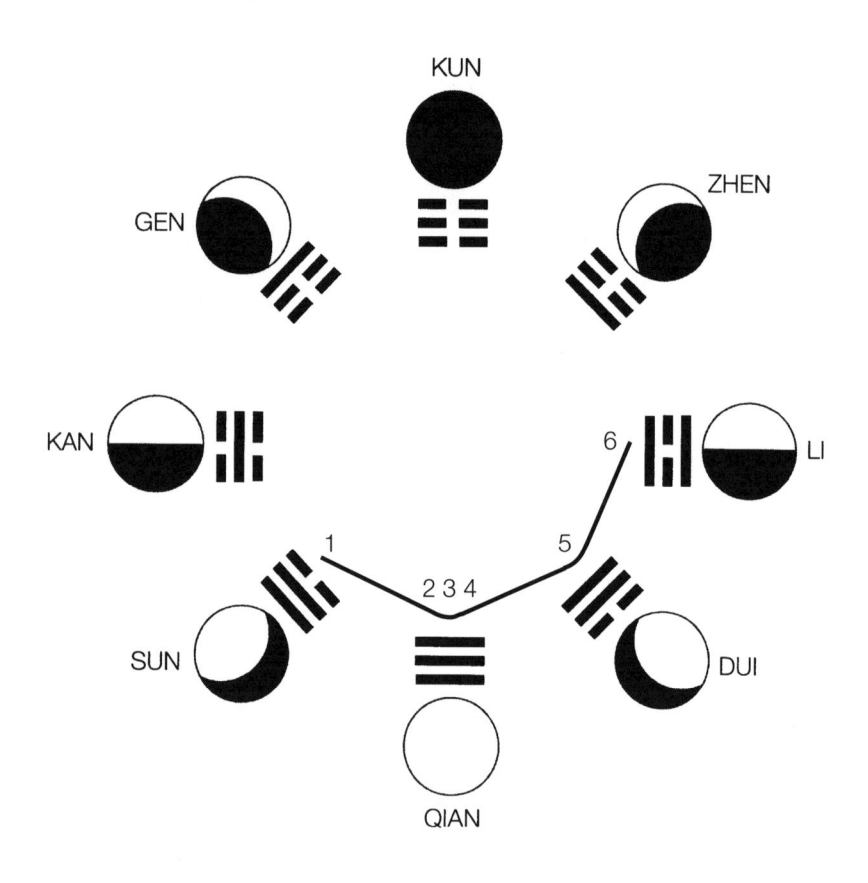

Partnerzeichen: H44.
Gegenzeichen: H23.
Parallelzeichen: H9, H10, H13, H14, H44.

Der Hauptspruch

Das Aufbrechen. Eine Zurschaustellung am Hof des Königs. Die Gefangenen schreien. Es gibt eine Gefahr. Sie wird aus der Stadt gemeldet. Es ist nicht günstig, zu den Waffen zu greifen. Es ist günstig, wenn man einen Ort zum Hingehen hat.

Angesichts einer drohenden Gefahr müssen bestehende Bande aufgebrochen werden. Entschlossenes Handeln ist anzuraten, aber keine Gewalt. Weichen Sie auf eine andere Bezugsperson aus, die es Ihnen dankt.

Die Folge der Haupttrigramme geht von *Qian* nach *Dui*, markiert also das Eintreten des Schattens in den Vollmond. Mit der einzigen weichen Linie auf Platz 6 ist zugleich noch der Zielpunkt für die Bewegung des Abnehmens gesetzt, die in der symmetrischen Sicht des Mondplanes von unten nach oben das Öffnen des Himmelstores darstellt (vgl. H13/0), d. h. das Auseinandertreten der beiden Mondhälften, das als ein *Zerteilen, Aufbrechen, Durchbrechen* etc. dem Sinn des Hexagrammnamens *GUAI* entspricht. Auch hat dieser die Bedeutung *entschlossen*, ähnlich wie der deutsche Ausdruck *ent-schließen* die Idee des *Aufschließens* enthält. Und wenn man ihn mit dem Zusatz *Fuß* schreibt, bedeutet er *Galopp* oder einen *eiligen Schritt*, bei dem man die Beine *auseinanderklaffen* läßt. Die Verwendung des Zeichens in den Liniensprüchen (Plätze 3/5) legt diesen letzteren Sinngehalt nahe.

Das Hexagramm steht in Parallele zu H14, wo wir ein ausgeprägtes Opferszenario haben. Hier bestimmt dieses den ersten Teil des Hauptspruches: *Eine Zurschaustellung am Hof des Königs. Die Gefangenen schreien.* Die drei Vollmondplätze 2, 3 und 4 werden links und rechts von *Sun* und *Dui* flankiert, bilden also eine symmetrische Formation, die mit dem Zentrum in Platz 3 dem durch *Li* auf Platz 6 vertretenen Sonnenort gegenübersteht. So stehen die *Gefangenen* dem Thron des Königs gegenüber, vor dem sie *zur Schau gestellt* oder *vorgeführt* werden. Mit dem Öffnen des Himmelstores wird der Vollmond in der Mitte *durchbrochen* oder *zerteilt*. Das ist der urbildliche Grundgedanke, den der Hexagrammname *GUAI* zum Ausdruck bringt. Solches Zerteiltwerden ist das Schicksal der als Menschenopfer ausersehenen *Gefangenen*. Mit dem Zusatz *Wasser*, der dem Schriftzeichen *GUAI* hier traditionell zugeschrieben wird, hat es – in der Lautung *jue* – neben *durchbrechen (eines Dammes)* auch die Bedeutungen *(ver)urteilen, erschlagen und hinrichten.*

Kein Wunder, daß *die Gefangenen schreien* oder *wehklagen*. Außerdem erscheint auch auf Platz 2 der Ausdruck *ein Schrei des Schreckens*. Dieser steht für die rechte Hälfte des Vollmondes, deren Gegenbild den Eintritt des sterbenden Altmondes *Zhen* in die Konjunktion markiert, so daß der *Schrei* als gegenbildliches Komplement dem rechtsseitigen Schattenmund entspricht und somit die Todesangst des Opfers artikuliert. Ferner steht für den Altmond dann im zweiten Teil des Hauptspruches auch die *Gefahr*, die – urbildlich auf dem gleichen Weg wie das Schreien der Gefangenen – *aus der Stadt gemeldet* wird. Denn der Konjunktionsort *Kun*, gegen den er wie ein Krummsäbel anstürmt, ist ja auch der urbildliche Ort der Sonnenstadt.

Auch die dementsprechende Auslegung der Altmondsichel als *Waffe(n)* findet sich nicht nur im Hauptspruch, sondern auch auf Platz 2, wo sie durch den Zeitpunkt der *späten Nacht* definiert wird. Die abnehmende Bewegung des Graphs in der Folge *Qian – Dui – Li* aber führt gerade in diese Gefahrenzone der *Waffen*, die auf Platz 6 im *Unheil* endet. Daher heißt es im Hauptspruch: *Es ist nicht günstig, zu den Waffen zu eilen.*

Stattdessen ergeht eine andere Empfehlung: *Es ist günstig, wenn man einen Ort zum Hingehen hat.* Diese bedeutet das Ausweichen vor der drohenden Gefahr auf dem *Weg der Mitte* (Platz 5), d. h. durch den Bezug auf den komplementären Gegenpol. Da die Gefahr sich im Schatteneinbruch des zweiten Haupttrigramms *Dui* darstellt, ist der Ort, *wo man hinzugehen hat*, hier vor allem als die gegenbildliche Neumondsichel *Gen* zu verstehen. Auf Platz 4 wird der fortlaufende Bezug auf dieses hornförmige Mondbild dadurch ausgedrückt, daß man *ein Schaf mit sich führen* soll. Auch die Gestalt des Graphs als der Verbindungslinie *Sun – Qian – Dui – Li* gleicht der nach rechts gerichteten Neumondsichel, der in diesem Hexagramm die Rolle des Rettungsankers zukommt (vgl. die Auslegung des Graphs in H9/0). Vermutlich gibt es hier auch einen Zusammenhang mit dem Hexagrammnamen *GUAI*. Denn wenn man diesen mit dem Zusatz *Jade* schreibt, bedeutet er einen *halbkreisförmigen Gürtelanhänger*, der im Fall einer Trennung Glück bringen sollte.

Der *Xiang*-Kommentar sagt zu diesem Hexagramm: *So spendet der Edle den Unteren Wohltaten. Wenn er seine Macht für sich behält, gibt es Neid.* Moral: Wer nicht gibt, dem wird genommen. Der *Untere* entspricht dem kleinen Neumond, dem das große Gegenbild *Dui* als der *Edle* fortlaufend etwas abgibt, so daß insgesamt der Bestand erhalten bleibt (vgl. Platz 5).

Anfangs Neun   Sun

Die Kraft ist in den Vorderfüßen. Wenn man hingeht, wird man nicht siegen, sondern Schaden nehmen.

Mit Ihrer derzeitigen Grundhaltung sind Sie einer Auseinandersetzung nicht gewachsen. Halten Sie sich lieber zurück.

Der Spruch ist fast gleichlautend mit dem *Sun*-Spruch H34/1. Dort geht es um das Bild eines Widders, der aus der Vollmondstellung heraus mit seinen Mondhörnern gegen den Sonnenzaun anrennt. Das Mondbild *Sun* aber bewegt sich nicht in der abnehmenden Richtung dieses Angriffs, sondern in der zunehmenden des Rückzuges. Daher wird von einem Angriff abgeraten: *Angriff bringt Unheil.* So auch hier: *Wenn man hingeht, wird man nicht siegen, sondern Schaden nehmen.* Das Schaf, dem wir auch auf Platz 5 begegnen, bewegt sich im Rückwärtsgang. Daher: *Die Kraft ist in den Vorderfüßen.* Um nach vorne zu stoßen, müßte die Kraft sich natürlich in den Hinterfüßen konzentrieren. Im engeren Sinn wäre das *Hingehen* auf das dahinschwindende Gegenbild *Zhen* gerichtet, das zugleich mit seiner Schattenfläche den Verlust der komplementären Lichtfläche von *Sun* darstellt.

Neun auf zweitem Platz   Qian

Ein Schrei des Schreckens. Spät in der Nacht Waffen. Keine Sorge!

Lassen Sie sich nicht durch die Schwierigkeiten anderer irritieren, die Sie nichts angehen. Mischen Sie sich nicht ein.

Dies ist der erste der drei *Qian*-Plätze. Er steht für die rechte, weil zuerst entstehende Seite des Vollmondes, die hier als *Schrei* ausgelegt ist. Ihr diametrales Gegenbild markiert den Eintritt des sterbenden Altmondes *Zhen* in die Konjunktion. Der *Schrei des Schreckens* oder *der Angst* ent-spricht damit als gegenbildliches Komplement dem rechtsseitigen Schattenmund des Dahinschwindenden und artikuliert so die Todesangst des Opfers. Ferner verweist das mit *Schrecken* wiedergegebene Zeichen *(ti)* auf ein entsprechendes Ritual der Verstümmelung (vgl. H1/3, H9/4). Außerdem sind auch die *Waffen* als eine Auslegung des krummsäbelartigen Altmondes *Zhen* definiert, und zwar durch die *späte Nacht*, in der dieser erst am östlichen Himmel zu erscheinen pflegt. Daher: *Spät in der Nacht Waffen* (vgl. H13/3). Bleibt noch die Schlußformel *keine Sorge!* zu erklären. Das Schriftzeichen *Sorge* oder *Mitleid (xu)* besteht aus den Bestandteilen *Blut* und *Herz*, bedeutet also sinngemäß *Herzblut*. Im *Mawangdui*-Text ist der vermenschlichende Zusatz *Herz* ganz weggelassen, so daß der Spruch dort lautet: *Kein Blut*. Das Blut aber entströmt als Auslegung des Sonnenlichtes der Schattenwunde des in der Konjunktion verschwindenden Mondes (vgl. H9/4). Unser Platz steht jedoch für die Zeit kurz vor dem Höhepunkt der Vollmondphase, wo noch kein Schatten und damit auch noch *kein Blut* entsteht. Daher: *keine Sorge!* Der Spruch setzt damit die Empfehlung des vorigen fort, sich nicht durch *Hingehen* auf das Gegenbild zu beziehen.

Neun auf drittem Platz Qian

Die Kraft konzentriert sich in den Backenknochen. Es gibt ein Unglück. Der Edle bricht entschlossen auf. Er geht allein und wird naß, als wäre er in den Regen gekommen. Das ist ärgerlich, aber kein Schaden.

Es weht Ihnen ein scharfer Wind ins Gesicht. Um einem drohenden Unheil zu entgehen, sollten Sie sich schleunigst aus einer bestehenden Bindung lösen und das Weite suchen.

Dies ist der mittlere der drei Vollmondplätze, der als *die Backenknochen* ausgelegt wird. Die Backenknochen entsprechen den zum Angriff gesenkten Hörnern des Widders in H34 (vgl. Platz 1). Dies betont die zwei Hälften des Mondgesichtes. In anderen Textversionen steht stattdessen *das Kinn*. Dies betont seine zentrale Stellung zwischen den zwei anderen *Qian*-Plätzen, d. h. die Mitte zwischen den beiden Hälften. Diese Mitte aber ist der Ansatzpunkt für das im Hexagrammnamen genannte *Aufbrechen* oder *Zerteilen*, d. h. für das Öffnen des Himmelstores, mit dem die beiden Hälften auseinandergerissen werden. Die Richtung dieses Auseinanderreißens ist die Blickrichtung des zentralen Mondgesichtes, welche *Li* auf Platz 6 repräsentiert. Das wird durch die dortige Wiederholung des Spruches *Es gibt ein Unglück* angezeigt. Im Sinn des Hauptspruches können wir dieses Unglück als die Exekution der Gefangenen verstehen. Mit *entschlossen aufbrechen* wird die zweimalige Wiederholung *guai guai* des Hexagrammnamens wiedergegeben. *Der Edle* reißt sich als die linke der zwei Hälften aus der Verbundenheit derselben im Bild des Vollmondes los und *geht allein*. Damit entzieht er sich dem *Unglück*, das ja beim Abnehmen des Mondes zunächst nur die rechte Hälfte trifft. Dies wird bestätigt durch die Wiederholung des Ausdruckes *guai guai* zum abnehmenden Mondbild *Dui* auf Platz 5. *Gao Heng* nimmt statt *guai* eine Kurzschreibung des Zeichens mit dem Zusatz *Fuß* an, dessen Bedeutung als *tiefe Spuren im Boden hinterlassen* oder *galoppieren* erklärt wird. Die *tiefen Spuren* entsprechen dem Schatten, der mit dem abnehmenden Mond entsteht. Und auch die *Nässe*, die das weiße Gewand des Edlen dabei durch die heftige Gangart im wässrigen Gelände des Nachthimmels befleckt oder bespritzt, *als wäre er in den Regen gekommen,* ist eine Auslegung dieses Schattens. Warum das *kein Schaden* ist, wird auf den folgenden beiden Plätzen erklärt: Weil er sich dabei auf dem Weg der Mitte an das Gegenbild hält, so daß der Schatten kompensiert wird.

Neun auf viertem Platz   Qian

Auf den Hinterbacken ist keine Haut. Das Gehen fällt schwer. Führt man ein Schaf mit sich, so vergeht der Kummer. Man hört Worte, die nicht glaubhaft sind.

Sie werden von einem übermächtigen Gegner gedemütigt. Um noch Schlimmeres zu verhüten, sollten Sie sich lieber unterwerfen. Den Versprechungen eines Partners in ähnlicher Lage ist nicht zu trauen.

Dies ist der dritte unter den drei Vollmondplätzen, der die linke Hälfte bedeutet. Die linke Hälfte des Mondes leitet die Bewegung des Abnehmens, indem sie den Weg zur Sonne weist. Doch auf ihrer Kehrseite, der rechten Hälfte, entsteht zugleich der Schatten. Daher: *Auf den Hinterbacken ist keine Haut.* Gao Heng interpretiert dies einleuchtend als eine Folge der Prügelstrafe.- *Das Fleisch entblößen und ein Schaf mit sich führen* ist ein Ausdruck, der in der historischen Chronik *Zuochuan* vorkommt und bedeuten soll, daß man sich unterwirft, um Schlimmerem zu entgehen. Das Schaf galt als glückbringendes Tier. Urbildlich ist es durch die zwei gekrümmten Hörner *Zhen* und *Gen* vertreten (vgl. H34). Hier bezieht sich der Spruch auf das Prinzip der diametralen Ergänzung der Gegensätze, mit dem der Schatten des abnehmenden Mondbildes *Dui* – die Stelle ohne Haut – durch das gegenüberliegende Schafhorn *Gen* ausgeglichen wird. Daher: *Führt man ein Schaf mit sich, so vergeht der Kummer.* Dies ist auch das Thema des folgenden Spruches zu Platz 5. – Die *Worte* schließlich sind eine Auslegung der Kommunikation zwischen den linksseitigen und den rechtsseitigen Monden (Abb. 20, S. 117). Hier ist es die rechte Hälfte des Vollmondes, die nicht hält, was sie verspricht, weil sie im Zuge des Abnehmens verschwindet. So entsprechen die *Worte* den *Schreien,* die auf Platz 2 erschallen und auf Platz 6 verstummt sind.

Neun auf fünftem Platz   Dui

Ein Bergschaf springt im Galopp. Wenn man auf dem Weg der Mitte wandelt, ist es kein Schaden.

Machen Sie keinen blinden Alleingang, sondern sichern Sie Ihre Schritte durch Abstimmung mit der Gegenpartei.

Der Spruch schließt an den Gedanken mit dem Schaf auf dem vorigen Platz an. Das *Bergschaf*, mit dem ich hier einer Textkritik von *Gao Heng* folge, wird als ein *Schaf* oder eine *Ziege* beschrieben, die *oval geschwungene Hörner hat und im Westen hervortritt*. Das Hervortreten des Tieres im Westen identifiziert seine Hörner als mythische Verkleidung der ebenfalls im Westen erscheinenden Neumondsichel, und die Form ihrer Krümmung verweist zugleich auf das *oval* geformte Gegenbild *Dui*, für das der Spruch steht. Durch seine ovale Krümmung paßt das zunehmende Mondhorn *Gen* genau in die Schattenlücke des abnehmenden Mondbildes *Dui*, um es zur vollen Rundung zu ergänzen. Dieses Prinzip der Ergänzung durch das diametrale Gegenbild, durch das der *Schaden* behoben wird, drückt auch das schon mehrfach erläuterte *Wandeln auf dem Weg der Mitte* aus (vgl. H11/2; H42/3). Daher hieß es in dem vorigen Spruch zu Platz 4: *Führt man ein Schaf mit sich, so vergeht der Kummer.* Das Symbol des Bergschafs signalisiert hier darüber hinaus, daß man sich wie beim Klettern in felsigem Gelände immer durch einen Gegenhalt sichern soll, um nicht das Gleichgewicht zu verlieren und in den Abgrund zu stürzen.

Oben Sechs   Li

Kein Schrei mehr. Am Ende gibt es ein Unglück.

Das Spiel ist aus. Dem Verlierer droht ein böses Ende.

Wie wir auf Platz 2 gesehen haben, handelt es sich um einen *Schrei des Schreckens*, der von dem zum Tod verurteilten *Gefangenen* im Hauptspruch ausgestoßen wird. Der Gefangene oder die Gefangenen sind ebenso wie der *Schrei*, der sich dem Schattenmund des Mondes in der zunehmenden Bewegung entringt, eine Auslegung der Lichtseite, die hier mit seinem Verschwinden in der Schwarzmondphase – der weichen Linie des Trigramms *Li* – eliminiert wird. Daher: *Kein Schrei (mehr)*. Den Verurteilten hat sein Schicksal ereilt.

44. Gou / Die Fügung

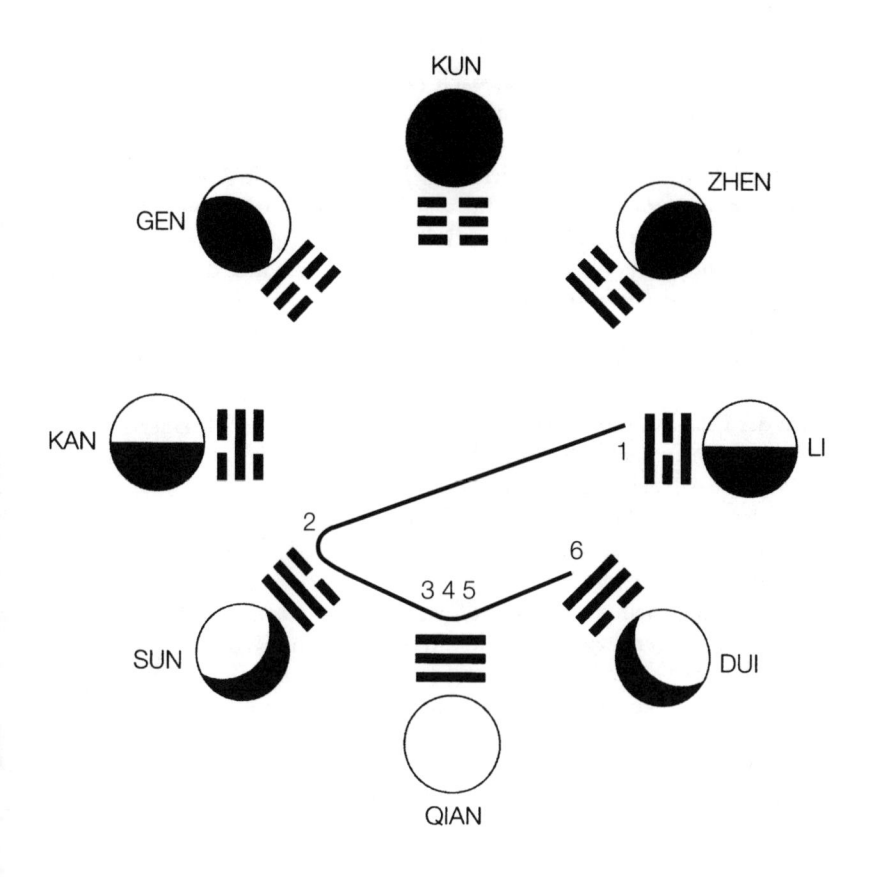

Partnerzeichen: H43.
Gegenzeichen: H24.
Parallelzeichen: H9, H10, H13, H14, H43.

Der Hauptspruch

Die Fügung. Es ist die Stärke des Weibes. Gebrauche es nicht, um eine Frau zu nehmen.

Wenn Sie sich um eine Partnerschaft bemühen, sind Sie als Frau in einer starken Position. Als Mann laufen Sie Gefahr, eingewickelt zu werden.

Im Partnerzeichen H43 *(das Aufbrechen)* ging der Bewegungsverlauf der zwei Haupttrigramme von *Qian* nach *Dui*, d. h. in der abnehmenden oder männlichen Richtung, und mündete am Ende mit *Li* in der Konjunktion. Hier hingegen dominiert mit dem Bewegungsverlauf von *Sun* nach *Qian* die zunehmende oder weibliche Richtung. Dort wurde die Einheit des Vollmondkomplexes *aufgebrochen.* Hier werden die Bruchstücke wieder *zusammengefügt,* in einen ganzheitlichen Rahmen *einbezogen, eingebunden* oder *eingefaßt.* Die Symbolik der Liniensprüche betont die Idee des *Einwickelns, Umhüllens, Insichaufnehmens.* Die Etymologie des Hexagrammnamens *GOU* umfaßt alle diese Bedeutungsaspekte und führt in einer Schriftvariante auf die konkrete Vorstellung eines *geflochtenen Korbes zum Fischefangen* zurück, die wir in den Liniensprüchen auf den Plätzen 2 und 4 finden. In der Form des Graphs können wir die Linie *Sun – Qian – Dui* als einen solchen Fischkorb sehen, der an dem – in der Mitte zu denkenden – Trigramm *Li* in das Wasser des Nachthimmels gehängt ist.

Auf den Plätzen 2 und 4 erscheint der Fischkorb als *Behältnis,* ein Schriftzeichen *(bao),* das ursprünglich einen *schwangeren Leib mit einem Embryo darin* darstellt. Der Hexagrammname *GOU* bedeutet in der überlieferten Schreibung allgemein *zusammentreffen, sich zusammenfügen,* konkret aber *sich paaren.* Insofern wir von der konkreten Bedeutung ausgehen, symbolisiert das Zeichen den Akt der Paarung aus der *weiblichen* Sicht als ein *Insichaufnehmen* oder *Vereinnahmen.* Sie hat hier die Initiative, nicht der Mann. Daher heißt es im Hauptspruch: *Es ist die Stärke des Weibes. Gebrauche es nicht, um eine Frau zu nehmen.*

Ausgangspunkt ist das Trigramm *Li* auf Platz 1. Dieses definiert mit seinen drei Strichelementen *(Dui – Li – Sun)* als gegenbildliche Paßform die Konjunktionsphase, deren Nachtaspekt die Triade *Zhen – Kun – Gen* darstellt (vgl. H30). Die kleinen Monde *Zhen* und *Gen* sind die Bruchstücke, die durch das *Aufbrechen* des Vollmondes in H43 erzeugt wurden, und nun in der Gegenbewegung wieder zusammengesetzt oder eingefügt werden in die Ganzheit. So sehen wir auf Platz 2 die Altmondsichel *Zhen* als den Fisch, der in sein diametrales, als Fischkorb ausgelegtes Gegenbild *Sun* eingepaßt wird. Diese Idee des Insichaufnehmens der Gegenbilder und damit der Ganzheit der Himmelsordnung ist das Leitmotiv der weiblichen Funktion, die wir aus dem Grundhexagramm *Kun* kennen: Zunehmend füllt sich das Mondgefäß in der Tiefe des Nachthimmels mit dem Licht, das die Weisung des Himmels bedeutet, um es abnehmend zur Sonne heraufzuschöpfen und in der Schwarzmondphase auf die Erde herunterzugießen. Darum heißt es auf Platz 5: *Sie trägt das Himmelsmuster in sich. Etwas wird vom Himmel fallen.* Das mit *Himmelsmuster* wiedergegebene Schriftzeichen *(zhang)* ist der Name der lunaren Gesamtordnung des Himmels, der Meton-Periode (vgl. den gleichlautenden Spruch H2/3).

Anfangs Sechs   **Li**

Gebunden an einen metallenen Bremsklotz. Festigkeit ist glückverheißend. Wenn man wo hinzugehen hat, erfährt man Unheil. Ein Schwein am Strick: Der Gefangene stemmt sich zerrend dagegen.

Einer Aufforderung zum Mitkommen sollten Sie sich widersetzen. Ziehen Sie sich lieber zurück.

Wir sehen hier den Vollmond *Qian* auf Platz 4 wieder als einen Wagen mit seinen zwei Rädern, der rechten und der linken Mondhälfte auf den Plätzen 3 und 5 (vgl. H14/2). Dabei ist das zunehmende Mondbild *Sun* der *metallene Bremsklotz,* an dem die als Zugochse mit den beiden Hörnern *Zhen* und *Gen* zu denkende Konjunktionstriade *Li* mit dem Zugseil *Li – Sun* vergeblich zerrt, um den Wagen in die abnehmende Richtung zu ziehen (vgl. H38/3). Wie in H43/1 wird die Bremswirkung von *Sun* positiv bewertet, das *Hingehen* in die Richtung des abnehmenden Gegenbildes *Zhen* hingegen negativ: *Festigkeit ist glückverheißend. Wenn man wo hinzugehen hat, erfährt man Unheil.* Für das *Schwein am Strick,* das im letzten Satz des Spruches zusammen mit dem *Gefangenen* als Auslegung von *Sun* an die Stelle des *Bremsklotzes* tritt, ist das *Unheil* die Schlachtbank, wie für den *Gefangenen* der Opfertod. Daher: *Ein Schwein am Strick: Der Gefangene stemmt sich zerrend dagegen* (vgl. H43/1).

Neun auf zweitem Platz   Sun

Im Behältnis ist ein Fisch. Kein Schaden. Es ist nicht günstig, einen Besuch zu machen.

Es gelingt Ihnen ein schöner Fischzug. Halten Sie sich dann aber lieber bedeckt und seien Sie nicht zu großzügig. Sonst ist das Gewonnene schnell wieder verloren.

Hier wird das Mondgefäß als ein *Behältnis* zum Fischefangen ausgelegt, ein Fischkorb oder Käscher. Das Behältnis ist die Auslegung von *Sun*, der *Fisch* darin die silbrige Sichel des Altmondes *Zhen*, die genau in die Schattenlücke ihres Gegenbildes *Sun* hineinpaßt. Diese gegenbildliche Ergänzung drückt zugleich die Formel *kein Schaden* aus. Daher: *Im Behältnis ist ein Fisch. Kein Schaden.* Mit der zunehmenden Bewegung von *Sun* wird der Fisch in den Behälter hineingezogen. Mit der abnehmenden Bewegung des Altmondes *Zhen* hingegen verschwindet er in der Konjunktion, die hier als ein *Besuch* des Mondes bei der Sonne ausgelegt ist. Daher: *Es ist nicht günstig, einen Besuch zu machen.* Dieser Verlust des Fisches ist das auf Platz 4 definierte *Unheil*. Praktisch bedeutet das, daß man mit einem frisch gefangenen Fisch im Netz keinen Besuch machen sollte, weil er sonst selbstverständlich als großzügiges Gastgeschenk aufgefaßt wird und in der Pfanne der Gastgeber landet. Das ist nicht zum Vorteil des Fischers.

Neun auf drittem Platz   Qian

Auf den Hinterbacken ist keine Haut. Das Gehen fällt schwer. Gefahr, aber kein großer Schaden.

Durch die Hartnäckigkeit, mit der Sie auf Ihrem Standpunkt beharren, werden Sie auch Prügel einstecken müssen. Das ist zwar bedrohlich, wird Ihnen aber nicht viel schaden.

Der erste Teil des Spruches ist gleichlautend mit H43/4, wo er für die linke Seite des Vollmondes steht, während die rechte Seite als deren *Hinterbacken* dargestellt wird. Dort geht es in die abnehmende Richtung *Qian – Dui*. Im vorliegenden Hexagramm aber ist die Grundrichtung umgekehrt, nämlich zunehmend von *Sun* nach *Qian*. Darum steht der Spruch hier nicht für die linke, sondern für die rechte Seite des Vollmondes, deren Hintern die linke darstellt, welche bei den rechtsseitigen, d. h. zunehmenden Monden *ohne Haut*, weil beschattet ist, wie wenn das dunkler erscheinende Fleisch bloßliegt. Eben diese Umkehrung der Grundrichtung drückt die Gleichlautung mit H43/4 aus. Anders als dort aber heilt hier die Wunde im Zuge der zunehmenden Bewegung bald von selbst. Daher: *Gefahr, aber kein großer Schaden.*

Neun auf viertem Platz   Qian

Im Behältnis ist kein Fisch. Emporheben bringt Unheil.

Wer ein Netz ausgeworfen hat, muß sich in Geduld fassen und darf es nicht voreilig wieder einholen.

Wie auf Platz 2 ist das Mondgefäß hier als ein *Behältnis* für Fische ausgelegt, das wir uns als einen *Käscher* vorstellen können. Der vorliegende Spruch steht aber nicht wie dort für das zunehmende Mondbild *Sun*, das einen Schattenrand aufweist, in den sich der silbrige Sichel-Fisch des Gegenbildes *Zhen* einfügt, sondern für den mittleren der drei *Qian*-Plätze, d. h. für den Vollmond in seiner zentralen, makellos gerundeten Form. Die Kehrseite dieser Makellosigkeit, nämlich das Innere des Mondgefäßes, ist die ebenso makellos dunkle Schattenseite des Schwarzmondes *Kun*, in der keine Lichtsichel, d. h. *kein Fisch* mehr zu sehen ist. Dieses diametrale Gegenbild des Vollmondes und mit ihm die Leere des Käschers zeigt sich aber nur, wenn man ihn *emporhebt* aus der Tiefe des Nachtstromes in die Höhe des Sonnenortes Kun. Daher: *Emporheben bringt Unheil.* Die urbildliche Zeit für das Emporheben beginnt erst mit der abnehmenden Bewegung auf dem folgenden Platz 5.

Neun auf fünftem Platz   Qian

Sie umhüllt eine Melone mit Weidenzweigen und trägt das Himmelsmuster in sich. Etwas wird vom Himmel fallen.

Sie gehen schwanger mit einem großen Plan. Hüten Sie ihn zunächst wie ein Geheimnis und lassen Sie ihn in Ruhe reifen. Seine Verwirklichung wird Ihnen dann wie von selbst zufallen.

Dies ist der dritte der drei *Qian*-Plätze, der für die linke Hälfte des Vollmondes steht. Von hier aus beginnt die abnehmende Bewegung, das *Emporheben* des *Behältnisses* aus dem vorigen Spruch. Das verbal mit *umhüllt* wiedergegebene Schriftzeichen *(bao)* ist identisch mit dem substantivischen *Behältnis* auf den Plätzen 2 und 4, das in der Schriftvariante mit dem Zusatz *Fleisch* zugleich *Mutterleib* bedeutet. Der als *Melone* ausgelegte Vollmond erhält mit dem Abnehmen zunächst einen schmalen Schattenrand. Dieser entspricht im diametralen Gegenbild der dünnen Neumondsichel *Gen*, welche hier durch den biegsamen *Weidenzweig* dargestellt ist (vgl. H28/2/5). In der komplementären Ergänzung der Gegenbilder bedeutet dies, daß *der Weidenzweig die Melone umhüllt*. Praktisch können wir uns natürlich auch einen aus Weidenzweigen geflochtenen Korb zum Transport von Melonen vorstellen. – Der zweite Satz des Spruches: *Sie trägt das Himmelsmuster in sich*, wörtlich *im Mund*, erscheint gleichlautend auf dem dritten Platz des weiblichen Grundhexagrammes *Kun* (H2/3). Hier können wir genau sehen, wie er urbildlich gedacht ist: Die hohle Schattenfläche des Neumondes ist der Mund, der in der komplementären Ergänzung das rundliche Gegenbild umfaßt wie der Weidenzweig die Melone. *Das Himmelsmuster im Mund halten* oder *in sich tragen* umschreibt so *die Erfassung der Mondbilder durch das Prinzip der diametralen Ergänzung*. Dies aber entspricht genau der kosmischen Bedeutung des mit *Himmelsmuster* wiedergegebenen Schriftzeichens *(zhang)*: Es ist der chinesische Name der 19-jährigen *Meton-Periode*, des übergeordneten Ordnungsmusters der Mondbilder, und die Struktur dieses Ordnungsmusters beruht auf der Komplementarität der Gegenbilder. Denn im Durchmesser der Meton-Periode – d. h. immer nach 9 1/2 Jahren – steht jedem Mondbild sein diametrales Gegenbild gegenüber, und zwar so, daß dabei die jeweilige Stellung der beiden Gegenbilder im Tierkreis, also ihr Sternenhintergrund, *identisch* ist. Die Gegenbilder ergänzen sich also nicht nur durch ihre Komplementarität zur immer gleichen Gestalt des Vollmondes, sondern stellen diese Gleichheit auch in ihren getrennten Erscheinungsformen durch die Übereinstimmung des Himmelsortes dar. Dies ist das himmlische Urphänomen der Identitätsfunktion (s. H55/0). Das *Insichtragen* des *Himmelsmusters* durch das Mondgefäß bedeutet also praktisch, daß dieses die himmlische Botschaft einer Identität enthält, die sich in den entgegengesetzten Wechselfällen des Kreislaufes durchhält. Das Schriftzeichen für *Himmelsmuster (zhang)* kann man allgemeiner auch mit *Botschaft* oder *Offenbarung* wiedergeben. Mit dieser *Botschaft* offenbart der Erleuchtete den Wesen auf der Erde das Prinzip, wie eine Anpassung an den Wechsel möglich ist, ohne die eigene Identität zu verlieren – das Prinzip des Überlebens. So *manifestiert* sich der Himmel auf der Erde in Gestalt der lebenden Wesen. Das himmlische Vorbild dieser Manifestation im Schema des Mondplanes ist die Erscheinung des Vollmondes in der Nacht (= Erde) als Entsprechung der Sonne auf der Tagseite (= Himmel), das gefüllte Mondgefäß, das die *Botschaft* in sich trägt. Ihre Übertragung auf die *Welt unter dem Himmel (tianxia)* jedoch stellten sie sich als die Ausgießung des Mondgefäßes vor, die hier im Zeichen der linken Mondhälfte mit der abnehmenden Bewegung vorausgesagt wird. Es wandert hinauf aus der Unterwelt der Nacht-Erde zum Tag-Himmel, wobei es sich zugleich umdreht, so daß sein Inhalt sich mit der Konjunktion als Sonnenlicht herunter ergießt auf die Erdoberfläche und in den körperlichen

Dingen *manifestiert* oder *offenbart*. Darum heißt es am Ende des Spruches: *Etwas wird vom Himmel fallen.*

Oben Neun   Dui

Sie trifft auf seine Hörner. Schwierig, aber kein Schaden.

Sie werden angegriffen. Packen Sie den Stier bei den Hörnern. Es wird ihm gefallen.

Der hornförmige Neumond *Gen* spielt hier als Gegenbild zu *Dui* die gleiche Rolle wie der Altmond *Zhen* als Fisch gegenüber *Sun* auf Platz 2. Da mit dem vorliegenden Platz die Links-Rechts-Symmetrie zwischen *Sun* und *Dui* vervollständigt wird, können wir die gegenüberstehenden »Hörner« *Zhen* und *Gen* auch zur Mehrzahl zusammenfassen. Die Hörner symbolisieren das aggressive Potential der Männlichkeit, mit dem der weibliche Integrationstrieb hier konfrontiert wird. Das ist natürlich eine *Schwierigkeit*. Andererseits fügen sich die komplementären Gegenbilder so vollkommen ineinander wie das Schwert in die Scheide, so daß *kein Schaden* entsteht. Das Horn-Motiv steht in Parallele zum Motiv des Schafes in H43/4/5.

45. Cui / Die Versammlung

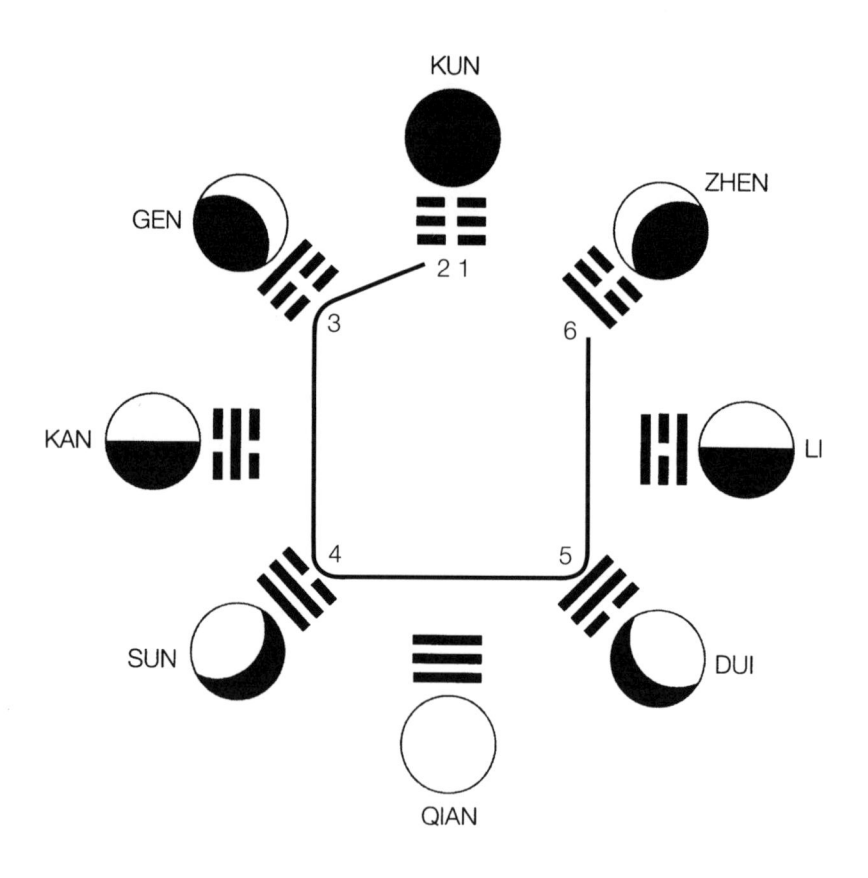

Partnerzeichen: H46.
Gegenzeichen: H26.
Parallelzeichen: H19, H20, H27, H46, H62.

Der Hauptspruch

Die Versammlung. Man dringt durch. Der König begibt sich in seinen Ahnentempel. Es ist von Vorteil, den großen Mann zu sehen und zu opfern. Günstig für eine Entscheidung. Ein großes Opfertier zu verwenden bringt Glück. Es ist günstig, wenn man wo hinzugehen hat.

Die Vorbereitung eines Unternehmens von größter Bedeutsamkeit für alle Beteiligten bedarf der Leitung durch eine überragende Führungspersönlichkeit. Innere Sammlung und äußere Disziplin sind das Gebot der Stunde. Für das Gelingen der Aktion darf Ihnen kein Opfer zu groß sein.

Das vorliegende Hexagrammpaar steht in Parallele zu den Paaren H19/H20 und bewegt sich wie dieses mit seiner Symbolik vorwiegend in einem sakralen oder zeremoniellen Szenario. Dies wird im Hauptspruch zunächst durch den *Ahnentempel* signalisiert. Das Umrißbild des Graphs gleicht einem Haus, bei dem die rechte Seite des Daches fehlt oder offen bleibt. Den Gipfelpunkt des Hauses bilden die gedoppelten *Kun*-Plätze 1 und 2, die den Schwerpunkt des Zeichens im Konjunktionsort bedeuten. Dieser urbildlichen Architektur entspricht das Schriftzeichen *Ahnentempel (miao)*: Es besteht aus einem nach rechts offenen Schrägdach, unter dem sich das Zeichen *Morgenstunde, Audienz (zhao)* befindet, das ursprünglich die Konjunktion von Sonne und Mond darstellt 朝. Der *Ahnentempel* bedeutet seinem graphischen Sinn nach auf diese Weise *das Haus für das Opfer zur Morgenstunde*, d. h. zu der Stunde, wo der Altmond *Zhen* in der Sonne bzw. im Schwarzmond *Kun* verschwindet. Dies ist das himmlische Vorbild der Opferung.
So ist hier der Mondplan im ganzen, den der *König* symbolisiert (Abb. 21, S. 136), als das Bild eines *Ahnentempels* ausgelegt, in dem man sich zum Opferritual *versammelt*, oder in dem die als Menschenopfer bestimmten Gefangenen *versammelt* werden. Außerdem aber wird in einem Spruch auf Platz 2, der sich wörtlich in H46/2 wiederholt, noch eine bestimmte Opferzeremonie genannt, nämlich das *Yue-Sommeropfer*. Im Sommer nämlich kulminiert mit dem höchsten Sonnenstand das Mondbild *Kun*, das mit seiner Doppelung den Schwerpunkt oder Gipfelpunkt unseres Hexagrammes bildet. Die Er-

scheinung des Vollmondes hingegen ist zu dieser Jahreszeit mit dem niedrigsten Stand am schwächsten ausgebildet. So entspricht die Zuordnung des Zeichens zum Sommer auch dem Fehlen eines *Qian*-Platzes. Der Sinn des Sommeropfers wurde daher auch so gedeutet, daß man nichts *Großartiges*, sondern nur kleine Dinge zu opfern hatte, weil im Sommer die Feldfrüchte noch nicht reif sind.

Das Schriftzeichen *Sommeropfer (yue)* wirft auch ein weiteres Licht auf den Sinn des Hexagrammnamens *CUI versammeln*. Es besteht in seinem Hauptteil aus dem mit ihm lautidentischen Zeichen *Flöte*, das man direkt auf die Platzverteilung beziehen kann: Es stellt ursprünglich vier Pfeifen dar (Plätze 3 bis 6), die mit einem Bindfaden zu einer Panflöte *zusammengebunden* (= *versammelt*) sind, und darüber zwei Münder (Plätze 1 und 2), die darauf spielen 龠. Die Versammelten stellen sich in diesem Ritual dem göttlichen Mund *Kun* gleichsam wie die Pfeifen einer Panflöte als Medium zur Verfügung.

Die *Versammlung* wird so durch die Plätze *Gen, Sun, Dui* und *Zhen* gebildet, die ein regelmäßiges Geviert darstellen, in dem sich die diametralen Gegenbilder symmetrisch gegenüberstehen. Für den Gipfelpunkt des Graphs mit den beiden *Kun*-Plätzen aber fehlt in der Platzverteilung der Gegenpol *Qian*. Die Zentralachse *Qian – Kun*, die Blickrichtung des Vollmondes auf den Sonnenort, bedeutet aber die richtige Ausrichtung der Versammlung für die Opferung. Wie wir in H1/2/5 gesehen haben, wird eben diese Zentralachse als *der Große Mann* ausgelegt, der in den zwei Erscheinungsformen Vollmond und Sonne auftritt. Der Satz *Es ist von Vorteil, den Großen Mann zu sehen* bedeutet also, daß hier das Bild des Vollmondes *Qian* aus der Symmetrie der Versammlung heraus als Gegenpol zu *Kun* zu ergänzen ist, um die richtige Ausrichtung für die Opferung herzustellen. Und ebenso signalisiert auch *das große Opfertier*, das man verwenden soll, die Idee der symbolischen Ergänzung des fehlenden Vollmondes.

Wir sehen also das Geviert der Plätze 3 bis 6 als eine Versammlung von Opferpersonen im Ahnentempel, die sich auf den Adressaten der Opferung, urbildlich den Schwarzmond *Kun*, ausrichten und konzentrieren soll. *Kun* ist das Bild des Jenseits, in dem die Toten verschwunden sind wie der Mond in der schwarzen Nacht der Konjunktionsphase. In den Liniensprüchen 1 und 2 wird dieser Gedanke der Ausrichtung auf *Kun* auch durch die Assoziation des Bogenschießens im urbildlichen Sinn des schon erläuterten *Zielens auf die Sonne* angedeutet (vgl. H1/3). Dabei ist dann der Verlauf des Graphs bis zur Linie *Sun – Dui* das Spannen oder Ausziehen des Bogens. Der Vollmond aber, d. h. die Ausrichtungsfunktion des Zielens, wird ersetzt durch die komplementäre Ergänzung der vier Gegenpole im Mittelpunkt des Mondplanes, wo sie sich in vollkommener Symmetrie *bündeln* oder *versammeln*. *Sun* und *Dui* erscheinen dann zuletzt auf Platz 6 als die *mit beiden Händen* (*Zhen* und *Gen*) nach oben gereichten Opfergaben.

Die besondere Bedeutung der komplementären Ergänzung für dieses Zeichen kommt auch darin zum Ausdruck, daß hier in allen sechs Liniensprüchen die Formel *kein Schaden* erscheint. Der Kontext der Ahnenverehrung legt hier den Gedanken einer Auslegung der Gegenpoligkeit im Sinn eines *Jenseitsbezuges* nahe, bei dem durch den Kreislauf von Tod und Wiedergeburt ein ständiger Ausgleich stattfindet, so daß *langfristig* (Platz 5) nichts verlorengeht.

Das Verhältnis zu den jeweiligen diametralen Gegenbildern auf der anderen Seite des Mondplanes ist der Bezug zu den Ahnen im Jenseits, und die Verbindungslinien zwischen diesen Gegenpolen schneiden sich alle im Mittelpunkt, dem Ort der *Versammlung*, so daß hier der Gegensatz zwischen Diesseits und Jenseits in der komplementären Ergänzung aufgehoben wird.

Anfangs Sechs   Kun

Die Gefangenen sind ohne Halt. Bald zerstreuen sie sich, bald sammeln sie sich. Wenn sie weinen, wird mit einem Schlag Lachen daraus. Keine Sorge! Hingehen ist kein Schaden.

Die verständliche Verunsicherung und Verwirrung unter den Teilnehmern darf kein Grund sein, das Unternehmen aufzugeben. Wenn Sie ein richtunggebendes Zeichen setzen, wird sich die erforderliche Entschlossenheit einstellen.

Die Gefangenen sind für die Opferung bestimmt und sollen als Hoffnungsträger auf die Reise ins Jenseits geschickt werden. Aber sie sind dazu nicht motiviert. Das mit *Halt* wiedergegebene Schriftzeichen *(zhong)* bezeichnet den urbildlichen Richtungssinn der Opferung, nämlich die *entschiedene, bestimmte* und *beständige* Ausrichtung der Lichtseite des Mondes auf die Sonne, das *Zielen auf die Sonne*, das der Vollmond als ihr Gegenbild darstellt (vgl. H1/3). Der Spruch steht für den Schwarzmond *Kun*, dem sein Gegenbild *Qian*, der Vollmond, die Instanz des *Zielens*, in diesem Hexagramm eben fehlt. *Kun* bedeutet die mondlose Nacht, das Totenreich, und zugleich den Konjunktionsort, wo die auflösende Bewegung des Abnehmens (*Zhen* = *zerstreuen*) mündet und die verfestigende Bewegung des Zunehmens (Gen = *sammeln*) beginnt. Daher: *Die Gefangenen sind ohne Halt. Bald zerstreuen sie sich, bald sammeln sie sich.* Ferner ist das Fehlen des Vollmondes auch das urbildliche Motiv des darauffolgenden Satzes: *Wenn sie weinen, wird mit ei-*

nem Schlag Lachen daraus. Das *Weinen* ist die Abwärtsbewegung *Gen – Sun*, das *Lachen* die Aufwärtsbewegung *Dui – Zhen* (vgl. H13/5, H56/6). Der *eine Griff* oder der *eine Schlag*, mit dem sich das Weinen unvermittelt in Lachen verwandelt, ist die Bewegung *Sun – Dui*, mit der das Zunehmen ohne den Zwischenschritt des Vollmondes in das Abnehmen umschlägt. So gibt der Spruch von der höheren Warte *Kun* aus eine Überschau über das ganze Zeichen. Und am Schluß wird auch noch gesagt, daß die Verwirrung sich im weiteren Verlauf des Graphs durch die Sammlung im Fokus der komplementären Gegensatzpaare legt. Die Formeln *keine Sorge!* und *kein Schaden* bedeuten urbildlich beide die Verneinung des Schattens. Daher: *Keine Sorge! Hingehen ist kein Schaden* (vgl. H43/2).

Sechs auf zweitem Platz   Kun

Den Bogen Spannen ist glückverheißend. Kein Schaden. Wenn es Gefangene gibt, ist es günstig, sie beim Yue-Sommeropfer zu gebrauchen.

Weil man nur über geringe Mittel verfügt, geht es darum, unter einer starken Führung alle Kräfte zu sammeln und zu konzentrieren, wie man einen Bogen spannt und dabei den Pfeil auf das Ziel richtet.

Der zweite *Kun*-Platz leitet über in die zunehmende Bewegung *Gen – Sun*, die als *Spannen des Bogens* ausgelegt wird. Im Mythos des Bogenschießens bedeutet die Oppositionsstellung des Vollmondes das *Zielen auf die Sonne* mit gespanntem Bogen, das Abnehmen den Schuß, die Konjunktion das Treffen des Pfeils »ins Schwarze«, d. h. in den Schwarzmond, der den Sonnenort und zugleich das Totenreich der mondlosen Nacht markiert. Der Ausdruck *den Bogen spannen* bedeutet im übertragenen Sinn auch *führen, leiten*. Was hier *geführt*, gleichsam wie der Pfeil beim Spannen des Bogens in zielgerechte Stellung gebracht wird, sind die als Menschenopfer für den Sonnengott bestimmten *Gefangenen*. Das *Yue-Sommeropfer* wurde schon bei der Besprechung des Hauptspruches erklärt: Der Sommer ist die Jahreszeit, wo mit dem höchsten Sonnenstand auch der Schwarzmond, der den Gipfel- und Schwerpunkt unseres Hexagrammes bildet, kulminiert. Gleichzeitig steht der Vollmond am tiefsten, was dem Fehlen des *Qian*-Platzes entspricht. Das heißt, daß man nur über kleine oder geringe Opfergaben verfügt.

Sechs auf drittem Platz   **Gen**

Man sammelt sich unter Seufzen. Das ist zu nichts nütze. Wenn man weitergeht, ist es kein Schaden. Eine kleine Schwierigkeit.

Sehen Sie den Tatsachen ins Auge. Widerwilliges Zaudern und wehleidiges Jammern nützen nichts. Akzeptieren Sie den Platz, der Ihnen nun einmal zugewiesen ist, auch wenn er Ihnen gering erscheint. Sehen Sie die Dinge in einem größeren Zusammenhang.

In der Gesamtschau des Mondplanes erfolgt die Abwärtsbewegung des Sammelns als Stufenfolge der drei Platzpaare *Kun – Kun* (1 und 2), *Gen – Zhen* (3 und 6) und *Sun – Dui* (4 und 5). Hier ist das Platzpaar *Gen – Zhen* als *Sammeln* und *Seufzen* ausgelegt. Mit der zunehmenden Bewegung des Neumondes *Gen* werden die Gefangenen *gesammelt* und zu ihren Plätzen (*Sun* und *Dui*) geführt. Das Aufklaffen des Mond-Mundes in *Zhen* ist – sinngemäß analog zu dem Spruch auf Platz 6 – als *Seufzen* oder *Schluchzen* gedeutet. Die Teilnehmer zeigen sich auf dieser Ebene widerstrebend und hadern mit ihrem Schicksal. Denn man hat ihnen in der Versammlung nicht die großen Ehrenplätze *Sun* und *Dui* zugewiesen, sondern die *kleinen* Mondbilder *Gen* und *Zhen*. Daher ist dies auch nur eine *kleine Schwierigkeit* oder eine *Schwierigkeit der Kleinen*. Ihr *Seufzen* ist aber *zu nichts nütze*. Vielmehr wird der weitere Verlauf zeigen, daß ihre Rolle im Rahmen des Ganzen sogar sehr sinnvoll ist. Daher: *Wenn man hingeht, ist es kein Schaden.*

Neun auf viertem Platz   **Sun**

Großes Glück. Kein Schaden.

Sie erlangen eine bedeutende Stellung. Insofern Ihnen das Format dafür fehlt, läßt sich der Mangel durch die Hilfe anderer ausgleichen.

Hier nimmt die Versammlung mit dem zu stattlicher *Größe* angeschwollenen Mondbild *Sun* eine feste Gestalt an. Zugleich ist *Sun* der erste unter den zwei *großen* Ehrenplätzen *Sun* und *Dui* in der Versammlung. Daher: *großes Glück*, oder: *das Glück des Großen*. Was zur vollen Größe noch fehlt, wird in der Versammlung durch das komplementäre Gegenbild *Zhen* auf Platz 6 ergänzt. Dies ist durch die Formel *kein Schaden* ausgedrückt.

Neun auf fünftem Platz**Dui**

Man versammelt die Würdenträger. Es schadet nicht, wenn man keinen Fang macht. Der Wunschgedanke wird langfristig bestätigt, und der Kummer vergeht.

Alles steht vollzählig bereit, nur das Fehlen der Hauptperson bereitet Kummer. Aber auf lange Sicht wird man sie aus der Mitte der Versammelten heraus ersetzen.

Die großen Mondbilder *Sun* und *Dui* sind die Ehrenplätze für *die Würdenträger*, wörtlich *die einen Rang haben*. So bildet der Platz die komplementäre Ergänzung für die *Schwierigkeit der Kleinen* des Gegenbildes *Gen* (Platz 3). Der *Fang*, den man *nicht macht*, ist der Vollmond *Qian*, den der Verlauf des Graphs mit dem Schritt *Sun – Dui* überspringt. Aber das ist *kein Schaden*, da die Gegenbilder *Zhen* und *Gen* die Schattenflächen von *Sun* und *Dui* zum Bild des Vollmondes ergänzen. Dieser erscheint ferner als der (für die Orakelbefragung zugrundegelegte) *Wunschgedanke (yuan)*: *Der Wunschgedanke wird langfristig bestätigt* oder *verwirklicht* (vgl. H8/0; H2/7). Der Begriff *langfristig* drückt den Bezug auf die Gegenbilder aus, durch den er auf dem Weg der komplementären Ergänzung seine Gestalt gewinnt. Und zugleich *vergeht* damit natürlich *der Kummer*, dem Schriftzeichen nach *die Finsternis des Herzens*, als eine Auslegung des Schattens. Wie in H8 hat die langfristige Bestätigung des Wunschgedankens zugleich den Charakter einer Ergänzung oder Erhellung des Schwarzmondes *Kun* im ersten Haupttrigramm (vgl. H8/1). Denn der Vollmond ist als *Wunschgedanke* ja von Haus aus das Wunschbild der Sonne.

Oben Sechs**Zhen**

Mit beiden Händen überreicht man die Gaben. Tränen und Nasenschleim strömen. Kein Schaden.

Sie sehen sich genötigt, ein großes Opfer zu bringen. Das ist bitter, aber es entspricht einer tieferen Notwendigkeit und wird letztlich kein Schaden für Sie sein.

Wie der Spruch zu Platz 3 bezieht sich auch dieser wieder auf das Platzpaar *Zhen – Gen*. Der erste Teil des Spruches deutet es als zwei nach oben ausgestreckte Hände, die Opfergaben für die Geister der Verstorbenen darreichen. Die *Gaben*, der Inhalt der Hände, entsprechen den beiden in die »Hohlformen« von *Zhen* und *Gen* passenden Gegenbildern *Sun* und *Dui*, die deren

Leere als den *Schaden* ausgleichen. Der zweite Teil des Spruches deutet die beiden Höhlungen als Augen oder als Nasenlöcher, und ihren Inhalt als *Tränen und Nasenschleim*. Im Gesamtzusammenhang des Zeichens können wir dies einerseits als den Ausdruck der Trauer um die Toten verstehen, die der König in seinem Ahnentempel empfindet (vgl. den Hauptspruch), andererseits auch als ein Zeichen der Todesangst, von der die als Opfer ausersehenen *Gefangenen* befallen werden. Der Altmond *Zhen*, die Phase kurz vor dem Verbrennen im Sonnenfeuer, symbolisiert natürlich auch das letzte Stündlein der Opfer. Der Spruch versteht sich zugleich als Überleitung zu dem folgenden Partnerzeichen H46.

46. Sheng / Der Aufstieg

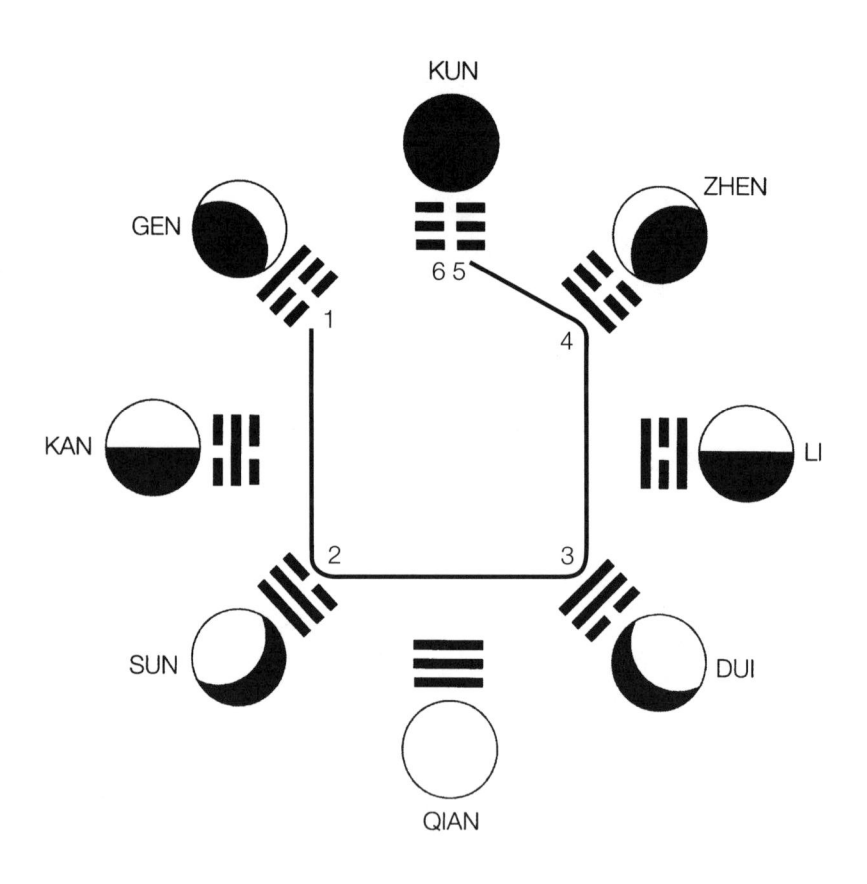

Partnerzeichen: H45.
Gegenzeichen: H25.
Parallelzeichen: H19, H20, H27, H45, H62.

Der Hauptspruch

Der Aufstieg. Der Wunschgedanke dringt durch. Man gebrauche es, um den großen Mann zu sehen. Keine Sorge! Im Süden Angreifen bringt Glück.

Eine groß angelegte Unternehmung, auf die Sie sich lange vorbereitet haben, kann endlich durchgeführt werden. Sie bringt Ihnen einen Aufstieg auf der Leiter des Erfolges und den Zugang zu einer wichtigen Persönlichkeit. Gehen Sie ohne Bedenken auf Ihr hohes Ziel zu.

Hier wird die Opferzeremonie durchgeführt, zu der man sich im vorausgehenden Partnerzeichen H45 versammelt hat. Der Verlauf des Graphs führt von der symmetrischen Versammlung der vier Mondbilder *Gen, Sun, Dui* und *Zhen* hinauf zu den zwei *Kun*-Plätzen 5 und 6. Denn der im Sommer kulminierende Schwarzmond ist der urbildliche Adressat des auf Platz 2 wiederum – wie in H45/2 – genannten *Sommeropfers*. Der Hexagrammname *SHENG aufsteigen* bedeutet auch *hinaufreichen, überreichen, schenken*. Das Szenario des *Aufstiegs* umfaßt so die Assoziation eines *Hinaufreichens* von Opfergaben an den Himmelsgott, der im Hauptspruch als *der große Mann* erscheint, und zugleich damit die Idee einer Himmelfahrt der Menschenopfer ins Jenseits (vgl. H45/6).

Auch durch den Ausdruck *der Wunschgedanke dringt durch* wird der urbildliche Gedanke der Opferung umschrieben, oder vielmehr der *gelungenen* Opferung, bei der das Wunschbild der Sonne, das der Vollmond darstellt, mit dem Abnehmen und schließlichen Verschwinden des Mondes, d. h. mit seiner Opferung, *durchdringt* bis zu seinem diametralen Gegenbild, dem Sonnenort *Kun*. Der Vollmond *Qian* selbst erscheint hier jedoch nicht unter den Plätzen des Hexagrammes, sondern die fehlenden Gegenpole zu den zwei *Kun*-Plätzen werden durch die komplementäre Ergänzung in den beiden Gegensatzpaaren *Dui – Gen* und *Sun – Zhen* ersetzt, mit denen die Opfergaben wie mit zwei ausgestreckten Armen hinaufgereicht werden. Das Schriftzeichen *Sorge* oder *Mitleid (xu)*, seiner graphischen Zusammensetzung nach *das Herzblut*, das urbildlich aus der Schattenwunde des Mondes fließt, versteht sich auch hier wieder als die Verneinung des Schattens, der durch die komplementäre Ergänzung eliminiert wird (vgl. H43/2; H45/1). Daher: *Keine Sorge!*

411

Ferner ist im letzten Satz des Hauptspruches der Aufstieg noch mit einer militärischen Assoziation als *Angriff* gedeutet. Der Schwarzmond *Kun* ist in der Verräumlichung des Mondplanes der Norden, der Thron des nach Süden blickenden Herrschers, so daß die Bewegung des Aufsteigens von Süden her geschieht. Daher: *Im Süden Angreifen bringt Glück.*

In den Liniensprüchen 3 und 5 ist der Aufstieg auch ganz profan als ein körperliches Hinaufsteigen dargestellt: *Man steigt zu einer leeren Stadt hinauf* (Platz 3), und: *Man steigt eine Treppe hinauf* (Platz 5). Alle diese Assoziationen aus verschiedenen Bereichen können zugleich als Umschreibungen einer mystischen Elevation, einer Schamanenreise zum Himmel verstanden werden, die als subjektive Erfahrung durch das symbolische Medium des Opferrituals inszeniert wurde.

Anfangs Sechs   Gen
Den Aufstieg Verwirklichen bringt großes Glück.

Alle Voraussetzungen für den Weg nach oben sind gegeben. Führen Sie Ihren Plan jetzt durch. Sie haben die besten Chancen.

Der Spruch leitet das ganze Zeichen ein und schließt sinngemäß an das vorige an, wo man sich zur Opferzeremonie versammelt, sie vorbereitet hat. Das Zeichen *Verwirklichen (yun)* hat auch den Sinn *wie versprochen, nach Plan*, und *der Aufstieg* kann, wie gesagt, auch *das Emporreichen* der Opfergaben bedeuten. Der Spruch bedeutet also zugleich: *Man überreicht die Opfergaben wie versprochen. Großes Glück.* Ferner kann man den Zusammenhang zwischen dem *Versprechen* oder *Voraussagen* des Aufstiegs und seiner Durchführung auch als das Verhältnis zwischen dem Schritt *Gen – Sun* (Plätze 1 und 2) und der diametralen Gegenbewegung *Dui – Zhen* verstehen, mit welcher der urbildliche Aufstieg als die abnehmende Bewegung des Mondes *wirklich* stattfindet. Das ergibt dann den Sinn, daß der Aufstieg *versprochen* oder *zugesichert* ist, so daß man nicht mehr an seinem Gelingen zweifeln muß: *Gesicherter Aufstieg. Großes Glück.*

Neun auf zweitem Platz   Sun
Wenn es Gefangene gibt, ist es günstig, sie beim Yue-Sommeropfer zu gebrauchen. Kein Schaden.

Wenn Ihnen Ihre Mittel zu gering erscheinen, so sollten Sie sich dadurch nicht beirren lassen. Ihr Beitrag zählt.

Den ersten Teil des Spruches kennen wir schon gleichlautend aus H45/2: Der Sommer ist die Jahreszeit, wo mit dem höchsten Sonnenstand auch der Schwarzmond, der mit den beiden *Kun*-Plätzen den Gipfelpunkt unseres Hexagrammes bildet, kulminiert. Gleichzeitig steht der Vollmond am tiefsten, was dem Fehlen des *Qian*-Platzes entspricht. Das heißt, daß man nur über kleine oder geringe Opfergaben verfügt. In diesem Sinn von Bescheidenheit des Aufwandes wird die Bedeutung des *Yue-Sommeropfers* traditionell interpretiert. In der Schwarzmondphase treten am Nachthimmel ja auch die kleinen Sterne an die Stelle des großen Mondes. Durch die beiden Sprüchen gemeinsame Formel *kein Schaden* ist der Platz als komplementäre Ergänzung zu dem Gegenbild *Zhen* auf Platz 4 markiert, wo es heißt: *Der König gebraucht es, um dem Gabelberg ein Opfer zu bringen.* Auch im Partnerzeichen erscheint *Zhen* als die Geste der Darbringung (H45/6). So sind *die Gefangenen* hier auf dem *Sun*-Platz als die lebenden Opfergaben für den *Gabelberg* definiert, der den Weltenberg mit der Schwarzmondlücke zwischen seinen zwei Gipfeln *Zhen* und *Gen* bedeutet (Abb. 11, S. 46).

Neun auf drittem Platz   Dui

Man steigt hinauf in eine leere Stadt.

Alle Tore stehen offen. Es ist niemand da, der Ihnen Widerstand leistet. Sie können bedenkenlos Ihren Weg nach oben fortsetzen.

Hier beginnt mit dem Mondbild *Dui* der im Gegenbild *Gen* auf Platz 1 versprochene Aufstieg. Es ist die abnehmende Bewegung hinauf zum Ort des Schwarzmondes *Kun*, der aufgrund der scheinbaren Hohlform der Schattenseite als die *leere* oder *die hohle Stadt* ausgelegt ist. Der Zielort des Aufstiegs ist hier nicht die strahlende Sonnenstadt auf dem Gipfel des Weltenberges, sondern die mondlose Nacht der Konjunktionsphase. Auf dem *Kun*-Platz 6 heißt es daher *Aufstieg im Finstern*. Es gab auch die Vorstellung, daß der Schwarzmond ein Durchgang oder Hohlweg durch den Weltenberg sei, der auf die andere, die nächtliche Seite desselben führt. Dieser Gedanke wird auf dem folgenden Platz 4 durch das Symbol des *Gabelberges* ausgedrückt.

Sechs auf viertem Platz   Zhen

Der König gebraucht dieses Orakelergebnis, um dem Gabelberg zu opfern. Glück ohne Schaden.

Wenn Sie Ihre Mittel und Ihre Person selbstlos zur Verfügung stellen, werden Sie in einen illustren Kreis aufgenommen und mit einem hochgestellten Ehrenplatz belohnt.

Der *Gabelberg* oder *Paßberg (der Berg Qi)* war der heilige Berg der *Zhou*-Dynastie in der heutigen Provinz *Shenxi*. Er erscheint hier als die Auslegung des Weltenberges, auf dessen Gipfel die Höhlung des Schwarzmondes einen Durchlaß in die jenseitige Nacht- oder Unterwelt bildet. Einen solchen *Paß* oder *Hohlweg* über einen Berg bezeichnet das Schriftzeichen *Qi*. Zugleich umfaßt es die Idee einer *Gabelung*, was bedeutet, daß der Paß naheliegenderweise zwischen zwei Teilgipfeln des Berges hindurchführt, d. h. dort, wo der Gipfel *sich gabelt*. Dem Gedicht *Tianzuo* im *Buch der Lieder* zufolge war es der *Zhou*-König *Wen*, welcher durch sein Dahinscheiden diesen Paß über den Berg *Qi* als den *Pfad des Weltgefäßes* schuf: *Als jener (d. h. König Wen) verschied, erhielt der Gabelberg den Pfad des Weltgefäßes* (vgl. hierzu H36). *Mögen seine Nachkommen ihn bewahren!* König *Wen*, der angeblich zusammen mit seinem Sohn *Zhougong* die Sprüche des *Yijing* verfaßt hat, wurde – ebenso wie *Fuxi* – in den mythischen Formen einer weltschöpferischen Mondgottheit dargestellt, obwohl man beide zugleich als historische Personen betrachtete. Die Verehrung der Ahnen bedeutete, daß die Ehrwürdigsten unter ihnen zu Naturgottheiten wurden, welche die kosmische Weltordnung repräsentierten. Die Opferung an den Paßberg ist demnach ihrem Symbolgehalt nach als eine Opferung des Königs selbst zu verstehen, durch die diesem der Zugang zur jenseitigen Welt der Ahnen erschlossen wurde. Der verschwindende Altmond *Zhen*, für den der Spruch steht, führt direkt hinein in das Totenreich des Nachthimmels, wo die Seelen der Verstorbenen als Sterne leuchten. *Richard Wilhelm* schreibt zu diesem Spruch: *Man wird berühmt vor Menschen und Göttern und aufgenommen in den Kreis der Männer, die das Leben der Nation im Geiste aufbauen, und bekommt dadurch dauernde, überzeitliche Bedeutung.*

Sechs auf fünftem Platz   **Kun**

Die Entscheidung ist glückverheißend. Man steigt eine Treppe hinauf.

Sie befinden sich auf einem vorgezeichneten Weg nach oben und erklimmen die Leiter des Erfolges Stufe um Stufe.

Die schräge Linie Zhen – Kun ist hier als *Treppe* ausgelegt. Das Symbol der Treppe bedeutet einen bequemen Weg nach oben, auf dem es keine Schwierigkeiten und Hindernisse gibt. Auch suggeriert es die Idee eines *stufenweisen* Aufstiegs, der planvoll Schritt für Schritt erfolgt, und bei dem man keine Stufe überspringen sollte.

Oben Sechs   **Kun**

Aufstieg im Dunkeln. Eine Entscheidung, die günstig ist, um nicht zu atmen.

Ihr Aufstieg vollzieht sich wie von selbst, ohne daß Sie wissen, wie Ihnen geschieht. Halten Sie die Luft an und hüten Sie sich, diese günstige Entwicklung durch unbedachte Äußerungen oder Aktionen zu stören!

Der die mondlose Nacht repräsentierende Schwarzmond *Kun* wird hier einfach und direkt als *Dunkelheit* ausgelegt. Rätselhaft aber erscheint der zweite Teil des Spruches. Wer nicht atmet, ist normalerweise tot. Die Motive des Menschenopfers und der mystischen Schamanenreise ins Totenreich, die in dem vorliegenden Hexagrammpaar H45/H46 anklingen, legen einen entsprechenden Zustand als den Endpunkt der Entwicklung auf diesem obersten Platz des Zeichens aber durchaus nahe. Der Mondwandel wurde auch als das kosmische Urphänomen des Atemrhythmus gedeutet, sein Zunehmen als Einatmen und sein Abnehmen als Ausatmen, so daß der Schwarzmond *Kun* die Phase des Stillstandes, der Atempause nach dem Ausatmen und vor dem erneuten Einatmen darstellt. Der Atemstillstand ist eine traditionelle Zielvorstellung bei taoistischen Ekstasetechniken und wurde als vollkommener Idealzustand jenseits der Grenze von Leben und Tod u. a. mit dem Begriff *Leiche (shi)* umschrieben. In der mythischen Vorstellung des Lebenskreislaufes entspricht dies dem absoluten Nullpunkt, der Ende und Anfang, Tod und Wiedergeburt zugleich bedeutet, so daß alle Unterschiede darin aufgehoben und unsichtbar geworden sind. Daher: *Aufstieg im Dunkeln. Eine Entscheidung, die günstig ist, um nicht zu atmen.* – Dies ist eine schamanistische bzw. taoistische Deutung des Spruches, die mir durch den Kontext und den kulturgeschichtlichen Hintergrund nahezuliegen scheint. Rein sprachlich ist aber auch eine zweite, der konfuzianischen Geisteshaltung entsprechende Interpretation möglich; denn der mit *nicht atmen* wiedergegebene Ausdruck kann auch *nicht ruhen* bedeuten. Somit also: *Eine Entscheidung, die günstig ist, um nicht zu ruhen.* Dann legt die *Dunkelheit* den Gedanken eines Verzichts auf die Nachtruhe nahe, d. h. daß man auch bei Nacht nicht ruhen und rasten, sondern aktiv bleiben und seinen Aufstieg fortsetzen soll.

47. Kun / Die Bedrängnis

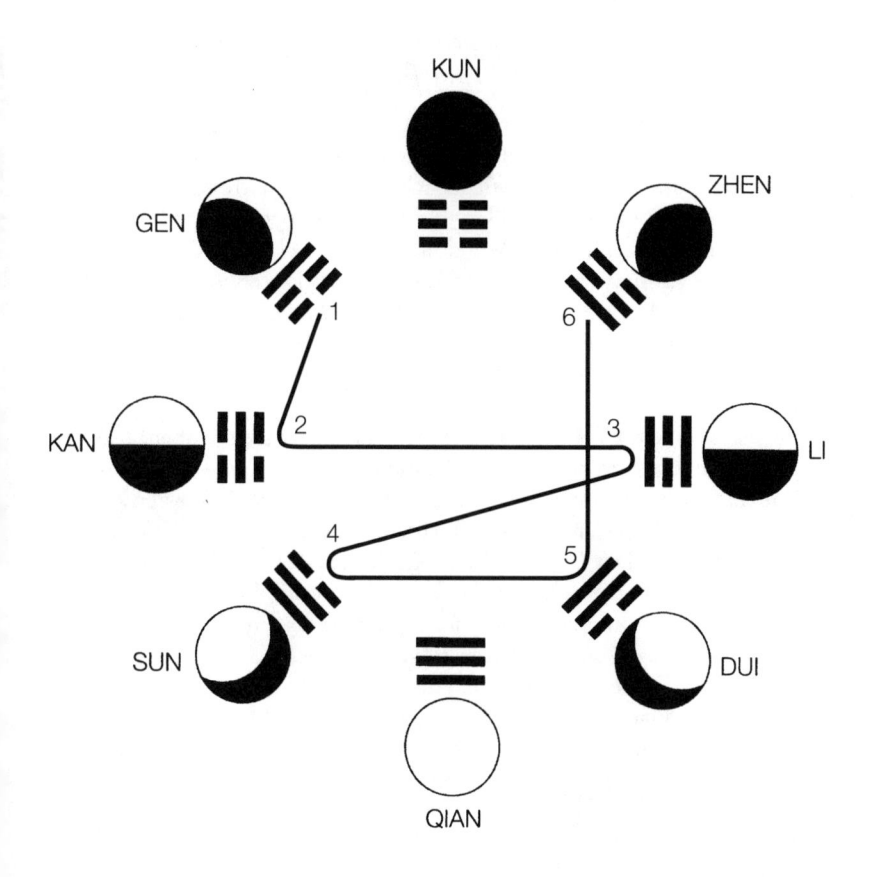

Partnerzeichen: H48.
Gegenzeichen: H22.
Parallelzeichen: H18, H21, H53, H55, H60.

Der Hauptspruch

Die Bedrängnis. Man dringt durch. Die Entscheidung ist glückverheißend und ohne Schaden für einen großen Mann. Kein Schaden. Wenn man Worte macht, sind sie nicht glaubhaft.

Sie sitzen in der Klemme, werden hin und her getrieben und finden nirgends Halt. In dieser Situation erfordert es besondere Größe, die innere Mitte zu bewahren und sich nicht beirren zu lassen. Verlassen Sie sich nicht auf Worte, sondern auf Taten.

Das Zeichen steht in Parallele zu H21 *Das Durchbeißen*. Dort ist das Himmelstor als ein Mund ausgelegt, der sich im Verlauf des mit *Dui* beginnenden Graphs zuerst öffnet und dann wieder schließt, um den Mond in seine zwei Hälften *Kan* und *Li* zu durchbeißen. Hier hingegen beginnt der Graph umgekehrt mit dem zunehmenden Mondbild *Gen*, so daß zuerst die Schließung und dann die Öffnung erfolgt, und an die Stelle des Durchbeißens oder Zerteilens tritt das Motiv des *Zusammendrängens, Einengens* und *Hemmens*, das der Hexagrammname *KUN* ausdrückt. *KUN* bedeutet speziell *umzingeln*, allgemeiner eine *Notlage* oder *Schwierigkeit*. Auch wird es als *Erschöpfung* erklärt.

Wie in H21 sind die Plätze in der Waagerechten paarig zu denken, also von oben nach unten als die Paare *Gen – Zhen, Kan – Li* und *Sun – Dui*. Auf dieser Stufenleiter nach unten werden die anfangs getrennten zwei kleinen Monde *Zhen* und *Gen* immer weiter zusammengedrängt und gleichsam in die Enge getrieben. Der *Große Mann* aber, der die Zentralachse *Qian – Kun* repräsentiert, bleibt ungeschoren, da diese zwei Mondbilder in der Platzverteilung des Hexagrammes ausgespart sind. Daher: *Die Entscheidung ist glückverheißend und ohne Schaden für einen großen Mann.* Es geht den Kleinen an den Kragen. Wie H21 hat auch dieses Zeichen einen Bezug zur Strafjustiz. Auf Platz 1 erscheint die Prügelstrafe, auf Platz 5 werden Nase und Füße abgeschnitten. Zugleich wird zweimal die *Opferung* empfohlen, die auch das mit *durchdringen* wiedergegebene Schriftzeichen (*heng*) des Hauptspruchs konkret bedeutet. Wir müssen uns den *großen Mann* als denjenigen vorstellen, der *die Opferung durchführt* und damit *durchdringt*, d. h. *Erfolg hat.*

Zugleich bedeutet die Zentralachse Vollmond – Schwarzmond bzw. Vollmond – Sonne, welche der *große Mann* symbolisiert, auch die urbildliche *Wahrheitsfunktion*. Da diese hier mit den Mondbildern *Qian* und *Kun* ausgespart wird, heißt es: *Wenn man Worte macht, sind sie nicht glaubhaft.* Die *Worte* wechseln im Verlauf des Graphs dreimal hin und her zwischen der linken und der rechten Seite. Jede Aussage wird durch eine Gegenaussage widerlegt. Die Auf-und-zu-Bewegung des Himmelsmundes, den der Graph mit der Linie *Kan – Li – Sun* im Profil darstellt, wird damit nicht wie in H21 als ein *Beißen*, sondern als ein *Sprechen* ausgelegt.

Anfangs Sechs   **Gen**

Die Hinterbacken werden bedrängt von massivem Holz. Man geht in ein finsteres Tal und ist drei Jahre lang nicht zu sehen.

Schwere Verfehlungen rächen sich. Es droht Ihnen eine empfindliche Strafe und langfristiger Gesichtsverlust.

Der Spruch steht nicht nur für den Neumond *Gen*, sondern zugleich für die oberste Ebene *Gen – Zhen* und damit für Anfang und Ende des Zeichens. So liefert er eine Übersicht über den Verlauf des Graphs im ganzen. Der erste Satz umschreibt die mit *Gen* beginnende Bewegung des Zunehmens von oben nach unten. Sie führt zu der untersten Ebene, den zwei rundlichen Mondbildern *Sun* und *Dui*, die als *Hinterbacken* ausgelegt sind. Das *massive Holz*, wörtlich *Holz vom Stamm*, ist als ein Schlagstock zu verstehen, der in zwei durch die Linien *Kan – Li* und *Li – Sun* gekennzeichneten Bewegungsphasen auf die *Hinterbacken* niederfährt. Es ist die gleiche Bewegung, die in H21 als Zubeißen des Mundes gedeutet wird. Zugleich ist im Mythos vom Weltenbaum jene untere Ebene des Mondplanes, wo der Schlag auftrifft, die Region des *Stammes*, so daß der Ausdruck *Holz vom Stamm* damit noch eine weitere urbildliche Erklärung findet (Abb. 19, S. 106). Der zweite Satz des Spruches umschreibt sodann die in *Zhen* mündende Bewegung des Abnehmens auf den beiden letzten Plätzen des Zeichens. Dabei wird das Verschwinden der Mondsichel in der »Höhlung« des Schwarzmondes als *Gang in eine finsteres Tal* ausgelegt, und die *drei* Tage der Unsichtbarkeit des Mondes in der Konjunktion als *drei Jahre*, in denen man *nicht gesehen wird* oder, wie man ebenfalls übersetzen kann, in denen man *nichts sieht*. Gao Heng deutet den ganzen Spruch einleuchtend als Vollzug der Prügelstrafe und anschließende Einkerkerung für einen Zeitraum von drei Jahren.

Neun auf zweitem Platz   **Kan**

In Bedrängnis durch Wein und Speisen. Die scharlachroten Kniebinden kommen Seite an Seite. Es ist günstig, Brandopfer und Totenopfer darzubringen. Angreifen bringt Unheil. Kein Schaden.

Es gibt eine besondere Ehre zu feiern, die Ihnen zuteil wird. Achten Sie darauf, daß Sie nicht aus Freude darüber die Haltung verlieren. Benehmen Sie sich würdevoll und bescheiden.

Auch dieser Spruch ist nicht nur auf *Kan*, sondern auf die hier ins Spiel kommende mittlere Ebene *Kan – Li* zu beziehen. Der zunehmende Halbmond *Kan* stellt dar, wie der himmlische Trinkbecher oder Eßnapf gefüllt wird, der abnehmende Halbmond *Li* seine Leerung. Der Wechsel von Auffüllen und Leeressen des Geschirrs ergibt die Vorstellung einer Mahlzeit (vgl. H5/5). Mit dem weiteren Fortschreiten zur unteren Ebene *Sun – Dui* wird die Fülle jedoch immer größer: Die *Bedrängnis* oder *Erschöpfung durch Wein und Speisen* rührt daher, daß man sich übermäßig vollschlägt. Im zweiten Satz des Spruches werden sodann *Kan* und *Li* als zwei *scharlachrote Kniebinden* ausgelegt, die *Seite an Seite kommen*. Damit ist das Fortschreiten von oben nach unten konkret durch die Vorstellung von zwei Beinen angedeutet. Das Schreiten als solches erscheint ausdrücklich auf den Plätzen 4 und 5, und auf Platz 5 finden wir auch die Kniebinden noch einmal. Dort sind sie jedoch nicht *scharlachrot*, sondern *feuerrot*. Der Farbunterschied wird damit erklärt, daß scharlachrote Kniebinden Zeichen eines höheren Ranges waren. Dementsprechend kennzeichnen die scharlachroten Binden in unserem Spruch die *höhere* Ebene *Kan – Li*, die feuerroten Binden auf Platz 5 die *untere* Ebene *Sun – Dui*, was dann die relativ niedrigere Rangstufe erklärt. Man kann aber den Farbunterschied auch auf die Beleuchtung zurückführen: Das Mondbild *Kan* bewegt sich in die Nacht hinein, was das dunklere *Scharlachrot* erklärt, während sich *Dui* auf Platz 5 zur Sonne hinaufwendet, wodurch die Kniebinden heller, nämlich *feuerrot* leuchtend erscheinen. Diese Kniebinden gehörten zu einem Ritualgewand, das man bei Opferzeremonien trug. Daraus ergibt sich der Zusammenhang zum dritten Satz des Spruches: *Es ist günstig, Brandopfer und Totenopfer darzubringen*. Der hier gemeinte Unterschied besteht offenbar darin, daß die Brandopfer mit der Richtung des Rauches nach oben in den Himmel (= Tag) gerichtet waren, während man die Totenopfer nach unten in die Erde (= Nacht) versenkte. Damit entsprechen die zwei Opferformen wiederum den beiden in entgegengesetzter Richtung wandernden Halbmonden *Li* und *Kan*. Zugleich bedeutet diese Gegensinnigkeit zweier sich widersprechender und einander hemmender Bewegungen, die das Wesen des ganzen Zeichens als *Bedrängnis* ausmacht, daß die Situation für einen *Angriff*, d. h. für ein direktes und geradliniges Vorpreschen, denkbar ungeeignet ist. Daher: *Angreifen bringt Unheil*. Andererseits aber ergänzen sich die beiden umgekehrten Halbmonde *Kan* und *Li* so, daß ihre Schattenseiten einander ausgleichen. Daher: *kein Schaden*. Die Erwähnung von Wein und Speisen in diesem Spruch kann man auch als ein Fest deuten, das für den hochrangigen Gast mit den scharlachroten Kniebinden gegeben wird. Dessen Kommen bedeutet eine große Ehre, die einem zuteil wird. Die Gefahr dabei ist, daß man sich aus Freude darüber maßlos vollschlägt und betrinkt, so daß der gute Eindruck auf den Gast verdorben wird. Die Empfehlung, Opfer darzubringen, legt als Gegensatz dazu ein höfliches und respektvolles Verhalten nahe.

Sechs auf drittem Platz   Li

In Bedrängnis durch Steine greift man nach Dornen und Disteln. Er geht in seinen Harem und sieht seine Frau nicht. Unheil.

Sie bewegen sich mühsam in unwegsamem Gelände und suchen verzweifelt nach einem Halt. Aber Sie müssen noch vor dem Ziel unverrichteter Dinge umkehren.

Die linksseitigen und rechtsseitigen Monde, die auf dem Weg nach unten im Mondplan immer größer werden, sind hier als Hindernisse, als *Steine* oder *Felsen* ausgelegt (vgl. H16/2). Sie versperren schließlich in Gestalt von *Sun* und *Dui* den Weg, weshalb auch die zwei folgenden Plätze 4 und 5 als eine Umkehr ausgelegt werden. Wenngleich der Graph mit der Linie *Li – Sun* wie eine Böschung nach unten verläuft, was den Gedanken eines Sturzes, eines Stolperns über die Steine nahelegt, geht außerdem die Bewegungsrichtung des abnehmenden Halbmondes *Li* zugleich von Haus aus nach oben, zur Sonne. Dies wird dadurch ausgedrückt, daß man *nach Dornen und Disteln greift*, um in dem abschüssigen Gelände einen Halt zu finden. Denn die Dornen sind ein Symbol für die stachelige Erscheinungsform der Sonnenstrahlen (vgl. H29/6). Der *Harem* oder die *Frauengemächer* schließlich ist eine Auslegung für die rechtsseitigen Monde bzw. die linke Seite des Mondplanes, auf die der Graph hier mit dem Schritt *Li – Sun* überspringt (vgl. H23/5). Er geht dann aber nicht weiter zum Vollmond *Qian*, wo die weibliche und die männliche Hälfte sich vereinigen, sondern wieder zurück auf die männliche Seite nach *Dui*, wo *Mann und Frau die Blicke voneinander abwenden*, wie es in H9/3 heißt. Daher: *Er geht in seinen Harem und sieht seine Frau nicht*.

### Neun auf viertem Platz			Sun

Man kommt mit langsamen Schritten und wird von einem Wagen aus Metall aufgehalten. Unter Schwierigkeiten gibt es ein Ende.

Sie müssen ein Unternehmen, bei dem Sie immer wieder auf Schwierigkeiten stoßen, endgültig aufgeben. Die Hindernisse sind zu groß.

Wir betreten hier die unterste der drei Ebenen des Zeichens, wo der Weg der *Bedrängnis* oder der *Hemmung* mit den zwei größten Hindernissen, den beiden dicken Mondbildern *Sun* und *Dui*, seine unüberwindliche Grenze erreicht. Dabei werden *Sun* und *Dui* einerseits als zwei *Schritte* ausgelegt. Denn der Ausdruck *mit langsamen Schritten* lautet wörtlich *Schritt für Schritt (xu-xu)*. Andererseits werden sie als die zwei Räder eines *Wagens aus Metall* gedeutet, nämlich des Vollmondes (vgl. H14/2, H22/1), der sich einem weiteren Fortschreiten in den Weg stellt. Zugleich endet hier in *Sun* die Bewegung nach unten, und es beginnt mit *Dui* eine Umkehr zurück nach oben. Diese Umkehr wird damit ebenfalls doppelt ausgedrückt: Einmal sind die zwei *Schritte* ganz konkret so zu verstehen, daß sich zuerst der linke Fuß von *Li* nach *Sun*, dann der rechte von *Kan* nach *Dui* bewegt, so daß der Mann sich damit umdreht (vgl. Platz 5). Und zum andern zielt auch die Fahrtrichtung des Wagens im Sinne des Abnehmens nach oben. Denn vor seinen beiden Rädern *Sun* und *Dui* stehen die vier Hufe des Zugpferdes in Gestalt der vier Mondbilder *Li – Kan* und *Gen – Zhen* – wenn es sich nicht um die vier Pferde eines Vierergespanns handelt. – Die *langsamen Schritte* bedeuten wohl, daß man von den vielen Widrigkeiten erschöpft ist. *Erschöpfung* ist ja auch ein Bedeutungsaspekt des Hexagrammnamens *KUN*. Vielleicht stellt sich der Wagen einem mit letzter Kraft Flüchtenden in den Weg und hält ihn auf. Jedenfalls werden die Hindernisse zu groß, man muß aufgeben und umkehren. Daher: *Unter Schwierigkeiten gibt es ein Ende.*

Neun auf fünftem Platz   Dui

Nase und Füße werden abgeschnitten. Wenn man von den feuerroten Kniebinden bedrängt wird, bringt ein gemessener Schritt Erleichterung. Günstig, um Brandopfer und Totenopfer darzubringen.

Sie erleiden empfindliche Einbußen und müssen zurückstecken. Die Last der Verantwortung bedrückt und behindert Sie. Wenn Sie besonnen vorgehen, zeichnet sich eine Erleichterung ab. Freilich müssen Sie dafür Opfer bringen.

Hier in der Phase *Dui* beginnt mit der abnehmenden Bewegung die »Verstümmelung« des Mondes. Dies wird drastisch durch das *Abschneiden von Nase und Füßen* ausgedrückt. Von hier aus verläuft der Graph wieder hinauf nach *Zhen* zu der obersten der drei Ebenen, wo die zwei »hohl« klaffenden Mondbilder *Zhen* und *Gen* als die vom *Abschneiden der Nase* bloßgelegten Nasenlöcher ausgelegt sind. Dabei kreuzt der Graph die Linie *Kan – Li*, welche als ein waagerechter Schnitt durch die mit den Kniebinden auf Platz 2 gekennzeichneten Beine, d. h. als *Abschneiden der Füße* gedeutet wird. Das Motiv des waagerechten Schnittes erscheint auf Platz 6 noch einmal im Symbol eines abgeschnittenen Baumstammes. Durch die Motive der *Kniebinden* und der *Opferung* wird der Platz sodann mit *Kan* auf Platz 2 verknüpft, so daß *der gemessene Schritt* sich hier mit dem rechten Fuß von *Kan* nach *Dui* vollzieht, während sich der linke Fuß bereits auf dem vorigen Platz 4 von *Li* nach *Sun* bewegt hat (vgl. H53/6). Dadurch dreht sich der Mann mit den scharlachroten Kniebinden um 180 Grad, und die Kniebinden wechseln zugleich die Farbe: Das Mondbild *Kan* bewegt sich in die Nacht hinein, was das dunklere *Scharlachrot* erklärt, während sich *Dui* auf Platz 5 zur Sonne hinaufwendet, wodurch die Kniebinden heller, nämlich *feuerrot* leuchtend erscheinen. In Gestalt der beiden dicken Mondbilder *Sun* und *Dui* sind die Kniebinden offenbar zu eng geschnürt, so daß man durch sie *bedrängt* oder *beengt* wird. Da sie mit ihrer feuerroten Farbe Zeichen eines relativ niedrigeren Ranges sind (vgl. Platz 2), kann dies auch bedeuten, daß man degradiert wurde. Weil man aber zugleich die Richtung ändert, *bringt ein gemessener Schritt Erleichterung* oder, abstrakt übersetzt, *gibt es allmählich Erleichterung*. Denn die Kniebinden werden mit der abnehmenden Bewegung gelockert und schließlich *abgelegt* oder *ausgezogen*, was der mit *Erleichterung* wiedergegebene Ausdruck auch konkret bedeutet. Die am Ende des Spruches genannten *Brandopfer und Totenopfer* schließlich beziehen sich analog zu Platz 2 auf den Gegensatz von *Sun* und *Dui* als zunehmende (*Sun* =

abwärts = Totenopfer) und abnehmende (*Dui* = aufwärts = Brandopfer) Mondbilder.

Oben Neun   Zhen

Gehemmt durch Schlingpflanzen und einen Baumstumpf, so daß man seine Not mit dem Bewegen hat. Es gibt Kummer. Angreifen bringt Glück.

Sie werden in Ränke verstrickt und in ihrer Bewegungsfreiheit behindert. Nur ein entschlossener Befreiungsschlag kann Sie retten.

Die zwei wie Ranken geschwungenen Mondsicheln *Zhen* und *Gen* werden als *Schlingpflanzen* gedeutet, in denen man sich verfängt, so daß man *seine Not mit dem Bewegen hat*. Wie schon durch das analoge Symbol der abgeschnittenen Füße auf dem vorigen Platz angedeutet wurde, ist der Stamm des Weltenbaumes (Abb. 19, S. 106) durch die Linie *Kan – Li* abgeschnitten, so daß man dabei zugleich *durch einen Baumstumpf gehemmt* wird (vgl. auch das *Stammholz* im Spruch zu Platz 1). Die Schlingpflanzen und der Baumstumpf entsprechen als Bedrängnis von oben und unten der Nase und den Füßen im vorigen Spruch. Der *Kummer*, dem Schriftzeichen nach *die Finsternis des Herzens,* symbolisiert den übermächtig wachsenden Schatten des Altmondes *Zhen*. Dieses Mondbild, das wie ein gezückter Krummsäbel gegen die Sonne anstürmt, bedeutet aber auch den *Angriff*, den entschlossenen Befreiungsschlag, mit dem man das bedrängende Schlinggewächs zerreißen kann. Daher: *Es gibt Kummer. Angreifen bringt Glück.*

48. Jing / Der Brunnen

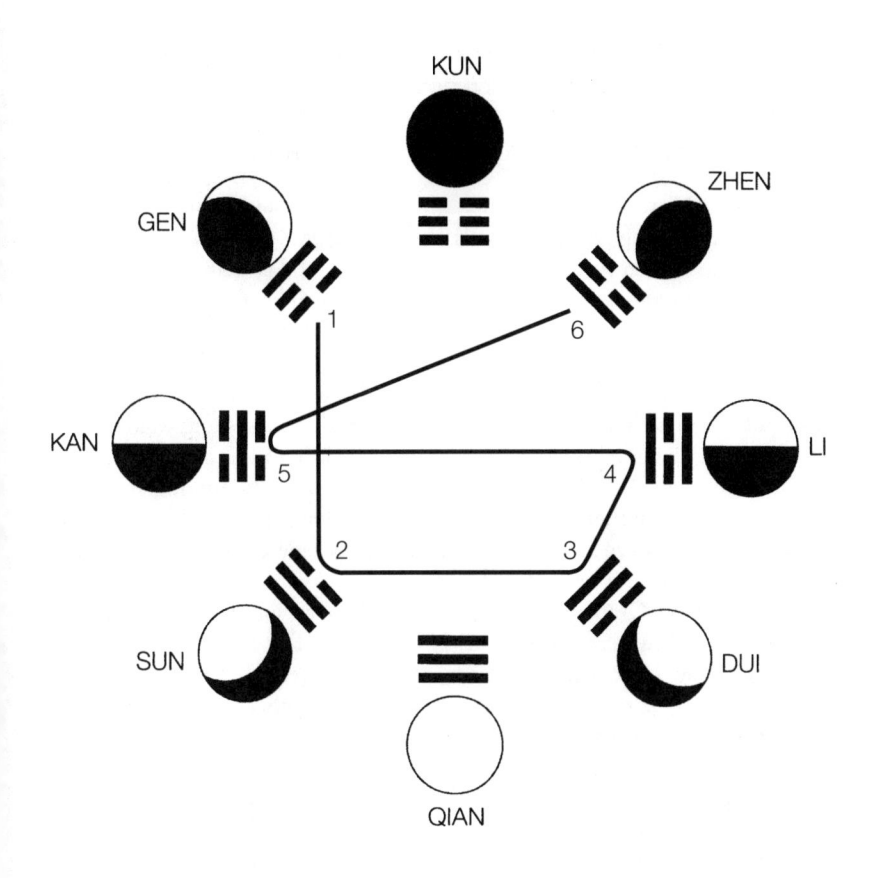

Partnerzeichen: H47.
Gegenzeichen: H21.
Parallelzeichen: H17, H22, H54, H56, H59.

Der Hauptspruch

Der Brunnen. Man wechselt die Stadt, aber nicht den Brunnen. Er nimmt nicht ab und nimmt nicht zu. Das Kommen und Gehen am Brunnen hat seine Ordnung. Als man gerade erst angekommen ist und das Brunnenseil noch nicht betätigt hat, zerbricht man seinen Krug. Unheil.

Die natürliche Existenzbasis beruht auf einer beständigen Ordnung. Diese kann man nicht willkürlich verändern wie etwas künstlich Hergestelltes. Achten Sie auf die gebotene Sorgfalt im Umgang damit. Gier und Hast führen zu Unachtsamkeit. Das bringt Unheil.

Der Brunnen-Mythos ist naturgemäß mit der uralten und wohl weltweit zu findenden Auslegung des Mondes als ein himmlisches Gefäß verbunden. Er stellt den klassischen Fall jenes *Schöpfungs*-Mythos dar, dem offensichtlich auch noch die neuhochdeutschen Wörter *Schöpfer, Schöpfung* und *Geschöpf* ihren Ursprung verdanken: Die Sonne, das Urbild des Schöpfers, läßt das leere Mondgefäß von der trockenen Oberwelt des Taghimmels aus hinunter in das unterirdische Grundwasser des Nachthimmels, wo es sich als Vollmond füllt, und zieht es dann mit der abnehmenden Bewegung wieder herauf, um es gleichzeitig zu leeren und seinen Inhalt herunter auf die Erde zu gießen (Abb. 11, S. 46). Natürlich erklärt sich daraus nicht nur allgemein die Schöpfung der irdischen Geschöpfe als Manifestationen der himmlischen Schöpferkraft, sondern auch ganz unmittelbar der lebensspendende Kreislauf des Wassers zwischen Himmel und Erde.

Der Verlauf des Graphs läßt das Mondgefäß zuerst mit dem Schritt *Gen – Sun* senkrecht hinunterplumpsen ins Nachtwasser. Die abnehmende Bewegung des Heraufziehens auf der anderen Seite jedoch verläuft nicht direkt von *Dui* nach *Zhen*, sondern wird durch den Umweg über *Li* und *Kan* unterbrochen. Diesem Umstand verdankt das Hexagramm vermutlich seine Deutung als *Brunnen*, die man sich ja vom urbildlichen Schema her auch bei mehreren anderen Hexagrammen denken könnte. Denn die Gestalt des Graphs suggeriert damit die Vorstellung eines altchinesischen Wippbrunnens, bei dem das Brunnenseil an einer Holzstange als Hebel befestigt war: Die Linien *Li – Kan* und *Kan – Zhen* stellen in zwei Bewegungsphasen die Stange dar, an der auf der abnehmenden Seite in *Li* der Eimer hängt, welcher durch die zunehmende, nach unten gerichtete Bewegung von *Kan* auf der anderen Seite hinauf nach *Zhen* gezogen wird.

Dem Schwarzmond *Kun* entspricht die dunkle Öffnung des Brunnens über der Erde, dem Vollmond *Qian* sein schimmernder Wasserspiegel in der Tiefe. Die Öffnung des Brunnens befindet sich mitten in der Sonnenstadt, die von den rechtsseitigen und den linksseitigen Monden als Wall (Lichtseite) und Graben (Schattenseite) umgeben wird (vgl. H11/6). Der Graph des Hexagrammes verläuft von der rechtsseitigen Sichel *Gen* zu der linksseitigen Sichel *Zhen*, so daß gleichsam die Stadtmauer auf der einen Seite abgebaut und auf der anderen wieder aufgebaut wird. Die den Brunnen im Gegensatz zur Stadt kennzeichnenden Mondbilder *Kun* und *Qian* in der Mitte aber bleiben vom Verlauf des Graphs unberührt. Daher: *Man wechselt* (oder *verändert*) *die Stadt, aber nicht den Brunnen.*

Mit den zwei folgenden Sätzen des Hauptspruches wird dann die vollkommene Symmetrie der Platzverteilung gewürdigt: Die zunehmenden Monde *Gen, Kan* und *Sun* und die abnehmenden Monde *Dui, Li* und *Zhen* halten sich die Waage. Daher: *Er nimmt nicht ab und nimmt nicht zu. Das Kommen und Gehen am Brunnen hat seine Ordnung.*

Der letzte Satz aber deutet den Umstand, daß der Graph nicht den Vollmond *Qian* erreicht, sondern kurz vorher von *Sun* nach *Dui* auf die abnehmende Seite überspringt. So kann sich das Mondgefäß nicht füllen, und der Übergang in die abnehmende Bewegung wird nicht als Entleerung, sondern als *Beschädigung* oder *Zerbrechen* des Kruges gedeutet: *Als man gerade erst angekommen ist und das Brunnenseil noch nicht betätigt hat, zerbricht man seinen Krug. Man ist gerade erst angekommen,* nämlich auf Platz 1 in *Gen* am Rande des Brunnens; und *man hat das Brunnenseil noch nicht betätigt* heißt nicht nur, daß man noch nicht geschöpft, sondern auch, daß man den Krug noch nicht am Seil befestigt hat. Denn der Krug *Dui* wird erst auf Platz 3 an dem von der Hebestange *Li – Kan* hängenden Seil *Dui – Li* festgemacht. Noch ehe dies aber geschieht, plumpst einem der Krug in der senkrechten Linie *Gen – Sun* herunter auf den Erdboden vor dem Brunnen, den die waagerechte Linie *Sun – Dui* darstellt, und *zerbricht*. Diese Deutung wird insbesondere durch die Liniensprüche 2 und 4 bestätigt.

Anfangs Sechs   **Gen**

Wenn der Brunnen verschlammt ist, trinkt man nicht daraus. In einem alten Brunnen macht man keinen Fang.

Die Quelle, aus der Sie Ihre Lebenskraft schöpfen, ist getrübt. Sie bedarf dringend einer Reinigung oder Erneuerung.

Wie im vorigen Hexagramm sind hier drei waagerechte Ebenen zu unterscheiden, auf die sich die Sprüche auf dem ersten Platz jeder Ebene als Platzpaare beziehen. Hier handelt es sich um die Mondbilder *Gen* und *Zhen*, die als *verschlammter Brunnen* und *alter Brunnen* ausgelegt sind. Beide Symbole deuten damit die aschgraue Erscheinung der Schattenfläche des Mondes in Sonnennähe, die auf der Widerspiegelung des Sonnenlichts durch die Erde beruht. Das bedeutet im Fall des Neumondes *Gen*, daß das Wasser im Inneren des Brunnens, welches die Schattenfläche darstellt, nicht sauber, sondern *trübe* oder *schlammig* ist. Daher: *Wenn der Brunnen verschlammt ist, trinkt man nicht daraus.* Im Fall des Altmondes *Zhen* bedeutet es, daß der *alte Brunnen* schon so versandet oder verschüttet ist, daß darin keine Fische mehr zu finden sind (vgl. die Sprüche zu den Plätzen 2 und 6). Daher: *In einem alten Brunnen macht man keinen Fang.* Gao Heng glaubt, daß mit dem alten Brunnen hier eine *alte Fallgrube* gemeint ist, was eine Kurzschreibung des Schriftzeichens bedeuten würde. Die Erwähnung des Fisches im Brunnen auf Platz 2 läßt diese Überlegung jedoch unnötig erscheinen.

Neun auf zweitem Platz   **Sun**

Man schießt auf einen Silberkarpfen in der Tiefe des Brunnens. Der Krug wird beschädigt und leckt.

Sie sollten nicht im Trüben fischen. Konzentrieren Sie sich auf das Wesentliche. Was nützt ein zufälliger Gewinn, wenn dabei die Voraussetzung für Ihre regelmäßigen Einkünfte vernachlässigt und verdorben wird.

Der Schuß auf den Fisch ist die Auslegung der senkrechten Linie vom schlammigen Brunnenloch *Gen* aus hinunter in die Tiefe, wo das rundliche Mondbild *Sun* als *Silberkarpfen* erscheint. Der zweite Satz deutet die gleiche Bewegung als den Fall des Kruges auf den Erdboden, den die Linie *Sun – Dui* darstellt (vgl. die Erläuterung des Hauptspruches). In *Sun* ist der Schatten die Öffnung, die Lichtseite der Boden des Gefäßes. Mit dem Schritt *Sun – Dui*, der die *Beschädigung* des Kruges durch den Aufprall bedeutet, wechselt der

Schatten auf die andere Seite und wird damit zu einem Loch im Boden des Kruges. Daher: *Der Krug wird beschädigt und leckt.*

Neun auf drittem Platz   Dui

Der Brunnen ist gereinigt, aber man trinkt nicht daraus. Das ist meines Herzens Leid; denn man könnte daraus schöpfen. Würde es der König erkennen, so wäre es für alle gemeinsam ein Glück.

Sie sehen ganz richtig, daß hier ein großer Vorteil für alle Beteiligten ungenutzt bleibt. Das ist aber eine Erkenntnis, die nur jemand umsetzen könnte, der die nötige Macht dazu hat.

Der Spruch klingt einerseits an das komplementäre Gegenbild *Gen* auf Platz 1 an, wo der Brunnen verschmutzt ist. Hier in *Dui* ist die *schlammige* Schattenfläche des Mondbildes durch die *sauber* glänzende Lichtseite ersetzt worden: *Der Brunnen ist gereinigt.* Andererseits ist *Dui* der Platz, wo der Graph mit dem Schritt *Sun – Dui* am Vollmond *Qian*, dem Urbild des Wasserspiegels im Brunnen, vorübergegangen ist: *Man trinkt nicht daraus. Das ist meines Herzens Leid. Meines Herzens Leid* ist wiederum eine Auslegung des auf der rechten Seite des abnehmenden Mondbild *Dui* hereinbrechenden Schattens, der im vorigen Spruch als das Leck im Krug gedeutet wurde. Das als *Leid* übersetzte Schriftzeichen ist mit dem psychologisierenden Zusatz *Herz* geschrieben. Ersetzt man diesen durch den Zusatz *Mensch*, der mehr die Körperlichkeit betont, so bedeutet es *seitlich, einseitig, schief.* Und mit dem letzten Satz des Spruches schließlich wird wiederum der Umstand gedeutet, daß der Graph am Vollmond *Qian* vorübergeht. Denn der Vollmond ist in seinem reflektierenden Verhältnis zur Sonne das Urbild der *Erkenntnis.* Das mit *erkennen* wiedergegebene Schriftzeichen setzt sich aus den Bestandteilen *Sonne* und *Mond* zusammen. Gerade die senkrechte Zentralachse Sonne – Vollmond aber ist es, die in unserem Hexagramm mit den Trigrammen *Kun* und *Qian* ausgespart bleibt und damit zur Vollständigkeit des Schriftzeichens *König* fehlt (Abb. 21, S. 136). Darum ist es der *König*, dem es an der Erkenntnis mangelt, die zugleich die Vollständigkeit des Mondplanes und damit *das Glück für alle gemeinsam* bedeuten würde. Daher: *Würde es der König erkennen, so wäre es für alle gemeinsam ein Glück.*

Sechs auf viertem Platz   **Li**

Der Brunnen wird ummauert. Kein Schaden.

Sie sollten für die Sicherung Ihrer Existenzgrundlage sorgen, und zwar möglichst lückenlos.

Die Linie *Li – Kan* wird hier als der obere Rand einer den Brunnen einfassenden Ummauerung ausgelegt, wobei die Linie *Sun – Dui* den Erdboden darstellt, über den sich die Mauer erhebt. Die nach oben gerichtete Bewegung des abnehmenden Halbmondes *Li* ist das »Hochziehen« der Mauer. Und die Beziehung zum komplementären Gegenbild *Kan*, durch die der einseitige Schatten in *Li* ergänzt wird, ist durch die Formel *kein Schaden* ausgedrückt. Die Ummauerung hat keine Lücke.

Neun auf fünftem Platz   **Kan**

Der Brunnen ist klar. Man trinkt aus einem kalten Quell.

Sie haben die klare Quelle der Erkenntnis gefunden. Hier können Sie aus einer Tiefe schöpfen, in der es noch keine Trübung gibt. Aber es handelt sich um kein warmes Getränk. Hüten Sie sich vor einer Erkältung.

Das mit *klar* übersetzte Wort heißt zugleich *in Ordnung* und ist nur durch den graphischen Zusatz *Wasser* für die gegebene Bedeutung spezifiziert. Die durch die Linie *Li – Kan* repräsentierte Ummauerung des Brunnens aus dem vorigen Spruch ist hier in *Kan* vollendet, der Brunnen also nun *in Ordnung*. Mit der Richtung des zunehmenden Halbmondes Kan geht der Blick nun hinunter in den fertigen Brunnenschacht. Wenn man in einen tiefen Ziehbrunnen schaut, sieht man in der Dunkelheit dort unten die kreisrunde, wie ein Vollmond aussehende Widerspiegelung des Lichts auf dem Wasser. Eben diese Perspektive auf den Vollmond in der Nacht stellt das Trigramm *Kan* mit seiner hellen Linie zwischen den beiden dunklen dar. Und da der Vollmond die kühle Nacht und den frostigen Winter beherrscht, ist es natürlich ein *kalter* Quell.

Oben Sechs   **Zhen**

Aus dem Brunnen wird geschöpft. Decke ihn nicht zu! Man macht einen Fang. Der Wunschgedanke hat Glück.

Sie bekommen nun, was Sie haben wollten. Aber betrachten Sie den Fall deshalb lieber noch nicht als abgeschlossen. Sonst entgeht Ihnen vielleicht noch ein weiterer, ungeahnter Vorteil.

In Gestalt des Altmondes *Zhen* ist das Schöpfgefäß aus dem Brunnenschacht heraufgezogen worden, und der Schöpfer nimmt es in Empfang. Die zwischen *Zhen* und *Gen* klaffende Lücke im Verlauf des Graphs bedeutet, daß der Brunnen oben offen bleibt. Daher: *Decke ihn nicht zu.* Mit dem *Fang* bezieht sich der Spruch auf das komplementäre Gegenbild *Sun*, das auf Platz 2 als *Silberkarpfen* ausgelegt ist und genau in die Schattenöffnung des Altmondes *Zhen* paßt. Zugleich wird damit der Gedanke von Platz 1 wieder aufgenommen, wo es mit Bezug auf den Altmond *Zhen* heißt: *In einem alten Brunnen macht man keinen Fang.* Denn der Brunnen ist inzwischen erneuert, d. h. gereinigt worden, und zwar durch die komplementäre Ergänzung *Gen – Dui* (vgl. Platz 3), die in Analogie zu dem hier vorliegenden Ergänzungsverhältnis *Zhen – Sun* steht. Außerdem wird mit diesem letzten Platz die vollständige Ergänzung aller 6 Mondbilder des Zeichens durch ihre diametralen Gegensätze vollendet, so daß sich daraus die makellose Erscheinung des als *Wunschgedanke* ausgelegten Vollmondes ergibt. Daher endet der Spruch mit der Formel: *Der Wunschgedanke hat Glück.*

49. GE / DIE HÄUTUNG
(DIE UMWÄLZUNG)

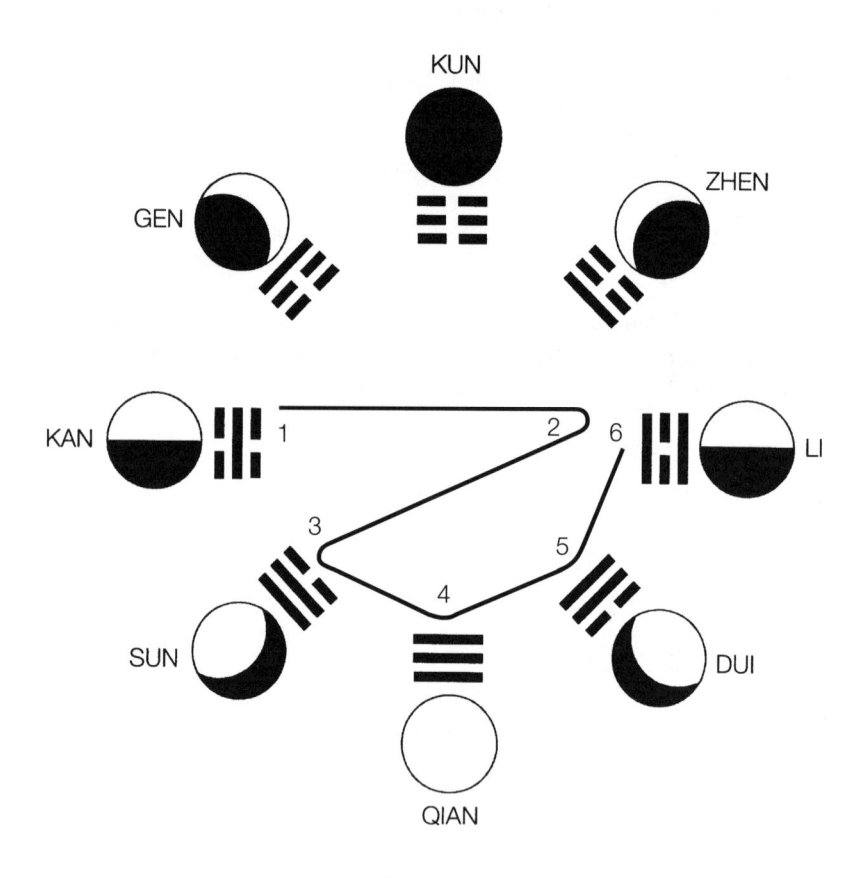

Partnerzeichen: H50.
Gegenzeichen: H4.
Parallelzeichen: H5, H6, H37, H38, H50.

Der Hauptspruch

Die Häutung. Wenn der Tag vorbei ist, gibt es eine Ausbeute. Der Wunschgedanke dringt durch. Günstig für eine Verwirklichung. Der Kummer vergeht.

Die Zeiten ändern sich. Das erfordert große Opfer und radikales Umdenken. Aber die Situation ist günstig, und Sie können daraus erneuert wie ein Phönix aus der Asche hervorgehen.

Der Hexagrammname bedeutet *Haut* oder *Leder*, und zwar speziell *ungegerbtes Leder*, d. h. *Rohleder, von dem die Haare schon entfernt sind*; von daher auch *sich mausern, abhäuten*, und allgemein *Wechsel, Wende, Umwälzung*.

Im ersten Satz des Hauptspruches steht *der Tag* (= *die Sonne*) für das untere Haupttrigramm *Li*, das die Konjunktion von Sonne und Mond bedeutet, d. h. den Sonnenort im Kreislauf des Mondes (vgl. H30). Der anfängliche Schritt *Kan – Li* stellt den Eintritt des Mondes in die Konjunktion dar. Die Deutung dieses Vorganges auf Platz 1 lautet: *Man hüllt ihn in die Haut eines gelben Rindes ein.* Das Rind ist die Sonnenkuh mit ihren zwei Hörnern *Zhen* und *Gen*, in deren *gelbe* Haut der Mond mit seiner scheinbaren Verwandlung in die Sonne *gehüllt* wird. Das mit *einhüllen* wiedergegebene Zeichen *(gong)* heißt auch *festbinden, festigen, straffen*. Außerdem hat es die spezielle Bedeutung *am Feuer trocknen*, was zu der Idee führt, daß man den in das Kuhfell gehüllten Mond zum Trocknen in das Sonnenfeuer hängt. Dies scheint auch der Deutung des Graphs als Gesamtbild zugrundezuliegen: Die vom Sonnenzeichen *Li* ausgehende und dorthin zurückkehrende Verbindungslinie *Li – Sun – Qian – Dui – Li* kann man als einen Sack sehen, der an der Tragestange *Kan – Li* gehalten wird. Die Assoziation wird auch durch das analoge Motiv des Kochkessels im Partnerzeichen H50 nahegelegt.

Wir kennen die Haut des gelben Rindes bereits aus H33/2, wo sie die Fruchthülle um die Ferkel im Schwarzmond-Mutterbauch darstellt. Dies wiederum liefert die Assoziationsbrücke zur Bedeutung des hier mit *Ausbeute* wiedergegebenen Zeichens *(fu)*: *Wenn der Tag vorbei ist*, d. h. nach der Konjunktion, wird dem Mond die – vom Sonnenfeuer schwarz verkohlte – Haut wieder *abgezogen* (*GE*), wie es auf Platz 2 heißt, und darunter kommt erneut das weiße Mond-Ei zutage wie die Ferkel aus der Fruchthülle. Dies wird dadurch ausgedrückt, daß bei den drei rundlichen oder eiförmigen Mondbildern *Sun*, *Qian* und *Dui* auf den Plätzen 3, 4 und 5 jeweils gleichlautend der Satz *Es gibt eine Ausbeute* erscheint.

Das vielberätselte, hier mit *Ausbeute* wiedergegebene Schriftzeichen (*fu*) wird damit in urbildlicher Hinsicht sehr klar als die Lichtseite des Mondes, d. h. als der Inhalt oder die Füllung des Mond-Gefäßes definiert. In direkter Parallele stellt sich dies als die *Füllung* des *Kessels* in H50/2 dar. Der realistische oder mikrokosmische Sinn des Zeichens ist hingegen vielschichtig und schillernd. Durch die erwähnte Entsprechung zu H33/2 bestätigt sich einerseits sinngemäß seine traditionelle Erklärung aus dem antiken Lexikon *Shuowen* als *brüten* bzw. *Brut* oder *Eier* (von Vögeln und anderen Tieren), und das Schriftzeichen selbst besteht dementsprechend aus einer *Vogelklaue* oder *Hand* über *Kind* oder *Junges* (vgl. auch H61/0/2). Im *Mawangdui*-Text jedoch erscheint es nicht, sondern ist durch *fu* = *Wiederkehr* ersetzt. Und daraus ergibt sich dann direkt die Idee der *Wiedergeburt* eines Verstorbenen, insbesondere, wenn wir die Umhüllung mit dem Rindsleder auf Platz 2 mit *August Conrady* als eine Anspielung auf den altchinesischen Brauch der Leichenfesselung verstehen. Andererseits wurde das Zeichen *fu* aber gleichlautend – und erst später durch den graphischen Zusatz *Mensch* spezifiziert – auch für *Kriegsgefangener* oder *Beutegut* verwendet, was im *Yijing* offenbar auch vielfach gemeint ist (vgl. z. B. H14/5, H37/6).

Der gemeinsame Nenner dieser Bedeutungsaspekte ist die Idee eines *Zuwachses*, eines *Gewinns*, oder eben einer *Ausbeute*, die als *Ergebnis* einer Unternehmung herauskommt. Auch hat das Zeichen den Sinn der *Bewahrheitung* oder *Bestätigung* einer Voraussage, wie es auf Platz 5 zum Ausdruck kommt. Von daher versteht sich seine spätere moralisierende Interpretation als *Wahrhaftigkeit*.

Mit der Übersetzung *Wenn der Tag vorbei ist...* folge ich *Conrady*, da sie sinngemäß der Parallele in H33/2 entspricht. Außerdem hat das Schriftzeichen *vorbei, beenden* (*yi*), mit dem der Hauptspruch beginnt, in seiner archaischen Form 己 eine auffallende Ähnlichkeit mit der Gestalt des Graphs als Gesamtbild und könnte das ursprüngliche Leitmotiv für das Hexagramm gewesen sein. Seine Etymologie erlaubt auch die Übersetzung: *Mithilfe der Sonne gibt es eine Ausbeute*.

Richard Wilhelm hingegen versteht das Schriftzeichen *yi* 己 als das ähnlich geschriebene *ji* »selbst« 己 und übersetzt *am eigenen Tag...* Dies ist nicht zuletzt deshalb eine interessante Möglichkeit, weil für *ji* »selbst« im *Buch der Riten* auch direkt die urbildliche Bedeutung *Konjunktion von Sonne und Mond* überliefert ist. *Gao Heng* schließlich interpretiert den gleichen Ausdruck mit *am Tag des Opfers...* Und da die Begriffe *Tag* und *Sonne* durch das gleiche Schriftzeichen *(ri)* ausgedrückt werden, kann man unter diesem Vorzeichen auch noch übersetzen: *Man opfert der Sonne, und dann gibt es eine Ausbeute.* Urbildlich bedeutet *der Tag* oder *die Sonne* in jedem Fall die Konjunktion *Li,* welche ja als die Opferung des Mondes an die Sonne ausgelegt wurde. Die *Ausbeute,* in welcher Form auch immer, wäre demnach direkt als Gegenleistung des Himmels für das *Opfer an die Sonne* zu verstehen, als das konkrete *Ergebnis* der Bemühung um seine Gunst: Alle Güter der Erde, vom Nachwuchs bis zur Kriegsbeute, sind Abwandlungen des Mond-Eies, das der Sonnenvogel auf die Nacht-Erde herunterplumpsen läßt.

Als eine Metapher des himmlischen Opfers, mit dem sich der Vollmond als Wunschbild der Sonne in seinen Wunschgegenstand verwandelt, ist auch der zweite Satz des Hauptspruches zu verstehen: *Der Wunschgedanke dringt durch.* Und die *Verwirklichung (zhen),* nämlich die Manifestation des Himmels (= Sonne) auf der Erde (= Nacht), die das Orakelergebnis darstellt, erklärt sich damit urbildlich als Parallelbegriff zu der *Ausbeute (fu): Günstig für eine Verwirklichung (= Manifestation, Bestätigung, Bewahrheitung).* Das heißt, daß der *Wunschgedanke,* nach dessen Chancen das Orakel befragt wurde, in die Tat umgesetzt werden kann. Wir können die berühmte Standardformel *yuan heng, li zhen* (vgl. Einführung S. 60 ff.) hier als orakeltechnischen Ausdruck in direkter Analogie zum ersten Teil des Spruches verstehen, d. h. zum Opfer an die Sonne und dem daraus gewonnenen Resultat, der *Ausbeute.*

Das Thema des Zeichens ist der urbildliche Vorgang, wie der Mond in das gelbe Fell der Sonnenkuh gehüllt wird (Platz 1), welches, im Sonnenfeuer schwarz gebrannt, die dunkle Farbe der Schattenseite annimmt, um ihm nach der Konjunktion wieder abgenommen zu werden (Platz 2), so daß darunter wieder sein weißer Glanz zum Vorschein kommt (Plätze 3/4/5). Die schwarze Haut, die ihm abgezogen wird, ist der am Ende des Hauptspruches genannte *Kummer (hui),* dem Zeichen nach *die Finsternis des Herzens.* Der Häutungsvorgang erreicht seinen Höhepunkt auf dem Vollmondplatz 4, wo deshalb die Schlußformel des Hauptspruches noch einmal wiederholt wird: *Der Kummer vergeht.*

Anfangs Neun   **Kan**

Man hüllt ihn in die Haut eines gelben Rindes ein.

Um sich für die bevorstehenden Umwälzungen zu qualifizieren, haben Sie eine Feuerprobe zu bestehen. Diese bedeutet eine schmerzliche Prozedur, bei der Sie Ihr gewohntes Image opfern müssen.

Der Schritt *Kan – Li* bedeutet den Weg des Mondes in die Konjunktion mit der Sonne, und das *gelbe Rind* ist die Sonnenkuh mit ihren zwei Hörnern *Zhen* und *Gen*, in deren gelbe Haut der Mond mit seiner scheinbaren Verwandlung in die Sonne *gehüllt* wird. Daher: *Man hüllt ihn in die Haut eines gelben Rindes*. Das mit *einhüllen* wiedergegebene Zeichen heißt auch *festbinden, festigen, straffen*. Außerdem hat es die spezielle Bedeutung *am Feuer trocknen*, was zu der Idee führt, daß man den in das Kuhfell gehüllten Mond zum Trocknen über das Sonnenfeuer hängt.

Sechs auf zweitem Platz   **Li**

Wenn der Tag vorbei ist, häutet man ihn ab. Ein Angriff ist glückverheißend. Kein Schaden.

Um das Neue zur Geltung zu bringen, muß das Alte beseitigt werden. Dazu ist eine aggressive, entschlossen durchgeführte Aktion erforderlich.

Das Trigramm *Li* bedeutet die Konjunktion, die auf dem vorigen Platz 1 als die Einbindung in die *gelbe Haut* der Sonnenkuh gedeutet wurde. *Wenn der Tag vorbei ist*, d. h. nach dem Sonnendurchgang, zeigt sich diese Haut dann zunächst als die schwarzgebrannte Schattenseite des Neumondes, die aber mit dem Zunehmen immer weiter von ihm abgeschält wird, so daß er auf den folgenden drei Plätzen *Sun*, *Qian* und *Dui* in seiner weiß schimmernden Nacktheit erscheint: *Wenn der Tag vorbei ist, häutet man ihn ab*. Dieses Abhäuten ist die entscheidende Aktion, die den *Wandel* oder die *Umwälzung*, das Leitmotiv des ganzen Hexagrammes, herbeiführt. Sie muß entschlossen und mit aller Energie durchgeführt werden und bewegt sich in der zunehmenden Richtung von oben nach unten, d. h. der Richtung des *Angriffs*. Daher: *Ein Angriff ist glückverheißend*. Am Ende des Spruches ist dann wieder der Schatten, der wie eine Haut entfernt wird, als *Schaden* ausgelegt. Daher: *Kein Schaden.*

Neun auf drittem Platz   Sun

Angriff bringt Unheil. Die Entscheidung ist gefahrvoll. Dreimal wechselt man Worte, dann hat man das Ergebnis.

In diesem Stadium Ihres Projekts kommen Sie mit energischem Durchgreifen nicht mehr weiter. Durch eine starre Haltung könnten Sie alles gefährden. Es geht jetzt darum, das Gewonnene durch flexible und geduldige Verhandlungen dauerhaft zu sichern.

Der *Sun*-Platz markiert die erste der drei harten Linien, die das Vollmondtrigramm *Qian*, also die »nackte« oder »abgehäutete« Form des Mond-Eies und damit die *Ausbeute* oder das *Ergebnis* (*fu*) der Umwälzung bilden. Die gewaltsame Durchführung des Umbruchs, die der *Angriff* bedeutet, darf nun nicht mehr fortgesetzt werden, um dieses Ergebnis nicht wieder zu zerstören. Der weitere Verlauf führt jedoch mit den Schritten *Sun – Qian – Dui – Li* durch den Strom des Nachthimmels und ist deshalb *gefahrvoll*; denn das mit *gefahrvoll* wiedergegebene Schriftzeichen bedeutet konkret auch *einen Fluß in Kleidern durchwaten* (vgl. H1/3). Das *dreimalige Wechseln der Worte* im letzten Satz des Spruches schließlich umschreibt den Umstand, daß der Graph *dreimal zwischen der linken und der rechten Seite des Mondplanes hin und her wechselt*, nämlich mit den Plätzen 2, 3 und 5 (Abb. 20, S. 117). Erst mit dem *dritten* Wechsel, in *Dui*, ist die dritte der drei harten Linien des Vollmondtrigramms und damit *das Ergebnis* oder *die Ausbeute* fertiggestellt. Daher: *Dreimal wechselt man Worte, dann hat man das Ergebnis.*

Neun auf viertem Platz   Qian

Der Kummer vergeht. Man hat ein Ergebnis. Den Auftrag zu ändern bringt Glück.

Die Beseitigung der alten Ordnung ist vollzogen. Sie können nun die Weichen für die weitere Entwicklung in die neue Richtung umstellen.

Auf dem Vollmond *Qian* ist jeder Schatten verschwunden: *Der Kummer vergeht*. Mit der Entfernung des Schattens hat zugleich die Umwälzung ihr Ziel, das *Ergebnis* oder die *Ausbeute* des Erneuerungsprozesses erreicht. Auch ist der Vollmond der Wendepunkt, wo die zunehmende Bewegung der rechtsseitigen Monde (*Sun*) in die abnehmende der linksseitigen (*Dui*) umschlägt. Daher: *Den Auftrag zu ändern bringt Glück*. Der *Auftrag* oder *Befehl* (*ming*) ist das Mandat des Himmels, dem der Herrscher seine Legitimation verdankt. *Richard Wilhelm* übersetzt daher: *Die Staatsordnung zu wechseln bringt Heil.*

Neun auf fünftem Platz　　　　　Dui

Ein großer Mann verwandelt sich in einen Tiger. Noch ehe man eine Voraussage gemacht hat, gibt es ein Ergebnis.

Nach einer großen Umwälzung führen Spekulationen über einen erneuten Wechsel der Verhältnisse nicht weiter. Es geht jetzt erst einmal darum, die Dinge auf der Grundlage des Gegebenen zu gestalten und sich nutzbar zu machen.

Der große Mann ist natürlich die Auslegung des Vollmondes auf dem vorigen Platz, der aber nun in der abnehmenden Bewegung *Qian – Dui – Li* immer mehr seine als der Rachen des Tigers ausgelegte Schattenseite hervorkehrt: *Ein großer Mann verwandelt sich in einen Tiger* (vgl. H10/0/3). Auch deutete man die Folge der abnehmenden Monde so, daß das makellose Weiß des Vollmondes immer mehr dunkle Streifen bekommt und damit das Streifenmuster eines Tigerfells darstellt. Dies ist eine direkte urbildliche Assoziationsbrücke zum Linienmuster der Hexagramme, das die gewandelte und erneuerte Weltordnung darstellt. Auch König *Wen*, einer der legendären Autoren des *Yijing*, wurde in Tigergestalt dargestellt. Im zweiten Teil des Spruches wird dann der Tigerrachen als das Öffnen des Himmelsmundes gedeutet, der die *Voraussage* spricht. Die Voraussage ist gleichbedeutend mit der Orakelbefragung, dem *Durchdringen* des Vollmond-Wunsches zum Sonnengott, der denselben mit der konkreten Gewährung des Gewünschten, der *Ausbeute* oder dem *Ergebnis* beantwortet (vgl. die Erklärung zum Hauptspruch). Die so verstandene Voraussage würde eine erneute *Häutung* oder *Umwälzung* bedeuten. Aber der Platz bildet die dritte Linie des Vollmondtrigrammes *Qian*, mit dem das Ergebnis der vorausgegangenen Umwälzung schon vorliegt, das es nun zu bewahren und zu gestalten gilt. Von einer erneuten Petition an den Himmelskaiser ist nichts Neues zu erwarten. Daher: *Noch ehe man eine Voraussage gemacht hat, gibt es ein Ergebnis.*

Oben Sechs   Li

Der Edle verwandelt sich in einen Leoparden. Der kleine Mann wechselt das Gesicht. Angriff bringt Unheil. Glückverheißend als Entscheidung für ein Verweilen.

Es geht darum, sich in neuen Räumen gemeinsam einzurichten. Dabei sollten Sie die Interessen aller Beteiligten gleichermaßen berücksichtigen. Wenn Sie sich auf kleinliche Streitigkeiten einlassen, verlieren Sie nur das Gesicht.

Mit *Li* mündet die Bewegung des Abnehmens in der Konjunktion. *Der Edle* repräsentiert dabei als Entsprechung des *großen Mannes* vom vorigen Spruch den Königsweg, nämlich die zentrale Achse *Qian – Kun*, die den Vollmond in der mondlosen Nacht des Sternenhimmels verschwinden läßt. Dieser wird durch das schwarz-gelb gefleckte Fell des *Leoparden* versinnbildlicht. Daher: *Der Edle verwandelt sich in einen Leoparden.* Damit wird die Ganzheit der Himmelsordnung bzw. des Hexagrammsystems vollendet (vgl. Platz 5). Als Gegensatz zu dieser ganzheitlichen Statik erscheint *der kleine Mann*, die Auslegung der einseitigen, immer kleiner werdenden Mondsichel, die wie ein Krummsäbel gegen die Sonne anrennt, d. h. einen *Angriff* führt. Die Identifizierung mit dieser einseitigen Bewegung aber hat keinen Bestand, sondern *bringt Unheil*. Denn die linksseitige Mondsichel verliert ihre Identität mit dem Sonnendurchgang, wird umgedreht in die Rechtsseitigkeit: *Der kleine Mann wechselt das Gesicht.* Die mit der *Umwälzung* neu gestaltete Ordnung soll nicht gleich wieder geändert, sondern dauerhaft *bewohnt* werden. Daher heißt es am Ende: *Glückverheißend als Entscheidung für ein Verweilen.*

50. Ding / Der Kessel

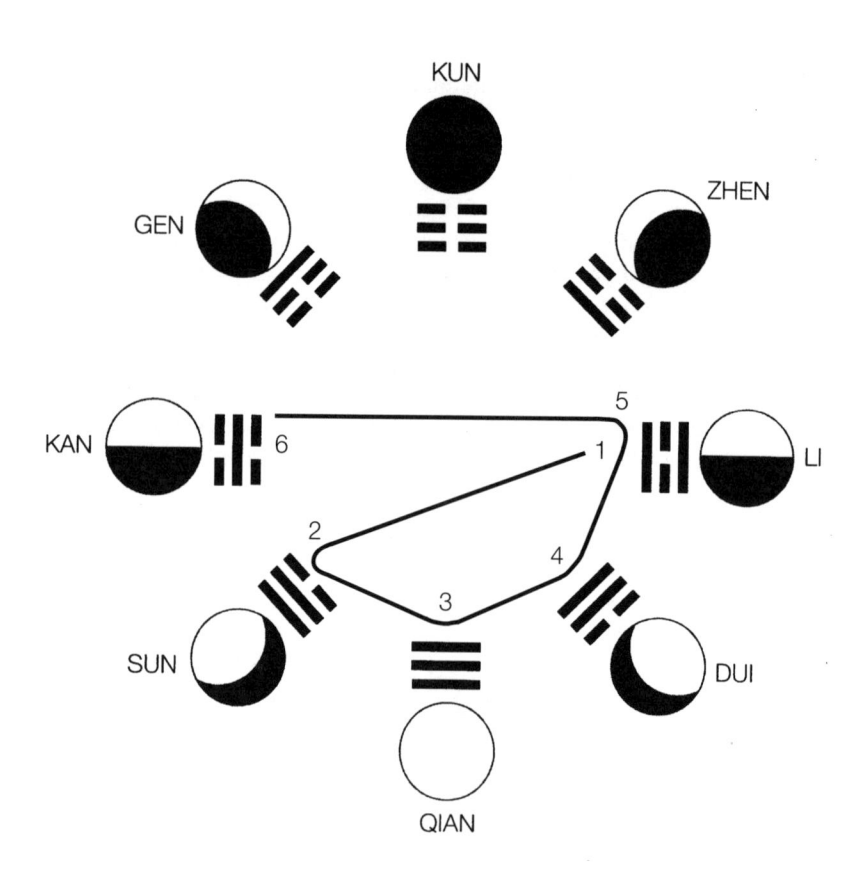

Partnerzeichen: H49.
Gegenzeichen: H3.
Parallelzeichen: H5, H6, H37, H38, H49.

Der Hauptspruch

Der Kessel. Der Wunschgedanke hat Glück und dringt durch.

Sie haben die Möglichkeit, eine höhere Eingebung praktisch umzusetzen und ein großes Werk zu vollbringen. Folgen Sie Ihrer Berufung.

Der *Kessel DING* war ein *Dreifuß*, ein rundes Bronzegefäß mit drei Füßen und zwei Henkeln. Der *Tuan*-Kommentar sagt, daß damit Speisen gekocht wurden, um sie dem Sonnengott *Shangdi* zu opfern. Damit ist der Kochvorgang als eine Form des Brandopfers ausgelegt, bei dem der symbolische Mond-Kessel in Nachbildung der Konjunktion auf das Sonnenfeuer gesetzt wurde. Die Dreizahl der Füße, auf denen man das Gefäß ins Feuer stellte, entspricht den drei Konjunktionstagen. Da sich die Füße auf seiner hellen Außen- oder Unterseite befinden, werden sie hier zugleich mit den drei harten Linien des Vollmondkomplexes *Sun–Qian–Dui* identifiziert (vgl. Platz 4). Die Zweizahl der als *Ohren* bezeichneten Henkel hingegen entspricht den beiden ohrförmigen Mondbildern *Zhen* und *Gen*, welche sich links und rechts am Rand der dunklen, dem – hier durch *Li* auf Platz 5 repräsentierten – Schwarzmond *Kun* entsprechenden Öffnung des Kessels befinden (vgl. Plätze 3/5). Durch die beiden ringförmigen Henkel aber wurde eine *Tragestange* gesteckt, mit der man den Kessel transportieren konnte. Diese ist die Auslegung der waagerechten Verbindungslinie *Li – Kan*, welche einerseits die linksseitigen (*Li*) und die rechtsseitigen (*Kan*) Monde (= die beiden Henkel) verbindet, andererseits zugleich den Weg vom Taghimmel (*Li*) zum Nachthimmel *(Kan)* bedeutet, auf dem der Kessel vom Feuer genommen wird (Plätze 5/6).

Die Deutung des Hexagrammes versteht sich im Prinzip als die Umkehrung des vorausgehenden Partnerzeichens H49. Dort erscheint das Sonnenzeichen *Li* als das erste Haupttrigramm auf Platz 2 vor dem Vollmondkomplex *Sun–Qian–Dui*. Hier erscheint es danach als das zweite Haupttrigramm auf Platz 5. Dort ist die zunehmende Bewegung als das Abschälen der verkohlten Schattenhaut nach dem Sonnendurchgang gedeutet, hier als das Füllen des Kessels, bevor er aufs Feuer gestellt wird. Die Symbolik der Liniensprüche läßt in groben Zügen das folgende Szenario erkennen: In *Li* auf Platz 1 wird der Kessel zunächst ausgekippt, d. h. von unbrauchbaren Resten frei gemacht. Auf den Plätzen 2 und 3 erfolgt mit dem Schritt *Sun*

– *Qian* seine Füllung. Der Spruch auf Platz 4 umschreibt die Gefahr, daß man den Inhalt des Gefäßes wieder verschüttet. Mit dem Schritt *Dui- Li* wird der Topf auf das Sonnenfeuer gesetzt, so daß er *gelbe Ohren* (= Henkel) bekommt (Platz 5). Und mit dem Schritt *Li – Kan* wird er wieder vom Feuer genommen. Sein Inhalt ist nun durch das himmlische Feuer gargekocht und erscheint daher in Gestalt des Vollmondes als Ebenbild der Sonne.

Die Funktion des Kessels besteht somit darin, daß er die schöpferische Energie des Himmels (= Sonne) in die irdische Körperlichkeit (= Vollmond) übersetzt. Im *Xiang*-Kommentar heißt es daher zu diesem Zeichen: *Der Edle stellt damit die Rangordnung richtig und gibt dem Auftrag (des Himmels) seine feste Gestalt.* Urbildlich bedeutet die feste Gestalt des himmlischen Auftrags den Vollmond als die materiell verfestigte oder erstarrte Erscheinungsform der Sonne. In seinen archaischen Formen ist das Schriftzeichen *DING* daher noch identisch mit jenem Zeichen *zhen »bestätigen, bewahrheiten, verwirklichen«*, das die Manifestation des Himmels auf der Erde und speziell das Orakelergebnis bezeichnet (vgl. Platz 5). Das Produkt, das sich nach dem Kochen im Topf findet, kann man ja – wie etwa den berühmten Kaffeesatz – ebenfalls als ein Orakel deuten.

Anfangs Sechs   **Li**

Der Kessel kehrt seine Füße nach oben. Günstig, um das Schlechte auszutreiben. Man gewinnt eine Sklavin mit ihren Kindern. Kein Schaden.

Durch eine Umkehr können Sie sich von schlechten Elementen befreien und gewinnen produktive Hilfskräfte.

Li steht hier für die Konjunktionsstellung des Mond-Gefäßes, in welcher es mit seiner Schattenöffnung räumlich nach unten auf die Erde und mit seiner hellen Außen- oder Unterseite nach oben in den Himmel gerichtet ist: *Der Kessel kehrt seine Füße nach oben.* Diese Stellung ist geeignet, den Kessel zu entleeren, d. h. von den darin enthaltenen Abfallresten zu befreien, die als *das Schlechte* oder *das Negative* (*pi*) erscheinen. Wir haben den Begriff bereits in dem gleichnamigen Hexagramm H12 als eine Auslegung der Schattenseite kennengelernt, die auf dem Weg des Zunehmens mit dem Schritt *Li – Sun* immer mehr verschwindet. Daher: *Günstig, um das Schlechte auszutreiben.* Auf diesen Schritt bezieht sich auch der zweite Teil des Spruches. Das Schriftzeichen *Sklavin* erscheint im *Yijing* außer an dieser Stelle nur noch in H33, wo *Sklaven und Sklavinnen* die zwei rangniederen Nebenplätze *Dui* und *Sun* an der Mutterbrust der Sau bedeuten. Ebenso wie hier entspricht die Sklavin dort dem weiblichen, weil rechtsseitigen Mondbild *Sun*, während das Zunehmen, die weibliche Funktion, das Hervortreten der immer größer werdenden Monde aus der Schattenhöhle des Schwarzmondes, als Ferkelgeburt ausgelegt wird. Hier sind diese beiden Motive miteinander zu einer Assoziation verknüpft: *Man gewinnt eine Sklavin mit ihren Kindern*. Der mit Speise gefüllte Kochtopf ist damit in Parallele zu den Brüsten der Muttersau in H33 gesetzt. Die Parallele wird auf dem folgenden Platz 2 noch weitergeführt.

Neun auf zweitem Platz   Sun

Der Kessel wird gefüllt. Meine Gefährten drängeln. Das kann mir nichts anhaben. Glückverheißend.

Sie erobern sich eine reichhaltige Pfründe. Die Anfeindungen Ihrer Konkurrenten können Ihnen Ihren Besitz nicht streitig machen.

Das *Füllen* des *Kessels* ist natürlich der Schritt *Sun – Qian*, mit dem der Mond *voll* wird. Im zweiten Satz ist der mit Speise gefüllte Kochtopf dann in Parallele zu den Brüsten der Muttersau in H33 gesetzt, wo es auf dem *Sun*-Platz 3 heißt: *Die zusammengehörigen Ferkel drängeln. Gefahr. Es ist glückverheißend, Sklaven und Sklavinnen zu halten*. Hier sind die Ferkel zu *Gefährten* oder *Rivalen* geworden, die sich nach dem Inhalt des Kochtopfes *drängeln*. Wie die Sklaven und Sklavinnen befinden sie sich in Gestalt von *Sun* und *Dui* links und rechts von dem zentralen Vollmondplatz *Qian*, der hier zugleich als der Inhalt des Topfes und als *Ich* ausgelegt ist. Das *Drängeln* kann auch eine *Wunde* oder *Krankheit* bedeuten, jedenfalls einen Mangel, als welcher hier die Schattenränder der Mondbilder *Sun* und *Dui* ausgelegt sind. *Richard Wilhelm* übersetzt: *Meine Genossen haben Neid*. Aber dieser Neid kann *mir*, nämlich dem makellos schattenfreien Vollmond in seiner zentralen Stellung, *nichts anhaben*, oder, noch wörtlicher übersetzt: *Das kann mich nicht erreichen*.

Neun auf drittem Platz Qian

Die Ohren des Kessels lösen sich ab. Sein Gang wird angehalten. Das Fett des Fasans bleibt ungegessen. Wenn es gerade regnet, gibt es Schaden. Kummer, doch am Ende Glück.

Sie haben zwar nun reichlich bekommen, was Sie wollten, befinden sich aber in einer Lage, wo Sie es nicht genießen können. Ärgerliche Umstände schaden dem Vergnügen. Am Ende löst sich aber alles in Wohlgefallen auf.

Der Spruch ist vollkommen symmetrisch gebaut wie der Vollmond selbst: Die ersten zwei Sätze mit je drei Schriftzeichen symbolisieren den Eintritt in die Vollmondphase. Der mittlere Satz mit vier Schriftzeichen stellt diese als statischen Zustand dar. Und die letzten beiden Sätze, die wiederum aus je drei Schriftzeichen bestehen, umschreiben den Austritt aus der Vollmondphase. Wie schon gesagt, wurde die »hohle« Schattenfläche der oberen Mondbilderpaare als das »Loch« in der Mitte der ringförmigen Henkel-Ohren ausgelegt. Hier in der Vollmondphase Qian verschwindet der Schatten vollkommen. Daher: *Die Ohren des Kessels lösen sich ab –*, wobei das mit *ablösen* wiedergegebene Schriftzeichen wiederum die urbildlich analog gedachte *Häutung (ge)* des Partnerzeichens H49 ist. Zugleich geht die zunehmende Bewegung des Mondes in die Nacht hinein hier nicht mehr weiter, sondern kommt zum Stillstand. Daher: *Sein Gang wird angehalten.* Im dritten Satz des Spruches finden wir dann das weißlich glänzende Mondlicht wieder als *Fett* gedeutet (vgl. H3/5). Auch haben wir schon gesehen, wie bei der Auslegung des Mondplanes als Vogelgestalt die linksseitigen und rechtsseitigen Mondbilder die Flügel und der Vollmond in der Mitte den Körper darstellen, wo das *fette* Fleisch sitzt (Abb. 18, S. 92). Zugleich steht der Vollmond und damit das Fett im Gesamtzusammenhang des Zeichens natürlich für den nahrhaftesten Inhalt des Kochtopfes. Im Gegensatz zu der unberührten Rundung desselben erscheinen die weniger substantiellen Mondbilder oder Bratenteile alle als »angebissen«. Daher: *Das Fett des Fasans bleibt ungegessen.* Die letzten beiden Sätze des Spruches schließlich umschreiben den Austritt aus der Vollmondphase und den weiteren Verlauf: *Wenn es gerade regnet, gibt es Schaden. Kummer, doch am Ende Glück.* Das Schriftzeichen *kui (= Schaden, Verlust, verschwinden)* wird direkt für das *Abnehmen* des Mondes verwendet. Der durch den Regen verursachte *Schaden*, urbildlich die Befleckung des Mondes durch den Schatten, ist auf dem folgenden Platz 4 genannt: *Seine Gestalt wird benäßt* (vgl. auch H43/3). Im letzten Satz des Spruches schließlich erscheint der Schaden bzw. der Schatten noch einmal als der *Kummer*, der dann ebenfalls auf dem folgenden *Dui*-Platz 4 erklärt wird. Die beiden letzten Plätze 5 und 6 des Hexagramms aber eröffnen demgegenüber wieder eine glückliche Perspektive. Daher: *Es gibt Kummer, doch am Ende Glück.*

Neun auf viertem Platz   Dui

Dem Kessel bricht ein Fuß ab. Man verschüttet die Mahlzeit des Herzogs. Seine Gestalt wird benäßt. Unheil.

Obgleich alles bereit steht, wird eine günstige Situation durch Ungeschick und Unaufmerksamkeit gegenüber einer maßgeblichen Persönlichkeit verdorben. Das bedeutet Unheil.

Die drei Sätze des Spruches interpretieren in drei verschiedenen Formen den Schatteneinbruch in *Dui* als *Unheil*. Zunächst einmal stellen im Umrißbild des Graphs die drei Mondbilder *Sun*, *Qian* und *Dui* die drei Füße des Dreifußes dar. Hier bedeutet der Schatteneinbruch in *Dui*, daß einer der Füße *abbricht*. Sodann wird der Vollmond als eine *Mahlzeit*, wörtlich als ein *Topf voll gekochtem Reis* ausgelegt, der mit dem Schatteneinbruch, d. h. mit der Drehung des Mondgefäßes in der abnehmenden Bewegung, *umgekippt* oder *verschüttet* wird. Der gefüllte Reistopf bzw. die Mahlzeit entspricht dem *Fett des Fasans* im vorigen Spruch, d. h. dem Inhalt des Kessels. Aber nicht nur der *Reistopf* bzw. *die Mahlzeit*, sondern auch der *Herzog* ist als Gegenpol des Sonnenkönigs eine Personifizierung des Vollmondes (vgl. H14/4). Daher: *Man kippt den Reistopf des Herzogs um.* Daher bekommt auch der Herzog selbst den Schatteneinbruch zu spüren, indem nämlich *seine Gestalt benäßt* oder *befleckt* wird. Aber praktisch gesehen ist es natürlich die verschüttete Mahlzeit, die den Herzog verunreinigt, – wenn man nicht den im vorigen Spruch genannten Regenfall dafür verantwortlich machen will (vgl. auch H5/3, H43/3).

Sechs auf fünftem Platz   Li

Der Kessel hat gelbe Henkel und eine goldene Tragestange. Günstig für eine Verwirklichung.

Sie erschließen sich eine gewaltige Energiequelle, durch die Sie Ihre Pläne praktisch verwirklichen können.

Im Konjunktionszeichen *Li* wird hier der Mond-Kessel auf das Sonnenfeuer gesetzt. Das Trigramm *Li* steht für die Konjunktionstriade *Zhen – Kun – Gen*, wobei der Schwarzmond *Kun* als die Öffnung des Kessels ausgelegt ist, während die zwei Sicheln *Zhen* und *Gen* rechts und links davon seine *Henkel*, wörtlich seine *Ohren* darstellen (vgl. Platz 3), die im Schein des Sonnenfeuers *gelb* leuchten. Durch die beiden ringförmigen Henkel aber wurde eine *Tragestange* gesteckt, mit der man den Kessel transportieren konnte. In der Konjunktionsstellung verbindet diese Stange die beiden Henkelohren als *Zhen* und *Gen* und markiert damit den Ort der Sonne, weshalb sie deren *goldene* Farbe aufweist. Im Rahmen des Graphs ist die Stange die Auslegung der waagerechten Verbindungslinie *Li – Kan*, welche einerseits die beiden Halbmonde und damit die rechte und die linke Hälfte des Mondplanes miteinander verbindet, andererseits zugleich den Weg von der Tagseite (*Li = Kun*) zur Nachtseite *(Kan = Qian)* bedeutet (vgl. H29/H30). Auf diesem Weg, den der Schritt *Li – Kan* als Übergang zu Platz 6 darstellt, wird der Kessel vom Sonnenfeuer (= Himmel) fortgetragen und am Nachthimmel (= Erde) abgesetzt (s. Platz 6). Sein kochend heißer Inhalt erkaltet und erstarrt damit zum Bild des Vollmondes als die irdische *Manifestation* der Sonne, mit der sich der Himmel auf der Erde *verkörpert* oder *verwirklicht*. Daher: *Günstig für eine Verwirklichung*.

Oben Neun   **Kan**

Der Kessel hat eine Tragestange aus Jade. Großes Glück. Nichts, was nicht günstig wäre.

Eine große Anstrengung führt glücklich zu einem wertvollen und nutzbringenden Resultat.

Im Rahmen des Graphs entspricht die *Tragestange* der waagerechten Verbindungslinie *Li – Kan*, welche die als Henkel des Kessels ausgelegten linksseitigen (*Li*) und rechtsseitigen (*Kan*) Monde miteinander verbindet. Zugleich bedeutet sie die senkrechte Bewegung von der Tagseite (*Li = Kun*) zur Nachtseite *(Kan = Qian)* des Kreislaufes. Wir können diese Bewegung als das Auftragen der gargekochten Mahlzeit, ihren Transport von der Küche in das Speisezimmer verstehen. Auf der Tagseite im Zeichen *Li*, die der vorige Spruch darstellt, verbindet die Tragestange die beiden Henkelohren *Zhen* und *Gen*, markiert also den Sonnenort zwischen diesen und hat daher eine *goldene* Farbe. Hier auf der Nachtseite im Zeichen *Kan* hingegen sind die Henkelohren die Mondbilder *Sun* und *Dui* links und rechts des Vollmondes, dessen milchiger Glanz im Gegensatz zum Gold der Sonne durch die *Jade* symbolisiert ist. Daher: *Der Kessel hat eine Tragestange aus Jade*. Auch das Schriftzeichen *groß* (*da*) in der Formel *großes Glück* können wir natürlich auf die *Größe* des Vollmondes beziehen. Die Übereinstimmung des Vollmondes mit der Sonne in Größe und Gestalt bedeutet die vollkommene körperliche Manifestation des Himmels auf der Erde. Der Kommentar *Wenyan* erklärt auch den mit *günstig* wiedergegebenen Ausdruck (*li*) in diesem Sinn: *Das Günstige (der Nutzen, der Vorteil) ist die Übereinstimmung der Bedeutungen.* Daher heißt es am Ende: *Nichts, was nicht günstig wäre.*

51. ZHEN /
DER DONNERSCHLAG

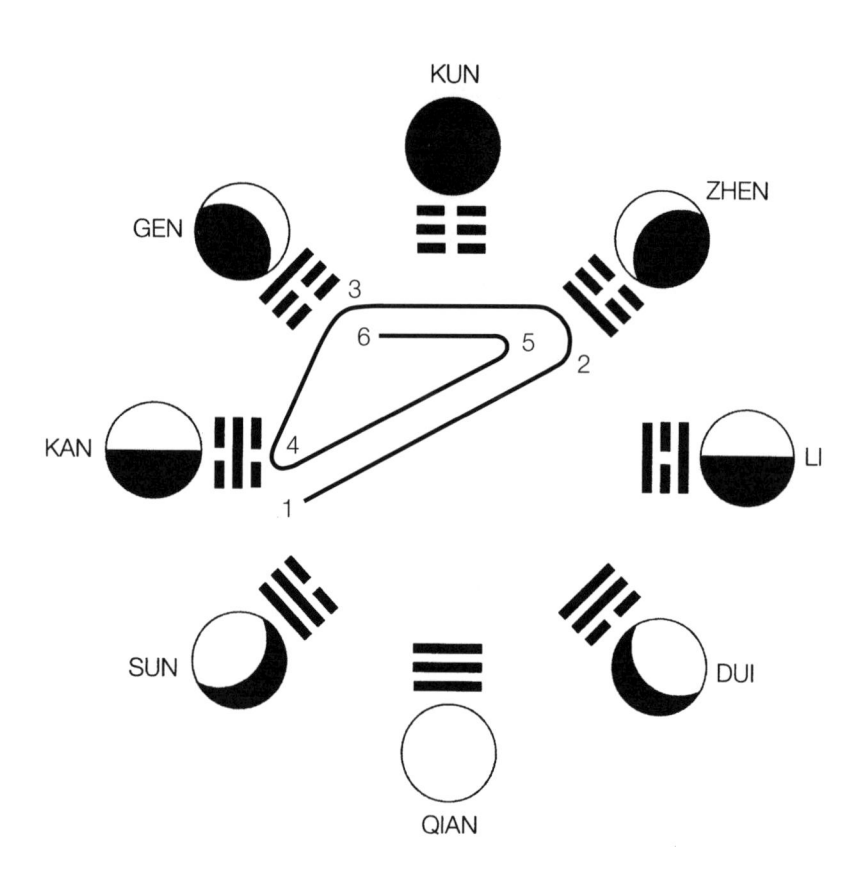

Partnerzeichen: H52.
Gegenzeichen: H57.
Parallelzeichen: H29, H52.

Der Hauptspruch

Der Donnerschlag. Man dringt durch. Donnerschlag kommt: Hu, Hu! Lachende Worte: Ha, Ha! Der Donnerschlag verbreitet hundert Meilen weit Schrecken. Doch den Opferlöffel und die Schüssel mit dem gewürzten Wein verlierst du nicht.

Ihre Existenz wird durch ein dramatisches Ereignis erschüttert. Aber es erweist sich, daß Sie am Ende nicht nur glimpflich davonkommen, sondern sogar einen Gewinn daraus ziehen. Sie finden einen Halt, der Sie jede Erschütterung überstehen läßt.

Das Hexagramm ZHEN ist die Verdoppelung des gleichnamigen Trigramms. Der Name ZHEN umfaßt die Bedeutungsaspekte *Blitz und Donner, Erschütterung, erschrecken, erregen* sowie *schwängern* oder *schwanger werden*. Mit der Übersetzung *Donnerschlag* fasse ich Blitzschlag und Donnerhall zu einer Einheit zusammen. Die Sprüche deuten darauf hin, daß mit dem Hexagrammnamen ZHEN zugleich eine animistische Personifizierung der Naturgewalt gemeint war, ein mythisches Wesen namens *Donnerschlag*, ähnlich wie *Lichtgefäß* in H36 (vgl. auch H64/4).

Das Schriftzeichen ZHEN setzt sich aus dem Kalendersymbol *chen* (unten) und dem Zusatz *Regen* (oben) zusammen. Im *Mawangdui*-Text fehlt der Zusatz *Regen*, so daß das Kalenderzeichen *chen* für sich den Hexagrammnamen bildet. *Chen* aber hat auch die konkrete Bedeutung *Tagesanbruch* und den verallgemeinerten Sinn *Zeiteinteilung*. Daraus geht die kosmische Urbedeutung des Namens hervor: Der mit dem Trigramm *Zhen* symbolisierte Altmond kurz vor seinem Verschwinden in der Sonne markiert mit seinem Erscheinen am östlichen Morgenhimmel die Zeit der *Morgendämmerung*, *des Tagesanbruches*. Er bedeutet von daher auch die Grenze zwischen Tag und Nacht, was die Idee der *Zeiteinteilung* erklärt.

Auch das mit *Hu! Hu!* wiedergegebene Doppelzeichen, etwa *o Schreck! o Schreck!*, ist in der Seidenschrift durch ein anderes (*shuo*) ersetzt, das direkt die *Schwarzmondphase* (1. Tag des Monats) im Gegensatz zum Vollmond (15. Tag des Monats) bedeutet, also die Konjunktion, den Zusammenstoß des Mondes mit der Sonne. Mit der Auslegung des Altmondes als *Donnerschlag* in unserem Hexagrammnamen ist das Verschwinden des Mondes in der

449

Schwarzmond-Höhle als der *Einschlag eines Blitzes* gedeutet, der mit dem gleichzeitigen Erscheinen der Sonne aufleuchtet und die Erde erhellt. Der so gedeutete Eintritt in die Konjunktion ist zugleich das Urbild des *Durchdringens (heng)*, das die Einleitung des Hauptspruches bildet: *Man dringt durch.*

Diese Vorstellung wird nun als Deutungsmuster auf die Gestalt des Graphs übertragen: Analog zu dem Parallelzeichen H29 sehen wir dessen Umriß als den Querschnitt einer *Grube*, welche der Schwarzmond-Höhle bzw. dem mondlosen Nachthimmel und damit der urbildlichen Erde entspricht. Zugleich stellt die harte Linie *Kan* als die Spitze des durch die Verbindungslinien *Gen – Kan – Zhen* gebildeten Keils den in die Nacht-Erde hinunter fahrenden Blitzschlag dar. Die durch diesen ausgelöste Angst drückt der zweite Satz des Hauptspruches aus: *Der Donnerschlag kommt: Hu! Hu!* Der Donnerhall aber dringt erst nach dem Blitz an das u. a. auch als Ohrmuschel gedeutete Mondbild *Zhen* (vgl. H21/6). Wenn Blitz und Donner nicht gleichzeitig, sondern nacheinander auftreten, so findet der Einschlag nicht in unmittelbarer Nähe statt: Man wird nicht getroffen. Dies kommt darin zum Ausdruck, daß der Verlauf des Graphs dann mit dem Schritt *Zhen – Gen* an *Kun*, dem urbildlichen Ort des großen Knalls, vorbeigeht. Darum heißt es auf Platz 3: *Der Gang des Donnerschlages bringt kein Unglück.* Und auf Platz 6: *Der Donnerschlag trifft nicht seine Person. Er trifft seinen Nachbarn.* Die Erleichterung darüber, so glimpflich davonzukommen, drückt der dritte Teil des Hauptspruches aus: *Lachende Worte: Ha! Ha!* Das *Lachen* ist die Auslegung der Öffnung des Himmelsmundes, die durch seine auseinandergetretenen Mundwinkel *Zhen* und *Gen* markiert wird.

So wird die Deutung des Mondbildes *Zhen* auf den Dreischritt *Kan – Zhen – Gen* projiziert, der in gedoppelter Form den Graph des Hexagrammes darstellt, und dabei als zeitlicher Ablauf in drei Phasen untergliedert: Eine Phase des Blitzes (*Kan*), eine Phase des Donners (*Zhen*), und eine Phase der Erleichterung, daß man nicht getroffen wurde (*Gen*). In den drei Sprüchen des zweiten Haupttrigramms, wo man die Erfahrung des glücklichen Überlebens schon einmal gemacht hat, ist das Motiv der Erleichterung insgesamt vorherrschend.

Mit den letzten beiden Sätzen des Hauptspruches wird die durch den – nicht schräg nach links, sondern senkrecht nach unten zu denkenden – Keil *Gen – Kan – Zhen* dargestellte *Grube* aus dem Parallelzeichen H29 als die *Schüssel mit dem gewürzten Wein* ausgelegt. Und der Mond ist der *Opferlöffel*, der mit dem Schritt *Gen – Kan* in die Schüssel getaucht wird, um mit der Bewegung *Kan – Zhen* den *gewürzten Wein* aus ihr herauszuschöpfen. Indem sich der Vorgang im Verlauf des zweiten Haupttrigramms wiederholt, bleiben sowohl der Löffel wie auch die Weinschüssel erhalten. Daher: *Der*

Donnerschlag verbreitet hundert Meilen weit Schrecken. (Doch) den Opferlöffel und die Schüssel mit dem gewürzten Wein verlierst du nicht.
Die beiden Kultgegenstände deuten auf ein Opferritual, bei dem man ein spezielles Rauschgetränk zu sich nahm. Der Genuß bewußtseinserweiternder Rauschdrogen, insbesondere von sogenannten heiligen Pilzen, spielte bei den schamanistischen Ritualen eine zentrale Rolle. Mit dem *Donnerschlag* oder der *Erschütterung ZHEN* war demnach u. a. auch eine ekstatische Erfahrung durch den Genuß von *gewürztem Wein* gemeint. Daraus können wir einerseits schließen, daß es sich um ein sehr kräftiges Getränk handelte. Andererseits aber legt es zugleich den Gedanken nahe, daß mit der spirituellen Wirkung dieses heiligen Trankes schlagartig eine Dimension erschlossen wird, die durch die mystische Identifizierung mit dem ganzen Kosmos über jede Erschütterung erhaben ist.

Außerdem können wir den *Opferlöffel* und die *Schüssel mit dem gewürzten Wein* zugleich als Symbolformen der Geschlechtsorgane verstehen. Die beiden Schriftzeichen kommen bezeichnenderweise auch mit den Bedeutungen *Pfeilspitze* und *Köcher* vor: Wie man den Löffel in die Schüssel taucht, so steckt man die Pfeilspitze in den Köcher.

Die *Erschütterung*, die der Hexagrammname meint, gewinnt damit auch einen sexuellen Akzent, der auf Platz 6 im Motiv der *Heiratsverbindung* sozusagen als Pointe des ganzen zur Sprache kommt: *Eine Heiratsverbindung findet Worte* (vgl. auch Platz 5). Dies signalisiert eine Assoziationsbrücke zu dem Bedeutungsaspekt *schwängern* des Hexagrammnamens ZHEN. Nicht nur in China gehört ja auch die Auslegung von Blitz und Donner als göttlicher Orgasmus zwischen Himmel und Erde zum Grundrepertoire der mythologischen Überlieferung. Im Partnerzeichen H52 wird mit der auf den Akt folgenden *Abkehr* zugleich das Motiv der Schwangerschaft thematisiert.

Anfangs Neun   **Kan**

Der Donnerschlag kommt: Hu, Hu! Danach lachende Worte: Ha, Ha! Glückverheißend.

Ein dramatisches Ereignis bedroht Ihre Existenz. Aber es erweist sich, daß Sie am Ende nicht nur glimpflich davonkommen, sondern sogar einen Gewinn daraus ziehen.

Mit der teilweisen Wiederholung des Hauptspruches bezieht sich der erste der Linienspruche hier nicht speziell auf *Kan*, sondern gibt eine Gesamtschau des Verlaufs: Der erste Satz formuliert die Bedrohung in dem Schritt *Kan – Zhen*, der zweite die Erleichterung als Ergebnis des Schrittes *Zhen –*

Gen. Zugleich bedeuten die beiden Sätze das erste und das zweite Haupttrigramm als zwei aufeinanderfolgende Donnerschläge. Beim ersten befürchtet man noch das Schlimmste. Daher heißt es auf Platz 2: *Vermutlich nimmt er die Kaurimuscheln weg* (= das Verschwinden des Mondes in der Konjunktion). Am Ende des ersten Haupttrigramms zeigt sich aber, daß nichts passiert ist: *Der Gang des Donnerschlages bringt kein Unglück.* Und danach auf Platz 5, beim zweiten Donnerschlag: *Vermutlich gibt es keinen Verlust.*

Sechs auf zweitem Platz   **Zhen**

Donnerschlag kommt. Gefahr. Vermutlich nimmt er die Kaurimuscheln weg und steigt auf den neunfachen Hügel. Folge ihm nicht! Nach sieben Tagen wirst du sie wiederbekommen.

Sie befürchten einen schweren Verlust. Aber wenn er eintritt, sollten Sie deshalb nicht in Panik geraten, sondern gelassen bleiben. Denn nach kurzer Zeit werden Sie das Verlorene wiederbekommen.

Die an Schnüren aufgereihten *Kaurimuscheln*, das Zahlungsmittel der chinesischen Frühzeit, haben wir als Symbol der aufeinanderfolgenden Mondbilder schon kennengelernt (H16/4). Mit dem Verschwinden des Altmondes *Zhen* werden sie *weggenommen* oder *vernichtet.* Der Sonnenort *Kun,* zu dem dieser gleichzeitig *hinaufsteigt,* ist der Gipfelpunkt des *neunfachen Hügels,* d. h. des kosmischen Weltenberges. Die Zahl *Neun* kennzeichnet als Zentrum des achtteiligen Mondplanes die Mitte und Einheit des Himmels. In seiner Auslegung als Weltenberg setzt sich dieser zugleich aus den drei Etagen Tag, Monat und Jahr zusammen. Auf jeder derselben erscheinen die drei *Göttlichen Lichter (shenming)* Sonne, Mond und Sterne in unterschiedlichen Rhythmen, so daß man auch hier über die Rechnung 3 X 3 zu der Zahl Neun gelangt. Daher: *Vermutlich nimmt er die Kaurimuscheln weg und steigt auf den Neunfachen Hügel.* Der Altmond bzw. der *Donnerschlag ZHEN* wird damit als ein Dieb personifiziert, der die wertvollen Muscheln klaut und damit auf dem Berg verschwindet. Es wäre naheliegend, den Dieb zu verfolgen. Aber der Graph verläuft nicht über *Kun,* sondern direkt von *Zhen* nach *Gen.* Daher: *Verfolge ihn nicht.* Zwischen *Zhen* und *Gen* liegt ein Viertel des Mondumlaufes, also eine Woche oder *sieben Tage.* Daher *wirst du* die verschwundene(n) Muschel(n) in Gestalt des wiedererscheinenden Neumondes *Gen nach sieben Tagen wiederbekommen* (vgl. H63/2).

Sechs auf drittem Platz   Gen

Donnerschläge wieder und wieder. Doch der Gang des Donners bringt kein Unglück.

Sie werden wiederholt lautstark bedroht. Doch erleichtert stellen Sie fest, daß es sich nur um Theaterdonner handelt, der Ihnen nichts schadet.

Das gedoppelte, mit *wieder und wieder* übersetzte Schriftzeichen (*su*) bedeutet konkret *wiederbeleben.* Urbildlich handelt es sich natürlich unmittelbar um den in der Konjunktion »gestorbenen« Altmond *Zhen*, der in Gestalt des Neumondes *Gen* »wiederaufersteht«. Zugleich wird damit auf der letzten Linie des ersten Haupttrigrammes das zweite als ein weiterer Donnerschlag angekündigt. Außerdem hat sich nun mit dem Schritt *Zhen – Gen* gezeigt, daß der Verlauf des Graphs am Konjunktionsort *Kun* vorbeigeht, d. h. daß kein Einschlag erfolgt. Daher: *Der Gang des Donners bringt kein Unglüc*k.

Neun auf viertem Platz   Kan
Der Donnerschlag fährt in den Schlamm.

Günstige Umstände in Ihrer Umgebung wirken wie ein Blitzableiter und verhindern, daß ein drohender Schicksalsschlag Sie trifft.

Der durch die Verbindungslinien *Gen – Kan – Zhen* gebildete Keil mit der harten Linie *Kan* als Spitze ist hier als der Blitz gedeutet, der hinunter in den *Schlamm* der Nacht-Erde *fährt*. Das mit *fährt* übersetzte Schriftzeichen (*sui*) hat, wenn man es mit dem Zusatz *Feuer* schreibt, lautidentisch die Bedeutung *Feuer machen, entflammen,* was ebenfalls auf den Blitz verweist. Den *Schlamm* oder *Schmutz* (*ni*) haben wir schon mehrfach als die »Verschmutzung« des Mondes durch seinen Schatten kennengelernt (H1/3, H5/3, H48/1). Der zunehmende Mond aber folgt der Richtung der Schattenseite in die Nacht-Erde hinunter. Direkt diesem urbildlichen Befund entspricht der ebenfalls überlieferte Wortsinn *folgen* des Schriftzeichens *sui*: *Der Donnerschlag folgt dem Schlamm,* d. h. der Richtung der Schattenseite. Der *Schlamm* bzw. die Feuchtigkeit übt ja auch in der Tat eine physikalische Anziehungskraft auf den Blitzschlag aus.

Sechs auf fünftem Platz   Zhen

Der Donnerschlag geht und kommt. Gefahr. Vermutlich gibt es keinen Verlust. Man hat eine Aufgabe.

Durch die Wiederholung verliert ein bedrohliches Ereignis seine Schrecken. Sie lernen aktiv und kreativ damit umzugehen.

Das *Gehen und Kommen* ist unmittelbar Ausdruck der Wiederholung des Donnerschlages von Platz 2. Allgemeiner kann man die beiden Schriftzeichen (*wang-lai*) auch mit *Hin und Her* übersetzen: *Das Erschüttern geht hin und her* (Richard Wilhelm). Das *rastlose Hin und Her* haben wir schon in einem sexuellen Kontext als *Verkehr* kennengelernt (H31/4). Damit kommt hier der Bedeutungsaspekt *schwängern* oder *schwanger werden* des Hexagrammnamens ZHEN ins Spiel, der auch auf dem folgenden Platz 6 noch einmal mit dem Motiv der *Heiratsverbindung* anklingt. Auch der letzte Teil des Spruches bezieht sich auf die Wiederholung: Nachdem beim ersten Donnerschlag die Erfahrung gemacht wurde, daß er *kein Unglück bringt* (Platz 3), vermutet man nun bei der Wiederholung – im Gegensatz zum ersten Mal auf Platz 2 – *keinen Verlust*. Stattdessen ist man aktiv und konzentriert bei der Sache: *Man hat eine Aufgabe*, oder *Man hat etwas zu tun*. Der Gedanke schließt sinngemäß an den zweiten Teil des Hauptspruches an: *Der Donnerschlag verbreitet hundert Meilen weit Schrecken. (Doch) den Opferlöffel und die Schüssel mit dem gewürzten Wein verlierst du nicht.*

Oben Sechs   Gen

Donnerschlag sucht und sucht, blickt aufgeregt nach links und rechts. Angriff bringt Unheil. Der Donnerschlag trifft nicht seine Person, sondern seinen Nachbarn. Kein Schaden. Eine Heiratsverbindung findet Worte.

Durch ein überwältigendes Erlebnis werden Sie wie vom Donner gerührt. Im Mittelpunkt des Geschehens stehen aber nicht Sie selbst, sondern eine nahestehende Person. Daraus kann sich eine enge Partnerschaft ergeben.

Wie auf Platz 2 ist es auch hier naheliegend, den *Donnerschlag* als animistische Personifizierung der Naturgewalt aufzufassen, als ein mythisches Wesen namens Zhen »Donnerschlag«. Das gedoppelte Schriftzeichen in dem mit *sucht und sucht* wiedergegebenen Ausdruck (*suo-suo*) gibt keinerlei Grund zu der Übersetzung *Schall des Donners* (Richard A. *Kunst*). Es bedeutet u. a. *erforschen, ergründen* und *aussuchen, auswählen*. Das zweimalige Hin und Her zwischen der *linksseitigen* Sichel *Zhen* und der *rechtsseitigen* Sichel *Gen* im Verlauf des Graphs ist damit als die *Zickzackbewegung des Blitzes* gedeutet, der gleichsam noch unentschlossen in höchster Eile überlegt, wo er einschlagen soll: *Donnerschlag sucht und sucht, blickt aufgeregt nach links und rechts*. Und schließlich trifft der Donnerschlag *Zhen* nicht sein urbildliches Ziel, nämlich den Konjunktionsort *Kun*, sondern den Neumond *Gen* an seiner Seite, für den der Spruch steht: *Der Donnerschlag trifft nicht seine Person, sondern seinen Nachbarn*. Den *Nachbarn* kann man dabei auch in der Mehrzahl auf *Zhen und Gen* beziehen. Dies ist zugleich die Erklärung dafür, warum *Angriff Unheil* bringt: Er würde sein eigentliches Ziel verfehlen. Für die damit vom Blitzschlag verschonte *Person* ist das freilich *kein Schaden*. Mit dem letzten Satz schließlich werden der linksseitige, d. h. männliche Altmond *Zhen*, und der rechtsseitige, d. h. weibliche Neumond *Gen* als die Partner für eine *Heiratsverbindung* ausgelegt, und das Hin und Her zwischen ihnen als ein Austausch von Worten, ein Dialog: *Eine Heiratsverbindung findet Worte* oder *kommt zur Sprache* (vgl. H3/2, H22/4). Damit klingt wieder das sexuelle Motiv des *Verkehrs* aus dem vorigen Spruch an.

52. GEN / DIE ABKEHR

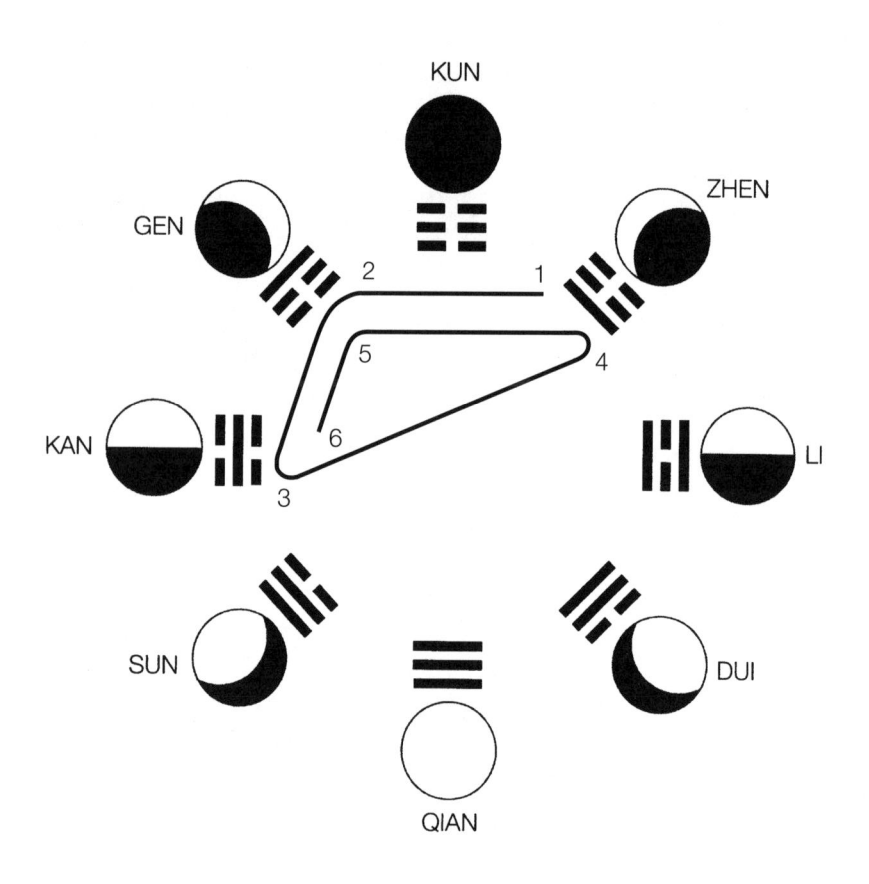

Partnerzeichen: H51.
Gegenzeichen: H58.
Parallelzeichen: H29, H51.

Der Hauptspruch

Sie kehrt ihm den Rücken. Er bekommt ihren Körper nicht zu fassen. Er geht durch ihren Hof und sieht nicht ihre Person. Kein Schaden.

Gefordert ist eine Abwendung von Ihrem Partner, damit Sie nicht verlernen, auch ohne ihn auszukommen. Aber sie bedeutet nicht Feindschaft, sondern kann in beiderseitigem Einvernehmen fruchtbar gestaltet werden.

Der Hexagrammname GEN bedeutet *widerspenstig, verkehrt, sich widersetzen* sowie *Grenze.* Das archaische Schriftzeichen zeigt einen *Menschen* mit einem *Auge,* das nach rückwärts blickt. Gao Heng leitet daraus die Grundbedeutung *zurückblicken* ab. Edward Louis Shaughnessy jedoch schließt aus dem negativen etymologischen Umfeld spezifischer auf *sich abwenden* oder *sich wenden gegen,* was im weiteren Sinn dann zu *Abstand nehmen von etwas, sich distanzieren, sich enthalten* führt.

Das archaische Schriftzeichen erklärt sich unmittelbar aus dem Urbild des Neumondes *Gen,* wenn wir dessen Lichtseite als das Auge oder die Blickrichtung nehmen, mit der er sich nach rückwärts der Sonne zuwendet, während er sich nach vorne, der Richtung der Schattenseite folgend, auf den Weg in die Nacht hinein begibt. Im Hauptspruch aber ist die schmale Lichtsichel des Mondbildes nicht als Auge, sondern als ein gekrümmter *Rücken* ausgelegt, den der Neumond im Weggehen der Sonne zukehrt. Im Rahmen des Graphs erfolgt dieses *Sichabwenden, Umwenden* oder *Kehrtmachen* mit dem Schritt *Zhen – Gen,* durch den die linksseitige, d. h. männliche Sichel *Zhen* sich in die rechtsseitige, d. h. weibliche Form *Gen umkehrt: Sie kehrt ihm den Rücken.* Zugleich ist die um den Mondkörper herumgeschwungene Sichel auch als eine Bewegung des Umfassens oder Ergreifens gedeutet, die aber im Bild des Neumondes nichts erfaßt außer seiner hohl gedachten Schattenseite, d. h. keine Vorderseite als Gegenstück des Rückens, *keinen Körper* (vgl. Platz 6 und H4/3). Daher: *Er bekommt ihren Körper nicht zu fassen.*

Im zweiten Teil des Spruches sehen wir dann die Höhlung des Schwarzmondes *Kun* als einen *Hof,* der links und rechts durch die Mauern *Zhen* und *Gen* begrenzt wird, so daß man mit dem Schritt *Zhen – Gen durch den Hof geht.* Aber wie auf der Vorderseite des *Rückens* kein *Körper* ist, so findet sich auch in dem Hof kein *Mensch* oder keine *Person.* Daher: *Man geht durch ihren Hof und sieht nicht ihre Person.*

In den Liniensprüchen ist der urbildliche Grundgedanke der *Abkehr* oder des *Sichabwendens* mit der Stufenfolge der Körperteile von Kopf bis Fuß, oder vielmehr von Fuß (Platz 1) bis Kopf (Platz 5), auf die Folge der Linien übertragen. So wird das erste Haupttrigramm als Unterkörper, das zweite als Oberkörper ausgelegt: Sie wendet sich erst ab mit ihren *Füßen* (Platz 1), dann mit ihren *Unterschenkeln* (Platz 2), dann mit ihrer *Scheide* (Platz 3), ihrem *Rumpf* (Platz 4), und schließlich ihren *Kinnladen,* worauf die körperliche Distanzierung in eine verbale Auseinandersetzung übergeht (Platz 5).

Durch die zum Teil wörtlich übereinstimmende Stufenfolge des menschlichen Körperbaues steht das Hexagramm in Beziehung zu H31 *Die Vereinigung.* Dort ist das urbildliche Motiv die komplementäre Ergänzung der Haupttrigramme *Gen* und *Dui,* wobei das abnehmende Mondbild *Dui* – konkret ausgelegt als *beißen* oder *verletzen* im übertragenen Sinn von erotischer Stimulation – durch die Umrißgestalt des Graphs als Leitbild gekennzeichnet ist. Hier hingegen haben wir die gedoppelte Form seines Gegenbildes *Gen,* das sich mit keinem Komplement ergänzt oder vereinigt. Der Sinn des Hexagrammnamens *GEN* ist daher das Gegenteil der *Vereinigung,* nämlich die *Abkehr* oder *Abwendung.* Der Neumond *Gen* ist jedoch im Zunehmen begriffen, so daß sich die Ergänzung seines Schattens ohne gegenbildliches Komplement von selbst ergibt. Dies wird mit der Schlußformel des Hauptspruches ausgedrückt: *kein Schaden.*

In den Liniensprüchen erscheint diese Formel noch zweimal, und zwar beide Male im Zeichen des abnehmenden Mondbildes *Zhen* (Plätze 1/4). Damit wird signalisiert, daß der *Schaden,* der urbildlich das Abnehmen bedeutet, hier unter der Dominanz des zunehmenden Leitbildes *GEN* kein Problem ist. Zugleich ist der Altmond *Zhen* das Leitbild des Partnerzeichens H51 *Donnerschlag,* dessen Hexagrammname auch den vermenschlichten Bedeutungsaspekt *schwängern* hat. Zusammen mit dem erotischen Szenario der Körperteile in Analogie zu H31 legt dies die Assoziation nahe, daß die körperliche *Abkehr* vom Partner nach der *Schwängerung* erfolgt, und das Zunehmen des rechtsseitigen, d. h. weiblichen Mondbildes *GEN* sich als Anwachsen des schwangeren Leibes versteht. Dafür spricht u. a. auch die Pointe des ganzen Zeichens auf Platz 6, wo es heißt: *Dick wendet sie sich ab. Glückverheißend.*

Im *Mawangdui*-Text ist der Hexagrammname *GEN* durch den Zusatz *Baum* ergänzt, was lautgleich zu der Bedeutung *Wurzel* oder *Beginn* führt. Dieser Bedeutungsaspekt des Wortstammes *GEN* entspricht urbildlich dem

Neumond als *Anfang* des wieder heranwachsenden Mondes. Unter diesem Aspekt ist das Wort dann verbal mit *Beginnenlassen* zu übersetzen, und die Sprüche erzählen vom *Beginnenlassen* oder *Entstehenlassen* der einzelnen Körperteile eines Embryos nach der Schwängerung.

Anfangs Sechs   **Zhen**

Sie wendet ihre Füße ab. Kein Schaden. Günstig für eine langfristige Entscheidung.

Die Abwendung eines Partners ist nur äußerlich. Fassen Sie sich in Geduld.

Da die Linien des Hexagrammes der Reihe nach den Körperteilen vom Fuß bis zum Kopf zugeordnet sind, ist dieser unterste Platz den *Füßen* gewidmet. Unter den Körperteilen aber bedeuten die Füße etwas Äußerliches und Oberflächliches. Das Verschwinden des Altmondes *Zhen*, für den der Spruch steht, bedeutet unter der Dominanz des zunehmenden Leitbildes *GEN* kein echtes Problem, und ist daher mit der Formel *kein Schaden* belegt. Denn mit der zunehmenden Bewegung wird der Schatten in *Zhen langfristig* durch das dicke Gegenbild *Sun* aufgefüllt. Daher: *Günstig für eine langfristige Entscheidung*. Man kann dies als das langfristige Fortschreiten der Schwangerschaft interpretieren (vgl. H32/5).

Sechs auf zweitem Platz   **Gen**

Sie wendet ihre Waden ab, und er erlangt nicht, was darauf folgt. Sein Herz ist nicht froh.

Die Distanzierung eines Partners bereitet Ihnen eine Enttäuschung, die Ihnen die Laune verdirbt.

Wie in H31/2 ist hier die schlank geschwungene Sichel des Neumondes *Gen* als *Wade* ausgelegt. Dort aber erscheint auf dem nächsten Platz das dickere Mondbild *Sun* als *Oberschenkel* und darauf der zentrale Vollmond *Qian* (zwischen den beiden Oberschenkeln *Sun* und *Dui*), dessen Tätigkeit als *rastloses Hin und Her* charakterisiert wird (H31/3). Hier hingegen entfaltet sich der Graph nicht von *Gen* aus zu der Triade *Sun – Qian – Dui*, sondern verläuft auf dem abgekürzten Weg über *Kan* gleich zurück nach *Zhen*. Dabei ist die Spitze *Kan* des Keils *Gen – Kan – Zhen* der Ort, wo die beiden Beine sich treffen, und der auf dem folgenden Platz als die *Grenzlinie* ausgelegt wird, mit der sie sich *abwendet*, und die sie mit einem *Gürtel* verschließt. Daher heißt es hier: *Sie wendet ihre Waden ab, und er erlangt nicht, was darauf folgt.* Außerdem ist natürlich auch *das Herz* als eine Auslegung des Mondes nur dann *froh*, wenn dieser sich voll und *in rastlosem Hin und Her* zwischen *Sun* und *Dui* entfalten kann. Daher: *Sein Herz ist nicht froh* (vgl. H48/3).

Neun auf drittem Platz   Kan

Sie wendet ihre Scheide ab und bringt ihren Gürtel in Ordnung. Gefahr verdüstert das Herz.

Die Abwendung eines Partners ist nicht nur oberflächlich, sondern betrifft den Kern der Beziehung. Sehen Sie zu, daß Sie nicht in Depressionen verfallen.

Das mit *Scheide* wiedergegebene Zeichen (*xian*) hat – in Übereinstimmung mit dem Wortsinn des deutschen Begriffes – die allgemeine Bedeutung *Grenzlinie* und versteht sich in der Stufenfolge der Körperteile als die *Grenzlinie* zwischen den beiden Beinen an der Stelle, wo diese hier als Fortsetzung der *Füße* (Platz 1) und der *Waden* (Platz 2) in den *Rumpf* übergehen, der auf dem folgenden Platz 4 erscheint. Urbildlich ist es die zentrale Schattenlücke zwischen den beiden Mondhälften, die mit deren Zusammenschluß im Vollmond – der Spitze *Kan* des Keils *Gen – Kan – Zhen* – geschlossen wird wie ein vorher offenes Gewand mit einem *Gürtel* (vgl. H29/5). Daher: *Sie wendet ihre Scheide ab und bringt ihren Gürtel in Ordnung.* Und im letzten Satz ist der Mond dann wie im vorigen Spruch wieder als ein *Herz* ausgelegt, das sich mit dem folgenden Schritt *Kan – Zhen* durch den im Abnehmen hereinbrechenden Schatten *verdüstert*, welcher zugleich die *Gefahr* bedeutet: *Gefahr verdüstert das Herz.*

Sechs auf viertem Platz   Zhen

Sie wendet ihren Rumpf ab. Kein Schaden.

Eine körperliche Beziehung wird abgebrochen. Aber deshalb geht die Welt nicht unter.

Der *Rumpf* oder *Körper* bedeutet urbildlich den dicken Lichtbauch des Mondes, der mit der abnehmenden Bewegung *Kan – Zhen abgewendet* wird. Im Bild des Altmondes *Zhen* ist davon nur noch die schmale Sichel zu sehen, die im Hauptspruch als *Rücken* ausgelegt ist. Wie auf Platz 1 wird *Zhen* auch hier wieder mit der Formel *kein Schaden* gekennzeichnet. Denn der Einbruch des Schattens ist im Zeichen des zunehmenden, d. h. weiblichen Neumondes *Gen* kein Problem, – oder vielmehr nur ein Problem für den männlichen Partner (vgl. H32/5).

Sechs auf fünftem Platz   **Gen**

Sie wendet ihre Kinnladen ab. Der Wortwechsel findet eine Ordnung. Ein Kummer vergeht.

Ein bisher unausgesprochener Konflikt kommt zur Sprache. Die verbale Auseinandersetzung schafft einen Rahmen, in dem sich eine Lösung Ihres Problems abzeichnet.

Wir sehen hier die Sichel des Altmondes *Zhen* als die *Kinnlade*, die seinen dunklen Schattenmund umspannt und sich mit dem Schritt *Zhen – Gen* umwendet oder *abwendet*. Der Spruch klingt an H31/6 an, wo *Kinnladen* und *Zunge* als Sprechwerkzeuge erscheinen. Auch hier ist das Umkehrverhältnis *Zhen – Gen* dementsprechend zugleich wieder als ein *Wortwechsel* gedeutet (vgl. H51/6). Und auch die *Ordnung*, die dem Wortwechsel zugeschrieben wird, erweist sich bei näherer Betrachtung als eine Auslegung dieses urbildlichen Verhältnisses: Das Schriftzeichen (*xu*) hat die konkrete Bedeutung *Ostwand* (= *Zhen*) und *Westwand* (= *Gen*) *der privaten Räume des Palastes* (= *Kun*). Auch durch die Parallele zu H51/6, dem Spruch mit der *Heiratsverbindung*, legt das Motiv des Wortwechsels den Gedanken nahe, daß das erotische Szenario hier nach der körperlichen *Abkehr* in einen Dialog übergeht, der sich im ehelichen Schlafgemach abspielt. Zugleich beginnt mit dem Neumond *Gen* die zunehmende Bewegung, die den als *Finsternis des Herzens* ausgelegten Schatten immer mehr verschwinden läßt. Daher: *Der Kummer vergeht.*

Oben Neun   **Kan**

Dick wendet sie sich ab. Glückverheißend.

Die Beziehung zu einem Partner, von dem Sie sich gerade distanzieren, erweist sich in erfreulicher Weise als fruchtbar.

Die *Abwendung*, die die schmale Neumondsichel *Gen* darstellt, setzt sich der Richtung nach mit der zunehmenden Bewegung *Gen – Kan* bis zum Vollmond fort, wobei der Erleuchtete natürlich immer *dicker* wird. Daher: *Dick* (oder: *sich verdickend) wendet sie sich ab.* Offenbar hat die Begegnung, nach der unsere Mondgöttin sich nun abwendet, zu einer Schwangerschaft geführt. Daher: *Glückverheißend.*

53. Jian / Die Gründlichkeit

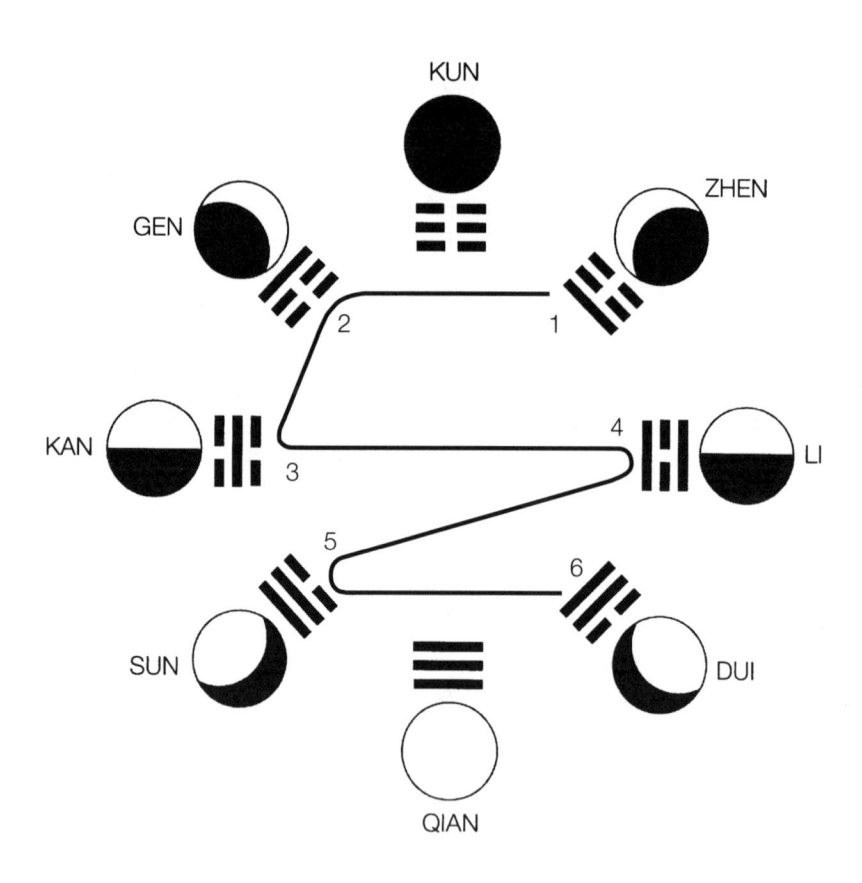

Partnerzeichen: H54.
Gegenzeichen: H54.
Parallelzeichen: H18, H21, H47, H55, H60.

Der Hauptspruch

Die Gründlichkeit. Glückverheißend für die Heirat eines Mädchens. Günstig für eine Entscheidung.

Machen Sie Ihre Sache gründlich. Gehen Sie nicht leichtfertig über etwas hinweg, um schneller voranzukommen. Erst die Arbeit, dann das Vergnügen. Nur wer sich nicht zu schade für die Niederungen der Anfangsgründe ist, kann die höheren Stufen auf der Leiter des Erfolges erreichen.

Der Hexagrammname *JIAN* mit der konkreten Bedeutung *hinuntertauchen, hineintauchen, naß machen* etc. ist offenbar eine Verkürzung für *Hong JIAN der Schwan taucht hinunter* oder *hinuntertauchen wie ein Schwan*; denn in allen sechs Liniensprüchen erscheint *JIAN* als ein Teil dieses Binoms, während es als Einzelzeichen nur im Hexagrammnamen selbst zu Beginn des Hauptspruches vorkommt. Wie aber taucht ein Schwan? Ein Schwan taucht nicht mit dem ganzen Körper, sondern streckt nur den Kopf in die Tiefe, wozu er ja durch seinen langen Hals besonders ausgerüstet ist. Ein derartig *gründelnder Schwan* sieht so aus, als wäre ihm *durch die Wasserfläche der Kopf abgeschnitten*. Genau diesen Gedanken drückt das Schriftzeichen *JIAN* aus: Es besteht aus den graphischen Bestandteilen *enthaupten* und *Wasser*. Und auch das Schriftzeichen *Schwan* (*hong*) weist auf die gleiche Idee hin. Es besteht aus den Teilzeichen *Vogel*, *Arbeit* und *Wasser*: Ein Vogel, der seine Arbeit im Wasser tut.

Dem liegt die Deutung des Graphs als Gestalt eines schwimmenden Schwanes im Profil zugrunde: Die Linie *Zhen – Gen – Kan* bildet den Hals mit *Zhen* als Kopf; die Linie *Kan – Li* ist der Rumpf oder Rücken, wobei *Li* das Schwanzende darstellt; und die Linie *Li – Sun – Dui* bildet die Gestalt eines angewinkelten Flügels.

So bedeutet das erste Haupttrigramm den oberen bzw. vorderen Teil (Kopf und Hals), das zweite Haupttrigramm den unteren bzw. hinteren Teil des Schwans (Flügel und Schwanz). Das *Hineintauchen* aber bringt es mit sich, daß sich nicht nur der vordere Teil hinunterbeugt, sondern zugleich das Hinterteil emporgehoben wird, ganz wie es in dem bekannten Kinderlied *Alle meine Entchen* heißt: *Köpfchen in das Wasser, Schwänzchen in die Höh*.

Genau diese gegensinnige Bewegungsstruktur von Kopf und Schwanz wird durch die Betextung der Linien ausgedrückt. Das geschieht durch die Unterscheidung von mehreren Ebenen, die ein Gefälle zwischen unten und oben darstellen. Das Grundschema dabei ist die Dreiheit *Flußufer* (Ebene *Sun – Dui*) *– trockenes Land* (Ebene *Kan – Li*) *– Anhöhe* (Ebene *Zhen – Gen*).

Auf dieses Schema wird nun in den Liniensprüchen diametral entgegengesetzt Bezug genommen: Die Sprüche zu den beiden oberen Plätzen (Kopf und Hals des Schwans) beziehen sich auf *Sun* und *Dui* (die untere Ebene des Ufergrundes im Tal), die Sprüche zu den beiden unteren Plätzen (die Flügel des Schwans) auf *Zhen* und *Gen* (die obere Ebene der Anhöhe). Und auch zwischen den beiden mittleren Plätzen *Kan* und *Li* wird durch die Texte in analoger Weise der gegensinnige Höhenunterschied dargestellt: *Kan* = Land, *Li* = Baum.

Das Höhengefälle als Strukturmoment des Zeichens ist den Interpreten nicht entgangen; denn es stimmt nahezu (außer im Fall von Platz 6, dessen Spruchtext man daher korrigieren zu müssen glaubte) mit dem Schema des Hexagrammes als Strichfolge von unten nach oben überein. Die Symbolik des tauchenden Schwans freilich läßt sich aus diesem Schema nicht entnehmen, sondern nur aus der Figur des Graphs, bei der in diesem Fall das Unten und das Oben im Verhältnis zur Strichfolge umgekehrt ist. Traditionell wird der Hexagrammname daher als *allmähliches Fortschreiten* (von unten nach oben) interpretiert.

Das *allmähliche Fortschreiten*, ein lexikalischer Bedeutungsaspekt des Schriftzeichens *JIAN*, ist mit der fortschreitenden Stufenfolge von unten nach oben sozusagen sekundär noch ein zweites Mal ausgedrückt. Der Zusammenhang mit dem Bild des gründelnden Schwans aber liegt auch ohnedies unmittelbar auf der Hand: Indem das Tier gleichsam bei jedem Schritt hinuntertaucht und den Grund absucht, kommt es nur *allmählich voran*. Seine »Gründlichkeit« ermöglicht ihm keinen schnellen, aber einen sicheren Erfolg. Zusammen mit der aufsteigenden Stufenfolge stellt die Symbolik des Zeichens auf diese Weise dar, wie man sich durch Fleiß und Gründlichkeit »von der Pieke auf« hocharbeitet.

Wenn auch der Schwan – oder, wie manche glauben, die Wildgans – durch seine Eigenschaft als Wasservogel die Bedeutung des Tauchens nahelegen mochte, so war es doch für den realistischen Verstand sowohl konfuzianischer Gelehrter als auch westlicher Interpreten unbegreiflich, wie das Tier dies *auf dem Land* (Platz 3), *auf der Anhöhe* (Platz 5), oder gar *auf dem Baum* (Platz 4) bewerkstelligen sollte. In der Tat wäre die Aussage *Der Schwan taucht unter auf dem Baum* in einem realistischen Text völlig unsinnig. In der Sprache des Mythos aber, mit der wir es hier zu tun haben, bedeutet die Einleitung aller 6 Liniensprüche mit der stereotypen Formel *Der Schwan taucht unter (hong-jian)* einfach nur, *daß das urbildliche Leitmotiv des tauchenden Schwans damit auf den Gesamtzusammenhang des Zeichens projiziert wird*. Das Binom *hong-jian* ist daher am besten als ein *Name* aufzufassen, nämlich (wie z. B. auch *Lichtgefäß* in H36) als der Name eines mythischen Wesens, das die animistische Verkörperung oder Personifizierung des Hexagrammes darstellt. Dieses Wesen namens *Schwan-taucht-unter* ist es, das mal am Flußufer, mal auf der Anhöhe, mal auf dem Baum etc. erscheint, und damit signalisiert, daß alle diese Orte zugleich als Stationen im urbildlichen Schema des gründelnden Schwans zu verstehen sind. Im Spruch zu Platz 6 wird angedeutet, daß es auch in einem rituellen Schwanentanz dargestellt wurde. Ich gebe ihm hier in der Übersetzung der Liniensprüche den Namen *Schwanengründel*.

Als Titel zu Beginn des Hauptspruches hingegen übersetze ich den Hexagrammnamen *JIAN* in allgemeiner Form sinngemäß mit *Gründlichkeit*. Denn einzig hier ist von Schwan oder Gans keine Rede. Stattdessen wird das Zeichen als *glückverheißend für die Heirat eines Mädchens* empfohlen. Die Struktur des Hexagrammes ist damit in Gegensatz zu dem Partnerzeichen H54 gesetzt, das in diesem Fall zugleich das Gegenzeichen bildet und für die gleiche Thematik als äußerst ungünstig interpretiert wird. Worin aber besteht hier der Zusammenhang mit dem Motiv des tauchenden Schwans?

Wie schon gezeigt wurde (H11/5), entspricht das Heiraten urbildlich der zunehmenden Bewegung, indem diese zum Zusammenschluß der zwei Partnerhälften im Vollmond führt. Diese Bewegung ist in unserem Hexagramm durch die Folge der beiden Haupttrigramme *Gen* und *Sun* dominant. Es ist die Bewegung des Schwanenkopfes in die Tiefe hinunter, wo er reichlich Nahrung findet (vgl. Platz 2: *Essen und Trinken mit Freude*). Das gleichzeitige Emporheben des Hinterteiles erscheint demgegenüber als sekundärer Effekt, der in den drei Sprüchen der zweiten Hälfte des Hexagramms formuliert wird. In H54 ist es genau umgekehrt: Dort ist die abnehmende Bewegung in der Folge *Dui – Zhen* dominant, das Emporheben des Hinterteils steht an erster Stelle, die Braut verzögert dadurch den Zeitpunkt der Heirat (Platz 4) und geht schließlich leer aus (Platz 6). Die Moral ist einfach: Ein Mädchen sollte seine Gunst nicht verschenken, ehe es durch Heirat für eine sichere (Nahrungs-)Grundlage gesorgt hat.

In diesem Zusammenhang ist auch bedeutsam, daß die Schwäne (ebenso wie die Wildgänse) in strenger Einehe leben und daher als Symboltiere für diese Institution besonders geeignet sind.

Anfangs Sechs   **Zhen**

Schwanengründel begibt sich zum Flußufer. Gefahr für ein kleines Kind. Es gibt einen Wortwechsel. Kein Schaden.

Sie sind in der Lage eines kleinen Mannes, der ganz unten anfangen muß. Das Risiko ist groß. Aber Sie bemühen sich an der richtigen Stelle. Wenn Sie einen Verbündeten finden, werden Sie es schaffen.

Der Platz entspricht dem Kopf des Schwans, der beim Tauchen den tiefsten Punkt erreicht. Dieser Punkt ist urbildlich das Gegenbild *Sun*. Das *Flußufer*, die Linie *Sun – Dui*, bedeutet die unterste der drei Ebenen. Daher: *Schwanengründel begibt sich zum Flußufer*. Zunächst muß der Schwan hier seinen Kopf, die schmale Sichel *Zhen*, die als *kleines Kind* ausgelegt ist, in die ungewisse Tiefe hinunterstrecken: *Gefahr für ein kleines Kind*. Die *Gefahr* entspricht der Ungewißheit des Schwans, der zunächst nicht weiß, ob er unter Wasser auf Grund stößt. Das diametrale Gegenbild *Sun* symbolisiert durch seine Abwärtsbewegung den Weg in die grundlose Tiefe. Im *Mawangdui*-Text steht statt *Flußufer* (*gan*) *die Tiefe* (*yuan*). Der dritte Satz des Spruches signalisiert sodann, daß der ganze Zusammenhang des Hexagrammes in der Dimension der drei waagerechten Ebenen zu denken ist, die das Motiv des *Wortwechsels* zwischen der linken und der rechten Seite des Mondplanes bedeutet: *Es gibt einen Wortwechsel* (Abb. 20, S. 117). Und die Schlußformel *kein Schaden* definiert den gleichzeitigen Bezug auf die diametral entgegengesetzten Bilder, durch den der (Schatten =) *Schaden* sich in der komplementären Ergänzung aufhebt. Inhaltlich bedeutet die Verkoppelung der linksseitigen (männlichen) und der rechtsseitigen (weiblichen) Monde durch den *Wortwechsel* zugleich ein Symbol der ehelichen Verbindung (vgl. H51/6), die in den drei waagerechten Ebenen des Graphs durchgängig erhalten bleibt.

Sechs auf zweitem Platz   **Gen**

Schwanengründel begibt sich zum Felsblock. Essen und Trinken in Frieden und Freude. Glückverheißend.

Sie bekommen einen Grund zum Feiern. Nicht nur ein reichlicher materieller Gewinn, sondern auch eine glückliche Partnerschaft steht ins Haus.

Gen, der Hals des Schwans, bezieht sich hier auf das rundliche Gegenbild *Dui*, das konkret als ein *Felsblock* ausgelegt ist. Das Schriftzeichen (*pan*) bedeutet aber zugleich allgemein *fest* oder *stabil* und bezeichnet so den *festen Grund* des Flusses, den der Schwan hier mit Hilfe seines langen Halses nun nach der Ungewißheit auf Platz 1 wirklich erreicht, d. h. urbildlich die mit diesem Platz erst fest etablierte Ebene *Sun – Dui*. Hier findet er sein Nahrungsangebot. Daher: *Essen und Trinken in Frieden und Freude*. Das gedoppelte, mit *Frieden und Freude* wiedergegebene Schriftzeichen (*kan – kan*) setzt sich aus den Bestandteilen *wandern* und *Flußufer* zusammen, so daß es in unserem Zusammenhang unmittelbar die Vorstellung suggeriert, wie sich der gründelnde Schwan am Flußufer entlang bewegt. Zugleich bedeutet die Gewinnung der Ebene *Sun – Dui* das Begründen der ehelichen Partnerschaft, die damit sozusagen als Zusammenarbeit zwischen dem Kopf und dem Hals des Schwanes symbolisiert wird. Der mit *Sun* in die Tiefe drängende Kopf findet in dem mit Dui nach oben ziehenden Hals seinen festen Halt.

Neun auf drittem Platz   Kan

Schwanengründel begibt sich auf das Land. Der Mann zieht in den Krieg und kehrt nicht wieder. Die Frau wird schwanger und gebiert nicht. Unheil. Günstig, um Räuber abzuwehren.

Sie erreichen eine neue Stufe auf der Leiter des Erfolges. Aber Sie laufen Gefahr, sich ohne Absicherung zu weit vorzuwagen. Das bringt Unheil. Werden Sie nur aktiv, wenn man Sie angreift.

Das trockene Land über dem Ufergrund *Sun – Dui* ist die Ebene *Kan – Li*, die hier in *Kan* erreicht wird. Sie bildet im Szenario des Vorankommens auf dem Weg nach oben die nächste Stufe. Im Szenario des gründelnden Schwans aber bildet diese Ebene den Rumpf des Vogels, und *Kan* ist der Punkt, wo Kopf und Hals beim Untertauchen durch die Wasseroberfläche vom Rumpf »abgeschnitten« werden, wie es die erläuterte Zusammensetzung des Hexagrammnamens *JIAN* darstellt. Zudem bedeutet *Kan* die zentrale Perspektive nach unten auf den Vollmond *Qian* zu, d. h. in die grundlose Tiefe jenseits des erreichbaren Ufergrundes *Sun – Dui*. Da der Ausgleich durch das Gegenbild *Li* hier – analog zu Platz 1 – noch nicht hergestellt ist, wird diese Bewegung in die Tiefe als *unheilvoll* gedeutet: Für den Mann als ein Kriegszug, von dem er nicht wiederkehrt, für die Frau als eine Schwangerschaft, die zu keiner Geburt führt. Das Zunehmen des Mondes auf seinem Weg in die Tiefe dient auf der männlichen Seite dem Beutegewinn beim Kriegszug, auf der weiblichen dem Anschwellen des schwangeren Leibes zum Vorbild. Der furchtlose Vorstoß in die Tiefe hat aber auch seinen Nutzen. Denn mit ihm tritt man den *Räubern* entgegen, deren Angriff auf die Sonnenstadt in der umgekehrten, der abnehmenden Richtung erfolgt. Daher: *Günstig, um Räuber abzuwehren* (vgl. H4/6).

Sechs auf viertem Platz   Li

Schwanengründel begibt sich auf den Baum. Vielleicht erreicht er die Dachsparren. Kein Schaden.

Begnügen Sie sich nicht damit, daß Sie in einen höheren Bereich vorgedrungen sind. Auch hier gibt es interne Rangunterschiede. Sehen Sie zu, daß Sie in der obersten Etage Fuß fassen.

Mit diesem Platz beginnt die zweite Hälfte des Hexagrammes, die das sich beim Tauchen hinaufkehrende Hinterteil des Schwans darstellt. Im Szenario der Stufenleiter ist diese Hinaufkehrung zugleich als Funktion der (auf Platz 6 genannten) Flügel gedacht, ohne die der Vogel niemals auf den *Baum* gelangen könnte. *Li* markiert das Schwanzende des Schwanenrumpfes, wo sich zugleich die Spitzen der zusammengefalteten Flügel treffen. Auch das Symbol des Baumes selbst steht für das senkrechte und symmetrische Emporstreben auf die Konjunktion zu, das *Li* als Gegenbild zu *Kan* auf dem vorigen Platz darstellt. Die Bewegung entspricht der Stoßrichtung der *Räuber* auf dem vorigen Platz, und im *Mawangdui*-Text lautet der zweite Satz des Spruches in der Tat: *Vielleicht sind gerade Räuber am Werk.* Hier hingegen erscheinen die *Dachsparren*, ein Zeichen (*jue*), das sich aus den Bestandteilen *Horn* und *Holz* zusammensetzt, was sie als Auslegung der beiden hornförmigen Monde *Zhen* und *Gen* ausweist, d. h. als Symbol der obersten Ebene, auf welche der Spruch unter der Leitrichtung *Li* abzielt. Wenn wir die *Dachsparren* auf den *Baum* beziehen, kann es sich nur um die obersten Zweige desselben handeln. Das Motiv der Dachlatten aus dem Modell des Hauses und das Motiv der obersten Zweige aus dem Modell des Baumes sind so sinnverwandt, daß man sie im assoziativen Spielraum des *Yijing* ohne weiteres als austauschbar betrachten kann. Auch wird der Bezug auf die oberste Ebene durch die Wiederholung der Formel *kein Schaden* von Platz 1 signalisiert.

Neun auf fünftem Platz   Sun

Schwanengründel begibt sich auf die Anhöhe. Die Frau wird drei Jahre lang nicht schwanger. Am Ende bringt der Sieg des Abends Glück.

Sie erreichen einen Höhepunkt Ihrer Laufbahn. Aber das grelle Licht des Erfolges ist als Dauerzustand nicht ersprießlich. Um produktiv zu werden, brauchen Sie Ruhe und Zurückgezogenheit.

Der *Sun*-Platz bezieht sich auf das diametrale Gegenbild *Zhen*, den auf den Sonnenberg hinaufsteigenden Altmond (vgl. H13/3). Daher: *Schwanengründel begibt sich auf die Anhöhe.* Im Szenario der Stufenleiter erreicht Schwanengründel damit den Gipfel seiner oder ihrer Laufbahn. Der Rest des Spruches aber versteht sich besser aus dem Szenario des schwimmenden Schwans. Die Linie *Li – Sun – Dui* stellt den Flügel des Tieres im Profil dar. Um dem symmetrischen Leitbild *Li* auf dem vorigen Platz zu entsprechen, werden *Sun* und *Dui* in den Liniensprüchen aber praktisch als die beiden Flügelspitzen links und rechts des Hinterteiles gedeutet, die sich zusammen mit diesem beim Tauchen emporheben. Die Sprüche zu *Sun* und *Dui* beziehen sich daher diametral auf die Gegenbilder *Zhen* und *Gen*, d. h. auf die oberste Ebene. In der Tat suggeriert das Naturbild auch die Überkreuzung der beiden diametralen Bezüge: Die Spitzen der zusammengefalteten Flügel eines Schwans überkreuzen sich so, daß die Spitze des linken Flügels nach rechts und die Spitze des rechten Flügels nach links zeigt. So sehen wir die beiden Sichelmonde *Zhen* und *Gen*, die im vorigen Spruch als die oberen Zweige oder *Dachsparren* links und rechts des Baumgipfels *Kun* dargestellt wurden, nun als die beiden Flügelspitzen rechts und links neben dem emporgereckten Hinterteil des gründelnden Schwans. Und wenn wir die Höhlung des Schwarzmondes *Kun* konkret als die Geschlechtsöffnung des Vogels betrachten, so ergibt sich daraus unmittelbar der Bezug auf die Idee der Schwangerschaft: Während der Konjunktion bleibt die Öffnung *drei* Tage lang leer. Daher: *Die Frau wird drei Jahre nicht schwanger.* Erst mit dem *Sieg des Abends*, wenn nämlich die Tagesphase der Mondbahn überschritten ist und die Sichel des Neumondes *Gen* am Abendhimmel erscheint, beginnt sie sich zu füllen: *Am Ende bringt der Sieg des Abends Glück* (vgl. H33/2).

Oben Neun   **Dui**

Schwanengründel begibt sich auf das Land. Seine Flügel kann man für einen Ritualtanz verwenden. Glückverheißend.

Sie vollenden ein großes Werk in der Form, daß man es als Vorbild nachahmen kann.

Da der Platz in der Strichfolge des Hexagramms an oberster Stelle steht, das *Land* aber offenbar eine tiefere Region bedeutet als die *Anhöhe* auf dem vorigen Platz, haben verschiedene Interpreten dies als Fehlschreibung gedeutet. *Wilhelm* schreibt stattdessen *Wolkenhöhen*, Shaughnessy übersetzt *Hügel* (*hill*) und verkleinert die *Anhöhe* demgegenüber zu einem *Hügelchen* (*hillock*). Obgleich Shaughnessy dafür auch einleuchtende philologische Gründe anführt, scheint eine solche Annahme aber aufgrund des urbildlichen Befundes nicht nötig. Denn analog zum vorigen Platz bezieht sich auch dieser auf das diametrale Gegenbild, in diesem Fall auf *Gen*. Und wie sich der Altmond *Zhen* auf dem vorigen Platz hinauf auf die *Anhöhe Kun* bewegt, so hier der Neumond *Gen* wieder herunter auf die durch die Linie *Kan – Li* markierte Ebene des flachen *Landes*. Dies wird auch dadurch ausgedrückt, daß der erste Satz des Spruches eine wörtliche Wiederholung aus Platz 3 ist. Im Licht des vorigen Spruches bedeutet *Gen* den Beginn der Schwangerschaft, wo es nach dem erotischen Höhenflug sozusagen wieder herunter auf den Boden der Tatsachen geht. Durch den zweiten Satz des Spruches gewinnt die Wiederholung von Platz 3 aber noch einen anderen Sinn. Zunächst einmal werden hier erst ausdrücklich die *Flügel* des Schwans genannt: *Seine Flügel kann man für einen Ritualtanz verwenden*. Daraus ergibt sich der Gedanke, daß die in dem Hexagramm dargestellte Bewegung der beiden Flügel des Schwans als Vorbild für die Schrittfolge eines Tanzes zu verstehen ist. Analog zu der gleichen Idee in dem Parallelzeichen H47/4/5 versteht sich die Schrittfolge hier folgendermaßen: Ausgangspunkt ist die Ebene *Kan – Li*. *Kan* entspricht dem rechten Fuß, *Li* dem linken. Mit dem ersten Schritt bewegt sich der linke Fuß von *Li* nach *Sun*, mit dem zweiten der rechte Fuß von *Kan* nach *Dui*. Die Bewegungslinien dieser beiden Schritte stellen dar, wie sich die zusammengefalteten, von hinten gesehenen Flügel des Schwans mit den Spitzen über dem Schwanzende *Qian* überkreuzen. Zugleich hat sich der Tänzer damit um 180 Grad gedreht. Mit dem dritten Schritt bewegt sich der linke Fuß von *Sun* nach *Zhen*, mit dem vierten der rechte von *Dui* nach *Gen*. Die Bewegungslinien dieser beiden Schritte stellen dar, wie sich das Hinterteil des tauchenden Schwans mit den beiden Flügeln emporhebt, und diese zugleich auseinandergespreizt werden, so daß nun die Unterseite des weißen Schwanzendes *Qian*, nämlich die schwarze Geschlechtsöffnung *Kun* sichtbar wird. Der Tänzer hat sich auf diese Weise noch einmal umgedreht und ist mit dem vierten Schritt in die Ausgangsstellung zurückgekehrt. Eben dies signalisiert die Wiederholung des Satzes *Schwanengründel begibt sich auf das Land* von Platz 3 in dem Spruch zu Platz 6.

54. Gui mei / Das heiratende Mädchen

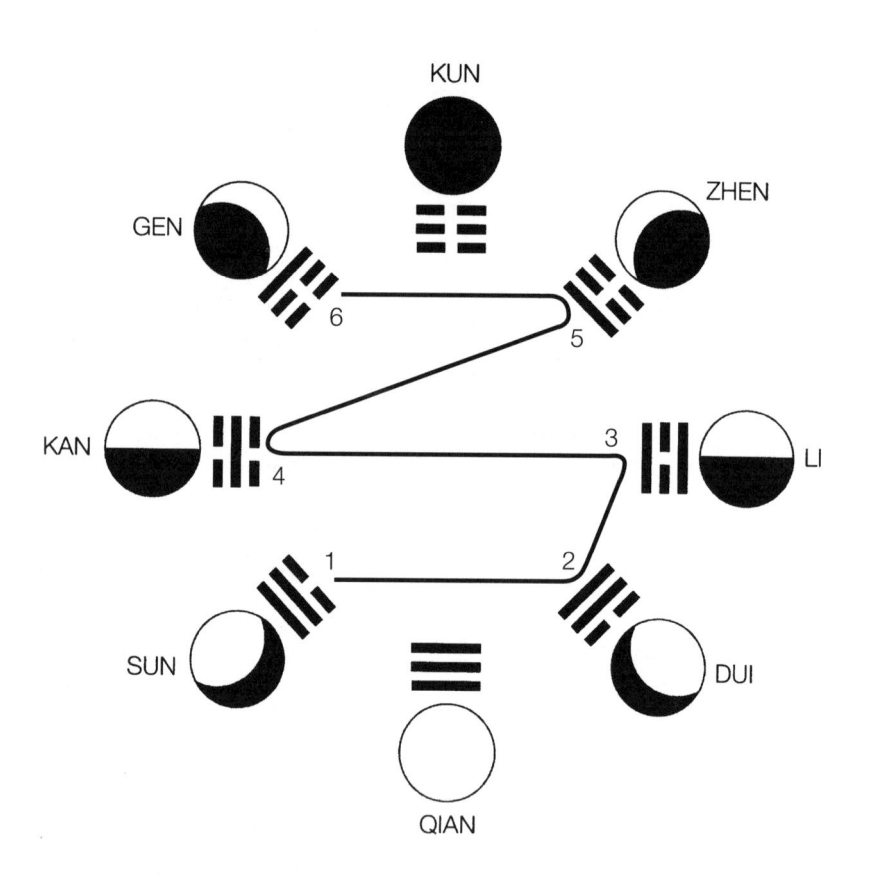

Partnerzeichen: H53.
Gegenzeichen: H53.
Parallelzeichen: H17, H22, H48, H56, H59.

Der Hauptspruch

Das heiratende Mädchen. Ein Angriff bringt Unheil. Nichts, wofür es günstig wäre.

Eine Heirat oder partnerschaftliche Verbindung bahnt sich an. Aber Sie haben nicht die richtige Einstellung, um Ihre Chance optimal zu nutzen. Es fehlt Ihnen der nötige Ernst. Wenn Sie sich durch oberflächliche Reize ablenken lassen, gehen Sie am Ende leer aus.

Die Deutung des Hexagrammes bewegt sich im gleichen urbildlichen Schema wie im Partner- und Gegenzeichen H53, aber mit radikal umgekehrten Vorzeichen. Das Motiv der *Heirat eines Mädchens* aus dem dortigen Hauptspruch wird hier auch in den Liniensprüchen thematisiert. Aber die Chancen dafür werden nun als ungünstig bewertet. Denn das Heiraten entspricht urbildlich der zunehmenden Bewegung, indem diese zum Zusammenschluß der zwei Partnerhälften im Vollmond führt. Hier jedoch ist durch die Folge der beiden Haupttrigramme *Dui* und *Zhen* die abnehmende Bewegung dominant. Das Mädchen tritt zuerst den Höhenflug von unten nach oben an, um danach sozusagen eine Bauchlandung zu machen. Sie verzögert den Zeitpunkt der Heirat (Platz 4) und geht schließlich leer aus (Platz 6). Auch in der Folge der zwei mittleren Trigramme *Li* und *Kan*, die den Gegensatz von Abnehmen und Zunehmen bedeuten, steht das Abnehmen an erster Stelle. Mit dem Abnehmen geht die Zweisamkeit der Mondhälften im Vollmond über in die Einseitigkeit der Halbmonde. Das Mädchen wird damit gleichsam aus dem Zentrum des Geschehens heraus an den Rand gedrängt, wie es die zweitrangige Stellung einer *Nebenfrau* ausdrückt (Plätze 1 und 3). Auch die Symbole des *Hinkens* und der *Einäugigkeit* (Plätze 1 und 2) weisen auf ihr Abgedrängtwerden in die Einsamkeit hin.

Die Grundtendenz des Zeichens läuft damit dem »richtigen« Pfad der Eheschließung zuwider, nämlich der senkrechten Bewegung entlang der Achse *Kun – Qian*, mit der sich die beiden Hälften zum – auf Platz 5 ausdrücklich genannten – Vollmond zusammenschließen (vgl. H11/5). Eben diese Bewegung, mit der die Gegensätze in ihrer Symmetrie *richtiggestellt* werden, drückt hier das mit *Angriff* wiedergegebene Schriftzeichen (*zheng*) im Hauptspruch aus, das sich aus den Bestandteilen *schreiten* und *richtig(stellen)* zusammensetzt. Daher: *Angriff bringt Unheil.*

Wie in H53 sind auch hier eine untere Ebene *Sun – Dui* und eine obere Ebene *Zhen – Gen* zu unterscheiden, deren Bilder sich kreuzweise diametral gegenüberstehen. Dieser gegenbildliche Bezug wird jedoch nur auf Platz 5 von oben nach unten empfohlen. Denn das Verhältnis *Zhen – Sun* bewegt sich insgesamt auf den richtigen Weg der »Hochzeitsachse« *Kun – Qian* zu und enthält damit noch eine Chance, das Ziel zu erreichen (vgl. Plätze 1/5). Das Verhältnis *Dui – Gen* hingegen hat diese Achse bereits überschritten, so daß nur noch der Platz einer Nebenfrau (Platz 2) oder gar nichts mehr zu hoffen ist (Platz 6).

Die Dominanz der abnehmenden Bewegung bedeutet als Öffnung des Himmelstores sexuelle Aufgeschlossenheit oder das ablenkende Vergnügen, das hier den Vorrang vor der ernsthaften Arbeit und Sicherung der Lebensgrundlage hat. Eben dies führt das heiratende Mädchen auf Abwege und läßt es als Konkubine enden, der die Würde und Ehrenstellung der Hauptfrau versagt bleibt.

Anfangs Neun   **Sun**

Wenn man das Mädchen als Nebenfrau verheiratet, kann ein Hinkender gehen. Angriff ist glückverheißend.

Es besteht die Gefahr, daß man Sie in eine Nebenrolle abdrängt, um Sie damit recht und schlecht unterzubringen. Nur durch eine entschlossene Aktion haben Sie noch eine Chance, dieses Schicksal abzuwenden.

Wie aus dem Spruch zu Platz 3 hervorgeht, ist für das Mädchen ursprünglich eine Heirat als Hauptfrau vorgesehen. Dem entspricht das zunehmende Mondbild *Sun* auf dem ersten Platz. Der Graph geht jedoch nicht weiter zum Vollmond *Qian*, dem Ort der Erfüllung, sondern springt in die abnehmende Richtung nach *Dui* über, wodurch die Braut in die Rolle der Nebenfrau abgedrängt wird. Die Einseitigkeit des abnehmenden Mondes im Gegensatz zum Vollmond wird hier durch das *Hinken*, auf Platz 2 durch die *Einäugigkeit* ausgedrückt (vgl. H10/3). Diese Bewegungsrichtung bringt das heiratende Mädchen in die Randstellung der Nebenfrau, die dem Auseinanderrücken der Mondhälften nach oben zu entspricht. Als Nebenfrau hat das Mädchen eine Position, die ihm den Lebensunterhalt sichert, aber es hat keine vollwertige Partnerschaft, wie der Halbmond, dem die eine Hälfte fehlt. So gleicht es dem *Hinkenden*, der zwar *gehen* kann, aber dabei behindert bleibt. Daher: *Wenn man das Mädchen als Nebenfrau verheiratet, kann ein Hinkender gehen.* Allerdings ist das hier auf dem *Sun*-Platz noch nicht geschehen. Die

Phase *Sun* kurz vor dem Vollmond bietet die Chance, diesen und damit die zentrale Stellung einer Hauptfrau durch eine besondere Anstrengung doch noch zu erreichen. Daher: *Ein Angriff ist glückverheißend.* Durch die gemeinsame Schlußformel *glückverheißend* ist der Spruch mit dem Gegenbild *Zhen* auf Platz 5 verknüpft, dem die gleiche Chance zugeschrieben wird.

Neun auf zweitem Platz　　　　Dui

Ein Einäugiger kann sehen. Eine Entscheidung, die günstig für einen Menschen im Dunkel ist.

Sie werden in den Hintergrund gedrängt, sind aber immerhin abgesichert. Machen Sie das Beste daraus und entwickeln Sie die Kultur eines Einsiedlers.

Mit dem in *Dui* beginnenden Abnehmen wird der Mond einseitig, so daß nur eine der beiden als Augen ausgelegten Mondhälften übrigbleibt, wie es das Bild des *Einäugigen* symbolisiert (vgl. H10/3). Die andere, genauer gesagt die (rechte =) weibliche, verschwindet im Schatten. Daher: *Eine Entscheidung, die günstig für einen Menschen im Dunkel ist.* Der Ausdruck *Mensch im Dunkel* (*you-ren*) wird für einen *Einsiedler*, eine im *dunklen* Kerker gefangene oder sonstwie *einsame* und *abgeschiedene* Person verwendet (vgl. H10/2). Hier ist es die Nebenfrau, die gegenüber der Hauptfrau im Schatten bleiben muß. Wenn sie sich mit dieser Rolle begnügt, ist es gleichwohl *günstig* für sie, denn ihr Lebensunterhalt ist gesichert, und sie kann existieren: *Ein Einäugiger kann sehen.*

Sechs auf drittem Platz　　　　Li

Man schickte das Mädchen als Hauptfrau in die Ehe. Aber sie kehrt als Nebenfrau nach Hause zurück.

Sie haben die Chance für eine glänzende Verbindung verpaßt und müssen im Kreise Ihrer Lieben die Niederlage eingestehen.

Der Spruch zieht Bilanz aus dem Gang der Dinge auf den ersten drei Plätzen. Mit dem zunehmenden Mondbild *Sun* auf Platz 1 wurde sie ursprünglich als Hauptfrau in die Ehe geschickt. Aber sie hat diese Stellung (den Vollmond) nicht erreicht, sondern wurde degradiert oder abgedrängt in die Rolle der Nebenfrau (Platz 2). Nun kehrt sie im Zeichen *Li* zum Ausgangspunkt im Konjunktionsort *Kun* zurück, macht als Nebenfrau einen Besuch in ihrem Elternhaus. Das mit *Hauptfrau* wiedergegebene Schriftzeichen (*xu*) bedeutet wörtlich *ältere Schwester*. Ich folge damit der Interpretation von *Gao Heng*. Diese scheint mir logisch, da auch die *Nebenfrau* wörtlich als *jüngere Schwester (di)* bezeichnet wird, um die Rangordnung der Frauen auszudrücken.

Neun auf viertem Platz   Kan

Wenn das heiratende Mädchen die Frist überschritten hat, ist es Zeit für eine verspätete Heirat.

Nach langen Irrfahrten ergibt sich eine Gelegenheit, mit einiger Verspätung doch noch etwas nachzuholen, was Sie früher verpaßt haben.

Nach *Sun* auf Platz 1 folgt hier mit *Kan* zum zweiten Mal ein zunehmendes Mondbild, das in die Richtung des Vollmondes führt. Das Mädchen hat auf den Plätzen 2 und 3 einen Umweg in die falsche Richtung gemacht und damit *die Frist* für die Ankunft im Haus des Gatten *überschritten*. Nun kehrt sie auf den richtigen Weg zurück, der sie doch noch zur Vereinigung der zwei Hälften im Vollmond führen kann. Daher *ist es Zeit* (oder: *gibt es Gelegenheit*) *für eine verspätete Heirat*.

Sechs auf fünftem Platz   Zhen

Di Yi gibt seine Tochter in die Ehe. Die Ärmel der Herrin sind nicht so fein wie die Ärmel der Nebenfrau. Die Zeit des Vollmonds ist glückverheißend.

Lassen Sie sich nicht durch äußerliche Reize vom Wesentlichen ablenken. Wenn Sie den Ernst der Lage begreifen, haben Sie hier eine letzte Chance, Ihr Glück zu machen.

Di Yi, als historische Figur der vorletzte König der *Shang*-Dynastie, ist uns schon in H11/5 begegnet. Sein Name bedeutet wörtlich *Kaiser Krumm* oder *Kaiser Haken* und qualifiziert ihn urbildlich als Vermittler zwischen den beiden *krummen* oder *hakenförmigen* Mondsicheln *Zhen* und *Gen*. Diese bilden das Brautpaar (vgl. den Spruch zu Platz 6), das er mit der zunehmenden Bewegung nach unten zusammenführt und im Vollmond vereinigt. In H11/5 verläuft dieser Vorgang in der senkrechten Diametrale *Kun – Qian* problemlos. Hier hingegen bleibt *Kun* ausgespart, und stattdessen beziehen sich *Zhen* und *Gen* unter der Dominanz von *Kan* auf Platz 4 auf die Gegenbilder *Sun* und *Dui*. Die Ebene der massiven, dem Vollmond nahestehenden Mondbilder *Sun* und *Dui* wird als die *Herrin* oder *Hauptfrau* ausgelegt, und die Ebene der beiden kleinen Monde *Zhen* und *Gen* als die *Nebenfrau*. Und dabei bilden die zarten, sich um die Höhlung des Mondschattens herumschwingenden Sicheln das urbildliche Motiv für die *feine* Umrandung der *Ärmellöcher,* welche die Nebenfrau kennzeichnet. Die Ärmel der Hauptfrau in Gestalt von *Sun* und *Dui* haben solche Feinheit naturgemäß nicht zu bieten. Dieser äußerliche Reiz läßt die Rolle der Nebenfrau attraktiver erscheinen, womit wiederum der das ganze Hexagramm bestimmende Grundzug der Ablenkung vom Wesentlichen anklingt. Im Unterschied zu *Gen* bezieht sich der *Zhen*-Platz hier aber auf das Gegenbild *Sun,* was durch die Wiederholung der Schlußformel *glückverheißend* von Platz 1 angezeigt wird. *Sun* jedoch bedeutet den Eintritt in den Vollmond und damit noch einmal die Möglichkeit einer Heirat als Hauptfrau. Daher heißt es am Ende des Spruches: *Die Zeit des Vollmonds ist glückverheißend.*

Oben Sechs   **Gen**

Das Mädchen hält den Korb in ausgestreckten Händen, aber es sind keine Früchte darin. Der Jüngling sticht das Schaf, aber es fließt kein Blut. Nichts, wofür das günstig wäre.

Sie haben durch zu viele Umwege und Ablenkungen vom Wesentlichen Ihre Chance verpaßt und gehen leer aus. Wer zu spät kommt, den bestraft das Leben.

Gen und *Zhen* werden hier direkt als *Mädchen* und *Jüngling* ausgelegt. Aber der Platz steht am Ende des Hexagrammes, wo alle Züge schon abgefahren sind, und kann sich nur auf das Gegenbild *Dui* beziehen, das Bild der Einsamkeit (s. Platz 2), wo der Vollmond und damit die Möglichkeit der Vereinigung schon überschritten ist. Darum gehen sie beide leer aus: Der Korb des Mädchens, urbildlich wieder die von der Sichel eingefaßte Schattenhöhlung des Neumondes, wird nicht gefüllt. Und im zweiten Satz des Spruches ist der Korb die Blutschüssel, die leer bleibt, obgleich der Jüngling mit der Messersichel des Altmondes *Zhen* in das Sonnenschaf hineingestochen hat, welches wiederum durch *Zhen* und *Gen* in ihrer Eigenschaft als die beiden Hörner eines Widders gekennzeichnet ist.

55. Feng / Die Erfüllung

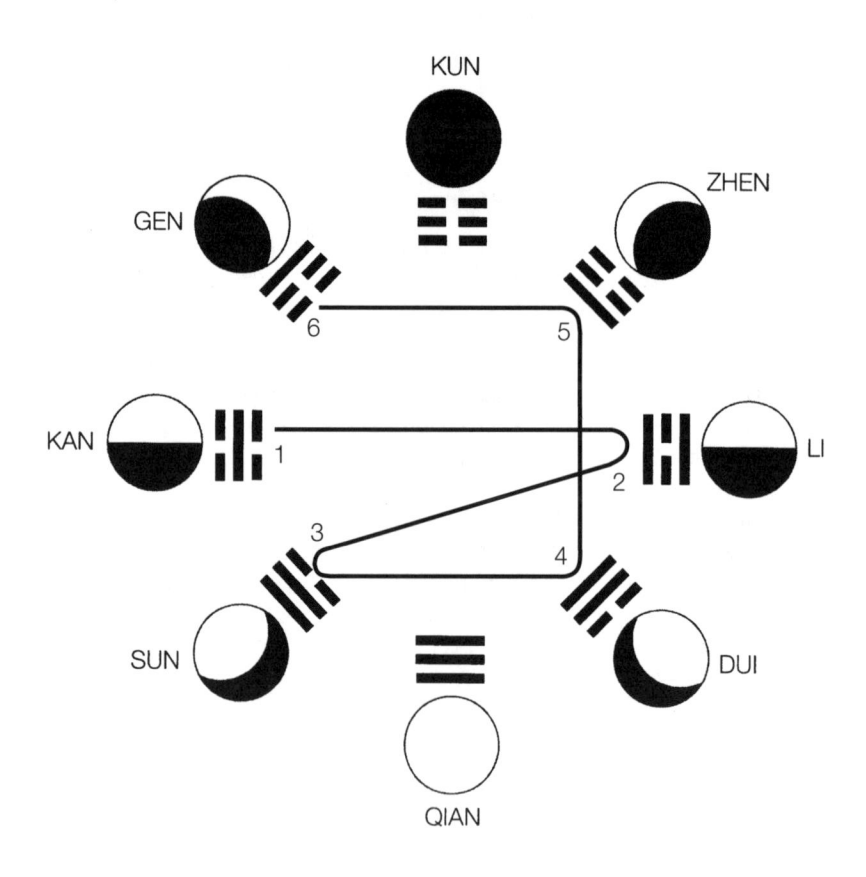

Partnerzeichen: H56.
Gegenzeichen: H59.
Parallelzeichen: H18, H21, H47, H53, H60.

Der Hauptspruch

Die Erfüllung. Man dringt durch. Der König ahmt es nach. Sei nicht traurig. Es ist angemessen für die Mitte des Tages.

Wer einen großen Erfolg hat, der ihm Reichtum und hohes Ansehen einbringt, wird aus der Masse herausgehoben und nimmt eine einsame Sonderstellung ein. Aber aus der Ferne beziehen sich alle auf ihn und bleiben ihm über Raum und Zeit hinweg nahe.

Dieses Hexagramm ist ein Lehrstück über die kosmologische Begründung des Weltbildes im *Yijing* und bedarf daher einer etwas ausführlicheren Erläuterung.

Der Hexagrammname FENG bedeutet zunächst einmal konkret ein bestimmtes Ritualgefäß. Dieses wird als eine Art flache Schale mit Fuß beschrieben, auf der man einen mit Wein gefüllten Pokal aus Horn darreichte. Es handelt sich also um ein Gefäß, das ein zweites Gefäß trägt oder umfaßt. Das Horn als Material des oberen Kelches verweist auf die beiden Mondhörner *Zhen* und *Gen*, welche zusammen die Ebene des Taghimmels darstellen. Das untere Gefäß entspricht dann der Ebene *Sun – Dui*, die den Nachthimmel bedeutet, und die mittlere Ebene *Kan – Li* stellt die Grenze zwischen Tag und Nacht dar. Diese hat jedoch den zusätzlichen Sinn, daß sie zugleich den Gegensatz zwischen den Bewegungen nach unten (*Kan*) und nach oben (*Li*) anzeigt, also die senkrechte Polarität zwischen Vollmond und Sonne, die urbildliche Beziehung zwischen Nachthimmel und Taghimmel. Dies ist die Beziehung des *Durchdringens* im Hauptspruch (*heng*), durch die sich die urbildliche Wunschprojektion des Vollmondes mit der Konjunktion in der Erscheinung der Sonne *erfüllt*. Das ganze Hexagramm formuliert letztlich die kosmologische Struktur dieser Beziehung.

Wenn wir die besagten drei Ebenen durch die senkrechte Linie *Qian – Kun* als Ausdruck der Polarität *Kan – Li* ergänzen, so gelangen wir insgesamt zur Figur des Schriftzeichens König (*wang*). Daher heißt es: *Der König ahmt es nach* (Abb. 21, S. 136). Was er *nachahmt*, entspricht der Symbolik des Ritualgefäßes *FENG*. Als Behälter eines anderen Gefäßes symbolisiert dieses die Verbindung zwischen Unterwelt und Oberwelt, Nachthimmel und Taghimmel. Dies drückt ein weiterer Bedeutungsaspekt des Hexagrammnamens *FENG* aus: Es ist der Name einer Ortschaft, von der man sagt, daß sie am

Abb. 23: Nachzeichnung einer Grabkeramik aus der Han-Zeit, die den sich aus dem Nachtmeer erhebenden Weltenberg darstellt. Der Deckel des Gefäßes mit Tieren des Tierkreises weist kleine Durchflußlöcher auf, mit denen die Idee einer Bewässerung der Oberwelt durch die Wasser der Unterwelt ausgedrückt ist.

Eingang der Unterwelt liegt. Dieser Eingang oder Durchlaß selbst aber wurde zugleich als ein *Durchfluß* gedeutet, der das Wasser des Nachthimmels in das trockene Land des Taghimmels hinüberfließen läßt und es dadurch fruchtbar macht. Und in der Tat erscheint FENG im *Buch der Lieder* zugleich auch als der Name des *Bewässerungskanals*, den der Gott *Dayu* gebaut hat, um die Wasser der Nacht abzuleiten.

Unter dem Aspekt des Ortes FENG hätte *Der König ahmt es nach* (nämlich das kosmische Bewässerungssystem FENG) die im Wortlaut zugleich enthaltene Bedeutung *Der König begibt sich dorthin*. Konkret handelt es sich um den König *Wenwang*, wörtlich *der Schriftzeichenkönig*, den angeblichen Verfasser der Hauptsprüche im *Yijing*. Denn von diesem wird im *Buch der Lieder* berichtet, daß er nach seinem großen Sieg *eine Stadt in FENG errichtete* (Ode *Wenwang you sheng*). Sein großer Sieg war urbildlich die Eroberung des Nachthimmels gewesen. Nun errichtet er seine Sonnenstadt *in der Mitte des Tages*, d. h. an dem Ort der *Erfüllung*, wo der abnehmende, als Bewässerungskanal ausgelegte Mondlauf in der Konjunktion mündet (Platz 5) und die Reichtümer des eroberten Gebietes in die Hauptstadt transportiert, sie zur blühenden Metropole des Reiches macht. Der Ausdruck *Mitte des Tages* im Hauptspruch bedeutet zugleich *inmitten der Sonne* oder *im Inneren der Sonne*. Die Taten des *Wenwang* und der anderen *Heiligen Menschen* (*shengren*) wurden in mythologischen Formen, d. h. in Form einer symbolischen Auslegung des Himmels besungen, so daß eine Unterscheidung zwischen der historischen Figur und der Gottheit, als die man sie verehrte, oft kaum noch möglich ist.

Der König begibt sich also an den Ort der *Erfüllung*, d. h. *in die Mitte des Tages* oder *in das Innere der Sonne*, wo er in seiner Eigenschaft als Mondgottheit verschwindet, d. h. scheinbar stirbt. Der Ort der Erfüllung ist zugleich der Ort des Todes. Der darauf folgende Satz aber tröstet die Hinterbliebenen: *Sei nicht traurig*, oder: *Trauere nicht*. Das ganze Hexagramm symbolisiert nämlich, wie das Jenseits, in dem er verschwindet, mit dem Diesseits, aus dem er entschwunden ist, wie die zwei Seiten ein und derselben Medaille zusammengehört und verbunden ist. Denn *im Inneren der Sonne*, d. h. im Inneren des als Weltenberg vorgestellten Taghimmels, befindet sich als dessen Innenseite der Nachthimmel, an dem das durch kleine Löcher schimmernde Sonnenlicht in Gestalt der Sterne zu sehen ist. Diese mythologische Struktur wurde bereits in H36 als das *Verschließen des Lichts* erläutert.

Eine einfache Veranschaulichung dieses mythischen Weltbildes, die zugleich in etwa der beschriebenen Form des Ritualgefäßes *FENG* entspricht, stellt eine Grabkeramik aus der *Han*-Zeit dar (Abb. 23, S. 480). Dabei entspricht die Säule, die sich aus dem Wasser der Unterwelt erhebt und ins Innere des Sonnenberges führt, den sie zugleich trägt, dem Verbindungskanal zwischen Nachthimmel und Taghimmel, d. h. der Zentralachse Vollmond – Sonne. Wir haben es hier mit der Vorstellung zu tun, daß das Wasser durch diesen Verbindungskanal fließt und das Innere des Sonnenberges *füllt*, ihn dadurch bewässert und *fruchtbar* macht bzw. den *Reichtum* des Sternengoldes darin anhäuft. Dem entspricht die verallgemeinerte Bedeutung des Hexagrammnamens *FENG* als *Fülle, Überfluß, Fruchtbarkeit, Reichtum* etc. In den Linienssprüchen wird das Wort aber offensichtlich verbal gebraucht im Sinn von *(er)füllen, reich machen, fruchtbar machen, gedeihen lassen*.

Wie aus den Sprüchen hervorgeht, wird diese primitive Vorstellung einer Verbindung zwischen Unterwelt und Oberwelt aber hier sehr differenziert mit der lunaren Erscheinungsordnung des Himmels begründet. Die Stichworte dafür sind die Begriffe *Himmelsmuster* auf Platz 5 und *Schirmdach* auf den Plätzen 2, 4 und 6. Das *Himmelsmuster* (*zhang*), allgemein auch *Schriftstück, Kapitel* etc., ist der chinesische Name des *Meton-Zyklus*, der 19 Sonnenjahre, 235 synodische Mondumläufe und 254 siderische Mondumläufe umfaßt (vgl. H2/3, H44/5). Nach Ablauf eines solchen *Kapitels* im Buch des Himmels wiederholt sich fortlaufend mit beträchtlicher Genauigkeit die gleiche Erscheinungskonstellation von Sonne, Mond und Fixsternsphäre (s. Einführung S. 47). Und das *Schirmdach* (*bu*) bezeichnet die Zusammenfassung von *vier* solchen Perioden zu einem Zyklus von 76 Jahren, der im Westen als der *Callippische Zyklus* bekannt ist.

Auf dieser Grundlage versteht sich nun der Aufbau des Hexagramms folgendermaßen: Der Schritt *Kan – Li* bedeutet den Bezug vom Vollmond auf den diametralen Gegenpol, der auf Platz 2 als Sonne erscheint. Unter diesem Leitmotiv entsprechen dann die *vier* folgenden Plätze 3 bis 6 den *vier* Meton-Perioden des Callippischen Zyklus des himmlischen *Schirmdachs*. Jeder dieser vier Plätze versteht sich daher im Bezug auf seinen diametralen Gegenpol – aber nicht im Rahmen des einfachen Mondwandels, sondern eben im Ordnungmuster des Meton-Zyklus: Wenn man sich die Meton-Periode als einen Kreis von 235 Lunationen denkt, so stehen sich im Durchmesser dieses Kreises, also nach einer halben Meton-Periode, durchgängig die diametralen Gegenbilder gegenüber, und zwar so, daß deren Stellung im Tierkreis, d. h. vor dem Sternenhintergrund, *nicht* entgegengesetzt, sondern *die gleiche* ist. Dies wird im Spruch zu Platz 1 als Leitmotiv für das ganze Zeichen formuliert: *Man trifft immer auf sein passendes Gegenüber, obwohl es gleichmäßig rundherum geht.*

Das heißt praktisch, daß in der Dimension der Meton-Periode jedem Vollmond ein Schwarzmond, d. h. eine Sonne gegenübersteht, hinter deren Strahlenschirm sich unsichtbar der gleiche Sternenhintergrund verbirgt, der als Hintergrund des Vollmondes am Nachthimmel sichtbar ist: Die Vorausschau oder Vorhersage der Sonne und ihres Tageslaufes, die der Vollmond als ihr Wunschbild darstellt, *erfüllt* sich immer nach Ablauf eines halben Meton-Zyklus, d. h. nach 9 1/2 Jahren. Und zwar findet diese Erfüllung immer in der Konjunktionsphase statt, die im lunaren Weltbild die *Mitte des Tages* bedeutet. Daher endet der Hauptspruch mit den Worten: *Es ist angemessen für die Mitte des Tages.*

Dieses Verhältnis zwischen Vollmond und Sonne in der Dimension des Meton-Zyklus ist das himmlische Urphänomen der Gleichung. Sein Erkenntniseffekt besteht darin, daß es auf der Nachtseite im Bild des Vollmondes mit seinem sichtbaren Sternenhintergrund den unsichtbaren Sternenhintergrund der Sonne auf der Tagseite sichtbar macht. Daher heißt es auf den Plätzen 2 und 4: *Mitten am Tag* (= im Inneren des Tages) *sieht man die Polsterne*. Oder, von der Symbolik der Bewässerung her gedacht: In der Vollmondnacht sieht man, wie das glitzernde Wasser des Sternenstromes durch das *Innere* des Sonnenberges strömt und ihn fruchtbar macht. Denn man glaubte ja, daß das Himmelszelt als Nachthimmel seine helle und als Taghimmel seine dunkle Kehrseite zeigt, also einem kosmischen Lampenschirm gleicht, durch den die helle Sonne als der fahle Vollmond hindurchschimmert, und dessen viele kleine Löcher ihr Licht als Sternenpunkte erscheinen lassen (vgl. H36).

Die Struktur der himmlischen Gleichung oder Identitätsfunktion ist damit aber noch nicht vollständig erklärt. Denn in der Dimension des Meton-Zyklus ist noch zwischen dem Symbol (Vollmond) und dem Gegenstand (Sonne), mit dem es gleichgesetzt wird, unterschieden. Die wahre Identität aber besteht nicht zwischen Verschiedenen, sondern verbindet ein und dasselbe mit sich selbst. Diese eigentliche und höchste Ebene der Identität stellt das *Schirmdach*, der *Callippische Zyklus* dar, in dem vier Meton-Zyklen zu einer Periode von insgesamt 76 Jahren zusammengefaßt sind. Dadurch wird aus der ungeraden Zahl von 235 synodischen Mondumläufen im Meton-Zyklus die gerade Zahl von 4 x 235 = 940 Umläufen, so daß sich im Durchmesser nicht mehr Vollmond und Sonne (= Schwarzmond), sondern rundherum durchgängig Vollmond und Vollmond, Sonne und Sonne gegenüberstehen –, und zwar so, daß dabei auch immer ihre jeweilige Stellung im Tierkreis (= die Jahreszeit) übereinstimmt.

Diese Ebene der reinen Identität ist nun als die eigentlich solare Dimension, als das Sonnen-Dach des Welt-Hauses ausgelegt, wie es der Name *Schirmdach* ausdrückt (vgl. Platz 6). Sie bildet die übergeordnete Kuppel des Weltenberges, der in sich und unter sich die Wasser des Nachthimmels umfaßt, dessen Ströme ihn in der erläuterten Struktur des Meton-Zyklus durchdringen und erfüllen.

Anfangs Neun   **Kan**

Man trifft immer auf sein passendes Gegenüber, obwohl es gleichmäßig rundherum geht. Kein Schaden. Das Hingehen bekommt ein Wunschziel.

Sie begegnen jemandem, der Sie immer wieder fasziniert, weil seine Art Ihnen ganz entgegengesetzt und zugleich verwandt ist. Folgen Sie dem Wunsch, ihm näher zu kommen.

Das *passende Gegenüber* ist das jeweilige komplementäre Gegenbild mit dem gleichen Sternenhintergrund. In der Dimension des Meton-Zyklus bleibt diese Gegenüberstellung bei der Wanderung des Mondes durch den Tierkreis durchgängig erhalten. Daher: *Man trifft (immer) auf sein passendes Gegenüber, obwohl es gleichmäßig rundherum geht.* Hier steht *Kan* für den Vollmond, *Li* auf dem folgenden Platz für den Schwarzmond bzw. die Sonne. Der Ausdruck *passendes Gegenüber (pei zhu)* hat zugleich den Sinn *passender Meister* und wird u. a. auch weiblich im Sinn von *Gemahlin* oder *Geliebte* gedeutet. Das Schriftzeichen für *Meister* oder *Herr(in)* (*zhu*) bezeichnet jedoch außerdem die beschrifteten Holztafeln, mit denen man bei Opferzeremonien die Gottheiten darstellte, und die Kombination der beiden Begriffe wird im Ritenbuch *Liji* direkt dazu verwendet, die Gegenüberstellung der Tafeln von Sonne und Mond beim Himmelsopfer auszudrücken. Dies legt die sozusagen technische Übersetzung *passendes Gegenüber* nahe. – Die Formel *kein Schaden* drückt sodann wieder die komplementäre Ergänzung der einander durchgängig gegenüberstehenden Mondbilder aus. Und der letzte Satz des Spruches deutet den Vollmond als das Wunschbild der Sonne, dem das *Wunschziel oder der Wunschauftrag (shang)* an den Himmel nachgebildet war, mit welchem man das Orakel bzw. die jeweilige Opfergabe betraute (vgl. H29/0). Das *Hingehen* entspricht dem folgenden Schritt *Kan – Li.*

Sechs auf zweitem Platz   Li

Es erfüllt sein Schirmdach. Inmitten des Tages sieht man die Polsterne. Wenn man hingeht, bekommt man die Krankheit des Zweifels. Es ist, wie wenn eine Opferperson abgeschickt wird. Glückverheißend.

Ihre Lage gestattet es Ihnen, über Raum und Zeit hinweg in die Ferne zu wirken. Nützen Sie Ihren Durchblick. Wenn Sie sich unüberlegt in Bewegung setzen, könnten Sie ihn verlieren und in Verwirrung geraten. Fürs Grobe haben Sie genügend Hilfskräfte.

Als Ausdruck des Schrittes *Kan – Li* formuliert der Spruch die Übertragung oder den Rückschluß vom Vollmond auf die Sonne, welche hier mit dem Begriff *Schirmdach* als der Gipfel oder die höchste Ebene des Weltenberges ausgelegt ist: Die Wasser der nächtlichen Unterwelt *erfüllen* oder *speisen* den Sonnenberg. Der mit der erläuterten Struktur der Meton-Periode gegebene »Durchblick« von der Nachtseite auf die Tagseite ist damit als eine konkrete Bewegung, eine Übertragung oder Überführung gedeutet. Die phänomenale Grundlage dieser Idee wird dann mit dem folgenden Satz genannt. Sie besteht darin, daß in Gestalt der Vollmondnacht das Abbild des Sonnentages mit enthülltem Sternenhintergrund erscheint. Daher: *Inmitten des Tages sieht man die Polsterne.*

Oder: *Im Inneren des Tages sieht man die Polsterne.* Denn der Taghimmel ist die Außenseite des Weltenberges, während sein Inneres als Nachthimmel erscheint. – Das *Hingehen* im dritten Satz des Spruches bedeutet im Gegensatz zu der erläuterten Struktur der himmlischen Gleichung, die über den Nachthimmel den Durchblick auf den Taghimmel ermöglicht, daß man sich wie der abnehmende Mond konkret auf die Tagseite begibt. Dort aber sind die Sterne natürlich nicht mehr zu sehen, weil sie vom *Schirmdach* der Sonne verdeckt werden (vgl. Platz 6). Verbergen sie sich dahinter wirklich in der Form, wie man sie vorher gesehen hat? Oder war es nur ein nächtliches Traumbild? Daher: *Wenn man hingeht, bekommt man die Krankheit des Zweifels.* Und mit dem letzten Satz des Spruches wird schließlich die Übertragung von der Nachtseite (= Erde) auf die Tagseite (= Himmel) auch noch als Opferritual versinnbildlicht: *Es ist, wie wenn eine Opferperson abgeschickt wird.* Die *Opferpersonen* (*fu*) wurden als Geschenke an den Sonnengott *Shangdi* auf die Reise in den Himmel »geschickt« (vgl. H14/5). Das mit *abschicken* wiedergegebene Zeichen (*fa*) bedeutet ursprünglich das Abschießen eines Pfeils.

Neun auf drittem Platz   Sun

Es erfüllt seine Niederungen. Inmitten des Tages sieht man das schwache Glitzern. Wenn er seinen rechten Arm bricht, ist es kein Schaden.

Sie blicken gierig auf den warmen Regen, der Ihnen nun zuzufließen beginnt. Aber er wird noch ganz andere Dimensionen annehmen. Sie sollten sich von Ihrer kleinkarierten Sicht der Dinge losreißen, auch wenn es Ihnen wehtut, und sich höheren Zielen zuwenden.

Der Platz bildet zusammen mit dem folgenden Platz 4 die Ebene des Nachthimmels oder der Unterwelt, steht aber selbst für das zunehmende, d. h. nach unten wandernde Mondbild *Sun*. Während *das Schirmdach* die Kuppel des Himmelszeltes oder Weltenberges bedeutet, wo hoch oben die hellen Polsterne leuchten, ist daher hier von den *Niederungen* am Fuß des Berges die Rede. Dort sieht man *inmitten des Tages*, was zugleich *im Inneren des Tages* bedeutet, d. h. auf der nächtlichen Innenseite des Weltenberges, die niedrig am Horizont stehenden und daher nur *schwach glitzernden* Sterne. Daher: *Es erfüllt seine Niederungen. Inmitten des Tages sieht man das schwache Glitzern.* Auf Platz 4, der für das abnehmende, d. h. nach oben wandernde Mondbild *Dui* steht, finden sich daher wieder das Schirmdach und die Polsterne von Platz 2. Das *Füllen* des Weltenberges mit dem Sternenstrom wird damit als von unten nach oben steigender Wasserspiegel ausgelegt. Die mit *Niederungen* und *schwaches Glitzern* wiedergegebenen Schriftzeichen (*pei/mei*) schreiben sich beide mit dem Bestandteil *Wasser*. – Im letzten Teil des Spruches ist dann noch die Rechtsseitigkeit des zunehmenden Mondbildes *Sun* durch den *rechten Arm* dargestellt. Aber mit dem folgenden Schritt springt der Graph hinüber zu dem abnehmenden, d. h. linksseitigen Mondbild *Dui*, so daß auf der rechten Seite das als *rechter Arm* ausgelegte Stück abbricht. Dies jedoch ist *kein Schaden*. Denn beide Mondbilder ergänzen sich als die Ebene des Nachthimmels durch den Bezug auf die komplementären Gegenbilder *Zhen* und *Gen*, die den Taghimmel repräsentieren (vgl. Platz 1).

Neun auf viertem Platz   Dui

Es erfüllt sein Schirmdach. Inmitten des Tages sieht man die Polsterne. Man trifft auf sein ordnungsgemäßes Gegenüber. Glückverheißend.

Eine weitreichende Perspektive, die sich Ihnen erschließt, überschreitet die Beschränkungen des Alltäglichen und erlaubt langfristige Pläne. Jenseits der Grenzen Ihres persönlichen Einflusses finden Sie genau den richtigen Partner.

Die Wiederholung der beiden ersten Sätze von Platz 2 umschreibt im Zeichen des abnehmenden Mondbildes *Dui* wieder die *Füllung* der Innenseite des Sonnenberges mit dem Sternenstrom des Nachthimmels, so daß man *inmitten (= im Inneren) des Tages die Polsterne sieht*.

Zugleich bedeutet dies den »Durchblick« durch das löchrige Himmelszelt, durch das in Gestalt des Vollmondes die Lichtsilhouette der Sonne auf der anderen Seite zu sehen ist. Und zwar zeigt sich dieser Durchblick von der Nachtseite aus vor dem gleichen Sternenhintergrund, vor dem sie nach einer halben Meton-Periode in der Konjunktionsstellung auf der Tagseite wieder stehen und dabei die Sterne mit ihrem Strahlenschirm verbergen wird. In dieser Stellung ist sie das *ordnungsgemäße Gegenüber* des Vollmondes, d. h. sein Gegenbild in der Ordnungsdimension des Meton-Zyklus. Daher: *Man trifft auf sein ordnungsgemäßes Gegenüber*. Damit wird der auf Platz 1 ausgedrückte Gedanke (*Man trifft auf sein passendes Gegenüber*) nicht nur wiederholt, sondern zugleich spezifiziert. Denn das mit *ordnungsgemäß* wiedergegebene Schriftzeichen *(yi)* ist wiederum der Name des himmlischen Lampenschirms, nämlich jenes *Lichtgefäßes* (*ming-yi*), das die Weltordnung regelt, indem es periodisch das Licht der Sonne einschließt (vgl. H36).

Sechs auf fünftem Platz   Zhen

Das kommende Himmelsmuster bringt Freude und Ruhm. Glückverheißend.

Sie ernten nun die Früchte Ihrer weitsichtigen Planung. Ihre kühnsten Träume werden wahr.

Mit dem Übergang in den Taghimmel (Ebene *Zhen – Gen*) wird das *Himmelsmuster* des Nachthimmels (Ebene *Sun – Dui*) auf die Sonnenseite übertragen (vgl. H2/3, H44/5). Dabei bezeichnet der Begriff *Himmelsmuster* (*zhang*) zugleich die Meton-Periode und damit den Weg dieser Übertragung. Der Altmond *Zhen* bedeutet den Eintritt in die Sonne, die mit ihrem strahlenden Glanz äußerer Ausdruck der inneren *Fülle* ist, was hier als *Freude und Ruhm* ausgelegt wird. Damit *erfüllt* sich die Wunschvorstellung der inneren Schau, die der Nachthimmel darstellt, in der äußeren Realität.

Oben Sechs   Gen

Es erfüllt sein Dach, verdeckt sein Haus. Wenn man durch die Tür späht, findet man es verlassen und ohne einen Menschen. Drei Jahre lang sieht man ihn nicht. Unheil.

Der Erfolg ist Ihnen zu Kopfe gestiegen. Dadurch haben Sie sich von den Menschen entfremdet, denen Sie ihn verdanken, und stehen nun allein da. Sie haben das Gesicht verloren und werden lange Zeit mit Mißachtung bestraft.

Die Konjunktionsphase bzw. der Taghimmel, den die Ebene *Zhen – Gen* darstellt, ist hier als das *Dach* des Himmelshauses ausgelegt. Auf dem vorigen Platz wird der Eintritt in die Konjunktion mit der nach oben gerichteten Bewegung des Altmondes positiv bewertet, da diese Bewegungsrichtung der Perspektive des kosmischen »Durchblicks« durch den Nachthimmel auf den Taghimmel am gegenüberliegenden Punkt des Meton-Zyklus entspricht. Hier hingegen ist der Blick mit dem Neumond *Gen* umgekehrt von der Tagseite her auf die Nacht gerichtet. Das blendende Sonnendach des Taghimmels gewährt aber im Gegensatz zur Vollmondnacht keinen Durchblick. Daher: *Es verdeckt sein Haus.* Zugleich wird es mit den beiden Türflügeln *Zhen* und *Gen* zugleich als eine *Tür* gedeutet, die sich beim Einbruch der Dunkelheit öffnet, den der Neumond *Gen* bedeutet, und den Blick ins Innere des Hauses freigibt, d. h. auf den mondlosen Himmel der Konjunktionsphase. Daher: *Wenn man durch die Tür späht, findet man es verlassen und ohne einen Menschen.* Und weil der Mond in der Konjunktion *drei* Tage lang verschwunden bleibt, heißt es zuletzt noch: *Drei Jahre lang sieht man ihn nicht* (vgl. H47/1). Durch die Abwesenheit des Mondes in der Konjunktion fehlt der Wegweiser für die Orientierung im kosmischen Kreislauf. So bewahrheitet sich hier die auf Platz 2 vorausgesagte Perspektive: *Wenn man hingeht, bekommt man die Krankheit des Zweifels.*

56. LÜ / DIE MARSCHTRUPPE

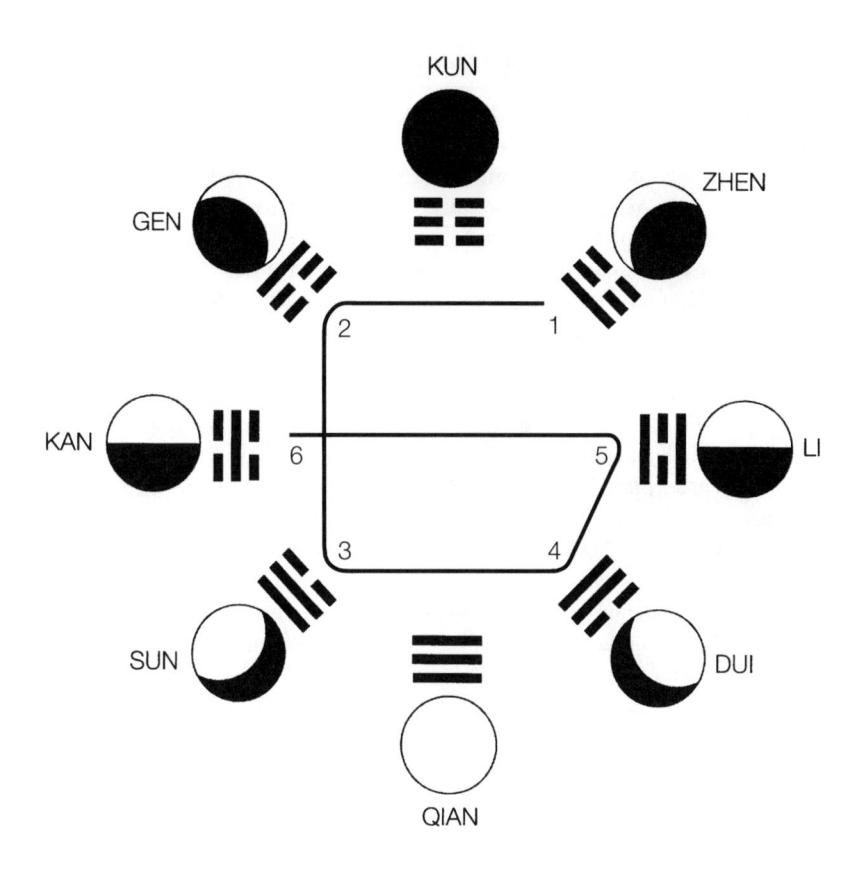

旅

KUN
ZHEN
GEN
KAN
LI
SUN
DUI
QIAN

Partnerzeichen: H55.
Gegenzeichen: H60.
Parallelzeichen: H17, H22, H48, H54, H59.

Der Hauptspruch

Die Marschtruppe. Das Kleine dringt durch. Glückverheißend als Entscheidung für eine Marschtruppe.

In Ihrer Lage sollten Sie sich wie ein einfacher Soldat in der Truppe besser nicht groß aufspielen, sondern Ihr Süppchen auf kleiner Flamme kochen. Gehen Sie nicht auf Konfrontationskurs, und spielen Sie nicht mit dem Feuer. Folgen Sie der Obrigkeit.

Der Hexagrammname umschreibt mit den Bedeutungen *Truppe, Gefolgsleute, einer nach dem anderen, junge Männer einer Familie* vor allem die Idee einer *Marschkolonne*. Der Stammteil des Schriftzeichens stellt in der archaischen Form zwei Männer dar, die unter einem Banner marschieren 从 . In der Gestalt des Graphs kann man die Linie *Gen – Sun* als die Fahnenstange sehen, an der das Banner *Gen – Zhen* weht, und darunter die beiden marschierenden Männer *Li* und *Kan* auf dem Erdboden *Sun – Dui*.

Das Banner (*Zhen – Gen*) ist der Himmel, unter dem sie marschieren, und der sich durch ihren Marsch (*Li – Kan*) auf der Erde (*Sun – Dui*) manifestiert. So wird der Aufenthaltsort der Marschtruppe auf der Himmelsebene durch das Zeichen *Feldlager, Unterkunft, Herberge* (*ci*) gekennzeichnet, das ausdrücklich auch den *Himmelsort eines Gestirnes*, insbesondere von Sonne und Mond, bedeutet (Platz 2). Mit dem Betreten der unteren Ebene wird dieses *Feldlager* vernichtet (Platz 3) und durch den erdgebundenen *Standort* (*chu*) ersetzt (Platz 4). Auch das Verhältnis der Sprüche 5 und 6 (*Li – Kan*) ist durch diesen Gegensatz gekennzeichnet. So thematisiert das Hexagramm die Manifestation oder Widerspiegelung des Himmels auf der Erde in komplementärer Form. Die Komplementärverhältnisse *Zhen – Sun* und *Gen – Dui* sind in den Sprüchen klar definiert.

Im Umrißbild des Graphs stellt die waagerechte Linie *Li – Kan* die Marschrichtung der Truppe unter dem Banner dar. Diese bedeutet zugleich den Verlauf von der Aufwärtsbewegung zur Abwärtsbewegung. Die Aufwärtsbewegung ist das Hochhalten des Himmels-Banners *Zhen-Gen*, und die Abwärtsbewegung der Marschtritt *Sun-Dui*, mit dem sich der Himmel auf der Erde bzw. der Gehorsam der Truppe gegenüber ihrer Fahne niederschlägt. Das Himmelsbanner aber, das den Befehl des Königs bedeutet, ist durch die *kleinen* Monde *Zhen* und *Gen* gekennzeichnet, und der Marschtritt, der seine Umsetzung darstellt, durch die *großen* Monde *Sun* und *Dui*: kleine Ursache, große Wirkung. Daher heißt es im Hauptspruch: *Das Kleine dringt durch.*

Die Manifestation des Tageslichtes am Nachthimmel bzw. des Himmels auf der Erde wird dabei durch das Feuer symbolisiert, das der Mond in der Konjunktion von der Sonne empfängt und in die Nacht hinträgt. Die Gewinnung des Feuers finden wir auf Platz 1 durch das Hacken von Kleinholz, auf Platz 5 durch das Herunterschießen des Sonnenvogels beschrieben. Mit dem Zunehmen greift das Feuer dann immer mehr um sich, was dadurch dargestellt wird, daß auf Platz 3 das Feldlager der Marschtruppe, auf Platz 6 das Nest des Vogels in Flammen gerät. So ist das Szenario auch von der Symbolik der Feuergewinnung und des Feuergebrauchs gekennzeichnet. Ein kleines Feuer wärmt, ein großes zerstört. Auch von daher versteht sich der Hauptspruch: *Das Kleine dringt durch,* oder: *durch Kleinheit Erfolg.*

Die Struktur des Zeichens versteht sich damit auch aus der Umkehrung des vorigen. Während dort der Nachthimmel auf den Taghimmel projiziert wird, so daß sich seine Erscheinung als Voraussschau erfüllt, geht hier die Bezugsrichtung umgekehrt vom Taghimmel zum Nachthimmel. Während dort das Wasser des Nachtstromes den Sonnenberg erfüllt und befruchtet, ist es hier das Feuer der Sonne, das mit der Wanderung des Mondes in die Nacht hineingetragen wird, um sie zu erleuchten. Dem entsprechend ist auch die Reihenfolge auf der mittleren Ebene mit *Li – Kan* dem vorigen Zeichen entgegengesetzt und zeigt die Grundrichtung von der Sonne zum Vollmond an. Und zugleich erscheint diese Ebene der Vermittlung nicht am Anfang, sondern auf den beiden letzten Plätzen am Ende des Verlaufs.

Dies bedeutet, daß der Weg der *Marschtruppe* in die Nacht hinein nicht der eigenen Voraussicht folgt, sondern ins Ungewisse, in die Fremde geht. Während das vorige Hexagramm im Zeichen des Königs stand, haben wir es hier mit seinen *Gefolgsleuten* (*LÜ*) zu tun, denen ihr Schicksal passiv widerfährt, indem sie dem König gehorchen.

Anfangs Sechs   Zhen

Die Marschtruppe hackt winzig kleine Stücke. Dadurch zieht sie ein Unheil auf sich.

Die Beschäftigung mit Kleinkram ist nützlich wie Kleinholz zum Feuermachen. Sie sollten aber nicht vergessen, daß daraus auch ein großer Brand werden kann.

Der Altmond *Zhen*, der zugleich die Idee einer sichelförmigen Axt suggeriert, wird abnehmend in immer kleinere Teile *zerhackt*, während er gleichzeitig in die Konjunktion mit der Sonne eintritt, wo ihn das *Unheil* ereilt, daß er Feuer fängt und in Brand gerät. Die Entsprechung des Vorganges stellt der Spruch zum Gegenbild *Sun* auf Platz 3 dar: *Die Marschtruppe verbrennt ihr Feldlager.* Im *Mawangdui*-Text aber steht statt *Unheil* (*zai*) das Schriftzeichen *Feuer* (*huo*), so daß der Spruch lautet: *Die Marschtruppe hackt winzig kleine Stücke und gewinnt dadurch Feuer.* Dies führt zu dem sicher ursprünglicheren Gedanken des *Feuermachens* mithilfe von *Kleinholz*, was dann auch zu der positiven Bewertung der Kleinheit im Hauptspruch paßt. Auf Platz 3 wird das kleine Feuer dann in komplementärer Entsprechung zum großen Brand, den der Spruch mit der Ankündigung des *Unheils* vorwegnimmt.

Sechs auf zweitem Platz   Gen

Die Marschtruppe erreicht das Feldlager. Man trägt seinen Besitz am Körper und gewinnt einen jungen Diener. Die Entscheidung ist glückverheißend.

Eine Reise ist gut geplant, für Unterkunft und Proviant ist gesorgt. Unter diesen Voraussetzungen werden Sie leicht einen Gehilfen finden, der sich Ihnen anschließt.

Das Schriftzeichen *Feldlager*, *Unterkunft* oder *Herberge* (*ci*) wird auch für die jeweiligen *Himmelsorte* von Sonne und Mond verwendet und kennzeichnet auf diese Weise *Zhen* – *Gen* als die mit diesem Platz hergestellte Ebene des Himmels. Daher: *Die Marschtruppe erreicht das Feldlager.* Das im folgenden Satz mit *Besitz* wiedergegebene Wort-Bild besteht aus dem gleichen Zeichen mit dem Zusatz *Kaurimuschel*. Diese Muscheln wurden im frühen China als Geld verwendet. Natürlich kann man in der Gestalt des Neumondes auch die Gestalt einer Muschel mit hervorgekehrter Innenseite sehen (vgl. H51/2). Zugleich umfaßt seine Lichtsichel die Schattenseite wie zwei Arme, wie wenn er den darin verborgenen *Besitz* an den Busen drücken würde. Dieser ist nämlich durch den Spruch auf Platz 4 urbildlich als die komplementäre Lichtfläche des Gegenbildes *Dui* definiert. Und schließlich ist die dünn gekrümmte, sich gleichsam verneigende Neumondsichel auch noch als ein *junger Diener* ausgelegt, den man dabei gewinnt.

Neun auf drittem Platz   **Sun**

Die Marschtruppe verbrennt ihr Feldlager. Man verliert seinen jungen Diener. Die Entscheidung ist gefährlich.

Was Sie höheren Orts angezettelt haben, fällt jetzt auf Sie selbst zurück. Dadurch verlieren Sie Ihre sichere Position und einen treuen Anhänger.

Hier hat die Marschtruppe die Ebene des Himmels (*Zhen- Gen*) verlassen und betritt die Ebene der Erde (*Sun-Dui*). Die von den schmalen Sicheln umfriedete Schattenseite, die auf dem vorigen Platz als *Feldlager* (= *Himmelsort*) ausgelegt wurde, füllt sich in *Sun* bei der Annäherung an den Vollmond immer mehr mit Licht, d. h. mit Feuer: *Die Marschtruppe verbrennt ihr Feldlager*. Dies ist das auf dem *Zhen*-Platz 1 vorausgesagte *Unheil*, das sich hier in der komplementären Form des Gegenbildes *Sun* niederschlägt. Ferner springt der Graph dann zu dem linksseitigen Mondbild *Dui* hinüber, wodurch auch der *junge Diener*, die Auslegung der rechtsseitigen Neumondsichel vom vorigen Platz, im Schatten verschwindet. Daher: *Man verliert seinen jungen Diener.*

Neun auf viertem Platz   **Dui**

Die Marschtruppe am Standort. Man bekommt seine Geldäxte. Mein Herz ist nicht froh.

Sie befinden sich am Ausgangspunkt einer großen Reise. Die Mittel dazu bekommen Sie. Aber die Erfahrung lehrt, daß es sich um eine verlustreiche und gefahrvolle Unternehmung handelt.

Der *Standort* bedeutet die Ebene des Erdbodens *Sun – Dui* im Gegensatz zu der Himmelsebene *Zhen – Gen*, die auf Platz zwei als *Feldlager* (= *Himmelsort*) erscheint. Die *Geldäxte* entsprechen dem *am Körper* (= im Schatten) verborgenen *Besitz* des Neumondes auf Platz 2, der nun in der komplementären Form des Gegenbildes *Dui* in Erscheinung tritt. Daher: *Man bekommt seine Geldäxte*. Auch kleine Äxte wurden wie die Kaurimuscheln als Zahlungsmittel verwendet. Und zuletzt ist der Mond wieder als das *Herz* ausgelegt, das *nicht froh ist*, weil es in der Phase *Dui* durch einen Schatten getrübt ist, nachdem der Graph mit dem Schritt *Sun – Dui* am Vollmond, dem Ausdruck seines ungetrübten Frohsinns, vorbeigegangen ist (vgl. H48/3).

Sechs auf fünftem Platz   Li

Man schießt auf einen Fasan. Mit einem Pfeil ist er verloren. Am Ende bekommt man dadurch Ruhm und Auftrag.

Indem Sie Ihr höheres Ziel konsequent im Auge behalten, gelingt Ihnen eine brillante Leistung, und man überträgt Ihnen eine ehrenvolle Aufgabe.

Der kreuzweise Bezug von der Erd-Ebene *Sun – Dui* auf die komplementäre Himmelsebene *Zhen – Gen* wurde in H30 als das Fangnetz *Li* zum Erfassen des Sonnenvogels mit seinen beiden Sichel-Flügeln ausgelegt, der hier als ein *Fasan* erscheint, auf den *geschossen* wird. Die demgegenüber einseitige Bewegung des Abnehmens, die der Schritt *Dui – Li* darstellt, ist als der *eine Pfeil* gedeutet, mit dem er *verloren ist* oder *verschwindet*. Denn in dem Augenblick, wo der Pfeil auftrifft, nämlich in der Konjunktion, sind seine beiden Flügel *Zhen* und *Gen* nicht mehr zu sehen. Stattdessen erscheint die strahlende Sonne, deren Licht die Gnade des Himmelskaisers bedeutet und hier als *Ruhm und Auftrag* ausgelegt ist. Mit Blick auf den folgenden Platz und die Sprüche 1/3 aber sehen wir es als das Feuer, das mit dem Schuß auf den Sonnenvogel gewonnen und in Gestalt des *Auftrages* (*ming*), d. h. des vom Sonnenkönig bezogenen Mondscheins, auf die Nacht-Erde heruntergeholt wird.

Oben Neun   Kan

Ein Vogel verbrennt sein Nest. Zuerst lachen die Leute in der Marschtruppe, dann klagen und weinen sie. Man verliert ein Rind durch die Wandlung. Unheil.

Sie wollten hoch hinaus, aber nun geht der Schuß nach hinten los. Ihre Euphorie war verfrüht. Sie haben einen schweren Verlust zu beklagen.

Auf dem vorigen Platz wurde mit dem Schuß auf den Sonnenvogel die Gewinnung des Feuers versinnbildlicht. Hier wird beschrieben, wie dieses analog zum Fall des getroffenen Vogels mit dem Schritt *Li – Kan* auf die Nacht-Erde heruntergeholt wird, die im Gegensatz zu dem vorher am Himmel fliegenden Fasan durch sein am Boden befindliches *Nest* gekennzeichnet ist: *Ein Vogel verbrennt sein Nest*. Der Satz steht in Parallele zu Platz 3, wo es heißt: *Die Marschtruppe verbrennt ihr Feldlager*. Das Nest bzw. das Feldlager ist die hohl gedachte Schattenseite, die sich nach unten, auf den Vollmond zu, immer mehr mit Licht, d. h. mit Feuer füllt. Auch ist das Symbol des Nestes eine Anspielung auf die Auslegung von *Kan* als *Grube* in H29. Ebenso umschreibt auch der zweite Satz die Verkehrung der Aufwärtsrichtung von *Li* in die Abwärtsrichtung von *Kan*: Nach oben zu treten die Monde links und rechts auseinander wie die Mundwinkel eines Lachenden, nach unten zu ziehen sie sich zusammen wie im Schmerz: *Zuerst lachen die Leute in der Marschtruppe, danach klagen und weinen sie* (vgl. H13/5). Das *verlorene Rind* am Ende des Spruches schließlich klingt an den Verlust des *jungen Dieners* auf Platz 3 an. Beide sind Symbole für die kleine, dem Horn eines Rindes gleichende Sichel, die auf der Himmelsebene *Zhen – Gen* (= *Li*) erscheint (Platz 2) und auf der Erd-Ebene *Sun – Dui* (= *Kan*) verschwindet (Platz 3). Das Schriftzeichen *Wandlung (yi)*, das in H34/5 als Ausdruck der Konjunktion erscheint, bedeutet ursprünglich nicht nur diese, sondern allgemein den Wandel des Mondes. Daher: *Man verliert ein Rind durch die Wandlung. Unheil.*

57. Sun / Die Unterwerfung

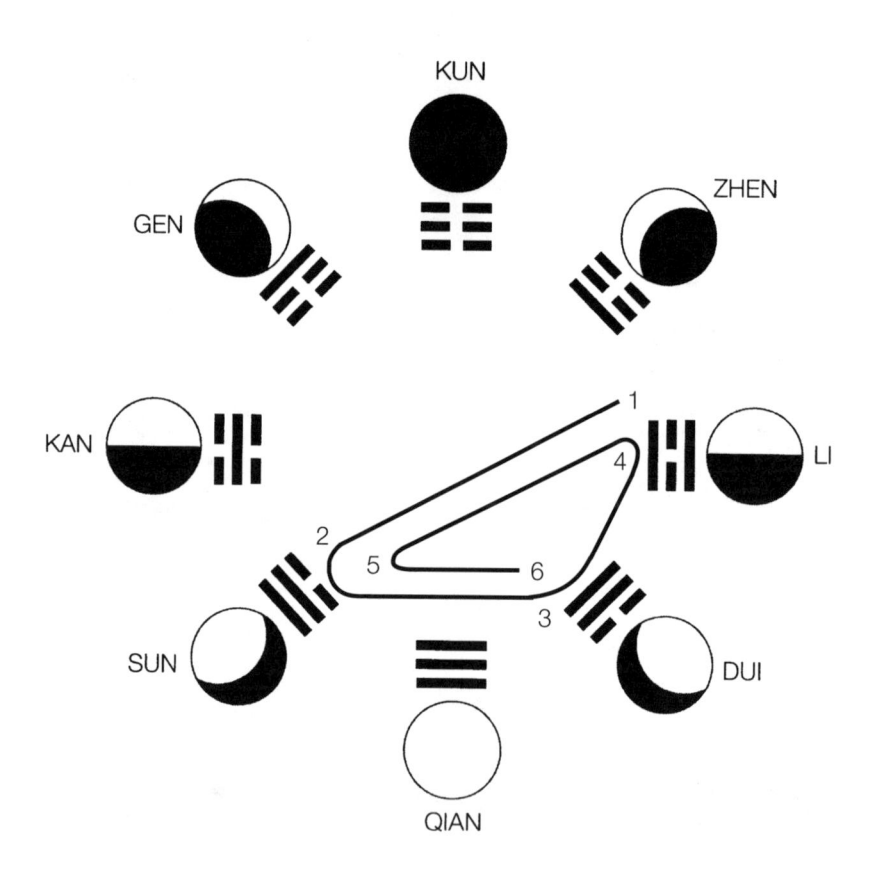

Partnerzeichen: H58.
Gegenzeichen: H51.
Parallelzeichen: H30, H58.

Der Hauptspruch

Die Unterwerfung. Das Kleine dringt durch. Es ist günstig, einen Ort zum Hingehen zu haben. Günstig, den großen Mann zu sehen.

Eine höhere Macht meldet in aggressiver Weise ihre Ansprüche an. Unterwerfen Sie sich und zeigen Sie sich kooperationsbereit. So können Sie den Sturm am besten überstehen.

Das Hexagramm ist die Doppelung des gleichnamigen Trigramms. Der Hexagrammname *SUN* wird allgemein als *demütig, unterwürfig, nachgeben* erklärt, im Kommentar *Tsagua* auch konkreter als *sich niederwerfen, sich ducken, sich niederkauern*. Das gedoppelte Dreieck *Li – Sun – Dui*, das der Graph bildet, wurde in H30/0 als der Weltenberg mit dem Sonnenort *Li* als Gipfel erläutert. Hier jedoch steht es unter der Dominanz des nach unten auf den Vollmond zustrebenden Mondbildes *SUN*, dessen zunehmende Grundbewegung (*Li – Sun*) somit ein *Sichniederwerfen* am Fuß des Berges (Ebene *Sun – Dui*) darstellt.

Das Szenario in den Liniensprüchen deutet auf eine bedrohliche Situation hin, die einen zur Unterwerfung zwingt: Man wirft sich dort nicht am Fuß eines Berges nieder, sondern *unter dem Bett* (Plätze 2 und 6). Die Bedrohung kommt von oben, d. h. von dem in *Li* dargestellten Himmel oder Sonnenkaiser, und wird durch die Motive des Kriegers (Platz 1) und der Jagd (Platz 4) versinnbildlicht. Die Reaktion, sich vor Angst unter das Bett zu verkriechen, entspricht ja vor allem jener natürlichen Art einer Bedrohung von oben, die bezeichnenderweise das Gegenzeichen H51 darstellt: dem *Donnerschlag*.

Der Anfang des Hauptspruches entspricht der Grundrichtung der zunehmenden Bewegung von oben nach unten, d. h. vom Kleinen zum Großen: *Das Kleine dringt durch*, oder: *Durch Kleinheit Erfolg*. Die Formulierung erscheint sonst nur noch einmal, nämlich in dem vorhergehenden H56/0, wo das *Durchdringen* den Niederschlag des Himmels (Ebene *Zhen – Gen*) auf der Erde (Ebene *Sun – Dui*) bedeutet. Dies weist auf den Gedanken hin, daß *die Unterwerfung* nicht nur passiv zu verstehen ist, sondern zugleich als ein aktiver, von einer höheren Autorität ausgehender Zwang, dem die *kleinen* Untergebenen Folge leisten, wie es u. a. die Deutung des Zeichens im *Xiang*-Kommentar ausdrückt: *So gibt der Edle die Befehle weiter und setzt sie in die*

Tat um. Demnach repräsentiert das Ausgangstrigramm *Li* den Himmel bzw. den Sonnenkaiser, dessen Befehle in Gestalt des Mondlichtes in die Nacht *eindringen* und sich das Sternenvolk *unterwerfen.* Der Hexagrammname *SUN* wird im *Tuan*-Kommentar auch als *eindringen* oder *hineingehen* erklärt.

Auch der Rest des Hauptspruches versteht sich aus dem Motiv der Bedrohung von oben. Urbildlich beschreiben sowohl der *Ort zum Hingehen* als auch *der große Mann* den Vollmond als den Fluchtpunkt, auf den sich das Mondbild *SUN* nach unten zubewegt. Daher: *Es ist günstig, einen Ort zum Hingehen zu haben. Günstig, den großen Mann zu sehen.* In einem erweiterten Sinn kann man den *großen Mann* ebenso als die Auslegung der Achse *Qian – Kun* auffassen, welche die Übereinstimmung von Vollmond und Sonne und damit die zentrale Ordnungsmacht des Himmels darstellt, vor der die *Unterwerfung* stattfindet (vgl. H1/2/5).

In den Liniensprüchen jedoch erscheint der Vollmond mehr als das Objekt der Begierde, auf das man es mit der Unterwerfungsaktion abgesehen hat. Dabei wird *Qian* vom Verlauf des Graphs nicht berührt, sondern durch die Ebene *Sun – Dui* sozusagen als Eingang und Ausgang repräsentiert. Diese Ebene wird durch die Unterwerfungsaktion etabliert. Dabei sind zwei Phasen zu unterscheiden, eine Phase der Durchsetzung und eine Phase der Konsolidierung. Die Phase der Durchsetzung ist der Angriff auf das Sternenvolk, der dem Schritt *Li – Sun* entspricht und im ersten Haupttrigramm thematisiert wird. Die Phase der Konsolidierung ist die Einrichtung der Herrschaftsstruktur *Sun – Dui*, die das zweite Haupttrigramm darstellt. Dabei wird kein Zweifel gelassen, daß der Zweck des ganzen in der Ausbeutung der Unterworfenen besteht (Platz 6).

Anfangs Sechs Li

Vorstoß und Rückzug. Eine Entscheidung, die günstig für einen Krieger ist.

Die Macht, die Ihnen zur Verfügung steht, sollten Sie diszipliniert und flexibel ausüben. Der Gegner soll nicht vernichtet, sondern nur zur Raison gebracht werden.

Der Spruch versteht sich als Vorschau auf das ganze Zeichen. Der *Vorstoß* vom Sonnenort aus in die Nacht hinein entspricht dem Schritt *Li – Sun*, der *Rückzug* der umgekehrten Bewegung *Dui – Sun*. Im zweiten Teil des Spruches wird dieses Hin und Her, das sich aus der Doppelung des Trigramms *SUN* ergibt, einem *Krieger* als Vorgehensweise empfohlen. *Li* repräsentiert im Gegensatz zu der unteren Ebene *Sun – Dui* die höhere Macht, von der die Gewalt ausgeht. Der *Krieger* ist uns in dem gleichen urbildlichen Kontext (Folge *Dui – Li – Sun*) schon in H10/3 begegnet, wo er *für einen großen Fürsten tätig* ist, d. h. für den Sonnenkönig. Seine Aktion ist dort dem Bild des Tigers nachgebildet, der sich umdreht und zubeißt. Der Vorstoß des Kriegers verläuft, der von der als Tigerrachen ausgelegten Schattenseite des Mondes geleiteten Richtung des Zunehmens folgend, mit dem Schritt *Li – Sun* in die Nacht hinein und nötigt damit das Sternenvolk zur Unterwerfung unter seinen Fürsten. Nach dem ersten Vorstoß (Plätze 1 – 2) erfolgt zunächst ein Rückzug (Plätze 3 – 4), um dann mit einem zweiten Vorstoß (Plätze 4 – 5) die Unterwerfung endgültig zu konsolidieren (Plätze 4/5).

Neun auf zweitem Platz   **Sun**

Sich niederwerfen unter das Bett. Man macht von Orakelpriestern und Schamaninnen Gebrauch. Sie sind wie ein verwirrter Haufen. Glückverheißend. Kein Schaden.

Eine höhere Gewalt jagt Ihnen einen Schrecken ein und nötigt Sie zur Unterwerfung. Lassen Sie sich von erfahrenen Experten beraten, wie man mit einer solchen Situation umgeht. Einer großen Zahl von Schicksalsgenossen ergeht es ebenso. Passen Sie sich an.

In H23 wird die Schwarzmond-Höhle auf dem Sonnenberg als ein *Bett* ausgelegt. Hier ist es das Trigramm *Li*, das mit seiner weichen Linie im Zentrum dieses *Bett*, d. h. die Konjunktionstriade *Zhen – Kun – Gen* darstellt. Die durch die Linie *Sun – Dui* markierte Ebene des Nachthimmels entspricht daher dem dunklen Fußboden unter dem Bett, auf den man *sich* – mit dem Schritt *Li – Sun – niederwirft*. Man ist nämlich völlig verängstigt durch den Angriff des *Kriegers* von Platz 1. Dieser bedeutet eine Bedrohung von der höheren Ebene des Himmels herab, wie es das Gegenbild zu *Sun*, nämlich der *Donnerschlag Zhen* symbolisiert (H51). Für den Umgang mit den Mächten des Himmels aber sind die *Orakelpriester und Schamaninnen* zuständig. Daher: *Man macht Gebrauch von Orakelpriestern und Schamaninnen*. Mit dem paarigen Ausdruck sind die Mondbilder *Sun* und *Dui* wieder als eine weibliche und eine männliche Form ausgelegt (vgl. z. B. H33/3). Durch die Priester und Schamaninnen wird dem Volk die Ordnung des Himmels vermittelt, der es sich unterwerfen soll. Urbildlich ist es das Sternenvolk, dem der Mond diese Ordnung verkündet. Das mit *verwirrter Haufen* wiedergegebene Schriftzeichen (*fen*) bedeutet neben *zahlreich* auch *durcheinander, unordentlich, vermischt* etc. – alles Umschreibungen der regellos am Himmel

499

verteilten Sternenschar. Daher: *Sie sind wie ein verwirrter Haufen.* Ferner bildet *Sun* die komplementäre Paßform zum Gegenbild *Zhen*, das den bedrohlichen *Donnerschlag* bedeutet, und stellt so die Idee der Unterwerfung als die Strategie der Anpassung dar, durch die man Schaden vermeidet. Daher die Schlußformel *kein Schaden.*

Neun auf drittem Platz   Dui
Unterwerfung mit gerunzelten Brauen. Not.

Sie werden genötigt, sich gegen Ihre Überzeugung einer stärkeren Macht zu fügen. Dadurch können Sie Ihre eigenen Interessen nicht wahrnehmen und geraten in Schwierigkeiten.

Wir haben das Herabziehen oder Zusammenziehen der Gesichtszüge im Schmerz schon mehrfach als Auslegung der zunehmenden Bewegung kennengelernt. Unter der Dominanz von *SUN* ziehen sich die durch *Sun* und *Dui* dargestellten Mondhälften nach unten zum Vollmond zusammen. Daher: *Unterwerfung mit gerunzelten Brauen*, oder *Unterwerfung mit schmerzlichem Gesichtsausdruck.* Sinngemäß könnte man den Ausdruck auch als *widerwillige Unterwerfung* wiedergeben. Denn die Bewegung des Mondbildes *Dui*, für das der Spruch steht, geht von Haus aus in die entgegengesetzte, die abnehmende Richtung. Mit der gegebenen Übersetzung folge ich der Interpretation von *Gao Heng*. Der Ausdruck enthält aber zugleich die Idee des *Zusammendrängens* und wird u. a. als *Zudringlichkeit* erklärt (*pinsun*). Mit Blick auf den *verwirrten Haufen* im vorigen Spruch führt dies zu der Vorstellung, daß das Sternvolk in der Mitte des Nachthimmels von den Mondbildern *Sun* und *Dui* gleichsam in die Zange genommen und *zusammengedrängt* wird. Diese an eine Treibjagd erinnernde Vorstellung klingt wiederum an das Jagdmotiv auf dem folgenden Platz an.

Sechs auf viertem Platz   Li
Der Kummer vergeht. Auf der Jagd erbeutet man drei Arten von Wild.

Die kritische erste Phase einer schwierigen Unternehmung haben sie hinter sich. Sie können aufatmen. Nun haben Sie es leicht, aus dem Erreichten in einer zweiten Aktionsphase Gewinn zu schlagen.

Mit diesem Platz beginnt die zweite Phase der Unterwerfungsaktion. Nachdem das Volk eingeschüchtert worden ist, bemächtigt man sich seiner Habe.

Diese entspricht dem Vollmond, der von *Li* aus mit der Errichtung der Ebene *Sun – Dui* gleichsam in die Zange genommen wird. Mit dem Erreichen des lückenlos gefüllten Mondgefäßes, das ja den Zielpunkt des Leitbildes *SUN* darstellt, verschwindet zunächst einmal der Schatten, der hier als *der Kummer*, graphisch *die Finsternis des Herzens*, ausgelegt ist. Die Formel *der Kummer vergeht* wird auf dem folgenden Platz noch einmal wiederholt und versteht sich wie der ganze Spruch als Vorschau auf die beiden folgenden. Was auf Platz 1 unter dem gleichen Vorzeichen *Li* der Vorstoß des Kriegers in den Nachthimmel war, um das Sternenvolk zu unterwerfen, wird sodann hier als eine *Jagdexpedition* ausgelegt. Dabei *erbeutet man drei Arten (von Wild)*. Die Dreizahl steht wieder für den Vollmond, d. h. für die drei durchgehenden Striche des Trigramms *Qian*, welche zugleich das Schriftzeichen für die Zahl 3 (*san*) ergeben (vgl. H40/2).

Neun auf fünftem Platz   Sun

Die Entscheidung ist glücklich. Der Kummer vergeht. Nichts, was nicht günstig wäre. Es gibt keinen Anfang, sondern ein Ende. Vor der Wiederherstellung drei Tage, nach der Wiederherstellung drei Tage. Glückverheißend.

Was Sie erreicht haben, gilt es nun zu sichern. Dazu haben Sie die besten Voraussetzungen. Machen Sie Ihrer Umgebung nachhaltig klar, daß die Dinge nun endgültig geregelt sind, damit niemand auf dumme Gedanken kommt.

Was urbildlich als Ausdruck der Himmelsordnung *wiederhergestellt* wird, ist der Vollmond, auf den die Mondphase *Sun* zustrebt. Der Vollmond bedeutet den Ziel- und Endpunkt der zunehmenden Bewegung von *SUN*. Daher: *Es gibt keinen Anfang, sondern ein Ende*. In unserem Hexagramm erscheint er jedoch nicht selbst, sondern wird durch die Ebene *Sun – Dui* definiert, mit der die Vollmondphase in ein Vorher und ein Nachher bzw. der Vollmond selbst in seinen rechtsseitigen und seinen linksseitigen Aspekt gegliedert wird. Wenn man vom Tag des Vollmondes aus drei Tage zurück- und drei Tage vorausrechnet, so gelangt man zu einer Zeitspanne von sieben Tagen, d. h. von etwa einem Viertel des Mondumlaufes. Dies entspricht dem Abstand der beiden Mondbilder. Daher: *Vor der Wiederherstellung drei Tage, nach der Wiederherstellung drei Tage*.

Oben Neun   **Dui**

Niedergeworfen unter dem Bett verliert man seine Geldäxte. Die Entscheidung bringt Unheil.

Lassen Sie sich nach Möglichkeit nicht festlegen. Es droht Ihnen eine Zwangslage, wo jemand Ihre Wehrlosigkeit ausnützen könnte, um Sie zu berauben. Bleiben Sie skeptisch.

Der Spruch wiederholt sozusagen das Dilemma von Platz 3 in materieller Form. Kleine *Äxte* aus Eisen wurden, wie schon gesagt, im frühen China als Geldform verwendet. Die *Axt* mit der sichel- oder halbmondförmigen Klinge symbolisiert die Form, die die im Zeichen *Dui* wieder abnehmende Lichtseite nun annimmt. Da der Unterworfene *niedergeworfen unter dem Bett*, d. h. an die Linie *Sun – Dui* gebunden, dieser Aufwärtsbewegung nicht folgen kann, heißt dies, daß ihm die *Geldäxte weggenommen* werden. Der Unterworfene ist offenbar das Opfer der *Marschtruppe* in H56/4, die im Zeichen *Dui* ihre Geldäxte *bekommt* und damit losmarschiert.

58. Dui / Der Austausch

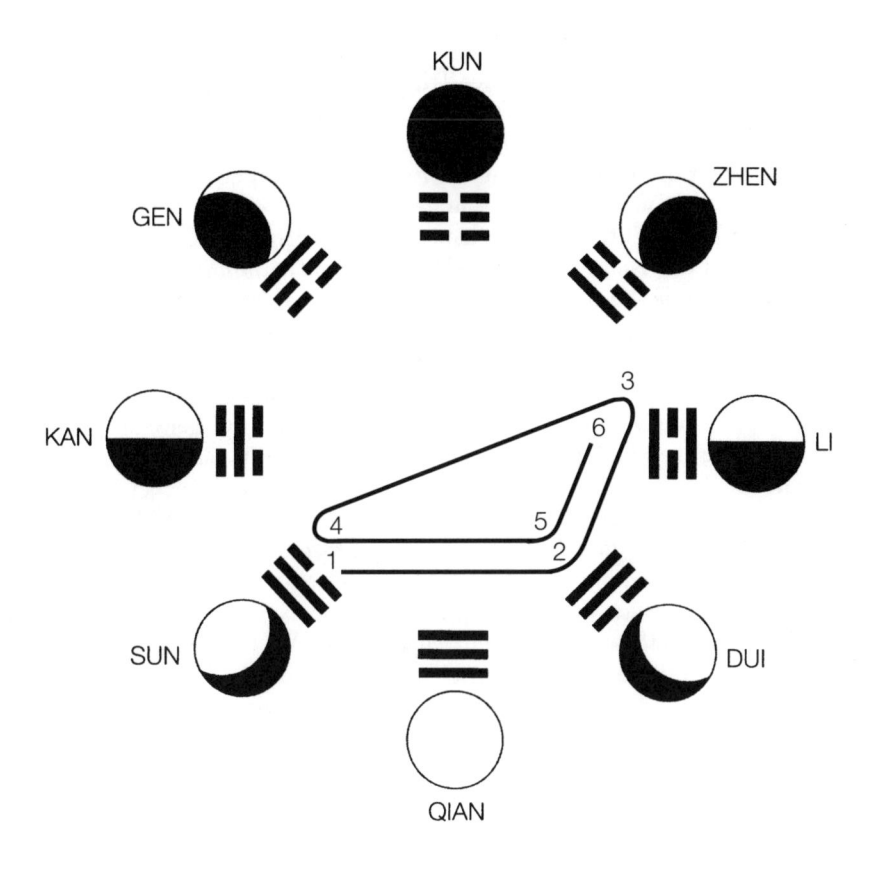

Partnerzeichen: H57.
Gegenzeichen: H52.
Parallelzeichen: H30, H57.

Der Hauptspruch

Der Austausch. Man dringt durch. Günstig für eine Verwirklichung.

Durch geduldige Verhandlungen mit der Gegenseite gelingt es Ihnen, eine festgefahrene Zwangslage aufzulösen. Der Gegenstand des Streites wird auf der Basis von Leistung und Gegenleistung zu beiderseitiger Zufriedenheit aufgeteilt.

Das Zeichen ist die Doppelung des Trigramms *DUI*, das die Phase direkt nach dem Vollmond symbolisiert. Wie im Partnerhexagramm H57 *SUN* bildet der Graph ein zweifaches Dreieck mit den Ecken *Sun*, *Dui* und *Li*, das aber hier unter der Dominanz von *DUI* steht. Während dort das Leitmotiv im *Unterwerfen*, urbildlich im Hinunterdrücken oder Zusammendrücken der beiden Mondhälften bestand, haben wir hier den Grundgedanken der *Öffnung* und *Befreiung*, d. h. der *Ablösung* oder *Herauslösung* der linken Mondhälfte aus der Verbindung mit der rechten. Die älteste, im *Buch der Lieder* bezeugte Bedeutung des Hexagrammnamens *DUI* lautet *einen Durchgang öffnen*. Das geschlossene Himmelstor, das der Vollmond als Zusammenschluß der beiden Türflügel-Mondhälften darstellt, beginnt sich in der Phase *DUI* wieder zu *öffnen*. So steht das Hexagramm im Gegensatz zu seinem Gegenzeichen H52 *Die Abkehr*, das ja sinngemäß ein Sichverschließen bedeutet.

Mit dem graphischen Zusatz *Hand* geschrieben hat das Schriftzeichen *DUI* (in der Lautung *tuo*) die Bedeutung *wegnehmen*: In der Phase *DUI* beginnt das Abnehmen des Mondes, mit dem von seiner runden Lichtgestalt wieder Stück für Stück *weggenommen* wird. Diesen Sinn hat auch die Textvariante in der Seidenschrift von *Mawangdui* (*duo*). Auf Platz 5 erscheint das Motiv als *Abschälen* oder *Sichhäuten*. Denn in der Phase *Dui* wird damit begonnen, dem Mond seine silberne Haut abzuziehen. Die Idee des *Wegnehmens* entspricht auch der Ausbeutung der Unterworfenen im Partnerzeichen H57.

Es handelt sich hier um den kürzesten Hexagrammtext des *Yijing* mit insgesamt nur 29 Schriftzeichen. Die Wortwahl der Liniensprüche läßt jedoch gleichwohl andeutungsweise zwei Szenarien erkennen, die auf der Grundlage des Urbildes eine assoziative Einheit bilden:

Das erste Szenario ist tiersymbolisch und beruht darauf, daß *Sun* und *Dui* die beiden ovalen, d. h. eiförmigen Mondbilder sind. Der Name *Sun* im vorigen Hexagramm wurde u. a. als *Sichniederducken* erklärt, und zwar mit einem Schriftzeichen (*fu*), das u. a. auch das *Brüten über Eiern* bedeutet. Hier nun haben wir die Vorstellung, daß in der durch den Schritt *Sun – Dui* dargestellten Vollmondphase das Mond-Ei bebrütet wird, so daß es sich mit dem Schritt *Dui – Li* dann zu *öffnen* beginnt, um dem jungen Sonnenvogel einen Weg nach draußen frei zu machen. Diese zwei Schritte werden den beiden Haupttrigrammen zugeordnet (Plätze 2 und 5). Auf Platz 2 können wir übersetzen: *Man brütet über die Ablösung*; und auf Platz 5: *Die Brut beim Ablösen der Schale*. Der Zwischenschritt *Li – Sun* bedeutet dabei eine Art Rückschlag oder Verzögerung des Vorganges.

Dominant und für die Übersetzung der Sprüche naheliegender ist jedoch das zweite, das »vermenschlichte« Szenario. Diesem liegt ein weiterer Bedeutungsaspekt von *DUI* zugrunde, und zwar *tauschen, auswechseln* oder *wiegen*. In dem Schritt *Sun – Dui* erfolgt nämlich die *Vertauschung* der Rechtsseitigkeit des Mondes mit seiner Linksseitigkeit. Das Zusammentreten der beiden Hälften im Vollmond wird dabei zugleich zum *Aushandeln* des Tausches zwischen den beiden Parteien (Plätze 1 und 4). Ferner gehört zum Begriff des Tauschens die Idee der Gleichwertigkeit oder Gleichgewichtigkeit des Getauschten, wie es der Vorgang des *Wiegens* versinnbildlicht. Die Verbindung zwischen den beiden ovalen Mondbildern *Sun* und *Dui*, die sich in der sprichwörtlichen Weise wie ein Ei dem anderen gleichen, stellt sich so als der Waagebalken dar, und der Schritt *Dui – Li* als das *Wegnehmen* der durch ihr Gegengewicht aufgewogenen und eingetauschten Ware. Wenn wir die Motive des *Tauschens* und des *Wegnehmens* zusammendenken, so gelangen wir zu dem Begriff *Auslösen*. Man könnte auch sagen, der Schritt *Sun – Dui* stellt eine *Gleichung* her, die mit *Dui – Li* zu ihrem Resultat führt, d. h. *gelöst* wird.

Wenn wir das Zeichen *fu* auf den Plätzen 2 und 5 nicht als *Brut*, sondern als *Gefangener* deuten, so haben wir es dabei konkret mit einem *Gefangenenaustausch* zu tun. Die Auslegung der beiden Mondhälften als zwei (zusammengebundene) *Gefangene* erscheint ja mehrfach (vgl. H9/5, H40/4, H61/5). Auf Platz 5 haben wir dann nicht die Brut im Ei, die sich von der Schale befreit, sondern einen Gefangenen, dem, als rituelle Darstellung des Befreiungsvorganges, die Haut abgezogen wird. Die Gefangenen wurden ja geopfert, um ihre Seelen aus dem Körper zu befreien und als Botschafter in den Himmel zu schicken, so wie die Schale des Eies zerbrechen muß, damit das Vögelchen sich in die Lüfte erheben kann.

Die Motive des Auslösens und Befreiens erklären auch, daß der Hexagrammname *DUI* außerdem noch in der Bedeutung *erfreut, freudig* etc. vorkommt. Ferner hat man ihn als *miteinander sprechen* gedeutet, was die Bedeutung des Zeichens mit dem Zusatz *Wort* ist. So ergibt sich daraus auch die Assoziation eines *Sichaustauschens* zwischen Gesprächspartnern.

Anfangs Neun   **Sun**

Dem Austausch Zustimmen ist glückverheißend.

Einem Kompromiß sollten Sie grundsätzlich zustimmen. Seien Sie diplomatisch und freundlich.

Das Zusammentreten der beiden Mondhälften im Vollmond, das die Phase *Sun* bedeutet, wird hier als *Zustimmen* oder *Sicheinigen* gedeutet. Auch *harmonisches Austauschen* wäre eine mögliche Übersetzung, mit der mehr das Gleichgewicht von Wert und Gegenwert betont würde. Wie häufig kann man den Spruch zu Platz 1 auch als Motto für das ganze Zeichen verstehen.

Neun auf zweitem Platz   **Dui**

Der Austausch der Gefangenen ist glückverheißend. Der Kummer vergeht.

Es ergibt sich eine gerechte Übereinkunft, mit der beide Parteien leben können.

Die hier mit den Plätzen 1 und 2 hergestellte Achse *Sun – Dui* bedeutet den stillstehenden Waagebalken, der die Gleichgewichtigkeit der beiden Hälften in der Vollmondphase und damit die Einigung der beiden Parteien über den Tausch anzeigt. Die Rechnung geht auf, Wert und Gegenwert entsprechen sich. Daher: *Der Austausch der Gefangenen ist glückverheißend.* Und *der Kummer*, die *Finsternis des Herzens*, ist wieder die Auslegung des Schattens, der sich im Gleichgewicht der rechtsseitigen und der linksseitigen Hälfte aufhebt. Im Partnerhexagramm H57 kennzeichnet die Formel *Der Kummer vergeht* demgegenüber nicht das erste, sondern das zweite Haupttrigramm: Was hier im Zeichen *DUI* als Anfangsphase des *Austausches* erscheint, ist dort im Zeichen *SUN* die Endphase der *Unterwerfung*.

Sechs auf drittem Platz Li

Beim Austausch nachhelfen bringt Unheil.

Es geht um einen Prozeß, der sich harmonisch und organisch auf das richtige Maß einpendeln muß. Wenn sie ihn künstlich beeinflussen, wird das Ergebnis verfälscht und hat keinen Bestand.

Das *Nachhelfen*, wörtlich *zum Kommen veranlassen*, wird im Lexikon erklärt als *durch Belohnung zu etwas anspornen*. Der Spruch interpretiert die Bewegung *Dui – Li* damit als ein verfrühtes oder gewaltsames Ablösen. Denn diese verschiebt zugleich den Waagebalken *Sun – Dui* in die Schräglage *Li – Sun*, so daß sich nun zwei ungleiche Gewichte gegenüberstehen, wie wenn auf der *Sun*-Seite etwas (eine *Belohnung*) hinzugefügt worden wäre.

Neun auf viertem Platz Sun

Die Verhandlungen über den Tausch sind noch nicht zur Ruhe gekommen. Wenn man energisch drängt, kommt Freude auf.

In einer langwierigen Auseinandersetzung ist noch immer kein Abschluß erzielt. Aber es ist nur noch eine entschiedene Anstrengung erforderlich, um die Lösung herbeizuführen.

Der Spruch steht für das Mondbild Sun vor dem Vollmond, wo das Gleichgewicht der beiden Waagschalen noch nicht hergestellt ist: Die Verhandlungen über den Tausch sind noch nicht zur Ruhe gekommen. Zugleich aber ist Sun die Phase, die auf den urbildlichen Gleichgewichtszustand zustrebt, zu ihm hin drängt: Wenn man energisch drängt, kommt Freude auf. Der Ausdruck klingt an H33/3 an, wo die neugeborenen Ferkel sich im Zeichen des gleichen Mondbildes danach drängen, den richtigen Platz an der Mutterbrust zu bekommen.

Neun auf fünftem Platz Dui

Ein Gefangener beim Schinden. Es gibt Gefahr.

Die angestrebte Lösung einer Fessel erweist sich als schmerzhaft und gefahrvoll.

Mit *Dui* beginnt die Phase des Abnehmens, wo dem hier als *Gefangener* ausgelegten Mond seine silberne Haut abgezogen wird. Man könnte auch übersetzen: *Die Brut gelangt zum Abschälen* oder *zum Abwerfen der Schale*. Die

Gefangenen wurden geopfert, um ihre Seelen aus dem Körper zu befreien und als Botschafter in den Himmel zu schicken, so wie die Schale des Eies zerbrechen muß, damit das Vögelchen sich in die Lüfte erheben kann.

Oben Sechs   **Li**

Man erweitert den Austausch.

Eine einmal begonnene Entwicklung, auf die Sie sich eingelassen haben, muß fortgesetzt und auch auf die kleinen Dinge übertragen werden. Es gibt kein Zurück mehr.

Mit dem Schritt *Dui – Li* vergrößert sich der Schatten, setzt sich das Auseinandertreten der Mondhälften fort, *erweitert sich* oder *dehnt sich die Öffnung* (des Himmelstores) *aus*, wie man hier auch übersetzen könnte. *Der Austausch* oder *das Abwiegen* der gleichgewichtigen, in der Waagerechten einander gegenüberstehenden Mondbilder wird damit im Sinn der Bewegungsrichtung *Li* nach oben zu fortgesetzt, *ausgeweitet*.

59. Huan / Das Spritzen

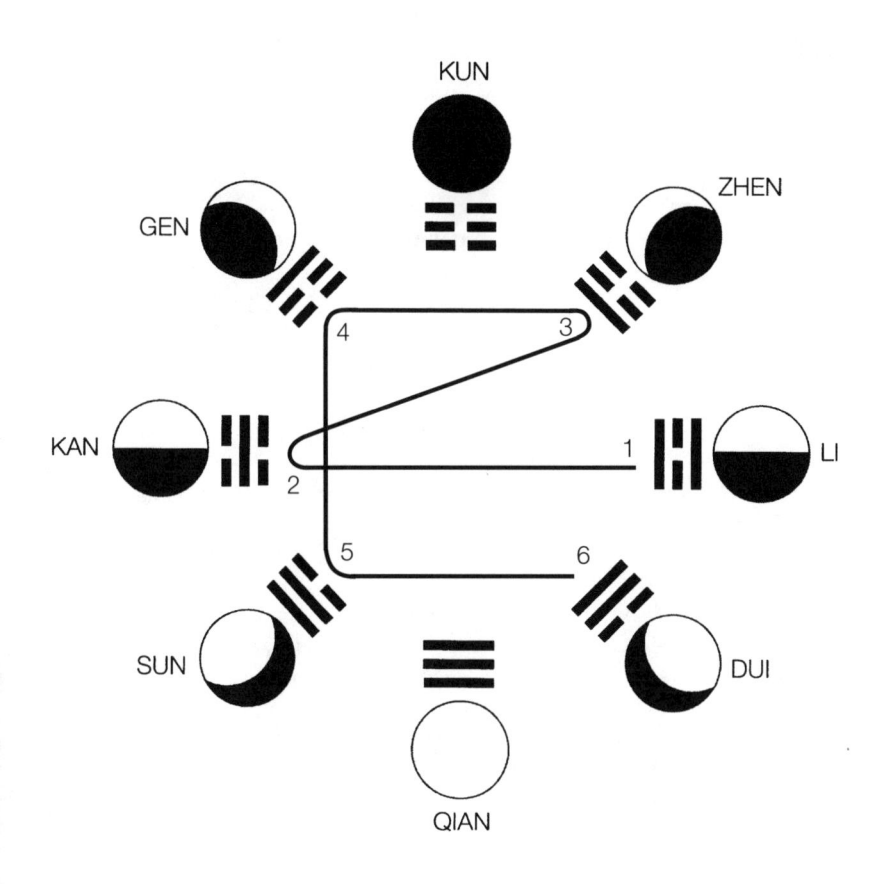

Partnerzeichen: H60.
Gegenzeichen: H55.
Parallelzeichen: H17, H22, H48, H54, H56.

Der Hauptspruch

Das Spritzen. Man dringt durch. Der König begibt sich in seinen Ahnentempel. Es ist günstig, den großen Strom zu durchwaten. Günstig für eine Verwirklichung.

In einer Situation der Trennung oder Auflösung, wo alles auseinanderstrebt, werden zugleich starke Bindungskräfte freigesetzt. Konzentrieren Sie sich darauf, um Ihre innere Mitte zu finden und in einem tieferen Sinn die Einheit zu bewahren.

Die Bedeutung des Hexagrammnamens *HUAN* wird allgemein als *anschwellen, ausbreiten, verbreiten, zerstreuen* etc. angegeben, was *Richard Wilhelm* abstrakt unter dem Titel *Auflösung* zusammenfaßt. Das Zeichen ist jedoch mit *Wasser* geschrieben, so daß sich daraus die konkrete Grundvorstellung des *Aufwallens* und *(Auseinander-)Spritzens* ergibt.

Von der Idee des Spritzens oder Ausspuckens her haben wir eine Verwandtschaft mit dem Parallelzeichen H22. Dort wurden die beiden weichen Linien *Li* und *Zhen* als zwei sich öffnende Lippen gedeutet, aus denen mit dem spitzen Strahl *Li – Kan – Zhen* das harte Objekt *Kan* ausgespuckt wird und als *Sun* herunterfällt. Diese Bewegung des Hinunterplumpsens von etwas Hartem ins Wasser des Nachthimmels, die das Spritzen erzeugt, ist hier durch die Aufeinanderfolge der beiden Haupttrigramme *Kan – Sun* als die Grundstruktur des Zeichens markiert.

Außer dieser Deutung des Graphs als Profil ergibt sich der Gedanke des Spritzens zugleich in frontaler Sicht aus der Symmetrie der Platzverteilung. Diese umfaßt alle Mondbilder links und rechts von der senkrechten Achse. Nur diese selbst mit den zentralen Bildern *Kun* und *Qian* bleibt ausgespart. Es handelt sich also um eine Lücke zwischen Links und Rechts. Und diese wird nun als die Zerteilung der Wasseroberfläche *Li – Kan* ausgelegt, so daß das Wasser unten als die zwei Wogen *Sun* und *Dui* auseinander gedrückt und oben als die zwei Spritzer *Zhen* und *Gen* nach rechts und links emporgeschleudert wird. Die Zerteilung des Wassers selbst jedoch wird wiederum durch den Bewegungsgegensatz von *Li* und *Kan* auf den beiden ersten Plätzen symbolisiert: *Li* bedeutet das Auseinandertreten und Emporspritzen, *Kan* das Zurückfluten und Sich-wieder-Schließen der Wasserfläche. Und wenn wir *Li* und *Kan* als frontale Bewegungen in entgegengesetzter Richtung auffassen, so markieren sie die senkrechte Linie *Qian – Kun*, die sich in der Mitte des Mondplanes mit der Linie der Wasseroberfläche *Li – Kan* kreuzt. Von diesem zentralen Kreuzungspunkt geht die Bewegung des Spritzens aus, und in diesen flutet sie zurück. Sie wird daher als ein Auseinanderreißen der diametralen Gegenbilder aufgefaßt, die dabei gleichwohl in ihrer wechselweisen Ergänzung aufgehoben bleiben.

Der besagte Kreuzungspunkt nun ist in unserem Hauptspruch als *der Ahnentempel des Königs* ausgelegt. Denn der Mondplan im ganzen bildet das Schriftzeichen *König* (Abb. 21, S. 136), und der Kreuzungspunkt in der Mitte ist das Zentrum des rituellen Königtums. Das Verhältnis zu den diametralen Gegenbildern auf der anderen Seite des Mondplanes ist nämlich der Bezug zu den Ahnen im Jenseits, von denen man durch den *großen Strom* getrennt ist, und die Verbindungslinien zwischen diesen Gegenpolen schneiden sich alle im Mittelpunkt, so daß hier der Gegensatz zwischen Diesseits und Jenseits in der komplementären Ergänzung aufgehoben wird. Die Herstellung einer rituellen Verbindung zwischen den getrennten Welten der Lebenden und der Toten aber ist eben die Funktion des *Ahnentempels*. Die ganze Struktur des Hexagramms ist auf diesen Mittelpunkt konzentriert. Im *Tuan*-Kommentar heißt es daher: *Der König begibt sich in seinen Ahnentempel – das bedeutet, daß der König dann in der Mitte ist.* Und in H45, wo wir im Hauptspruch den gleichen Satz finden: *Der König begibt sich in seinen Ahnentempel – das bedeutet, daß er ein Traueropfer darbringen läßt.* Mit der Darbringung eines Tier- oder Menschenopfers – dem Auseinanderreißen der Gegenbilder – wurden die Tränendrüsen zum Trauern angeregt. Denn die Trauer ist das emotionale Medium, durch das die Verbindung mit dem Jenseits hergestellt wird. Es handelte sich praktisch um die rituelle Veranstaltung eines Gefühls. Das *Aufwallen* der zerteilten Fluten ist von daher im übertragenen Sinn als *Gefühlswallung* zu verstehen, und das *Spritzen* konkret als das Verspritzen des Blutes der Opfer. Auf den Plätzen 1 und 6 erscheint dabei das Motiv der Kastration (eines Pferdes), was dem Spritzen zugleich auch noch einen sexuellen Beigeschmack verleiht. Dieser Aspekt wird besonders durch den Text des Partnerzeichens H60 bestätigt.

Schließlich führt das Spritzen und Aufwallen der sich links und rechts teilenden Fluten auch noch zu der Assoziation einer *Flußüberschreitung*, die am Ende des Hauptspruches empfohlen wird: *Es ist günstig, den großen Strom zu durchwaten.* Außerdem bietet sich die konkrete Vorstellung eines *Schiffes* an, das das Wasser mit seinem Bug durchpflügt und mit seinen Rudern aufpeitscht. Im Kommentar *Xici* wird auf dieses Hexagramm in der Tat die Erfindung des Ruderbootes zurückgeführt.

Anfangs Sechs   **Li**

Die Kraft eines verschnittenen Pferdes zu gebrauchen ist glückverheißend.

Um einen explosiven Spannungszustand zu entschärfen, müssen Sie auf Ihr leidenschaftliches Engagement verzichten, auch wenn es weh tut. Nur so können Sie die nötige Gelassenheit bewahren.

Der Spruch erscheint gleichlautend wie in H36/2 für den zur Sonne aufsteigenden Halbmond *Li* mit den Folgeplätzen *Kan* und *Zhen*. Die Aufwärtsbewegung des Emporspritzens wird hier durch das Bild eines sich aufbäumenden *Pferdes* ersetzt, wobei die beiden sichel- oder hufeisenförmigen Mond-Spritzer *Zhen* und *Gen* als dessen Vorderhufe gedeutet sind, *Sun* und *Dui* als seine Hinterhufe. Mit dem Auseinandertreten der Hälften nach oben zu aber wird zugleich entfernt, was sich dazwischen, d. h. zwischen den Hinterbeinen des Pferdes befindet, wie es auf Platz 6 formuliert ist. Daher: *Die Kraft eines verschnittenen Pferdes zu gebrauchen ist glückverheißend.* *Li* steht im Gegensatz zu *Kan*, das die Abwärtsbewegung bedeutet, den Sturz ins Wasser, der die beiden Spritzer *Zhen* und *Gen* erzeugt. Für die Lösung dieser explosiven Spannung, die das Thema des ganzen Zeichens ist, signalisiert das Bild des verschnittenen Pferdes die Idee des Triebverzichts, der Unparteilichkeit und Gelassenheit, die der überlegenen Warte des Königs in der Windstille des Zentrums zwischen den Gegensätzen entspricht (vgl. die Plätze 5 und 6).

Neun auf zweitem Platz   **Kan**

Es zerspritzt heftig auf seinem Tisch. Der Kummer vergeht.

Ein dramatisches Ereignis, eine Trennung oder ein Todesfall in Ihrer nächsten Umgebung erzeugt schmerzliche Gefühlswallungen. Aber diese haben auch eine heilende Wirkung, und die Wogen glätten sich wieder.

Die waagerechte Linie *Li – Kan*, die hier als *Tisch* ausgelegt ist, markiert den Gegensatz zwischen dem Herunterfallen eines *harten* Gegenstandes (*Kan*) ins Wasser und der Aufwärtsbewegung der *weichen* Spritzer (*Li*), die als *Zhen* und *Gen* über den Tisch emporgeschleudert werden. Dieser Gegensatz zwischen *Kan* und *Li* gleicht sich aber durch deren komplementäre Ergänzung aus, so daß der Schatten, die *Finsternis des Herzens*, verschwindet: *Der Kummer vergeht*, d. h. die aufgerissene Wasserfläche schließt sich wieder.

Und wenn wir den *Tisch* mit Bezug auf den Ahnentempel im Hauptspruch als *Opfertisch* deuten, so ist dies in dem übertragenen Sinn zu verstehen, daß durch das Trauerritual die Trennung von den Ahnen im Jenseits überwunden wird.

Sechs auf drittem Platz   Zhen

Man zerschmettert seinen Körper. Es gibt keinen Kummer.

Eine schmerzliche Erfahrung sollte Sie zur Besinnung auf die unvergänglichen, über alle Wechselfälle des Schicksals erhabenen Werte veranlassen.

Den Satz *Man (läßt zerspritzen =) zerschmettert seinen Körper* kann man (mit *Richard A. Kunst*) auch im Sinn von *Es spritzt auf seinen Körper* auffassen. Dann wäre die dunkle Schattenfläche des Mondbildes *Zhen* ein großer Blutfleck, der vom Opfertisch des vorigen Platzes *auf seinen Körper*, d. h. auf den Körper des Opfernden, *gespritzt* wurde. Naheliegender scheint aber, daß es sich um den Körper des Opfers handelt, der unter dem Schlag des Opferbeils mit einem Blutstrom aufplatzt oder *zerspritzt*. Denn den Schlag stellt Platz 5 dar, wo verständlicherweise auch das *laute Geschrei* des Opfers erschallt, und den Blutstrom ganz wörtlich der Spruch auf Platz 6. Der Körper »zerspritzt« mit dem Auseinandertreten der Mondhälften nach oben zu, das im Altmond *Zhen* seinen Höhepunkt erreicht, wo der Mond dann völlig verschwindet, d. h. *sich auflöst* und stirbt. Dies ist zwar ein Unglück für das Opfer, für den Opfernden aber bedeutet es *keinen Kummer*. Denn er hat den überlegenen Standpunkt des (auf Platz 5 genannten) *Königs* in der Mitte des Mondplanes, wo sich die auseinandergerissenen Gegenbilder komplementär ergänzen und ihr Gegensatz aufgehoben wird. In diesem Fall sind es die Gegenbilder *Zhen* und *Sun*. Darum lesen wir hier zu *Zhen*: *Es gibt keinen Kummer*; und zu *Sun* auf Platz 5: *Der Wohnort des Königs nimmt keinen Schaden.*

Sechs auf viertem Platz   Gen

Seine Schafherde wird versprengt. Der Wunschgedanke ist glückverheißend. Die Spritzer bilden Hügel. Das ist nicht das, was die Gewöhnlichen denken.

Die Gemeinschaft der Menschen in Ihrer Umgebung wird von Gegensätzen zerrissen und zeigt Auflösungserscheinungen. Was not tut, ist die verbindende Kraft einer Führungspersönlichkeit, die über den Parteien steht und sie zusammenhält.

Der Platz steht für die Ebene der beiden »auseinanderspritzenden« Mondbilder *Zhen* und *Gen*, die wegen ihrer gekrümmten, an die Hörner des Schafes erinnernden Sichelform hier als *versprengte Schafherde* ausgelegt werden. Die Lösung für dieses Problem bietet sich mit dem *Wunschgedanken* an, der den *Ausgangspunkt* für die Orakelbefragung bedeutet. Denn das Schriftzeichen (*yuan*) bedeutet auch *groß* sowie *Haupt* oder *Oberhaupt*, so daß es mit Blick auf die Schafherde die Assoziation des Leithammels mit sich bringt. Urbildlich bezeichnet es den Vollmond bzw. die Vollständigkeit des Mondes, die sich aus der komplementären Ergänzung der Gegenbilder ergibt. Hier sind es die beiden *großen* Mondbilder *Sun* und *Dui*, durch welche die zwei Spritzer *Zhen* und *Gen* zur vollen Rundung ergänzt, die Schafherde wieder versammelt wird. Daher: *Der Wunschgedanke ist glückverheißend*. Mit dem zweiten Teil des Spruches werden die beiden lockeren Spritzer dann auf die gleiche Weise zu den zwei massiven *Hügeln* des Weltenberges ergänzt, die sich links und rechts vom Sonnenort *Kun* erheben (Abb. 11, S. 46; vgl. H22/5): *Die Spritzer bilden Hügel. Das ist freilich nicht das, was die Gewöhnlichen denken*, sondern es ist die Denkweise des Königs auf seinem überlegenen, aller Parteilichkeit enthobenen Standpunkt im Zentrum des Geschehens. In diesem Zentrum ist ja eigentlich auch der Sonnenberg als Weltmitte zu denken.

Neun auf fünftem Platz   Sun

Zerspritzende Fluten. Sein lauter Aufschrei hallt weithin. Der Wohnort des Königs bleibt ohne Schaden.

Ein schwerer Schicksalsschlag zerstört die bestehende Ordnung. Der Schmerz ist groß. Um in dieser Situation gelassen zu bleiben, brauchen Sie die überlegene Haltung eines Königs.

Das schwere, in die Tiefe des Nachtmeeres sinkende Mondbild *Sun* bedeutet hier den Schlag ins Wasser, der die Fluten zerteilt und emporspritzen läßt (vgl. die parallele Auslegung von *Sun* in H48/2). Der dabei entstehende Platschlaut wird als *lauter Aufschrei* gedeutet, der *(zerspritzt= sich verbreitet=) weithin hallt*. Das *Schreien* entspricht dem Öffnen des Himmelsmundes, dem Auseinanderreißen der Mondhälften, das zugleich das Emporschleudern der beiden Spritzer *Zhen* und *Gen* bedeutet. Im Opferszenario ist es der Aufschrei des Geopferten, dessen Körper mit dem Schlag zerschmettert, d. h. auseinandergerissen wird, wie es zum Gegenbild *Zhen* auf Platz 3 heißt. Aber *der Wohnort des Königs bleibt unbeschadet*, weil er die Mitte zwischen den auseinandergerissenen Gegenbildern bedeutet, wo die Einheit und Ganzheit durch die komplementäre Ergänzung der Teile immer erhalten bleibt.

Oben Neun   **Dui**

Spritzend fließt sein Blut. Durch das Herausschneiden gibt es keinen Schaden.

Die Situation ist höchst bedrohlich. Um darin Ihr Gleichgewicht zu bewahren, wird ein schmerzhafter Eingriff unvermeidlich.

Mit *Dui* beginnt das Abnehmen, d. h. die »Verstümmelung« des Mondes, und in der symmetrischen Frontalsicht zugleich die als Emporspritzen ausgelegte Aufwärtsbewegung der auseinandertretenden Hälften: *Spritzend fließt sein Blut*. Der zweite Teil des Spruches ist eine fast wörtliche Wiederholung von H9/4 und hier im Zusammenhang mit Platz 1 zu sehen, wo die Kastration eines Pferdes empfohlen wird. Das *Herausschneiden* bedeutet urbildlich das Entfernen des Kernstückes zwischen den auseinandertretenden Hälften, den als Hinterhufe oder Hinterbacken gedachten Mondbildern *Sun* und *Dui*. Der dadurch entstehende Zwischenraum entspricht der leidenschaftslosen und überparteilichen Mittelstellung des Königs auf dem vorigen Platz. Daher die parallele Formulierung: *Das Herausschneiden schadet nicht*, oder: *Durch das Herausschneiden gibt es keinen Schaden*.

節

60. Jie / Die Zurückhaltung

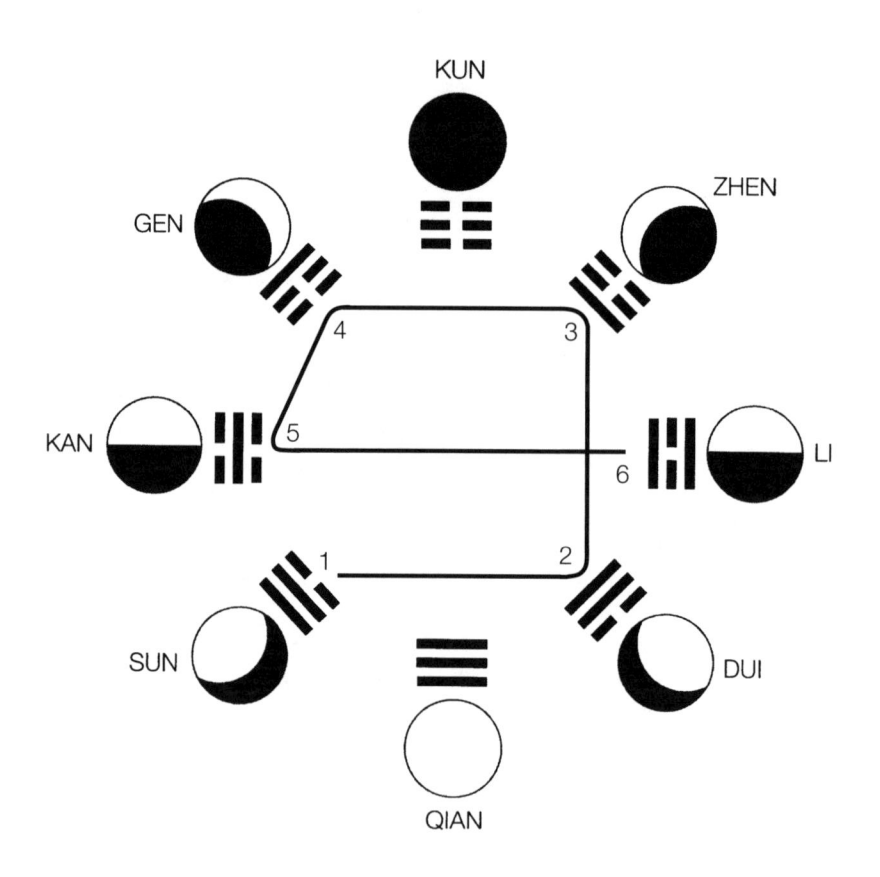

Partnerzeichen: H59.
Gegenzeichen: H56.
Parallelzeichen: H18, H21, H47, H53, H55.

Der Hauptspruch

Die Zurückhaltung. Man dringt durch. Auf Zurückhaltung in der Not soll man sich nicht festlegen.

In Zeiten der Ruhe und des Überflusses ist es sinnvoll, sich zu mäßigen und zurückzuhalten. Wenn aber Not am Mann ist und elementare Bedürfnisse zu befriedigen sind, müssen Sie die Zurückhaltung aufgeben und alle Ressourcen einsetzen.

Der Hexagrammname *JIE* wird mit dem graphischen Zusatz *Bambus* geschrieben und bedeutet konkret die *Knoten* in einem Bambusrohr, d. h. die *Verbindungsglieder* zwischen den Abschnitten des Rohres, allgemeiner auch *Gelenk*. Von daher ergibt sich einerseits die Assoziation der *regelmäßigen Gliederung*, des *Maßes* und der *Mäßigung*, andererseits des *Zusammenhaltens*, der *Zurückhaltung* und der *Standhaftigkeit* in einer flexiblen, der Situation angemessenen Weise. Das symbolisiert der biegsame Bambus, indem er dem Druck des Windes nur so weit nachgibt, wie es nötig ist, um nicht zu brechen. In ökonomischer Hinsicht bedeutet das Schriftzeichen *Sparsamkeit*, im erotischen Kontext *Keuschheit*.

Sein Bedeutungsfeld umschreibt damit sehr direkt den Gegensatz zur Idee des Auseinanderspritzens und Zerstreuens, die im Partnerzeichen H59 thematisiert wurde. Die explosive Gegensatzspannung zwischen *Kan* und *Li*, die dort am Anfang steht, wird hier gleichsam zuerst eingebunden in die statische Symmetrie der vier ersten Plätze und erscheint erst am Schluß des Verlaufes. Dabei wird auf den Plätzen 5 und 6 die zunehmende Bewegung *Kan* als *süßes Maßhalten*, die abnehmende Bewegung *Li* als *bitteres Maßhalten* charakterisiert. Denn mit dem Zunehmen wird das Mondlicht gleichsam wie von selbst *zusammengehalten* und *aufgespart*, während es sich mit dem Abnehmen verausgabt und vergeudet. So gibt es eine Zeit des Überflusses, wo es leicht ist, etwas für Notzeiten aufzusparen, und eine Zeit des Mangels, wo man das Sparschwein schlachten muß, um zu überleben. Daher: *Auf Zurückhaltung (in Bitternis =) in der Not soll man sich nicht festlegen* (vgl. Platz 6).

Diese Flexibilität gegenüber dem Zug der Zeit unter Einhaltung des richtigen Maßes ist die Botschaft des Zeichens. Sie kommt auch sehr deutlich in der Struktur des Graphs zum Ausdruck. Wenn wir die Zentralachse *Qian – Kun* als ein Bambusrohr denken, so biegt es sich mit der Linie *Sun – Zhen* nach rechts, mit der Linie *Dui – Gen* nach links. Die waagerechte Linie *Kan – Li* in der Mitte zwischen ihnen aber bildet den Knoten oder das Gelenk, das den oberen und den unteren Teil des Rohres zusammenhält, und das mit seiner gleichgewichtigen Gegensatzspannung die Flexibilität in beiden Richtungen darstellt.

In den Liniensprüchen wird diese ausgewogene Statik ganz klar definiert. Auf den Plätzen 1 und 2 erscheint die abnehmende Bewegung, das Öffnen des Himmelstores, als *aus dem Torhof hinausgehen*, und das *Zurückhalten* in der zunehmenden Bewegung als *nicht aus dem Torhof Hinausgehen*. Zu dem zunehmenden Mondbild *Sun* auf Platz 1 heißt es: *Wenn man nicht aus dem Torhof hinausgeht, ist es kein Schaden*. Denn *Sun* ist selbst zunehmend und bildet das komplementäre Gegengewicht zu dem abnehmenden Mondbild *Zhen* auf Platz 3. Zu dem abnehmenden Mondbild *Dui* auf Platz 2 hingegen heißt es: *Wenn man nicht aus dem Torhof hinausgeht, bringt es Unheil*. Denn *Dui* ist selbst abnehmend und bildet das komplementäre Gegengewicht zu dem zunehmenden Mondbild *Gen* auf Platz 4. Ganz entsprechend lassen sich auch die Sprüche zu *Zhen* und *Gen* auf Platz 3 und Platz 4 deuten.

Richard A. Kunst interpretiert den Hexagrammnamen *JIE* als *Gelenk* (im Sinn eines medizinischen Szenarios). Da die komplementären Gegenbilder ineinander passen wie der Knochenkopf eines Gelenks in die Gelenkpfanne, bietet sich neben dem Bild des Bambusknotens in der Tat auch die anatomische Vorstellung eines *Gelenks* an. Diese trifft den urbildlichen Sachverhalt sogar noch konkreter: Der Gegensatz der zwei Diametralen *Sun – Zhen* und *Dui – Gen* stellt dann den Abwechsel zwischen der Zugbelastung und der Druckbelastung eines Kniegelenkes beim *Gehen* dar. Das Motiv des *Gehens* aber erscheint als *nicht Hinausgehen* auf den Plätzen 1 und 2 sowie als das *Hingehen*, das *ein Wunschziel bekommt*, auf Platz 5.

Den abschließenden Spruch zu Platz 6 aber dürfen wir so verstehen, daß die *Zurückhaltung* nun aufgegeben wird, weil sie zu *(bitter =) schwierig* geworden ist. Und wenn wir dieses *Zurückhalten* unter den metaphorischen Vorzeichen des Wechsels von Zug und Druck u.s.w. auch noch im konkreten Gegensatz zu dem *Spritzen* denken, das die Thematik des Partnerzeichens H59 bestimmt, so gelangen wir zwangsläufig zu dem Schluß, daß hier letztendlich vor allem ein *sexuelles* Szenario im Sinne des *coitus reservatus* gemeint ist, des *zurückgehaltenen Geschlechtsverkehrs*. Auch die Symbolik des *Türhofes* und des *Torhofes* auf den Plätzen 1 und 2 weist deutlich genug in diese Richtung. Die besagte Sexualtechnik hat in China eine uralte Tradition. Ihr Prinzip besteht darin, die erotische Energie möglichst lange aufzustauen, um sie entweder zur Steigerung der eigenen Lebenskraft zu sublimieren, oder für die Zeugung besonders kräftigen Nachwuchses zu verwenden.

Anfangs Neun   **Sun**

Wenn man nicht über den Türhof hinausgeht, ist es kein Schaden.

Sie sollten den Zuwachs in Ihrem Potential für dringendere Bedürfnisse aufsparen. Jetzt ist nicht die Zeit für größere Unternehmungen.

Der Platz bezieht sich auf das diametrale Gegenbild *Zhen*, das zusammen mit *Gen* die beiden Türflügel der offenen Himmelstür *Kun* darstellt, durch die der Altmond in der Konjunktion *hinausgeht* und verschwindet (vgl. H36/4). Das zunehmende Mondbild *Sun* aber bildet das Gegengewicht zu dieser Bewegung des Hinausgehens, indem es in die andere Richtung zieht und zugleich durch seine Komplementärform die Öffnung des Tores in *Zhen* zur Geschlossenheit des Vollmondes ergänzt, das *Hinausgehen* in ein *Nichthinausgehen* verwandelt, so daß (kein Schatten =) *kein Schaden* entsteht. Diesen Bezug signalisiert auch die Wiederholung des Spruches *Kein Schaden* auf Platz 3. Im Bild des Gelenkes ist das die Funktion der Zugbelastung im Gegensatz zur Druckbelastung *Dui – Gen*. Die Gelenkfunktion ist auf diesem Platz noch nicht vollständig. Auch darum ist es besser, *wenn man nicht aus dem Torhof hinausgeht*. Wirtschaftlich gedeutet sagt der Spruch, daß man (*nicht hinausgeht* =) nichts ausgibt, um für die zukünftige, im Gegenbild *Zhen* dargestellte Zeit des Mangels und des Verlustes vorzusorgen. Und im sexuellen Szenario sind die zwei Türflügel *Zhen* und *Gen* die beiden Schamlippen, die den *Türhof* begrenzen, über den man im Zeichen des zurückziehenden Mondbildes *Sun nicht hinausgeht*. Genauer gesagt sind es die *äußeren* oder *kleinen* Schamlippen. Denn die inneren oder großen Schamlippen erscheinen auf dem nächsten Platz als der größere *Torhof*.

Neun auf zweitem Platz   **Dui**

Wenn man nicht über den Torhof hinausgeht, bringt es Unheil.

In dieser Situation dürfen Sie nicht zögern, sondern müssen aktiv werden und einen Vorstoß wagen.

Im Gegensatz zum vorigen Spruch haben wir hier in *Dui* ein *hinausgehendes*, d. h. abnehmendes Mondbild, das in der Diametrale dem zunehmenden Neumond *Gen* gegenübersteht. Wirtschaftlich gesehen ist es also angebracht, im Hinblick auf diesen zukünftigen Zuwachs (*hinauszugehen* =) Geld auszugeben, eine Investition zu tätigen. Im anatomischen Szenario des Gelenks steht das aufsteigende Mondbild *Dui* gegen das absteigende *Gen*, was die Funktion der Druckbelastung beim Gehen darstellt. Und im sexuellen Szenario bedeutet diese Druckbelastung das Hineindrücken des Gliedes über den *Torhof*, d. h. über die inneren Schamlippen hinaus (vgl. den Spruch zum vorigen Platz).

Sechs auf drittem Platz   Zhen

Wenn man sich nicht zurückhält, gibt es einen Ausruf des Bedauerns. Kein Schaden.

Der richtige Zeitpunkt ist noch nicht gekommen. Halten Sie sich zurück, um den Höhepunkt der Veranstaltung nicht zu verderben.

Ganz konkret und wörtlich übersetzt lautet der Spruch: *Wenn es nicht wie ein Gelenk ist, ist es wie ein Ausruf des Bedauerns.* Er gibt so die spontane Assoziation wieder, die das Mondbild *Zhen* im Verhältnis zu seinem Gegenbild *Sun* suggeriert: Wenn sie nicht miteinander verkoppelt sind wie die Gelenkpfanne (*Zhen*) mit dem Gelenkkopf (*Sun*), dann bleibt die Schattenöffnung des untergehenden Altmondes *Zhen* leer und erscheint wie ein zur Klage geöffneter Mund (vgl. H30/3, H59/5). Ins Wirtschaftliche übertragen bedeutet der Sinn des Satzes: *Wenn man nicht sparsam ist, gibt es Grund zum Bedauern.* Der Bezug auf das Gegenbild wird am Ende noch einmal ausdrücklich durch die Wiederholung der Formel *kein Schaden* von Platz 1 signalisiert. Dem sexuellen Szenario schließlich entspricht die oben gegebene Übersetzung: *Wenn man sich nicht zurückhält, gibt es einen Ausruf des Bedauerns.* Denn der Orgasmus kommt dann zu früh.

Sechs auf viertem Platz   Gen

Zurückhaltung in Ruhe. Man dringt durch.

Erst wenn Ihnen die Beherrschung Ihrer Triebe auch bei extremer Belastung in Ruhe und ohne eine künstliche Kraftanstrengung gelingt, werden Sie davon optimal profitieren, so daß der Erfolg nicht ausbleibt.

Das Schriftzeichen *in Ruhe, in sich ruhend* (*an*) bedeutet auch *zur Ruhe bringen* und *(etwas, was lose ist) festmachen*. Im Szenario des Gelenkes würde das dann bedeuten: *Ein gefestigtes Gelenk.* Denn die Gelenkpfanne *Gen* bewegt sich nach unten, und der Gelenkkopf *Dui* nach oben, so daß sie zusammengedrückt und das Gelenk dadurch *festgemacht* wird. Der Gedanke läßt sich unmittelbar auch auf das sexuelle Szenario übertragen: Erst wenn die Zurückhaltung auch bei festem Druck aufrechterhalten wird, hat die Technik des *coitus reservatus* den *Erfolg*, den das auch im Hauptspruch erscheinende *Durchdringen (heng)* bedeutet. Außerdem ist mit diesem Platz die aus den zwei Gegensatzpaaren *Sun – Zhen* und *Dui – Gen* zusammengesetzte Funktion der ausgewogenen Regulierung vervollständigt, so daß sich daraus eine *in-sich-ruhende, natürliche und mühelose* Haltung ergibt.

Neun auf fünftem Platz Kan

Süße Zurückhaltung bringt Glück. Das Hingehen bekommt ein Wunschziel.

Sie haben das Glück, sich in Ruhe und unter besten Bedingungen auf eine wichtige Aktion vorbereiten zu können. Genießen Sie die Vorfreude, übereilen Sie nichts und konzentrieren Sie sich auf Ihr Vorhaben.

Der Schritt *Gen – Kan* steht für die zunehmende Bewegung bis zum Vollmond, in dessen Gestalt das Sparschwein zu seiner reichsten Füllung gelangt. Dies ist als *süße Zurückhaltung*, d. h. als *Zurückhaltung im Wohlstand* oder *Zurückhaltung in Zufriedenheit* ausgelegt. Und der zweite Satz des Spruches deutet den Vollmond als das Wunschbild der Sonne, dem das *Wunschziel oder der Wunschauftrag (shang)* an den Himmel nachgebildet war, mit welchem man das Orakel bzw. die jeweilige Opfergabe betraute (vgl. H29/0; H55/1). Das *Hingehen* entspricht dem folgenden Schritt *Kan – Li*, der in die Konjunktion mit der Sonne führt. Verallgemeinert ist der Sinn des Spruches: *Man konzentriert sich auf das Hingehen*, d. h. auf das Erreichen des *Wunschziels*, das im sexuellen Szenario dem Orgasmus entspricht.

Oben Sechs Li

Zurückhaltung in Bitternis. Eine Festlegung darauf bringt Unheil. Der Kummer wird vergehen.

Wenn es zu schwierig wird, ihre strengen Prinzipien durchzuhalten, sollten Sie lieber loslassen und sich entspannen. Manches Problem löst sich dann ganz von selbst.

Der Schritt *Kan – Li* bedeutet das *Hingehen* aus dem vorigen Spruch, urbildlich den Weg in die Konjunktion mit der Sonne, im sexuellen Kontext die Ejakulation. Wenn es übermächtig in diese Richtung geht, wird das *Zurückhalten bitter*, d. h. *schwierig* oder *qualvoll*. Darum sollte man sich hier nicht darauf versteifen, die Zurückhaltung unter allen Umständen zu bewahren, sondern der Natur ihren Lauf zu lassen. Dann wird die Spannung eben im Orgasmus gelöst und *der Kummer vergeht*, d. h. der Schatten verschwindet in der Konjunktion mit der Sonne. Daher: *Zurückhaltung in Bitternis (= in der Not). Eine Festlegung darauf bringt Unheil. Der Kummer wird vergehen.*

中孚

61. Zhong fu /
Innere Wahrheit
(Die Brut im Inneren)

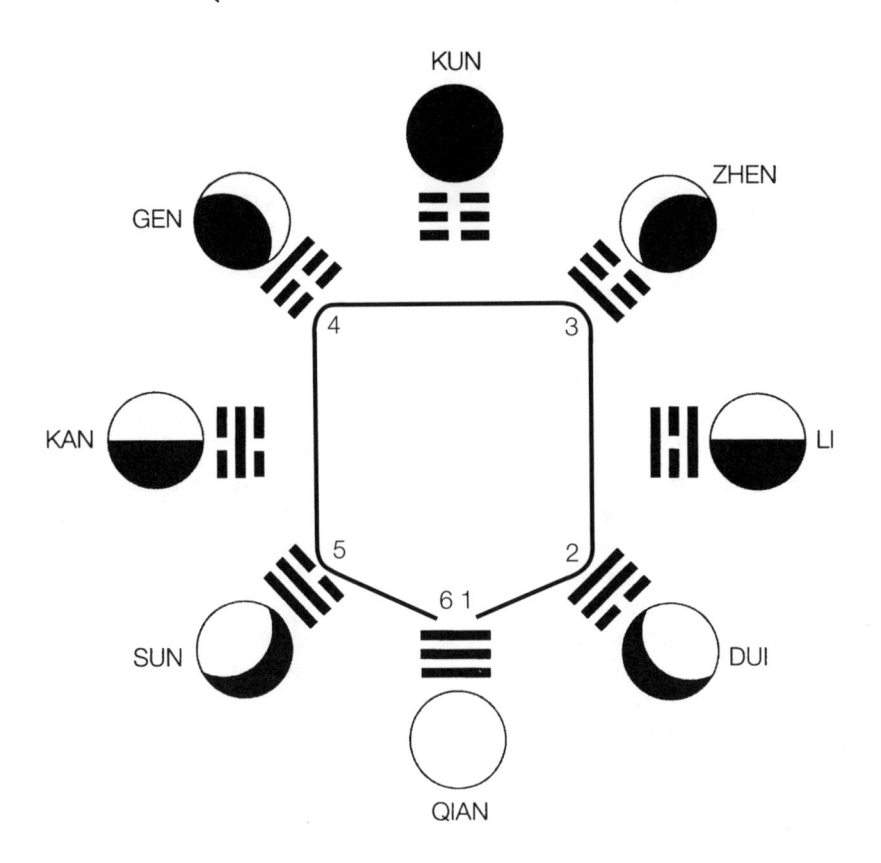

Partnerzeichen: H62.
Gegenzeichen: H62.
Parallelzeichen: H25, H26, H28, H33, H34.

Der Hauptspruch

Die Innere Wahrheit. Der Kugelfisch ist glückverheißend. Es ist günstig, den großen Strom zu durchwaten. Günstig für eine Verwirklichung.

Es geht darum, sich auf den inneren Kern der Dinge zu konzentrieren, aus dem heraus sie sich entfalten: die Kraft der Liebe als Wesenskern einer tieferen Einheit, die auch dann nicht verlorengeht, wenn man äußerlich wieder auseinandergeht.

Die Gestalt des Graphs zeigt den vollkommen symmetrischen Umriß des mit dem Bauch nach unten gerichteten »Mond-Gefäßes«: die räumliche Stellung des Vollmondes. Dieser urbildliche Sinn wird noch verstärkt durch die Doppelung von *Qian* am Anfang und am Ende des Verlaufs (Plätze 1 und 6). Daher begegnet uns der Vollmond gleich zu Beginn des Hauptspruches in Gestalt des *Kugelfisches (spheroides vermicularis)*, der die Fähigkeit hat, sich wie der Mond kugelrund aufzublasen. Das sonst *Flußferkel (hetun)* genannte Tier erscheint, wie *Conrady* erkannte, hier unter der Bezeichnung *Ferkelfisch (tunyu)*. Die Assoziation des Fisches im Wasser setzt sich im *Durchwaten des großen Stromes* fort und bildet zugleich auch den offensichtlichen Gegensatz zu dem *fliegenden Vogel*, der als Leitmotiv im Hauptspruch des Partner- und Gegenzeichens H62 erscheint. Der *Tuan*-Kommentar schlägt die Brücke zum *Durchwaten des Stromes*, indem er den Fisch mit einem Schiff assoziiert: *Es ist günstig, den großen Strom zu durchwaten –, das bedeutet, daß man im Hohlraum eines hölzernen Schiffes fährt.* Die beiden weichen Linien auf den Plätzen 3 und 4 sind damit als das hohle Innere des Schiffes bzw. des aufgeblasenen Fisches gedeutet.

Auch der Verlauf des Graphs führt uns die besondere Fähigkeit des Kugelfisches unmittelbar vor: Auf Platz 1 erscheint er zunächst in seiner vollen Rundung, schrumpft auf den Plätzen 2 und 3 zu einem schlanken Fischlein zusammen, und schwillt dann im Verlauf der Plätze 4 bis 6 erneut an. Zwischen den beiden *Qian*-Plätzen am Anfang und Ende aber haben wir die beiden symmetrischen Gegensatzpaare *Dui – Gen* und *Zhen – Sun*, deren jedes durch die diametrale Ergänzung insgesamt wieder die komplette Form eines kugelrunden Vollmondes bildet. Anders gesagt: Das Bild des Vollmondes umfaßt oder enthält alle diese Gegensätze, trägt sie *in sich*, wie es die symmetrische Struktur des Zeichens darstellt, indem die zwei Hälften des Vollmondes (Plätze 1 und 6) in ihrer Mitte die beiden Gegensatzpaare (Plätze 2 bis 5) einschließen. Der Bezug auf das diametrale Gegenbild bzw. die komplementäre Ergänzung der Gegenbilder aber ist die urbildliche Grundlage des *Wahrheitsbegriffes* (vgl. H11 u. H55). Von daher versteht sich die Übersetzung des Hexagrammnamens ZHONG FU als *innere Wahrheit* oder *innere Wahrhaftigkeit*.

Das mit *innere* wiedergegebene Schriftzeichen (*zhong*) bedeutet auch *Mitte*, den *Mittelweg* und *richtig, angemessen*. Sein Sinn verweist damit zugleich wiederum auf jenen Weg »quer durch die Mitte« des Mondplanes, der eben die komplementäre Ergänzung der Gegenbilder kennzeichnet (vgl. H11/2, H42/3/4). Das durchgängige Beschreiten dieses Weges bedeutet die im Hauptspruch genannte Fähigkeit, *den großen Strom zu durchwaten*, ohne unterzugehen. Auch entspricht ihm der sehr ausgeprägte Bezug auf die Gegenbilder am jeweils »anderen Ufer« in der Betextung der Liniensprüche.

Für das zweite Zeichen des Hexagrammnamens (*fu*) aber ist neben *Zuversicht, Vertrauen, Verläßlichkeit, Aufrichtigkeit, Wahrhaftigkeit, Bewahrheiten* etc. die konkrete Bedeutung *Brut* oder *brüten (über Eiern)* überliefert. Es besteht aus den graphischen Elementen *Vogelkralle* über *Junges*. Dies führt zu der Übersetzung des Hexagrammnamens mit *die Brut im Inneren* oder *das (Brüten auf dem Weg der Mitte =) richtige Brüten*. Wir gelangen damit wieder zur Auslegung des Vollmondes als das *Mond-Ei*, in dessen *Innerem* die unterschiedenen Gegenbilder, d. h. späteren Entwicklungsstadien des Himmelsvogels noch in einer Einheit enthalten sind und *ausgebrütet* werden. Wenn wir die Symmetrie des Zeichens in der Waagerechten als die Paare *Zhen – Gen, Dui – Sun* und *Qian – Qian* lesen, so haben wir drei Bewegungsstadien, in denen der brütende Himmelsvogel sein Flügelpaar senkt und es um das Vollmond-Ei herum schließt (Abb. 18, S. 92). Auf Platz 2 wird diese Vorstellung direkt ausgedrückt: *Ein rufender Kranich beim Beschirmen (der Brut). Seine Jungen antworten ihm.* Auch sonst finden wir in den Liniensprüchen einige Anklänge an die Vogelwelt (Plätze 1/6).

Verwoben damit und eher vorherrschend ist aber das Szenario einer *orgiastischen Feier*, die in der Vollmondnacht stattfindet. Die chinesische Überlieferung berichtet von derartigen Vollmondfesten, bei denen sogenannte wilde Ehen geschlossen wurden. Dabei wird die Vereinigung der beiden Hälften im Vollmond als *Paarung* auf dem Höhepunkt des Festes ausgelegt (Platz 3). Denn im schöpferischen Akt der Paarung ist ja unentfaltet das ganze Leben enthalten wie der Vogel im Ei.

Wie erläutert, bedeutet der Vollmond als Einheit der auseinandergerissenen Gegenbilder die *innere Wahrheit* des Ganzen, und die Vollmondnacht daher das symbolische Konzentrat des gesamten Mondkreislaufes. Die gegenbildliche oder signifikatische Lesung der Mondbilder auf den Plätzen 2 bis 5 markiert mit der Folge *(Dui =) Gen – (Zhen =) Sun – (Gen =) Dui – (Sun =) Zhen* in vier Phasen das Durchlaufen der Nacht vom Abend *(Gen)* bis zum Morgen *(Zhen)*. Der Höhepunkt des Kreislaufes, die Vollmondphase selbst, entspricht dem »Innersten« des Vollmondes bzw. der Mitte der Nacht, wo er am Höchsten steht. Daher erscheint das Motiv der Paarung zusammen mit dem Vollmond selbst auf den beiden zentralen oder innersten Plätzen 3 und 4. Die Plätze 1 und 2 beschreiben die Vorbereitung des Festes am Abend und die Einstimmung mit einer *guten Kanne (Wein)*, die Plätze 5 und 6 den Ausklang gegen Morgen und das Ende bei Sonnenaufgang.

Wenn wir das Schriftzeichen *fu* brüten, Zuversicht, Wahrhaftigkeit etc. auf Platz 5 als *Gefangene(r)* auslegen, so kommt damit noch ein weiteres Szenario ins Spiel, das auch der *Xiang*-Kommentar formuliert: *Die innere Wahrheit. Auf diese Weise denkt der Edle über das Gefängnis (= die Strafsachen) nach und schiebt die Hinrichtung(en) auf.* Der Vogel im Ei ist damit zu einem *Gefangenen* im Gefängnis geworden, und der edle Richter »brütet« noch darüber, wann er »ausschlüpfen«, d. h. hingerichtet werden soll. Diese Bedeutung des Schriftzeichens *fu*, die in späteren Texten durch den graphischen Zusatz *Mensch* vom Stammzeichen unterschieden wurde, ist im *Yijing* offenbar vielfach auch (mit) gemeint, und zwar insbesondere in der Wendung *you fu: Es gibt eine Ausbeute bzw. Man macht Gefangene* (hier auf Platz 5). Richard A. Kunst legt sie seiner Übersetzung durchgängig zugrunde. Aber wir müssen davon ausgehen, daß die Bündelung so verschiedener Bedeutungsaspekte in einem Zeichen nicht zufällig entstanden ist und auf einen gemeinsamen assoziativen Grund zurückgeht, der in einem so hochsymbolischen Text wie dem *Yijing* damit letztlich auch ausgedrückt werden sollte (vgl. H49/0).

Anfangs Neun   Qian

Vorsorge ist glückverheißend. Andernfalls ist man nicht unbeschwert.

Ein feierliches Ereignis bedarf sorgfältiger Vorbereitung und Absicherung gegen alle störenden Eventualiäten. Nur wenn alle Elemente in vollkommener Harmonie zusammenpassen, werden Sie es unbeschwert genießen können.

Der Spruch steht für den Vollmond *Qian*, versteht sich aber zugleich als Vorschau auf das ganze Zeichen. Dabei ist der Bezug auf das gegenbildliche Jenseits als *Vorsorge* oder *Voraussicht* ausgelegt. Das Schriftzeichen (*yu*) kann auch *Wildhüter* oder *Förster* bedeuten und steht für den Mond als denjenigen, der sich am dunklen Nachthimmel auskennt wie der Förster im Wald (vgl. H3/3). Der Spruch gibt so zugleich die technische Anweisung für das ganze Zeichen, es im gegenbildlichen Bezug zu lesen. Denn die Mondbilder der Plätze 2 bis 5 ergänzen sich durch den Bezug auf das Gegenbild zum runden Vollbegriff, der keinen Schatten aufweist und damit die *Unbeschwertheit* oder *Ungestörtheit* darstellt. Das so wiedergegebene Zeichen (*yan*) aber bedeutet außerdem auch *ein Fest geben*. Also hat der Spruch zugleich den Sinn: *Vorsorge (= der Förster) ist glückverheißend. Andernfalls (ist man nicht unbeschwert =) gibt es kein Fest*. Es leuchtet ja unmittelbar ein, daß man Vorbereitungen treffen muß, wenn man ein Fest feiern will. Praktisch aber bedeutet der Spruch damit zugleich, daß das – in den folgenden beiden Sprüchen geschilderte – *Fest* nur in der Vollmondnacht gefeiert werden soll, und außerdem noch, wenn man den *Förster* wörtlich nimmt, daß es im Wald stattfindet. Mit Blick auf das Vogel-Szenario auf dem folgenden Platz ist ferner bemerkenswert, daß das Zeichen *yan* nicht nur *unbeschwert* oder *Fest*, sondern auch *Schwalbe* heißen kann.

Neun auf zweitem Platz   **Dui**

Ein rufender Kranich beim Beschirmen der Brut. Seine Jungen antworten ihm. Ich habe eine gute Kanne Wein. Ich will sie mit dir teilen.

Es gibt eine innere Verbundenheit, die den Gegensatz von Nähe und Ferne, Ich und Du auf natürliche Weise in vollkommener Harmonie überbrückt. Lassen Sie sich ohne Vorbehalt darauf ein. Sie brauchen nicht zu befürchten, daß Ihnen etwas verlorengeht.

Der *rufende Kranich* ist durch ein Gedicht im *Buch der Lieder* ganz ausdrücklich als Symbol für den wechselseitigen Bezug auf den diametralen Gegenpol ausgewiesen. *Zhen* und *Gen* sind die Flügel des Kranichs, die er in ihrer komplementären Paßform über die zwei eiförmigen, als seine *Jungen* ausgelegten Mondbilder *Dui* und *Sun* breitet. Wie aus dem Spruch zu Platz 5 hervorgeht (*Sie sind wie zusammengebunden*), sind *Dui* und *Sun* paarig als *zwei* Eier bzw. Vogeljunge zu denken. Der vorliegende Spruch steht aber speziell für das abnehmende *Dui* mit dem zunehmenden Gegenbild *Gen*, das die nach abwärts gerichtete, d. h. *beschirmende* Bewegung der Flügel repräsentiert, welcher die aufsteigende Bewegung *Dui* gleichsam entgegenkommt. Und da *Gen* mit seiner wie ein Mund geöffneten Schattenhöhle zugleich die

Idee des *Rufens* suggeriert, bedeutet dies, daß der junge Vogel im Ei mit seiner komplementären Paßform dem Ruf der Mutter vollkommen entspricht, d. h. *antwortet*. Daher: *Ein rufender Kranich beim Beschirmen (der Brut). Sein Junges antwortet ihm.* Das mit *antworten* wiedergegebene Schriftzeichen (*he*) bedeutet auch *Harmonie* und *Zusammengehörigkeit*. Im zweiten Teil des Spruches wird dieser urbildliche Bezug der komplementären Ergänzung dann noch einmal unter einem anderen Aspekt dargestellt: Die *(gute =) volle Kanne* ist das dicke, zugleich als *Ich* ausgelegte Mondbild *Dui*, das sich in der abnehmenden Richtung leert, während sich der zunehmende, zugleich als *Du* ausgelegte Neumond *Gen* auf der Gegenseite in genau entsprechendem Maß füllt, so daß das Mond-Gefäß insgesamt immer voll bleibt (vgl. H41/0/1). Daher: *Ich habe eine gute Kanne (Wein). Ich will sie mit dir teilen.* Auch hier bleibt noch als ein weiterer kunstvoller Hinweis auf das Vogel-Szenario anzumerken, daß das mit *Kanne* wiedergegebene Schriftzeichen (*jue*) auch die Bedeutung *kleiner Vogel* hat. Es handelt sich um ein sehr spezielles Gefäß, das mit seinem Schnabel anscheinend der Gestalt eines Vogels nachgebildet war. Jedoch darf man daraus auch auf den besonders beflügelnden Inhalt desselben schließen, der im schamanistischen Milieu eines solchen Vollmondfestes schwerlich nur Alkohol, sondern ein aus psychedelischen Pilzen gebrautes Rauschgetränk gewesen sein dürfte. Die chinesische Sage berichtet von einem im Mond wohnenden Hasen, der diese »Droge der Unsterblichkeit« herstellt (Abb. 24). Die im folgenden Spruch beschriebenen ekstatischen Zustände illustrieren ihre Wirkung.

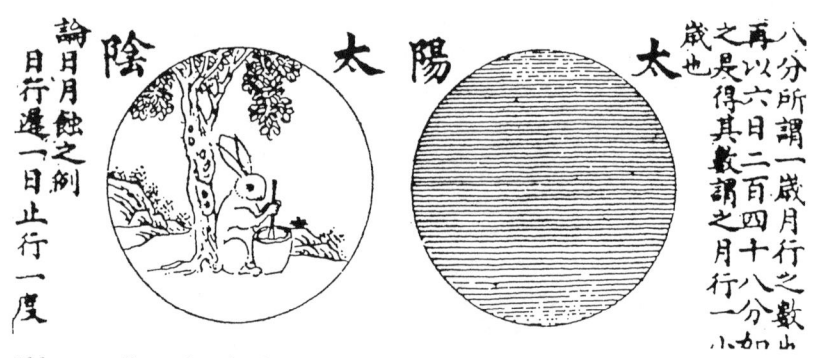

Abb. 24: Vollmond und Schwarzmond, überschrieben links mit Vollmond (tai yin) und rechts mit Sonne (tai yang), d. h. die rein lunare Definition des Gegensatzes von Nacht und Tag. Im Vollmond der Mondhase, der in einem Mörser die Droge der Unsterblichkeit zubereitet. Mörser und Stößel sind wiederum Symbole für Yin und Yang, Weiblichkeit und Männlichkeit (aus dem taoistischen Werk Aotou tongshu daquan).

Sechs auf drittem Platz   Zhen

Man findet einen Partner. Bald Trommeln, bald Innehalten. Bald Weinen, bald Gesang.

Eine Begegnung bei einem feierlichen Anlaß führt dazu, daß Sie mit allen Höhen und Tiefen des Liebeslebens Bekanntschaft machen.

Der Spruch bezieht sich zunächst auf des diametrale Gegenbild *Sun*, d. h. auf die Phase, in der die beiden Hälften zum Vollmond zusammenwachsen: *Man findet einen Partner.* Die zwei Hälften repräsentieren das Zunehmen und das Abnehmen des Mondes. Der Rest des Spruches ist die Auslegung dieses Gegensatzes als Wechselspiel, und zwar unter dem besonderen Aspekt des gegenbildlichen Verhältnisses *Sun – Zhen*, für das der Platz steht. Zunächst wird mit dem *Trommeln* der Wechsel zwischen der zunehmenden Bewegung nach unten und der abnehmenden Bewegung nach oben als das rhythmische Schlagen auf die Vollmond-Trommel *Qian* gedeutet. *Sun* ist der Punkt, wo die Hand auf die Trommel trifft, *Zhen* die Phase der erhobenen Hand, des *Innehaltens*. Daher: *Bald Trommeln, bald Innehalten.* Parallel dazu auch der letzte Teil des Spruches: In der zunehmenden Richtung zieht sich der Himmelsmund wie im Schmerz zusammen, und die silberne Mond-Träne (*Sun*) kullert nach unten, während die abnehmende Bewegung eine Öffnung des Mundes (*Zhen*) wie zum Gesang suggeriert. Daher: *Bald Weinen, bald Gesang* (vgl. H30/3 und H60/3). Was damit symbolisch verkleidet wird, ist unmittelbar das Motiv der sexuellen Rhythmik, oder, psychologisch mit Blick auf den vorigen Spruch gedeutet, die für ekstatische Zustände charakteristische Affektambivalenz, das anfängliche Hin- und Hergerissenwerden zwischen den entgegengesetztesten Trieben, das schließlich analog zum Orgasmus in die mystische Erfahrung einer umfassenden Ganzheit oder All-Einheit mündet.

Sechs auf viertem Platz   **Gen**

Der Mond ist voll. Es geht ein Gespannpferd verloren. Kein Schaden.

Der Höhepunkt der Vereinigung ist erreicht. Nun beginnt wieder die Loslösung der Partner voneinander. Aber das schadet nichts, denn es verbindet sie nun die Erfahrung der inneren Einheit, die durch alle Wechselfälle der äußeren Trennung hindurch erhalten bleibt.

Während der vorige Spruch mit dem Gegenbild *Sun* den Eintritt in die Vollmondphase deutet, wird hier über den gegenbildlichen Bezug *Gen – Dui* der Austritt aus dieser thematisiert. Dabei sind die beiden Mondhälften als zwei *Gespannpferde* gedeutet, die sich von dem Moment an, wo *der Mond voll ist*, d. h. wo die Bewegung des Abnehmens beginnt, wieder allmählich voneinander trennen. Genauer gesagt bleibt die linke Seite zunächst übrig, während die rechte verschwindet: *Ein Gespannpferd geht verloren*. In *Dui* zeichnet sich dieser Verlust schon als schwarzer Schatten auf der rechten Seite ab. Aber dieser Schatten ist *kein Schaden*, da er durch das komplementäre Gegenbild *Gen* aufgehoben wird. Nun, nachdem die Vereinigung stattgefunden hat, ist die innere Verbundenheit hergestellt und geht durch äußere Trennung nicht mehr verloren. Das urbildliche Ergänzungsverhältnis zwischen *Dui* und *Gen* (Plätze 2 und 4) ist mit diesem Platz komplett und braucht nicht mehr für beide Seiten ausgeführt zu werden wie auf den vorigen beiden Plätzen, sondern wird nur noch durch die abschließende Formel *kein Schaden* markiert. Das gleiche gilt logischerweise auch für den folgenden Platz 5.

Neun auf fünftem Platz   **Sun**

Es gibt eine Ausbeute. Sie sind wie zusammengebunden. Kein Schaden.

Ihre Bemühungen führen zu einem Ergebnis, in dem sich Ihre innige Verbundenheit mit einer anderen Person ausdrückt. Es könnte sein, daß Sie Mutter oder Vater werden.

Der Spruch erscheint gleichlautend auf dem *Sun* – Platz H9/5, auf den dort ebenfalls ein *Qian*-Platz folgt. Das Entstehen des Vollmondes mit dem Schritt *Sun – Qian* wird damit als ein *Zusammenbinden* seiner zwei Hälften ausgelegt. Im urbildlichen Kontext des vorliegenden Hexagrammes aber suggeriert das *Zusammenbinden* zugleich die Idee der *Verbundenheit* zwischen den komplementären Gegenbildern. Und darüber hinaus enthält es mit der weiteren lexikalischen Bedeutung *gebogen* oder *gekrümmt* auch noch direkt einen assoziativen Hinweis auf das zur Sichel *gekrümmte* Gegenbild *Zhen*. Mit dem *Sun*-Platz ist in der Platzverteilung das urbildliche Ergänzungsverhältnis zwischen *Zhen* und *Sun* (Plätze 3 und 5) vervollständigt, so daß es nicht mehr in unterschiedener Form für beide Seiten ausgeführt zu werden braucht wie auf den Plätzen 2 und 3, sondern, analog zum vorigen Platz 4, nur noch einfach durch die abschließende Formel *kein Schaden* markiert wird. – Mit Blick auf das Szenario des brütenden Vogels (Platz 2) und das Motiv der Paarung bzw. anschließenden Trennung auf den beiden vorigen Plätzen scheint es naheliegend, den mit *Es gibt eine Ausbeute* wiedergegebenen Ausdruck *(you fu)* hier in der Bedeutung *Es gibt (eine Brut =) Junge* oder *Es gibt Nachwuchs* zu interpretieren, wenn auch sein Gebrauch im *Yijing* an anderen Stellen eher auf den »vermenschlichten« Sinn: *Man macht Gefangene* oder: *Man macht Beute* hindeutet. Einen gemeinsamen Nenner bilden die allgemeinen Übersetzungen *Es gibt eine Ausbeute* oder *Es gibt ein Ergebnis*, d. h. etwas, das bei den äußerlich so verschiedenen Bemühungen herauskommt (vgl. H49/0). Daß es weiter in dem Spruch heißt: *Sie sind wie zusammengebunden*, ist nicht unbedingt ein Hinweis auf die Bedeutung *Gefangene*. Denn die Stammform dieses Zeichens wird auch für das gleichlautende Schriftzeichen *Zwillinge* verwendet, und es könnte sich sehr wohl nur um eine Schriftvariante desselben handeln.

Oben Neun   Qian

Der Hahnenschrei steigt zum Himmel empor. Beharren bringt Unheil.

Ihre Vorstellungen passen nicht mehr in die gegebene Situation. Stellen Sie sich auf etwas Neues ein.

Die rechte Hälfte des Vollmondes *Qian*, für die die Linie als Gegenstück zu Platz 1 steht, bezieht sich diametral auf die rechte Hälfte des Gegenbildes *Kun*, d. h. auf die Phase des Kreislaufes, wo der Altmond bei Tagesanbruch in der Konjunktion mit der Sonne verschwindet. Das ist die Zeit des *Hahnenschreis*, dessen *Emporidringen zum Himmel* die Auslegung dieser diametralen Aufwärtsbewegung *Qian – Kun* darstellt. Der mit *Hahnenschrei* wiedergegebene Ausdruck bedeutet wörtlich: *der Laut der flatternden Flügel*, so daß man auch übersetzen kann: *Mit dem Geräusch des Flügelflatterns steigt er zum Himmel empor*. Dies suggeriert die Idee, daß der Sonnenvogel nun aus dem Mond-Ei schlüpft und hinauf in den Taghimmel fliegt, wo er uns in den Sprüchen des nächsten, vollkommen komplementären Partnerzeichens H62 wiederbegegnen wird. Auf der anderen Bühne aber zeigt der morgendliche Hahnenschrei an, daß nun das Vollmondfest zu Ende ist. Und im Szenario der Strafverfolgung würde der Spruch die Hinrichtung des Gefangenen bedeuten. Dies ist die Umsetzung der *inneren Wahrheit* in die Außenwelt bzw. das Ausschlüpfen des Vogels aus dem Ei, urbildlich das Abnehmen des Mondes, das dem *Beharren* auf der bisherigen Situation der Vollmondnacht entgegengesetzt ist. Daher: *Beharren bringt Unheil* (vgl. H60/6).

小過

62. XIAO GUO /
DAS FEHLGEHEN DES KLEINEN

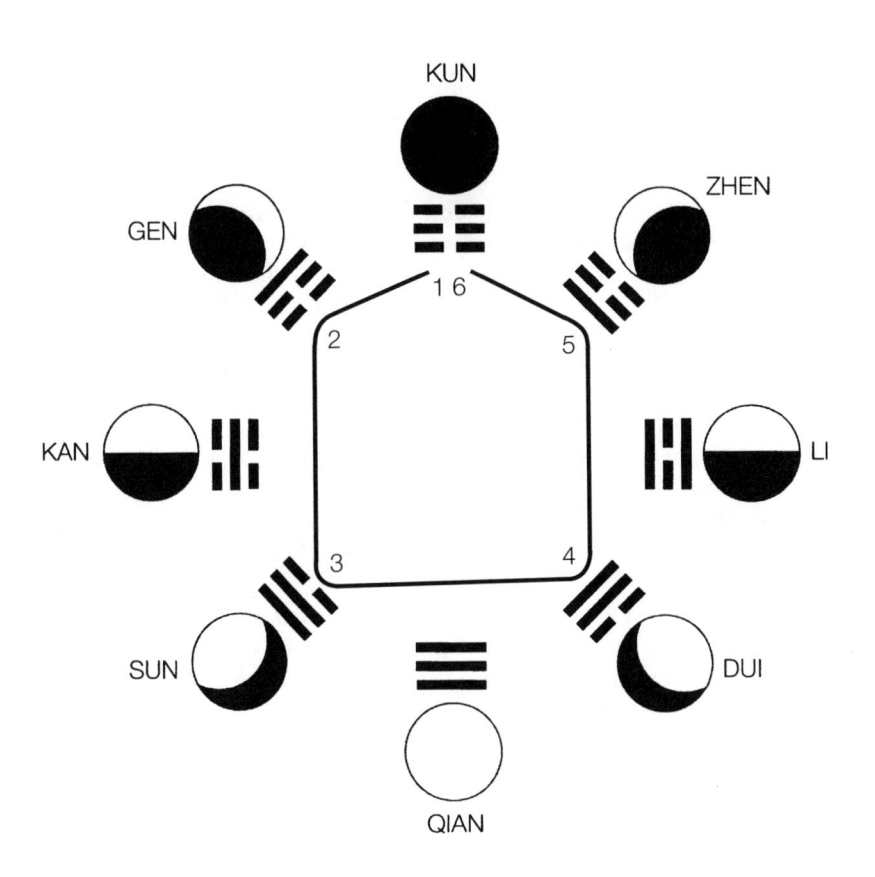

Partnerzeichen: H61.
Gegenzeichen: H61.
Parallelzeichen: H19, H20, H27, H45, H46.

Der Hauptspruch

Das Fehlgehen des Kleinen. Man dringt durch. Günstig für eine Verwirklichung. Man kann kleine Dinge tun. Man kann nicht große Dinge tun. Ein Schrei, den der fliegende Vogel hinterläßt: Nicht das Hinauf ist angebracht, sondern das Hinunter. Das Große ist glückverheißend.

Sie wollen zu hoch hinaus und laufen Gefahr, sich zu übernehmen. Ihre Lage ist unstabil und erlaubt Ihnen nur, kleine Brötchen zu backen. Sichern Sie sich durch gute Beziehungen zu einem starken Partner ab, auch wenn Sie glauben, daß das unter Ihrem Niveau ist.

Die Gestalt des Graphs zeigt als Umkehrung des Partnerzeichens H61, das den Vollmond darstellt, den vollkommen symmetrischen Umriß des mit dem Bauch nach oben gerichteten »Mond-Gefäßes«, d. h. die räumliche Stellung des Schwarzmondes in der Konjunktion. Dieser urbildliche Sinn wird noch verstärkt durch die Doppelung von *Kun* am Anfang und am Ende des Verlaufs (Plätze 1 und 6). Wie der Hexagrammname sagt, steht das Zeichen zugleich im Gegensatz zu H28 *Das Fehlgehen des Großen.* Dem entsprechend erfreut es sich auch einer besonderen Verwandtschaft mit dem Parallelzeichen H27 *Die Kinnlade,* wo der offene Rachen des Schwarzmondes durch das Bild der Kiefersperre dargestellt wird.

Die Symbolik im Hauptspruch erklärt sich unmittelbar aus dem Gegensatz zum Partnerzeichen H61: Dort der *Kugelfisch* in der Tiefe und die Brut im Mond-Ei, hier der *fliegende Vogel* am Himmel mit seinen zwei *kleinen* Flügelchen *Gen* und *Zhen,* welche auf den Plätzen 2 und 5 die Haupttrigramme bilden. Daher: *Man kann kleine Dinge tun. Man kann nicht große Dinge tun.* Der Spruch schließt direkt an H61/6 an, wo der Vogel hinauf in den Himmel fliegt.

Aber je höher der Vogel hinauffliegt, desto mehr droht ihm das auf den Plätzen 1 und 6 genannte *Unheil.* Dabei handelt es sich hier aber nicht um das Verschwinden in der Sonne, sondern im Schwarzmond *Kun,* den das Umrißbild des Graphs im ganzen darstellt, und der das Hexagramm in der Platzverteilung mit den beiden *Kun*-Plätzen 1 und 6 von beiden Seiten umschließt. Auf Platz 6 finden wir dieses Umschließen als ein *Fangnetz* ausgelegt, in dem der Vogel gefangen wird. Und da das Ausbreiten der Mond-Flügel beim Hinaufliegen auch die Öffnung des Himmelstores bzw. des Himmelsmundes wie zu einem Schrei bedeutet, ist es *ein Schrei, den der fliegende Vogel hinterläßt*. Auch das mit *hinterlassen* wiedergegebene Schriftzeichen (*yi*) kündet vom Unglück des Tieres. Es wird meist für die Hinterlassenschaft eines Verstorbenen verwendet.

Da das Hinauffliegen mit dem fortschreitenden *Fehlgehen des Kleinen* ins Unheil führt, ist die *angebrachte* oder *richtige*, d. h. rettende Richtung naturgemäß *nicht das Hinauf*, sondern das *Hinunter*. Es ist die Richtung von den kleinen Mondbildern zu den großen, durch die das *Fehlgehen des Kleinen* ausgeglichen werden kann. Daher heißt es am Ende des Hauptspruchs: *Das Große ist glückverheißend*.

In der Struktur des Zeichens bedeutet dies die komplementäre Ergänzung der beiden kleinen Mondbilder *Gen* und *Zhen* durch ihre großen Gegenbilder *Dui* und *Sun*. Die gegenbildliche oder signifikatische Lesung der Mondbilder auf den Plätzen 2 bis 5 markiert mit der Folge *(Gen =) Dui – (Sun =) Zhen – (Dui =) Gen – (Zhen =) Sun* in vier Schritten das Durchlaufen der Konjunktionsphase und damit aufgrund der komplementären Ergänzung die unbeschadete Rettung des Mondes über die Gefahrenzone hinweg. Allerdings wird auch bei dieser Ergänzung ein Unterschied zwischen dem sich *herunter* bewegenden Mondbild Gen gemacht, dem *kein Schaden* entsteht (Plätze 2 und 4), und dem *hinauf* wandernden Altmond *Zhen*, dessen Rettung mit einer Verletzung verbunden ist (Plätze 3 und 5). Die beiden zentralen *Kun*-Plätze 1 und 6 aber werden durch überhaupt kein Gegenbild ausgeglichen und bedeuten daher das Unheil des völligen Verschwindens.

In den Linientexten wird der diametrale Ergänzungsbezug als *begegnen, treffen* oder *entgegentreten (yu)* umschrieben, das Fehlen eines solchen Bezuges im Fall von *Kun* als *fehlgehen* oder *vorbeigehen (guo)*. Im Spruch zu Platz 6 heißt es: *Man widersetzt sich einer Begegnung und läßt ihn vorbeigehen. Der fliegende Vogel wird im Netz gefangen. Unheil. Das bedeutet eine Katastrophe.* Dabei ist offenbar an eine Sonnenfinsternis gedacht. *Man (verneint =) widersetzt sich einer Begegnung* heißt nicht nur, daß der Mond an der Sonne vorüberzieht, ohne wie üblich mit ihr zu verschmelzen, sondern zugleich, daß er dabei nicht auf ein Gegenüber in Gestalt eines Vollmond-Platzes trifft. Bekanntlich geht ja eine Sonnenfinsternis stets mit einer Mondfinsternis einher, wenngleich diese, wie wir heute wissen, nicht ihre Ursache ist. Analog dazu sind in H28 unter dem Titel *Das Fehlgehen des Großen* die Vollmond-Plätze 3 und 4 im Sinn einer Mondfinsternis zu interpretieren.

Anfangs Sechs   **Kun**

Der fliegende Vogel gerät damit (= mit diesem Orakelergebnis) ins Unheil.

Verlassen Sie den sicheren Boden Ihres gewohnten Umfeldes nicht zu früh. Ein voreiliger Höhenflug wird böse enden.

Im Konjunktionsort *Kun* sind die beiden Flügel *Zhen* und *Gen* des Himmelsvogels verschwunden: *Er gerät ins Unheil*. Auf Platz 6 finden wir dieses Unheil durch die Auslegung des Schwarzmondes als ein *Fangnetz* spezifiziert, das den Vogel einhüllt, so wie die Linien des Hexagrammes von beiden Seiten durch die *Kun*-Plätze 1 und 6 umschlossen werden. Es handelt sich hier aber nicht um eine gewöhnliche Konjunktion, wie sie in H30/2 als *gelbes Fangnetz* beschrieben wird, d. h. als das in der gelben Sonne verschwundene Netz, sondern um eine Sonnenfinsternis, die auch den Tag verdunkelt. Denn *Kun* ist das einzige Mondbild des Hexagrammes, das nicht durch sein komplementäres Gegenbild, den Vollmond *Qian*, ausgeglichen wird, so daß der Mond in der Konjunktionsstellung eine schwarze Höhle ohne Licht bleibt. Auf dem letzten Platz des vorigen Zeichens ist der junge Vogel aus dem Nest heraus in den Himmel hinaufgeflogen. Was ihm jetzt fehlt, ist die schützende Eierschale des Mond-Eies. Man darf daraus schließen, daß er noch zu klein war und zu früh gestartet ist.

Sechs auf zweitem Platz   **Gen**

Er geht an seinem Ahnherrn vorbei, trifft aber auf seine Ahnfrau. Er erreicht seinen Fürsten nicht, trifft aber auf seinen Diener. Kein Schaden.

Es gelingt Ihnen zwar nicht, auf die höchste Ebene vorzudringen, aber Sie finden wenigstens Gehör in den unteren Rängen. Das reicht aus, einen drohenden Schaden von Ihnen abzuwenden.

Wie durch die Wiederholung der Formel *kein Schaden* auf Platz 4 angezeigt wird, umschreibt der Spruch das Verhältnis zum diametralen Gegenbild *Dui*. Der *Ahnherr* im Himmel ist die Auslegung der Sonne, der *Fürst* als seine Entsprechung auf der Erde die Deutung des Vollmondes. Da der Graph mit dem Schritt *Sun – Dui* die Position des Vollmondes, d. h. die diametrale Konfrontation mit der Sonne überspringt, *geht er an seinem Ahnherrn vorbei, trifft aber* stattdessen in Gestalt des rechtsseitigen, d. h. weiblichen Neumondes *Gen auf seine Ahnfrau* (vgl. H28/5, wo *Gen* als *alte Frau* erscheint). Auf der anderen Seite findet aus dem gleichen Grund keine Konfrontation mit dem Vollmond statt, d. h. *er erreicht seinen Fürsten nicht, aber er trifft* in Gestalt des linksseitigen, d. h. männlichen Mondbildes *Dui auf seinen Diener* oder *seinen Sklaven* (vgl. H33/3, wo *Sun* und *Dui* als *Sklavinnen und Sklaven* erscheinen). Wenngleich also die ideale Entsprechung zwischen Himmel und Erde in der Zentralachse *Kun – Qian* nicht stattfindet, so erfolgt doch in stellvertretender Form die Ergänzung *Gen – Dui*. Auch ist *Gen* im Gegensatz zu *Zhen* auf Platz 5 der absteigende Flügel des fliegenden Vogels. Daher: *Kein Schaden.* Denn, wie es im Hauptspruch heißt: *Nicht das Hinauf ist angebracht, sondern das Hinunter.*

Neun auf drittem Platz   Sun

Man widersetzt sich dem Vorbeigehen und hält ihn zurück. Bei einer Verfolgung verletzt ihn jemand: Unheil.

Jemand behindert Sie, um Sie vor einem Fehler zu bewahren. Sie sollten ihm lieber nachgeben, um drohendes Unheil zu vermeiden.

Hier ist es die Bewegung des aufsteigenden Altmondes *Zhen*, der sich sein absteigendes Gegenbild *Sun* widersetzt (wörtlich: die es *verneint*), um ihn zurückzuhalten, d. h. am *Vorbeigehen* zu *hindern* (vgl. H41/2). *Zhen* aber ist der rechte Flügel des *fliegenden Vogels* aus dem Hauptspruch, dessen aufsteigende Bewegung in das *Unheil* des *Vorbeigehens* führt, nämlich in die auf Platz 6 geschilderte Sonnenfinsternis. Die Komplementärbilder werden aber durch ihre Gegenläufigkeit auseinandergerissen, so daß *jemand*, nämlich die Schattenseite, die dem Altmond auf seinem Weg zur Sonne als Verfolger im Nacken sitzt, ihn immer weiter verstümmelt, d. h. *verletzt.* Daher: *Bei einer Verfolgung verletzt ihn jemand. Unheil.* Auf dem *Zhen*-Platz 5 wird die *Verletzung* als ein Pfeilschuß gedeutet, der ihn trifft, als er in der Schwarzmondhöhle verschwindet.

Neun auf viertem Platz   **Dui**

Kein Schaden. Man widersetzt sich dem Vorbeigehen und tritt ihm entgegen. Hingehen bringt Gefahr. Man muß sich hüten. Nicht für eine langfristige Entscheidung gebrauchen!

Durch eine glückliche Begegnung wird ein drohender Schaden von Ihnen abgewendet. Sie sollten daraus aber keine dauerhafte Beziehung werden lassen. Dadurch könnte sich das Blatt leicht wieder wenden.

Durch die einleitende Wiederholung der Formel *kein Schaden* von Platz 2 wird der Bezug auf das Gegenbild *Gen* signalisiert. *Dui* widersetzt sich mit seiner komplementären Paßform dem *Vorbeigehen* und *tritt ihm entgegen* (vgl. H41/6). Und der absteigende Neumond *Gen* folgt der vom *fliegenden Vogel* im Hauptspruch empfohlenen Richtung nach unten auf sein aufsteigende Gegenbild zu, so daß sie zusammenkommen und im Unterschied zum Verhältnis *Sun* – *Zhen* auf Platz 3 *kein Schaden* entsteht. Allerdings ist die Bewegung von *Dui* ihrerseits nach oben, in die Richtung der *Gefahr* gerichtet, so daß man ihm zwar *entgegentreten*, aber nicht *hingehen*, d. h. nicht aktiv Druck auf ihn ausüben soll: *Hingehen bringt Gefahr*. Aus dem gleichen urbildlichen Grund sollte man dieses Orakelergebnis nur für die augenblickliche Situation, aber nicht für eine *langfristige Entscheidung gebrauchen*, da sich langfristig *Dui* in die Position *Zhen* weiterbewegt und *Gen* in die Position *Sun*, so daß sich daraus das unheilvolle, auf den Plätzen 3 und 5 beschriebene Verhältnis *Sun* – *Zhen* ergibt.

Sechs auf fünftem Platz   **Zhen**

Eine dichte Wolke regnet nicht. Sie kommt von unserem westlichen Außengebiet. Der Herzog schießt mit dem Schnur-Pfeil auf einen Vogel und trifft jenen in der Höhle.

Eine vorbereitete Aktion kann nicht planmäßig stattfinden, weil etwas daneben geht. Durch einen bescheidenen Teilerfolg ist wenigstens nicht alles verloren.

Das beleibte Gegenbild *Sun* wird hier als eine *dichte Wolke* ausgelegt. Der Nachthimmel ist, von der Sonnen-Hauptstadt aus gesehen, *unser Außengebiet*, und die Wolken brauen sich in *Sun* auf der linken, der zunehmenden Seite des Mondplanes zusammen, wo *im Westen* der Neumond erscheint.

Daher *kommt die Wolke von unserem westlichen Außengebiet* (vgl. H9/0). Aber *aus der Wolke regnet es nicht*; denn der Graph geht nicht über *Sun* hinaus weiter nach unten zum Vollmond *Qian*, was das Fallen des Regens bedeuten würde, sondern bleibt mit der Linie *Sun – Dui* auf der gleichen wolkigen Höhe. Dies entspricht dem *Vorbeigehen* des Altmondes *Zhen*, der auf seinem Weg in die Schwarzmond-Höhle auf kein Gegenbild trifft, sondern dort von einem *Schnur-Pfeil* getroffen wird. Dieser Pfeil wird von dem *Herzog* abgeschossen, der auch hier für den auf die Sonne zielenden Vollmond steht (vgl. H14/3; H50/4), und der Pfeilschuß ist die vom Vollmond ausgehende Erscheinung der Schattenseite des abnehmenden Mondes, der *Verfolger* der Lichtseite von Platz 3, der diese schließlich in der *Höhle* des Schwarzmondes ereilt. Das Schriftzeichen *Schnur-Pfeil* (*yi*) hat nämlich zugleich die Bedeutung *schwarz*. Manche sagen auch, daß der als Vollmond abgeschossene Mond-Pfeil sich im Flug umdreht und nicht mit der Spitze, sondern mit dem stumpfen Ende auftrifft. Pfeile mit dieser charakteristischen Flugeigenschaft sind in der Mythologie keine Seltenheit und kommen auch im chinesischen *Buch der Lieder* vor (Ode *Yi-jie*). Der *Herzog* gebraucht dabei aber hier außerdem *einen Schnur-Pfeil,* und kann den Mond-Vogel so in Gestalt des Neumondes *Gen* auf der anderen Seite der Höhle *Kun* nach der Konjunktion wieder herausziehen. Das Symbol der Wolke, aus der es nicht regnet, versinnbildlicht die Vorbereitung einer Aktion, die dann nicht stattfindet. Diese Aktion hätte den direkten Schuß *Qian – Kun* des Vollmond-Herzogs auf den Sonnen-Vogel bedeutet. Stattdessen trifft er über die Diametrale *Sun – Zhen* nur *jenen in der Höhle* und kann ihn danach über die Diametrale *Gen – Dui* wieder herausziehen. Wir haben damit hier die Analogie zu der Stellvertreterfunktion von *Ahnfrau* und *Diener* für *Ahnherr* und *Fürst* auf Platz 2.

Oben Sechs   **Kun**

Man verweigert eine Begegnung und läßt ihn vorbeigehen. Der fliegende Vogel verfängt sich im Netz. Unheil. Das bedeutet Heimsuchung und Verfinsterung.

Durch Ihren Hochmut werden Sie in eine Zwangslage geraten, aus der Ihnen niemand mehr heraushelfen will. Die Folgen sind katastrophal.

Die Begegnung oder *das Treffen* ist hier urbildlich die diametrale Ergänzung *Qian – Kun*. Diese aber findet nicht statt, wird *verweigert* oder *verneint*, da der Vollmond *Qian* fehlt, so daß der Schwarzmond in der Konjunktionsstellung schwarz bleibt und man sieht, wie er an der Sonne *vorbeigeht*. Da eine Sonnenfinsternis stets gepaart mit einer Mondfinsternis im selben Monat aufzutreten pflegt, hat der Gedanke einen gewissen Realitätsgehalt. Gleichzeitig mit der Sonne sind bei einer Sonnenfinsternis natürlich auch die beiden Flügelchen *Zhen* und *Gen* des *fliegenden Vogels* verschwunden, weil nämlich der Schwarzmond *Kun* nicht nur eine *Höhle* ist, wie auf dem vorigen Platz, sondern auch ein *Fangnetz*, in dem sich der Vogel nun *verfängt*. Und dies bedeutet nicht nur *Unheil*, sondern *Heimsuchung und Verfinsterung*, was man mit einem Wort auch als *Katastrophe* übersetzen kann (vgl. H24/6).

既濟

63. Ji Ji /
Der Strom ist schon überquert

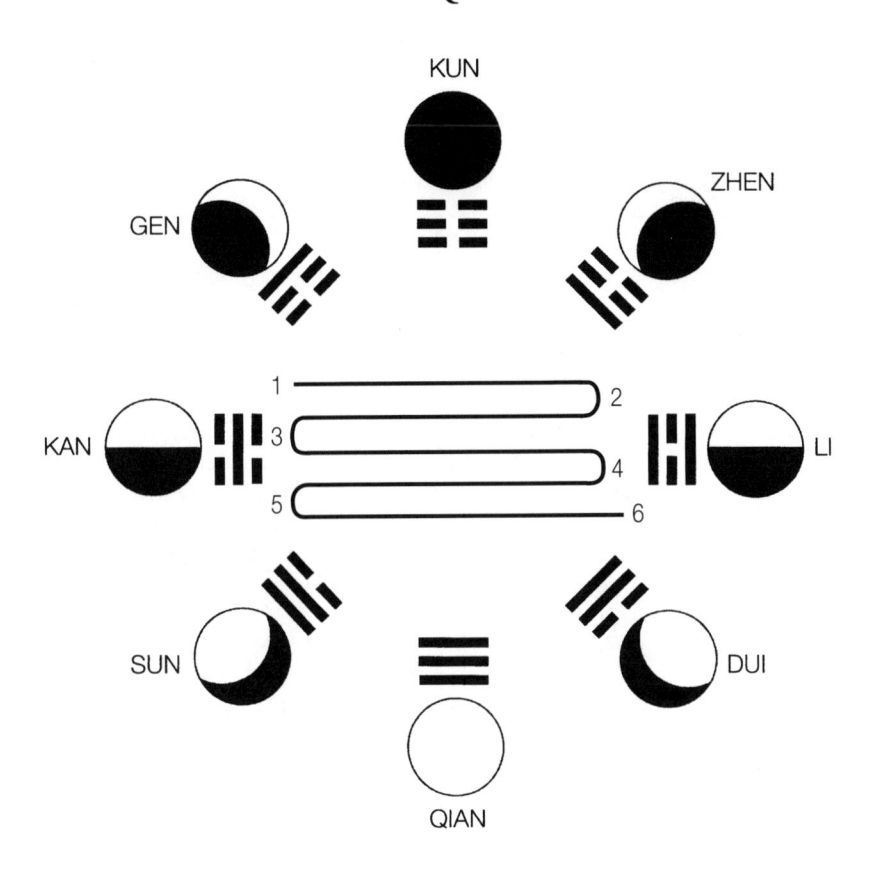

Partnerzeichen: H64.
Gegenzeichen: H64.
Parallelzeichen: H64.

Der Hauptspruch

Der Strom ist schon überquert. Man bringe Kleines als Opfergabe dar. Günstig für eine Verwirklichung. Anfangs Glück. Am Ende Wirrnis.

Sie haben einen Erfolg errungen, der eine stabile Situation bedeutet. Nur im Detail gibt es noch vieles zu regeln. Große Aktionen und Veränderungen können das Gleichgewicht leicht wieder umkippen lassen und das Erreichte gefährden.

Die Platzfolge in diesem und dem folgenden Hexagramm besteht durchgängig nur aus einem regelmäßigen Abwechsel zwischen einer harten und einer weichen Linie, d. h. zwischen Lichtseite und Schattenseite. Da die Lichtseite konvex ist und die Schattenseite konkav, bedeutet dies ein fortgesetztes Alternieren von Berg und Tal gleich der Wellenbewegung auf einer Wasseroberfläche. Die Platzfolge durchläuft damit in beiden Hexagrammen eine derartig gewellte Fläche, so daß sich daraus die Assoziation der *Überquerung eines Stromes* ergibt. Und auch die Gestalt des Graphs markiert als mehrfache Verbindungslinie zwischen *Kan* und *Li* nichts anderes als die Grenze zwischen Nachthimmel und Taghimmel, die ja im mythischen Weltbild als die Wasseroberfläche des Sternenstromes ausgelegt wurde (Abb. 11, S. 46).

So entspricht das Motiv des Stromes urbildlich vor allem den Sternen. Und da die Sterne im Gegensatz zu Sonne und Mond natürlich die *Kleinen* sind, heißt es – ebenso wie im Partnerzeichen H64 – zu Beginn des Hauptspruches: *Man bringe Kleines als Opfergabe dar.* Dies ist auch der Sinn des *Sommeropfers* auf Platz 5, für das eben *kleine* Opfergaben charakteristisch waren (vgl. H45/2 und H46/2).

Darüber hinaus differenzieren die Namen der beiden Hexagramme des Paares den Vorgang zeitlich im Sinn von *Nachher* und *Vorher*: *Der Strom ist schon überquert* (H63) und *Der Strom ist noch nicht überquert* (H64). Dieser Unterschied ergibt sich aus der umgekehrten Folge der Haupttrigramme auf den Plätzen 2 und 5, welche hier von *Li* nach *Kan* verläuft, dort von *Kan* nach *Li*. Wie wir gesehen haben, bedeutet das Trigramm *Kan* den Vollmond am Nachthimmel bzw. die Mond-Nacht, das Trigramm *Li* den Schwarzmond am Taghimmel bzw. den Sonnen-Tag (vgl. H29/H30). Der Nachthimmel aber wurde im mythischen Weltbild als Wasser ausgelegt, der Taghimmel als trockenes Land. Da unser Hexagramm mit dem Haupttrigramm *Li* beginnt, ist hier das trockene Land zunächst einmal schon erreicht. Daher lautet der Hexagrammname: *Der Strom ist schon überquert*. Und daher heißt es auch im Hauptspruch: *Am Anfang Glück*.

Aus der Betextung der Linien ergibt sich sodann die folgende Struktur: Auf Platz 1 wird zunächst ein Bild des zunehmenden Mondes gezeichnet, das mit dem Weg vom Tag in die Nacht hinein für das ganze Hexagramm die Leitrichtung von *Li* nach *Kan* angibt. Die Konjunktionsphase, der Ausdruck des ersten Haupttrigrammes, stellt sich sodann auf den Plätzen 2 und 3 dar, und zwar einmal als Verschwinden des Mondes (Platz 2), und einmal als Sieg der Sonne (Platz 3). Dabei wird für die weiche Linie auf Platz 2 eine weibliche Symbolform gewählt (*Eine Frau verliert ihren Kopfschmuck*), für die harte Linie auf Platz 3 eine männliche (*Der Hohe Ahn greift das Land der Dämonen an*). Der *Hohe Ahn*, urbildlich die Sonne, beherrscht nun von hier aus die Nacht und seine Mond-Untertanen, die sich im zweiten Haupttrigramm auf den Plätzen 4 und 5 darstellen. Auf Platz 4 legitimiert er sie durch Gewänder, auf Platz 5 spendet er ihnen als Gegenleistung für ihre Opfer *in Fülle* seinen Segen. Diese Hoheitsakte werden urbildlich sehr klar als Ausdruck der zunehmenden Bewegung des Mondes definiert, also der Leitrichtung des Hexagrammes von *Li* nach *Kan*. Auf dem letzten Platz aber ist die Vollmondphase überschritten, und man gerät in die abnehmende Bewegung außerhalb des geordneten Herrschaftsbereiches, wo der Mond wieder in den Tiefen des Nachtstromes versinkt und *mit dem Kopf unter Wasser kommt*. Daher heißt es im Hauptspruch: *Am Ende Wirrnis*.

Der Hexagrammname hat noch verschiedene abstrakte Bedeutungsaspekte, etwa *nach der Rettung* oder *nach dem Erfolg*, die sich alle mehr oder weniger aus der konkreten Idee ableiten lassen, daß man das rettende Ufer schon erreicht hat.

Anfangs Neun   **Kan**

Er zieht seine Wellen hinter sich her und macht seinen Schwanz naß. Kein Schaden.

Sie bewegen sich erfolgreich in einem ungewohnten Element. Daß dies auch etwas Ungemach nach sich zieht, schadet nichts.

Als Subjekt dieses Spruches müssen wir uns ein Tier denken, am besten den im Hauptspruch des Partnerzeichens H64 genannten *Fuchs*, der hier beim Durchschwimmen des Flusses wie der Bug eines Schiffes links und rechts zwei *Wellen hinter sich herzieht*. Im Zeichen von *Kan* ist dies die Auslegung des Vollmondes als Kopf und des Schwarzmondes als *Schwanz*, so daß sich der Fuchs auf der zentralen Achse *Kun – Qian* in der zunehmenden Richtung bewegt und links und rechts die Reihen der rechtsseitigen und der linksseitigen Monde wie zwei Wellenzüge hinter sich her zieht. Wie in der Natur werden die Wellenbewegungen auch immer schwächer, je weiter er sie hinter sich läßt. In der Mitte hinter ihm aber bildet natürlich die Schwarzmond-Lücke ein Wellental, was hier so interpretiert ist, daß hinten sein Schwanz im Gegensatz zu seinem erhobenen Kopf vorne natürlich unter Wasser gerät und nicht mehr zu sehen ist: *Er macht seinen Schwanz naß.* Das aber ist *kein Schaden.* Denn beim Schwimmen ist ja das Entscheidende, daß man seinen Kopf über Wasser behält. Urbildlich signalisiert die Formel die wechselweise Ergänzung der komplementären Gegenbilder *Kan* und *Li*, welche das Hexagramm ebenso wie sein Partnerzeichen durchgängig kennzeichnet (vgl. H64/6). Zugleich gibt dieser erste Linienspruch auch die durch die Folge der Haupttrigramme definierte Leitrichtung für das ganze Zeichen an. – Das oben mit *Wellen* wiedergegebene Schriftzeichen (*lun*) ist in der überlieferten Fassung nicht mit dem Zusatz *Wasser* geschrieben, sondern mit *Wagen*, was dann gleichlautend *Räder* bedeutet und ein Pferdegespann suggeriert. Da aber der Spruch im Partnerhexagramm unter dem Vorzeichen des Fuchses noch einmal wiederkehrt (H64/1/2), halte ich die *Räder* hier eher für nachträgliche Vermenschlichungen des ursprünglichen Naturbildes.

Sechs auf zweitem Platz   Li

Eine Frau verliert ihren Kopfschmuck. Suche ihn nicht! Nach sieben Tagen wird sie ihn wiederbekommen.

Ihre Umgebung ist im Prinzip sicher und geordnet. Wenn Ihnen zufällig etwas abhanden kommt, wird es sich gewiß bald wiederfinden. Sie brauchen nicht das ganze Haus auf den Kopf zu stellen, um es zu suchen.

Im Zeichen *Li* erscheint hier ein Gleichnis der Konjunktionsphase. *Kun* stellt den schwarzhaarigen Kopf der *Frau* dar, und die Mondsicheln *Zhen* und *Gen* links und rechts davon ihren *Kopfschmuck*. Mit dem Verschwinden des Altmondes *Zhen* in der abnehmenden Bewegung *verliert sie ihren Kopfschmuck*. Aber in Gestalt des Neumondes *Gen wird sie ihn wiederbekommen*, und zwar *nach sieben Tagen*. Denn zwischen *Zhen* und *Gen* liegen zwei Achtel, also ein Viertel des Mondumlaufes, d. h. eine Woche oder *sieben Tage* (vgl. H51/2).

Neun auf drittem Platz   Kan

Der Hohe Ahn greift das Land der Dämonen an. In drei Jahren überwindet er es. Der kleine Mann sollte (dieses Orakelergebnis) nicht verwenden.

Wenn Sie sich stark fühlen, können Sie Ihren Einfluß durch einen kühnen Angriff entscheidend erweitern. Freilich sollten Sie sich überlegen, ob Sie wirklich zu solcher Größe fähig sind.

Die dritte Linie des ersten Haupttrigrammes *Li* ist hart und stellt das Konjunktionsgeschehen dementsprechend im Unterschied zu der vorigen von der Lichtseite her in einer männlichen Symbolform dar. Das *Land der Dämonen* ist der sonst vom Mond beherrschte Nachthimmel, das der *Hohe Ahn*, nämlich der Sonnenkönig, *angreift*, indem er mit dem Eintritt in die Konjunktion die Tagphase des Kreislaufes eröffnet und den Mond in seinem strahlenden Licht verschwinden läßt. (Auf dem entsprechenden Platz 4 des Partnerzeichens H64 wird statt des *Hohen Ahns* der Altmond *Zhen* (*Donnerschlag*) genannt, dessen Erscheinen ja direkt den Eintritt in die Konjunktion und den gleichzeitigen Anbruch des Tages markiert.) Und die Dreizahl entspricht natürlich wieder den drei Konjunktionstagen. Daher: *In drei Jahren überwindet er es.* Die *Dämonen* (gui) sind die Bewohner des Nachthimmels und der Unterwelt im Gegensatz zu den *Göttern* (shen), die den Tag und die Oberwelt beherrschen. *Hoher Ahn* (*Gao Zong*) war auch ein Titel des Königs *Wu Ding* aus der *Shang*-Dynastie.

Sechs auf viertem Platz   Li

Aus Seide gibt es sowohl Gewänder als auch Lumpen. Sei den ganzen Tag vorsichtig.

Es bietet sich eine Möglichkeit an, die Ihnen nicht weniger attraktiv erscheint als ihre Alternative. Aber es gibt einen entscheidenden Qualitätsunterschied, den Sie nicht übersehen sollten.

Wir haben hier die erste Linie des zweiten Haupttrigrammes *Kan*. Dieses stellt urbildlich die Mond-Nacht im Gegensatz zur mondlosen Konjunktionsphase sowie die zunehmende Bewegungsrichtung des Mondes dar, die den Einfluß des Sonnenkönigs in die Nacht hinein transportiert. Das mit *Seide* wiedergegebene Schriftzeichen hat auch eine spezielle Bedeutung: Es bezeichnet ein Stück Seide, das man in zwei Teile zerriß, um dann das eine als Beglaubigung wegzugeben, etwa für einen Gesandten, und das andere zu behalten. Die assoziative Verwandtschaft des Bildes mit dem »Zerreißen« des Mondes in seine rechte und seine linke Hälfte liegt auf der Hand. Die beiden Hälften aber bedeuten ja zugleich die zwei entgegengesetzten Bewegungsrichtungen des Zunehmens und des Abnehmens. Zunehmend hüllt sich der Mond in sein glänzendes *Gewand* aus weißer Seide. In der abnehmenden Richtung aber wird dieses prächtige Kleid immer mehr zerschlissen, bis es ihm nur noch wie ein *Lumpen* auf dem Rücken hängt. Das Material aber bleibt das gleiche. Daher: *Aus Seide gibt es sowohl Gewänder als auch Lumpen*. Dies bedeutet, daß die zunehmende Bewegung die wertvollere Seite ist, da sie ja den segensreichen Einfluß des Sonnenkönigs bedeutet. Dies wird auch in dem folgenden Spruch zu Platz 5 ganz direkt gesagt. Hier kommt es durch den letzten Satz des Spruches zum Ausdruck, der in seiner vermenschlichten Wiedergabe lautet: *Sei (bis zum Ende des Tages =) den ganzen Tag vorsichtig*. In kosmischer Hinsicht aber ist das Schriftzeichen *Tag (ri)* mit *Sonne* zu übersetzen, so daß der Satz lautet: *Bei Zielrichtung Sonne ist Vorsicht geboten*. Das *Abzielen auf die Sonne (zhongri)* aber ist die abnehmende Bewegungsrichtung des Mondes (vgl. H1/3), für die der Spruch im Zeichen des Kerntrigramms *Li* steht, und bei der Vorsicht geboten ist, da sie nicht in die Kleider, d. h. in die privilegierte Stellung vor dem König, sondern in die *Lumpen* führt.

Neun auf fünftem Platz Kan

Der Nachbar im Osten, der ein Rind schlachtet, empfängt dafür nicht in solcher Fülle den Segen wie der Nachbar im Westen für sein Sommeropfer.

Bei einer geplanten Investition sollten Sie sich überlegen, ob nicht an anderer Stelle mit sehr viel geringeren Mitteln ein höherer Profit zu erzielen ist.

Der Neumond *Gen* erscheint im Westen, der Altmond *Zhen* im Osten. Darum bedeutet der *Nachbar im Westen* den zunehmenden, der *Nachbar im Osten* den abnehmenden Mond. Der Nachbar im Osten *schlachtet ein Rind*, da der durch seine Hornförmigkeit als Symbol des Rindes qualifizierte Altmond dort morgens in der Sonne verschwindet. Am westlichen Himmel hingegen verschwindet zur gleichen Zeit kein Mond, sondern nur die vielen kleinen Sterne. Diese bewegen sich relativ zur Sonne in der dem Mondwandel entgegengesetzten Richtung, so daß sie (im Jahresrhythmus) auf der Westseite in den Tag hinein wandern. Die Sterne wurden durch die Getreidekörner symbolisiert, die man den Geistern und Göttern beim *Sommeropfer* – anscheinend zum Beginn der Erntezeit – darbrachte (vgl. H45/2 u. H46/2). Diese *kleinen* Opfergaben des Nachbarn im Westen aber werden reicher belohnt als das große Opfer des Nachbarn im Osten, da im Westen der Neumond erscheint und zunehmend in immer größerer *Fülle* seinen *Segen* spendet. Damit wird auf diesem *Kan*-Platz der Vergleich zwischen den beiden Mondhälften vom vorigen Spruch fortgeführt und eindeutig für die zunehmende Seite entschieden.

Oben Sechs   Li

Er macht seinen Kopf naß: Gefahr.

Sie bewegen sich in die falsche Richtung. Das wird Sie in Gefahr bringen.

Während auf Platz 1 mit dem Spruch *Er macht seinen Schwanz naß* im Bild des schwimmenden Fuchses die zunehmende Bewegung *Kun – Qian* dargestellt wurde, haben wir es hier mit der dem Trigramm *Li* entsprechenden Gegenrichtung des Abnehmens zu tun, wo der Mond nicht nur mit dem Schwanz, sondern insgesamt immer tiefer im Sternenstrom versinkt, bis er auch mit dem *Kopf* unter Wasser gerät und ihn *naß macht* (vgl. H28/6). Durch den abschließenden Vermerk *Gefahr* wird dies ebenso mit einer Warnlampe versehen wie das *Abzielen auf die Sonne* im Spruch zu Platz 4.

64. Wei Ji / Der Strom
ist noch nicht überquert

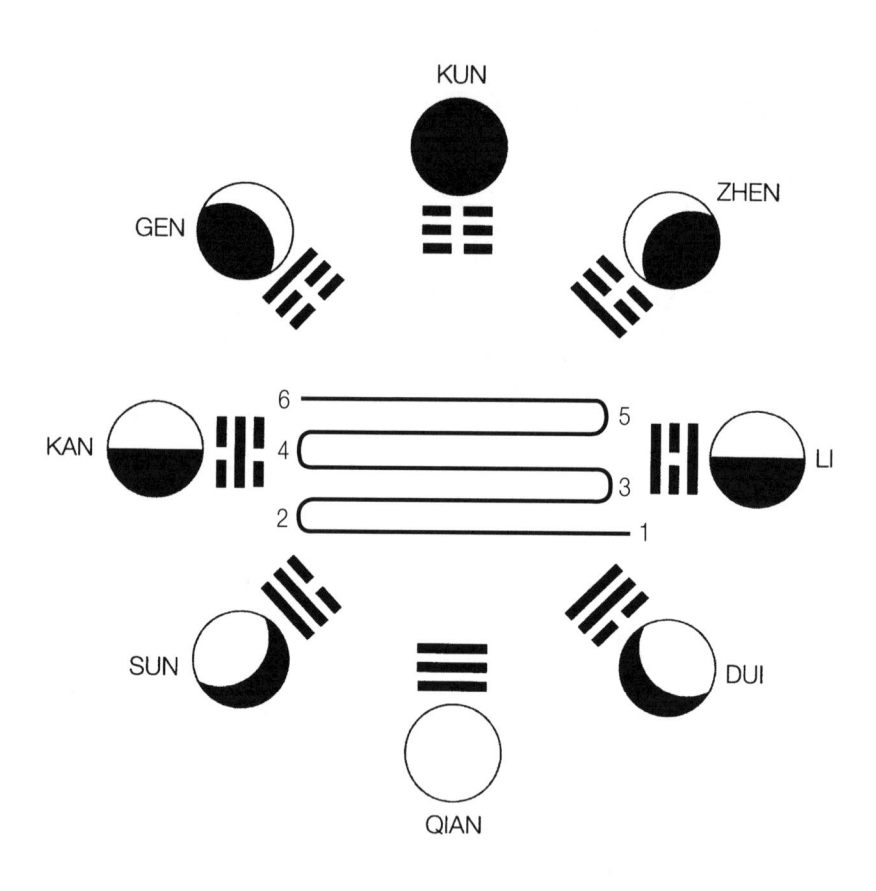

Partnerzeichen: H63.
Gegenzeichen: H63.
Parallelzeichen: H63.

Der Hauptspruch

Der Strom ist noch nicht überquert. Man bringe Kleines als Opfergabe dar. Der Fuchs hat den Strom fast überquert. Wenn er seinen Schwanz naß macht, gibt es nichts, wofür das günstig wäre.

Sie haben noch keinen festen Grund unter den Füßen, wenn auch der Erfolg greifbar nahe scheint. Machen Sie lieber kleine Schritte, um nicht doch noch in die falsche Richtung abgetrieben zu werden.

Die Platzfolge besteht hier wie im Partnerzeichen H63 durchgängig nur aus einem regelmäßigen Wechsel zwischen einer harten und einer weichen Linie, d. h. zwischen Lichtseite und Schattenseite. Da die Lichtseite konvex ist und die Schattenseite konkav, bedeutet dies ein fortgesetztes Alternieren von Berg und Tal gleich der Wellenbewegung auf einer Wasseroberfläche. Die Platzfolge durchläuft damit in beiden Hexagrammen eine derartig gewellte Fläche, so daß sich daraus die Assoziation der *Überquerung eines Stromes* ergibt. Und auch die Gestalt des Graphs markiert als mehrfache Verbindungslinie zwischen *Kan* und *Li* nichts anderes als die Grenze zwischen Nachthimmel und Taghimmel, die im mythischen Weltbild als die glitzernde Wasseroberfläche des Sternenstromes ausgelegt wurde (Abb. 11, S. 46).

So entspricht das Motiv des Stromes urbildlich vor allem den Sternen. Und da die Sterne im Gegensatz zu Sonne und Mond natürlich die *Kleinen* sind, heißt es wie in H63 zu Beginn des Hauptspruches: *Man bringe Kleines als Opfergabe dar.*

Darüber hinaus differenzieren die Namen der beiden Hexagramme den Vorgang zeitlich im Sinn von *Nachher* und *Vorher*: *Der Strom ist schon überquert* (H63) und *Der Strom ist noch nicht überquert* (H64). Dieser Unterschied ergibt sich aus der umgekehrten Folge der Haupttrigramme auf den Plätzen 2 und 5, welche hier von *Kan* nach *Li* verläuft, dort von *Li* nach *Kan*. Wie wir gesehen haben, bedeutet das Trigramm *Kan* den Vollmond am Nachthimmel bzw. die Mond-Nacht, das Trigramm *Li* den Schwarzmond am Taghimmel und von daher die Konjunktionsphase bzw. den Sonnen-Tag (vgl. H29 und H30). Der Nachthimmel aber wurde im mythischen Weltbild als Wasser ausgelegt, der Taghimmel als trockenes Land. Da unser Hexagramm mit dem Haupttrigramm *Kan* beginnt, finden wir hier den *Fuchs* zunächst einmal noch schwimmend im Strom der Nacht (Plätze 1 bis 3). Daher lautet der Hexagrammname: *Der Strom ist noch nicht überquert.* Das Sonnen-Ufer wird vielmehr erst mit dem Beginn des zweiten Haupttrigrammes auf Platz 4 erreicht, wo es als *großes Reich* erscheint, während der Nachthimmel als *Land der Dämonen* besiegt wird.

Der Fuchs befindet sich somit an der Grenze der beiden Haupttrigramme gerade »auf dem Sprung« vom Wasser aufs Land, von der Nacht in den Tag. Seine Bewegungsrichtung entspricht also dem *Abnehmen* des Mondes. Wenn er aber *seinen Schwanz naß macht*, so bedeutet das, wie wir in H63/1 gesehen haben, die *zunehmende*, d. h. die *verkehrte* Richtung. Daher: *Wenn er seinen Schwanz naß macht, gibt es nichts, wofür das günstig wäre.*

Dem entsprechend ergibt sich aus der Betextung der Linien in analoger Umkehrung zum vorigen Hexagramm H63 die folgende Struktur: Auf Platz 1 wird zunächst, wieder in negativer Bewertung, das Bild des zunehmenden Mondes aus dem Hauptspruch wiederholt (*Er macht seinen Schwanz naß*), also der Bewegung von *Li* nach *Kan*. Dies bedeutet für das ganze Hexagramm noch einmal die Vorgabe der umgekehrten Leitrichtung, nämlich von *Kan* nach *Li*. Auf Platz 2 sehen wir den Fuchs dann im Nachtstrom schwimmend als Vollmond (*Kan*), auf Platz 3 als abnehmenden Halbmond (*Li*), bereits *watend*, dem Ufer schon näher. Im Spruch zu Platz 4, mit dem Beginn des zweiten Haupttrigrammes, erfolgt dann endlich der Landgang, und zwar wieder als Angriff auf das finstere *Land der Dämonen*, d. h. als Erleuchtung der Nacht durch das Tageslicht und die Errichtung des Sonnenreiches (vgl. H63/3). Auf dem zentralen *Li*-Platz 5 erscheint das Sonnenlicht selbst als *(Das Leuchten =) der Ruhm des Edlen.* Und auf Platz 6 wird *beim Weintrinken* die *Beute* genossen, die den unterworfenen, dem Sonnengott opfernden Mond-Untertanen im vorigen Hexagramm entspricht (H63/5).

Anfangs Sechs   Li

Wenn er seinen Schwanz naß macht, kommt er in Not.

Sehen Sie zu, daß Sie sich nicht in die falsche Richtung bewegen. Das würde Sie in Schwierigkeiten bringen.

Durch die Wiederholung des Motivs aus dem Hauptspruch wird hier noch einmal in negativer Form die Leitrichtung für das ganze Hexagramm angegeben: Der Vollmond *Qian* ist als der aus dem Wasser ragende Kopf des schwimmenden Fuchses gedacht, und der Schwarzmond *Kun* als sein unter Wasser verschwundener Schwanz, so daß damit die zunehmende Richtung *Li – Kan* definiert wird. Diese aber ist hier die verkehrte, da die Folge der

Haupttrigramme von *Kan* nach *Li* verläuft. Zudem wird hier im Zeichen der weichen Linie des *Li*-Platzes nicht der Kopf, sondern nur der untergegangene Schwanz genannt, also die negative Seite. Daher: *Wenn er seinen Schwanz naß macht, kommt er in Not.* In H63/1 hatten wir das gleiche Bild sozusagen durch den Kopf ergänzt und im Zeichen des starken *Kan*-Platzes positiv bewertet: *Er zieht seine Wellen hinter sich her und macht seinen Schwanz naß. Kein Schaden.* Hier hingegen sind die beiden Teile dieses Spruches auseinandergerissen und erscheinen in umgekehrter Reihenfolge auf den Plätzen 1 und 2.

Neun auf zweitem Platz   Kan

Er zieht seine Wellen hinter sich her. Die Entscheiduung ist glücklich.

Sie bewegen sich mühsam in einem fremden Milieu, aber es bleibt Ihnen nichts anderes übrig. Machen Sie weiter so.

Als Subjekt dieses Spruches dürfen wir uns wieder den im Hauptspruch genannten Fuchs denken, der hier beim Durchschwimmen des Stromes wie der Bug eines Schiffes links und rechts zwei *Wellen hinter sich herzieht* (vgl. H63/1). Im Zeichen von *Kan* ist dies die Auslegung des Vollmondes als Kopf des schwimmenden Fuchses, während sein unter Wasser befindlicher Schwarzmond-Schwanz auf Platz 1 dargestellt wurde. Der Platz markiert den im Sternenstrom dahinziehenden Vollmond in seiner Mittelstellung zwischen Zunehmen (Platz 1) und Abnehmen (Platz 3).

Sechs auf drittem Platz   Li

Der Strom ist noch nicht überschritten. Angriff bringt Unheil. Es ist günstig, den großen Strom zu durchwaten.

Es ist zwar schon Land in Sicht, aber trotzdem noch eine beträchtliche Strecke zu bewältigen. Sie werden Ihre Kräfte noch brauchen und sollten sich hüten, zu früh mit dem Endspurt zu beginnen.

Das Trigramm *Li* kennzeichnet die abnehmende Bewegung und den Eintritt in die Konjunktion, der den *Angriff* bedeutet. Aber der Platz ist zugleich die dritte Linie des ersten Haupttrigrammes *Kan* und gehört damit noch zum Bereich des Nachthimmels, d. h. des Sternenstromes, der somit *noch nicht überschritten ist*. Für den *Angriff*, die Eroberung des feindlichen Landes am anderen Ufer, ist es noch zu früh. Man steht sozusagen noch bis zum Bauch im Wasser. Aber immerhin hat man die Mitte des Stromes schon überschritten, so daß man nicht mehr schwimmen muß, sondern schon *waten* kann.

Neun auf viertem Platz   Kan

Die Entscheidung ist glücklich. Der Kummer vergeht. Donnerschlag gebrauchte es (dieses Orakelergebnis), um das Land der Dämonen anzugreifen. Nach drei Jahren erhielt er seine Belohnung durch das große Reich.

Jetzt geht es darum, mit aller Entschlossenheit und ohne Bedenken zuzuschlagen, um einer neuen Macht zum Sieg zu verhelfen. Um den Lohn für Ihren Einsatz brauchen Sie sich keine Sorgen zu machen.

Der Spruch steht in Parallele zu H63/3, wo der *Hohe Ahn* das Land der Dämonen angreift und nach drei Jahren unterwirft. Hier tritt an seine Stelle ein gewisser *Donnerschlag*, urbildlich die Personifizierung des Altmondes *Zhen* (vgl. H51), der im Morgengrauen das *Land der Dämonen angreift*, nämlich die Dunkelheit der Nacht, und diese mit dem gleichzeitigen Tagesanbruch besiegt. Es ist klar, daß damit auch *der Kummer* oder *die Finsternis des Herzens verschwindet*. Das *große Reich*, nämlich der Taghimmel, das Reich des Sonnenkönigs (des *Hohen Ahns*), *belohnt* ihn dafür *nach drei Jahren*, nämlich in Gestalt des Neumondes *Gen*, der nach *drei* Tagen aus der Konjunktion mit der Sonne heraustritt, als würde er von dieser gestiftet oder gespendet. Die beiden *Kan*-Plätze 4 und 6 verstehen sich hier als die beiden Monde *Zhen* und *Gen* neben dem zentralen Sonnen-Platz 5, d. h. als Teile des zweiten Haupttrigramms *Li*. Mit Blick auf H63/3 liegt es nahe, die Person *Donnerschlag* hier als einen Feldherrn des Sonnenkönigs *Hoher Ahn* aufzufassen. Und da *Hoher Ahn* (*Gaozong*) auch ein Name des *Shang*-Königs *Wuding* ist, wäre dann in historischer Hinsicht mit dem *großen Reich* der Staat der *Shang*-Dynastie gemeint.

Sechs auf fünftem Platz   Li

Die Entscheidung ist glücklich. Es gibt keinen Kummer. Der Ruhm des Edlen trägt Früchte. Glückverheißend.

Der Sieg ist errungen. Macht und Einfluß sind Ihnen sicher. Sie können nun in Ruhe daran gehen, die Früchte Ihrer Taten zu ernten.

Der zentrale *Li*-Platz des zweiten Haupttrigramms repräsentiert urbildlich mit dem *(Leuchten =) Ruhm des Edlen* das strahlende Licht der Sonne und ihren Sieg über die Dunkelheit, der im vorigen Spruch beschrieben wurde (vgl. H30/2). In dem *Edlen* selbst können wir den Helden *Donnerschlag*, die Personifizierung des Altmondes *Zhen* erkennen, und in *(der Ausbeute =) den Früchten*, die sein *Ruhm* trägt, die Belohnung für ihn durch das große Sonnenreich in Gestalt des Neumondes *Gen*, der in dem folgenden Spruch das urbildliche Leitmotiv bildet.

Oben Neun   Kan

Man hat Beute beim Weintrinken. Kein Schaden. Wenn man aber seinen Kopf naß macht und Beute hat, so verliert man diese.

Sie haben einen großen Erfolg errungen, den Sie mit Recht feiern können. Sehen Sie aber zu, daß Sie dabei nicht das Maß verlieren. Sonst ist das Gewonnene schnell wieder zerronnen.

Der *Kan*-Platz steht für den zunehmenden Mond, der den Siegern vom Sonnenkönig als Belohnung oder *Beute* gespendet wurde (vgl. Platz 4). Zugleich wird das Vollwerden des Mondes als das *Weintrinken* ausgelegt, mit dem diese natürlich ihren Sieg feiern. Das ist in Ordnung: *kein Schaden*. Urbildlich signalisiert die Formel die wechselweise Ergänzung der komplementären Gegenbilder *Kan* und *Li*, welche das Hexagramm durchgängig kennzeichnet, – ebenso wie sein Partnerzeichen H63, wo sie aber der Umkehrung entsprechend nicht am Ende, sondern am Anfang erscheint (vgl. H63/1). Der zweite Teil des Spruches aber bezieht sich dann warnend auf die abnehmende Bewegung, die das Haupt des Erleuchteten wieder in der Tiefe des Sternenstromes versinken läßt, so daß er *seinen Kopf naß macht* (vgl. H63/6). Denn da der Mond ja zugleich das urbildliche Substrat für die *Beute* ist, bedeutet das, daß man dieselbe im Zuge dieser Bewegung wieder einbüßt: *Wenn man seinen Kopf naß macht, und Beute hat, so verliert man diese.*

Tabelle zum Auffinden der Hexagramme

U. Hälfte \ O. Hälfte	☰	☷	☳	☵	☶	☴	☲	☱
☰	1	11	34	5	26	9	14	43
☷	12	2	16	8	23	20	35	45
☳	25	24	51	3	27	42	21	17
☵	6	7	40	29	4	59	64	47
☶	33	15	62	39	52	53	56	31
☴	44	46	32	48	18	57	50	28
☲	13	36	55	63	22	37	30	49
☱	10	19	54	60	41	61	38	58

Anhang

Die überlieferten Anordnungen der acht Trigramme und der vierundsechzig Hexagramme

Zusammen mit dem *Yijing* werden seit der *Song*-Zeit (960 – 1126) eine Reihe von zyklischen Anordnungen der Acht Trigramme und der 64 Hexagramme überliefert. Diese Formeln stellen in der binären Symbolik der zwei Linienformen die Logik der Anpassung an die kosmische Umwelt und damit den funktionalen Aufbau des Subjekts dar, der zugleich die elementare Struktur des Reflexionsprozesses bedeutet. Konkret formulieren sie die analogische Verkörperung der lunaren Erscheinungsordnung des Himmels in der Gestalt des Möbiusschen Bandes, der urbildlichen Grundform des Subjekt-Organismus. Die Entwicklung ihrer Struktur geht daher von der binären Definition der Elementarform des Möbiusschen Bandes in der Formel (8A) aus, die den Urzusammenhang der Acht Trigramme bildet (s. S. 29 ff.).

Es sind zwei zyklische Anordnungen der Acht Trigramme überliefert, zu denen zwei analoge Anordnungen der 64 Hexagramme gehören. Eine der beiden Trigrammformeln wurde bereits in der Einführung vorgestellt. Sie definiert das im *Yijing* zugrundegelegte Schema des Mondplanes und wird auch *Fuxis Anordnung der Acht Trigramme (Fuxi bagua fangwei)* genannt. Die zweite bezeichnet man u. a. als *König Wens Anordnung der Acht Trigramme (Wenwang bagua fangwei)*.[1] Im Westen sind die beiden Formeln jedoch bekannter unter der Bezeichnung *die Acht Trigramme des früheren Himmels (Xiantian bagua)* und *die Acht Trigramme des späteren Himmels (Houtian bagua)* – , was allerdings eine Fehlübersetzung ist. Denn im Kommentar *Wenyan*, dem *locus classicus* für die beiden Begriffe, werden diese klar definiert als *dem Himmel vorangehen* und *dem Himmel nachfolgen*. Der Text beschreibt in der Gestalt des *Großen Menschen (daren)* die Natur des urbildlichen Subjekts:

So aber ist der Große Mensch: Mit Himmel und Erde stimmt er überein in seiner Kraft. Mit Sonne und Mond stimmt er überein in seinem Erkennen. Mit den vier Jahreszeiten stimmt er überein in seiner Ordnung. Mit den Geistern und Göttern stimmt er überein in seinem Heil und Unheil. Er geht dem Himmel voraus (*xiantian*), und der Himmel widerstrebt ihm nicht. Er folgt dem Himmel nach (*houtian*), und empfängt die Zeiten des Himmels. Wenn

---

1 Diese Formel ist im Kommentar *Shuogua* als Reihenfolge bei der Aufzählung der Trigramme überliefert. Die Anordnung des *Fuxi* geht aus den dortigen Aufzählungen jedoch nicht so eindeutig hervor.

ihm schon der Himmel nicht widerstrebt, wieviel weniger die Menschen! Wieviel weniger die Geister und Götter![2]

Daraus ergibt sich bereits der funktionale Sinn der beiden Formeln: *Die Acht Trigramme, die dem Himmel nachfolgen* stellen die eigentliche Anpassungfunktion als passive *Nachahmung* der lunaren Himmelsordnung dar. Und *die Acht Trigramme, die dem Himmel vorangehen* stellen die »höhere«, aber darauf gegründete Funktion der *Voraussage*, der *Prädikation* dar. Wir haben diese beiden Grundfunktionen bereits als *Wechsel* und *Durchgängigkeit* (*bian tong*), als den *abwechselnden Gebrauch des Harten und des Weichen* und das *Richtige Bedeuten*, als den *Unterbau* und den *Oberbau* des Systems kennengelernt (s. S. 55 ff.). Auch wurden sie als *nachfolgen* (*shun*) und *Wahrhaftigkeit* (*hsin*) bezeichnet. Der angeblich »spätere Himmel«, nämlich *die Acht Trigramme, die dem Himmel nachfolgen*, stellt also evolutionslogisch die *frühere* oder fundamentalere Funktion dar. Ich bezeichne sie daher mit (8B). Und der angeblich »frühere Himmel«, nämlich *die Acht Trigramme, die dem Himmel vorangehen*, stellen die evolutionslogisch *spätere* Funktion dar, welche die erste schon voraussetzt. Ich bezeichne sie daher mit (8C). Die Voranstellung des *Vorangehens* in dem oben zitierten Text entspricht auch hier wieder nur dem höheren Rang, den man der Formel (8C) als dem Ausdruck der rationalen Bedeutungsebene in der konfuzianischen Tradition zusprach (s. S. 57). (8B) ist die »weibliche« oder *Yin*-Formel, die vor allem in der taoistischen Tradition verwendet wurde, (8C) die »männliche« oder *Yang*-Formel, auf die sich die konfuzianische Philosophie konzentrierte.

Beide Formeln aber leiten sich in ihrem formalen Aufbau konsequent aus der Ur-Acht (8A) ab.

---

2 *Wenyanzhuan*, Hex. Nr. 1.

Die Acht Trigramme, die dem Himmel nachfolgen (Houtian bagua)

In ihrer überlieferten Darstellungsform (Abb. 25 oben), die zugleich einer der Aufzählungen der Trigramme im Kommentar *Shuogua* entspricht, scheint diese Anordnung völlig regellos zu sein. Ich habe auch in der Literatur noch keine halbwegs logische Erklärung ihres formalen Aufbaues gefunden.[3]

Abb. 25: Wenn man in der überlieferten Darstellung der Trigrammformel des Wenwang (oben), die keine Regelmäßigkeit erkennen läßt, jedes Trigramm um 90 Grad nach rechts dreht, und zugleich die Formel als Ganzes um 90 Grad nach links, so erhält man ihre ursprüngliche Darstellungsform (unten), die eine vollkommene Symmetrie zwischen der linken und der rechten Hälfte aufweist.

---

3 Der Erklärungsversuch von *Schuyler Cammann* geht von den zahlensymbolischen Zyklen *Luoshu* und *Hotu* aus und hat mit dem binären Aufbau der Formel selbst praktisch nichts zu tun. Schuyler Cammann: *The Origin of the Trigramm Circles in Ancient China*. The Museum of Far Eastern Antiquities, Bulletin No. 62, Stockholm 1990.

In der überlieferten Darstellungsform haben wir die Aufrechtstellung oder Fest-stellung der Trigramme (z. B. ☷ → ☰), die sie als feststehende Einheiten aus ihrem Kontext herauslöst. Ich unterscheide diese als die *definite* Schreibweise von der *kontexturalen*, aus der sich die Logik des Urzusammenhanges (4III) bzw. (8A) der Acht Trigramme ergibt. Es ist klar, daß diese Logik in der definiten Schreibweise gar nicht nachvollziehbar ist. Die kontexturale Schreibweise ist zweifellos die ursprüngliche, und gerade die *Houtian*-Formel (8B) liefert dafür den besten Beweis. Wenn wir darin nämlich jedes einzelne Trigramm um 90 Grad nach rechts drehen und zugleich den Zyklus im ganzen um 90 Grad nach links, so übersetzen wir ihn in seine kontexturale Urform, deren Regelmäßigkeit sofort ins Auge fällt: Die linke und die rechte Hälfte der Formel sind nun durchgängig klappsymmetrisch, so daß immer eine harte Linie auf eine weiche trifft (Abb. 25 unten, S. 558). Die überlieferte Darstellungsform ist vermutlich als ein bewußter Verschleierungstrick, eine Form der Tabuierung entstanden.

In der kontexturalen Schreibweise der Formel können wir nun auch leicht nachvollziehen, wie sie sich durch einen einzigen, vollkommen symmetrischen Transformationsschritt aus der Ur-Acht (8A) ableitet:

In (8A) ist jedes der Vier Bilder des Urzusammenhanges (4III) durch zwei Trigramme definiert. Diese je zwei Trigramme werden nun auseinandergerissen und einander gegenübergestellt, so daß jede der vier Diametralachsen in (8B) mit den zwei Trigrammen, die sie verbindet, einem Bild des Urzusammenhanges (4III) entspricht; und zwar so, daß dabei die einander in (4III) gegenüberstehenden Bilder je eines der beiden Achsenkreuze in (8B) bilden (Abb. 26, S. 560).

Was mit dem Auseinanderreißen der Bilder in binärer Form dargestellt wird, ist in der Dreidimensionalität das Zerschneiden des einfachen Möbiusschen Bandes (4III). Die Transformation erzeugt damit in (8B) die Symbolform des Wechselbalges, d. h. des doppelt gewendeten Bandes mit seinen zwei durchgängig getrennten Kehrseiten. Dieses ist zweimal so lang wie das einfache, und seine beiden Kehrseiten bedeuten insofern eine Verdoppelung der Fläche desselben in Form von zwei getrennten Horizonten. Das aber kommt dadurch zum Ausdruck, daß die beiden Hälften der Formel (8B), d. h. die je elf Strichelemente links und rechts von der senkrechten Zentralachse, vollkommen mit der zyklischen Reihenfolge der Strichelemente im Urzusammenhang (4III) übereinstimmen.

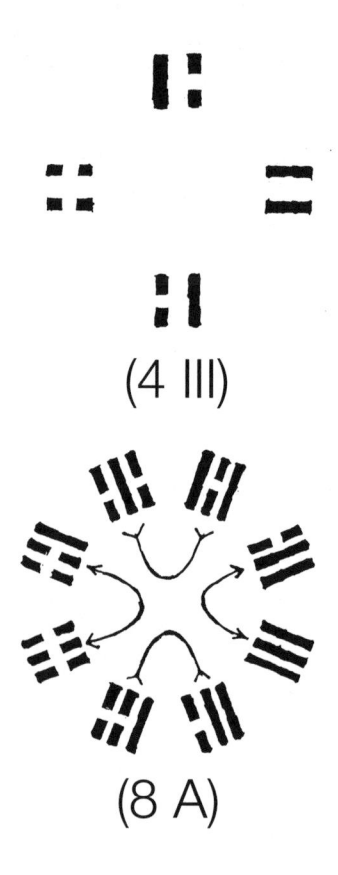

Damit ist der Zyklus (8B) durch seine Ursprungsform (4III) exakt definiert. Denn es gibt zwar vier verschiedene Möglichkeiten, die beiden aus (8A) gewonnenen Achsenkreuze zu einer Formel zusammenzustellen; aber nur eine von diesen vier Möglichkeiten, eben die Houtian-Formel (8B), erzeugt in beiden Hälften des Zyklus die vollkommene Übereinstimmung mit der Reihenfolge des Urzusammenhanges (4III).

(4 III)

(8 A)

(8 B)

Abb. 26: Die Entwicklung der Trigrammformel des Wenwang (8B) aus dem Urzusammenhang der Trigramme (4III) bzw. (8A).

560

Die Symmetrie zwischen den beiden Hälften der Formel definiert als durchgängige Struktur eine lemniskatische Linie, d. h. die Form einer liegenden 8 (Abb. 25 unten, S. 558). Die Lemniskate ist die zweidimensionale Entsprechung des Möbiusschen Bandes. Wenn sich zwei Wanderer vom Mittelpunkt aus auf dieser Linie gleichmäßig auseinanderbewegen, so markiert nicht nur jeder mit jedem Schritt immer eine harte Linie, wenn der andere auf eine weiche trifft, sondern jeder durchläuft dabei auch immer die zyklische Folge (4III) in der umgekehrten Richtung wie sein Partner. Und mit jedem Durchlaufen des Mittelpunktes, in dem sie jeweils zusammentreffen, tauschen sie diese Rollen aus. So stellt die Formel mit ihren beiden Hälften die zwei getrennten, aber vollkommen komplementären Horizonte des Wechselbalges dar, die immer abwechselnd seine Innenseite und seine Außenseite (= die beiden Wanderer) bilden.

Die durch die Bewegung der beiden Wanderer vorgegebene Leserichtung der Trigramme ergibt dabei das Verhältnis der komplementären Gegenbilder, die einander in der Anordnung des *Fuxi*, den *Acht Trigrammen, die dem Himmel vorangehen* (8C), gegenübergestellt sind. Diese Struktur stellt sich dar, wenn wir in die Formel das Schriftzeichen *König* (*wang*) einschreiben, das traditionell auf die Acht Trigramme bezogen wird (Abb. 27). Die vier Linien des Schriftzeichens entsprechen dann mit den je zwei Trigrammen, die sie miteinander verbinden, den vier Diametralachsen der Formel (8C).

Abb. 27: Das in die Formel des Wenwang (8B) eingeschriebene Schriftzeichen König (wang) verbindet mit seinen vier Balken die komplementären Gegentrigramme, wie sie einander in der Formel des Fuxi (8C) durchgängig gegenübergestellt sind.

Nun können wir zwar die beiden Wanderer auf ihrem gemeinsamen Wechselweg auch insgesamt wieder in zwei entgegengesetzte Richtungen laufen lassen. Dadurch ändert sich die Nomenklatur von vier Trigrammen: *Dui* und *Sun*, *Zhen* und *Gen* werden dann ausgetauscht. Aber die Definition der Formel (8C) durch das Schriftzeichen *König* bleibt in beiden Fällen erhalten. In der überlieferten Darstellungsform des Zyklus (8B) hingegen wird die Nomenklatur der Trigramme verfälscht, so daß diese Struktur nicht mehr zu erkennen ist.

Als die zwei Oberflächen des Wechselbalges bedeuten die beiden Hälften der Formel einerseits die zwei Grundhorizonte des zweigeschlechtlichen Subjekts, den weiblichen und den männlichen, andererseits die beiden Grundphänomene der Umwelt, an die es sich mit dem Wechsel seiner Horizonte anpaßt, nämlich Tag und Nacht. Daraus ergibt sich zunächst eine Einteilung der Trigramme nach Geschlechtern. Diese ist in einer Schautafel dargestellt, die zu *König Wens Anordnung* gehört und *König Wens Reihenfolge der Acht Trigramme* (*Wen wang bagua cixu*) genannt wird (Abb. 28, S. 563).

Danach sind die Trigramme *Qian*, *Zhen*, *Kan* und *Gen* als männlich, die Trigramme *Kun*, *Sun*, *Li* und *Dui* als weiblich definiert. In der Formel (8B) sind damit die drei Trigramme der linken Hälfte weiblich, die drei Trigramme auf der rechten Seite männlich, – gleichgültig, in welcher Richtung wir die beiden Wanderer marschieren lassen. Nur in der senkrechten Mittelachse, die ein weibliches Trigramm oben und ein männliches unten miteinander verbindet, ist der Gegensatz zwischen links und rechts aufgehoben.

In den Spruchdeutungen des *Yijing*, die sich in der Dimension von *Fuxis* Anordnung bewegen, kommt diese Zuordnung der Trigramme zu den Geschlechtern nicht zum Tragen. Dort wird im Prinzip die zunehmende (linke) Seite des Mondplanes als weiblich, die abnehmende (rechte) als männlich ausgelegt (s. S. 572 f.). Die Formel des Königs *Wen* folgt jedoch eigenen Gesetzen, die sich unmittelbar aus dem Urzusammenhang der Trigramme ableiten. So ist auch die besagte Zuordnung der Geschlechter fundamental in dessen Struktur begründet:

Wir hatten die Acht Trigramme in der Form (8A) aus dem Urzusammenhang (4III) erzeugt, indem wir jedes der acht Strichelemente in (4III) mit seinen beiden Nachbarn zusammenhängten. Es gibt aber noch eine zweite Möglichkeit, die Acht Trigramme daraus zu erzeu-

文王八卦次序

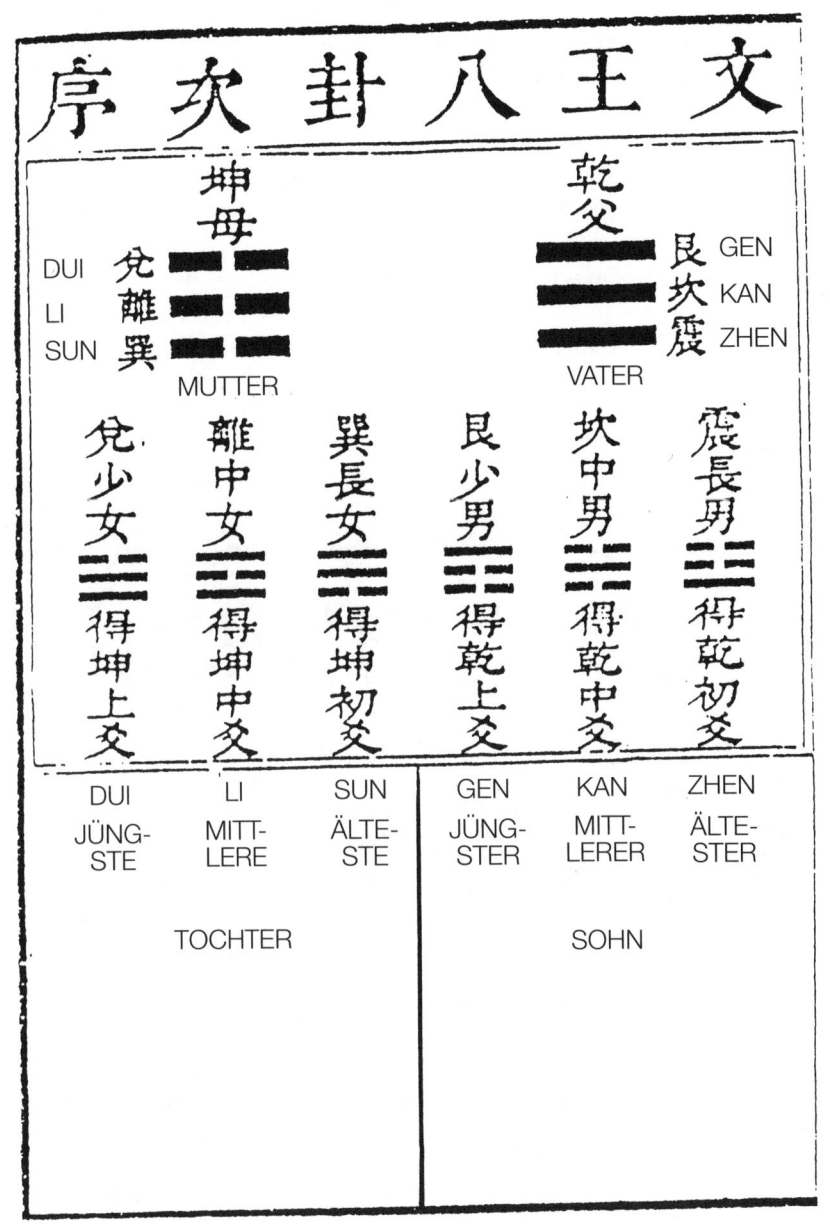

DUI 兌		GEN
LI 離 ☷ 坤母	乾父 ☰	KAN
SUN 巽		ZHEN
MUTTER	VATER	

兌少女 ☱ 得坤上爻
離中女 ☲ 得坤中爻
巽長女 ☴ 得坤初爻
艮少男 ☶ 得乾上爻
坎中男 ☵ 得乾中爻
震長男 ☳ 得乾初爻

DUI	LI	SUN	GEN	KAN	ZHEN
JÜNG-STE	MITT-LERE	ÄLTE-STE	JÜNG-STER	MITT-LERER	ÄLTE-STER
TOCHTER			SOHN		

Abb. 28: König Wens Reihenfolge der Acht Trigramme, mit der die Trigramme in zwei Gruppen nach Geschlechtern eingeteilt werden.

gen, nämlich indem man die Strichfolge (4III) dreimal fortlaufend zu einer Folge von insgesamt 3 x 8 = 24 Strichelementen aneinanderreiht und diese dann in Gruppen von je drei Linien unterteilt. Das ergibt dann ebenfalls die vollzählige Versammlung der Acht Trigramme, – und zwar gleichgültig, wo man mit der Unterteilung beginnt (Abb. 29). Und wenn man nun für jedes weibliche Trigramm in dieser Sequenz eine weiche Linie und für jedes männliche eine harte Linie setzt, so erhält man wiederum nichts anderes als die zyklische Strichfolge (4III). So sind die Acht Trigramme als dreiheitliche Strichkombinationen in ihrer geschlechtlichen Zuordnung exakt durch die Analogie zur Struktur ihres Urzusammenhanges definiert. Man kann darin auch eine formale Definition des analogischen Prinzips an sich sehen.

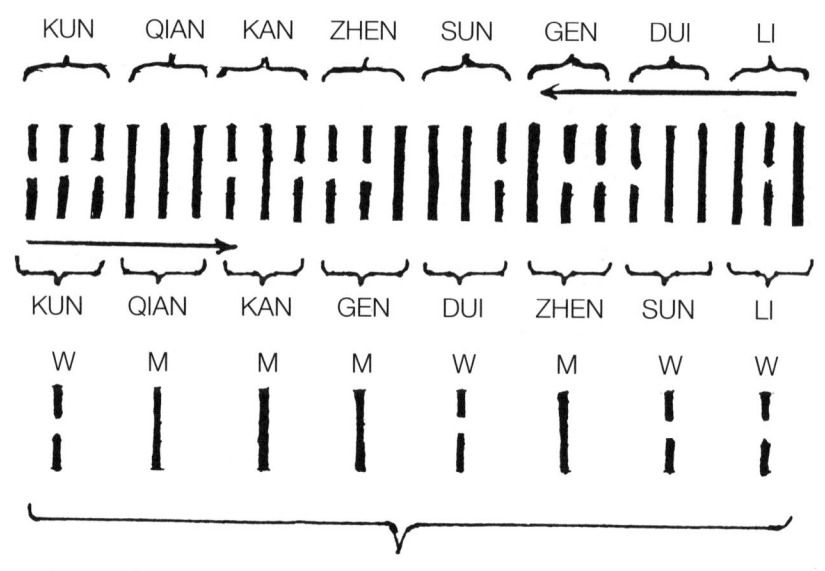

Abb. 29: Indem man die Linienfolge des Urzusammenhanges (4III) dreimal fortlaufend zu einer Folge von insgesamt 3 x 8 = 24 Strichelementen aneinanderreiht und diese dann in Gruppen von je drei Linien unterteilt, erhält man die vollzählige Reihe der Acht Trigramme. Und wenn man für jedes weibliche Trigramm in dieser Sequenz eine weiche Linie und für jedes männliche eine harte Linie setzt, so ergibt dies wiederum die zyklische Linienfolge (4III). So sind die Acht Trigramme als dreiheitliche Strichkombinationen in ihrer geschlechtlichen Zuordnung durch die Analogie zur Struktur ihres Urzusammenhanges definiert.

Betrachten wir nun, wie sich in der Formel (8B) die Anpassungsfunktion des Subjekts als Vermittlung zwischen den raumzeitlichen Grundphänomenen der Umwelt darstellt. In dem oben zitierten Text (vgl. S. 556 f.) aus dem Kommentar *Wenyan* finden wir diese durch vier Ebenen definiert, nämlich: *Himmel – Erde, Sonne – Mond, Vier Jahreszeiten* und *Geister – Götter*. Himmel und Erde definieren die räumliche Grundkoordinate (oben – unten), die der senkrechten Zentralachse entspricht. Die Vier Jahreszeiten definieren die zeitliche Grundkoordinate (Sommer – Winter / Tag – Nacht), die der mittlere Querbalken des Schriftzeichens *König* darstellt. Sonne und Mond definieren die zwei Grunderscheinungen des Himmels auf der Tagseite (Sonne) und auf der Nachtseite (Mond), deren Verhältnis der obere Querbalken markiert. Dabei ist die Sonne in der lunaren Sprache dieser Formel durch den Schwarzmond *Kun* vertreten (vgl. Abb. 24, S. 528), der auf der Tagseite seinen dunklen Schoß hervorkehrt, und der Mond auf der Nachtseite durch den Vollmond *Qian*. Die *Geister und Götter* (*gui-shen*) schließlich verstehen sich in Entsprechung dazu als die animistische Auslegung der zwei Grundphänomene auf der Erde, nämlich der verschiedenartigen Gestalten, die im Sonnenlicht des Tages (Götter) und im Mondlicht der Nacht (Geister) erscheinen. Das Verhältnis dieser beiden irdischen Grundphänomene markiert der untere Querbalken des Schriftzeichens *König* (Abb. 30).

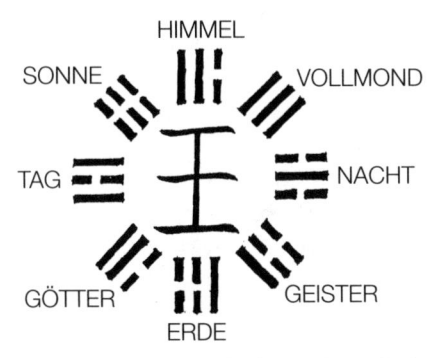

Abb. 30: Die Darstellung der Anpassungsfunktion des Subjekts als Vermittlung zwischen den acht Weltpolen oder raumzeitlichen Grundphänomenen der Umwelt in der Trigrammformel (8B). Die Geister und Götter (gui-shen) sind die animistische Auslegung der irdischen Erscheinungen im Sonnenlicht des Tages (Götter) und im Mondlicht der Nacht (Geister).

Die acht Grundphänomene oder Weltpole sind damit in der Formel so angeordnet, daß die Stellung eines jeden in dem ganzen raumzeitlichen Bedeutungszusammenhang durch seine zwei Nachbarn definiert wird: Sonne und Vollmond kennzeichnen den Himmel, Himmel und Nacht den Vollmond, Vollmond und Geister die Nacht, Nacht und Erde die Geister, Geister und Götter die Erde, Erde und Tag die Götter, Götter und Sonne den Tag, Tag und Himmel die Sonne.

Auch erklärt sich aus dieser Zuordnung, warum die weiblichen Trigramme mit Ausnahme von *Kun* zwei helle Linien und nur eine dunkle haben, die männlichen mit Ausnahme von *Qian* hingegen zwei dunkle und nur eine helle: Der Tag ist heller als die Nacht und der Himmel heller als die Erde. Durch die dem Wechsel von Tag und Nacht kontrapunktisch entgegensetzende Bewegung der zwei Mondgesichter *Kun* und *Qian* aber wird dieses Ungleichgewicht ausgeglichen, so daß die Zahl der hellen und dunklen Linien sowohl bei den vier weiblichen als auch bei den vier männlichen Trigrammen insgesamt gleich bleibt.

Die Struktur des Schriftzeichens *König* im Rahmen der Formel zeigt an, wie die prädikative Wahrheitsfunktion – der Menschenkopf des *Fuxi* – von der dialektischen Anpassungsfunktion – dem Schlangenkörper des *Fuxi* – getragen wird. Dabei markiert die senkrechte Zentrallinie die Analogsetzung von Himmel und Erde: Wie sich der Vollmond am Himmel auf der Tagseite scheinbar in die Sonne verwandelt, so verwandeln sich auf der Erde die lunaren »Geister« in die solaren »Götter«. Als verschiedene Erscheinungsformen ein und desselben Seienden bilden diese mit ihrem phänomenalen Austauschverhältnis die irdische Entsprechung der in (8C) formulierten himmlischen Gleichung, d. h. der logisch-prädikativen Bedeutungsfunktion, des *Durchdringens* oder *Identifizierens* (*tong*). Das logische Prinzip des *Satzes*, immer etwas (ein Subjekt) durch etwas anderes (ein Prädikat) zu identifizieren, hat darin seine urbildliche Begründung.

Die Anordnung der 64 Hexagramme in Acht Häusern (Bagong)

Die Trigrammformel des *Wenwang* wird in der taoistischen Wahrsagetradition zusammen mit der Anordnung der 64 Hexagramme in der Form der *Acht Häuser (Bagong)* verwendet.[4] Der Begriff bedeutet eigentlich *die acht Frauengemächer* und verweist wiederum auf den weiblichen Charakter ihrer Symbolstruktur. Mit dieser Anordnung werden die 64 Hexagramme in acht Gruppen von je acht eingeteilt, die jeweils mit einem der acht von zwei gleichen Haupttrigrammen gebildeten Doppelhexagramme beginnen und nach der Reihenfolge der *Wenwang*-Formel (8B) in der überlieferten Schreibweise aneinandergereiht sind (Abb. 31, S. 568). Wir können sie daher als die Hexagrammformel (64B) kennzeichnen.

Innerhalb eines Hauses folgt auf das jeweilige Doppelhexagramm dann dasjenige, das nur durch die unterste Linie (Platz 1) von ihm unterschieden ist. Im nächsten Hexagramm sind dann die Plätze 1 und 2 gewandelt, im dritten die Plätze 1, 2 und 3, und so fort bis zum 6. Hexagramm, wo nur noch der oberste Platz gleichgeblieben ist. Im 7. Hexagramm sind dann die Plätze 1, 2, 3 und 5 gewandelt, und im 8. Hexagramm nur Platz 5.

Der Sinn dieses Arrangements liegt offenbar darin, daß sich auf diese Weise zwischen den Acht Häusern regelmäßige Übereinstimmungsrelationen in den drei Bilderschichten ergeben:

1) In den oberen Bildern (d. h. den oberen zwei Linien) stimmen die acht Hexagramme der Häuser *Kun* und *Zhen* überein, ebenso wie die Häuser *Kan* und *Dui*, *Sun* und *Qian* sowie *Gen* und *Li*.

2) In den mittleren Bildern stimmen überein die Häuser *Li* und *Qian*, *Gen* und *Sun*, *Kun* und *Kan* sowie *Zhen* und *Dui*.

3) In den unteren Bildern stimmen überein die Häuser *Qian* und *Dui*, *Sun* und *Kan*, *Gen* und *Kun* sowie *Li* und *Zhen*.

---

4 Die taoistische Wahrsagetechnik arbeitet mit den 64 Hexagrammen, aber nicht mit den Sprüchen des *Yijing*. Sie wurde von der westlichen Sinologie bisher nicht erforscht. Ihre Grundlagen finden sich in: Lin Youlai (Hrsg.): *Zengbu bushi zhengzong*. Xinzhu (Zhulin yinshudian) 1968.

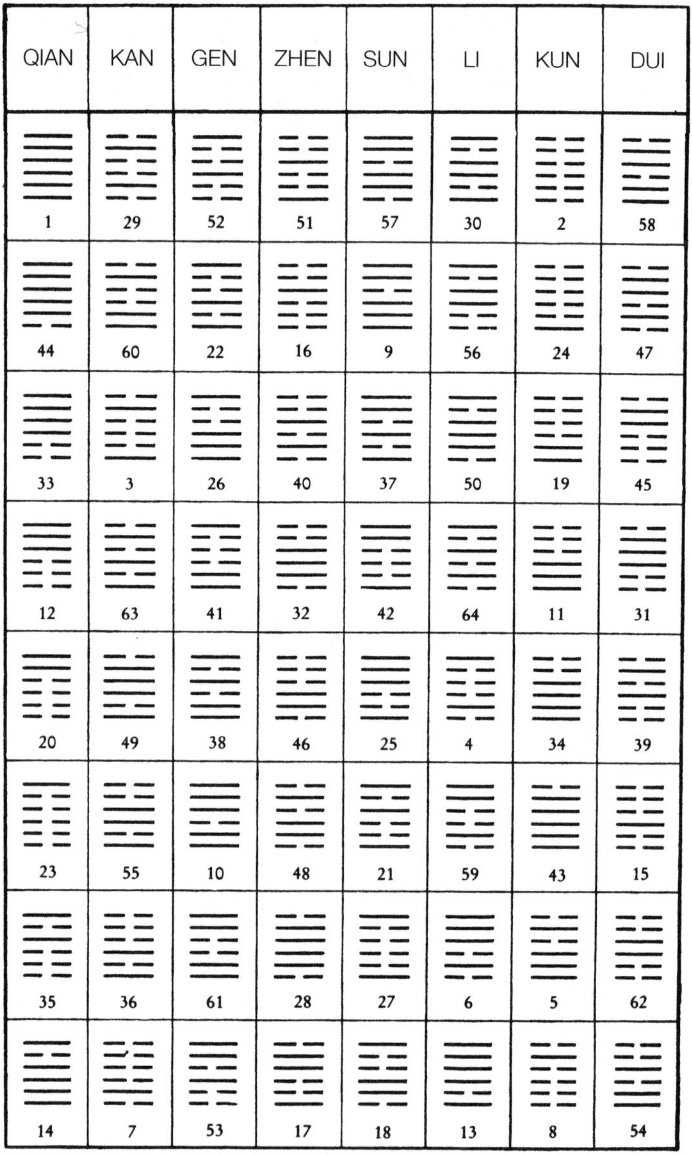

QIAN	KAN	GEN	ZHEN	SUN	LI	KUN	DUI
1	29	52	51	57	30	2	58
44	60	22	16	9	56	24	47
33	3	26	40	37	50	19	45
12	63	41	32	42	64	11	31
20	49	38	46	25	4	34	39
23	55	10	48	21	59	43	15
35	36	61	28	27	6	5	62
14	7	53	17	18	13	8	54

Abb. 31: Die Anordnung der 64 Hexagramme in der Form der Acht Häuser (Bagong).

Diese Übereinstimmungsrelationen bilden in der Dreidimensionalität eine Definition der acht Kanten des Raumwürfels, die durch die Acht Häuser mit allen 64 Hexagrammen wiederum in insgesamt acht verschiedenen Versionen produziert wird (Abb. 32). Das Schema der acht Weltpole in (8B) wird damit in einer verräumlichten Form weiter differenziert.

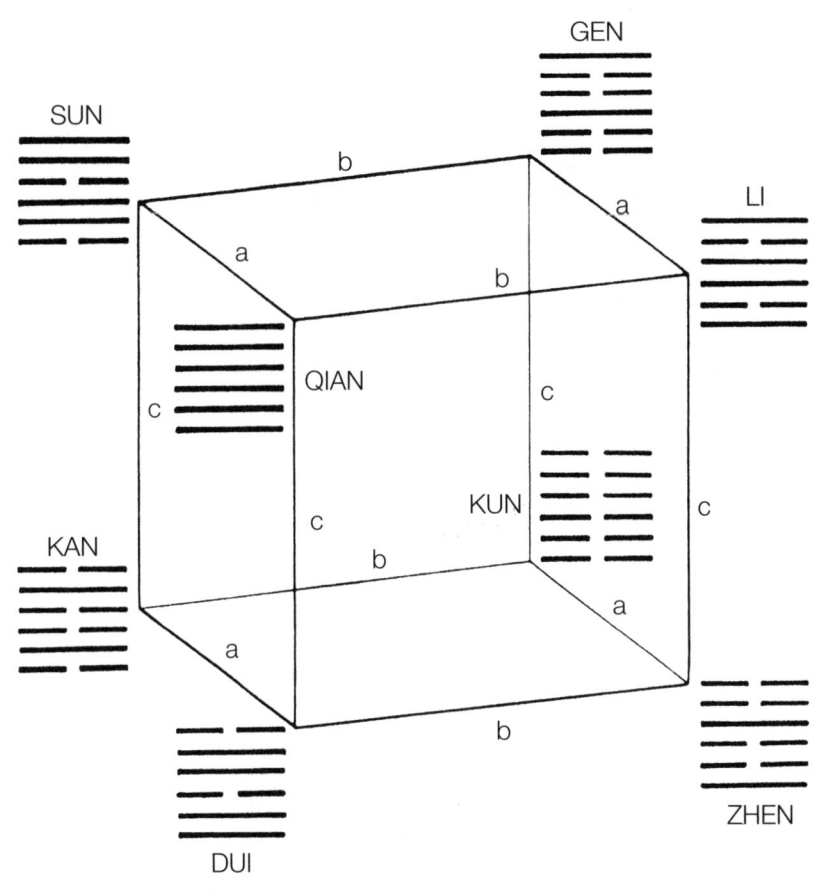

Abb. 32: Die Anordnung der 64 Hexagramme nach Häusern erzeugt in acht verschiedenen Versionen eine Definition der acht Kanten des Raumwürfels, hier am Beispiel der acht Doppelzeichen dargestellt. Die Übereinstimmung der oberen Bilder ist als a, die der mittleren als b und die der unteren als c gekennzeichnet.

569

Die Acht Trigramme, die dem Himmel vorangehen (Xiantian bagua)

Diese Formel (8C), welche traditionell dem *Fuxi* zugeschrieben wird und den Mondplan im *Yijing* definiert, wurde bereits in der Einführung aus der Ur-Acht (8A) abgeleitet. Diese Ableitung ist aber noch weiter erklärungsbedürftig. Denn sie vollzieht sich in der kontexturalen Schreibweise der Trigramme, während die Formel selbst in der definiten Form überliefert ist. Im Gegensatz zu (8B) ist die definite Schreibweise hier keine Verfälschung, sondern hat in der logischen Struktur der Formel eine Funktion.

Die Transformation der Ur-Acht (8A) in einen regelmäßig gegenpoligen Zyklus ist nicht nur in der schon dargestellten Version (Abb. 8, S. 38), sondern noch in einer zweiten möglich, indem man nicht die linke, sondern die rechte Hälfte der Ur-Acht verkehrt. Daraus ergibt sich ein zweiter Zyklus, der sich vom ersten dadurch unterscheidet, daß die Trigramme *Kan* und *Li* vertauscht sind (Abb. 33, S. 571). Diese beiden Trigramme aber haben durch ihre Symbolik eine eindeutig richtungsanzeigende Qualität: *Kan* bedeutet die zunehmende Richtung auf den Vollmond, *Li* die abnehmende Richtung auf die Sonne zu (vgl. H29/H30). Wenn wir die Mondbilder vom Zentrum des Zyklus aus in Entsprechung zu den hellen und dunklen Linien der Trigramme ansetzen, so ergeben sich daraus die beiden entgegengesetzten Erscheinungsformen des Mondwandels, nämlich die siderische (8C1) und die synodische (8C2) (siehe Einführung, S. 40f.). Im synodischen Zyklus ist die zunehmende Bewegung durch die Rechtsseitigkeit des Mondes gekennzeichnet, die abnehmende durch die Linksseitigkeit. Im siderischen Zyklus ist es umgekehrt. Daraus folgt, daß das Trigramm *Kan* als Richtungsanzeiger im siderischen Zyklus für den linksseitigen Halbmond steht, im synodischen für den rechtsseitigen, das Trigramm *Li* im synodischen Zyklus für den linksseitigen Halbmond und im siderischen für den rechtsseitigen. Der Gegensatz von (8C1) und (8C2) läßt sich aus den beiden Versionen der Ur-Acht (8I) und (8II) gleichermaßen ableiten (vgl. Abb. 2, S. 28).

Dabei stellen wir fest, daß die überlieferte Formel (8C) einerseits durch die Stellung der Trigramme *Kan* und *Li* als der siderische Mondwandel (8C1) definiert ist, der sich im Jahresrhythmus abspielt.

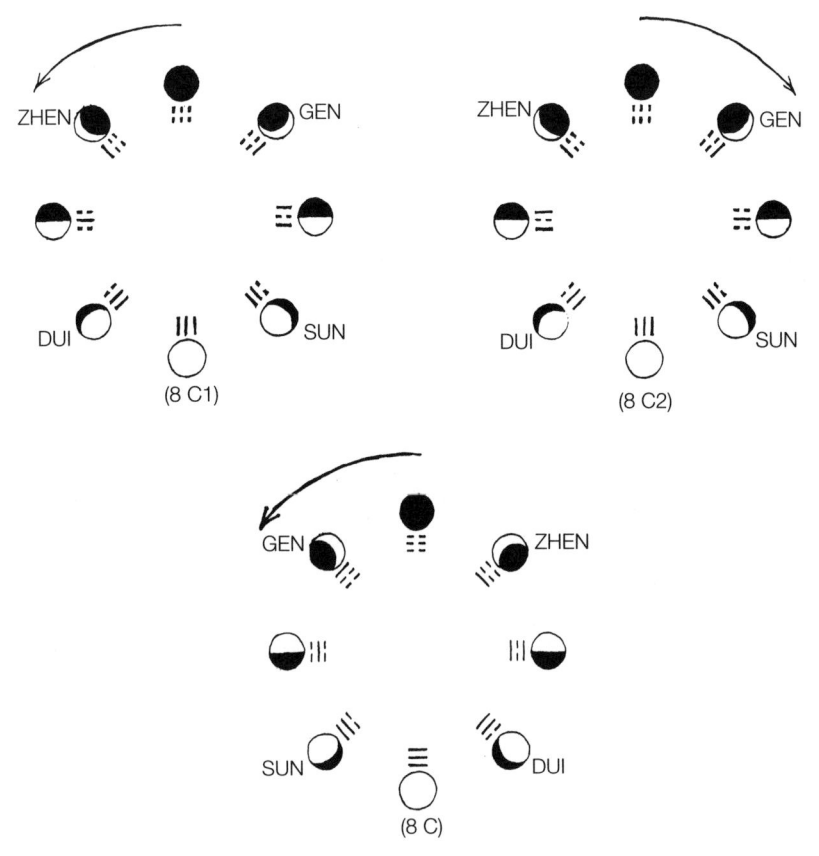

Abb. 33: Die Aufhebung des Gegensinnes in der Ur-Acht (8A) (s. Abb. 8) ist in zwei Formen möglich, welche zwei Versionen (8C1) und (8C2) eines durchgängig gegenpoligen Zyklus bilden. Diese entsprechen dem siderischen und dem synodischen Mondwandel. Die überlieferte Formel (8C) stellt durch die definite Schreibweise der Trigramme eine Kombination aus beiden her.

Andererseits aber wird darin durch die Fest-stellung der Trigramme in der definiten Schreibweise dieser Richtungssinn als die synodische Phasenfolge ausgelegt, die dem monatlichen Erscheinungsrhythmus entspricht.

Diese Schlußfolgerung ergibt sich aus der Symbolik der in der definiten Schreibweise festgelegten Namensbezeichnungen der Trigramme ebenso wie aus ihrer Deutung in den Sprüchen des *Yijing*.

Gen etwa steht eindeutig für den Neumond, *Zhen* für den Altmond – und nicht umgekehrt, wie es die für sich genommene Verteilung der hellen und der dunklen Strichelemente ebenfalls ermöglichen würde. Dem kontexturalen Sinn der beiden Versionen (8C1) und (8C2) würde daher eine Drehung jedes einzelnen Trigrammes um 90 Grad nach links entsprechen. In der überlieferten Schreibweise aber sind sie nach rechts gedreht. Die vier symmetrischen Trigramme *Qian, Kun, Kan* und *Li* bleiben dabei unverändert. *Zhen* und *Gen* sowie *Sun* und *Dui* aber werden vertauscht. So ergibt sich die synodische Phasenfolge, welche aber auf der Grundlage der siderischen Koordinaten in der linksdrehenden Richtung verläuft. Die überlieferte Formel stellt also eine symbolische Kombination beider Rhythmen dar – wie es ja auch der aus diesen zusammengesetzten Konstitution der Hexagramme entspricht. Ihr kosmischer Sinngehalt umfaßt damit die gesamte durch den Mondwandel ausgedrückte kalendarische Rhythmik von Tag, Monat und Jahr. Die Erscheinung der Mondbilder selbst aber bleibt in allen drei Dimensionen immer die selbe.

In der Dimension des Möbiusschen Bandes entspricht die lemniskatische Transformation der Ur-Acht (8A) in den durchgängig gegenpoligen Zyklus (8C) wieder der Verwandlung des einfach gewendeten Bandes in den doppelt gewendeten Wechselbalg, aber nun nicht unter dem Aspekt des Durchschneidens oder Auseinanderreißens, wie es bei der Transformation von (8A) in die Formel (8B) der Fall ist, sondern unter dem Aspekt der Verkehrung, des nochmaligen Umwendens, durch das die zwei durchgängig voneinander getrennten Kehrseiten entstehen. Die komplementäre Wechselbewegung der zwei Horizonte, die sich in (8B) durch den Gang der beiden Wanderer auf der Lemniskate darstellt, erscheint hier als eine gleichsinnige Bewegung, mit der diese in durchgängiger Gegenüberstellung den Zyklus durchlaufen. Die fortlaufende Gegenpoligkeit oder Komplementarität ist die gleiche, aber die Reihenfolge der durchlaufenen Gegensatzpaare hat sich gewandelt. Die weibliche Formel (8B) und die männliche Formel (8C) sprechen verschiedene Sprachen.

Wenn wir analog zu (8B) das Schriftzeichen *König* (*wang*) in die Formel (8C) einschreiben (Abb. 21, S. 136), so gliedern dessen vier Balken die Trigramme auch in anderer Art paarweise nach Geschlechtern. Die Paare sind dann *Qian – Kun, Dui – Sun, Kan – Li* und *Gen –*

Zhen. Dieses Paarungsmuster definiert die formale Struktur, nach der die Hexagramme im *Yijing* immer paarweise angeordnet sind. Die Trigramme *Qian, Dui, Li* und *Zhen* in der abnehmenden Reihe sind hier männlich, die Trigramme *Kun, Gen, Kan* und *Sun* in der zunehmenden Reihe weiblich. Diese Geschlechtereinteilung der Trigramme entspricht auch ihrer Deutung in den Sprüchen (vgl. z. B. H28/2/5). Das *Yijing* versteht sich in der Sprache der *Xiantian*-Formel (8C).

Die durchgängige Komplementarität der diametralen Gegenpole bedeutet fortlaufend eine wechselweise Ergänzung, durch die sich die Gegensätze aufheben. Die Ergänzung jedes Mondbildes durch sein Gegenbild ergibt den runden Vollbegriff des Mondes, den urbildlichen Begriff des Seins. Der Sinn der Formel weist durch den Gegensatz der Erscheinungsformen über diese hinaus auf die Einheit des Seins. Was sie im ganzen ausdrückt, ist die durchgängige Gleich-Gül-

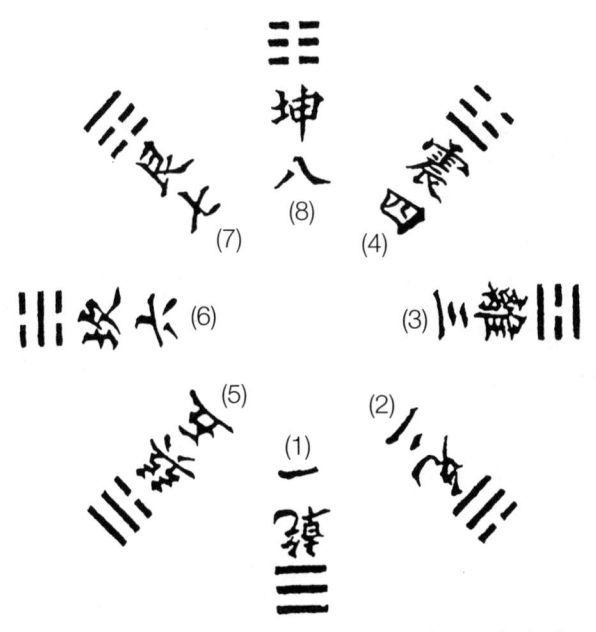

Abb. 34: Den Acht Trigrammen werden in der Formel (8C) die Zahlen 1 bis 8 zugeordnet. Dabei ist die Reihe der weiblichen Trigramme in der umgekehrten Richtung numeriert wie die Reihe der männlichen, so daß die Summe der einander gegenüberstehenden Zahlen immer Neun ergibt.

tigkeit der Gegensätze. Dies wird auch durch die Zahlen dargestellt, die den Trigrammen des Zyklus zugeordnet sind (Abb. 34, S. 573): Die Reihe der weiblichen Trigramme ist in der umgekehrten Richtung numeriert wie die Reihe der männlichen, so daß die Summe der einander gegenüberstehenden Zahlen immer Neun ergibt. Neun aber ist die Zahl der Mitte und Einheit des achtteiligen Mondplanes, der Einheit des Seienden im Wechsel seiner verschiedenen Erscheinungsformen.

Zugleich definiert die Zuordnung der Zahlen zu den Trigrammen eine weitere lemniskatische Transformation des Zyklus. Diese ist als die Bewegung des Schlusses zu verstehen, mit dem aus der Gleich-Gültigkeit der entgegengesetzten Erscheinungformen auf die sich darin durchhaltende Identität *eines* »gegen-ständlich« Seienden geschlossen wird. Sie ergibt eine weitere Trigrammformel (8D), die als *Fuxis Reihenfolge der Acht Trigramme (Fuxi bagua zixu)* bezeichnet wird. Wir erhalten diese, indem wir die Trigramme in (8C) der Zahlenordnung entsprechend umgruppieren (Abb. 35).

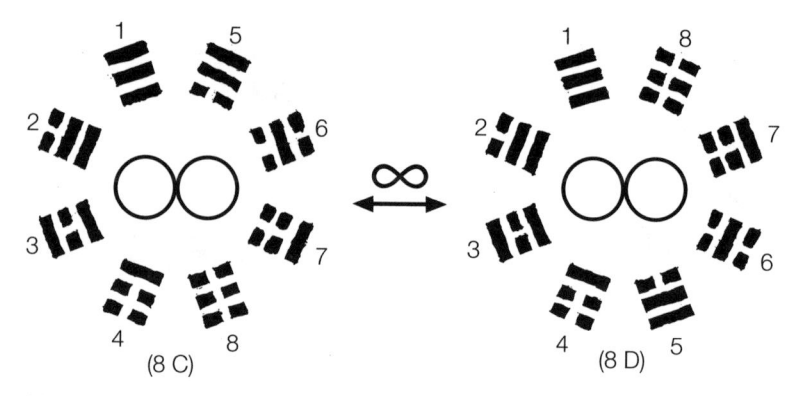

Abb. 35: Die Transformation von Fuxis Anordnung der Acht Trigramme (8C) erzeugt Fuxis Reihenfolge der Acht Trigramme (8D).

In der Formel (8D) hat sich nun der Reigen der Gegensätze in den Ausdruck der Gleichsetzung verwandelt. Die einander gegenüberstehenden Trigramme sind nur noch in ihrem untersten Strichelement gegensätzlich, während sie mit ihren zwei oberen Linien übereinstimmen. Das obere Bild ist in jeder Diametrale identisch. Die Gleichsetzung ist in dieser Formel so vollständig dargestellt, wie das im

Medium der Acht Trigramme – d.h. ohne Wiederholung ein und desselben Trigrammes – überhaupt möglich ist.

In der kosmischen Dimension entspricht die Formel (8D) dem Ordnungsmuster der 19jährigen Meton-Periode, das die Struktur der himmlischen Gleichung darstellt. Wenn man sich die Meton-Periode als einen Kreis von 235 Lunationen denkt, so stehen sich im Durchmesser dieses Kreises, also nach einer halben Meton-Periode, durchgängig die diametral entgegengesetzten Mondbilder gegenüber, wie es auch im Mondplan (8C) der Fall ist. Diesen Gegensatz stellt die unterste Linie der Trigramme in (8D) dar. Anders als im monatlichen Zyklus aber ist die Stellung der Gegenbilder im Tierkreis, d.h. vor dem Sternenhintergrund, *nicht* entgegengesetzt, sondern *die gleiche*. Diese Identität der Sternbilder, die sozusagen die Bedeutungsinhalte der sie bezeichnenden Mond-Begriffe bilden, stellt die Übereinstimmung der beiden oberen oder äußeren Linien in (8D) dar (vgl. H55/0).

So formuliert (8D) die logische oder prädikative Wahrheitsfunktion nach dem Vorbild des Himmels. Da diese auf die Identität des Seienden im Unterschied zu den bloßen Erscheinungen abzielt, versteht sich hier auch die Zuordnung der Symbolbedeutungen zu den Trigrammen in den klassischen Kommentaren aus der konfuzianischen Tradition: Himmel (*Qian*) und Erde (*Kun*), Wind (*Sun*) und Donner (*Zhen*), Wasser (*Kan*) und Feuer (*Li*), Berg (*Gen*) und See (*Dui*). So sind sie nach dem Ordnungsmuster (8C) als Gegensätze aufgezählt. Im Horizont (8D) hingegen sehen wir sie im Sinn der prädikativen Logik geordnet, indem einander durchgängig die kongruenten Bedeutungsinhalte (= die übereinstimmenden oberen Bilder der Trigramme) gegenübergestellt sind, wie sie in ihrer unterschiedlichen Zeichengestalt als Oberbegriff und Unterbegriff bzw. als Subjekt und Prädikat (= die gegensätzlichen Grundlinien der Trigramme) zusammengehören: Himmel und Wind, See und Wasser, Feuer und Berg, Donner und Erde. Daß bei diesen Zuordnungen noch mythische Vorstellungen mitspielen (das Sonnenfeuer auf dem Weltenberg, der Donner als Antwort der Erde auf den Himmel), tut ihrem eigentlich »logischen« Sinn keinen Abbruch.

In der Dimension des Möbiusschen Bandes entspricht die Transformation der Formel (8C) in den Zyklus (8D) dem nochmaligen

Durchschneiden des schon einmal durchschnittenen, d. h. doppelt gewendeten Bandes. Dadurch erhalten wir nun zwei vollkommen strukturidentische Bänder mit je zwei getrennten Kehrseiten, die nur noch lose ineinanderhängen. Diese bilden nun einen doppelwandigen Wechselbalg, der in zusammengelegter Form eine vierschichtige Version des Möbiusschen Bandes erzeugt. Der doppelwandige Wechselbalg vermag sich nun so zu stülpen, daß seine zwei Wände, die sich in der Rolle der Innenwand und der Außenwand abwechseln (= die entgegengesetzten Grundlinien der Trigramme), dabei in ihrer Stellung und Bewegung durchgängig parallel bleiben (= die übereinstimmenden oberen Bilder der Trigramme). So stellen sie die stabilisierte Ebene einer Identitätsbeziehung zwischen Innen und Außen her. Diese Identitätsbeziehung und ihr homogener Spielraum ist die symbolische oder subjektive Form des Seins, die das Bewußt-Sein des Subjekts ausmacht. Da der Name *Sein* in seiner prädikativ-gleichsetzenden Funktion – als »Kopula« – die Identitätsbeziehung als solche ausdrückt, können wir (8D) auch als die Formel des Seins bezeichnen.

Wenn wir die beiden Teilbänder noch einmal der Länge nach durchschneiden, erhalten wir vier strukturgleiche Bänder, dann acht und so fort immer die doppelte Zahl. In ihrem Verhältnis tritt nun kein qualitativer Unterschied mehr auf. Die 64 Hexagramme entsprechen einem Wechselbalg mit 32 Bändern, der 64 verschiedene Oberflächen produzieren kann. Der Prozeß läßt sich aber beliebig weiter fortsetzen. Dieses rein quantitative Fortschreiten der Potenzierung, das gleichzeitig eine immer weitergehende Differenzierung der Begriffsformen bedeutet, drückt der Aufbau der Formel (8D) unmittelbar aus: In der innersten Schicht stehen sich die harten und die weichen Linien in zwei geschlossenen Gruppen gegenüber, in der mittleren bilden sie vier Gruppen, in der äußeren wechseln sie sich als acht einzelne Linien ab. Die Formel stellt auf diese Weise eine Bewegung dar, die von der Bipolarität des inneren Gegensatzes zur allseitig gleichen Homogenität des Kreises strebt. Ihre Sinnrichtung ist damit das Transzendieren des Symbolischen, der Physis des Subjekts, die urbildlich der bipolaren Erscheinungswelt entspricht, auf die widerspruchsfreie Identität oder das undialektische Sein des objektiv Seienden hin. Diese Sinnrichtung kennzeichnet die Triebstruktur der Meta-physik, der auch das Erkenntnisstreben der neuzeitlichen Wissenschaft entspricht. Der Zyklus (8D) formuliert den Welthorizont der Metaphysik. Das unmittelbare Urbild dieses Welthorizontes ist das allseitig gleiche Strahlen der Sonne, seine mittelbare Formulierung in der binären Sprache des Mondes die phänomenale Struktur der Meton-Periode, in der die Bipolarität der drei Kalenderrhythmen Tag, Monat und Jahr zugleich enthalten und überwunden ist. Die Meton-Periode hat keinen Yin-Pol und keinen Yang-Pol, sondern bildet einen allseitig homogenen Kreislauf. Dies ist das Phänomen des *Himmelsrades*, in dem auch die Idee des kontinuierlichen Zeitbegriffes begründet ist.[13] .

Fuxis Anordnung der 64 Hexagramme, Fuxis Reihenfolge der 64 Hexagramme und das Problem einer Hexagrammformel (64A)

Seit *Shao Yong* (1011 – 77) werden auch zwei Anordnungen der 64 Hexagramme überliefert, die analog zu den Trigrammformeln (8C) und (8D) konstruiert sind. Man nennt sie daher *Fuxis Anordnung der 64 Hexagramme* (Abb. 36, S. 578) und *Fuxis Reihenfolge der 64 Hexagramme* (Abb. 37, S. 578). Wir können sie als (64C) und (64D) kennzeichnen. (64D) wird, ebenso wie die Trigrammformel (8D), traditionell nicht zyklisch, sondern als waagerecht fortlaufende Reihe dargestellt. Die erläuterte Struktur des allseitig gleichen Ausstrahlens wird jedoch gerade in der zyklischen Darstellungsform deutlich (Abb. 38, S. 580).

Wir haben damit zu jeder der erläuterten Trigrammformeln eine analoge Anordnung der Hexagramme kennengelernt, – mit Ausnahme des Urzusammenhanges der Trigramme selbst, der Ur-Acht (8A), auf die sich das ganze Formelsystem gründet. Die dazu analoge Hexagrammformel (64A) müßte ein ebenso zusammenhängender Zyklus der 64 Hexagramme sein, in dem deren vollzählige Versammlung sich aus der kontexturalen Überlappung von 64 binären Elementen ergibt. Wer jedoch einen solchen Zyklus zu konstruieren versucht, wird bald feststellen, daß es davon nicht, wie im Fall der Acht Trigramme, nur einen einzigen bzw. dessen zwei gegensinnige Versionen (8I) und (8II) gibt, sondern *eine Unzahl*. Genau gesagt lassen sich $2^{26} = 67\,108\,864$ kohärente Zyklen der 64 Hexagramme bilden, und

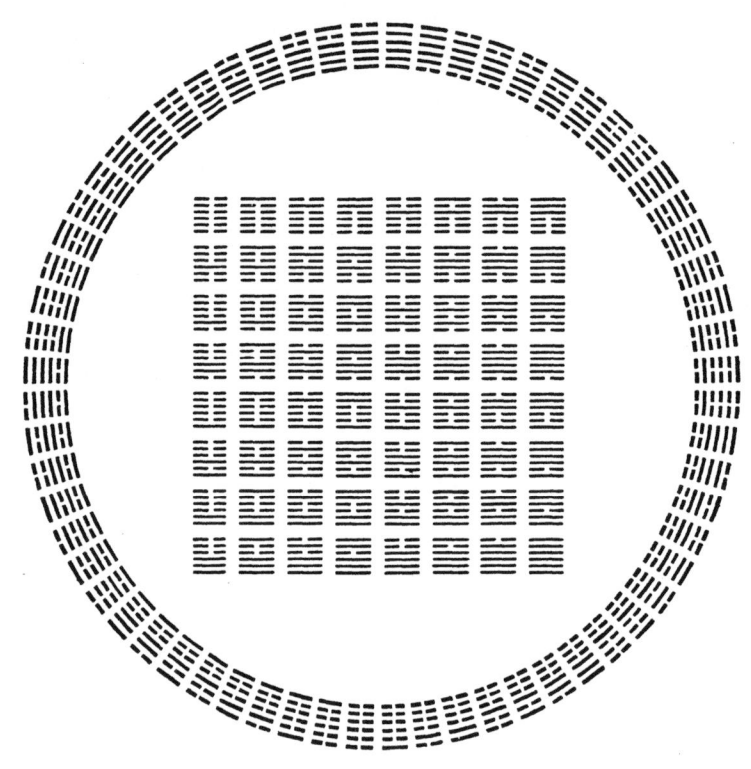

Abb. 36: Fuxis Anordnung der 64 Hexagramme (64C).

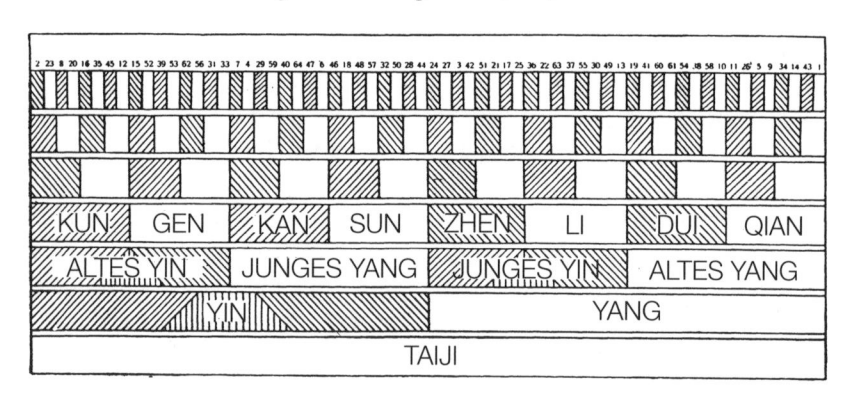

Abb. 37: Fuxis Reihenfolge der 64 Hexagramme (64D) in linearer Darstellung (Aus: Fung Yulan, A History of Chinese Philosophy).

immer noch die Hälfte davon, wenn man die zwei jeweils gegensinnigen Versionen nur als einen Zyklus rechnet. Unter Berücksichtigung der gegensinnigen Versionen haben wir im Fall der Trigramme zwei Möglichkeiten – also nur eine konkrete Gestaltqualität, – im Fall der Tetragramme 16, im Fall der Pentagramme 2 048 und im Fall der Hexagramme, wie gesagt, mehr als 67 Millionen Möglichkeiten, einen kohärenten Zyklus zu bilden. Die Berechnungsformel dafür lautet:

$$M = \frac{2^{\binom{2^n}{2}}}{2^n}$$

Dabei ist M die Anzahl der möglichen kohärenten Zyklen, n die Zahl der binären Elemente der jeweiligen Sequenz; also im Fall der Trigramme n = 3, im Fall der Hexagramme n = 6.[5]

Wir sehen hier, wie der im Fall der Trigramme als eine einzige ganz bestimmte Gestaltqualität definierte Zusammenhang sich in der völlig analogen Konstruktion des Hexagrammsystems als ein *Spielraum* von höchster Variabilität entfaltet, der aber als solcher und im ganzen gleichwohl die Kohärenzstruktur des Urzusammenhanges bewahrt: Die freie Variabilität des Spielraumes bleibt aufgehoben im analogischen Bezug auf diese qualitativ bestimmte Struktur.

Auf diese Weise repräsentiert der Urzusammenhang der Trigramme das qualitative Ordnungsmoment des Hexagrammsystems. Das analogische Verhältnis zwischen beiden bedeutet ein Entropiegefälle zwischen Ordnung und Zufälligkeit. Der Spielraumcharakter des Hexagrammsystems im Verhältnis zum definiten Zusammenhang der Trigramme enthält das Moment der Zufälligkeit, das sich mit der Orakelentscheidung im Schema dieses Zusammenhanges abbildet. Die Zufallsentscheidungen sind die *Mischungen* oder *Kreuzungen* (*yao*), welche die einzelnen Linien der Hexagramme darstellen. Daher heißt es im *Großen Kommentar*:

---

[5] Die Berechnungsformel wurde von *Helmut Breithaupt* gefunden und durch eine von *Jochen Didier* durchgeführte Computeranalyse bestätigt.

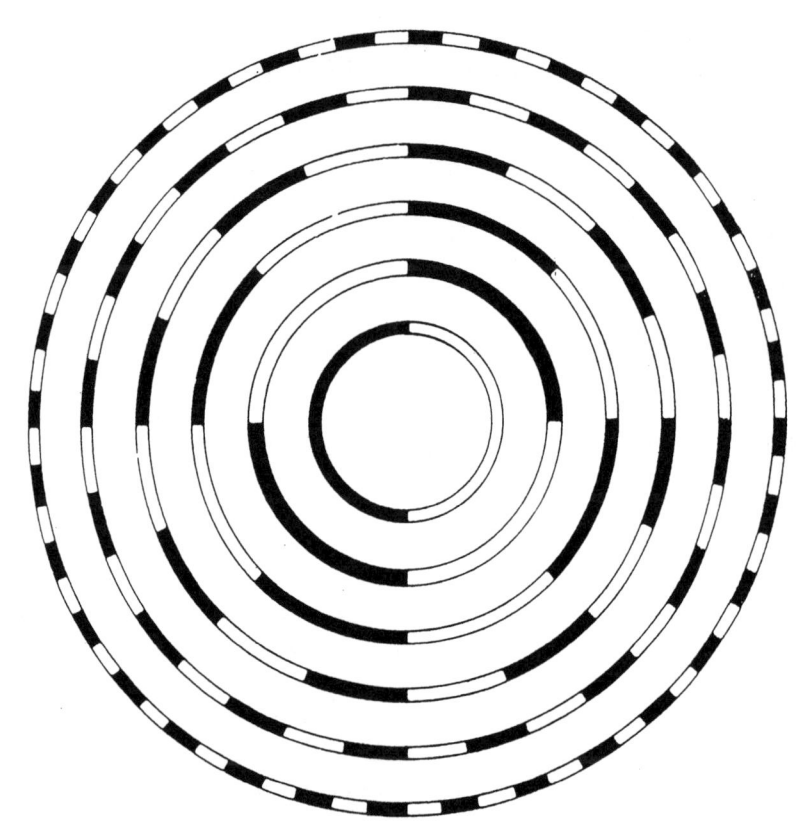

Abb. 38: Fuxis Reihenfolge der 64 Hexagramme in zyklischer Darstellung. Die sechs Kreise entsprechen den sechs Strichschichten, Schwarz und Weiß den gebrochenen und den ungebrochenen Linien.

Die Acht Trigramme bilden die Ordnung. Darin sind die Bilder enthalten. Indem man sie davon ausgehend verdoppelt, sind die Mischungen darin enthalten.[6]

Wenn wir die mit den Trigrammen beginnende analogische Reihe noch weiter über die Hexagramme hinaus fortsetzen – Septagramme, Oktagramme usw. – , dann erhalten wir natürlich immer größere Spielräume mit immer unvorstellbareren Mengen von Möglichkeiten,

---

6 *Xici* B I.

kohärente Zyklen zu bilden. Sie alle bleiben aber analogisch bestimmt durch die definite Gestaltqualität des Trigrammzusammenhanges, der die Minimalform eines Zusammenhanges überhaupt darstellt. Und mit allen seinen möglichen Zyklen erfüllt dabei jeder Spielraum eine Bedingung, deren Gültigkeitsbereich er eben durch diese analogische Bestimmung repräsentiert: daß nämlich alle binären Informationsfolgen innerhalb eines kohärenten Zyklus der Sequenz n – angefangen mit den zwei Einzelelementen über die Diagramme, die Trigramme und so fort bis zur Sequenz der Länge n – trotz der extremen Variabilität ihrer Reihenfolge exakt im Verhältnis der *Gleichwahrscheinlichkeit* auftreten, wie es dem zu erwartenden Durchschnitt der binären Zufallsverteilung im Rahmen der betreffenden Zykluslänge 2^n entspricht. Die qualitative Grenze zur echten Zufallsverteilung ist lediglich durch die Endlichkeit der Größe des Spielraumes, d. h. durch die Festlegung der Zahl n gegeben, dadurch aber auch wiederum genau definiert. Das aber heißt, daß die fortgesetzte Erweiterung der Grenze – die Erhöhung der Zahl n – eine qualitativ bestimmte Bewegung ist, mit der sich der Spielraum in asymptotischer Weise immer weiter der Struktur der wahren Zufälligkeit nähert. Er erreicht diese, wenn der Sequenzwert n gleich unendlich geworden ist.

So ist der Urzusammenhang der Acht Trigramme in einem formal exakten Sinn als die qualitative Formulierung der Zufälligkeit zu verstehen, als der symbolische Schlüssel zum Chaos, in dem dieses mit der Ordnung des Kosmos auf den gemeinsamen Nenner einer einzigen Zeichengestalt gebracht ist.

LITERATUR

a) in chinesischer Sprache

Chen Mengjia 陳夢家: 古文字中之商周祭祀. In: 燕京學報 19 (1936).

Cheng Shiquan 程石泉: 易學新探. Taibei 1979.

Cheng Yi 程頤: 伊川易傳. In: 二程全書. Ed. 四部備要.

Chengtong Daozang 正統道藏 (1436-1450). Repr. Taibei 1977.

Dai De 戴德: 大戴禮記 (+ 1. Jhd.), Ed. Sibubeiyao.

Dong Zhongshu 董仲舒: 春秋繁露 (ca. - 135), Ed. Sibubeiyao.

Erya yinde 爾雅引得. Harvard Yenching Institute Sinological Index Series, Suppl. Nr. 18.

Gao Heng 高亨: 周易大傳今注. Jinan 1979.

Gao Heng 高亨: 周易古經今注. Beijing 1984.

Guan Xiechu 管燮初: 數字易卦探計兩則. In: 考古 1991, 2.

Guo Moruo 郭沫若: 周易的構成時代. Shanghai u. Changsha 1940.

Hu Shi 胡適: 中國哲學史大綱, Shanghai 1919.

Li Guangdi 李光地 u. a. (Hg.): 周易折中 (1715), Repr. Taibei 1971.

Li Jingchi 李鏡池: 周易通義. Beijing 1981.

Li Jingchi 李鏡池: 周易探源. Beijing 1978.

Lin Youlai 林有來 (Hg.): 鰲頭通書大全. Xinzhu (竹林書局) 1967.

Lin Youlai 林有來 (Hg.): 補增卜筮正宗. Xinzhu (竹林書局) 1968.

Li Shujing 李樹菁: 周易與現代自然科學. Anyang 1990.

Liu An 劉安 (Hg.): 淮南子 (ca. - 120), Ed. Sibubeiyao.

Liu Baimin 劉百閔: 周易事理通義. Taibei 1966.

Lü Buwei 呂不韋: 呂氏春秋. Ed. Sibubeiyao.

Mawangdui boshu liushisi gua shiwen 馬王堆帛書》六十四卦《釋文. In: 文物 1984, 3.

Mawangdui hanmu wenwu 馬王堆漢幕文物. Hunan 1992.

Qiang Shaoyuan 邛邵鄢: 易卦源於龜卜考. In: Q. S.: 書傭論學集. Taibei 1969.

Qu Wanli 屈萬里: 易卦源於卜辭考. In 中央研究院歷史語言研究所輯刊 27, 1956.

Shuowen 說文解字, Ed. Sibubeiyao.

Tan Jiefu 譚戒甫: 周易卦爻新論. In: 武漢大學文哲季刊, Febr. 1936.

Wan Shuchen 萬澍辰 (清): 周易變通解. Repr. Taibei 1961.

Wang Bi 王弼: 周易注. In: 周易王韓注, Ed. Sibubeiyao.

Wang Chixin 王治心: 中國宗教思想史大綱. Repr. Taibei 1961.

Wang Li 王力 (Hg.): 古代漢語. Beijing 1962-64.

Wang Ningsheng 汪寧生: 八卦起原. In: 考古 1976, 4.

Wen Yiduo 聞一多: 周易義證類纂. In: 聞一多全集, Bd. 2, Shanghai 1948.

Wen Yiduo 聞一多: 神話故事. Shanghai 1956.

Yi xue lun cong 易學論叢. Taibei 1971.

Yijing jicheng 易經集成, 195 Bde., Taibei 1976.

Yu Haoliang 于豪亮: 易經新證. Taibei 1975.

Zhang Liwen 張立文: 周易思想研究. Hubei 1980.

Zhang Xuecheng 章學誠: 文史通義. (1832), Repr. Beijing 1956.

Zhang Yachu 張亞初 und 劉雨: 從商周八卦數字符號談筮法幾個問題. In: 考古 1981, 2.

Zheng Xiang / Zhou Dunyi 鄭向 / 周敦頤: 周易圖. In: 正統道藏 Bd. 4, S. 3109.

Zhongguo renming dacidian 中國人名大辭典. Hongkong 1931.

Zhouyi yinde 周易引得. Harvard-Yenching Institute Sinological Index Series, Suppl. No. 10. Repr. Taibei 1966. (Nach dieser Ausgabe werden die klassischen Kommentare zitiert).

Zhouyi zhengyi 周易正義. Ed. 四部備要.

Zhu Xi 朱熹: 周易本義. Repr. Taibei 1978.

Zhu Xi 朱熹: 易學啓蒙. Ed. 周易折中 (Hg. 李光地) Repr. Taibei 1971.

b) in westlichen Sprachen

Adam, Adolf: *Das chinesische Mysterium Cosmographicum.* Linz, o.J.

Adler, Joseph Alan: *Divination and Philosophy: Chu Hsi's Understanding of the I-ching.* Diss. University of California, Santa Barbara 1984.

Allan, Sarah: *The Shape of the Turtle: Myth, Art and Cosmos in Early China.* New York 1991.

Barde, René: *Recherches sur les Origines Arithmetiques du Yi-king.* Archives Internationales d'Histoire des Sciences, 5 (1952).

Bauer, Wolfgang: *China und die Hoffnung auf Glück.* München 1971.

Blofeld, John: *The Book of Change.* New York 1966.

Bodde, Derk: »Myths of Ancient China«. In: Samuel N. Kramer, *Mythologies of the Ancient World.* Garden City, N. Y. 1961.

Bredon, J.: *Das Mondjahr.* Berlin/Wien/Leipzig 1937.

Brown, Chapell: »Inner Truth and the Origin of the Yarrow Stalk Oracle«. In: *Journal of Chinese Philosophy,* Juni 1982.

Cammann, Schuyler: »The Origin of the Trigram Circles in Ancient China«. In: *Bulletin of the Museum of Far Eastern Antiquities* Nr. 62, Stockholm 1989.

Carrol, T. J.: »The Hidden Significance of the I-ching Diagrams«. In: *Journal of the China Society,* Vol. 11, Taibei 1962.

Chang Kwang-chih: *Shang Civilisation.* Yale University Press 1980.

Chang Tsung-tung: *Der Kult der Shang-Dynastie im Spiegel der Orakelknocheninschriften.* Wiesbaden 1970.

Chang, K. C.: *Art, Myth and Ritual: The Path to Political Authority in Ancient China.* Cambridge, Harvard University Press 1983.

Chang, K. C.: *Chinese Civilization: Anthropological Perspectives.* Harvard University Press 1976.

Cheng Dequn: *Archaeology in China,* Bd. 3: *Chou China.* Cambridge 1963.

Ching, Julia, und Guisso, R. w. L. (Hrsg.): *Sages and Filial Sons. Mythology and Archeology in Ancient China.* Hongkong 1991.

Chu Binjie: *Mythen aus China.* (Verlag für fremdsprachige Literatur), Beijing 1986.

Conrady, August: »Yih-King-Studien«. Hrsg. v. Eduard Erkes. In: *Asia Major* Vol. VII, Leipzig 1932.
Creel, H. G.: *The Birth of China.* New York 1937.
Crick, F. H. C.: »Die Struktur der Erbsubstanz DNA«. In: *Erbsubstanz DNA,* Heidelberg (Spektrum der Wissenschaft) 1985.
Dobson, W. A. C. H.: *Early Archaic Chinese.* Toronto 1962.
Eberhard, Wolfram: *Lokalkulturen im alten China. Erster Teil: Die Lokalkulturen des Nordens und Westens.* Leiden 1942.
Ehrenreich, Paul: *Die allgemeine Mythologie und ihre ethnologischen Grundlagen.* Leipzig 1910.
Eichhorn, Werner: *Die alte chinesische Religion und das Staatskultwesen.* Leiden/Köln 1976.
Eliade, Mircea: *Le Chamanisme et les techniques archaiques de l'extase.* Paris 1951.
Fiedeler, Frank: *Die Wende. Ansatz einer genetischen Anthropologie nach dem System des I-ching.* Berlin 1976.
Fiedeler, Frank: *Die Monde des I Ging. Symbolschöpfung und Evolution im Buch der Wandlungen.* München (Diederichs) 1988.
Fiedeler, Frank: »Die Definition der Geschlechter in der chinesischen Orakelphilosophie«. In: *Semiotik der Geschlechter.* Akten des 6. Symposiums der Österreichischen Gesellschaft für Semiotik, Salzburg 1987. Stuttgart/Wien 1989.
Fiedeler, Frank: »Die Zeichenlogik im Buch der Wandlungen«. In: *Zeitschrift für Semiotik* (Stauffenberg Verlag Tübingen), Band 13, Heft 1 – 2 (1991)
Fiedeler, Frank: *Yin und Yang. Das kosmische Grundmuster in den Kulturformen Chinas.* Köln (Dumont) 1993.
Franz, Marie Louise von: »Symbole des Unus Mundus«. In: W. Bitter (Hrsg.): *Dialog über den Menschen.* Stuttgart 1958.
Freud, Sigmund: »Über den Gegensinn der Urworte«. In: *S. F., Gesammelte Werke* Bd. 8, Frankfurt 1945.
Fung, Yu-lan: *A History of Chinese Philosophy.* Übers. v. D. Bodde, 2 Bde. 1952, 1953, Princeton Un. Pr.
Gardner, M.: »The Combinatorial Basis of the I-ching«. In: *Scientific American,* Jan. 1974.
Granet, Marcel: *La pensée chinoise,* Paris 1934.
Groot, J. J. M. de: *Universismus. Die Grundlage der Religion und*

Ethik, des Staatswesens und der Wissenschaften Chinas. Berlin 1918.

Gulik, R. H. van: *Sexual Life in Ancient China.* Leiden 1961.

Haloun, Günter: »Die Rekonstruktion der chinesischen Urgeschichte durch die Chinesen«. In: *Japanisch-Deutsche Zeitschrift für Wissenschaft und Technik,* Juli 1925.

Hart, James J.: »The Speech of Prince Chin: A Study of Early Chinese Cosmology«. In: *Explorations in Early Chinese Cosmology, Journal of the American Academy of Religious Studies,* Vol. I, Nr. 2, Scholars Press, Chico, Cal., 1984.

Hegel, Georg Wilhelm Friedrich: *Wissenschaft der Logik.* Nürnberg 1812, Repr. Hamburg (Felix Meiner) 1967.

Heidegger, Martin: »Bauen Wohnen Denken«. In: M. H., *Vorträge und Aufsätze II,* Pfullingen (Neske) 1954.

Hentze, Carl: *Die Sakralbronzen und ihre Bedeutung in den frühchinesischen Kulturen.* Antwerpen 1941.

Hentze, Carl: *Tod, Auferstehung, Weltordnung. Das mythische Bild im ältesten China, in den großasiatischen und zirkumpazifischen Kulturen.* Zürich 1955.

Hentze, Carl: »Die Wanderung der Tiere um die heiligen Berge«. In: *Symbolon, Jahrbuch für Symbolforschung,* Bd. 4, Basel/Stuttgart 1964.

Hertzer, Dominique: »Das Zeichen zheng im Zusammenhang mit den Standardformeln des Orakelentscheids im Yijing«. In: *Chinablätter* 18 (1991).

Hertzer, Dominique: *Das Mawangdui-Yijing. Text und Deutung.* München (Diederichs) 1996.

Hertzer, Dominique: *Das alte und das neue Yijing. Die Wandlungen des Buches der Wandlungen.* München (Diederichs) 1996.

Hummel, Siegbert: *Polarität in der chinesischen Philosophie. Dargestellt anhand chinesischer Texte mit deutscher Übersetzung.* Leipzig 1949.

Jung, C. G.: *Mysterium Coniunctionis. Untersuchungen über die Trennung und Zusammensetzung der seelischen Gegensätze in der Alchemie.* Zürich/Stuttgart 1968

Jung, C. G.: *Synchronizität, Akausalität und Okkultismus.* München (dtv) 1990.

Karlgren, Bernhard: »The Book of Documents«. In: *Bulletin of the Museum of far Eastern Antiquities,* Stockholm 1949.
Karlgren, Bernhard: »The Book of Odes«. In: *Bulletin of the Museum of far Eastern Antiquities,* Stockholm 1950.
Karlgren, Bernhard: *Grammata Serica Recensa.* Stockholm, Museum of far Eastern Antiquities, 1964.
Keller, Andrea: »Nügua als Protagonistin im Schöpfungsgeschehen nach frühchinesischen Quellen«. In: *Chinablätter* Nr. 18, München 1991.
Kluge, Friedrich: *Etymologisches Wörterbuch.* Berlin 1967.
Knightley, David N. (Ed.): *The Origins of Chinese Civilisation.* London 1983.
König, Marie: *Am Anfang der Kultur. Die Zeichensprache des frühen Menschen.* Berlin 1973.
Krampen, Martin u. a. (Hrsg.): *Die Welt als Zeichen. Klassiker der modernen Semiotik.* Berlin 1981.
Kuckenburg, Martin: *Die Entstehung von Sprache und Schrift. Ein kulturgeschichtlicher Überblick.* Köln 1989.
Kuhn, Dieter: *Status und Ritus. Das China der Aristokraten von den Anfängen bis zum 10. Jahrhundert nach Christus.* Heidelberg 1991.
Kunst, Richard Alan: *The Original Yijing: A Text, Phonetic Transcription, Translation, and Indexes, with Sample Glosses.* Diss. University of California, Berkeley 1985.
Lagerwey, John: »The Oral and the Written in Chinese and Western Religion«. In: *Religion und Philosophie in Ostasien,* Festschrift für Hans Steininger, Hrsg. Gert Naundorf/Karl-Heinz Pohl/Hans-Hermann Schmidt, Würzburg 1985.
Le Blanc, C.: »Le mythe de Fuxi et Nügua et la tradition orale Miao«. In: *Cahiers du centre d'études de l'Asie de l'Est,* Université de Montréal, 2, 1981.
Legeza, Laszlo: *Tao Magic. The Secret Language of Diagrams and Calligraphy.* London (Thames & Hudson) 1975.
Legge, James: *The Chinese Classics,* Vol. I: *Confucian Analects, the Great Learning and The Doctrine of the Mean.* 1871, Repr. Hong Kong University Press 1960.
Legge, James: *The Chinese Classics,* Vol. III: *The Shoo King, or the*

Book of Historical Documents. 1869, Repr. Hong Kong University Press 1960.

Legge, James: *The Chinese Classics,* Vol IV: *The She King, or the Book of Poetry.* 1871, Repr. Hong Kong University Press 1960.

Li Chi: *The Beginnings of Chinese Civilisation.* Seattle (University of Washington Press) 1957.

Li, Chi: *The Beginnings of Chinese Civilisation,* Seattle 1957.

Maspero, Henri: »Légendes mythologiques dans le Chou-King«. In: *Journal Asiatique,* Jan.- Feb. 1924.

Maspero, Henri: »Les procédés de nourrir le principe vital dans la Religion taoiste ancienne«. In: *Journal Asiatique,* Paris 1937.

Mathieu, Rémi: *Etude sur la mythologie et l'éthnologie de la Chine ancienne. Trad. annoteé du Shan-hai-ching,* 2 Vol., Paris 1983.

McKenna, Dennis J. und Terence K.: *The Invisible Landscape. Mind, Hallucinogens and the I Ching.* New York 1975.

Moog, Hanna: *I Ging. Das Orakel- und Weisheitsbuch Chinas.* München (Knaur) 1994.

Morgan E.: »Sacrifices in Ancient China«. In: *Journal of the North China Branch of the Royal Asiatic Society,* Nr. 70.

Needham, Joseph: *Science and Civilisation in China,* Vol. 2: *History of Scientific Thought,* Cambridge 1956.

Needham, Joseph: *Science and Civilisation in China,* Vol. 3: *Mathematics and the Sciences of the Heavens and the Earth,* Cambridge 1959.

Neumann, Erich: *Ursprungsgeschichte des Bewußtseins.* Zürich 1940.

Ngo Van Xuyet: *Divination, magie et politique de la Chine ancienne.* Paris 1976.

Nivison, David S.: »The ›Question‹ Question«. In: *Early China* 1989.

Nylan, Michael: *The Canon of Supreme Mystery by Yang Hsiung. A Translation with Commentary of the* »*T'ai hsüan ching*«. New York 1993.

Olsvanger, Immanuel: *Fu-Hsi, The Sage of Ancient China.* Jerusalem (Massadah) 1948.

Pankenier, David W.: *Early Chinese Astronomy and Cosmology: The* »*Mandate of Heaven*« *as Epiphany.* Diss. Stanford University 1983.

Pankenier, David W.: *Sandai Astronomical Origins of Heavens Man-*

date. 6th International Conference on the History of Science in China, Cambridge, UK: 2-7 August, 1990.
Popp, Fritz-Albert: *Biologie des Lichts. Grundlagen der ultraschwachen Zellstrahlung*. Berlin und Hamburg 1984.
R. A. Wever: *The Circadian System of Man*. New York, Heidelberg, Berlin (Springer) 1979.
Ritsema, Rudolph und Karcher, Stephen: *I Ching. The Classic Chinese Oracle of Change. The First Complete Translation with Concordance*. Shaftesbury 1994.
Robinet, Isabelle: *Méditation taoiste*. Paris 1979
Saso, Michael R.: *Taoism and the Rite of Cosmic Renewal*. Washington State Un. Pr. 1972.
Saso, Michael R.: *Blue Dragon, White Tiger. Taoist Rites of Passage*. Washington 1990.
Schipper, Kristofer: *Le corps taoiste*. Paris 1982.
Schmitt, Gerhard: *Sprüche der Wandlungen auf ihrem geistesgeschichtlichen Hintergrund*. Berlin 1970.
Schönberger, Martin: *Verborgener Schlüssel zum Leben. Weltformel I Ging im genetischen Code*. München 1973.
Schultz, Joachim: *Rhythmen der Sterne. Erscheinungen und Bewegungen von Sonne, Mond und Sternen*. Dornach/Schweiz 1963.
Schultz, Wolfgang: *Zeitrechnung und Weltordnung in ihren übereinstimmenden Grundzügen bei den Indern, Iranern, Hellenen, Italikern, Kelten, Germanen, Litauern und Slaven*. Leipzig 1923.
Shaughnessy, Edward Louis: *The Composition of the Zhouyi*. Diss. Stanford University, 1983.
Shaughnessy, Edward Louis: *Sources of Western Zhou History. Inscribed Bronze Vessels*. Berkeley, Los Angeles, Oxford (University of California Press) 1991.
Shchutskii, Julian K.: *Researches on the I Ching* (Übers. aus d. Russ.). London und Henley 1980.
Smith, Richard J.: *Fortune-tellers and Philosophers. Divination in Traditional Chinese Society*. Boulder 1991.
Stent, Gunther S.: *The Coming of the Golden Age. A View of the End of Progress*. New York 1969.
Swanson, Gerald W.: *The Great Treatise: Commentatory Tradition to the Book of Changes*. Diss. University of Washington 1974.

Ueno, A.: »Darstellungen von Fu Hsi und Nü Kua aus Astana«. In: H. J. Klimkeit (Hrsg.), *Japanische Studien zur Kunst der Seidenstraße*, Wiesbaden 1988.

Uexküll, Jakob von: *Der Organismus und seine Umwelt* (1931), Repr. Berlin (Propyläen) 1956.

Vandermeersch, Léon: *Wangdao ou la voie royale. Recherches sur l'esprit des institutions de la Chine archaique.* École Francaise d`extreme Orient, 2 Bde., I Paris 1977, II 1980.

Waley, Arthur: *Shih-ching, The Book of Songs.* London 1954.

Waley, Arthur: »The Book of Changes«. In: *Bulletin of the Museum of far Eastern Antiquities* 5, Stockholm 1933.

Wei, Henry: *The Authentic I-Ching.* North Hollywood, Cal. 1987.

Widmaier, Rita (Hrsg.): *Leibniz korrespondiert mit China.* Frankfurt 1990.

Wilhelm, Hellmut : »I-Ching Oracles in the Tso-chuan and the Kuo-yü«. In: *Journal of the American Oriental Society*, Vol. 79/4, 1959.

Wilhelm, Hellmut: *Die Wandlung. Acht Essays zum I Ging.* Basel 1958.

Wilhelm, Hellmut: *Heaven, Earth and Man in the Book of Changes.* Seattle und London (Un. of Washington Press) 1977.

Wilhelm, Hellmut: *Sinn des I Ging.* Düsseldorf, Köln (Diederichs) 1982, 2. Aufl. München 1995.

Wilhelm, Richard: *Frühling und Herbst des Lü Bu-wei.* Jena 1928.

Wilhelm, Richard: *I Ging. Das Buch der Wandlungen* (1924). Düsseldorf/Köln (Diederichs) 1956, 22. Auflage München 1995.

Wilhelm, Richard: *Li Gi. Das Buch der Sitte des älteren und jüngeren Dai.* Jena (Diederichs) 1930, 2. Aufl. der Neuausgabe München 1994.

Wu, Eleanor B. Morris: *New Statistics of Physical Chemistry According to the Teachings of the Chinese Book of Changes.* Taibei 1983.

Yan, Johnson F.: *DNA and the I Ching. The Tao of Life.* Berkeley 1991.

Yu, Titus: *The I-ching: An Etymological Perspective.* Diss. California Institute of Integral Studies 1983.

Danksagung

Auf dem langen Weg zu diesem Buch hat mich *Gert Naundorf* unermüdlich mit den neuesten Informationen aus der internationalen sinologischen Fachwelt versorgt. *Helmut Breithaupt* war mir immer ein aufmerksamer Kritiker und mit seiner umfassenden naturwissenschaftlichen Bildung auch in interdisziplinären Fragen ein wertvoller Gesprächspartner. *Jochen Didier* verdanke ich nicht nur meinen PC und die fachmännische Bewältigung aller damit verbundenen Probleme, sondern auch einen langjährigen, in vieler Hinsicht fruchtbaren Gedankenaustausch, der uns schließlich zur gemeinsamen Entwicklung einer Computerfassung des *Yijing* geführt hat. *Agnete von Specht* konnte mir aufgrund ihrer großen Erfahrung mit der Praxis des Orakels einige hilfreiche Hinweise für die Deutung der Sprüche geben. *Connie Achilles* half bei der Anfertigung der Graphiken mit.

Renate Stolze und *Katharina Baukhage* begleiteten mich liebevoll durch die persönlichen Höhen und Tiefen, die bei einer so langwierigen Arbeit nicht ausbleiben.

Allen Genannten sei herzlich gedankt.

F. F.

Das Computerprogramm zum Buch

Yijing, das Buch der Wandlungen

Erstmalig von Grund auf entschlüsselt und neu aus dem chinesischen Urtext übersetzt von Frank Fiedeler

Die Computerfassung

Sie können mit diesem Programm

- das Schafgarbenorakel in originalgetreuer Form zeitsparend am Bildschirm durchführen,
- die Hexagramme mit ihren Symbolgestalten und Orakelsprüchen nach Belieben erscheinen lassen und übersichtlich durchspielen.

Systemvoraussetzungen: PC mit DOS ab Version 5.0, Diskettenlaufwerk 3,5 Zoll, 1,44 MB, $5^{1}/_{4}$ Zoll Version optional.

Preis für die separate Diskette: DM 29,50 per Nachnahme zuzüglich Gebühr oder gegen Voreinsendung eines Schecks.

Bestellung schriftlich, telefonisch oder per Internet bei:

>Meta Data
>Goltzstraße 52
>10781 Berlin
>Tel./Fax: 030/2157121
>http://www.meta-data.de